21 世纪高等教育环境工程系列规划教材

环境规划与管理

主　编　丁忠浩

副主编　丁克强　刘成付

参　编　孙春宝　王铮　张虹

　　　　杨莉　陈永亮

主　审　余新明

机械工业出版社

本书以资源—生态—环境保护为主线，以社会、经济、环境系统协调持续发展为目标，系统地论述了环境规划学和环境管理学的基本概念、基本理论和技术方法。

本书分环境规划和环境管理两篇。环境规划部分介绍了环境规划总论、环境规划的理论基础和技术方法、大气环境污染防治规划、水环境污染防治规划、固体废物污染防治规划、噪声污染防治规划、生态环境规划、区域环境规划、环境规划决策支持系统、地理信息系统在环境规划中的应用、环境规划的发展和趋势等内容。环境管理部分介绍了环境管理绪论，环境管理学的理论基础，环境管理的对象、内容与手段，环境管理的技术保证，区域环境管理，自然资源保护与管理，全球环境问题与管理，国外环境管理简介，ISO14000体系简介等内容。

本书可作为高等学校环境科学专业、环境工程专业的教材，也可供从事环境管理、城乡规划设计以及环境保护管理机构人员使用。

图书在版编目（CIP）数据

环境规划与管理/丁忠浩主编 . —北京：机械工业出版社，2006.12（2025.7重印）

（21世纪高等教育环境工程系列规划教材）

ISBN 978-7-111-20628-6

Ⅰ . 环... Ⅱ . 丁... Ⅲ .①环境规划—高等学校—教材②环境管理—高等学校—教材 Ⅳ. X32

中国版本图书馆 CIP 数据核字（2006）第 160206 号

机械工业出版社（北京市百万庄大街 22 号 邮政编码 100037）
责任编辑：马军平 版式设计：霍永明 责任校对：张玉琴
封面设计：王伟光 责任印制：单爱军
保定市中画美凯印刷有限公司印刷
2025 年 7 月第 1 版第 7 次印刷
184mm×260mm · 24. 75 印张 · 612 千字
标准书号：ISBN 978-7-111-20628-6
定价：69.00 元

电话服务 网络服务
客服电话：010- 88361066 机 工 官 网：www.cmpbook.com
010- 88379833 机 工 官 博：weibo. com/cmp1952
010- 68326294 金 书 网：www. golden- book. com
封底无防伪标均为盗版 机工教育服务网：www.cmpedu. com

前　言

　　环境问题是当今世界上人类所面临的最重要的问题之一，如环境污染、生态破坏、资源短缺、酸雨蔓延、温室效应、臭氧层破坏等。如何保持人类与环境的协调发展，已成为当前急需解决的重要课题。人类从这一系列严重的环境问题中，逐渐清醒地认识到环境污染和生态破坏，归根到底来自于人类过度的和盲目的社会经济活动。人们逐渐意识到人类与自然和谐相处的重要性，逐步认识到资源节约和环境保护的必要性。如何实现既保持经济高速增长，又保护好我们赖以生存的资源和环境，实质上就是如何搞好环境管理的问题。

　　人与自然环境的矛盾始终存在。向"管理"寻求出路，本质上就是改变自身的生存方式以及相应的基本观念。环境管理正是在环境保护的实践中产生，并在实践中不断发展起来的。随着环境问题不断地对环境管理提出新的挑战，环境管理已逐渐形成了自己的学科——环境管理学。环境管理的基本职能就是规划、协调、监管和指导，它通过运用法律、行政、经济、教育等综合手段实施环境管理，达到保护环境的目的，使人类生活的地球环境恢复其和谐、美好的面貌。当前环境管理学是环境科学体系中最重要的一个分支学科。

　　环境规划是环境管理的一个重要组成部分。宏观的环境规划与管理，具有多准则、多层次、多方位的特点。它涉及面广，具有高度的复杂性，所研究的问题亦十分广泛，包括从经济发展速度、生产力布局到环境预测和环境评价；从污染物的产生、迁移、转换到污染损失估算以及治理污染的投资计算等许多问题。环境规划学是环境科学与系统学、规划学、预测学、社会学、经济学及计算机技术等相结合的产物，它侧重于研究环境规划的理论与方法学问题，是应用性、实践性很强的学科。现代环境规划学应是面向 21 世纪，以社会、经济、环境系统协调持续发展为目标，以人—环境系统为调控对象，以对未来的环境目标和环境保护措施为主要研究内容的理论方法体系，环境规划不仅要担负起为环境管理和建设提供科学依据的重任，而且还要成为宏观调控与管理的有效手段。作为协调人类、环境和发展的环境规划已越来越引起世界各国的重视，并在理论和实践上丰富和发展了环境规划学，形成环境科学的一个重要分支学科。

本书根据教育部环境工程类专业教学指导委员会制订的基本教学要求，以资源—生态—环境保护为主线，以社会、经济、环境系统协调持续发展为目标，系统地论述了环境规划学和环境管理学的基本概念、基本理论和技术方法。本书分环境规划和环境管理两篇。在环境规划部分，介绍了环境规划的作用、基本特征和类型，环境规划的理论基础和基本内容，环境规划编制程序和技术方法等，并重点介绍了水、大气、固体废物管理等对象规划以及城市、开发区、乡镇等区域规划和生态规划。在环境管理部分，介绍了环境管理的理论基础和技术保证、管理原则和方法，并重点介绍了区域环境和自然资源保护和管理，对国外环境管理及 ISO14000 体系作了必要的介绍。

本书系高等学校环境科学专业、环境工程专业的教材，可分别作为环境规划和环境管理两课程的专用教材，也可合为一门课程讲授。同时也可供从事环境管理、城乡规划设计以及环境保护管理机构人员使用。

全书由丁忠浩担任主编，丁克强、刘成付担任副主编。各章编写人员如下：第 1～3 章及第 8 章由丁忠浩编写；第 4～6 章由刘成付编写；第 7 章由王铮编写；第 9 章由杨莉编写；第 10、17 章由孙春宝编写；第 11 章由陈永亮编写；第 12～16 章由丁克强编写；第 18～20 章由张虹编写。江汉大学余新明教授审阅了本书，并提出了很多宝贵意见，特此致谢。

在本书编写过程中，参阅了参考文献中所列的许多著作，在此向有关作者表示感谢。由于环境规划与管理的内容涉及领域广泛，加之编者水平的限制，不足之处在所难免，敬请读者及有关人士批评指正。

编　者

目　录

第 2 篇　环 境 管 理

第 1 篇

环 境 规 划

第 1 章

环境规划总论

随着各种环境问题的出现和自然灾害的加剧，人们逐渐意识到人类与自然和谐相处的重要性，逐步认识到资源节约和环境保护的必要性。而怎样做到人与自然的协调发展、保护好资源和环境，实质上就是如何搞好环境管理的问题。环境管理的基本职能就是规划、协调、监管和指导，因此，环境规划是环境管理的一个重要组成部分。

1.1 环境规划的基本特征与任务

1.1.1 环境规划的概念与作用

1. 环境规划的概念

环境规划是国民经济和社会发展规划的重要组成部分。按《中国大百科全书·环境卷》中给出的定义，环境规划是人类为使环境与社会经济协调发展而对自身活动和环境所作的在时间和空间上的合理安排。

环境规划是一种克服人类在经济社会活动和环境保护活动中存在的盲目性和主观随意性的科学决策活动，是对一定时期内环境保护目标和措施所作的规定和环境保护战略和政策的具体体现，是为使环境与社会经济协调发展而对人类自身活动和环境所作的时间和空间的科学安排。这种规划的目的是在组织生产、发展经济的同时保护环境，使经济与环境协调发展，维护生态平衡。

环境规划的内涵是：

1) 环境规划的研究对象是"社会—经济—环境"这一大的复合生态系统，具有特定的地域性，其范围可能是整个国家，也可能只是一个区域（城市、省区、流域）。

2) 环境规划的任务在于遵循社会经济规律和生态规律，对环境发展变化趋势进行研究，使该系统协调发展，维护系统良性循环，以谋求系统最佳发展。

3) 环境规划依据社会经济原理、生态原理、地学原理、系统理论和可持续发展理论，充分体现了这一学科的交叉性、边缘性。

4) 环境规划的主要内容是合理地安排人类自身的活动，协调人与环境、生态的关系。其中既包括对人类经济社会活动提出符合环境保护需要的约束要求，又包括对环境的保护和建设所作出的安排和部署，这种决策是依据当前技术和经济发展的水平和能力，进行选择与优化而制定的。

2. 环境规划的作用

1）合理地安排人类自身的活动，协调人与环境、生态的关系；明确地区经济和社会发展的任务和方向，将环境保护活动纳入国民经济和社会发展的计划，促使环境与经济、社会持续发展。

2）制定环境保护技术政策，充分合理地利用资源和提高资源利用率，以最小的投资获取最佳的环境效益。

3）建立和完善功能区划、质量目标、控制指标和综合决策体系，指出环境保护工作的方向和要求，为实行环境目标管理提供科学依据。

4）合理布局工业体系，合理分配排污削减量，约束排污者的行为。

1.1.2 环境规划与其他规划的关系

1. 环境规划与国民经济和社会发展规划的关系

国民经济与社会发展规划的制定是以环境为基础的，只有合理利用自然资源，维护生态平衡，国民经济才能持续发展；环境规划是有计划地解决社会和经济发展与环境污染之间的矛盾，通过环境规划来协调两者的关系，是国民经济和社会发展规划的重要组成部分；环境规划制定的主要依据是经济和社会发展规划，经济与环境的协调发展最终也是通过经济发展规划与环境规划的目标协调一致体现出来的。

2. 环境规划与国土规划的关系

国土规划是对国土资源的开发、利用、治理和保护进行全面规划，包括土、水、矿产和生物等自然资源的开发；工业、农业、交通运输业的布局和地区组合；环境保护以及影响地区经济发展的要害问题的解决等。因此，国土规划主要是进行自然资源和社会资源合理开发的战略布局。环境规划则是国土规划的重要组成部分，为国土资源的合理开发利用、国土环境综合整治提供技术支持和科学依据。

3. 环境规划与经济区划的关系

经济区划是按照地域经济的相似性和差异性，对全国各地区进行战略划分和战略布局，构成不同的经济区，如农业区、林业区、城市关联地区、流域地区和工农业综合发展地区等。开展经济区划的主要目的是在综合分析比较各地区经济发展的有利条件和不利因素的基础上，解决如何因地制宜，发挥地区优势，为人类创造更多的物质财富。同时开展经济区划也为开展区域环境规划打下良好基础。环境规划是进行经济区战略布局和划分的补充和完善，有利于经济区合理开发资源，促使经济区域内的经济、社会、环境协调发展。

4. 环境规划与城市总体规划的关系

目前我国城市所采用的规划体系主要包括国民经济和社会发展规划（计划）、土地利用规划、城市规划、交通规划、绿化规划和城市环境规划等，城市以上的区划还可能有区域规划、江河流域规划等。城市规划是由战略规划（结构规划）、总体规划、分区规划、详细规划组成的完整体系。从内容上来看，城市规划与社会经济发展规划只涉及宏观战略层次。城市总体规划是为确定城市性质、规模、发展方向，通过合理利用土地，协调城市空间布局和各项建设，实现城市经济和社会发展目标而进行的综合部署。

城市环境规划是城市总体规划中的主要组成部分之一，并参与城市总体规划目标的综合平衡。它们的主要差异在于城市环境规划主要从保护生产力的第一要素——人的健康出发，以保持或创建清洁、优美、安静和适宜生存的城市环境为目标，从而促使经济社会和环境的可持续发展；城市总体规划是一种更深、更高层次上的经济和社会发展规划要求，两者之间存在事实上的主从关系。这主要是因为城市规划所覆盖的内容更多，对城市总体发展的指导性更强，规划思路的经济导向性更明确，与政府的主要目标联系紧密，并且经过多年的发展，相应的机构、制度等组织性的力量较为雄厚。

在地方的实际工作中，一般的程序是先制定城市规划，然后再制定环境规划，要求环境规划编制时参考城市规划的有关用地布局、经济发展战略、城市发展方向和生态环境保护等内容，并从环境保护的角度提出反馈意见。

综上所述，环境规划与国民经济和社会发展长期计划、国土规划、经济区划、城市总体规划有着紧密的联系，它们共同构成了一个完整的规划体系。

1.1.3　环境规划的基本特征

1. 综合性

随着社会生产的发展，越来越多的单一环境问题不断出现，并逐步综合演变为复杂、复合的环境问题，环境规划的综合性也越来越强。环境规划的综合性反映在以下几个方面：

1）环境规划涉及环境现状调查、环境质量评价、环境趋势预测、环境保护方案等工作，它涉及的领域广泛，影响因素众多，对策措施综合和实施规划的部门多，协调复杂。

2）环境规划协调的对象是经济系统和生态系统，包括地球物理系统、自然生态系统和社会经济系统，也就是一个大的多方面复合的综合性系统。

3）制定环境规划需要应用环境经济学、环境法、环境管理、环境工程学等基本知识，它涉及的基础理论包括生态经济学、人类生态学、地理学、系统学、污染气象学、水文科学、数学、计算机技术等多个学科，因而综合性很强，多个学科相结合的要求也相当突出。

2. 区域性

环境问题的地域性特征十分明显，主要体现在地域特征和变化规律的区域性及社会经济背景条件的区域性。

1）不同地区具有不同的环境系统结构，其产业结构和对环境的主要污染物及其污染控制系统的结构都不同。因此环境规划必须注重"因地制宜"。

2）不同地区的地域特征是不同的，描述污染物迁移转化规律不同，各类模型中参数和修正系数也不同。基本原则、规律、程序和方法必须融入地方特征才是有效的。

3）社会经济背景条件的区域性是指社会背景和经济发展速度不同，环境问题的影响不同，污染控制技术水平也不同，对环境保护投资支撑力度不同。

鉴于环境管理主要是依靠行政手段，因此综合考虑管理层次和地域范围就成为环境规划区域划分的主要依据。全国环境规划、省城环境规划、流域环境规划、城市环境规划、区县环境规划、乡镇环境规划等形成一系列逐步详细规划系列，在同一层次之间既要考虑区域性，又要有自己的特色。

3. 整体性

1）环境规划具有的整体性首先反映在环境规划是对具体的环境区域进行规划，环境就是整体概念，比如一个国家或一个地区，它们往往本身就是一个整体。

2）环境的要素和各个组成部分之间构成一个有机整体。各要素之间也有一定的联系，如大气二氧化硫污染带来酸雨问题，酸雨可以导致土壤的酸化，使河流的 pH 值降低；固体废弃物焚烧带来大气污染问题，而填埋可能影响地下水的环境质量。因此，对大区域污染控制，环境规划要关注各个要素污染的相关性，考虑生态环境整体的改善和生态环境功能的全面提升。

3）环境规划的整体性还反映在规划过程各技术环节之间关系紧密、关联度高，各环节影响并制约着相关环节。因而规划工作单独从某一环节着手并进行简单的串联叠加是难以获得有价值的系统结果的，应从环境规划的整体出发，全面考察研究，思路、方法、技术路线要具有一贯性。

4. 动态性

1）环境规划的背景是指与规划的决策与实施过程相关的各种周边制度、影响因素的总和，它具有较强的时效性，它的各种影响因素在不断地变化，无论是环境问题还是社会经济条件等都在随时间发生着难以预料的变动。因此，环境规划不是封闭于内部的各要素之间的互动，而是不断地与周围各种因素相互作用的过程。

2）环境规划的背景包括相关的立法、行政机构设置、发展总体水平及其他政策等。需要控制各种环境要素、企业和生态资源，管理机构中的各层次、各部门也是控制的对象。经济发展、环境保护的形式总是变化的，这些要素随着规划的实施在不断地变化。所以，环境规划方案也不能一成不变，对应不同条件下的环境规划也应该随时有所调整。

要从建立环境管理机制上入手，从理论、方法、原则、工作程序、支撑手段和工具等方面逐步建立起一套动态环境规划管理系统，以适应未来不确定性的变化。

5. 信息密集

在环境规划的全过程中，自始至终需要收集、消化、吸收、参考和处理各类相关的综合信息，而规划的成功与否在很大程度上取决于搜集的信息是否较为完全、识别和提取是否准确可靠，取决于是否能有效地组织这些信息并很好地利用。鉴于这些信息覆盖了不同的类型，来自不同的部门，存在于不同的介质中，表现为不同的形式，因此环境规划是一项信息高度密集的智能活动，只凭人脑是难以胜任的。所以，在客观上需要一种基于计算机的信息集中储存、处理的环境来支持和帮助规划人员完成这一工作。地理信息系统的计算机辅助环境规划系统将对环境规划有较大的帮助。

6. 环境规划与环境管理的结合

1）环境规划的政策性强，从环境规划的最初立题、课题总体设计至最后的决策分析，制定实施计划的每一技术环节中，经常会面临从各种可能性中进行选择的问题。完成选择的重要依据和准绳是我国现行的有关环境政策、法规、制度、条例和标准。因此，环境规划的过程也是环境政策的分析和应用过程。

2）环境规划与环境管理结合紧密。当代环境保护的兴起和发展是从治理污染、消除公害开始的，并大体经历了以单纯运用工程技术措施治理污染为特征的第一阶段，以污染防治相结合为核心的第二阶段，以环境系统规划与综合管理为主要标志的第三阶段。从这些阶段性分析可以看出，环境规划和环境管理是紧密联系的。

环境规划是建立在对环境的实证研究所作出的有预见性的决策安排，它本身是规范性质的。环境规划的实施，也需要环境管理活动来执行。另外，在制定环境规划时，要考虑不同管理级别的要求，要在国家级的框架结构中为地方的工作留有一定的余地和发展空间。

1.1.4　环境规划的原则

（1）**遵循经济规律，符合国民经济计划总要求的原则**　环境问题实质上是一个经济问题。经济发展要消耗环境资源，向环境排放污染物，并产生环境问题。自然生态环境的保护和污染防治需要的资金、人力、技术、资源和能量，受到经济发展水平和国力的制约。环境与经济存在着互相依赖、互相制约的密切联系，在两者的双向关系中，经济起着主导的作用。因此，制定环境规划必须遵循经济规律，符合国民经济计划的总要求。这个原则是环境规划编制的最重要的基本原则。

（2）**经济建设、城乡建设和环境建设同步原则**　我国的第二次全国环境保护会议上提出的中国环境保护工作的基本方针是：经济建设、城乡建设和环境建设同步规划、同步实施和同步发展，实现经济效益、社会效益和环境效益的统一，促进经济、社会和环境持续、协调发展。它标志着中国的发展战略从传统的只重发展经济忽视环境保护的战略思想，向环境与经济社会协调发展的战略思想的转变。

（3）**遵循生态规律，合理利用环境资源的原则**　在制定环境规划时必须遵循生态规律，对环境资源的开发利用要遵循开发利用与保护增值并重的原则，防止开发过度造成恶性循环。

（4）**预防为主，防治结合的原则**　"防患于未然"是环境规划的根本目的之一。在环境污染和生态破坏发生之前，予以杜绝和防范，减少其带来的危害和损失是环境保护的宗旨。同时鉴于我国环境污染和生态破坏现状已较为严重，环境保护方面的欠账太多，新账不能欠，老账也要逐步地、积极地还清。因此，预防为主、防治结合是环境规划的重要原则。

（5）**系统原则**　前面已经讲到环境规划对象是"社会—经济—环境"这一大的复合生态系统，是一个综合体，所以用系统论方法进行环境规划有更强的适用性。

（6）**坚持依靠科技进步的原则**　要大力发展清洁生产和推广三废综合利用，将污染消灭在生产过程之中；积极采用适宜规模的、先进的、经济的治理技术；同时，环境规划还必须借助科技的力量，寻求支持系统，包括数据收集、统计、处理和信息整理等，从而完善环境规划的分析过程，获得更准确、更有力的规划结果。

（7）**强化环境管理的原则**　十几年来，我国环境保护工作形成了一条具有中国特色的环境保护道路，其核心是强化环境管理，运用法律的、经济的和行政的手段保证和促进环境保护事业的发展，因而环境规划要体现出这一特点，必须是经济发展与环境相协调，才能起到环境规划的先导作用，为环境管理服务。

1.1.5　环境规划的基本任务

环境规划的任务是解决和协调国民经济发展和环境保护之间的矛盾，维护人类生态系统的良性循环，以谋求系统的最佳发展。环境规划的基本任务具体表现为以下几点：

1. 合理地编制地区发展的规划纲要，制定环境保护技术政策

全面掌握地区经济和社会发展的基础资料，编制发展的规划纲要。通过调查研究，搜集有关地区经济和社会发展长期计划及各项基础技术资料，并对本地区的自然资源、社会资源和经济资源作全面分析和评价，以便进一步确定地区经济和社会发展的性质，明确其任务和发展方向，确定地区工农业生产的专业化和综合发展的内容及途径，编制地区发展的规划纲要。

环境保护技术政策涉及到国民经济和社会发展的需要和可能，能源、资源合理开发利用的程度，生态环境保护与人体健康，国家经济技术开发战略等多方面错综复杂的关系，而且还与环境质量的背景、现状和未来发展直接相关。因此，要制定统一的环境保护技术政策，用以指导制定环境规划。制定环境技术政策，既要和有关方面、有关行业的技术经济政策相协调，又要从环境保护战略全局的需要加以统筹安排，起到横向综合与协调的作用。

2. 搞好地区内工农业生产力的合理布局

首先要对工业分布的现状进行分析，揭露问题和矛盾，以便从根本上去解决污染问题。其次，要根据地区发展的规划纲要，结合地区经济、社会、历史以及地理条件，将各类工业合理地组合，布置在最适宜的地点。合理布局污染工业体系，使工业布局与资源、环境及城镇居民点、基础设施等建设布局相协调。农业上，就是要结合农业区划提供的情况，因地制宜地安排好农、林、牧、副、渔等各项生产用地；加强城郊副食品基地的建设；妥善解决工、农业之间以及农业与各项建设之间在用地、用水和消耗能源等方面的矛盾，做到资源利用配置合理，形成区域生产力布局。

污染工业的合理布局应主要抓好下述几方面的工作：①对区域内污染工业的分布现状进行分析，揭露矛盾，以便在今后调整和建设过程中逐步改善布局；②对于国家计划确定的大型骨干工程，组织有关部门进行联合选厂定点，并进行环境影响评价，预测该工程投产以后对环境可能带来的不利影响，并采取减少其不利影响的保护措施，以期达到规定的环境目标；③在新开发的工业区，要形成"工业生产链"，以便充分利用资源，减少环境污染。

3. 充分合理地利用资源，提高资源利用率

广义的资源包括自然资源（如水、气候、生物、土地、矿物和天然风景等）、社会资源（如男女劳动力数量、年龄构成、就业比重、劳动技能和文化教育水平等）和经济资源（指在某一地区积累的物质财富，包括工农业生产、交通运输、水利和城镇建设等物质技术基础）。必须对全国及各地区的资源结构进行全面分析和评价，在对比中弄清长处和短处以及有利条件和限制因素，以便因地制宜，扬长避短，最大限度地利用资源，这对于经济发展和减少环境污染是十分有利的。

4. 搞好环境保护，建立区域生态系统的良性循环

区域环境规划应力求减轻或免除对自然的威胁，恢复已被破坏的生态平衡，使大自然的生态向良性循环发展，进一步改善和美化环境。对局部被人类活动改造的地表进行适当修饰，搞好大地绿化和重点园林绿地规划，丰富文化设施，增加休憩和旅游的活动场所。

目前，我国环境保护工作已进入新的发展时期，新的形势对环境规划的任务提出了更高的要求。当前和未来一段时间，我国环境规划的基本任务是：①进一步落实环境保护基本国策；②坚持污染防治和保护生态环境并重；③实施总量控制计划和跨世纪绿色工程规划；④建立和完善综合决策、监管和公关、环境投入和公众参与四项制度。

1.2 环境规划的类型和基本内容

1.2.1 环境规划的类型

环境规划涵盖面非常广泛，关于环境保护的计划安排都可以算是环境规划。因研究问题

的角度、采取的划分方法不同，可以对环境规划进行不同的分类，一般以范围、时间长度、内容等方面划分环境规划类型。

1. 按所覆盖的范围和管理层次划分

从规划所覆盖的范围来划分，环境规划可分为国家环境规划、区域环境规划、部门环境规划。

1）国家环境规划涉及整个国家，是全国社会经济发展规划的组成部分，它对全国的环境保护工作起指导作用。

2）区域在我国习惯上认为是省、地区或相当于几个地区的经济协作区，但这里的区域的含义是指地域的某个范围，也包括流域和县域范围。区域环境规划的综合性和地域性很强，它是国家环境规划的基础，又是制定城市环境规划、大型经济技术开发区环境规划的前提。区域环境规划包括江河流域环境规划、近海海域环境保护规划、城市（或市域）环境规划、大型经济技术开发区环境规划、工矿区环境规划、乡镇环境规划（农村环境综合整治规划）、资源能源保护区环境规划、风景旅游区和自然保护区环境规划等。

3）部门环境规划包括工业部门环境规划、农业部门环境规划和交通运输部门环境规划等。

2. 按规划跨越时间长度划分

1）长远环境规划：一般是跨越时间为 10 年以上的宏观计划，是依据对长远环境目标和战略措施来制定的。

2）中期环境规划：一般跨越时间为 5～10 年。5 年环境规划一般称五年计划。由于我国国民经济计划体系是以五年计划为核心的计划体系，所以五年环境规划也是各种环境规划的核心，它应与国民经济社会发展计划同步，并纳入其中。

3）短期环境计划：实际上是五年计划的年度安排，是五年计划分年度实施的具体部署，也可以对五年计划进行修正和补充（如环境保护年度计划）。年度环境计划则是每一个措施、工程、项目及任务的具体安排。

3. 按环境规划的内容划分

1）环境规划从宏观、微观的层次上可分为宏观环境规划、专项环境规划及环境管理规划。以城市环境规划为例，分为城市宏观环境规划、城市专项环境规划和城市环境管理规划，其内容既有区别也有联系。城市宏观环境规划是一种战略层次的环境规划，包括经济发展和环境保护趋势分析、环境保护目标、环境功能区划、环境保护战略、区域污染控制、生态建设与生态保护规划方案等。

2）专项环境规划按环境要素划分，可分为大气污染控制规划、水污染控制规划、固体废物污染控制规划、噪声污染控制规划。它们都是对规划区内的大气、水、固体废物和噪声等进行规划。在专项的大气、水环境规划中，以城市重点解决问题和所用方法为依据分类，可分为污染综合整治规划和污染物排放总量控制规划。对城市环境规划而言，如果城市污染比较严重，一般要制定污染综合整治规划；如果是新开发地区，或者要重点考虑城市环境对未来的社会经济发展所能提供的承载能力，则要制定污染物排放总量控制规划。

3）在环境管理规划方面，无论是污染综合整治规划还是污染物排放总量控制规划，可以由区域制定，也可以由部门制定。如果考虑预防措施，环境综合整治规划可以提升为污染防治规划，如城市污染综合防治规划、工矿区污染综合防治规划、交通污染综合防治规划。

4. 按环境规划的性质划分

如果考虑的环境是大环境概念，环境规划也包括生态建设及生态保护规划，如生态建设规划、自然资源开发与保护规划、生物多样性保护规划、自然保护区生态规划等。此外还包括土地利用规划、海域等环境要素的污染综合整治规划等。

1）生态规划：一切经济活动都离不开土地利用，各种不同的土地利用对地区生态系统的影响是不同的，在综合分析各种土地利用的"生态适宜度"的基础上，制定土地利用规划，称之为生态规划。

2）污染综合防治规划：也称之为污染控制规划，是当前环境规划的重点。按其内容可分为工业（行业、工业区）污染控制规划、农业污染控制规划和城市污染控制规划。根据范围和性质的不同，又可分为区域污染综合防治规划，如经济协作区、能源基地、城市和水域等的污染综合防治规划和部门污染综合防治规划，如工业、农业、商业等。

3）自然保护规划：保护的内容主要是生物资源和其他可更新资源，还包括文物古迹、有特殊价值的水源地和地貌景观等。

4）环境科学技术与产业发展规划：主要包括为实现以上三方面的规划类型所需要的科学技术研究、发展环境科学体系所需要的基础理论研究、环境管理现代化的研究、环境保护产业发展研究。

环境污染与能源资源利用、经济发展之间的关系紧密，环境问题更深层次的解决方案还得在环境与能源资源利用、环境与经济发展系统分析中产生。因此，经济与环境协调发展规划、环境与能源利用规划、水资源环境规划等综合性规划，也自然地可以看成是传统环境规划的延伸。

5. 按环境与经济的辩证关系划分

1）经济制约型：经济制约型环境规划是为了满足经济发展的需要，环境保护服从于经济发展的需求，一般表现为先污染后治理的形式，是为了解决经济发展所带来的环境后果而作出的规划。

2）协调型：协调型环境规划反映了促使经济与环境之间的协调发展，以经济和环境的双重目标为出发点而作出的规划。协调型环境规划是协调发展理论的产物，协调发展在今天已经被全世界公认为发展经济和保护环境的最佳选择，世界上已有很多国家根据本国特点寻求适合于本国国情的协调发展途径。

3）环境制约型：环境制约型环境规划充分体现了经济发展服从环境保护的需要，经济发展目标是建立在环境基础上的，即经济发展受环境保护的制约。

1.2.2 环境规划的内容

1. 区域或城市综合性环境规划的内容

环境规划的内容应根据规划对象和实际情况选取，一般区域环境规划或城市综合性环境规划应包括下列内容：

1）自然环境现状和社会发展状况概述。自然环境概述着重于规划区域特殊的气候、地理、生态状况和开发历史等，这是规划的重要基础之一，是保证规划的适应性和针对性所必需的内容。经济社会发展概述着重于经济发展规模、产业结构与布局、资源利用分析、科技水平、经济发展与环境的相互依赖关系，经济发展对环境的影响及环境污染或破坏对持续性经济发展的影响等。在规划中对上述问题进行概述和粗略分析，作为整个规划的重要出发点和依据。

2）环境保护工作情况概述。概述前几年环境保护计划完成情况，包括污染控制、环境建设、完成工程项目、投资与效益等，以及完成先前规划目标中存在的主要问题、困难及原因等，以此作为新规划的重要参考。

3）环境变化趋势分析。环境变化趋势分析包括环境质量总的发展趋势、污染发展趋势、生态环境变化趋势及重大环境问题的发展趋势等。环境变化趋势是环境调查、评价、预测的综合描述与分析。列入描述与分析的内容应与规划目标基本相对应，同时阐明今后应注意的问题、发展方向等。趋势分析是编制规划的重要基础和起点。

4）环境规划总目标。根据环境区划和功能分区制定环境规划的总目标及将要达到的主要指标。综合性规划的总目标必须包括环境质量目标和污染物总量控制目标两个主要方面。区域（如省区）环境规划总目标视情况还包括生态环境目标。

5）重点城市和经济区环境综合整治规划。城市和经济区是经济、社会活动高度集中的地方，也是环境问题比较突出的场所。城市和经济区环境的综合整治是环境保护工作的重点。

6）工业污染防治或部门行业污染控制规划。我国环境污染主要来自工业，工业污染防治是整个环境污染控制的重点。

7）乡镇环境保护与建设规划。乡镇是城市发展的依据，广阔的乡镇环境与城市环境有着相互影响、互相依存的关系。乡镇环境保护与建设计划的重点，一是控制乡镇企业的污染，二是改善乡镇的生态环境，为大农业的发展创造基础条件。

8）专项环境保护规划。专项环境保护规划包括大气环境保护规划、水环境保护规划、固体废物污染控制规划、噪声污染控制规划。它们都是对规划区内的大气、水、固体废物和噪声等进行规划。水环境保护规划主要包括：水域功能区划分与地面水质量目标的确定；地表水、地下水等水源保护规划；水污染综合整治规划和水污染物排放总量控制规划。大气环境保护规划主要指城市地区大气环境保护，其主要内容包括：能源消费量、能源结构分析与大气污染特征；功能区划分与大气质量目标的确定；大气污染防治主要工程项目与污染削减计划；大气污染防治主要措施等。

9）产业结构与生产力布局规划。产业结构和生产力布局对环境有着长远的、深刻的影响。确定合理的产业结构和生产力布局，对于促进经济、社会与环境的协调持续和稳定发展，有着十分重要的意义。

10）自然保护与生态环境保护规划。自然保护与生态环境建设应坚持重点保护与普遍改善相结合的原则，正确处理保护与开发利用以及保护区与周围地区群众生产利用的关系。自然保护区的规划应包括：自然保护区的范围及重点保护对象；自然保护区建设与管理计划；珍稀濒危动植物保护计划（包括物种保存与繁育扩群基地的建设）；保护区与周围其他事业发展的协调关系与措施。生态环境保护规划包括城市生态、农村生态或区域生态等规划。

11）科技发展与环保产业发展计划。环保科技的发展除了应注重硬技术的开发和应用之外，也应适当发展软科学技术，提高科技为环保的服务水平。环保科技发展与环保产业发展计划应包括：科学研究与装备计划；重大技术开发项目与攻关组织计划；环保工业、技术装备与环保技术服务发展计划；科技引进、交流和人才培养计划。

12）环保系统自身建设计划。主要包括政策研究，法规建设，标准制定，监测体系的完善，信息的收集与传递，宣传教育以及环保系统职工素质的提高等问题。在编制计划时，应就人员编制、机构设置、建筑面积、装备条件等，综合考虑，纳入计划。

13）费用预算和资金来源。必要的经费是实现规划目标的重要保证，实施规划所需的费用及其来源，是规划的重要内容，也是规划可行性的重要依据。规划中应就费用预算、用途、来源及可行性分析加以论证和说明，以便纳入国民经济和社会发展规划及城市总体规划中。

14）环境保护工程技术方案和政策建议。在许多实际环境规划中，还具体提出了大气污染控制、水污染治理、固体废弃物治理、噪声污染控制等技术方案和生态环境保护工程项目。

15）环境规划的内容还应包括规划的范围和年限、规划的依据、规划编制原则、规划的指标体系及技术路线等，并提出相关的政策建议，强化环境管理，确保环境保护规划方案的实施。

2. 污染控制规划的内容

这种规划是针对污染引起的环境问题编制的，主要是对工农业生产、交通运输、城市生活等人类活动对环境造成的污染而规定的防治目标和措施。工业发达国家在一个很长时期内所制定的环境规划多是这种规划。

（1）工业污染控制规划　工业排放是环境污染的主要原因。据美国 1968 年统计：87%的二氧化硫、56%的颗粒物质、45%的氮氧化物、15%的碳氢化合物、11%的一氧化碳和大部分废水来自工业生产部门排放。因此，控制环境污染首先要控制工业污染。工业污染控制规划的主要内容包括：①布局规划：按照组织生产和保护环境的要求，划定发展不同工业的不同地区，并且按照环境容量，确定工业的发展规模；②技术改造和产品改革规划：推行有利于环境的新技术，规定某些环境指标（如日本推行的废水循环利用率），淘汰有害环境的产品（如禁止生产有机氯农药、含汞农药）；③制定工业污染物排放标准：根据不同工业、不同地区，分别规定当前要达到的标准，3～5 年要达到的标准，以至规定 10 年要达到的标准。制定排放标准是实现环境目标的基本措施，在规划中占有重要地位。工业污染控制规划的主要措施是：

1）严格控制新污染。基本建设和技术改造项目必须严格执行国家产业政策和环境保护法规，采用清洁生产工艺和设备，合理利用自然资源，并通过"以新带老"，做到增产不增污或增产减污。

2）巩固和提高工业污染源主要污染物达标排放成果。推行污染物排放全面达标，工业污染源排放的各种污染物要达到国家或地方排放标准。全面实施排污申报登记动态管理，在重点地区推行许可证制度。实施污染物排放总量控制定期考核和公布制度。

3）淘汰污染严重的落后生产能力。综合运用法律、经济和行政手段，结合国家工业生产总量调控目标，关闭产品质量低劣、浪费资源、污染严重、危害人民健康的厂矿，淘汰落后设备、技术和工艺。

4）大力推行清洁生产。结合产业结构调整，提倡循环经济发展模式，采用高新适用技术改造传统产业，支持企业通过技术改造，节能降耗，综合利用，实行污染全过程控制，减少生产过程中的污染物排放。

5）重点行业的污染防治。主要包括以下方面：

煤炭行业：以改善煤炭结构为导向，限制开采高硫煤，着力提高优质煤比重。加大煤炭清洁利用技术研究的开发力度，大力发展煤炭洗选、型煤、动力配煤、水煤浆、煤炭气化和液化，逐步提高煤炭洁净利用水平和利用效率。抓好劣质煤和煤矸石的综合利用，开发利用煤层气资源，逐步限制直接使用原煤，发展配煤产业。加强矿区环境综合整治，以土地复垦为重点，建立各种类型的矿区生态建设示范基地，逐步形成与生产同步的生态恢复建设机制。

电力行业：以削减二氧化硫排放量为重点。优化电源布局，促进西电东送，控制东部地区新建燃煤电厂，限制"两控区"新建燃煤电厂，禁止在大中城市市区和近郊新建、扩建燃煤电厂（热电联产除外）。调整电源结构，积极发展水电和坑口大机组火电，压缩小火电，关停和替代老旧机组，适度发展核电，鼓励热电联产和综合利用发电，因地制宜发展风力、太阳能、生物质能等新能源和可再生能源发电。新建燃煤电厂要采用低氮燃烧方式，并同步建设脱硫设施。

钢铁行业：结合钢铁产量总量调控和结构调整，继续加大取缔小土焦、小钢铁等小企业，淘汰平炉、倒焰式焙烧炉、小高炉、小烧结、小转炉、化铁炼钢等落后工艺和装备，大力推动以清洁生产为中心的技术改造，积极采用干熄焦、炉外精炼、高效连铸等先进技术，全面推广余能、余压、余热和废气、废水、废渣的综合利用。

有色金属行业：继续关停土冶炼，淘汰落后工艺和关闭落后企业。鼓励企业采用新技术装备，进行高技术起点的技术改造和清洁生产，提高工艺废气、废水、废渣的综合利用率。

石油和化工行业：以结构调整和清洁生产为重点，关闭污染严重的小化工企业，逐步淘汰高毒高污染的甲胺磷、久效磷、对硫磷、磷胺等有机磷农药，淘汰工艺落后、污染严重、附加值低的染料、涂料品种。大力发展天然气工业，优化能源结构。

建材行业：逐步淘汰机立窑、立波尔窑、中空窑等落后工艺，禁止新建、扩建立窑生产线，鼓励发展新型干法窑外分解大型水泥项目；淘汰引上工艺、平拉工艺、小型格法工艺等落后玻璃工艺，发展"洛阳浮法"玻璃技术；大力开展废弃物综合利用，发展新型墙体材料，在大中城市强制淘汰粘土实心砖。

轻工行业：关闭污染严重、技术落后、不符合经济规模的小制浆厂、小制革厂、小酿造厂、小糖厂等，淘汰落后工艺和落后生产能力，加大重污染行业的结构调整和污染治理力度；禁止生产锌汞电池；停止一次性发泡塑料餐具生产和销售；建立废旧电器回收制度；限制轻工产品的过度包装；大力推广环境标志产品认证，推动发展节能、低噪、无毒、无污染的环保型轻工产品。

（2）城市污染控制规划　环境污染主要集中在城市，控制城市污染是控制整个环境污染的中心环节。城市污染控制规划的主要内容是：①布局规划，实行功能分区，按照环境要求和条件，合理部署居民区、游览区、商业区、文教区、工业区和交通运输网络；②能源规划，包括推行无污染、少污染燃料，集中供热，实现煤气化、电气化等计划；③水源保护和污水处理规划，规定饮用水源的保护措施（如划定水源保护区），规定污水排放标准，确定污水处理厂建设规划；④垃圾处理规划，规定垃圾的收集、处理和利用指标，垃圾的处理方式，垃圾的处理由一般的堆积、填埋、焚烧的消极处理，走向积极的综合利用；⑤绿化规划，确定绿化指标，划定绿地，建立苗圃等。

城市污染控制规划主要措施是：

1）合理规划，完善城市功能。遵循生态规律，从城市环境容量和资源保证能力出发，制定和实施城市总体规划，合理确定城市规模和发展方向，调整城市产业结构和空间布局，逐步解决城市功能区混杂问题，加快城市环境基础设施建设，改善城市生态环境。

2）治理城市水污染。所有城市都要制定改善水质的计划，重点保护城市饮用水源。采用截污、治污、清淤、保证城市河湖用水、加快水体交换、维护城市湿地等措施，使城市地表水按功能达标。综合运用价格、行政、科技和工程措施，推行城市节水、污水处理及其资源化，创建节水型城市。严格控制地下水开采量，严禁超采地下水。

3）治理城市大气污染。提高城市清洁能源比例，改善能源结构，大中城市要建设高污染燃料禁燃区，在人口稠密的市区逐步取消直接燃用原煤。促进西气东输沿线城市积极利用天然气。加快城市供热、供气能力建设。禁止在城市的近郊区内新建燃煤电厂和其他严重污染大气环境的企业。大力发展公共交通，鼓励开发和使用清洁燃料车辆，逐步提高并严格执行机动车污染物排放标准。

4）治理城市垃圾污染。加快城市生活垃圾处理及综合利用、危险废物安全处置等城市环保基础设施建设。建立垃圾分类收集、储运和处理系统，在优先进行垃圾、固体废物的减量化和资源化的基础上，推行垃圾无害化与危险废弃物集中安全处置。建立废旧电池回收处理体系。

5）治理城市噪声污染。加强对建筑施工、工业生产和社会生活噪声的监督管理。限制机动车、火车市区鸣笛，对造成敏感区域声环境超标的交通重负荷路段，采取降噪措施，控制交通噪声污染。

6）做好重点城市环境保护工作。综合考虑城市规模、性质、区域分布和环境状况等因素，加大环境综合整治力度。开展创建国家环境保护模范城市活动，提升模范城市的可持续发展综合能力。完善公众、社区和媒体参与城市环境管理的机制，建立城市环境污染应急响应系统。

（3）农业污染控制规划　其主要内容是：防治农药、化肥、污水灌溉造成的污染。如禁止或者严格限制有机氯农药的生产和使用，发展高效低残留的新农药，推行生物防治和综合防治农业病虫害等等。主要措施是：

1）保护农村饮用水源。划定村镇集中式饮用水源保护地，加大保护力度，确保农村集中式饮用水水源地的水质基本达到标准。

2）防止农作物污染，确保农产品安全。开展全国土壤污染调查和污染防治示范工作，建立农产品安全检测和监管体系。加强农药和化肥环境安全管理，推广高效、低毒和低残留化学农药，禁止在蔬菜、水果、粮食、茶叶和中药材生产中使用高毒、高残留农药。防止不合理使用化肥、农药、农膜和超标污灌带来的化学污染和面源污染，保证农产品安全。结合农业产业结构调整，大力发展生态农业、有机农业和节水农业，积极发展有机食品、绿色食品和无公害食品。

3）控制规模化畜禽渔养殖业的污染。推广畜禽养殖业粪便综合利用和处理技术，鼓励建设养殖业和种植业紧密结合的生态工程；加强渔业资源和渔业水域生态保护；合理确定养殖容量和捕捞强度。

4）开展秸秆禁烧，促进综合利用。在机场、高速公路、重要铁路干线和高压输电线以及人口集中区禁止焚烧秸秆。大力推广秸秆还田、秸秆气化和其他综合利用措施，开辟工业利用秸秆新途径。发展沼气、节能灶等新能源和新型节能技术，加强农村能源综合建设。

5）保护小城镇环境。采取有效措施防止高消耗和高污染的落后工业向农村，尤其是向西部农村地区转移。加强小城镇环境保护规划，引导乡镇企业适当集中，建立乡镇工业园区，实行乡镇工业污染的集中控制。促进城镇环境基础设施建设，特别是要因地制宜地建设城镇污水处理设施和垃圾处理设施，开展环境优美小城镇创建活动。

(4) 水域污染控制规划　主要措施是控制污染源。通常的做法有：禁止或限制某些污染物的排入，如日本琵琶湖周围，禁止设立对湖水有影响的工厂，甚至限制居民使用洗涤剂；制定水环境质量标准，并根据这种标准制定工业、交通、城市污水的排放标准，如泰晤士河、莱茵河等流域污染的改善，主要是实行这种标准的结果；大力推行废水净化处理措施，如排入水域的废水一般要经过二级处理等。

3．国民经济整体规划中环境规划的内容

这种规划就是在国民经济发展规划中相应地安排环境规划。它是在公有制基础上实行的一种计划体系，是遵照有计划、按比例的原则纳入到国民经济和社会发展规划之中的，随着国民经济计划的实现而达到保护和改善环境的目的。主要做法是：国家向各地区和有关部门提出保护和合理开发自然资源的要求，下达资源利用指标和污染物控制指标，各地区和有关部门把这种要求和指标随着生产和建设计划贯彻到所有执行单位。我国目前实行的主要是这种规划，东欧一些国家也多采用这类规划。

(1) 国土规划　人类社会发展证明，要保持社会经济发展与人口、资源、环境的协调，维护一个适宜于人类的生存环境，不能只靠消极的"治理"，而要采取积极的"预防"措施。国土规划被认为是预防环境污染和破坏的有效方式。国土规划就是使国土的开发、利用、治理和保护符合全局利益和长远利益。这种规划确定资源合理开发利用的战略布局，确定生产力配置和人口配置的原则，为国民经济长远规划提供依据。

(2) 区域规划　区域是按照地理位置、自然资源和社会经济发展情况划定的。这是在城市规划的基础上，扩大范围的一种规划。这种规划可以在一个更大的范围内统筹安排经济、社会发展和保护环境的关系，做到合理布局。区域规划的主要内容是：①进行区域内各种资源和环境条件的综合评价，确定开发、利用、治理和保护的方针；②确定工业发展规模和布点结构布局，确定农业生产布局，促使农、林、牧、副、渔业合理发展；③确定城乡居民点的布局，重点是城市和集镇的布局，使人口合理地分布；④规划动力、交通、水利等公用基础设施；⑤确定保护和改善环境的目标、重点和措施。

(3) 流域规划　这是以合理开发利用水资源为主体的规划。主要内容是：保护植被，控制水土流失；通盘规划流域内工业、农业、渔业、城市和交通运输用水；控制工业、交通废水和生活污水对流域的污染等。

(4) 专题规划　如沙漠治理、植树造林和珍贵稀有生物资源保护利用规划等。在国际上虽然对国土规划评价很高，但真正全面实行的并不多。我国已开始进行这种规划，如京津唐地区规划、以山西为中心的能源和化工基地的经济区规划等。对于重大环境工程还应有专门的规划文本和投资预算。

1.3　环境规划的目标与指标体系

1.3.1　环境规划的目标

制定恰当的环境目标是制定环境规划的关键，环境规划的目的就是为了实现预定的环境目标。环境规划的目标是环境战略的具体体现，是进行环境建设和管理的基本出发点和归宿。环境规划的目标是通过环境指标体系表征的，环境指标体系是一定时空范围内所有环境因素构成的环境系统的整体反映。

1. 环境规划目标的概念

环境规划目标是对规划对象（如国家、城市和工业区等）未来某一阶段环境质量状况的发展方向和发展水平所做的规定。它既体现了环境规划的战略意图，也为环境管理活动指明方向，提供了管理依据。环境规划目标应体现环境规划的根本宗旨，要保障国民经济和社会的持续发展，促进经济效益、社会效益和生态环境效益的协调统一。因此，环境规划目标既不能过高，也不能过低，而要恰如其分，做到经济上合理、技术上可行和社会上满意。只有这样，才能发挥环境规划目标对人类活动的指导作用，才能使环境规划纳入国民经济和社会发展规划成为可能。

2. 环境规划目标的基本要求

1）环境规划目标必须有时间限定和空间约束，有一般发展规划目标的共性，可以计量并能反映客观实际，而不是规划人员和决策者的主观要求和愿望。

2）环境保护的根本目的是为了实现人与自然的和谐，保障环境与经济社会协调发展。环境规划目标应与经济社会发展目标进行综合平衡。根据制定目标的侧重点不同将出现三种情况：①目标适中，发展经济与环保投入两种目标都可达到，这是一种协调型的环境规划；②环保投入受经济力量限制，必须降低环境目标，而注重协调工作并解决经济发展带来的环境后果，这是一种经济制约型环境规划；③为确保环境目标的实现，必须限制经济的发展规模和速度，重新布局工业或调整产业结构，这种情况充分体现了经济发展服从环境保护的需要，属环境制约型的发展规划。

3）保证目标的先进性。目标应能满足经济社会健康发展对环境的要求，保障人民正常生活所需环境质量，同时，应考虑技术进步因素，以确保规划目标的实现。

4）保证目标的可实施性，即目标的技术经济条件的可行性以及目标本身的时空可分解性，并且要便于管理、监督、检查和实行，要与现行管理体制、政策、制度相配合，特别要与责任挂钩。

3. 环境规划目标的类型

环境规划目标是环境规划的核心内容，环境规划目标的分类与环境规划类型是一一对应的。

（1）按规划内容分类

1）环境质量目标。环境质量目标主要包括大气质量目标、水质量目标、噪声控制目标及生态环境目标。环境质量目标依不同的地域或功能区不同，由一系列表征质量的指标体系来实现。

2）环境污染总量控制目标。环境污染总量控制目标主要由工业或行业污染控制目标和城市环境综合整治目标构成。污染排放总量控制目标实质上是以功能区环境容量为基础的目标，即把污染物排放量控制在功能区环境容量的限度内，多余的部分即作为削减目标或削减量。削减目标是污染总量控制目标的主要组成部分和具体体现。目标的分解、实施、信息反馈、目标调整以及其他措施主要是围绕着削减目标进行的。

（2）按规划目的分类

1）生态保护目标。在区域环境规划中要有保护森林资源、草原资源、野生生物资源、矿产资源、土地资源和水资源等生态资源的规划目标；同时还要有防止水土流失、土地沙化、土地荒漠化、土地盐碱化及建立自然保护区和封建区的规划目标。

2）环境污染控制目标。其中大气污染控制目标是在规划期内要把区域内的大气主要污染物的总量、浓度控制在一定的标准内，包括各项空气质量指标和大气污染治理指标。水体污染控制目标指控制区域工业废水和生活污水的排放总量以及水体中污染物的含量；控制区域内江河湖泊的工业废水和生活污水的纳入总量；控制地表水和地下水在一定的水质指标范围内，制定各类水体污染的治理目标。固体废物控制目标指控制区域内各产业部门的固体废物和生活垃圾的产生量和排放总量、占地面积；提出固体废物的综合利用率、生活垃圾处理率等各项目标。噪声污染控制目标是按国家规划的标准要求，把区域内的一般噪声、交通噪声和飞机噪声控制在一定的范围内。

3）环境管理目标。在环境规划中要包括组织、协调、监督等项管理目标，同时还包括实施环境规划，执行各项环境法规以及环境保护的宣传、教育等项管理目标。依靠环境管理来确保环境规划的实施。

（3）按规划时间、空间和规划管理层次分类 按规划时间可分为短期（年度）、中期（5~10年）和长期（10年以上）目标。从关系上看，长期目标通常是中、短期目标制定的依据，而短期目标则是中、长期目标的基础。短期目标需要准确、定量、具体，具有很强的可操作性；中期目标包含具体的定量目标和定性目标；对于长期目标，主要是有战略意义的宏观要求。按空间范围可分为国家、省区、县市各级环境目标。对特定的森林、草原、流域、海域和山区也可规定其相应目标。从总体上看，上一级环境目标是下一级环境目标的依据，而下一级则是上一级的基础。按管理层次分为规划区在规划期内的宏观目标和详细目标。宏观目标是对应达到的环境目标总体上的规定；详细目标是根据环境要素、功能区划对规定的环境目标所作的具体规定。

1.3.2   确定环境规划目标的原则和方法

1. 确定环境规划目标的原则

（1）以规划区环境特征、性质和功能为基础 确定规划目标要基于相应规划区的性质和功能，综合分析，抓住特点，区别对待，才能确定出适合本区域持续发展的最佳环境目标。对无能力防治和对污染特别敏感的区域，目标应高一些，而对环境容量大、承载能力强的区域，可以适当放低目标，推动经济发展，并最终反过来促进环境与经济的协调发展。目标订得过高或过低，都会造成资源浪费，经济和环境效益低下。

（2）以经济、社会发展的战略思想为依据 我国发展国民经济的战略思想就是社会、经济、科学技术相结合，人口、资源、环境相结合的协调发展，发展生产的目的就是满足人民日益增长的物质文明和精神文明的需要。如果只有发展经济的目标而无环境目标，只有经济发展的规划而没有保护和改善环境的规划，势必造成环境污染和生态破坏，资源的衰退和枯竭，则经济难以持续发展。

（3）应当满足人们生存发展对环境质量的基本要求　环境规划目标不仅要满足环境与经济协调发展的需要，还要保证人们生存发展的基本要求得到满足。确定目标应高于人们生活对环境质量的要求，也要高于生产对环境质量的要求。

（4）环境规划目标应当满足现有技术经济条件　确定目标时应考虑现有的管理、防治技术和人才结构问题，要分析现有经济水平能够提供多少资金用于环境保护。环境规划目标和经济目标应该协调起来进行综合平衡。不同地区技术条件不同，但都应在现有和可能有的技术和经济条件下确定环境规划目标。

（5）环境规划目标要求能做时空分解、定量化　无论定性目标，还是定量目标，都要把目标具体化，在时间上和空间上能进行分解细化，形成易于操作的指标和具体要求。这样，便于环境规划方案的管理、监督、检查和执行。

2. 确定环境规划目标常用的方式

1）定量确定环境规划目标，是指在目标确定过程中尽量使目标量化的方式。用这种方式确定的目标都有具体的数量，表示环境质量要达到的程度和标准。其优点在于明确而具体表示环境规划目标，以利于管理、监督和实施。这种方式在中短期规划中应用较多。

2）定性确定环境规划目标，是指用定性的方式描述目标，无明确数量化的要求，只是用概要的语言描述对于环境质量的要求。定性目标便于指导定量目标的确定，但不具有操作性。其优点在于能在较广的视角范围表达目标，常用于中长期规划的目标确定。

3）半定量确定环境规划目标，是一种介于定性与定量确定之间的方式，它综合了定量定性的优点，回避了两者的弱点。该方式适于一些模糊目标的确定。

3. 环境规划目标的可行性分析

要对确定后的规划目标进行可行性分析并跟踪反馈信息对其进行修改完善，以使目标准确可行。

（1）环境保护投资分析　环境规划的目标一旦确定，污染物总量削减指标、环境污染控制指标和环境工程设备建设指标就相应确定。逐项计算完成各项指标所需资金，在留有余地的前提下得出一个总投资预算。同时，考虑环保投资占同期国民生产总值的比例，计算出国家和地方准备投入的环保资金，两相比较并得出结论。过高、过低或持平都须反馈回来，对目标重新修正，保证在投资范围内进行环境保护。

（2）技术力量分析

1）污染防治技术。随着科学技术的发展和污染防治技术的进步，高消耗、低效益的旧生产设备和老技术将被淘汰，清洁生产工艺将得到推广采用，从而实现既节约资源、提高资源利用率，又促进经济效益的提高，并使环境目标得以实现的目的。

2）环境管理技术。环境管理的加强使环境管理逐渐走向科学化、现代化。现有的环境管理已由单一的定性管理转向定性、定量综合，并最终走向定量管理。同时，由点源控制已转向集中控制，末端控制转向生产全过程控制。管理技术的提高为环境目标的实施提供了强有力的技术支持。分析管理技术水平用以分析规划目标的确定是否具有可行性，以确保目标的准确性，保证规划的有效性。

　　3）技术人才和技术推广。我国在环境管理、污染防治等领域还缺乏大量的专业人才，还没有形成合理的技术人才结构，这势必影响到技术进步和推广。在确定的目标可行性分析中，要分析环境领域的技术人才形势，评估其技术力量大小和可能的执行力度，最终为顺利实施环境目标提供支持。

　　（3）污染负荷削减能力分析　对规划区污染负荷削减能力的分析直接关系到环境目标能否实现。通常削减能力由两部分组成：一是现有的削减能力，即通过调查和评价，统计出区域内污染削减的平均水平，估算出其已有削减力；二是潜在的削减能力，即在现有削减力的基础上进行预测，推演其削减潜力，从而概算出今后一定时期该区域可能增加的污染负荷削减能力。一旦得出规划区的污染负荷削减能力，便可与实现目标所要求的削减能力进行比较，据此得出最终的可行性分析结果。对于污染负荷削减能力的估算还存在一个不断量化的过程，应当选择合适的参数、模式，设法改进对潜在能力的预测技术，使总削减能力的计算更全面，更准确，提高环境目标可行性的分析质量。

　　（4）其他分析　在环境规划目标可行性分析中，还涉及公民素质分析，对其他一些影响措施、控制对策、法规执行程度等因素也应该加以分析，通过综合分析得出环境目标的可行性。

1.3.3　环境规划指标体系的建立

　　为了全面、合理地评价区域环境的现状与未来，对区域性质、规模、结构、土地利用及环境容量等进行定量或半定量的测定和预测，对区域的发展作出科学的规划，实行准确的控制、调整与反馈，使区域社会、经济、环境协调发展，制定出一套科学的、反映区域环境质量状况和社会经济发展状况的指标体系是非常必要的。

　　环境规划指标体系是指进行环境规划定量或半定量研究时所必需的数据指标总体。如区域的地质地形、气象与气候、水土、土壤和生物等自然生态指标，区域的人口密度、经济结构和密度、交通密度等社会经济指标，污染物发生量、排放量等污染源指标，污染物浓度分布及对此作出的一定评价等级和环境质量评价指标，反映区域总体水平的区域环境综合整治指标等，就是环境规划研究时所必需的数据指标。环境规划指标直接反映了环境现象以及相关的事物，并用来描述环境规划内容的总体数量和质量的特征值。

　　环境规划指标的含义：一是表示规划指标的内涵和所属范围的部分，即规划指标的名称；二是表示规划指标数量和质量特征的数值，即经过调查登记、汇总整理而得到的数据。环境规划指标是环境规划工作的基础，并运用了整个环境规划工作之中。建立环境规划指标体系，必须遵循一定的原则来进行。

　　（1）系统性原则　环境规划指标体系要求环境规划指标完整全面，既有从整体上反映环境规划全部内容的环境指标，又包括在环境规划过程中所使用的社会、经济等项指标。各项指标还需要有一定的关联，各种指标的有机联系可以系统地给出描述环境社会经济问题的整体框架结构。

　　（2）科学性原则　要通过科学的方法来建立环境规划指标体系，才能建立起全面、准确、系统和科学地反映各种环境现象、环境管理的特征和内容的一系列环境规划目标体系，才能够保证实现环境规划的目标。

　　（3）规范性原则　环境规划指标体系是一个由多项指标构成的体系，由于这些指标的性质和特点不尽相同，这就需要对各项规划指标进行分类和规范化处理，使各类规划指标的含义、范围、量纲和计算方法等具有统一性，以保证环境规划指标的精确性和可比性。规范性主要体现在分类和度量上。具体指标的含义和度量方法需要有规范或常用的意义和方法，尽可能用国家标准统计指标和环境保护工作中的规范指标；环境规划指标也要与环境标准等相连接，可以用标准来度量。

（4）可行性原则　设立环境指标体系必须根据环境规划的要求来设置，很重要的一个目的是据此设定环境保护目标，使得设计和实施环境规划方案时具有可行性。所以指标的设定要考虑环境规划的内容，只有与规划措施、方案等关系密切的指标，才能看出实施过程中达到规划目标的程度。

（5）适应性原则　环境规划指标体系一方面要适应环境规划的要求，另一方面也要适应环境统计工作的要求，在尽量满足环境规划工作需要的同时，也要考虑到实际可能的条件。如果片面地强调指标的完整无缺，势必增加了指标统计的工作量，超过统计部门的人、财、物的可能，就会给建立环境规划指标体系带来更加不利的影响。

（6）选择性原则　环境规划指标体系要注意选择那些具有现实性、独立性和必要性的指标，特别是区域环境综合整治指标的选取要注意代表性和可比性，真正体现区域环境综合整治水平并可以得到客观准确评价。

1.3.4　环境规划指标的类型

城市规划指标类型多种多样，从内容上看有数量方面的指标、质量方面的指标和管理方面的指标；从表现形式上看有总量控制指标和浓度控制指标；从复杂程度上看有综合性指标和单项指标；从范围上看有宏观指标和微观指标；从地位和作用上看有决策指标、评价指标和考核指标；从其在环境规划中的作用上看有指令性规划指标、指导性规划指标和相应性指标。由于环境规划指标有几十到几百个，因此环境规划指标体系很难做到规范化和标准化。

指标体系中包括直接指标与间接指标。直接指标主要包括环境质量指标和污染物总量控制指标，间接指标主要包括城市建设指标、自然生态指标和与环境规划相关的经济与社会发展指标。目前主要采用按其表征对象、作用以及在环境规划中的重要性或相关性来分类，可分为环境质量指标、污染物总量控制指标、环境规划措施与管理指标以及相关指标四类。

1. 环境质量指标

环境质量指标主要表征自然环境要素（大气、水）和生活环境（如安静）的质量状况，一般以环境质量标准为基本衡量尺度。不同环境要素的主要环境质量指标如下：

1）空气质量指标：TSP、SO_2、NO_x、降尘、酸雨频度与平均 pH 值。

2）水环境质量指标：饮用水源水质达标率、饮用水源数、地表水达到地表水水质标准的类别或 COD；地下水矿化度、总硬度；城市地面水 COD、BOD、DO、重金属浓度、硝酸盐氮和亚硝酸盐氮等；海水达到近海海域水质标准类别或 COD、石油、氨氮和磷等。

3）噪声：功能区域噪声平均值和达标率、城市交通干线噪声平均声级和达标率。

环境质量指标是环境规划的出发点和归宿，所有其他指标的确定都是围绕完成环境质量指标进行的。

2. 污染物总量控制指标

污染物总量控制指标包括大气污染物排放指标、空气污染治理指标、水污染物排放指标、水污染治理指标、噪声污染治理指标、固体废弃物排放量指标和固体废弃物治理指标。污染物总量控制指标是根据一定地域的环境特点和容量来确定的，有容量控制和目标总量控制两种。容量控制指标体现环境的容量要求，是自然约束的反映；目标总量控制指标体现规划的目标要求，是人为约束的反映。具体执行的指标体系中有的将两类指标结合，如大气污染物宏观总量控制指标、水污染物宏观总量控制指标和工业固体废物宏观总量控制指标等。

污染物总量控制指标将污染源与环境质量联系起来考虑，其技术关键是寻求源和汇（受纳环境）的输入响应关系，这与目前盛行的浓度标准指标有根本区别。浓度标准指标里对污染源的污染物排放浓度和环境介质中的污染物浓度作出规定，易于监测和管理，但此类指标对排入环境中的污染物量无直接约束，未将源与汇结合起来考虑。

3. 环境规划措施与管理指标

环境规划措施与管理指标是首先达到污染物总量控制指标，进而达到环境质量指标的支持性和保证性指标。这类指标有的由环保部门规划与管理，有的则属于城市总体规划。但这类指标的完成与否同环境质量的优劣密切相关，因而将其列入环境规划中。如：

1）城市环境综合整治类：燃料气化率、使用气体燃料普及率、烟尘控制区面积及覆盖率、汽车尾气达标率等。

2）乡镇环境污染控制类：污灌水质、污染严重的乡镇企业及关停并转企业数。

3）水域环境保护类：水环境功能区划布局、监测断面数量、海洋功能区划以及纳污能力等。

4）重点污染源治理类：重点地域的重点控制对象、污染物处理量和削减量等。

5）自然保护区建设与管理类：重点保护动植物物种，自然保护区类型、数目和面积等。

4. 社会经济发展与基础建设相关性指标

相关性指标包括城市建设指标、自然生态指标和与环境规划相关的经济与社会发展指标三类。

（1）城市建设指标　国家环境保护模范城市的标志是社会文明昌盛、经济健康快速发展、生态良性循环、资源合理利用、环境质量良好、城市优美洁净、生活舒适便捷、居民健康长寿。争创国家环境保护模范城市是一般城市环境保护工作的方向，因此环境规划的指标通常要包括环境保护模范城市的指标。国家环境保护模范城市考核指标体系分为基本条件和考核指标两大部分，共有三项基本条件，27 项指标，其中考核指标包括社会经济、环境质量、环境建设和环境管理四个方面，充分考虑了我国东西部城市差异。

（2）生态类指标　对于区域来说，生态类指标也为环境规划所特别关注，它们在环境规划中将占有越来越重要的位置。生态类指标有：森林覆盖率、人均森林资源量、造林面积；草原面积、产量、载畜量、人工草场面积；耕地保有量、人均量；污灌面积；农药化肥污染土壤面积；水资源总量、调控量、水资源总面积、水利工程和地下开采工程、水土流失面积、治理面积、减少流失量土地沙化面积、沙化控制面积、土地盐渍化面积、改良复垦面积；农村能源、生物能源占能源的比重、生态农业试点数量及类型。

（3）经济和社会发展类指标　相关指标大都包含在国民经济和社会发展规划中，它们都与环境指标有密切的联系，对环境质量有深刻影响，但又是环境规划所包容不了的。因此，环境规划将其作为相关指标列入，以便更全面地衡量环境规划指标的科学性和可行性。如经济类指标有国民生产总值、工农业生产总值及年增长率、工业密度；社会发展类指标有人口总量与自然增长率、分布、城市人口等。

1.4 环境功能区划

1.4.1 环境功能区划的含义与目的

1. 环境功能区划的含义

功能区是指对经济和社会发展起特定作用的地域或单元，是经济、社会与环境的综合性功能区。按照不同地区在环境结构、环境状态和使用功能上的差异，考虑到自然环境、经济社会条件的差异，以社会经济发展需要为目标，对区域进行的合理的空间划分，对不同小区域确定不同的环境保护目标，以便于分类施策，这就是环境功能区划。在环境规划中进行功能区的划分，是为了确定具体的环境目标，使社会生产布局合理，便于目标的管理和实现。它研究各环境质量的现状，估计环境单元的环境容量并预测环境发展变化趋势，揭示人类自身活动与环境之间的关系。它是环境实现科学管理的一项基础工作。

2. 环境功能区划的目的

环境功能区划是环境规划的基础，也是城市环境规划的重要组成部分。环境功能区划的目的是：①实现城市环境分区分类管理；②便于环境目标管理和污染物总量控制；③为城市社会发展和经济开发建设活动提供科学依据；④为城市工业布局、产业结构的调整提供指导意见；⑤纳入城市总体规划，实现经济建设、城乡建设和环境建设同步规划、同步实施、同步发展。

任何区域都有各自的特点和独特的自然、社会、经济特征。正因为各个区域内所执行的环境功能不同，对环境的影响程度各异，同时要求不同地区达到同一环境质量标准的难度也就不一样。因此，与环境规划、环境管理活动关系更直接的是按环境要素分类的如水环境、大气环境等单要素的环境区划。考虑到环境污染对人体的危害及环境投资效益两方面的因素，在确定环境规划目标前常常要先对研究区域进行功能区的划分，然后根据各功能区的性质分别制定各自的环境目标。

1.4.2 环境功能区划的依据和内容

1. 划分环境功能区划的依据

（1）依据辖区性质划分功能区　行政辖区往往不仅反映环境的地理特点，而且也反映某些经济社会特点。按一定层次的行政辖区划分功能区，不仅有经济、社会和环境合理性，而且亦便于管理。

（2）依据自然条件和环境的开发潜力划分功能区　依据地理、气候、生态特点或环境单元的自然条件划分功能区。如自然保护区、风景旅游区、水源区或河流及岸带、海域及其岸带等。同时依据环境的开发利用潜力划分功能区，如新经济开发区、绿色食品基地、名贵花卉基地和绿地等。

（3）依据城市经济状况、特点和发展趋势划分功能区　为保证区域或城市总体功能的发挥与区域或城市总体规划相匹配，依据辖区社会经济的现状、特点和发展趋势将辖区划分为工业区、居民区、科技开发区、教育文化区和经济开发区等。城市环境综合功能分区还包括商业娱乐区、风景旅游区等。其中工业区还可以细分为化工区、机械工业区、轻工业区、重工业区等。

（4）依据环境保护的重点和特点划分功能区 一般可分为重点保护区、一般保护区、污染控制区和重点污染治理区等。

2．环境功能区划主要引用的标准

环境标准是与经济发展水平相适应，并为实现环境目标服务的，因此所有标准都存在被修订的可能，使用环境功能区划都应自觉执行国家标准的最新版。如：《环境空气质量标准》（GB3095—1996）、《海水水质标准》（GB3097—1997）、《地表水环境质量标准》（GB3838—2002）、《城市区域环境噪声标准》（GB3096—1993）、《城市区域环境噪声适用区划分技术规范》（GB/T15190—1994）、《环境空气质量功能区划分原则与技术方法》（HJ14—1996）等。

3．环境功能区划原则

1）以城市生态系统的理论为指导，以城市生态环境特征为基础，选择最能反映区内相似性和区间差异性的城市生态环境指标体系。

2）从整体性出发，局部利益服从全局利益。

3）采用动态区划的方法，即目标区划从严，现状区划实事求是的原则。各功能区分别执行相应的国家环境质量标准，以环境功能确定控制目标，分期实施。

4）以科学发展观和以人为本的可持续发展战略总目标为指导，对于目前未确定形成的开发区，今后随着其发展的需要及生态环境适宜度的可能性确定其目标功能。

4．环境功能区划的内容

1）在所研究的范围内，根据各环境要素的组成、自净能力等条件，合理确定使用功能的不同类型区，确定界面，设立检测控制点位。

2）在所研究范围的层次上，根据社会经济发展目标，以功能区为单元，提出生活、生产布局及相应的环境目标、环境标准的建议。

3）在各功能区内，根据其在生活和生产布局中的分工职能及所承担的相应的环境负荷，设计出污染物流和环境信息流。

4）建立环境信息库，以便将生产、生活和环境信息进行实时处理，及时掌握环境状况及其发展趋势，并通过反馈作出合理的控制决策。

1.4.3 环境功能区划的类型

1．按其范围分

（1）城市环境规划的功能区 一般包括：工业区、商业区、居民区，机场、港口、车站等交通枢纽区，风景区和旅游度假区、文化娱乐区、特殊历史文化纪念地，水源区、农副产品生产基地、污灌区、污染处理地（垃圾场，污水处理厂等）、绿化区或绿色隔离带，文化教育区、新科技经济区、新经济开发区、卫星城。

（2）大范围区域（省区或流域）环境规划的功能区 一般包括：矿业开发区、水系或水域、水源保护区和水源林区，林、牧、农区，自然保护区，大规模工业区或工业城市，开放城市，风景旅游城市，历史文化纪念地或文化古城，其他特殊地区。

2．按其内容来分

（1）综合环境区划 城市综合环境区划主要以城市中人群的活动方式以及对环境的要

求为分类准则。一般可以分为：①重点保护区：一般指城市中（或城市影响的临近地区）风景游览、文物古迹、疗养、旅游和度假等综合环境质量要求高的地区；②一般保护区：主要是以居住、商业活动为主的综合环境质量要求较高的地区；③污染控制区：一般指目前环境质量相对较好，需严格控制新污染的工业区，这类地区应逐步建成清洁工业区；④重点治理区：主要指现状污染比较严重，在规划中要加强治理的工业区；⑤新建经济技术开发区：新建经济技术开发区以其发展速度快、规模大、土地开发强度高和土地利用功能复杂为主要特征，应单独划出。该区环境质量要求以及环境管理水平根据开发区的功能确定，但应从严要求。

（2）部门环境功能区划　部门环境功能区划主要按环境要素进行划分，分为：①大气环境功能区划，一般而言，城市大气环境功能区划常划分成工业区、商业区、居民区、文化区、交通稠密区和清洁区6种类型；②地表水域环境功能区划；③噪声功能区划，噪声功能区划和大气功能区划有着较大的相似性，但由于噪声的衰减速度快等特殊性，噪声功能分区又与大气功能分区有所不同。对其他环境，目前还没有制定相应的功能区划方法和质量标准。因此往往根据污染物对环境的危害情况和研究区的实际情况具体研究确定。

3. 功能区划范围与实施方法

环境功能区划适用范围包括管辖区内的陆域和海域。功能区划分以环境单元为基础讨论其土地开发利用程度、生态适宜度及社会经济条件等制约因素，采用系统聚类分析方法和在地理信息系统（GIS）支持下的信息复合模型所提供的区界划分定量依据，以区内各环境单元具有较大的相似性，区间差异显著为聚类目标，从而获得环境功能区划结果；近岸海域环境功能区划则注意了岸线、滩涂和水域三者开发利用与环境保护相结合的方法，优先考虑港口、航运和旅游的利用。

1.4.4　环境功能区划工作程序

区域环境功能区划一般分两个层次，即综合环境区划与单要素环境区划。综合环境区划依据区域环境特征，服从区域总体规划，满足各个分区功能的要求，并充分考虑土地利用现状、发展趋势，根据敏感目标、保护级别而确定，常用专家咨询法、辅助数学计算分析。其基本工作程序如图1-1所示。单要素环境区划以综合环境区划为基础，结合每个要素自身的特点加以划分，主要分项是大气环境区划、水环境区划及噪声环境区划等。

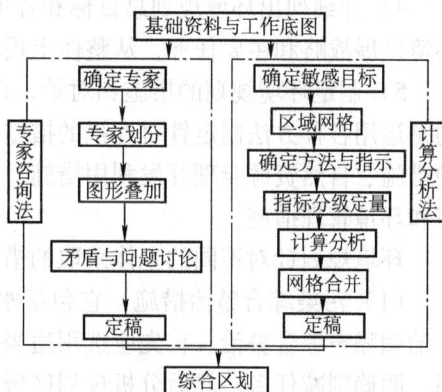

图1-1　环境综合区划基本工作程序图

1.5　环境规划的制定和实施

1.5.1　环境规划的制定

环境规划目标确定后，规划方案的设计是整个规划工作的中心和工作重点。在综合考虑国家或地区有关政策规定、环境问题和环境目标、污染状况和污染削减量、投资能力和效益的情况下，提出针对规划范围的污染防治和自然保护的具体的措施和对策。规划工作包括从任务下达到编制、上报审批的全过程。编制规划的要求一般由各级政府层层下达,上级环保部门代表同级政府下达规划编制的要求,提出编制要领和工作进度,下级环保部门代表同级政府进行具体组织。任务下达后首先需要组织规划编制领导小组和技术小组。一般来说,前者由各政府职能部门的副职领导组成,负责与各部门互通信息,进行协调工作;后者由环境科学领域的科研人员和有关计划部门的干部组成,负责完成规划文本。

规划的首要工作是编写工作大纲,明确规划的任务、内容、工作进度安排。大纲完成后由上级环保部门、本地相关政府部门组织大纲评审,代表和专家组提出修改意见。根据这些意见修改大纲进入规划具体编制工作。规划基本编制完成后,报送同级政府初审或批准,如驳回或提出修改意见,规划编制组要根据审批意见进行修改、完善或重新编制。规划修改完成后,送同级政府审批和上级环保部门备案。

具体环境规划制定的步骤是:

1)环境调查。分析调查包括环境质量状况、污染状况、主要污染物和污染源;现有环境承载力、污染削减量、现有资金和技术,并进行自然条件、自然资源、社会和经济发展状况的全面调查,掌握丰富、确切的资料。

2)环境评价。在调查的基础上,进行综合分析,从而明确环境现状、治理能力和污染综合防治水平,对环境状况作出正确评价。

3)环境预测。在环境评价的基础上,分析预测的结果,明确环境存在的主要问题,明确环境现有承载能力、削减量和可能的投资、技术支持,从而综合考虑实际存在的问题和解决问题的能力。对环境发展趋势作出科学预测,以作为制定国民经济和社会发展长远规划的依据。

4)详细列出环境规划总目标和各项分目标,以明确现实环境与环境目标的差距;制定环境发展战略和主要任务,从整体上提出环境保护方向、重点、主要任务和步骤。

5)制定环境规划的措施和对策,在目标与现实之间要通过措施的采用才能解决。重要的是运用各种方法制定针对性强的措施和对策,如区域环境污染综合防治措施、生态环境保护措施、自然资源合理开发利用措施、调整生产布局措施、土地规划措施、城乡建设规划措施和环境管理措施。

环境规划针对不同的主体采取的措施不同,几个典型环境规划措施有:

(1)污染综合整治措施 它包括水污染综合整治、大气污染综合整治、固体废物综合整治和噪声综合整治。首先应选用适当的计算公式计算污染削减量,再将污染削减量分配到源,明确削减任务。然后分析规划区域环境污染的主要原因,明确整治措施的重点与方向。最后有针对地制定措施。对老企业的管理措施应重点落实排污许可证、集中控制限期治理、排污收费、目标责任制、综合整治定量考核等;对新建工程要强化环保"三同时"、环境影响评价制度。对城市污染综合整治措施重点抓好污染源的集中治理,兴建大型污水处理厂、垃圾处理厂,设计烟尘处理、污水净化装置,以及区域系统的生态工程。就具体规划区要依据区域自身特点,考虑实际存在问题与治理能力,有选择有重点采用适合的措施。

(2)自然资源的开发利用与保护措施 自然资源的开发利用要以提高资源能源利用率为根本,遵循经济规律和生态规律,实行开发利用与保护增殖并重的方针,主要采用管理措施,加强执行有关资源保护的法律,如《中华人民共和国土地管理法》、《中华人民共和国矿产资源法》等。对土地占用应使用占地许可证制度并征收使用、补偿费,对矿产资源开发利用实行有偿使用制度，防止生态破坏、资源枯竭。对自然保护区，水源地及其他有特殊生态功能的地区，有计划地建立统一的经营管理体制。对生产单位实施资源能源指标控制和污染物排放的指标控制及实施资源税制、颁布生产经营许可证等措施，实现资源的保护与利用，同时加强资源恢复工程措施，鼓励资源增殖再生。

（3）生产布局调整措施　对城市和经济区要考虑区域的能流、物流、信息流，调整经济结构、产业结构和工业布局。对低效益、重污染和分布在居民区、风景区、水源区的污染源要限期关、停、并、转、迁。对新开发区，根据资源、能源和环境容量并考虑经济因素，合理划分功能区。兴建工业综合体，形成工业生产链，以提高资源利用率，减轻对其他功能区的污染与破坏。同时，采取措施实行清洁生产，从原材料的选择、产品结构调整到清洁生产工艺的采用，都要有利于清洁生产的调整。

1.5.2　环境规划基本格式

区域和城市环境规划具有典型意义，正式规划文本内容通常包括：自然环境和社会经济发展概况、环保工作情况概述、环境变化趋势分析、环境规划总目标、城市环境综合整治规划方案、环境要素（水、大气环境、噪声、固体废物等）污染控制规划、城市生态规划、环保系统自身建设规划、费用预算和资金来源、政策建议等。城市环境规划报告的基本格式见附录 A。

1.5.3　环境规划方案的优化与实施

1. 环境规划方案的优化

环境规划方案是指实现环境目标应采取的措施及落实相应的环境保护投资，要求投资少效果好。因此在制定环境规划时，一般要作出多个规划方案，将不同方案进行对比，确定经济上合理、技术上先进、满足环境目标要求的几个优选方案，一般要注意的方面是：①根据区域自然资源的特点，建立合理的工业生产链，区域资源做到合理利用，提高自然资源的利用率，同时确定重污染工业在区域工业部门中的适当比例；②根据区域环境容量的特点，对重污染工业进行合理布局；③研究区域内的能源合理结构，以便减少大气污染；④研究区域水资源合理利用及区域环境污染的综合防治途径。

方案优化是编制环境规划的重要步骤和内容。环境规划方案优化的步骤是：

1）分析、评价现存和潜在的环境问题，寻求解决的方法和途径，研究为实现预定环境目标而采取的措施。

2）对所有拟定的环境规划草案进行经济效益分析、环境效益分析、社会效益分析和生态效益分析；建立优化模型，通过分析、比较和论证各种规划草案，选出最佳总体方案。

3）概算实施区域环境规划所需的投资总额，确定投资方向、重点、构成、期限及评估投资效果等；预测评价区域环境规划方案的实施对社会、经济发展和环境产生的影响。

2. 环境规划的实施

规划批准后，应由同级政府组织规划的实施。规划实施过程中如果出现新的重大问题，需要对规划进行补充修改的，应报请原审批单位同意。规划实施的保障措施是：

1）建立综合决策机制，促进环境与经济的协调发展。

2）完善环境保护法规体系，切实依法保护环境。

3）政府调控与市场机制相结合，努力增加环境保护投入。

4）运用激励性政策措施，营造环境保护良好氛围。

5）加强环境管理能力建设，提高环境管理现代化水平。

6）加强环境科学技术研究，依靠科技进步保护环境。

7）规范环保产业市场，促进环保产业发展。

8）加强环境宣传教育，提高全民环境意识。

9）积极参加全球环境保护，广泛开展国际环境合作。

10）落实环境保护责任制，保证规划实施效果。

环境规划是由环保行政主管部门或人民政府组织编制的一种专项规划，也是国民经济和社会发展计划体系的一个组成部分，但不是国民经济和社会发展计划的主体、主干道。为了将环境规划的目标及主要指标、措施纳入国民经济和社会发展计划的主干道，需要编制一个符合国民经济和社会发展计划，特别是符合国民经济和社会发展的十年规划和五年计划要求的环境规划。

复习思考题

1. 什么是环境规划？如何理解其内涵？
2. 简述环境规划在规划体系中的作用和地位。
3. 环境规划的特征和基本原则是什么？
4. 如何划分环境规划的类型？
5. 环境规划实施的保障措施有哪些？

第 2 章

环境规划的理论基础和技术方法

环境规划学既要研究环境系统本身的规律，又要研究人类社会的组织形式和管理方式。因此它必须借助于相关学科的理论和不同的技术方法，例如社会经济理论、生态理论、地学理论、系统理论和可持续发展理论等，从而形成自己的理论体系和框架。

2.1 环境容量原理

2.1.1 环境容量基本概念

环境容量原是生态学中的一个概念，它表示生物总数增长可以利用的环境条件及其限度。日本学者把环境容量分为三种类型：

环境容量Ⅰ——指环境的自净能力而言。在该容量限度以内，排入环境中的污染物通过物质的自然循环，一般不会对人类健康或自然生态造成危害。

环境容量Ⅱ——指对居民满意的环境容量。它既包括环境的自净能力，还包括环境保护设施对污染物的处理能力。因此自然净化能力和人工设施处理能力越大，环境容量也就越大。

环境容量Ⅲ——指人类活动的地域容量。它包括环境容量Ⅰ和环境容量Ⅱ。

联合国海洋污染科学问题专家组（GESAMP，1985）认为，"环境容量（又称接纳容量、吸收容量或同化容量）是一种资源，其定义是环境容纳某种特定的活动或活动速率（如污染物的排放）而不造成无法接受的影响的能力。"

污染物的环境容量是指某一环境单元所允许承纳污染物质的最大数量，是一个变量，它包括两个组成部分即基本环境容量（或称差值容量）和变动环境容量（或称同化容量）。前者可通过拟定的环境标准减去环境本底值求得，后者是指环境单元的自净能力。

环境容量是一种重要的环境资源。某一环境单元容量的大小，与该环境单元本身的组成、结构及功能有关。因此，在地表不同区域内，环境容量的变化具有明显的地带性规律和地区性差异。通过人为的调节，控制环境的物理、化学及生物学过程，改变物质的循环转化方式，可以提高环境容量，改善环境的污染状况。

2.1.2 环境容量模型

环境容量按照环境要素，可分为大气环境容量 E_A、水环境容量 E_W、土壤环境容量 E_S

和生物转移容量 E_B。环境总容量 E_T 是各环境要素容量之总和，即

$$E_T = E_A + E_W + E_S + E_B \tag{2-1}$$

大气环境容量 E_A 是一个取决于自然要素、污染性质、气象参数等条件的函数，即 $E_A = f$（自然要素、污染性质、气象参数）。通常污染物在大气中的净化效果很微弱，污染物主要在大气中迁移、扩散和稀释而得到净化，也就是说大气环境容量主要是来自大气的稀释扩散容量（动力容量）。对大气环境稀释容量产生较大影响的因素主要有风向、风速、大气稳定度、扩散参数及大气污染物本底值等条件。因此，要研究大气环境容量，必须研究大气对污染物的扩散稀释，建立不同自然条件下的大气环境容量模型。式（2-2）是一个基本大气环境容量模型

$$E_A = V_A(S_A - B_A) + C_A \tag{2-2}$$

式中 V_A——大气总体积；

S_A——大气环境质量标准；

B_A——大气环境本底值；

C_A——大气自净能力。

如果假设大气污染物是在一个理想的箱体范围内扩散，则大气自净能力 C_A 可用下式进行表述

$$C_A = Q(W_g h_g \bar{u})^{-1} \tag{2-3}$$

式中 Q——大气污染物排放量；

W_g——大气扩散混合的宽度；

h_g——大气扩散混合的厚度；

$\bar{u}$——大气风速。

水环境容量 E_W 由基本环境容量 W_0 和可变环境容量 W_S 两部分构成，即 $E_W = W_0 + W_S$。基本环境容量 W_0 是指稀释环境容量，其大小主要取决于稀释介质量（水量或流量）的多少，而与生化降解、化学及物理化学降解等净化能力无关；W_S 为可变环境容量，主要取决于水体生化降解、化学及物理化学降解以及吸附、解吸等水环境自净能力。若不考虑其他可变因素的影响，可变环境容量 W_S 可用水环境自净能力 C_W 替代。这种自净能力因水域和水域所在区域的环境特征和生态特征不同而有差异。下式是一个基本水环境容量模型

$$E_W = W_0 + W_S = V_W(S_W - B_W) + C_W \tag{2-4}$$

式中 V_W——水的总流量；

S_W——水环境质量标准；

B_W——水环境本底值；

C_W——水环境自净能力。如酚在水中的自净能力 C_W^f 可用下式表示

$$C_W^f = C_0 e^{-kD} \tag{2-5}$$

式中 D——酚在水中移动距离；

k——酚在水中自净系数；

C_0——酚在水中起始浓度。

土壤环境容量 E_S 由基本环境容量 S_0 和可变环境容量 C_S 两部分构成，土壤基本环境容量 S_0 还应该考虑每年土壤中污染物的年递增量的影响。式（2-6）是一个基本土壤环境容量

模型：

$$E_S = S_0 + C_S = V_S [S_S - (S_b + B_S N)] + C_S \tag{2-6}$$

式中　V_S——土壤总体积；

　　　S_S——土壤环境质量标准；

　　　S_b——土壤环境本底值；

　　　B_S——土壤中污染物的年递增量；

　　　N——污染年数；

　　　C_S——土壤的自净能力。

生物转移容量 E_B 是土地通过农作物收获，形成农产品带走的基本容量。生物产品作为食品最起码的要求是符合卫生食品标准，因此 E_B 可用下式表示

$$E_B = V_B B_B \tag{2-7}$$

式中　V_B——农作物总量；

　　　B_B——农作物卫生食品标准。

2.2　空间结构理论

空间结构理论是研究人类活动空间分布及组织优化的科学，为区域规划提供理论基础和方法支持。区域性环境规划是区域规划的重要组成部分。它从环境保护的目的出发，科学合理地安排生产规模、生产结构和布局，调控人类自身活动，是一项涉及自然、社会和经济巨系统的复杂的系统工程，因而需要环境科学、经济学、生态学和地理学等多学科知识共同来完成。与以往的区域规划不同的是，区域性环境规划在进行区位选择的时候，在考虑经济因素的同时，要以不破坏生态环境为前提，即将环境和生态因子放在同等重要的地位考虑。

2.2.1　城市空间结构理论与城市环境功能区划

1. 城市空间结构理论

城市空间结构理论又叫城市形态理论。城市的形态纷繁复杂，但又有一定的规律可循。城市内部由于土地利用形态存在差异，因而形成了不同的功能区和地域结构。随着城市规模的不断扩大，内部地域结构越来越复杂，各功能区之间的联系也趋向紧密。当旧的结构无法承担人口膨胀带来的压力，产生交通拥塞、环境污染、住宅拥挤、电力和水供应紧张等问题，便会以一定的方式向外围扩展，形成新的空间结构。因此，城市处于不同的发展阶段具有不同的空间结构。世界各国已提出了多种城市空间结构理论模式，如西方的同心带理论、扇形理论和多核理论等，前苏联、东欧和中国提出的分散集团模式、多层向心城镇体系模式等。认识城市空间结构的演化规律，才能因势利导地进行城市规划。

城市的演化过程可分为四个阶段：

1）城市膨胀阶段，市区逐渐向四周扩展，形成了向心环带的空间结构，其形态为团块状，我国的中小城市和一些人口小于 100 万的大城市处在这一阶段。

2）市区蔓生阶段，由于中心对外围的吸引力随着城市的膨胀逐渐减小，城市近郊沿交通线兴起了新的工业区、居民区、文教区，第一、二代卫星城被并入市区，其形态由团块状变为星形。

3）城市向心体系，城市远郊区出现第三代卫星城，它们相对独立，又与母城保持一定联系，有的还起到反磁力作用。

4）城市连绵带，多个大城市的卫星城相互衔接，连绵成带。

正确认识城市发展的四个阶段，对于科学地规划和预测具有重要意义。应注意不是所有的城市都能从低级阶段发展成高级阶段，其规模受区域环境承载力和社会经济条件决定，因此规划适应视具体情况而定。团块状的中小城市如果盲目地进行分散规划，将造成经济上的巨大浪费；而星状的大城市应进行多中心集团式布局，不能片面地强调单一中心的集聚。例如，长春市在10年前还基本上处于单一中心的城市膨胀阶段，随着城市人口的迅速膨胀，市中心的吸引力逐渐被市区边缘的小中心所分散，大量的工业区、居民区、经济开发区沿着交通线向外围伸展，原双阳市也被纳入市区，说明长春市现已发展成为一座卫星城市。那么长春市能否发展到第三阶段呢？这要取决于该区域的人口、环境承载力和经济承载力，前者是城市水源、用地和环境质量的函数，后者是城市经济实力和吸引力范围的函数。

2. 城市环境功能区划

城市或区域各功能区之间是由许多网络相互联系的，例如城市具有经济、能源、交通、市政、商业、文教、卫生和信息网络等，它们各自构成区域大系统的子系统。如果把功能区比作人类的肢体或器官，那么贯穿其间的各种网络就是神经和血脉，它们的相互联系和制约维系着系统生产和生活的正常运转，充分发挥其总体功能。城市功能区的分布虽然千差万别，但基本上遵循距离衰减规律，大体上呈向心环带分布，但自然条件的差异，如山脉走向、河流和地下水流向、盛行风向有时会使这种地带性分布出现变形。城市环境功能区划是从环境与人类活动相和谐的角度来规划城市或区域的功能区，是根据自然条件和土地利用现状和未来发展方向划分的，它与城市和区域的总体规划相匹配。各功能区具有不同的环境承载力，因而对区域内城市的发展规模、产业结构和生产力布局产生一定限制和影响。

2.2.2　城市空间结构的环境经济效应与集聚规模经济

城市环境规划的目的在于取得最佳的经济、社会和环境效益。也就是说，以最小的土地、人力、物力、财力、时间和环境投入费用，获得最大的环境经济效益。合理的地域结构，能够提高劳动生产率，减少各方面的费用。

1. 城市空间结构的环境经济效应

（1）企业的集聚效应　城市边缘工业的集聚和市中心商业、服务业的集聚能够共同使用公用交通运输、环境治理及其他基础设施；有利于区域内各企业之间技术、产品和信息交流；便于统一的环境管理和污染治理，从而产生巨大的环境经济效益。

（2）功能区的邻近效应　例如，居民区邻近工业区会产生正效应，而受到工业污染产生负效应。因此，要把工业区置于常年主导风向的下风向，在上风向邻近工业区或交通方便的地段安置居民区。

（3）城市设施间的协调效应　城市内的市政公用设施（交通、电力、给排水、供热和防火等），生产和经营设施（工业、商业、服务业和农业等）及社会设施（文教、卫生、科研、环保、绿化和旅游等）如果布局合理，配合紧密，不仅能够方便生产和生活，城市建设费用也将大大降低。实现这一目标必须进行统一的和长远的规划。

（4）土地利用的密度效应　按照杜能的地租理论，土地利用的集约化程度从中心至外围逐渐降低，这一规律同样适合于现代城市。我国人多地少，更应该通过征收级差地租，提高城市土地利用的集约化程度，如建筑向高空和地下发展、园林绿化立体化和多样化，珍惜使用每一寸土地，使城市绿地真正起到净化环境美化生活的作用。

（5）时间的经济效应　现代化的城市要求高效率、快节奏地运转，随着城市的扩展和功能结构的复杂化，各环节之间衔接不当会造成时间上的延误。例如，将各种站场集中布置，商业区和大型公共场所靠近交通站、停车场，可减少转换过程中时间的浪费。

（6）城市合理配置及对外联系效应　城市与郊区及其卫星城、区域内（省区）各城市之间要进行生产协作，存在着产品、信息的交流。区域性环境规划通过对区内各城市的规模、生产结构和工业布局进行合理配置，使环境经济效益得到统一。

2. 城市空间结构的集聚规模经济

集聚规模经济是指产出和平均投入随经济规模而变的一种经济现象。一般情况下，生产规模扩大的初期，导致平均成本下降；如果投入过多，其平均产出反而减少。因此，企业、工业区和城市存在一个合理规模问题。规模经济包括三种类型：①企业内部规模经济，是对单个企业而言的；②布局规模经济，是指同一行业序列的一些企业的集聚；③城市化规模经济，是指不同行业的各类企业的集聚。企业本身或集聚规模扩大的初期，由于降低了成本，加强了联系，规模经济效益显著；但如果人口、经济活动和土地利用过分密集，使得交通、地租等成本过高，生态环境恶化，则出现规模不经济现象。区域规模经济的衡量指标 H，应为内部规模经济 ISE、布局规模经济 LSE 和城市化规模经济 USE 的函数，即 $H = f(ISE，LSE，USE)$。LSE 和 USE 分别为表示行业和城市的规模集聚程度的指标。通常可采用投入产出表等动态分析方法使三种规模经济的总效益达到最佳，至于由于集聚规模的扩大引起的生态环境和社会损失的负效应，亦应转换成经济指标考虑进去，这也是区域性环境规划的主要任务和研究方向。

2.3　可持续发展理论

20 世纪以来，随着科技进步和社会生产力的极大提高，人类创造了前所未有的物质财富，加速推进了文明发展的进程。与此同时，人口剧增、资源过度消耗、环境污染、生态破坏和南北差距扩大等问题日益突出，成为全球性的重大问题，严重地阻碍着经济的发展和人民生活质量的提高，继而威胁着全人类的未来生存和发展。在这种严峻形势下，人类不得不重新审视自己的社会经济行为和走过的历程，认识到通过高消耗追求经济数量增长和"先污染后治理"的传统发展模式已不再适应当今和未来发展的要求，而必须努力寻求一条经济、社会、环境和资源相互协调的，既能满足当代人的需求而又不危及后代人需求能力的可持续发展的道路。

2.3.1　可持续发展定义和内涵

在持续性、公平性和共同性原则下，可持续发展可以从宏观、中观、微观三个层次上进行阐述。宏观层次上可理解为人与自然共同协调进化，即"天—天"关系；中观层次上理解为既满足当代人需求，又不危及后代人需求能力，既符合局部人口利益，又符合全球人口利益的发展，即"人—地"关系；微观层次上，理解为经济、环境、社会协调发展，是在资源、环境的合理持续利用及保护条件下取得最大经济、社会效益的关系，即"人—人"关系。

可持续发展是一个综合的、动态的概念。可持续发展不是单一的经济问题，而是与社会和生态问题三者互相影响的综合体。我们认为可持续发展应是不断提高人群生活质量和环境承载力的，并满足当代人需求又不损害子孙后代满足其需求能力的；满足一个地区或一个国家的人群需求，不损害别的地区或别的国家的人群满足其需求能力的发展。

2.3.2　可持续发展的目标

可持续发展是当今社会的目标，同时可持续发展也有其自身的目标，有以下几方面：

1）集经济、文化等方面可持续发展于一体的总体目标，是社会格局合理、社会生活稳定和连续，这也是人类所追求的最终目标。

2）环境状况良好和稳定，没有环境赤字，且物种数量不减少。也就是说要保持环境稳定性和物种的多样性，这是在环境条件上的可持续性发展的外在表现。

3）地区发展平衡，而且总体发展水平有所提高。这一目标实现的途径是人类活动的空间重新分配和全人类的共同努力。

4）个体发展的相对独立性。没有独立性的发展而受制于外界力量，从而也是不稳定、不连续的发展。其他如社会、经济、文化、技术等发展均如此。

5）物质生活水平的真实提高，即实际收入水平的提高和物质财富的增加。

从上述分析中，我们可以把可持续发展的目标概括为连续性、稳定性、多样性、均衡性、独立性和更新性。

2.3.3　持续与发展的辩证关系

1. 可持续和发展的统一

"可持续"和"发展"是相辅相成的。可持续是指人类维持生存、延续繁衍的能力；而发展是指人类从事生产的经济活动。其中可持续的前提是发展，而持续性的发展是寻求的最终目的。经济发展和社会发展是相互依存、相互促进的，经济发展是社会发展的前提和基础，高速的经济增长并不能直接解决社会发展中重大的问题，一些社会问题的产生甚至是由经济增长带来的。

可持续发展是着眼于未来的发展，不仅考虑社会范围内的问题，而且还有经济的可持续能力和环境的承载能力与资源的永续利用问题，强调人类社会与生态环境及人与自然界的和谐共存前提下的延续，是指"生态—经济"型的发展模式。因此，应该使经济发展和社会发展协调发展、共同繁荣；以各项事业的建设为载体，通过有力的政府行为、人民大众的积极参与、依靠科技进步、探索科技、推动可持续发展的新机制和新模式，来实现持续与发展的统一，最终达到可持续发展。

可持续发展是从环境和自然资源角度提出的，是关于人类长期发展的战略和模式。它不是在一般意义上所指的发展经济，而是特别指出环境自然资源的长期承载能力，这里也揭示了环境规划对发展经济的重要性以及发展对改善生活质量的重要意义。

以自然资源永续利用为前提的可持续发展模式已被提出：对于可再生资源，要求人类在进行资源开发时，必须在后续时段中，使资源的数量和质量至少达到目前的水平；对不可再生资源，要求人类在逐渐消耗掉现有资源之前，必须找到能够替代的新资源，即根据可持续发展原则，制定出相应的资源利用技术、方法及管理原则。

2. 清洁生产与可持续发展

清洁生产是联合国环境规划署工业与环境规划活动中心在 1989 年首先提出来的，是对环境保护实践的科学总结。清洁生产是指将综合预防的环境策略，持续地应用于生产过程和产品中，以便减少对人类和环境的风险性。

首先，对生产过程而言，清洁生产包括节约原材料和能源、淘汰有毒原材料，并在全部排放物和废物离开生产过程以前减少它们的数量和毒性；其次，对产品而言，清洁生产策略旨在减少产品在整个生命周期过程中（从原料提炼到产品的最终处理）对人类和环境的影响（不包括末端治理技术和空气污染控制、废水处理、固体废物焚烧或填埋）。其实，清洁生产是"生态化"、"整体化"的新时期科技发展方向，将各门类科技综合使之整体上成为完善结构，扩大"绿色资源"利用范围，即把利用先进技术和改善资源利用方式结合起来。

清洁生产是绿色科技的一种技术，是符合生态规律的技术。它促进人类长久生存与发展的生产体系和生活方式，以及相应的科学技术；它强调自然资源的合理开发、综合利用和保护增值；强调发展清洁的生产技术和无污染的绿色产品。清洁生产不但含有技术上的可行性，还包括经济上的可盈利性，体现经济效益、环境效益和社会效益的统一。所以清洁生产是实施可持续发展战略的标志，它已成为世界各国经济社会可持续发展的必然选择。

3. 生态技术

目前，各种自然灾害频繁，削弱了自然生态环境的承载能力，生态变化态势令人担忧。而生态技术可以改善这一现状，它是社会、经济能稳定、持续和快速发展的技术支撑，通过生态技术的开发和示范工程建设，探索出一条符合中国国情的可持续发展的道路。

1）建立自然保护区是生态技术常用的一个典型示范。我们知道可持续发展理论规定：经济社会发展必须在生态环境的承载能力允许范围内，满足当代和后代人发展的需要。这也说明了"生态优先"是可持续发展事项的体现，符合可持续发展的内在本质要求。同时，自然保护区正是以"生态优先"为理论基础的，自然保护区对人类的生存和保护生态环境有着深远的意义。

2）生物圈保护，这种开放系统的管理是人与自然之间和谐关系的模式，是实现可持续发展的示范模式。

3）城市—郊区复合生态系统，随着城市现代化步伐的加快，产生了一系列环境问题。在城市生态系统中，生物量呈倒金字塔形，消费者的比例大于生产者，而人是其中心。同时，它也不是自律系统，必须不断地从外界输入生产和生活所需，因此建设可持续发展的城市—郊区复合生态系统是必要的。由于地理位置的原因，郊区与城市进行着频繁的物流、能量流和信息流的交换，是城市输入的主要供应地，也是城市输出的主要排放地。所以实现可持续发展，必须把城市与郊区统一起来加以考虑，必须把城市和郊区纳入一个系统，使其完善化。

4. 利用政府职能，促进可持续发展

只有在政府的宏观调控下，各微观部分协调运作、共同合作，才有可能实现可持续发展。利用政府职能包括很多方面：运用法规、法律、政策等强制手段；运用奖、罚、税收等经济手段。

环境资源商品化，就是确立环境资源的有偿使用，运用经济手段保护环境的一个重要方法。目前，社会各界意识到无偿和微偿使用环境资源、免费和廉价消费环境是导致环境资源衰竭和生态环境恶化的根本原因。于是提出了环境资源商品化和环境资源有偿使用的设想，这明确了环境资源是国家所有。确立环境有偿使用的实质是将市场机制引入环境资源配置和利用之中。对环境实行商品化经营，通过排污费、环境税等调节手段，提高环境的配置效率和利用率，因而，必须创造条件，积极地开展环境资源多领域、多要素有偿使用试点，将其纳入法制轨道，实现环境资源的商品化，促进社会的可持续发展的最终实现。

可持续发展已被确定为是社会发展的最终目标，而要将可持续发展转变为现实，必须以强有力的法制体系作保障。总之，可持续发展需要国家恰当加强宏观调控。只有在相应法律规范的保障下，编制技术可行的环境规划才能实现调控的目标。

2.4　环境经济系统、环境经济预测与分析

环境预测是一类针对环境领域有关问题的预测活动。通常指在环境现状调查评价和科学实验基础上，结合经济社会发展情况，对环境的发展趋势作出科学的分析和判断。环境预测在环境影响的分析评价中起着重要的作用。实际中，环境影响一般考虑为环境质量的一个或多个度量值的具体变化。对于这类变化的分析把握是环境预测的核心内容。环境规划中，为实现协调环境与经济发展所能达到的目标，环境预测是不可缺少的环节，这也是环境规划决策的基础。

2.4.1　环境预测的依据

1）环境规划预测的主要目的，就是预先推测出实施经济社会发展达到某个水平年时的环境状况，以便在时间和空间上作出具体的安排和部署。所以这种环境预测与经济发展的关系十分密切，而且把社会经济发展规划（发展目标）作为环境预测的主要依据。

2）规划区的环境质量评价是环境预测的基础工作和依据。通过环境质量评价探索出经济社会发展与环境保护间的关系和变化规律，从而为建立环境规划的预测或决策模型奠定基础。

3）规划区内经济开发和社会发展规划中各年度的发展目标是环境预测的主要依据。这是因为一个地区的经济、社会发展与环境质量状况存在一定的相关性，利用这种关系才能作出未来环境状况的科学预测。

4）村镇、城市建设发展规划、城镇总体发展战略和发展目标、交通运输等有关资料都是环境预测的依据资料。例如城市集中供热、发展型煤、煤气化、绿化和建污水处理厂等，都直接关系未来环境的状况，这些数据资料都是环境预测所不可缺少的。

2.4.2　环境预测遵循的基本原则

1）经济社会发展是环境预测的基本依据。要注意经济社会与环境各系统之间和系统内部的相互联系和变化规律。

2）科学技术是第一生产力。科学技术对经济社会发展的推动作用和对环境保护的贡献是影响预测的重要因素。

3）突出重点，即抓住那些对未来环境发展动态具有最重要的影响因素。这不仅可大大减少工作量，而且可增加预测的准确性。

4）具体问题具体分析。环境预测涉及面十分广泛，一般可分为宏观和中观两个层次，要注意不同层次的特点和要求。

2.4.3　预测的类型

进行环境预测时，根据预测目的的不同，所采用的数据是不一样的，因而其结果也就不一样。按预测目的可分为：警告型预测（趋势预测）、目标导向型（理想型）预测和规划协调型预测（对策性预测）。

（1）警告型预测　警告型预测指在人口和经济按历史发展趋势增长，环保投资、防治管理水平、技术手段和装备力量均维持目前水平的前提下，预测未来环境的可能状况。其目的是提供环境质量的下限值，也就是指在工业结构等不发生重大变化，环保投资与总投资的比例不变的前提下，按目前的状况等比例发展下去，预测未来环境所能达到的质量状况。

（2）目标导向型预测　目标导向型预测指人们主观愿望想达到的水平。其目的是提供环境质量的上限值，是为了使年污染物浓度水平达到环境保护要求，排污系数应有的递减速率及污染排放量应达到的基准。

（3）规划协调型预测　规划协调型预测是指通过一定手段，使环境与经济协调发展所能达到的环境状况。这是预测的主要类型，也是规划决策的主要依据。它是在充分考虑到技术进步、环境保护治理能力、企业管理水平和产业结构的更新换代等动态因素的前提下，对环境质量达到的切合实际的预测。

2.4.4　预测的主要内容

（1）社会和经济发展预测　包括规划期内区域内的人口总数、人口密度和人口分布等方面的发展变化趋势；区域内人们的道德、思想、环境意识等各种社会意识的发展变化；人们的生活水平、居住条件、消费倾向和对环境污染的承受能力等方面的变化；区域生产布局的调查、生产力发展水平的提高和区域经济基础、经济规模和经济条件等方面的变化趋势。从中可以看出，社会发展预测重点是人口预测，经济发展预测重点是能源消耗预测、国民生产总值预测和工业部门产值预测。预测随着社会、经济的发展所带来的各种环境问题，预测区域环境质量随着人们的生产和消费活动变化的规律性，预测区域污染物发生量和人口分布、人口密度、生产布局和生产力发展水平等因素之间的关系。

（2）环境容量和资源预测　根据区域环境功能的区划、环境污染状况和环境质量标准来预测区域环境容量的变化，预测区域内各类资源的开采量、储备量及资源的开发利用效果。

（3）环境污染预测　预测各类污染物在大气、水体、土壤等环境要素中的总量、浓度以及分布的变化，预测可能出现的新污染物种类和数量。预测规划期内由环境污染可能造成的各种社会和经济损失。污染物宏观总量预测的要点是确定合理的排污系数（如单位产品和万元工业产值排污量）和弹性系数（如工业废水排放量与工业产值的弹性系数），环境质量预测的要点是确定排放源与汇之间的输入响应关系。

（4）环境治理和投资预测　各类污染物的治理技术、装置、措施、方案以及污染治理的投资和效果的预测；预测规划期内的环境保护总投资、投资比例、投资重点、投资期限和投资效益等。

（5）生态环境预测　城市生态环境，包括水资源的贮量、消耗量、地下水位等，城市绿地面积、土地利用状况和城市化趋势等；农业生态环境，包括农业耕地数量和质量、盐碱地的面积和分布、水土流失的面积和分布；此外还包括区域内的森林、草原、沙漠等的面积、分布以及区域内的物种、自然保护区和旅游风景区的变化趋势。

2.4.5　预测方法的选择

（1）基本思路　环境预测是在环境调查和现状评价的基础上，结合经济发展规划，通过综合分析或一定的数学模拟手段，推求未来的环境状况。其技术关键是：①把握影响环境的主要经济社会因素，并获取充足的信息；②寻求合适的表征环境变化规律的数学模式和（或）了解预测对象的专家系统；③对预测结果进行科学分析，得出正确的结论，这一点取决于规划人员的素质和综合问题的能力与水平。

（2）常用预测方法选择　目前，有关环境预测的技术方法大致可分为两类：

1）定性预测技术，常常带有强烈的主观色彩，在某种意义上跟现代化的管理水平是不相适应的。定量预测有时相当复杂，但由于计算机技术已得到广泛应用，只要能够获取过去一段时间内的一些有用信息，便可通过建立一定的数学模型，通过计算机来完成预测工作。由于环境规划是要达到合理投资、使用与支配环境保护资金的目的，所以应尽可能使预测定量化。但这类技术方法以逻辑思维为基础，综合运用这些方法，对分析复杂、交叉和宏观问题十分有效。如专家调查法、历史回顾法和列表定性直观预测等。

2）定量（或半定量）预测技术以运筹学、系统论、控制论、系统动态仿真和统计学为基础，对于定量分析环境演变，描述经济社会与环境相关关系比较有效。常用方法有外推法、回归分析法等。只有外推性的模型才具有预测功能，所谓外推性是指从时间发展来看，事物所具有的某种规律性。

环境预测方法的选择应力求简便适用。由于目前所发展的预测模型大多还不完善，均有各自的不足与弱点，因而实际预测时，亦可采用几种模型同时对某一环境对象进行预测，然后通过比较、分析和判断，得出可以接受的结果。

2.4.6　预测结果的综合分析

对预测结果进行综合分析评价，目的是找出主要环境问题及其产生的主要原因，并由此规定环境规划的对象、任务和指标。预测的综合分析主要包括下述内容：

（1）资源态势和经济发展趋势分析　分析规划区的经济发展趋势和资源供求矛盾，并对重大工程的环境影响、经济效益进行分析说明。同时分析影响经济发展的主要制约因素，以此作为制定发展战略，确定环境规划区功能的重要依据。

（2）环境污染发展趋势分析　明确必须控制的主要污染物、污染源、污染地域或受污染的环境介质。明确大气、水体的环境质量变化趋势，指出其与功能要求的差距，确定重点保护对象必要时，可定量给出污染造成的危害和损失等，以此加强环境规划的重要性和说服力。

（3）环境风险分析　环境风险有两种类型：一类是指一些重大的环境问题，例如全球气候变化臭氧层破坏或严重的环境污染问题等，一旦发生会造成全球或区域性危害甚至灾难；另一类是指偶然的或意外发生的事故对环境或人群安全和健康的危害，这类事故所排放的污染物往往量大、集中、浓度高，危害也比常规排放严重。如核电站泄漏事故、化工厂爆炸、采油井喷、海上溢油、水库溃坝、交通运输中有毒物质的溢泄和尾矿库或电厂灰库溃坝等。对环境风险的预测和评价，有助于针对性地采取措施，防患于未然，或者制定应急措施，在事故发生时可减少损失。

（4）其他重要问题分析　对规划区域中某些重要问题进行分析，如特别需要的保护对象、重大工程的环境影响或效益等。

2.5　环境规划的决策方法

在特定的历史阶段中，根据人类社会生存和持续发展的需要，制定一定时期的环境目标，并从各种可供选择的实施方案中，通过分析、评价、比较，选定一个切实可行的环境规划方案的过程称为环境规划的决策。

2.5.1　环境规划方案的决策步骤

1）目标制定阶段。根据人类社会生存和发展的需要，对现实存在的或潜在的环境问题性质、走向、危害程度和影响范围等各方面加以研究，并进而根据社会经济水平提出环境决策所要达到的目标。

2）信息调查阶段。搜集决策过程中所需的各种资料和数据。

3）方案设计阶段。分析与实现目标有关的各种因素，从技术、经济、社会等方面的条件考虑，拟定各自所能达到目标的方案。

4）方案评估阶段。对制定出的各种方案进行分析、比较，作出评估。

5）方案选定阶段。在确保能实现环境决策目标的前提下，选择一个现实社会经济技术条件能接受的方案作为实施方案。

6）反馈调查阶段。在出现所有可能的方案均不能为当时的社会经济技术条件所接受的情况时，环境目标加以修正或调整。

2.5.2　环境规划方案决策的影响机制

环境规划方案的决策过程是一个选择最满意规划方案，同时又是不断淘汰其他不满意规划方案的过程，这是一项富有挑战性和创造性的工作。环境规划方案决策的影响机制是：

（1）决策风险的影响　风险是环境规划方案实施后可能给规划区域社会、经济、环境等方面带来意想不到的损失。由于未来的不确定性，最高决策者不可能百无一漏的估计到未来发生的各种情况，所以任何规划方案都有风险，只是风险的大小不同而已，同时任何一位最高决策者总是希望规划方案的风险越小越好。然而问题往往是决策风险与实施利益成正比，一个规划方案越有创新，越是前人未曾尝试过的，其风险就越大，但一旦成功，其效益也越大。

（2）决策时效的影响　对于最高决策者来说，以最短的时间、最快的速度和最少的投入实现环境规划目标，是决策者普遍存在的一种心态。由于这种心态的作用，决策者往往容易接受和选择"短平快"式的规划方案，忽视给本区域发展带来长期效益的规划方案。针对这种情况，最高决策者在选择最佳环境规划方案时，必须同时选择一个适度的时间域，使规划实施的长期效益与短期效益有机结合，避免以短期行为和短期效益代替长期行为和长期效益。

（3）社会成本核算的影响　规划实施的社会成本核算是指根据投入产出原理，对环境规划方案所需的社会投入和规划方案实施后所产生的效益之比来衡量规划方案是否合算。其中社会投入不仅包括环境规划方案实施所花去的人力、物力和财务成本，而且还包括其影子成本，即实施这一规划方案相对于实施另一效益更高的规划方案所丧失的实施效益。对规划方案进行社会成本核算的目的就是在比较成本、比较效益的基础上，以较小的社会投入获得最大的实施效益，在相同成本条件下的规划方案，效益越大的规划方案越易被选为最佳规划方案。

（4）决策机会的影响　机会是指选择环境规划方案所拥有的时间条件和空间条件。任何一个规划方案的实施总会受到来自各方面有利和不利条件的影响，即机遇与挑战并存。只有当不利条件越少，有利条件越多的时候，规划方案才能顺利实施。这就要求最高决策者必须善于发现机会，勇于抓住机会，在最佳的时空条件下选择最佳的规划方案付诸实施。由于机会的影响，最高决策者所选择的规划实施方案可能不是最优的，指标也不是最高的，但却可能是最有条件实施并有望带来较大效益的规划方案。

除上述四大因素外，最高决策者的决策智商、决策倾向和决策方法等亦对规划方案的决策实施有较大影响。从决策学的角度分析，环境规划方案决策系统的运行由低级到高级、由简单到繁杂包括三种决策机制，即单一的经验型规划方案决策机制、综合的知识型规划决策机制和系统的智能型规划决策机制，其中系统的智能型规划决策机制是主体机制。为了保证环境规划方案决策系统按此模式运行，对于最高决策者来说，除了充分考虑影响规划方案决策运行机制外，还必须建立一套能帮助自己分析问题的推敲命题。这些推敲命题包括：规划方案是否必要，规划目标能否实现，规划方案是否可行，其实施后的经济效益是否最好，规划方案是否富有弹性和很强的应变能力等。

最高决策者首先在充分考虑决策风险、决策智商、决策机会、决策时效、决策方法、社会成本核算和决策倾向等要素的影响之后，参考公众参与和专家咨询辅助决策结果，得到第一轮决策结果。如果在规划方案决策系统运行模式的某一环节发生故障，则意味着必须从头开始决策，通过层层决策，层层淘汰，反复循环，多次反馈，直到获得最佳规划方案为止。

2.5.3　单目标决策分析方法

1. 环境费用效益分析

实施环境规划管理措施和技术方案，一方面需要投入和代价，另一方面它会直接获得环境功能的恢复和改善，从而减少环境污染、资源破坏所带来的损失。对于这种环境效益和相应的投入代价，在环境规划中选择不同方案时，最直接的思想是类似一般活动的经济分析那样，通过费用效益的分析评价方法进行。

传统上，费用效益分析是用于识别和度量一项活动或规划的经济效益和费用的系统方法，其基本任务就是分析计算规划活动方案的费用和效益，然后通过比较评价从中选择净效益较大的方案提供决策。它是一种典型的经济决策分析框架。将其引入环境规划中，可作为一项工具手段以进行环境规划的决策分析。

（1）环境费用效益分析的基本程序 环境费用效益分析的一般过程如图 2-1 所示。

1）明确问题。费用效益分析的首要工作是明确问题。对于一个环境规划首先要弄清规划方案中各项活动所涉及环境问题的内容、范围和时间尺度，从而为规划方案的环境影响识别分析奠定基础。

2）环境质量与受纳体影响关系确定。环境问题特别是环境污染问题，其直接影响表现为环境质量的恶化及其对受纳体（人体、动植物、资源等）的影响和损害。为了确定规划对环境质量和受纳体影响的变化，重要的前提工作是确定一项环境资源的功能。在环境功能分析确定基础上，进一步的工作是对环境质量与环境受纳体的影响，即剂量反应关系进行识别确定，这是环境费用效益分析的关键，也是环境费用效益分析成功的科学基础。

对受纳体环境影响的估计，即剂量反应关系的确定主要包括以下内容：①估计环境质量变化的时空分布；②估计受纳体在环境质量变化中的暴露程度；③估计暴露对受纳体产生的物理化学和生物效应。

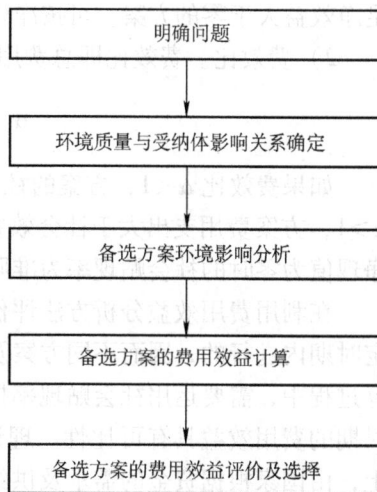

图 2-1 环境费用效益分析流程图

3）备选方案的环境影响分析。显然，不同的规划方案对应着不同的环境效果或环境损失（效益），伴随着规划方案的改变，相应的环境损失（效益）也会随之变化。因此，针对不同规划方案进行改善环境质量的定量化影响估计是环境效益或损失计算的前提。这一工作的有效程度取决于人为活动对环境质量及受纳体影响关系的识别确定。

4）备选方案的费用/效益计算。为了使规划方案的影响效果具有可比性，费用效益分析方法采取了将规划方案的定量化损失/效益统一为货币形式的表达方式。从决策分析的角度看，环境费用效益分析的货币化过程，实质上是将决策的多种目标统一为单一经济目标的过程。通常，在规划方案的制定中，投资、运行费用及有关经济费用构成为费用效益分析的费用计算内容，而对规划方案的非经济效益（损失），则需要借助于货币化技术方法进行估计。

5）备选方案的费用效益评价。当完成备选方案的费用、效益货币化计算后，就可通过适当的评价准则进行不同方案的比较，完成最佳方案的筛选。

（2）费用效益分析的评价准则 进行规划方案费用效益的比较评价，通常可采用净效益或费效比等评价准则。

1）净效益最大。净效益是总效益现值扣除总费用现值的差额，按下式计算

$$Z_{\text{NPV}} = \sum \frac{(B_t - C_t)}{(1 + r)^t} = \sum \frac{B_t}{(1 + r)^t} - \sum \frac{C_t}{(1 + r)^t} \tag{2-8}$$

式中 Z_{NPV}——净效益（现值）；

B_t——第 t 年的效益；

C_t——第 t 年费用；

r——社会贴现率；

t——时间（以年为单位）。

若 $Z_{NPV}>0$，表明规划方案得大于失，方案可以接受；否则，方案不可取。对于多个满足净效益大于零的方案，可按净效益最大的准则进行备选方案的筛选。

2）费效比。费效比即总费用现值与总效益现值之比，记作 α，按下式计算

$$\alpha = \sum \frac{C_t}{(1+r)^t} \bigg/ \sum \frac{B_t}{(1+r)^t} \tag{2-9}$$

如果费效比 $\alpha<1$，方案的社会费用支出小于其所获得的效益，方案可以接受；费效比 $\alpha\geq1$，方案费用支出大于社会效益，方案应予拒绝。此外，还可以采用内部收益率，即以净现值为零时的社会贴现率为准则，进行规划方案的评价筛选。

在利用费用效益分析方法评价规划方案的决策分析中，由于规划方案的实施往往是在一定时期内进行的，因而不同方案及其费用、效益发生的时间不尽相同。为此，在费用效益计算过程中，需要运用社会贴现率把不同时期的费用效益化为同一水平年的货币值，以使整个时期的费用效益具有可比性。理论上，社会贴现率应该在大量的国民经济评价资料的基础上，由国家根据资金的需求及供给情况、当前的投资收益水平、资金的机会成本、社会贴现率对长短期项目的影响、以往的经验和国际金融市场的长期贷款利率等因素综合确定。

（3）环境效益评价的货币化技术方法　目前在环境费用效益分析中，由于环境质量及受纳体影响的多样性和复杂性，因而对人为活动产生的环境效益（或损失）的货币化技术方法种类繁多，正在不断发展过程中。实践中，还没有哪一种技术方法可以达到完全成熟、普遍适用的状况。这就需要根据具体条件，选择利用或需进一步加以研究，以开发新的适用技术方法。

现有常见的环境效益评价货币化技术方法大体有三类，它们分别为直接根据市场的方法（费用或效益估算法）、替代市场法及调查法，见表2-1。

表 2-1　常见环境效益评价货币化技术方法分类

类　　型	评 价 方 法
费用或效益估算法	市场价格法（生产率值） 人力资本法 防护费用法 恢复费用法 资产价值法 旅游费用法
替代市场法	影子工程法 机会成本法 工资差额法
调查法	支付愿望法 专家调查法

下面针对前两类方法，简单介绍其中的一些基本思想。

（1）市场价格法　市场价格法是直接根据物品或服务的价格，利用因环境质量变化引起的产量和利润的变化来计量环境质量变化的经济效益或经济损失。该方法应用广泛，如用

于因污染造成农产品减产的评价。

（2）人力资本法或工资损失法　人力资本法将劳动者作为生产要素而对其遭受环境影响，特别是通过人体健康进行环境价值经济评价的方法。环境质量恶化对人的经济损失有过早死亡、患病、提前退休等，这些可以通过个人的费用支出或损失反映出来。例如，用人力资本法可以评估大气污染对某地区人体造成危害的货币损失。

（3）机会成本法　经济学中，机会成本是指把一定的资源用在生产某种产品时，所放弃的对其他产品生产中所能获得的最大收益。如一块土地，可以种植小麦或大豆，为种植小麦而放弃的大豆产量就成为种植小麦的机会成本。根据这一思想方法，对一个规划的多个方案，就可以计算估计由于环境变化所引起的收益或损失。

（4）资产价值法　资产价值法是用环境质量的变化引起资产价值的变化来估计环境污染或改善环境质量所带来的经济损失或收益。噪声污染、大气污染、水污染等都会影响资产价值，如房地产的价值。这样就可以用房地产价值的变化来评估某一环境质量的影响。

（5）工资差额法　工资差额法是利用不同环境质量条件下工人工资的差异，来估计环境质量变化造成的经济损失或经济效益。如果工人可以自由选择工作，污染地区的工作要用高工资来吸引工人，所以工资的地区差异可以部分地归功于工作地点的环境质量的不同。

（6）防护费用法　环境资源被破坏时带来的经济损失，可以通过为防护该环境资源不受破坏所准备支付的费用来推断。例如，评估公路噪声的危害，可以用建立噪声隔离墙所需的费用来衡量。

（7）恢复费用法　一种环境资源的破坏假定能恢复到原来状态，这种恢复所需要的费用可作为该环境资源被破坏带来的经济损失或它的经济价值估计。实际上，环境退化、生态破坏往往很难恢复到原来功能，所以恢复费用也只是它的最低损失费用。

（8）影子工程法　在环境资源受到破坏之后，如果用人工建造一个工程来代替原来的环境功能，这时所需的费用可用来估计破坏该环境资源的经济损失。例如，某处地下水受到污染而失去饮用水功能，可以采用重新建造一个饮用水源所需的费用来评估该地下水资源受破坏的经济损失。

虽然已有许多对环境资源进行经济评价的估值技术，但大量环境影响的货币化仍然存在着相当大的困难，有时甚至是不可行的。为此，在费用效益分析基础上，可采用的一个简化方案评价方式是费用效果分析。所谓费用效果分析，在环境规划中，通常是指在满足一定环境要求等前提下，选择费用最小的活动方案的决策分析技术。许多利用数学规划建立的环境规划模型正是这种费用效果分析思想的体现。

总之，费用效益分析技术（包括费用效果分析）作为一类传统的经济评价方法，在用于环境规划决策问题中，尽管还存在许多未能解决的问题，包括未能考虑分配上的公平问题，但作为一种决策分析框架，它依然在发挥着重要的决策支持作用。

2. 数学规划方法

数学规划方法是利用数学规划最优化技术进行环境规划决策分析的一类技术方法。从决策分析的角度看，这类决策分析方法的使用，需要根据规划系统的具体特征，结合数学规划方法的基本要求，将环境系统规划决策问题概化成在预定的目标函数和约束条件下，对由若干决策变量所代表的规划方案，进行优化选择的数学规划模型。目前，用于环境规划中的数学规划决策分析方法主要有线性规划、非线性规划及动态规划等。

（1）线性规划　线性规划是一种最基本最优化技术。线性规划问题可描述为：①通过一组未知量（又称决策变量）表示规划的待定方案，这组未知量的确定值代表了一个具体方案，通常要求这组未知量取值是非负的；②对于规划的对象，存在若干限制条件，这些限制条件均以未知量的线性等式或不等式约束来表达；③存在一个目标要求，这个目标由未知量的线性函数来描述。按所研究的规划问题的决策规则不同，要求目标函数值实现极大化或极小化。线性规划的一般表达形式为

$$\left.\begin{array}{l} \max(\min)f = \boldsymbol{c} \cdot \boldsymbol{r} \\ \boldsymbol{A}\boldsymbol{x} \leqslant (=, \geqslant) \boldsymbol{b} \\ \boldsymbol{x} \geqslant 0 \end{array}\right\} \qquad (2\text{-}10)$$

式中　$\boldsymbol{x}$——由 n 个决策变量构成的向量，即规划问题的备选方案，$\boldsymbol{x} = (x_1, x_2, \cdots, x_n)^{\mathrm{T}}$；

$\boldsymbol{c}$——由目标函数中决策变量的系数构成的向量，$\boldsymbol{c} = (c_1, c_2, \cdots, c_n)$；

$\boldsymbol{A}$——由线性规划问题的 m 个约束条件中关于决策变量的系数组成的矩阵，按下式计算

$$\boldsymbol{A} = \begin{bmatrix} a_{11} & \cdots & a_{1n} \\ \vdots & \cdots & \vdots \\ a_{m1} & \cdots & a_{mn} \end{bmatrix} \qquad (2\text{-}11)$$

$\boldsymbol{b}$——由 m 个约束条件中常数构成的向量，$\boldsymbol{b} = (b_1, b_2, \cdots, b_m)^{\mathrm{T}}$。

任何决策问题，当被构造成线性规划模型时，其约束条件反映了一个决策问题中对决策变量（方案）的客观限制要求。此外，它也可作为对具有多目标的决策问题进行目标削减，实施简化处理的表达形式。线性规划中的目标函数代表了规划方案选择的评价准则。它的确定集中体现了决策分析中最主要的决策要求。

运用线性规划方法进行决策分析，就是对某规划对象通过建立线性规划模型，即在各种相互关联的多个决策变量的线性约束条件下，选择实现线性目标函数最优的规划方案的过程。某一般线性规划问题求解最常用的算法是单纯形法，已有大量标准的计算机程序可供选用。此外，在一定条件下，也可采取对偶单纯形法、两阶段法进行线性规划的求解。对于某些具有特殊结构的线性规划问题还存在一些专门的有效算法。

线性规划问题中，如果部分或全部决策变量的取值有整数的限制要求，这类特殊的线性规划称为整数规划。对于整数规划，如果其所有决策变量都限制为（非负）整数，就称为纯整数或全整数规划，如果仅要求部分决策变量取整数值，则称其为混合整数规划。整数规划中的一种特殊情况是0—1规划，它的决策变量取值仅限于0或1。

对于实际中存在的整数解要求，如污水处理设施数量或规划方案的取舍等污染控制系统规划的决策问题，整数规划是一种有效的支持技术。

求解整数规划，目前常用的主要算法有分支定界法、割平面法及枚举法。其中，分支定界法一般说来对纯整数或混合整数规划求解均适用。该方法是从不考虑决策变量的整数限制条件的相应线性规划问题出发，如果其最优解不符合该整数规划问题的限制要求，则依其解对原问题进行分解，通过增加约束条件，压缩原问题解的可行域，逐步逼近整数规划问题的最优解。其实质仍是基于线性规划算法的求解方法。

（2）非线性规划　在环境系统规划管理中，不少决策问题可以归纳或简化为线性规划问题，其目标函数和约束条件都是决策变量的线性关系式。但是，客观实际中大量复杂的非

线性关系，由于精确化需要，不宜直接通过线性关系的模型来描述。例如，污水处理费用与污染物去除量（率）间的函数关系。如果在规划模型中，目标函数和约束条件表达式中存在至少一个关于决策变量的非线性关系式，这种数学规划问题称为非线性规划问题。非线性规划问题的一般数学模型常表示为如下形式

$$\left.\begin{array}{l} \max(\min)f(\boldsymbol{x}) \\ h_i(\boldsymbol{x}) = 0 \quad i = 1, 2, \cdots, m \\ g_j(\boldsymbol{x}) \geqslant 0 \quad j = 1, 2, \cdots, p \end{array}\right\} \tag{2-12}$$

式中 $\boldsymbol{x}$——n 维欧氏空间 E_n 中的向量，它代表一组决策变量，$\boldsymbol{x} = (x_1, x_2, \cdots, x_n)^{\mathrm{T}}$；

$f(\boldsymbol{x}), h_i(\boldsymbol{x}), g_j(\boldsymbol{x})$——决策向量 $\boldsymbol{x}$ 的函数。

和线性规划模型一样，该模型也由目标函数 $f(\boldsymbol{x})$ 和若干约束条件 $h_i(\boldsymbol{x}) = 0$，$g_j(\boldsymbol{x}) \geqslant 0$ 两部分构成。但在 $f(\boldsymbol{x})$ 或 $h_i(\boldsymbol{x})g_j(\boldsymbol{x})$ 中已存在决策变量 $\boldsymbol{x}$ 的非线性关系。从决策分析角度看，非线性规划模型给出的是在非线性的目标函数和（或）约束关系式条件下进行规划方案选择的描述。

一般地，非线性关系的复杂多样性使得非线性规划问题求解要比线性规划问题求解困难得多。因而，它不像线性规划那样存在一个普遍适用的求解算法。目前，除在特殊条件下可通过解析法进行非线性规划求解外，绝大部分非线性规划采用数值求解。数值法求解非线性规划的算法大体分为两类：一是采用逐步线性逼近的思想，即通过一系列非线性函数线性化的过程，利用线性规划方法获得非线性规划的近似最优解；二是采用直接搜索的思想，即根据非线性规划的一些可行解或非线性函数在局部范围的某些特性，确定一有规律的迭代程序，通过不断改进目标值的搜索计算，获得最优或满足需要的局部最优解。各种非线性规划求解算法各有所长，这需要根据具体非线性规划问题的数学特征选择使用。

（3）动态规划　动态规划是处理具有多阶段决策过程问题特征的优化方法。所谓多阶段决策过程问题是指对由一系列相互联系的阶段活动构成的过程，如何在预定的活动效果评价准则（目标函数）下，使各阶段所作出的一系列活动选择达到活动整体效果最佳的问题。多阶段决策问题中，每一阶段可供选择的活动决策往往不只一个，由于活动过程各阶段相互联系，任一阶段决策的选择不仅取决于前一阶段的决策结果，而且影响下一阶段活动决策的选择。因此对这种具有相互联系的多阶段活动过程优化问题，其决策序列的选择确定通常很难通过线性或非线性规划优化方法来描述并求解，特别是对于离散性多阶段决策问题，处理连续性问题的数学规划方法更无用武之地，这时动态规划方法则是一种有效的建模和优化手段。

任何多阶段决策问题的最优决策序列，都具有一共同的基本性质，这就是动态规划问题的最优化原理或称贝尔曼优化原理。该原理可概括为：一个多阶段决策问题的最优决策序列，对其任一决策，无论过去的状态和决策如何，若以该决策导致的状态为起点，其后一系列决策必须构成最优决策序列。根据这一基本原理，可以把多阶段决策问题归结表达成一个连续的递推关系。这种递推关系，若以逆序的方式，即从多阶段活动过程的终点向起点方向对由 n 个阶段的活动过程建立模型（见图 2-2），则动态规划逆序求解的递推关系的数学表达形式为

活动过程顺序 →

$$A \quad 1 \quad 2 \quad 3 \quad 4 \quad \cdots \quad n-1 \quad n \quad G$$

← 求解过程顺序

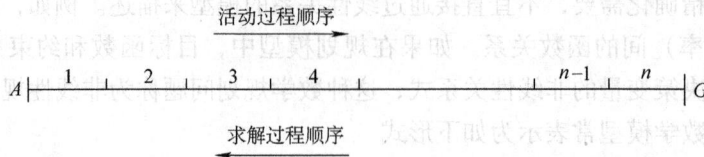

图 2-2　动态规划逆序求解的递推关系图

$$\left.\begin{array}{l} f_k(x_k) = \mathrm{opt}\{d_k[x_k, u_k(x_k)] + f_{k+1}(u_k)\} \quad (k = n-1, \cdots, 3, 2, 1) \\ f_n(x_n) = d(x_n, G) \end{array}\right\} \quad (2\text{-}13)$$

式中　x_k——第 k 阶段的状态变量。它为 $k-1$ 阶段决策的结果，第 k 阶段所有状态成一状态集；

$u_k(x_k)$——第 k 阶段的决策变量，它代表第 k 阶段处于状态 x_k 时的选择，即决策。

复习思考题

1. 什么是环境容量？如何从环境规划学上认识环境容量？
2. 从环境规划学的角度，如何理解空间结构理论？
3. 什么是城市空间结构的环境经济效应与集聚规模经济？
4. 可持续发展理论的内涵是什么？如何实现可持续发展？
5. 如何进行环境规划方案的设计及优化？

第 3 章

大气环境污染防治规划

大气环境是人类赖以生存的基本要素之一，大气环境质量的优劣不仅直接影响以人为主体的城市生态系统，而且关系到城市社会经济能否持续发展。为了协调城市社会经济发展与大气环境保护之间的关系，制定与社会经济发展相匹配的大气环境规划是行之有效的手段。

3.1 概述

3.1.1 我国大气环境质量状况

我国污染负荷高，排放强度大，环境污染相当严重。目前癌症高发与多年来环境污染的影响密切相关。受大气污染影响，我国大约有近 2 亿人呼吸不到新鲜空气，因空气污染导致每年 1500 万人患上支气管炎。2003 年，主要大气污染物二氧化硫排放总量达 2158 万 t，超出大气环境容量 80% 以上。监测的 340 个城市中，仅有 45% 的城市空气质量达到环境空气质量二级标准。

机动车尾气污染问题日益突出，到 2010 年，城市机动车污染物排放量将比 2000 年上升 1 倍。煤炭需求量在 2010 年将达到 18 亿 t，2020 年将达到 22 亿 t。若不采取严格的控制措施，预计 2010 年、2020 年全国二氧化硫排放量将分别达到 2503、3060 万 t。到那时，我国酸雨污染将不断加重。

我国二氧化硫和消耗臭氧层物质（ODS）排放量居世界第一位，二氧化碳排放量居世界第二位。我国与周边国家在污染越境转移、跨界河流污染、野生动物越境保护等方面，都可能成为外交摩擦的隐患，与周边国家发生跨界环境纠纷逐渐增多，已经对我国的国际声誉造成了严重影响，环境污染将可能对我国的国际贸易形成严重的环境壁垒。

我国缺乏强有力的统一环保监管机制，环境保护综合协调能力不强。现有的环境法律法规缺乏有力的强制措施，对环境违法行为处罚力度偏低，有法不依、执法不严的情况仍不同程度地存在。

环境监测、环境监察、环境统计、环境信息系统建设等管理手段落后的问题越来越突出，特别是西部地区，环境监测、调查取证、污染事故预警和应急反应等手段远远不能达到依法行政的要求。

企业环境行为信息公开和公众参与机制尚未健全，公众参与渠道不畅、能力不强。

3.1.2　大气污染及其影响

1. 大气污染及大气污染物

大气污染是指由于人类活动或自然过程引起某些物质介入大气中，呈现出足够的浓度，达到了足够的时间，并因此而危害了人体的舒适、健康和福利或危害了环境的现象。所谓人类活动不仅包括生产活动，也包括生活活动，如做饭、取暖、交通等。所谓自然过程包括火山活动、山林火灾、海啸、土壤和岩石的风化及大气圈中空气运动等。一般说来，大气污染主要是人类活动造成的。大气污染物是指由于人类活动或自然过程排入大气的并对人或环境产生有害影响的物质。大气污染物的种类很多，按其存在状态可概括为两大类：

1）气溶胶状态污染物，是指固体、液体粒子或它们在气体介质中的悬浮体。其粒径约为 $0.002 \sim 100\mu m$ 的液滴或固态粒子。大气气溶胶中各种粒子按其粒径大小可分为总悬浮颗粒物（TSP）、飘尘、降尘。

2）气体状态污染物，简称气态污染物，是以分子状态存在的污染物，大部分为无机气体。常见的有五大类：以 SO_2 为主的含硫化合物、以 NO 和 NO_2 为主的含氮化合物、CO_x、碳氢化合物及卤素化合物等。

2. 大气污染的危害

大气污染影响人类和动物的健康、危害植被、腐蚀材料、影响气候、降低能见度。

（1）大气污染对人体健康的影响　大气污染物对人体健康危害严重，如细颗粒物与硫的氧化物、一氧化碳、光化学氧化剂和铅等重金属均对人体健康产生不利影响。污染物对健康的影响随污染物质强度、感染时间及人体健康状况而异。

（2）大气污染对植物的危害　大气污染对植物的危害可归纳为以下几个方面：损害植物酶的功能组织；影响植物新陈代谢的功能；破坏原生质的完整性和细胞膜。此外，还会损害根系生长及其功能；减弱输送作用与导致生物产量减少。

（3）大气污染对材料的危害　大气污染可使建筑物、桥梁、文物古迹和暴露在空气中的金属制品及皮革、纺织等物品发生性质的变化，造成直接和间接的经济损失。其中 SO_2 与其他酸性气体可腐蚀金属、建筑石料及玻璃表面。SO_2 还可使纸张变脆、褪色、使胶卷表面出现污点、皮革脆裂并使纺织品抗张力降低。O_3 及 NO_x 会使染料与绘画褪色，从而对宝贵的艺术作品造成威胁。

（4）大气污染对大气环境的影响　大气污染不仅影响能见度，而且污染物会远距离迁移并引起区域性危害。大气污染还会产生全球性的影响，这些影响包括：大气中 CO_2 等温室气体含量增加导致的全球变暖、人们大量生产氟氯烃化合物等导致的臭氧层耗竭等。

3.1.3　大气环境规划编制的技术路线

大气环境规划包括规划区划定、污染源调查和特征分析等，其技术路线框架如图3-1所示。

3.1.4　规划编制的内容和类型

1. 大气环境规划的内容

大气环境规划是为了平衡和协调某一地区的大气环境与社会、经济之间的关系，以达到

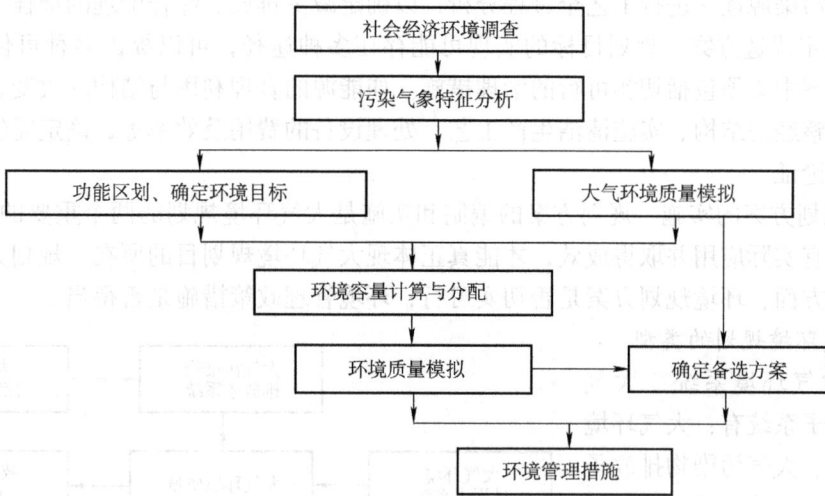

图 3-1 大气环境规划技术路线框架

大气环境系统功能的最优化,最大限度地发挥大气环境系统组成部分的功能。在大气环境规划时,应首先对大气环境系统进行系统分析,确定各子系统之间的关系;其次对规划期内的主要资源进行需求分析,重点分析城市能流过程,从能源的输入、输送、转换、分配和使用各个环节中,找出产生污染的主要原因和控制污染的主要途径,从而为确定和实现大气环境目标提供可靠保证。大气环境规划工作过程如图 3-2 所示。

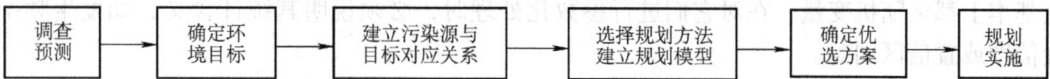

图 3-2 大气环境规划简图

(1)调查预测 环境问题的发生和解决是环境规划的开始和归宿。通过调查、分析污染物的产生、排放、治理措施的现状,预测和评价其发展趋势,从而找出大气环境污染的主要环境问题。

(2)确定环境目标 在大气环境现状调查、预测及各功能区的功能确定基础上,根据规划期内所要解决的主要环境问题和社会经济与大气环境协调发展的需要,确定合理的大气环境目标。同时给出表征环境目标的大气环境指标,制定实现目标的方案,通过投资估算和可行性分析及反复平衡,最后才能确定规划目标。

(3)确定污染源与目标之间的关系 通过实测资料建立大气质量模型,建立污染源与大气环境质量间的输入响应关系,是直接影响大气总量控制规划方案优劣的重要因素之一。这一关系有时也可以是实测资料的回归曲线,或简单的线性关系。需要完成的任务有:①污染源布局评价;②污染源贡献评价;③控制方案的评价;④建立技术经济优化模型的环境约束方程。

(4)选择规划方法与建立规划模型 目前根据我国大气环境主要针对二氧化硫和 TSP 污染的基本特点,普遍采用系统分析方法和数学规划模型的方法。一般可采用源治理与集中控制相结合的方法,建立包括能源性污染和工艺在内的综合控制规划模型,寻求对各类用能设施、各类工艺尾气中二氧化硫和 TSP 的综合优化方案。对于其他类大气污染物,应对筛选出的重点污染源逐一进行工艺全过程分析，以确定减少排放、综合治理的最佳方案。

（5）确定优选方案　规划目标的实现可能存在多种途径，可以提出多种可供选择的方案，每个方案中必须包括切实可行的治理措施。如能源的合理利用与结构的改变、城市的合理布局、调整经济结构、实施清洁生产工艺、处理设备的费用及效率等，确定需经过多方案比较和反复论证。

（6）规划方案的实施　规划方案的编制和实施是大气环境规划的两个重要的组成部分。规划方案只有实际应用并取得成效，才能真正体现大气环境规划目的所在。规划方案的实施取决于两个方面：环境规划方案是否切实可行；环境管理政策措施是否得当。

2. 大气环境规划的类型

（1）大气环境系统　大气环境系统的子系统有：大气环境过程子系统、大气污染物排放子系统、大气污染控制子系统及城市生态子系统，如图 3-3 所示。系统的状态主要由大气环境质量描述。

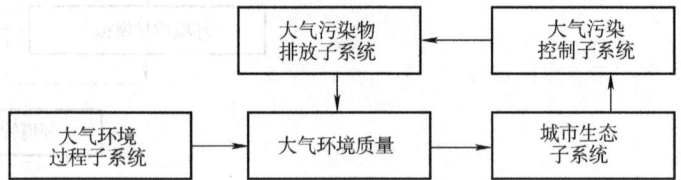

图 3-3　大气环境系统

1）大气环境过程子系统。大气环境过程决定污染物在大气中的输送和稀释扩散能力，受人类活动的影响极为有限，基本上是一个自然系统。通过实验或历史资料的分析，可以掌握其因子的运动规律，并根据需要将它们参数化。由于大气环境过程及描述该过程特征的变量基本上都是随机变量，在对它们进行参数化处理时，必须说明其统计含义，如发生频率、置信度或置信区间等。

2）大气污染物排放子系统。大气污染物排放子系统主要包括点源、面源和线源。污染物的排放直接影响大气环境质量，进而影响城市生态子系统。

3）大气污染控制子系统。城市大气污染的控制不仅是污染源本身的治理。首先应立足于尽可能通过采用少污染或无污染的工艺或技术，节约燃料或原料，提高装置整体性能等措施减少污染物的产生量，其次才是控制问题。此外还应把污染源的治理与旨在控制大气污染的城市基础设施的建设结合起来，对城市大气环境进行综合整治。

4）城市生态子系统。以人为主体的城市生态子系统是大气环境保护的对象，它的具体表述是城市大气环境质量规划。

制定大气环境规划，就是通过协调大气环境系统中各子系统之间的关系，以最小的治理费用采用大气污染综合治理组合技术，充分利用大气的自净能力，对污染源进行控制，使大气环境质量满足保护以人为主体的城市生态系统的需要。

（2）大气环境规划的类型　由大气环境系统的构成可知，大气环境过程子系统是一个自然系统，通过对这个系统的研究，可以了解污染物在大气环境中的迁移转化规律。大气污染物排放与控制是相互联系而又相对独立的两个阶段，在进行大气环境规划时，应将它们合并一起考虑，才有可能以最小的费用获得最大的效益。因此，可将大气环境规划总体上划分为两类，即大气环境质量规划和大气污染控制规划。这两类规划相互联系、相互影响、相互作用构成了大气环境规划的全过程。

1）大气环境质量规划：以城市总体布局和国家大气环境质量标准为依据，规定了城市不同功能区主要大气污染物的限值浓度。它是城市大气环境管理的基础，也是城市建设总体规划的重要组成部分。大气环境质量规划模型主要是建立污染源排放和大气环境质量的输入响应关系。

2）大气污染控制规划：是实现大气环境质量规划的技术与管理方案。对于新建或污染较轻的城市，制定大气污染控制规划就是要根据城市的性质、发展规模、工业结构、可供利用的资源状况、大气污染最佳适用控制技术及地区大气环境特征，结合城市总体规划中其他专业规划合理布局。一方面为城市及其工业的发展提供足够的环境容量，另一方面提出可以实现的大气污染物排放总量控制方案。对于已经受到污染或部分污染的城市，制定大气污染控制规划的目的主要是寻求实现城市大气环境质量规划的简捷、经济和可行的技术方案和管理对策。大气环境污染控制模型是建立在设计气象条件、环境目标、经济技术水平、污染特点等因素基础上确定的。

3. 能流分析

在现代社会中，大部分环境问题的产生都与经济发展和能源供求有着密切的关系，大气污染问题就是一个典型的例子。对于不同的一次能源、不同的能源消费过程、不同的技术背景，污染的来源、污染的特征及污染的贡献是不同的。也就是说，在社会经济系统中存在着：发展经济和提高生活水平→能源消费的增加→大气污染物质产生量的增加→大气污染物质排放量的增加→大气环境质量的恶化这样一种连锁反应关系。为此有必要了解能流过程。

能流分析主要针对能源的输入、转换、分配和使用的全过程系统分析，以剖析大气污染物的产生、治理、排放规律，找出主要环境问题，找出解决问题的最佳方案。能流分析的基础是能流网络图，可以采取以用能部门为终端和以用能设施为终端两种形式。而前者更适用于宏观分析（见图3-4）。

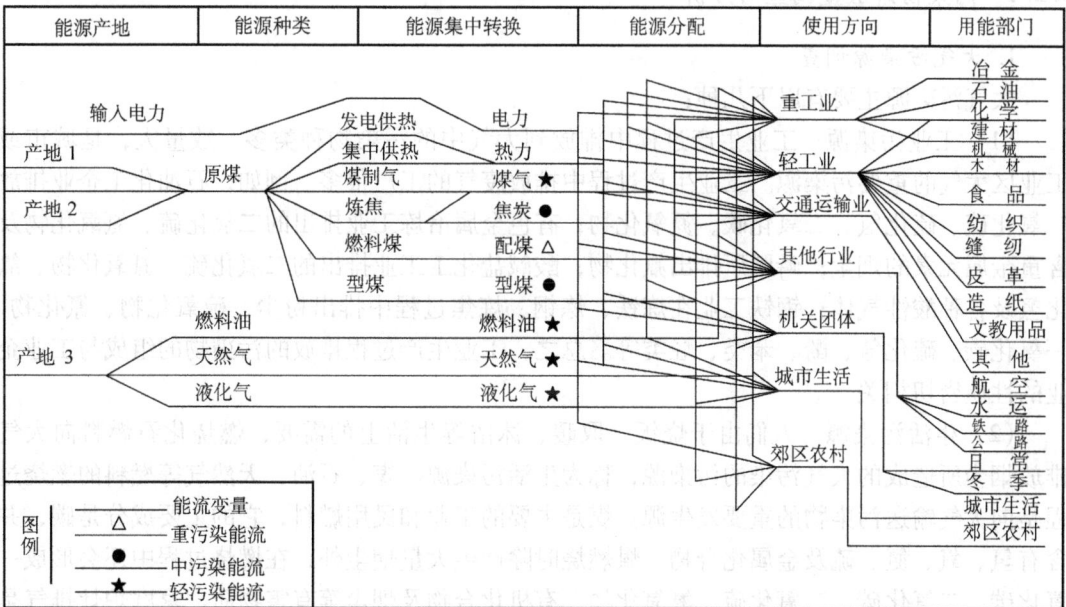

图 3-4　辅助能源能流网络图

能流分析的基本内容包括：

（1）能流过程分析　能流过程主要包括四个过程，即能流输入过程、能流集中转换过程、能流分配过程及终端用能过程。能流输入过程重点分析能源总量、结构和污染物含量。能流集中转换过程重点分析能源总量、比例、效率、投资及其环境效益。能流分配过程重点分析能流分配合理性。终端用能过程重点分析总量、结构和对大气环境的危害。中国的大气污染以烟煤型污染为主，二氧化硫和烟尘是主要污染物。所以应特别注意分析煤的集中转换过程，包括煤→电，煤→热、电，煤→焦、煤气，煤→型煤等过程，其转换的总量、效率、比例关系反映了城市能源需给技术的总体水平，其发展潜力也是环境宏观规划的基础。

（2）能流平衡分析　重点分析能流各阶段输入、输出和流失量之间的平衡关系，包括能量和污染物量两个方面。污染物流失量又包括排放量和治理量，其比例的大小反映了城市能源系统先进程度和对污染的控制能力。

（3）能流过程优化分析　在能流转换效率、排污系数、投资费用系数和经济技术约束等参数的分析基础上，采用数学规划方法建立优化分析模型，主要目的在于合理优化能源分配途径，合理安排能源改造项目，以控制大气污染。

优化分析仍以能流图为基础，但要充分考虑到规划期内可能增加的新的能源形式和转换过程。在能流分析中，常用的数学规划方法有多目标线性规划和目标规划的方法。利用这些方法除可直接得到城市优化的能流规划方案外，更重要的是可以建立起目标间的相互关系，为决策提供重要依据。

3.2　大气环境现状分析

3.2.1　污染物排放量调查与分析

1. 大气污染源调查

大气污染源主要有以下几种：

（1）工业污染源　工业生产过程中排放到大气中的污染物种类多、数量大，是城市或工业区大气的重要污染源。工业生产过程中排放废气的工厂很多。例如，石油化工企业排放二氧化硫、硫化氢、二氧化碳、氮氧化物；有色金属冶炼工业排出的二氧化硫、氮氧化物及含重金属元素的烟尘；磷肥厂排出氟化物；酸碱盐化工工业排出的二氧化硫、氮氧化物、氯化氢及各种酸性气体；钢铁工业在炼铁、炼钢、炼焦过程中排出粉尘、硫氧化物、氰化物、一氧化碳、硫化氢、酚、苯类、烃类等。总之，工业生产过程排放的污染物的组成与工业企业的性质密切相关。

（2）生活污染源　人们由于烧饭、取暖、沐浴等生活上的需要，燃烧化石燃料向大气排放烟尘所造成的大气污染的污染源，称为生活污染源。煤、石油、天然气等燃料的燃烧过程是向大气输送污染物的重要发生源。煤是主要的工业和民用燃料，它的主要成分是碳，并含有氢、氧、氮、硫及金属化合物。煤燃烧时除产生大量烟尘外，在燃烧过程中还会形成一氧化碳、二氧化碳、二氧化硫、氮氧化物、有机化合物及烟尘等有害物质。家庭炉灶排气是一种排放量大、分布广、排放高度低、危害性不容忽视的空气污染源。

（3）交通污染源　汽车尾气已构成大气污染的另一重要主要污染源。在大城市大气污染正在从燃煤型污染向交通型污染转变。在我国，汽车和各种机动车的发展速度很快。1950年全球机动车保有量为7000万辆，1996年增长到7.1亿辆。2005年，我国汽车保有量超过2000万辆，摩托车4500万辆，农用运输车2400万辆。汽油车排放的主要污染物是：CO、NO_x、HC和铅（如果使用含铅汽油）；柴油车排放的污染物主要有NO_x、PM（细微颗粒物）、HC、CO和SO_2。同发达国家相比，我国机动车污染物排放量相当惊人。以日本东京为例，20世纪90年代东京拥有机动车400万辆，而CO和NO_x的排放量基本稳定在10万t和5万t左右，而北京市1995年机动车仅为100万辆，CO和NO_x的排放量却高达97.2万t和9.8万t。到2008年，北京市机动车保有量将达到350万辆，在整个大气污染中，汽车尾气排放将占到60%～70%。

工业污染源调查要按照国家环境保护总局的统一要求进行，生活污染源和交通污染源的调查可以结合各城市的具体情况进行。但是，调查所得的基础资料和数据，必须能满足环境污染预测与制订污染综合整治方案的需求，主要包括下列几方面：

（1）画出污染源分布图 污染源分布图可以按类型标在网格内（每个网格$1km^2$），如工业污染源在网格内标明工厂及大装置的位置、排放口、废气排放烟囱的高度等。但在编制环境规划工作中，大气污染源分布图是在规划区域内的网格上标明大气污染的分布。烟囱高度大于等于40m的高架源要逐个标出；烟囱在40m以下的锅炉、窑炉和一般小炉灶都视为面源，可划分成若干片，按片标明位置、能耗及排污量。

（2）排污量及排污分担率 主要调查计算大气污染物，如烟尘、工业粉尘、SO_2、NO_x、CO等。大气污染源污染物排放量及排污分担率的计算以烟尘及SO_2为例。

1）调查工业污染源因燃煤排放的烟尘及SO_2。首先调查工业耗煤量，按行业或按逐个工业污染源列表调查统计年耗煤量（最好能有近5年的调查统计）。然后，估算每个行业或每个污染源的烟尘和SO_2的排放量。再计算工业污染源的总排放量和每个行业（或每个污染源）的排放分担率。

SO_2及烟尘估算（年排放量）按下式计算

$$\left.\begin{aligned}m'_s &= 1.6BS \\ m'_p &= BAb(1-n)\end{aligned}\right\} \tag{3-1}$$

式中 m'_s、m'_p——燃煤排放的SO_2及烟尘量（t）；

      B——年耗煤量（t）；

      S——煤的含硫量（%）；

      A——灰粉含量；

      b——飞灰量（质量分数）（自然通风取15%～20%，风动炉30%～40%，沸腾炉60%～80%）；

      n——平均除尘效率。

总排放量（m_s、m_p）按下式计算

$$m_s = m'_s + m''_s \tag{3-2}$$

$$m_p = m'_p + m''_p \tag{3-3}$$

式中 m''_s、m''_p——工艺生产过程排放的SO_2及工业粉尘，由监测数据按下式计算

$$m''_s = 10^{-9}Q_s c_s \tag{3-4}$$

$$m''_p = 10^{-9}Q_p c_p \tag{3-5}$$

式中　Q_s——含 SO_2 的工业废气排放量（m^3）；

$\quad\quad Q_p$——含工业粉尘的废气排放量（m^3）；

$\quad\quad c_s$、c_p——监测浓度（mg/m^3）；

$\quad\quad 10^{-9}$——量纲转换系数。

如无监测数据可用物料衡算等方法计算。

2）调查生活污染源 SO_2 及烟尘的排放量。首先调查近 5 年的生活能耗及人均生活能耗；然后估算 SO_2 及烟尘的年排放量（参照式（3-1））。一般不调查生活污染源的排放分担率。

3）交通污染源调查道路扬尘、NO_x、Pb、CO 等是汽车等交通污染源的主要污染物，在大城市中交通污染源已逐渐成为主要污染源，应认真调查分析。

（3）排污系数　工业污染源的排污系数一般有三种类型，即吨煤的排污量、吨产品排污量、万元工业产值排污量。调查计算排污系数，对于排污总量的预测有重要作用。

对于大气污染而言，主要是燃煤的排污系数。调查大量锅炉燃煤量及排污量，并取平均值，作为一个地区的排污系数。如河北省环保部门确定，燃煤排放的 SO_2、烟尘、NO_x，其排污系数分别为 0.024t/t、0.0465t/t、0.00908t/t。在编制区域环境规划时，NO_x、CO 的排污系数的研究很重要。因为 SO_2、烟尘的排放量易于估算，所以可以首先查清本区域的供煤来源，根据硫及灰分含量即可估算 SO_2、烟尘的排放量，不一定要应用统一的排放系数。

2. 大气污染源评价

主要介绍编制环境规划时，对工业污染源进行评价，确定主要污染源与主要污染物。

（1）方法选择　污染源所排放的污染物对环境和人群健康的危害受很多因素的影响：

1）位置。污染源是否处在居民稠密区，处在盛行风向的上风还是下风，在水系的上游还是下游；在附近地区只有一个污染源，还是有诸多污染源集中在一起等。污染源所处位置不同，尽管排出相同数量的污染物，但其危害程度却不尽相同。

2）排放规律。污染源排污规律不同（连续还是间歇、均匀还是不均匀、夜间排放还是白天排放等），其危害性也不同。

3）排放方式。对于废气及其所含污染物来说，排放高度是重要因素。对于废水来说，有无排污管道；是清污分流，还是混合排放；排污口如何分布，对环境影响显然不同。对于废渣来说，是直接排入河道，还是堆放待处理，其危害也不相同。

4）污染物特征。污染物的物理、化学及生物特征不同，即使排放量相等，对环境的影响（或危害）也不相同。

对污染源评价的方法虽较多，但能把以上各种因素都考虑在内，筛选出工业污染源的评价参数（特征参数），然后用模式识别或聚类分析等恰当的数学方法，建立评价模型，确定主要污染源的方法还不成熟。在实际工作中，通常采用标化评价法评价污染源及污染物的潜在危害，经分析比较确定出主要污染物和主要污染源。

（2）标化评价法　对污染物的潜在危害进行评价时，可采用标化评价法，即把各种污染物的排放量进行标化计算。这就犹如商品价值用货币进行标化，各种能源用热量进行标化一样。各种不同的污染物质只有标化后才能彼此进行比较。例如：某工厂每年排放铅1000kg，排放汞 100kg，仅从质量来比较，铅应是主要污染物。但是，污染物的质量并不代表它对环境的潜在危害，如果依据上述判断去制定环境规划，很可能造成失误。所以，要选用恰当的标化系数，对污染物的排放量进行标化计算，再分析比较。假定选用污染物三废排放标准作为标化系数，对上述例子中铅与汞的排放量进行标化计算，即可得到如下的结果

$$P_{pb} = \frac{1000}{1}kg = 1000kg（标）$$

$$P_{Hg} = \frac{100}{0.05}kg = 2000kg（标）$$

由此可以明显地看出100kg汞的潜在危害大于1000kg铅的潜在危害。由此可以看出标化评价的作用。

标化评价因所选的评价系数不同而各异，下面主要介绍两种方法。

1）等标污染负荷法：j污染源i污染物的等标污染负荷（P_{ji}）按下式计算

$$P_{ji} = \frac{m_{ji}}{c_{oi}} \tag{3-6}$$

式中　m_{ji}——j污染源i污染物年（或日）排放量（t或kg）；

　　　c_{oi}——i污染物的排放标准数值（无量纲）；

　　　P_{ji}——等标污染负荷（t（标）或kg（标））。

j污染源的等标污染负荷（P_n）是其所排各种污染物等标污染负荷之和，即

$$P_n = \sum_{i=1}^{n} P_{ji} = \sum_{i=1}^{n} \frac{m_{ji}}{c_{oi}} \tag{3-7}$$

本城市整个市区的i污染物等标污染负荷（P_i）按下式计算

$$P_i = \frac{m_i}{c_{oi}} \tag{3-8}$$

式中　m_i——i污染物排放总量（t或kg）。

2）排毒系数法。作为与前一种方法的比较，只列出全市区污染物的排毒系数。i污染的排毒系数（F_i）定义为

$$F_i = \frac{m_i}{d_i} \tag{3-9}$$

式中　m_i——i污染物排放量（t或kg）；

　　　d_i——能够导致一个人出现毒作用反应的污染物最小摄入量（阈值）。

d_i是根据毒理学实验所得出的毒作用阈剂量计算求得的，废水中污染物d值按下式计算

$$d_i = 污染物毒作用阈剂量（mg/kg）\times 成年人平均体重（55kg）$$

废气中污染物d值按下式计算

$$d_i = 污染物毒作用阈剂量（mg/m^3）\times 人体每日呼吸的空气量（10m^3）$$

F_i值的意义是很明显的，它表示当污染物充分、长期作用于人体时，能够引起中毒反应的人数。F_i值完全是一个反应污染物排放水平的系数，它不反映任何外环境的影响，因此可以作为污染源评价的一个客观指标。

3）应用标化评价法应注意的问题。一是标化系数的选择是关键。大气污染物、水污染物等不同类型和形态的污染物，可根据各自的特点和实际情况选择恰当的标化系数。但同一类型和形态的污染物所选标化系数必须属于同一系列。二是大气污染物（如SO_2、NO_x等）的等标污染负荷（或是水污染物等标污染负荷）自身可以直接相加；但是大气污染物的等标污染负荷与水污染物的等标污染负荷，两者不能直接相加，需要分别加权

后才能相加。

3. 确定大气主要污染物及主要污染源

（1）确定大气主要污染物　一是根据国家确定的量大面广的大气污染物，如 SO_2、烟尘、工业粉尘、NO_x（或 NO_2）、CO 等，以及在本区域污染源调查中发现的排放量大的大气污染物（如氟化物），或是排放量虽不大但危害严重的污染物（如铅、苯并［a］芘等），作为初步选定的主要污染物；二是逐个计算这些污染物的等标污染负荷，比较其潜在危害；三是按等标污染负荷的大小排序，一般截取排在前 5 位或前 6 位的 5~6 个大气污染物作为主要污染物。

（2）确定主要工业污染源　确定主要工业污染源的方法是：①计算本规划区域各工业污染源的等标污染负荷（逐个计算）；②根据等标污染负荷的大小由大到小排序；③按国家规定确定截取线，第一道截取线所截取的工业污染源，其等标污染负荷之和占全区域工业污染源总等标污染负荷的 65% 左右；第二道截取线的工业污染源，其等标污染负荷之和约占总等标污染负荷的 75%；第三道截取线所截取的工业污染源的等标污染负荷之和约占总等标污染负荷的 85%。

3.2.2　大气环境质量评价

这项工作的主要目的是：通过对大气环境污染现状的调查评价，确定规划区域的污染程度、污染分布，并分析造成污染的主要原因，画出污染分布图。污染分布图有几种画法：一种是分别画出单项污染物（如 TSP、SO_2、NO_x）的环境浓度分布图，画网格图或等值线图；另一种是画出大气环境质量指数分布图，这就需要先进行大气环境质量现状评价。下面简要介绍其程序和方法。

1. 大气环境质量评价程序

（1）选定评价参数　人类向大气排放的污染物虽然种类繁多，但带有普遍性的主要污染物却只有 5~6 种，即总悬浮微粒（TSP）、飘尘、二氧化硫、氮氧化物、一氧化碳、光化学氧化剂（O_3）等。在进行大气环境质量评价时，首先根据本城市（或地区）的环境特征和污染现状选择评价参数。选择对本城市（或地区）的大气污染有重要影响的污染物作为评价参数。我国城市大气污染普遍是煤烟型污染，为说明大气污染状况（严重程度）而进行大气环境质量评价，则可选择 TSP 及 SO_2 两个评价参数。如果某城市机动车较多，燃煤低空排放的污染源也较多，则考虑选用 TSP、SO_2、NO_x、CO、O_3 等 5 个评价参数。有些城市还要考虑选择工业生产尾气 HF、HC、苯并［a］芘等参数。总之，要因地制宜，从实际出发。

（2）获取代表环境质量的监测数据　根据选定的评价参数、污染源分布、地形气象条件等确定恰当的布点采样方法，设计监测网络系统，以获取能代表大气环境质量的监测数据，以及同步的气象数据。

（3）选定评价方法　通常选用环境质量指数（EQI）法或分级评比方法。

2. 环境质量指数法

（1）首先求大气环境污染的分指数（基本结构单元 I_i）　按下式计算

$$I_i = \frac{c_i}{S_i} \tag{3-10}$$

式中　c_i——某污染物的实测浓度（mg/m^3）；

　　　S_i——某污染物的评价标准（环境质量标准）。

（2）再求大气环境质量评价的综合指数　下列方法可供选择：

1）迭加法（见于美白渤考大气污染综合指数），W 为权值，按下式计算

$$AQI = \sum_{i=1}^{n} W_i I_i（或 AQI = \sum_{i=1}^{b} W_i I_i）\tag{3-11}$$

2）均值法（我国南京曾用过），按下式计算

$$AQI = \frac{1}{n} \sum_{i=1}^{n} W_i I_i \tag{3-12}$$

3）指数法：包括美国橡树岭大气指数 ORAQI（设背景值为 10 时，警报标准为 100）和沈阳大气质量指数 $AQI_{沈}$，分别按下式计算

$$ORAQI = \left[5.7 \sum_{i=1}^{5} \left(\frac{c_i}{S_i} \right) \right]^{1.37} \tag{3-13}$$

$$AQI_{沈} = \left[3.20 \times 10^{-6} \sum_{i=1}^{5} \left(\frac{c_i}{S_i} \right) \right]^{-0.36} \tag{3-14}$$

式中　$AQI_{沈}$——沈阳大气质量指数（百分制）；

　　　c_i——某污染物实测日平均浓度（mg/m^3）；

　　　S_i——居民区某污染物的日平均最高容许浓度（mg/m^3）。

$AQI_{沈}$ 共选用五个评价参数：飘尘、SO_2、CO、NO_x、苯并 [a] 芘；c_i 为背景浓度时，$AQI_{沈} = 100$，c_i 为明显危害浓度时，$AQI_{沈} = 20$。

4）大气质量指数（I_i）法，按下式计算

$$I_i = \sqrt{XY} = \sqrt{\left(\max \left| \frac{c_1}{S_1} \frac{c_2}{S_2} \frac{c_k}{S_k} \right| \right) \left(\frac{1}{K} \sum_{i=1}^{k} \frac{c_i}{S_i} \right)} \tag{3-15}$$

3. 环境质量指数的分级及环境效应调查

环境质量指数分级是指按一定的指标对环境质量指数进行分级。分级的方法因选用的评价模型而异。例如：橡树岭大气质量指数为 6 级，20 ~ 39 为好，40 ~ 59 尚可，60 ~ 79 为差，80 ~ 99 为坏，≥100 为危险，指数越大表示大气质量越坏。而 $AQI_{沈}$ 则相反，81 ~ 100 为清洁，61 ~ 80 为轻污染，42 ~ 60 中污染，35 ~ 41 重污染，＜35 极重污染。

在大气环境污染现状调查评价的基础上，对大气污染的环境效应进行调查，主要包括：人体效应、经济效应与生态效应。将环境效应调查与大气污染现状和大气污染分布进行对比分析，即可了解其相关性。

3.3　大气环境污染预测

3.3.1　污染物排放源源强变化预测

按部门系统分类，大气污染物的来源可分为工业生产、交通运输及民用三大类。其中工业生产产生的污染物排放量大、种类多、危害严重。其来源有三条途径：一是工业生产要消耗大量的动力，通过燃料的燃烧向大气中排放各种污染物；二是工业生产过程中各种化学反

应向大气中排放各种污染物；三是生产过程中产生的各种工业粉尘及固体废弃物。大气源强变化预测，即污染物排放量增长预测，首先预测因燃烧煤等化石燃料所排放的污染物。

1. 能耗量增长预测

（1）工业耗煤量增长预测　根据各地部门对未来工业产值的年平均增长率，用下式进行预测

$$M = M_0(1 + \beta)^{t-t_0} \tag{3-16}$$

式中　M——t 年工业总产值（万元/年）；

M_0——t_0 年工业总产值（万元/年）；

β——工业产值年平均增长率（%）；

t——预测年；

t_0——起始（基准年）。

工业耗煤增长预测通常采用弹性系数（C_E）法。

$$C_E = \alpha/\beta \tag{3-17}$$

式中　α——工业能耗年平均增长率；

β——工业产值年平均增长率。

采用这种方法最主要的问题是如何确定能耗弹性系数（C_E），简单的办法是经验判断法。我国的经济发展战略目标是产值翻两番，能耗翻一番，即 $C_E = 0.5$。节能水平较低的地区，可确定 C_E 值在 0.6~0.7 之间。如果有近 10 年的统计数字，计算出 C_E 的比值，考虑到节能水平的高低，确定的 C_E 值应较为切合实际。

除上述弹性系数法外，还有回归分析、投入产出、系数法等预测技术。

（2）取暖耗煤量预测　按下式计算

$$E_暖 = A_s S \tag{3-18}$$

式中　$E_暖$——预测年采暖耗煤（t/年或万 t/年）；

S——预测年采暖面积（m^2）；

A_s——采暖耗煤系数（kg/m^2）。

（3）居民生活耗煤量预测　根据人口增长（户数）或人口总数预测居民生活耗煤量，按下式计算

$$E_生 = A_n N_t \tag{3-19}$$

式中　$E_生$——预测年居民生活耗煤量（t/年或万 t/年）；

N_t——预测年人口总数；

A_n——人均年耗煤量（t/（人·年））。

根据人口户数预测耗煤量，按以下两种情况计算：

1）非采暖期耗煤量

$$E_1 = d_1 A \tag{3-20}$$

2）采暖期耗煤量

$$E_2 = d_2 A \tag{3-21}$$

式中　E_1——非采暖期居民生活耗煤量（t/年或万 t/年）；

E_2——采暖期居民生活耗煤量（t/年或万 t/年）；

A——地区或城市居民总户数；

d_1——非采暖期每户年均耗煤量（$t/$（户·年））；

d_2——采暖期每户年均耗煤量（$t/$（户·年））。

（4）蒸汽机车年耗煤量　按下式计算

$$E_蒸 = fD \tag{3-22}$$

式中　$E_蒸$——预测年蒸汽机车耗煤量；

　　　D——预测年蒸汽机车台数（台）；

　　　f——每台蒸汽机车年均耗煤量（$t/$（台·年））。

（5）大企业年耗煤量（$E_大$）　若有年耗煤量大的工厂、企业，可单独预测。

将以上预测年各种耗煤量求和，即为预测年的耗煤总量

$$E = E_2 + E_生 + E_蒸 + E_大 \tag{3-23}$$

各功能区耗煤预测方法基本同上（或分别统计各功能区的燃煤量）。

通过以上预测结果，可以计算如下指标：①人均耗煤量（$t/$（年·人））；②单位面积耗煤量（t/km^2）；③万元产值耗煤量（$t/$万元）；④单位面积、单位时间耗煤量（$t/$（km^2·年））。

（6）耗油量预测　流动污染耗油量可根据全市最近各处实际耗油量（汽油、柴油）的平均增长率及预测各种车辆总台数预测汽油和柴油的消耗量（$t/$年或万 $t/$年）。各工厂企业燃油可单独预测，然后求其燃油总量。以上能耗量可作为预测各种污染物的依据。

2. 污染物排放量预测

污染物排放量预测主要包括燃料燃烧向大气排放的各种污染物和工艺生产过程中向大气排放的各种污染物，两部分之和就是污染物排放总量。我国的大气污染主要是煤烟型污染，应控制的主要污染物一般为尘、SO_2、NO_x、CO，有些城市有特殊污染物，如氟污染。主要污染物的确定要从实际出发，一般确定为尘和 SO_2、NO_x。

（1）烟尘排放量预测

无措施　　　　　　　　　　$C_烟 = Ad_{fh}B \tag{3-24}$

有措施　　　　　　　　　　$G_烟 = Ad_{fh}B（1 - \eta） \tag{3-25}$

式中　$G_烟$——预测年烟尘排放量（$t/$年）

　　　A——煤的灰分（%）；

　　　d_{fh}——烟气中烟尘占灰分的百分数（%）；

　　　B——燃煤量（$t/$年）；

　　　η——除尘效率（%）。

（2）SO_2 排放量预测　按下式计算

$$G_{SO_2} = 2BS　（按无脱硫措施预测） \tag{3-26}$$

式中　G_{SO_2}——预测年 SO_2 排放量（$t/$年）；

　　　B——煤量（$t/$年）；

　　　S——煤中的全硫分含量（%）。

注意煤中含有 10%～20% 不可燃的无机硫，所以在预测时要把这部分进行考虑，根据用煤情况乘以 0.8 或 0.9 的修正系数。

（3）NO_x、CO 排放量预测　根据表 3-1 给出的参数进行预测。

表 3-1　燃烧 1t 煤排放的各种污染物的量　　　　（单位：kg）

污染物	炉　型			污染物	炉　型		
	电站炉	工业锅炉	采暖及家用炉		电站炉	工业锅炉	采暖及家用炉
一氧化碳（CO）	0.23	1.36	22.7	氮氧化物（NO_x）	9.08	9.08	3.62

（4）燃油排放的各种污染预测　采用有关统计参数进行预测。

（5）生产工艺排放的粉尘、SO_2、NO_x　按产品产量递增率进行预测，或在排放源不多情况下可逐个源预测，然后求出总量。

$$G = KM（无措施）\tag{3-27}$$

式中　G——预测的生产工艺排放某污染物总量（t/年）；

M——某产品产量（t 或 m^3）；

K——某产品排放系数（kg/t 或 kg/m^3）。

对 K 值的求得可通过历史资料调查确定 $K_{粉尘}$、K_{SO_2}、K_{NO_x}、K_{CO} 等排放系数。将以上各同类污染物相加就得到预测年的各该项污染物排放总量，可采用表 3-2 进行汇总。

表 3-2　汇总污染物排放总量　　　　（单位：t/年）

年份	污染物	大型工厂企业排放量	生产工艺排放量	工业燃煤排放量	采暖燃煤排放量	居民生活燃煤排放量	流动源		排放总量
							火车燃煤（油）排放量	汽车燃油排放量	
2005	燃煤（油）量烟尘 SO_2 NO_x CO								
2010	燃煤（油）量烟尘 SO_2 NO_x CO								

3.3.2　环境影响预测

根据源强变化，预测大气环境污染物浓度变化的方法较多，常用的方法有以下几种。

1．比例法

比例法是一种简单的概略性预测，但如有 5 年左右或更多的预测统计数据，可以利用这种方法求出一个转换系数，在无限大的高架源的地区用转换系数预测，可取得较为满意的结果。

以 SO_2 的预测为例，如图 3-5 所示。

设 m_s 为 SO_2 年排放量；c_s 为 SO_2 环境浓度（年均值），则有

$$c_s = K_s m_s\tag{3-28}$$

图 3-5　转换系数预测示意图

即 $\dfrac{c_s}{m_s} = K_s$（K_s 为转换系数），求出 K_s 以后，在预测规划期 SO_2 年排放量（m_s）的基础上，即可预测规划期 SO_2 的环境浓度（c_{st}）。

$$c_{st} = K_s m_{st} \tag{3-29}$$

实例：用某市连续 4 年的监测统计数字计算 $K_s = c_s/m_s$，结果如下：1985 年为 $41/1896 = 0.022$，1986 年为 $33/1728 = 0.019$，1987 年为 $39/1872 = 0.021$，1988 年为 $55/2352 = 0.023$，取平均值，$K_s = 0.021$。

除用较为简单的比例转换系数外，各地区也可根据本规划区域的实际情况，因地制宜选取预测模型来进行大气污染预测。常用的预测模型见表 3-3。

表 3-3　大气污染预测模型

分类	适应性		模型	特　点
物理预测法	常规预测	实时预测	风洞模型	适于含有气流脱体现象的扩散预测
			水流模型	
			扩散微分模型	适用于无气流脱体现象的扩散预测
			烟流模型	处理因场所而产生的浓度随源距离和时间的变化预测
			烟团模型	适于非定常的扩散浓度预测
			箱式模型	适于非定常场的浓度预测，但不能考虑预测空间各点的浓度变化
统计预测法			相关分析预测	可进行浓度与气象因素的相关分析预测，但不能考虑预测空间各点的浓度变化
			回归模型	假定各变量之间存在线性关系而进行预测

2. 箱式模型

箱式模型是研究污染物排放量与环境质量之间关系的一种最简单模型，在环境规划预测工作中，箱式模型用得较多。根据模型建立的方式可以分为白箱模型、黑箱模型和灰箱模型三大类。

（1）白箱模型　该模型在控制论中指的是不仅反映输入—输出关系，而且也反映过程的状态的一类模型。建立这类模型的前提是必须对所表述的要素或过程的规律有清楚的认识，对于各有关因素也有深刻的了解。但由于问题的复杂性，迄今为止，对于各要素和过程的研究都远远不够。因此，还没有见到可以实际用于环境预测工作的白箱模型。

（2）黑箱模型　该模型是环境预测工作中应用较多的一类模型，它是根据输入—输出关系建立起来的，反映了有关因素间的一种笼统的直接因果关系。用于环境预测的黑箱模型，只涉及到开发活动的性质、强度与其环境后果之间的因果关系。如果未来的变化超出一定的范围，用这类模型的可靠性明显下降。黑箱模型本身不能表述过程。若能得到较多符合实际要求的实测数据时，应用黑箱模型进行环境预测还是适合的。特别是涉及到开发活动对环境中化学过程、生物过程、社会经济过程等的影响时，限于目前的研究水平往往采用这种模型。

（3）灰箱模型　该模型在环境预测工作中属应用最多、发展最快的一类模型。这类模型是介于白箱与黑箱之间的模型，目前多用于开发活动对物理过程影响的预测。这类模型表示了大气或水中污染物的扩散和稀释降解过程及其影响因素之间的关系。但是模型中的系数必须是凭经验假设或对实测及试验数据进行统计处理求得。

在使用箱式模型时，若地区或城市自然条件等差异较大，可将地区或城市不同地域划为几个箱，分别进行预测，然后多个箱并列起来，最后计算出污染物平均浓度。在实际应用中，可以根据具体情况来确定和估计预测模型的精度。使用箱式模型虽然难于求出箱内各坐标点的污染物浓度分布，但是它可以追踪污染物浓度随时间的变化情况，用它可以作为进行大气污染紧急控制的实际时间的模型，也可以用于小烟群较多的城市大气污染预测。使用箱模型还应注意由于烟在"箱"内滞留时间较长，因此必须考虑烟向地面（或水面）的沉降和基地面（或水面）对烟的吸附，合理地给出由此产生的浓度减少的比例。

箱式模型从本质上说，只是一种广域的污染状态模型。针对箱式模型这一弱点，有人对箱式模型进行了使用上的改进，主要是对低烟源采用箱式模型，对高烟源使用烟流（或烟团）模型作为大气污染的实施预测模型。

箱式模型可表示为如下形式

$$c_A = P/(LHu) + c'' \tag{3-30}$$

式中　c_A——预测年污染物浓度（mg/m^3）；

　　　L——箱边长（m）；

　　　H——混合层高度（m）；

　　　u——平均风速（箱体内）（m/s）；

　　　P——源强（排放量）（t/年或 kg/d）；

　　　c''——本底浓度（mg/m^3）。

混合层高度（H）可从当地气象部门得到，也可利用有关气象资料直接求得。如冬季利用探空资料，求 12 月份温度廓线。利用当地月平均地面最高温度引于绝热线与之相交，求出 P_h 值，再利用等面积图解法求出混合层内平均温度 t，根据 $h = 29.28 \times (273.15 + t) \ln (P_0 P_h)$ 求出历年混合层最大顶高（日平均），利用白天典型的混合层增长百分比曲线求混合层厚度值。

混合层高度实质上是表征大气污染物在垂直方向被热力湍流（或对流）稀释的范围，它是计算污染物浓度的重要参数之一。

3. 高斯烟流模型（点源模型）

高斯烟流模型认为仅是由于风使烟向下风方向移动，且在这一方向上没有扩散，仅在与烟轴成直角的方向上才有扩散。这一模型假定烟流截面上的浓度分布为二维高斯分布（见图 3-6）。

高斯烟流模型由于它计算简单、形式简明，因此它是目前常用的预测模型之一。图 3-6 所示的坐标中，若

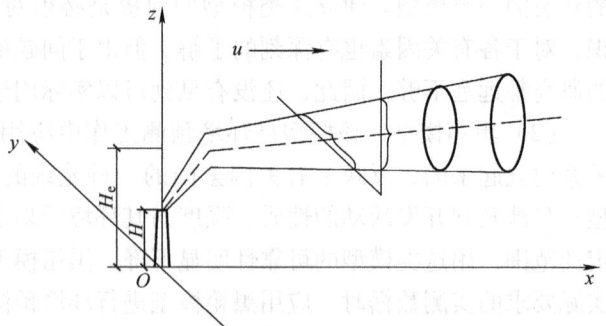

图 3-6　高斯烟流模型

烟的有效排放高度为 H_e，排放的是气体或气溶胶（粒子直径约 $20\mu m$），假设地面对烟全部反射，即没有沉降和化学反应发生时，在空间任一点（x，y，z）处的某污染物的浓度 c 可以用下式求出

$$c(x,y,z,H_e) = \frac{q}{2\pi u \sigma_y \sigma_x} F(y) F(z)$$

$$F(y) = \exp\left(-\frac{y^2}{2\sigma_y^2}\right)$$

$$F(z) = \left[-\frac{(z-H_e)^2}{2\sigma_x^2}\right] + \exp\left[-\frac{(z+H_e)^2}{2\sigma_x^2}\right] \tag{3-31}$$

式中　q——污染物排放的源强（g/s）；

　　　c——污染物的浓度（mg/m³）；

　　　u——排放点的平均风速（m/s）；

　　　σ_y——用浓度标准偏差表示的 y 轴上的扩散参数；

　　　σ_x——用浓度标准偏差表示的 z 轴上的扩散参数；

　　　H_e——烟流中心线距地面的高度，即烟囱的有效高度。

式（3-31）适用于假定在烟流移动方向上忽略扩散。若排放是连续的，或排放时间不小于从源到计算位置的运动时间时，这种假设条件不可以成立，即可以忽略送风方向上的扩散。

在应用（3-31）式计算地面浓度时，可简化为（$z=0$），即

$$c(x,y,0,H_e) = \frac{q}{\pi \sigma_y \sigma_z u} \exp\left[-\frac{y^2}{2\sigma_y^2}\right] \exp\left[-\frac{H_e^2}{2\sigma_z^2}\right] \tag{3-32}$$

在计算烟流中心线处的地面浓度时，可简化为（$z=0$，$y=0$）：

$$c(x,0,0,H_e) = \frac{q}{\pi u \sigma_y \sigma_z} \exp\left[-\frac{H_e^2}{2\sigma_z^2}\right] \tag{3-33}$$

利用式（3-31）也可以计算出最大的落地浓度和最大落地浓度离排放源的距离。

3.3.3　大气环境容量分析

大气环境容量是指在一定的环境标准下，某一环境单元大气所能承纳的污染物的最大允许量。为了对大气环境进行管理，曾采用排放标准即浓度控制的方法。但浓度控制法不易达到预期的环境质量要求。后来，许多国家提出排放总量控制法。"总量"是指当地的允许排放总量，是环境标准所允许的污染物总量。大气环境容量分析是选取适用的模型和方法，计算环境单元（大气环境功能区）在保持规定的环境质量标准的前提下，所能允许的某种污染物的最大排放总量。

1. 某一环境单元中大气环境容量模型

某一环境单元中大气环境容量的计算，可根据该单元的地方性大气环境标准与清洁对照区的环境本底值之差，并加上大气的净化能力求得，可用下式表示

$$A_u = V(S_a - B_a) + c_0 \tag{3-34}$$

式中　A_u——某环境单元中大气的环境容量；

　　　V——某环境单元大气体积；

　　　S_a——某环境污染物国家规定的环境质量标准或地方标准；

　　　B_a——大气中某污染物的本底值；

　　　c_0——大气的净化能力。

2. 运用大气污染预测模型进行反推

在同一环境单元，进行大气污染预测和用反推法进行大环境容量分析（计算某种污染物最大排放总量），前后所用的模型应是同一种模型。如在采用箱式模型预测时，其表现形式如下

$$c_A = P/(LHU) + c' \tag{3-35}$$

式中　c_A——预测的污染物环境尝试；

　　　P——预测得到的源强（排放量），为已知数；

L、H、U——箱的边长、混合层高度及平均网速；

　　　c'——本底浓度。

将式（3-35）变换为 $P = (c_A - c')LHU$，如将 c_A 改为 GB3095—1996 所规定和符合某类功能区的标准（居民区为二级标准），以 c_0 来表示（已知数），c'_0 来表示功能区的本底浓度，即可用式（3-35）计算出该功能区所能允许的最大排污总量（P_0），即

$$P_0 = (c_0 - c'_0)LHU \tag{3-36}$$

同样，也可利用其他预测模型反推。

3.4　大气环境规划基础

3.4.1　大气环境功能区划分

正确划分大气环境功能区是研究和编制大气环境规划的基础和重要内容，也是实施大气环境总量控制的基础前提。大气环境功能区是因其区域社会功能不同而对环境保护提出不同要求的地区，功能区数目不限，但应由当地人民政府根据国家有关规定及城乡总体规划划分为一、二、三类大气环境功能区。

1. 大气环境功能区划分的目的

1）具有不同的社会功能的区域（如居民区、商业区、工业区、文化区和旅游区等），应根据国家有关规定要分别划为一、二、三类功能区。各功能区分别采用不同的大气环境标准，来保证这些区域社会功能的发挥（见表3-4）。

表3-4　大气环境功能区划分

功　能　区	范　　　围	执行大气质量标准
一类区	自然保护区、风景游览区、疗养区	一级
二类区	规划居民区、商业、交通、居民混合区、文化区、名胜古迹及广大农村	二级
三类区	工业区及城市交通枢纽、干线	三级

注：凡位于二类功能区的工业企业，应执行二级标准；凡位于三类功能区的非规划居民区可执行三级标准（应设置隔离带）。

2）应充分考虑规划区的地理、气候条件，科学地合理地划分大气环境功能区。一方面要充分利用自然环境的界线（如山脉、丘陵、河流及道路等），作为相邻功能区的边界线，尽量减少边界的处理。另一方面应特别注意风向的影响，如一类功能区应放在最大风频的上风向，三类功能区应安排在最大风频的下风向，以此通过最大限度地开发利用大气自净能力，达到既扩大区域污染物的允许排放总量，又减少了治理费用的目的。

3）划分大气环境功能区，对不同的功能区实行不同大气环境目标的控制对策，有利于实行新的环境管理机制。

2. 大气环境功能区的划分方法

大气环境功能区是不同级别的大气环境系统的空间形式，各种地域上的大气环境的系统特征是大气环境功能区的内容和性质。大气环境功能区涉及的因素较多，划分大气环境功能区的方法一般有：多因子综合评分法、模糊聚类分析法、生态适宜度分析法及层次分析法等。

现以多因子综合评分法为例说明如何进行大气环境功能区的划分。根据国家有关规定，属于一类功能区的有自然保护区、风景游览区、国家级名胜古迹、疗养地及特殊区域等。对属于农村的区域，根据国家规定可划分为二类功能区。上述两部分在区域划分时较容易确定，只需将剩余的区域分成若干子区，如各小行政区等。依据各个子区所具有的社会功能、气候地理特征及环境现状中功能状态判别要素，将其中有定量描述的要素，按数量范围的变化定性化。在此基础上应用多因子综合评分法，确定这些子区的环境功能划分。大气环境功能区划分可采取以下步骤：

（1）确定评价因子　对于二类功能区，评价因子可选择人口密度、商业密度、科教医疗单位密度、单位面积污染物排放、风向（污染系数）、单位面积工业产值和污染程度。对于三类功能区还需考虑气流通畅程度。使用这些评价因子基本上能反映二类功能区及三类功能区的特征。风向（污染系数）是划分大气环境功能区时应考虑的重要因素。

（2）单因子分级评分标准的确定　二类功能区单因子分级评分标准见表3-5。

表3-5　二类功能区单因子分级评分标准

| 指标 | 评分 | 1 | 2 | 3 | 4 | 5 |
	描述	很不适合	不适合	基本适合	适合	很适合
人口密度		很小	较小	一般	较大	很大
商业密度		很小	较小	一般	较大	很大
科教医疗单位密度		很小	较小	一般	较大	很大
单位面积工业产值		很高	较高	一般	较低	很低
风向	主导风向	下风向	偏下风向	中间	偏上风向	上风向
	主导污染系数方位	下方位	偏下方位	中间	偏上方位	上方位
	最小风频	上风向	偏上风向	中间	偏下风向	下风向
	最小污染系数方位	上方位	偏上方位	中间	偏下方位	下方位
	基本风向	下风向	偏下风向	中间	偏上风向	上风向
	基本污染系数方位	下方位	偏下方位	中间	偏上方位	上方位
污染系数	单位面积污染物排放量	很大	较大	一般	较小	很小
	大气污染程度	很严重	较严重	一般	较轻	很轻

单因子分级为五级，即很不适合、不适合、基本适合、适合和很适合。

为了减少各评价因子定性描述带来的主观因素的影响，使评价结果能较好地与实际相结合，需要制定各评价因子的分级判断标准。对于人口密度、商业密度、科教医疗单位密度、单位面积工业产值及单位面积污染物排放量等，评价指标分别取子区各项指标与所有子区各项指标平均值的比值，根据比值的大小进行分级，评价描述可以分别为很小、较小、一般、较大和很大。风向或污染系数的分级判断标准如下：在城市地图上与确定的风向（污染系数方位）平行的方向上，将城市分为五个区，各区分别在确定的风向（污染系数方位）的上风向（上方位）、偏上风向（偏上方位）、中间、偏下风向（偏下方位）、下风向（下方位）。根据某一子区的大部分面积位于哪一个区来判定该子区在确定的风向（污染系数方位）的评价描述。对于大气质量指数也可按有关规定划分五级，大气污染程度分别描述为很严重、较严重、一般、较轻和很轻。三类功能区单因子分级评分标准确定方法与二类功能区的类似。

（3）单因子权重的确定　划分大气环境功能分区时，采用的评价因子较多，每个因子所起的作用各不相同，因此应给每一个因子赋予一个权重。可应用层次分析法等方法确定各评价因子的权重。

（4）单因子综合分级评分标准的确定　确定单因子综合分级评分标准就是要确定各评价级的综合评分值的上下限。以二类功能区为例，可取 7 个评价因子均是很适合时的平均评分值为很适合的上下限；取 4 个评价因子为很适合，另 3 个评价因子为适合时的平均评分值当作很适合的下限、适合的上限。同样也可以得到所有等级的上下限。按照上述方法可以确定的二类功能区的单因子综合分级评分，评价描述分别为很不适合、不适合、基本适合、适合和很适合。以此类推可以得到三类功能区的单因子五级综合评分标准。

（5）评价结果的最终确定　对每一个子区，分别按上述方法对其划分为二类功能区的适合程度进行评价，若评价结果为很适合或适合，则该子区为二类功能区；若为不适合或很不适合，则该子区为三类功能区；若评价结果为基本适合，则进一步对其划分为三类功能区的适合程度进行评价。若三类功能区的评价结果为适合或很适合，则该子区为三类功能区；若为不适合或很不适合，则为二类功能区；若也基本适合，则需通过比较 A 和 B 的大小来确定，具体见表 3-6。

表 3-6　大气环境功能区的确定方法

评 价 描 述		单因子综合	功 能 区
属于二类功能区	属于三类功能区	评分值比较	
很适合或适合	—	—	二类功能区
	很适合或适合	—	三类功能区
基本适合	基本适合	$A \leqslant B$	二类功能区
		$A > B$	三类功能区
	不适合或很不适合	—	二类功能区
不适合或很不适合	—	—	三类功能区

表 3-6 中的 A 和 B 的计算公式如下

$$A = \frac{X_{2\max} - X_2}{X_{2\max} - X_{2\min}} \tag{3-37}$$

$$B = \frac{X_{3\max} - X_3}{X_{3\max} - X_{3\min}} \tag{3-38}$$

式中　$X_{2\max}$、$X_{2\min}$、X_2——二类功能区基本适合的上、下限和该子区为二类功能区的综合
　　　　　　　　　　　评分值；

　　　　$X_{3\max}$、$X_{3\min}$、X_3——三类功能区基本适合的上、下限和该子区为三类功能区的综合评
　　　　　　　　　　　分值。

3.4.2　大气污染物总量控制

　　大气污染物总量控制是通过控制给定区域污染源允许排放总量，并将其优化分配到源，以确保实现大气环境质量目标值的方法。随着我国城市经济的不断发展，实行浓度控制和 P 值控制已不能阻止污染源密集区域的形成，也不能实现大气环境质量目标。因此，根据我国国情和城市现有大气污染特征，提出我国城市推行区域大气总量控制方法。只有实行总量控制，才能建立大气污染物排放总量与大气环境质量的定量关系，建立污染物削减与最低治理投资费用的定量关系，从而确保实现城市的大气环境质量目标。

　　1. 大气污染物总量控制区边界的确定

　　大气污染物排放总量控制区（以下简称总量控制区）是当地人民政府根据城镇规划、经济发展与环境保护要求而决定对大气污染物排放实行总量控制的区域。总量控制区以外的区域成为非总量控制区，例如，广大农村以及工业化水平低的边远荒僻地区。但对大面积酸雨危害地区应尽量设置二氧化硫和 NO_x 排放总量控制区。一般根据环境保护的目标来确定大气总量控制区域的大小。在确定总量控制区域时通常要注意以下几个方面：

　　1）对于大气污染严重的城市和地区，控制区一定要包括全部大气环境质量超标区，以及对超标区影响比较大的全部污染源。非超标区根据未来城市规划、经济发展适当地将一些重要的污染源和新的规划区包括在内。

　　2）对于大气污染尚不严重，但是存在着孤立的超标区或估计不久会成为严重污染的区域，总量控制区的划定方法同 1）。如果仅仅要求对城市中某一源密集区进行总量控制，则可以将该源密集区及它的可能污染区划为控制区。

　　3）对于经济开发区或新发展城市，可以将其规划区作为控制区。

　　4）在划定总量控制区时，无论是那种情况都要考虑当地的主导风向，一般在主导风向下风方位，控制区边界应在烟源的最大落地浓度以远处，所以在该方位上控制区应该比非主导风向上长些。

　　5）总量控制区不宜随意扩大，应以污染源集中区和主要污染区为主，它不同于总量控制模式的计算区，计算区要比控制区大，大出的范围由控制区边缘处烟源的最大落地浓度的距离而定。

　　2. 大气污染物允许排放量计算方法

　　（1）A—P 值法计算控制区域允许排放总量

　　1）A 值法。A 值法属于地区系数法，只要给出控制区总面积及功能分区的面积，再根据当地总量控制系数 A 值就能计算出该面积上的总允许排放量。A 值法是以地面大气环境质量为目标值，使用简便的箱式模型而实现的具有宏观意义的总量控制，是对以往实行的 P 值法的修改。

　　A 值法的基本原理：如果假定某城市分为 n 个区，每分区面积为 S_i，总面积 S 为各个分面积之和，即

$$S = \sum_{i=1}^{n} S_i \tag{3-39}$$

全市排放的允许总量可由下式确定

$$Q_{ak} = \sum_{i=1}^{n} Q_{aki} \tag{3-40}$$

式中　Q_{ak}——总量控制区某种污染物年允许排放总量限值（10^4t）；

　　　　Q_{aki}——第 i 功能区某种污染物年允许排放总量限值（10^4t）；

　　　　n——功能区总数；

　　　　i——总量控制区内各功能区的编号；

　　　　k——某种污染物下标。

各功能区污染物排放总量限值由下式计算

$$Q_{ai} = Ac_{Bsi}\frac{S_i}{\sqrt{S}} \tag{3-41}$$

式中　c_{Bsi}——国家和地方有关大气环境质量标准所规定的与第 i 功能区类别相应的年日均浓
　　　　　　度限值（mg/m^3）；

　　　　A——地理区域性总量控制系数（10^4t·km^2/年），主要由当地通风量决定，可参照
　　　　　　表 3-7 所列的数据选取。

在夜间大气温度层结稳定时，高架源对地面影响不大，但低架源及地面源都能产生严重
污染，因此需确定夜间低架源的允许排放总量。总量控制区内低架源的大气污染物年允许排
放总量计算

$$Q_{bk} = \sum_{i=1}^{n} Q_{bki} \tag{3-42}$$

式中　Q_{bk}——总量控制区某种污染物低架源年允许排放总量限值（10^4t）；

　　　　Q_{bki}——第 i 功能区某种污染物低架源年允许排放总量限值（10^4t）。

各功能区低架源污染物排放总量限值按下式计算

$$Q_{bki} = aQ_{aki} \tag{3-43}$$

式中　a——低架源排放分担率，见表 3-7。

表 3-7　我国各地区总量控制系数 A，低源分担率 a，点源控制系数 P 值表

地区序号	省（市）名	A	a	P 总量控制区	P 非总量控制区
1	新疆、西藏、青海	7.0 ~ 8.4	0.15	100 ~ 150	100 ~ 200
2	黑龙江、吉林、辽宁、内蒙古（阴山以北）	5.6 ~ 7.0	0.25	120 ~ 180	120 ~ 240
3	北京、天津、河北、河南、山东	4.2 ~ 5.6	0.15	120 ~ 180	120 ~ 240
4	内蒙古（阴山以南）、山西、陕西（秦岭以北）、宁夏、甘肃（渭河以北）	3.6 ~ 4.9	0.20	100 ~ 150	100 ~ 200
5	上海、广东、广西、湖南、湖北、江苏、浙江、安徽、海南、台湾、福建、江西	3.6 ~ 4.9	0.25	50 ~ 75	50 ~ 100

（续）

地区序号	省（市）名	A	a	P	
				总量控制区	非总量控制区
6	云南、贵州、四川、甘肃（渭河以南）、陕西（秦岭以南）	2.8~4.2	0.15	50~75	50~100
7	静风区（年平均风速小于1m/s）	1.4~2.8	0.25	40~80	40~80

2）A—P值法。在 A 值法中只规定了各区域总允许排放量而无法确定每个源的允许排放量。而 P 值法则可以对固定的某个烟筒控制其排放总量，但无法对区域内烟筒个数加以限制，即无法限制区域排放总量。若将两者结合起来则为 A—P 值法，即是利用 A 值法计算控制区域中允许排放总量，用修正的 P 值法分配到每个污染源的一种方法。计算修正的 P 值按如下进行：

将点源分为中架点源（几何高度在 100m 以下及 30m 以上）与高架点源（几何高度在 100m 以上）。中架点源与低架点源一般主要影响邻近区域所在功能区的大气质量，而高架点源则可以影响全控制区大气质量。因此在某功能区内有

$$Q_{aki} \leqslant \sum_j \beta_i \times P \times H_{ej} \times c_{Bsi} \times 10^{-6} + Q_{bki} \tag{3-44}$$

式中　β_i——调整系数；

　　　P——点源控制系数；

　　　H_{ej}——烟筒有效高度（m）。

式（3-44）表示在 i 功能区所有几何高度在 100m 以下的点源及低架源排放的总量不得超过总允许排放量 Q_{aki}。

各功能分区的中架点源（$H \leqslant 100$m）的总排放量为

$$Q_{mki} = \sum_j P \times H_{ej} \times c_{Bsi} \times 10^{-6} \tag{3-45}$$

根据式（3-44）和式（3-45）可得 β_i 为

$$\beta_i = (Q_{aki} - Q_{bki})/Q_{mki} \tag{3-46}$$

当 β_i 大于 1 时，β_i 取值为 1。整个城市中架点源（$H \leqslant 100$）的总允许排放量为

$$Q_{mk} = \sum_{i=1} \beta_i Q_{mki} \tag{3-47}$$

各功能分区的高架点源（$H > 100$m）的总允许排放量为

$$Q_{hi} \leqslant \sum_j P \times H_{ej} \times c_{Bsi} \times 10^{-6} \tag{3-48}$$

整个城市高架点源（$H > 100$m）的总允许排放量为

$$Q_h = \sum_{i=1} \beta_i Q_{hi} \tag{3-49}$$

根据 Q_a、Q_b、Q_m、Q_h，可以计算全控制区的总调整系数 β

$$\beta = (Q_a - Q_b)/(Q_m + Q_h) \tag{3-50}$$

当 $\beta > 1$ 时，β 取值为 1。当 β_i 和 β 确定后，各功能区的点源控制系数 P 可变成

$$P_i = \beta \times \beta_i \times P \tag{3-51}$$

式中　P_i——修正后的 P 值。

各功能区点源新的允许排放率限值为

$$q_{pi} = \beta \times \beta_i \times P \times c_{Bsi} \times H_e^2 \times 10^{-6} \tag{3-52}$$

当实施新的点源允许排放率限值后，各功能区即可保证排放总量不超过总排放总量。此外也可以选取比 P_i 较大的值作为实施值，只要该功能区内实际排放的 Q_{aki} 及 Q_{bki} 在允许排放总量范围之内即可。

（2）反推法计算控制区域允许排放总量　大气总量控制规划需说明新增污染源的大致位置、源强、排放高度等一系列问题，而使用 $A—P$ 值法就很难解决这些问题。因为 $A—P$ 值法必须在现有的基础上，计算出总排放量及各功能区的 P 值，才能将允许排放量分配到各个源上去，而这些源只能是旧源，$A—P$ 值法不能确定新源的位置。

利用大气环境质量模型，在确定大气环境质量标准的情况下，通过模型反推，可以计算控制区域各种污染源的排放总量，也可以规划新源的位置、源强和排放高度。根据排放量预测大气污染物浓度的基本关系式如下

$$c_B = f(Q) \tag{3-53}$$

式中　c_B——某区域大气污染物浓度（mg/m^3）；

Q——影响该区域的大气污染物排放量（t/年）。

在最大允许排放量的计算中，大气污染物质浓度 c_{B0}（大气质量标准）是已知的，则式（3-53）可变为

$$Q = f'(c_{B0}) \tag{3-54}$$

应用反推法，在已知 c_{B0} 的情况下，求出最大允许排放量 Q。实际工作中最大允许排放量的计算经常按污染源的性质分为以下两种情况：

1）高架源允许排放量的计算。高架源常指烟囱的几何高度大于 30m 的排放源。在大气环境预测中经常根据高架源排放量和面源排放量分别预测其对环境的浓度贡献值，然后叠加求总浓度。因此，污染物允许排放量的计算也按源的性质分别对待。

如果预测中高架源使用的高斯烟流模型，那么污染物的地面浓度为

$$c_B(x,y,0,H) = \frac{Q}{\pi \mu \sigma_x \sigma_y} \exp\left(-\frac{y^2}{2\sigma_y^2}\right) \exp\left(-\frac{H_e^2}{2\sigma_z^2}\right) \tag{3-55}$$

式中　Q——高架源排放强度。

如果以排放点为原点 O，源流扩散中心线为 X 轴，y 指 Y 轴距离，其他参数均指受大气条件影响的参数。如果气象条件和 Y 轴距离一定时，从式（3-55）可以看出，c_B 仅与排放量有关，即

$$c_B = KQ \tag{3-56}$$

式中　K——高架源转化系数。

那么可用下式计算高架源允许排放量

$$Q_{高架源允许} = \frac{c_{B高}}{K} \tag{3-57}$$

式中　$c_{B高}$——高架源的大气环境目标。

2）面源允许量的计算。高架源以外的源都可以当作面源。在大气预测中，面源常用箱式模型进行预测，箱式模型的简单形式可以表示为

$$c_B = \frac{QL}{uH} + c_{B0} \tag{3-58}$$

式中　c_B——污染物平衡浓度预测值（mg/m^3）；

　　　c_{B0}——上风方向大气环境背景浓度值（mg/m^3）；

　　　Q——该地区面源源强（$g/m^2 \cdot s$）；

　　　u——进入箱内的平均风速（m/s）；

　　　H——箱内的高度，大气混合层的高度（m）；

　　　L——箱的长度（m）。

如果气象因素稳定，城市边缘以外基本没有污染源，即 $c_{B0}=0$，那么

$$c_B = \frac{QL}{uH} = KQ \tag{3-59}$$

式中　K——面源转化系数。

面源允许排放量的计算式为

$$Q_{面源允许} = \frac{c_{B面}}{K} \tag{3-60}$$

式中　$c_{B面}$——面源的大气环境目标。

3）高架源和面源的环境目标确定。要分别计算高架源和面源的允许排放量，就必须知道高架源和面源的环境目标要求。但在实际规划中，不可能分别制定高架源和面源的环境目标，往往是确定总的环境目标，即

$$c_{B总} = c_{B高} + c_{B面} \tag{3-61}$$

式中　$c_{B总}$——总的环境目标值。

如何分配 $c_{B高}$ 和 $c_{B面}$ 的值直接关系到计算高架源和面源的允许排放量，必须根据具体的条件确定，可考虑的原则有：①高架源和面源的现状污染分担率；②高架源和面源的现状排污分担率；③高架源和面源治理措施的现状和潜力；④大气各污染源防治计划。

3. 总量分配原则

如何将允许排放总量分配给每个污染源，是总量控制方法中的技术核心。这种分配原则可以分为以下几类：

（1）按燃料或原料用量的分配方式　这种分配方式就是将计算得到的控制区允许排放总量，按各污染源或工厂（烟源群）使用的燃料和原料的用量进行分配，从而控制全区大气污染的方法。它无论从理论上还是从实践上看都是有效的，而且采用这种方式对于民用小烟群也可以进行有效的控制。然而，这种方法对排放高度没有限制，也没有考虑不同源对环境质量的贡献率，因而不能区别对待不同排放高度和不同位置的污染源实际造成危害的差别。而且如果燃料供应和燃料品质的选择不能稳定的话，事实上带来了实施过程中的困难。

（2）一律削减排放量的分配原则　这种分配原则，通常是在使用大气扩散模式法模拟计算允许排放总量过程中使用的，它是通过对所有源排放量都进行削减来实现大气环境质量目标，从而确定控制区允许排放总量，并且同时完成总量负荷分配到源的方式。这种分配原则有如下三种：

1）等比例削减的分配原则。这种分配原则十分简单，即对所有烟源采用同样的比例削减排放量，从而将允许排放总量分配到源的分配原则。可是，不同源对地面大气环境质量浓度超标贡献大小不一样，自身治理的水平也不相同，所有烟源采取同样的比例削减排放量，

存在明显不公平性。这种分配原则只有在控制区域比较小或污染源相当密集的情况下才能使用，一般情况下最好不使用。

2）A—P 值分配原则。这种分配原则就是由 A 值法计算出控制区或不同环境功能区允许排放总量，然后将其按 P 值法分配给源的方法。它需要的条件少，简便易行，短时间内利用常规资料就能完成，而且从宏观意义上讲是很有用处的。但也没有考虑不同位置的污染源对地面大气环境质量浓度超标贡献率的差异。

3）按贡献率削减排放量的分配原则。所谓按贡献率削减排放量，就是按各污染源对控制区地面大气环境质量浓度贡献大小削减排放量。显然，对于环境质量影响大的要多削减，影响小的要少削减。这对各污染源来说是比较公平合理的。但是从总量控制的总体观念上看又是不合理的，因为，它不具备削减量总和或削减率总和最小的源强优化规划特点，也不具备治理费用总和最小的经济优化规划特点。

（3）优化规划分配原则　包括以下两种：

1）源强优化规划分配原则。这种分配原则适用于多源模式，在控制区达到环境目标的约束条件下，使污染源排放量的削减量总和或削减率总和为最小，从而求出污染源的允许排放量和削减量的最佳分配原则，即

$$\Delta Q = \sum_{i=1}^{n} (q_{1i} - q_{2i}) \to \min \tag{3-62}$$

或

$$\Delta R = \sum_{i=1}^{n} \frac{q_{1i} - q_{2i}}{q_{1i}} = \sum_{i=1}^{n} \left(1 - \frac{q_{2i}}{q_{1i}} \right) \to \min \tag{3-63}$$

式中　Q——污染源排放量削减量总和；

q_{1i}，q_{2i}——削减前、削减后 i 源的排放量；

ΔR——污染源的削减率总和。

它们的约束条件一般可写为
$$\begin{bmatrix} c_{B11} & c_{B12} & \cdots & c_{B1n} \\ c_{B21} & c_{B22} & \cdots & c_{B2n} \\ \vdots & & & \\ c_{Bm1} & c_{Bm2} & \cdots & c_{Bmn} \end{bmatrix} \begin{bmatrix} R_1 \\ R_2 \\ \vdots \\ R_m \end{bmatrix} = \begin{bmatrix} \Delta c_{B1} \\ \Delta c_{B2} \\ \vdots \\ \Delta c_{Bm} \end{bmatrix} \tag{3-64}$$

式中　c_{Bij}——第 i 源对第 j 源控制点的大气环境质量浓度贡献；

R_i——第 i 源排放量的削减率（$0 < R_i < 1$）；

Δc_{Bj}——各污染源对 j 控制点的环境质量浓度削减总和。

显然，这样获得的各污染源的允许排放量和削减量，是要获得控制区允许排放总量最大的最佳分配。这样的分配对各污染源来说是不公平合理的。但是从总量控制的总体观念上讲是合理的，它有利于发展生产和降低治理费用投资。

2）最小治理费用的分配原则。这个分配原则也适用于多源模式。在控制区达到大气环境质量目标值的约束条件下，使污染治理费用投资总和为最下，来求解各污染源的允许排放量和削减量的最佳分配原则。所使用的优化方法有很多种。目标函数可以写成

$$\Delta Y = \sum_{i=1}^{n} Y_i (q_{1i} - q_{2i}) \to \min \tag{3-65}$$

式中　ΔY——治理污染中投资；

　　　Y_i——第 i 源达标治理投资费用；

　　　q_{1i}——第 i 源削减前排放量；

　　　q_{2i}——第 i 源削减后排放量。

3.5　大气污染防治规划目标与措施

3.5.1　大气污染防治规划目标

环境规划的目的是为了实现预定的环境目标。所以，制定科学、合理的大气环境规划目标是编制大气环境规划的重要内容之一。大气环境规划目标是在区域大气环境调查评价和预测以及区域大气环境功能区划分的基础上，根据规划期内所要解决的主要大气环境问题和区域社会、经济与环境协调发展的需要而制定出来的。

大气环境规划目标主要包括大气环境质量目标和大气环境污染总量控制目标。

（1）大气环境质量目标　大气环境质量目标是基本目标，依不同的地域和功能区而不同，由一系列表征环境质量的指标来体现。

（2）大气环境污染总量控制目标　大气环境污染总量控制目标是为了达到质量目标而规定的便于实施和管理的目标，其实质是以大气环境功能区环境容量为基础的目标，将污染物控制在功能区环境容量的限度内，其余的部分作为削减目标或削减量。

大气环境规划目标的决策过程一般是初步拟订大气环境目标，然后编制达到大气环境目标的方案；论证环境目标方案的可行性，当可行性出现问题时，反馈回去重新修改大气环境目标和实现目标的方案，再进行综合平衡，经过多次反复论证，最后才能比较科学地确定大气环境目标。

大气污染防治是一项十分复杂的系统工程，涉及范围很广，如能源的合理利用、城市的布局、生产工艺的改革、清洁生产工艺的实施、处理设备的费用及效率等。只有对整个大气环境系统进行系统分析，对各种能减轻大气环境污染方案的技术可行性、经济合理性、实施可能性等进行优化筛选和评价，并根据城市或区域的特点、经济承受能力和管理水平等因素，确定实现整个区域大气环境质量控制目标的最佳实施方案，才能有效地控制大气污染。

3.5.2　大气环境规划实施措施

大气环境规划方案的顺利实施，必须有各种大气环境综合措施作保证。大气环境综合措施可以有多种多样，但可归纳为三个方面：减少污染物排放量，合理利用大气环境容量和加强绿化。

1. 减少污染物排放量

（1）采取合理的能源政策　目前最主要的能源是煤、石油、天然气等传统能源。能源的消耗是造成大气污染的主要因素，能源利用方式的改变将直接影响大气污染物的排放，进而影响到大气环境的质量。

1）使用新能源。新能源的最大优点是比较清洁，对大气环境不污染或污染较轻，有的可以再生。我国正在开发使用的新能源包括太阳能、风能、地热、潮汐能和沼气等。从改善大气环境质量角度来看，使用新能源将是我国今后长远发展的方向。

2）改变现有的燃料构成。燃煤污染是最重的，平均每吨煤的燃烧将排放出粉尘飞灰6～11kg。与煤炭相比，液体燃料和气体燃料是污染相当低的燃料，一吨石油燃烧产生的粉尘只有0.1kg左右，相当于燃煤产生粉尘量的1/50～1/100；气体燃烧产生量更少。使用气体和液体燃料有很多优点，如运输方便、起燃容易、燃烧安全、控制方便和燃烧后残渣少。以气体燃料和液体燃料来代替燃煤，在燃烧中选用低灰、低硫、低挥发分的煤，是控制大气污染、保护环境的重要途径。

3）改变燃烧方式。改变燃烧方式可以降低燃烧过程中排放的大气污染物。应该避免直接燃烧原煤。通过将煤炭气化、液化或制成型煤，改变煤的燃烧方式，来达到保护环境的目的。这是又一条控制大气污染的途径。

（2）集中供热　所谓集中供热，就是将分散的锅炉以及可以利用的燃烧装置集中起来，代替分散的状态。集中供热可以充分利用燃烧新技术和硝烟除尘新技术，提高热效率，大量地减少燃煤量，节约能源，减少大气污染物的排放；可以提高集中供热锅炉排放烟囱的高度，代替数量众多的低排放烟囱，充分利用区域大气环境自净能力，减少低空污染物浓度。目前，我国集中供热的主要方式是热电联产、凝气式机组改造为循环热水或抽汽式机组供热。此外，还有利用工业余热、地热、核能等供热方式。合理选择供热方式是减少城市集中供热投资、节约能源、更好地改善城市大气环境质量的重要措施。

（3）采用有效地治理技术　上述各种措施虽然可以有效地减少污染物地排放，改善大气环境质量。但对于污染源来说，还必须采取必要的有效治理技术，降低污染物的排放，使之达标排放，甚至达到总量控制所要求的允许排放量。

1）控制颗粒物排放。控制颗粒物排放的方法与技术很多，目前常用的处理设备有重力沉降设备、旋风式除尘器、洗涤除尘器、过滤集尘器、静电除尘器和声波除尘器。在经济能力允许的情况下，可以采用不同类型的除尘设备组成多种除尘组合器，以达到最佳除尘效率。

2）控制气体污染物排放。气体污染物可采用燃烧、吸收、吸附、催化和回收等方法来控制。对具体污染源究竟用何种方法，应该根据气体污染物的性质和经济能力来决定。

（4）实施清洁生产　生产工艺路线不合理也是造成环境污染的重要原因。因此研究开发无污染或少污染的清洁生产工艺，是减轻环境污染的根本措施。清洁生产是指以节能降耗、减少污染为目标，以管理、技术为手段，实施工业生产全过程控制污染，使污染物的产生量、排放量最小化的一种综合性措施。其目的是提高污染防治效果，降低污染治理费用，消除或减少工业生产对人类健康和环境的影响。实施清洁生产，尽量把污染物消灭在生产过程中，可以大大减少污染物的排放量，避免末端治理可能产生的风险，以减少物耗和能耗。

（5）控制移动源的排放　我国机动车保有量迅速增加，在对固定源进行严格治理的基础上，必须采取措施加强对机动车污染的控制。具体措施有：严格制定机动车污染排放标准及新车污染排放管理办法，促使新出厂轻型汽油车采用电喷装置、安装三元催化净化装置；重型汽油货车采用废气再循环、氧化催化器；重型柴油车采用柴油电控喷射、增压中冷等手段控制污染排放；对于污染排放严重的车辆要进行淘汰；气象条件恶劣时应限制车辆的出行量等。

2. 充分利用大气自净能力

污染物在大气环境中因发生稀释扩散、沉降和衰减现象，而使大气中污染物浓度降低的能力称之为大气自净能力。大气自净能力与当地的气象条件、功能区的划分及污染源的布局等因素有关。充分利用大气自净能力可以减少污染物的削减量，降低治理费用。

（1）大气污染源合理布局　为了避免对城镇生活居民区造成影响，大气污染源的布局应该是使有烟尘和废气污染的工业区，尽量布置在远离对大气环境质量要求较高的居民区。

（2）合理布置城市功能区　如何安排城市功能区，特别是工业布局，将直接影响人们的生活和工作环境。考虑风向和风速对大气环境质量的影响，对于工业较集中的大中城市，用地规模较大，对空气有轻度污染的工业（如电子工业、纺织工业等），可布置在城市远郊区，并设置在污染系数最小的上风向。在进行工业布局时，还应该注意各企业的合理布设，使其有利于生产协作和环境保护。

3. 植物绿化

绿色植物能美化环境，调节空气温度、湿度及城市小气候，还能吸收二氧化碳并具有吸收有害气体、粉尘，杀菌，降低噪声和监测空气污染等多种作用。

（1）植物净化　植物能减少大气中污染物的主要作用有两方面：一是降低大气中污染物的浓度，二是防尘作用。若城市存在大片的植被，由于增大了地表的粗糙度，加强了地表层的湍流强度，使空气中的大粒子下降增大，或因碰撞而降落；植物叶子的表面粗糙不平、多绒毛及有些植物还能分泌油脂和黏性汁液，对于比较小的粒子来说，植物起到很强的滞留和吸附作用。草地和灌木植物生长茂盛时，其叶面积总和可比其占地面积大 22～30 倍，对污染物的阻挡、滞留和吸附作用相当明显，起到明显的净化空气作用。另外，植被的增加减少了裸露的地表，可以防止风沙扬尘。一般认为绿地覆盖率必须达到 30% 以上，才能起到改善大气环境质量的作用。

（2）合理设置绿化隔离带　在城市中为了减少工业区对居民的大气污染，在工业区和居民区之间隔开一定的距离，布置绿化隔离带，具有十分重要的意义。绿化隔离带的距离应根据当地的气象、地形条件、环境质量要求、有害物质的危害程度、污染源排放的强度及治理状况，通过扩散公式或风洞实验来确定。一般情况下污染源高烟囱排放时，强污染带主要位于烟囱有效高度的 10～20 倍的地区，在此设置绿化隔离带，对阻挡、滞留和吸附污染物的作用相当有效。

对于工业区内部，为了避免因污染源跑、冒、漏的现象，在工厂车间周围不宜种植密集的树木，应种低矮的植被，有利于有害气体的迅速扩散，不至于因大量聚集而危害工人身体健康。

复 习 思 考 题

1. 简述大气环境规划的内容。
2. 大气环境规划有哪几种类型？
3. 大气环境系统由哪几个子系统组成，它们之间有什么关系？
4. 什么是大气环境容量？
5. 大气环境功能区是如何划分的？为什么要进行大气功能区的划分？
6. 什么是大气总量控制？为什么要在大气环境规划中实行总量控制？

7. 总量控制方法中的技术核心是什么？有哪几种类型？

8. 简述大气污染防治规划目标。

9. 大气综合防治措施有哪些？怎样综合应用各种措施进行防治？

10. 什么是大气自净能力？在大气污染防治规划中如何更好地利用大气自净能力？

第 4 章

水环境污染防治规划

4.1 概述

4.1.1 我国水环境质量状况

随着我国经济的快速增长，我国水环境状况不断恶化，虽然在水污染防治方面做了大量工作，但水污染状况的形势仍然非常严峻，水污染加剧的趋势只是得到初步的遏制。改善水环境质量状况，是我们面临的一项艰巨任务。

据《2003 年中国环境状况公报》，2003 年度海河、辽河、黄河、淮河、松花江、长江、珠江七大水系 407 个重点监测断面中，38.1% 的断面满足 Ⅰ～Ⅲ 类水质要求，32.2% 的断面属Ⅳ、Ⅴ 类水质，29.7% 的断面属于劣 Ⅴ 类水质。其中七大水系干流的 118 个国控断面中，Ⅰ～Ⅲ 类水质断面占 53.4%，Ⅳ、Ⅴ 类水质断面占 37.3%，劣 Ⅴ 类水质断面占 9.3%。各水系干流水质好于支流水质。我国七大水系水质类别比例如图 4-1 所示。

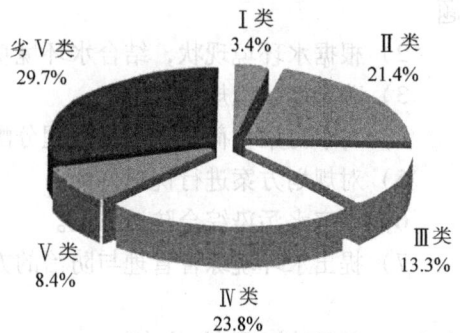

图 4-1　七大水系水质类别比例

海河水系污染严重，劣 Ⅴ 类水质断面占 50%以上；辽河水系总体水质较差，劣 Ⅴ 类水质断面占 40.6%；黄河水系总体水质较差，支流污染普遍严重；淮河干流以Ⅳ类水体为主，支流及省界河段水质仍然较差；松花江水系以Ⅳ类水体为主，支流及省界河段水质仍然较差；松花江水系以Ⅳ类水体为主；珠江水系、长江干流以及主要一级支流水质良好，以Ⅱ类水体为主。

4.1.2 水污染及其影响

水污染是指水体因某种物质的介入，而导致其化学、物理、生物或放射性等方面发生改变，从而影响水的有效利用，危害人体健康或破坏生态环境，造成水质恶化的现象。人为活动是导致目前水污染严重的主要因素。人为活动造成水污染的污染源主要有工业废水、生活污水、废气、废渣、农药、化肥等。

根据水污染的性质不同，水污染主要可分为化学类污染、物理类污染和生物类污染三大类。化学类污染主要是指一些化学物质排放水体中导致水质恶化的现象，如酸、碱和一些无机盐类等无机污染物质，汞、镉、铅、砷等重金属无机有毒物质，各种农药、多环芳烃、芳香烃等有机持久性污染物质，含氮、磷等营养素的植物营养物质等。物理类污染主要是指不溶性物质如固体物质和泡沫塑料、热污染物质、放射性废水等排放水体中导致水质恶化的现象。生物类污染主要是指含有细菌、病原菌等废水排入水体而导致水质恶化的现象。

随着工农业的发展和人口急剧增长，特别是工业化时代的来临，大量工业废水和生活污水排入周围的水体，导致水生生态系统严重恶化，鱼类等水生动物死亡，工农业生产用水和城乡居民饮用水安全遭受严重威胁。一些有机持久性污染物质和重金属污染物质如汞、砷、镉、铅等，可通过食物链的富集作用，对人体健康构成严重损害。

4.1.3　规划编制的技术路线和内容

以改善水环境质量和维护水生态平衡为目标，在水污染现状与趋势分析的基础上，结合水环境功能区划，计算水环境容量，论证达到水质目标所需的社会经济成本，依据当地社会经济发展水平和技术经济可行性，提出阶段性水质改善目标，合理确定规划期间可实现的污染治理任务。

水环境污染防治规划要与区域经济和社会发展规划以及城市总体规划、环境保护规划相协调。水环境规划应包含以下一些主要内容：

1）对规划区域内的水环境现状进行调查、分析与评价，了解区域内存在的主要环境问题。

2）根据水环境现状，结合水环境功能区划分的状况，计算水环境容量。

3）确定水环境规划目标。

4）对水污染负荷总量进行合理分配。

5）对规划方案进行优化。

6）制定水污染综合防治方案。

7）提出水环境综合管理与防治的方法和措施。

4.2　水环境现状分析

4.2.1　污染物排放量调查分析

1. 工业污染源调查分析

（1）调查目的　查清规划区域内主要工业污染源、主要污染物的数量，以及在区域内各个水系的分布情况；掌握规划区域内工业污染管理及治理现状；通过对比分析，评价当前工业污染程度并预测发展趋势；确定重点工业污染源、主要污染行业和重点控制区。

（2）调查内容

1）企业基本概况：企业名称、厂址、主管机关名称、企业性质、企业规模、厂区占地面积、职工构成、固定资产、产品、产值、利润、生产水平、企业环境保护机构名称等。

2）生产工艺：工艺原理、工艺流程、工艺水平、设备水平、环保设施等。

3）原辅材料使用情况：能源产地、成分、单耗、总耗；水源类型、供水量、循环水量、循环利用率、水平衡；原辅材料种类、产地、成分及含量、消耗定额、总消耗量。

4）污染治理状况：污染治理方式、方法、技术方案；治理工艺、投资、效果、运行费用；存在问题、改进措施等。

5）污染物排放情况：污染物种类、数量、成分、性质；排放方式、规律、途径、排放浓度、排放量；排放口位置、类型、数量；排放去向、事故排放情况、污染物排放达标率等。

6）排污系数调查：调查万元工业产值耗水量，吨产品耗水量。

（3）调查结论 通过排污量分析，确定排污量较大的重点污染源清单；通过入河量分析，确定环境影响较大的重点污染源清单；按水系画出排污口分布，并标明废水排放量及排污量；对工业企业排污的宏观分析，确定区域内主要的污染行业。

2. 生活污染源调查与分析

（1）调查目的 查清规划区域内生活污水的排放方式和主要污染物浓度；了解生活污水的治理现状和排放到水域的情况；预测规划区域内生活污染的发展趋势。

（2）调查内容 生活污染源主要是指居民区、服务行业、企事业单位、学校、医院等排放的生活污水。调查内容包括：①居民人口调查：总人数、流动人口、人口构成、人口分布、密度等；②居民用水和排水调查：用水类型、人均用水量，办公楼、旅馆、商店、医院及其他单位的用水量，下水道设置情况，机关、学校、医院等有无化粪池及小型污水处理设施；③供排水管网配套情况：管网服务区域、服务范围、服务人口数量等；④生活污水处理设施：处理设施、处理能力、处理工艺、运行费用、正常运行状况等。

（3）调查结果 其内容包括：生活污水排放量占整个废水排放量的比重；生活污水的入河量及其环境影响；生活污水处理的基本状况。

3. 非点源调查分析

实践证明，仅仅控制点源污染往往不能从根本上改善水环境质量，这是由于除点源外还有大量非点源无组织排放的污染物进入各类水体。在一些河流，氮、磷的污染主要是由面源污染造成的影响。非点源污染一般由两部分组成：一是降雨径流污染，主要包括降雨淋洗而引起的降水污染和由于地表径流冲刷地表而引起的径流污染；另一部分是农业面源污染，由于水土流失、降水或灌溉形成的农田径流将农田化肥、农药、有机污染物等带入各类水体而造成的污染。

目前，面源污染排放量的计算没有成熟的技术方法可采用。可选用一些经验模式或研究成果，在调查的基础上进行估算。

4.2.2 水环境质量调查与评价

1）评价标准，采用《地表水环境质量标准》（GB3838—2002）。

2）评价方法，采用单因子评价法。

3）评价时段，对于季节性特征明显的水体，要分水期进行评价。

4）评价参数，评价参数选取主要应考虑对水体的评价要求、污染源调查评价结果及存在的主要水环境问题等方面来综合选择。

5）评价结果，评价结论中应说明水体能否达到使用功能要求。如不能达到标准要求，要说明超标的污染物质名称和超标倍数。

4.3 水环境污染预测

水环境污染预测就是在水污染状况调查的基础上，运用一些成熟的数学模式，对未来的水环境变化趋势及其主要污染物的动态变化进行预测和分析。水环境污染预测的目的，就是预先推测经济社会发展达到某一水平时的环境状况，科学地编制水环境保护规划，为改善水环境质量服务。

4.3.1 污染物排放量预测

1. 工业排污量预测

（1）工业废水排放量预测　主要有以下几种方法：

1）排污系数递减率法。考虑到工艺革新、技术改造，提高水的循环利用率、重复利用率，提高管理水平，万元工业产值废水排放量将逐年递减。预测公式如下

$$W_t = W_0(1 + r_w)^t \qquad (4-1)$$

式中　W_t——规划目标年废水排放量；

W_0——规划基准年废水排放量；

r_w——废水排放量逐年递减率；

t——规划年数。

式（4-1）中，预测工业废水排放量的关键是确定 r_w。如已知多年工业废水排放量基础数据，可按照数理统计回归方法求出 r_w；如果基础资料不充分，可结合经验判断方法估计。

2）万元 GDP 排污系数法。以规划目标年工业 GDP 预测值为基础，可采用以下预测公式

$$W_t = G_t k_t \qquad (4-2)$$

式中　W_t——规划目标年工业废水排放量（t）；

G_t——规划目标年工业 GDP 预测值（万元）；

k_t——万元 GDP 排水量。

根据近年来万元 GDP 排水量变化情况分析以及工业节水目标确定 k_t 的上下限，其上限不能超过现状值。在 k_t 的上下限范围内，选择代表性数据，计算出规划目标年工业废水排放量。

3）年排水系数法。用水量和排水量之间存在着相关关系，根据规划目标年用水量预测指标，可推算排水量，预测公式如下

$$W_{ti} = c_t Q_{ti} \qquad (4-3)$$

式中　W_{ti}——规划目标年工业废水排放量（t）；

Q_{ti}——规划目标年工业用水量（t）；

c_t——规划目标年排水系数，c_t 可通过多年用水和排水统计数据，进行数理统计回归方法求得。

（2）生活污水排放量预测　主要有以下两种预测方法：

1）人均污水排放系数法。对于生活污水排放量，如已知人均污水排放量，预测公式如下

$$W_t = 0.365AF \tag{4-4}$$

式中 W_t——规划目标年生活污水量（$10^4 \mathrm{m}^3$）；

    A——规划目标年份人口（万人）；

    F——规划目标年人均污水排放量（L／(d·人)）。

规划目标年人均污水排放量可根据规划区域内近年来（近五年的资料）人均污水排放量的变化趋势进行推算，并求出人均污水排放量变化的上下限。

2）年排水系数法。如已知规划目标年居民生活用水量预测指标，可推算生活污水排放量，预测公式如下

$$W_t = Q_t c_t \tag{4-5}$$

式中 W_t——规划目标年生活污水排放量（t）；

    Q_t——规划目标年生活用水量（t）；

    c_t——规划目标年排水系数。

2. 污染物排放量预测

（1）工业污染物排放量预测   工业污染物排放量预测公式如下

$$P_t = W_t c_t \tag{4-6}$$

式中 P_t——规划目标年工业污染物排放量（t）；

    W_t——规划目标年废水排放量（t）；

    c_t——规划目标年废水排放浓度（mg/L）。

c_t 可通过下式求得

$$c_t = \sum W_i c_i / W_0 \tag{4-7}$$

式中 W_i——某工业行业废水排放量（t）；

    c_i——规划基准年某工业行业污染物浓度（mg/L）；

    W_0——规划基准年工业废水排放量（t）。

工业污染物排放量也可以通过简单的排污系数法来进行预测，预测公式如下

$$W_t = M_t K(1 + r_w)^t \tag{4-8}$$

式中 W_t——规划目标年工业污染物年排放量（t）；

    M_t——规划目标年工业产值（万元）；

    K——基准年工业污染物排放系数（t/万元）；

    r_w——年排放量年均递减率（考虑技术进步因素）。

（2）生活污染物排放量预测   公式如下

$$P_{ts} = W_{ts} c_{ts} \tag{4-9}$$

式中 P_{ts}——规划目标年生活污染物排放量（t）；

    W_{ts}——规划目标年生活污水排放量（t）；

    c_{ts}——规划目标年生活污染物浓度（mg/L）。

c_{ts} 按下式计算

$$c_{ts} = c_{t0}(1 - \beta) + c_{t1}\beta \tag{4-10}$$

式中 c_{t0}——规划水平年生活污染物浓度值（mg/L）；

    c_{t1}——应执行的污水综合排放标准中相应级别中的浓度值（mg/L）；

β——污水处理率（规划目标年）。

4.3.2　水质预测

目前，通用的水质预测方法是水质模型法。选择使用水质模型时，要注意以下几个问题：

（1）问题的合理概念化　把环境影响问题进行合理概念化，包括选择主要影响因素和变量，突出主要矛盾，分析各个变量之间的逻辑关系，建立模型的结构。

（2）选择适当的模型维数　当污水与清水之比达到1：20之上时，可只考虑稀释，不考虑降解作用，且断面完全均匀混合，这时选择零维模式。在必须考虑沿河道的污染物衰减和沿程稀释倍数的变化时，可将各类水质模型简化为一维模式。在需考虑排放口混合区域范围时，应选用二维模式。

（3）关于模型的有效性　对于每类水质模型，都有其适用的条件和范围，所以选用水质模型时，首先要弄清水质目标要求和计算范围，然后根据各个水质模型的适用性和特点选择使用。例如对于一条河流，各个河段具有不同的特点和水质要求，此时应将河流分解为若干控制单元，每个控制单元选择不同的预测模式来进行计算。

（4）参数的合理选取　选取参数时，要结合已收集的资料和研究成果，合理地选取参数。参数的选取可实测取得，也可以利用已有的研究成果，但必须科学合理。

（5）模型的验证　在选择水质模型后，应用实测数据输入模型，通过模拟结果与实测数据的偏差，来检验模型的预测情况，以验证模型的适用性。

具体的水质预测模型在水环境容量计算中进行介绍。

4.4　水环境规划基础

水环境功能区和水污染控制单元的划分、水环境容量的确定等是水环境规划的基础性工作。从水环境容量利用与管理的角度出发，在科学评价水环境质量现状的基础上，根据水环境功能区的水质目标，通过建立污染源与水环境质量的输入响应关系，分析流域的水环境容量利用、保护和配置情况，确定各水环境功能区的环境容量，为水环境管理提供科学基础，为制定水环境规划提供技术依据。

4.4.1　水环境功能区划

水环境功能区划是水环境规划最重要的基础性工作之一，可以为水资源开发利用和水资源保护提供科学的依据，有助于水环境管理目标的实现。

1. 地表水水域环境功能分类

根据《地表水环境质量标准》（GB3838—2002），地表水水域环境功能分类可分为以下五类：

Ⅰ类，主要适用于源头水、国家自然保护区。

Ⅱ类，主要适用于集中式生活饮用水地表水源地一级保护区、珍稀水生生物栖息地、鱼虾类产卵场、仔稚幼鱼的索饵场等。

Ⅲ类，主要适用于集中式生活饮用水地表水源地二级保护区、鱼虾类越冬场、洄游通道、水产养殖区等渔业水域及游泳区。

Ⅳ类，主要适用于一般工业用水区及人体非直接接触的娱乐用水区。

Ⅴ类，主要适用于农业用水区及一般景观要求水域。

2. 水环境功能区划的原则

（1）饮用水源地优先保护　在划分水环境功能区时，如果同一水域出现多种使用功能时，按最高功能来进行保护。因此，源头水、国家自然保护区及集中式饮用水源地应优先保护。

（2）统筹兼顾，合理布局　水环境功能区划应从整个流域的总体进行考虑，局部服从整体。要兼顾上、下游功能组合的合理性，要充分考虑技术经济条件的约束，充分论证功能目标的可达性。同时，水环境功能区划必须与陆地的工业布局相适应，能够指导流域附近的工业结构布局和经济结构调整。

（3）现行水环境功能类别不得降低　在水环境功能区划时，不得降低现有水环境功能类别。

（4）便于管理目标实现　水环境功能区划要有利于改善环境质量，要有利于实行按功能区进行污染物排放总量控制，以及实施水污染物排放许可证制度。

3. 水环境功能区划的程序和方法

（1）对水环境现行功能进行调查评价　主要调查规划区域内的河流、湖泊及水库等的现行使用功能，明确水体功能和作用。

（2）水环境质量调查与评价　对规划区域内的水体进行布点监测，根据监测结果，评价水质是否满足现行功能目标要求。

（3）提出水环境功能区划方案　根据水环境功能区划的具体原则要求，结合水资源保护情况及社会经济发展需要，在不降低现有水环境功能的前提下，提出水环境功能区划方案。

（4）征求意见，形成送审稿　在广泛征求各部门意见的基础上修改方案，形成正式的送审方案。

4.4.2　水污染控制单元

水污染控制单元由源和水域两部分组成。源是指排入相应受纳水域所有污染源的集合，水域按不同使用功能划分。

规划区域内水环境系统可认为是由一个个水污染控制单元组成。水污染控制单元是落实水污染控制目标和确定水污染控制路线和方案的基本单元，也是实施环境目标责任制和定量考核的基本单元。划分水污染控制单元是制定和实施水污染综合防治规划的重要环节。

在分析水环境问题的基础上，考虑行政区划及水环境功能区划、水域的水环境特征、污染源及排污口分布等特点，将复杂的水环境系统划分成一个个的水污染控制单元。在划分水污染控制单元时要注意以下基本原则：

（1）相对独立性　水污染控制单元既相互影响，又相对独立。因此在进行水污染控制单元的划分时，要求每一控制单元要有明确的污染控制目标，可实施不同的污染控制路线。

（2）针对性　针对不同的水质目标和不同的污染物、不同的保护水平，同一区域可以有多种控制单元的划分方案。要有针对性地确定划分方案，以适应解决不同环境问题的需要，即对同一区域，不同的控制目标，要有不同的水污染控制单元相对应。

（3）基础资料齐全　每一控制单元内水文资料、河道特征、需控制的污染物排放清单、水质监测数据等基础资料齐全。各控制单元之间的相互影响，能通过污染物的输入和输出定量分析，能满足水量平衡和物质守恒要求。

4.4.3　水环境容量

1. 水环境容量基本概念

（1）定义　在给定水域范围和水文条件，规定排污方式和水质目标的前提下，单位时间内该水域最大允许纳污量，称为水环境容量。

水环境容量既反映流域的自然属性（水文特性），同时反映人类对环境的需求（水质目标）。水环境容量随着水资源情况的不断变化和人们环境需求的不断提高而不断发生变化。

环境容量可以分成稀释环境容量和自净环境容量。稀释容量是指在给定水域的本底污染物浓度低于水质目标时，依靠稀释作用达到水质目标所能承纳的污染物量；自净容量是指由于沉降、生化、吸附等物理、化学和生物作用，给定水域达到水质目标所能自净的污染物量。一般计算容量时用到的水环境质量模型都综合考虑了物理、化学、生物过程，所以并不特别区别这两种环境容量，而是给出环境容量的总体值。

（2）水环境容量的基本特征

1）资源性。水环境容量是一种自然资源，其价值体现在水环境通过对纳入的污染物的稀释扩散，既容纳一定量的污染物（在环境容量范围内），又不影响水域的使用功能，也能满足人类生产、生活和生态系统的需要。但水域的环境容量是有限的可再生自然资源，一旦污染负荷超过水环境容量，其恢复将十分缓慢与艰巨。

2）区域性。由于受到各类不同区域的水文、地理、气象条件等因素的影响，不同水域对污染物的物理、化学和生物净化能力存在明显的差异，从而导致水环境容量具有明显的地域性特征。我国地域广阔，气候多样，不同区域的环境容量特异性很强。

3）系统性。河流、湖泊等水域一般处在大的流域系统中，水域与陆域、上游与下游、左岸与右岸构成不同尺度的空间生态系统。因此，在确定局部水域水环境容量时，必须从流域的角度出发，合理协调流域内各水域的水环境容量。一个城市、一条支流是流域系统中的一个要素，水环境容量既要考虑本区域条件，同时要兼顾流域整体特征。

（3）影响水环境容量的主要要素

1）水域特性。水域特性是确定水环境容量的基础，主要包括：①几何特征：岸边形状、水底地形、水深或体积；②水文特征：流量、流速、降雨、径流等；③化学性质：pH值、硬度等；④物理自净能力：挥发、扩散、稀释、沉降、吸附等；⑤生物降解：光合作用、呼吸作用等。

2）环境功能要求。目前，我国各类水域一般都划分了水环境功能区。对不同的水环境功能区提出了不同的水质功能要求。不同的功能区划，对水环境容量的影响很大。水质要求高的水域，水环境容量小；水质要求低的水域，水环境容量大。

3）污染性质。不同污染物质本身具有不同的物理化学特性和生物反应规律，不同类型的污染物对水生生物和人体健康的影响程度不同。因此，不同的污染物具有不同的环境容量。

耗氧有机物能被水体中的氧、氧化剂或微生物分解变成简单无害的物质，其综合指标是生化需氧量（BOD）和化学需氧量（COD）。这类有机物在水域中能够降解，通常所说的水环境容量主要是指 BOD、COD 的环境容量。有毒有害的有机物，如农药、持久性有机性污染物等，难以降解，在自然界完全分解所需时间长达十年以上，甚至更长，不宜提出开发利用它们的环境容量。重金属如汞、铅、砷、镉等，在水体中只存在形态变化与相的转移，不能被分解。即使在长时间低浓度的情况下，重金属也可以沉积到植物或动物体内，造成长时间的影响。所以对重金属，必须从严控制污染源，严禁超标排放进入各类水域。

4）排污方式。水域的环境容量与污染物的排放位置和排放方式有关。一般来说，在其他条件相同的情况下，集中排放的环境容量比分散排放小，瞬时排放比连续排放的环境容量小，岸边排放比河心排放的环境容量小。因此，限定的排污方式是确定环境容量的一个重要因素。

（4）开发利用水环境容量的两条基本原则　要开发利用好水域的环境容量，应该遵循以下两条基本原则。第一，要保持水环境资源的可持续利用。要在科学论证的基础上，确定合理的水环境资源利用率，在保持水体有不断的自我更新与水质修复能力的基础上，尽量利用水域环境容量，降低污水治理成本。第二，要维持流域各段水域环境容量的相对平衡。影响水环境容量的因素很多，筑坝、引水、新建排污口、取水口等都可能改变整个流域内水环境容量分布。因此，水环境容量的确定应充分考虑当地的客观条件，并分析局部水环境容量的主要影响因素，从全流域可持续利用水资源的角度出发，合理调配环境容量。

2. 水环境容量计算步骤

（1）水域概化　将天然河流、湖泊等水域概化成计算水域，例如天然河道可概化成顺直河道，复杂的河道地形可进行简化处理，非稳态水流可简化为稳态水流等。水域概化后，能够利用简单的数学模型来描述水质变化规律。同时，支流、排污口、取水口等影响水环境的因素也要进行相应概化。若排污口距离较近，可把多个排污口简化成集中的排污口。

（2）基础资料调查与分析　基础资料调查包括水域的流速、流量、水位、体积等水文资料和水域水质资料，同时收集水域内的排污口污水排放量与污染物浓度等资料、支流水量与污染物浓度资料、取水口取水量、取水方式资料、污染源排污量、排污去向与排放方式等资料。对所收集和调查得到的资料进行一致性分析，形成数据库。

（3）选择控制边界　根据水环境功能区划和水域内的水质敏感点位置分析，确定水质控制断面的位置和浓度控制标准。对于包含污染混合区的环境问题，则需根据环境管理的要求确定污染混合区的控制边界。

（4）建立水质模型　根据实际情况选择建立零维、一维或二维水质模型，在进行各类数据资料的一致性分析的基础上，确定模型所需的各项参数。

（5）容量计算分析　应用设计水文条件和上下游水质限制条件进行水质模型计算，利用试算法（根据经验调整污染负荷分布反复测算，直到水域环境功能区达标为止）或建立线性规划模型（建立优化的约束条件方程）等方法确定水域的水环境容量。

（6）环境容量确定　在上述容量计算分析的基础上，扣除非点源污染影响部分，得出实际环境管理可利用的水环境容量。

3. 设计条件

(1) 计算单元　以水环境功能区为基本单元，以水环境功能区上、下界面或常规监测断面作为节点。在计算水环境容量时，可以把整条河流作为一个整体进行计算，将各水环境功能区作为水质约束的节点条件出现，将排入各功能区河段的污染源作为输入条件，进行模拟演算；也可按照水环境功能区逐一进行计算。

(2) 控制点的选取　选取控制断面时，应注意以下几个问题：①控制断面不要设在排污混合区内；②控制断面应能反映敏感点的水质；③控制断面能反映出境水质达标状况。

一般情况下，计算单元内可以直接按水环境功能区上下边界、监测断面等设置控制节点，如水环境功能区内的常规监测断面可直接选为控制节点。若某一功能区水域内存在多个常规性监测断面，可以选取最高级别的监测断面和有代表性的监测断面作为控制节点；如果功能区水域没有常规性监测断面，可以选择功能区的下断面或者重要的取水点作为控制节点。

(3) 水文条件　河流的水文条件是指河段内的水位、流速和流量等条件，湖库的水文条件是指湖库的水位、库容和流入流出条件。一般情况下，随年际、月际的变化，水文条件的变化也非常大。作为计算水环境容量的重要参数，各流域一般可选择 30Q10 （近 10 年最枯月平均流量）作为设计流量条件，30V10 （近 10 年最枯月平均库容）作为湖库的设计库容。

针对不同的流域，在选取设计水文条件时，要具体情况具体分析：

1）我国北方各个流域如海河、黄河等流域，枯水月流量很小，甚至出现断流现象，可同时选择 90Q10 （近 10 年最枯季平均流量）或 90V10 （近 10 年最枯季平均库容）作为参考设计水文条件。

2）我国南方流域如长江、珠江等，干流河面宽一般超过 200m，污染物扩散一般仅在岸边进行，不能影响到河流对岸。这时可选择 30Q10 或 30V10 作为设计水文条件，然后根据环境管理的需求确定混合区范围，进行岸边环境容量计算，以混合区水环境容量作为可以实际利用的水环境容量数据。

3）有闸坝控制的河段，关闸时间较长时，可以考虑近 10 年平均水位下的水体容积作为设计流量或最小下泄流量。

4）对于一般湖泊或水库，分别按照近 10 年最低月平均水位相应的蓄水量和库容的蓄水量确定设计流量。

(4) 边界条件

1）控制因子。根据我国水污染现状和水污染物总量控制现状，一般选择 COD 和 NH_3-N 作为容量计算的主要控制因子。湖库增加 TN、TP 和叶绿素 a 指标。对于不同的水域，可结合当地水环境特征，增加区域特征污染物进行环境容量计算。

2）质量标准。以水环境功能区划相对应的环境质量标准类别作为控制断面水质质量标准。

3）设计流速。河流的设计流速为对应设计流量条件下的流速。对于断面设计流速，可以采用实际测量数据，但需要转化为设计条件下的流速。

4）本底浓度。参考上游水环境功能区标准，以对应国家环境质量标准的上限值（达到对应国家标准的最大值）为本底浓度（来水浓度）。

5）单位时间。单位时间一般指一年。将最枯月或最枯季的环境容量换算为全年，作为功能区的年环境容量。

4. 水质模型简介

根据水环境功能区的实际情况，环境容量计算一般用一维水质模型。对有重要保护意义的水环境功能区、断面水质横向变化显著的区域，可采用二维水质模型计算。在模型计算时，尤其是对于大江大河的水环境容量计算，必须结合混合区或污染带的范围进行容量计算。

（1）常用河流水质数学模型　包括以下几种模型：

1）河流完全混合模型

$$c = (c_p Q_p + c_h Q_h)/(Q_p + Q_h) \tag{4-11}$$

式中　c——污染物浓度（垂向平均浓度，断面平均浓度）（mg/L）；

c_p——污染物排放浓度（mg/L）；

c_h——河流上游污染物浓度（mg/L）；

Q_p——废水排放量（m³/s）；

Q_h——河流流量（m³/s）。

河流完全混合模式的适用条件有：河流充分混合段、持久性污染物、河流为恒定流动以及废水连续稳定排放。

2）河流一维稳态模型

$$c = c_0 \exp\left[-(k_1 + k_3)\frac{x}{86400u} \right] \tag{4-12}$$

式中　c——计算断面的污染物浓度（mg/L）；

c_0——计算初始点污染物浓度（mg/L）；

k_1——耗氧系数（1/d）；

k_3——沉降系数（1/d）；

u——河流流速（m/s）；

x——从计算初始点到下游计算断面的距离（m）。

适用条件为：河流充分混合段、非持久性污染物、河流为恒定流动以及废水连续稳定排放。

对于持久性污染物，在沉降作用明显的河流中，可以采用综合削减系数 k 替代式(4-12)中的 $(k_1 + k_3)$ 来预测污染物浓度沿程变化。

3）河流二维稳态混合模型

岸边排放　$$c(x,y) = c_h + \frac{c_p Q_p}{H\sqrt{\pi M_y x u}}\left\{ \exp\left(-\frac{uy^2}{4M_y x} \right) + \exp\left[-\frac{u(2B-y)^2}{4M_y x} \right] \right\} \tag{4-13}$$

非岸边排放

$$c(x,y) = c_h + \frac{c_p Q_p}{2H\sqrt{\pi M_y x u}}\left\{ \exp\left(-\frac{uy^2}{4M_y x} \right) + \exp\left[-\frac{u(2a+y)^2}{4M_y x} \right] \right\} + \exp\left[-\frac{u(2B-2a-y)^2}{4M_y x} \right]$$

$$\tag{4-14}$$

式中　c（x，y）——（x，y）点污染物垂向平均浓度（mg/L）；

H——平均水深（m）；

B——河流宽度（m）；

a——排放口与岸边的距离（m）；

M_y——横向混合系数（m²/s）；

x、y——笛卡尔坐标系的坐标（m）。

适用条件为：平直和断面形状规则河流混合过程段、持久性污染物、河流为恒定流动、连续稳定排放。对于非持久性污染物，需采用相应的衰减模式。

4）河流二维稳态混合累积流量模型

岸边排放
$$c(x,q) = c_h + \frac{c_p Q_p}{\sqrt{\pi M_q x}} \left\{ \exp\left(-\frac{q^2}{4M_q x} \right) + \exp\left[-\frac{(2Q_h - q)^2}{4M_q x} \right] \right\} \tag{4-15}$$

$$q = Huy \tag{4-16}$$

$$M_q = H^2 u My \tag{4-17}$$

式中　$c(x,q)$——(x,q) 处污染物垂向平均浓度（mg/L）；

M_q——累积流量坐标系下的横向混合系数；

x,q——累积流量坐标系的坐标；

其他符号含义同前。

适用条件是：弯曲河流、断面形状不规则河流混合过程段、持久性污染物、河流为恒定流动、连续稳定排放。对于非持久性污染物，需采用相应的衰减模式。

5）Streeter-Phelps（S-P）模型

$$c = c_0 \exp\left(-k_1 \frac{x}{86400u} \right) \tag{4-18}$$

$$D = \frac{k_1 c_0}{k_2 - k_1} \left[\exp\left(-k_1 \frac{x}{86400u} \right) - \exp\left(-k_2 \frac{x}{86400u} \right) \right] + D_0 \exp\left(-k_2 \frac{x}{86400u} \right) \tag{4-19}$$

$$x_c = \frac{86400u}{k_2 - k_1} \ln\left[\frac{k_2}{k_1} \left(1 - \frac{D_0 k_2 - k_1}{c_0} \frac{1}{k_1} \right) \right] \tag{4-20}$$

$$c_0 = (c_p Q_p + c_h Q_h)/(Q_p + Q_h) \tag{4-21}$$

$$D_0 = (D_p Q_p + D_h Q_h)/(Q_p + Q_h) \tag{4-22}$$

式中　D——亏氧量，即饱和溶解氧浓度与溶解氧浓度的差值（mg/L）；

D_0——计算初始断面亏氧量（mg/L）；

k_2——大气复氧系数（1/d）；

x_c——最大氧亏点到计算初始点的距离（m）；

其他符号含义同前。

适用条件为：河流充分混合段、污染物为耗氧性有机污染物、需要预测河流溶解氧状态、河流为恒定流动以及污染物连续稳定排放。

（2）常用湖泊（水库）水质模型　包括以下几种模型：

1）湖泊完全混合衰减模型

动态模式
$$c = \frac{W_0 + c_p Q_p}{V k_h} + \left(c_h - \frac{W_0 + c_p Q_p}{V k_h} \right) \exp\left(-k_h t \right) \tag{4-23}$$

平衡模式

$$c = \frac{W_0 + c_p Q_p}{V k_h} \tag{4-24}$$

其中

$$k_h = \frac{Q_h}{V} + \frac{k_1}{86400} \tag{4-25}$$

适用条件为：小湖（库）、非持久性污染物、污染物连续稳定排放。预测需反映随时间的变化时采用动态模式，只需反映长期平均浓度时采用平衡模式。

2）湖泊推流衰减模型

$$c = c_p \exp\left[-\frac{k_1 \phi H r^2}{172800 Q_p}\right] + c_h \tag{4-26}$$

式中　φ——混合角度，可根据湖（库）岸边形状和水流状况确定，中心排放取 2π 弧度，平直岸边取 π 弧度。

适用条件为：大湖、无风条件、非持久性污染物、污染物连续稳定排放。

5. 降解系数确定方法

（1）水团追踪实验　选择合适的河段，布设监测断面，确定试验因子。测定排污口污水流量、污染物浓度，同时测定试验河段的水温、水面宽度、流速等。根据流速，计算流经各监测断面的时间，在各断面取样分析，并同步测定各监测断面水深等水文要素。整理分析试验数据，计算污染物降解系数。

（2）水质模型率定法　用两点计算法可推算 k_1 值

$$k_1 = \frac{86400u}{x} \ln \frac{c_1}{c_2} \tag{4-27}$$

式中　k_1——降解系数（1/d）；

x——两点之间的距离（m）；

u——河流的流速（m/s）；

c_1——监测断面 1 处的污染物浓度（mg/L）；

c_2——监测断面 2 处的污染物浓度（mg/L）。

（3）室内外实验法　若污染物的反应接近于一级动力学反应，其反应速率与有机物浓度的衰减成正比，即

$$\frac{dc}{dt} = -k_1 c \tag{4-28}$$

解微分方程可得

$$k_1 = \frac{1}{t} \ln \frac{c_0}{c} \tag{4-29}$$

一般可选用最小二乘法、图解法和两点法等方法，对实验数据进行计算处理可求得降解系数 k_1 的值。

（4）类比法、分析借用　根据相似水域的已有成果，类比得出研究水体的水质降解系数值。对于以前在环境影响评价、环境规划、科学研究等工作中可供利用的有关数据、资料经过分析检验后亦可采用。

6. 水环境容量的计算方法

（1）河流水环境容量计算　可按以下三种模型计算

1）零维模型（水质总体达标）（见图 4-2）

$$W = Q_0 (c_s - c_0) + kVc_s + qc_s \times 86.4 \tag{4-30}$$

式中　W——污染物水环境容量（$mg/(m^3 \cdot d)$）；

Q_0——流入河流流量（m^3/s）；

c_0——上游来水的背景浓度值（mg/L）；

k——水质降解系数（$1/d$）；

V——水体体积（m^3）；

q——旁侧支流流量（m^3/s）；

c_s——目标水质浓度（mg/L）。

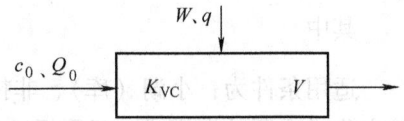

图 4-2　零维模型计算示意图

水质总体达标时，水环境容量计算结果值往往偏大。为了符合实际情况，引入不均匀系数的概念进行修正，按下式计算。

$$W_{修正} = \alpha W \tag{4-31}$$

式中　α——不均匀系数，α 取值为 $0 \sim 1$。

对于大于 1000m 宽的河流，不采用完全混合模式进行水环境容量计算，而是采用岸边污染带控制模型进行水环境容量计算。对于小于 1000m 宽的河流，应进行不均匀系数订正。

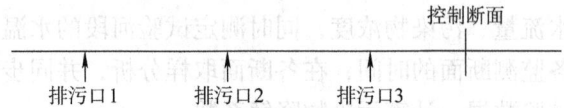

2）一维稳态模型（控制断面水质达标）（见图 4-3）

图 4-3　一维稳态模型计算示意图

控制断面水质达标水环境容量是指为保证控制断面水质达标，各污染源的最大允许排污量。其一维稳态模型如下

$$W = \left[(Q_0 + q)c_s \exp\left(\frac{ks}{86400u}\right) - c_0 Q_0 \right] \times 86.4 \tag{4-32}$$

3）二维稳态模型（控制断面水质达标）（见图 4-4）

$$W = \frac{H (\pi M_y xu)^{1/2} \left[c_s \exp\left(\frac{kx}{86400u} - c_0\right) \right]}{\exp\left(\frac{-uy^2}{4M_y x}\right) + \exp\left(\frac{-u (2B - y)^2}{4M_y x}\right)} \tag{4-33}$$

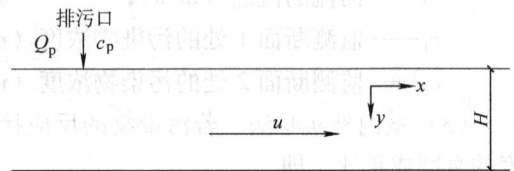

图 4-4　二维稳态模型计算示意图

式中　W——水环境容量（$mg/(m^3 \cdot d)$）；

M_y——横间混合系数；

H——平均水深（m）；

B——河流宽度（m）。

（2）湖库水体纳污能力计算　按以下两种情况分别计算

1）对于面积较小的湖库（$< 50km^2$），利用完全混合模式进行水环境容量的计算，即

$$W = [Q_0 (c_s - c_0) + kvc_s + qc_s] \times 86.4 \tag{4-34}$$

在计算水环境容量时，要进行不均匀系数修正，即

$$W_{修正} = \alpha W \tag{4-35}$$

2）对于面积较大的湖库，湖库中断面水质达标的简化模型为

$$W = \left[c_s Q_0 \exp\left(\frac{k\phi H r^2}{172800 Q_0} \right) \right] \times 86.4 \tag{4-36}$$

4.5　水污染控制规划目标

规划目标包括区域内水环境改善目标、各水环境功能区的水质目标、主要污染物排放总量控制目标和污染治理目标等。

区域内水环境改善目标是在分析区域内存在的主要水环境问题的基础上，提出水环境改善的总体设想和计划。各个主要控制区域的水质目标是依据水环境功能区划的水体使用功能要求，结合分析水环境质量现状，提出的分阶段的目标。该目标既要考虑对水体水质的改善作用，又要考虑当地的社会、经济承受能力，具有可实现性。主要污染物排放总量控制目标以水环境容量测算结果为基础，一方面执行国家实施环境管理的总量控制方案，体现宏观的区域性污染物排放总量控制要求；另一方面要服从于本地水环境质量的要求，把污染物排放总量控制指标分解到污染源，便于环境管理，污染治理指标则是对地方政府和各行业部门提出的水环境污染治理要求。

在设计水污染控制规划指标体系时，应重点考虑以下几个方面：

（1）水环境质量指标　水环境质量指标包括饮用水源水质达标率、地表水达到水质标准的类别、地下水达到水质标准的类别、海水达到近海海域水质标准类别等。

（2）污染物总量控制指标　污染物总量控制指标包括：工业用水量和工业用水重复利用率、新鲜用水量；废水排放总量；工业废水处理量、处理率、达标率；外排工业废水达标量、达标率；废水中总量控制因子 COD、重金属、NH_3-N 等的产生量、去除量、排放量等。

（3）环境规划措施与管理指标　主要包括污水处理厂建设及处理能力，处理量、处理率、污水排放量；地下水位下降面积、区域水位降深；地面下沉面积、下沉量；水域功能区（地表水、海洋）达标情况；重点污染源治理情况，如重点污染源污染物处理量、削减量，工程建设投资预算等；水环境综合治理投资总额占国民收入的百分数等。

（4）其他相关指标　包括水土流失面积、治理面积；水资源总量、调控量、水利工程、地下水开采等；农药化肥污染土壤面积；污灌面积等。

4.6　水污染防治规划方案

4.6.1　水污染防治方案

我国水污染防治应当按流域或者按区域进行统一规划，要强化对饮用水源地的保护，保证让人民群众喝上干净的水。对重点流域、重点保护区域水体及重污染水体应实施污染物排放总量控制制度。

（1）节约用水、建设节水型社会　综合防治水污染的最有效的方法是节约用水，提高水资源的利用率。坚持开源与节流并重，节流优先、治污为本、科学开源、综合利用。保护好水资源，不仅关系到水资源的可持续利用，而且关系到经济与社会的可持续发展。

各区域要根据本地区水资源状况和水环境容量，合理确定城市规模，调整优化地方经济结构和产业布局。要以创建节水型社会为目标，大力开展节水活动。节约用水要做到"三同时、四到位"，即建设项目的主体工程与节水措施同时设计、同时施工、同时投入使用；取水用水单位必须做到用水计划到位、节水目标到位、节水措施到位、管水制度到位。有条件的地区要逐步建立行业万元国内生产总值用水量的参照体系，促进产业结构和节水技术的推广应用。缺水地区要限期关停并转一批耗水量大的企业，严格限制高耗水型工业项目建设和农业粗放型用水，尽快形成节水型经济结构。同时，要加大推行各种节水技术政策和技术标准的贯彻执行力度，制定并推行节水型用水器具的强制性标准；采取有效措施，加快城市供水管网技术改造，降低管网漏失率；发展工业用水重复和循环利用系统；开展城市废水的再生及回用；改进农业灌溉技术，采用新型耕作技术；加强管理，减少跑、冒、滴、漏。这些都是缓解水资源紧张、减少污水排放的有效措施。

（2）加强生活饮用水水源地保护　要组织制定饮用水源保护规划，依法划定饮用水源保护区。禁止向生活饮用水地表水源一级保护区的水体排放污水；禁止在生活饮用水地表水源一级保护区内从事旅游、游泳和其他可能污染生活饮用水水体的活动；禁止在生活饮用水地表水源一级保护区内新建、扩建与供水设施和保护水源无关的建设项目；在生活饮用水地表水源一级保护区内已设置的排污口，需限期拆除或限期治理。饮用水源地的安全关系到广大人民群众身体健康的切身利益，必须重点保护好生活饮用水源地的安全。

（3）推行清洁生产　积极推行清洁生产，进一步削减工业企业污染物排放量，加大对工业污染源的治理。工业污染防治是水污染防治工作的一项重要任务。第一，要调整工业结构，推行清洁生产。根据国家产业政策，逐步淘汰或限制发展耗水量大、水污染物排放量大的行业和产品。在选择原材料上，采用对环境友好的原料，用无毒无害原料代替有毒有害原料。第二，选用先进生产工艺，提高原材料利用率，减少水污染物排放。清洁生产工艺，以节能、降耗、减污为目标，以管理、技术为手段，实施工业生产全过程控制，尽可能减少污染物的排放量，降低污染防治费用，减缓水污染对周围环境的影响。

（4）实施污染物排放总量控制制度　根据《水污染防治法》有关规定，省级以上人民政府对实现水污染物达标排放仍不能达到国家规定的水环境质量标准的水体，可以实施重点污染物排放的总量控制制度，并对有排污量削减任务的企业实施重点污染物排放量的核定制度。实施重点污染物排放总量控制，就是为了控制排放水域的污染物总量不超过水域的环境容量。实施重点污染物排放总量控制，一是要合理分配削减指标，核定重点污染源的允许排放量，并实行排污许可证制度；二是优化排污口负荷分布，合理调整水域的纳污负荷；三是结合区域实际情况，采取有效措施，逐步削减污染物排放总量，改善区域水环境质量。

（5）加大水污染治理力度　对工业企业的污染治理，应考虑"预防为主、防治结合、综合治理"原则，要突出清洁生产工艺，减少生产废水排放，对末端排放废水要优选治理技术，确保污染物稳定达标排放。对于生活污水，要提高城市生活污水处理率。城市在新建供水设施的同时，要规划建设相应的污水处理设施；缺水地区在规划建设城市污水处理设施时，还要同时安排污水回用设施的建设。加强对城市污水处理设施运营的监督管理。对农业面源污染，应合理规划农业用地，加强农田管理。可因地制宜地采取农田基本建设及坡耕地改造，防止水土流失。或利用田间渠道、坑、塘等改造成土地利用系统，进行农田污染控制。合理使用化肥，适当增加有机肥使用比例，提高肥料利用率。优化水肥结构，施行节水灌溉，以减少面源营养的损失；大力发展生态农业，推广平衡施肥，秸秆还田、病虫害综合防治、无公害生产等技术，鼓励发展有机肥产业及有机食品、保健食品和无公害农业产品。

4.6.2 水污染防治规划实施保障

（1）建立资源共享制度　水资源保护和水污染防治需要政府各职能部门共同参与，需要全社会的共同努力。水域保护特别是流域管理，需要地方政府统筹规划，制订相应的流域管理办法。政府各职能部门如环保、城建、水利、林业、农业、国土等机构应加强合作，建立基础数据共享制度，实现部门间的工作协调衔接，为水资源保护和水污染防治工作奠定良好的基础。部门衔接主要包括水环境功能分区与水资源分区的衔接、城镇污水处理厂设计与水污染物总量控制目标的衔接、林地分布、农业种植结构与农业面源污染控制的衔接，相关部门的规划、计划衔接等。

（2）完善水域水质监测系统　主要包括规划区域内监测能力建设、重点水域（城镇集中式饮用水源地、跨界断面等）水质监测断面优化布点、重点工业污染源在线监测以及规划实施的水质和总量控制技术评估方案及规范。完善水域水质监测系统，可及时准确掌握水域水质变化状况，为规划实施提供支撑平台。

（3）完善水域环境管理信息系统　加强规划区域内的环境监督管理，加大执法力度。逐步完善排污许可证制度，建立环境风险与安全评估制度及水污染预警制度等。逐步完善水域环境管理信息系统，为水域水环境评价、水污染变化趋势预测、流域社会和经济可持续发展评价等，提供信息支持。

（4）建立信息公开及公众参与制度　规划批准后，应定期将规划实施情况、水质变化状况、重点污染源治理状况、新建项目执行环保情况向社会公告。从规划编制到规划实施全过程，应邀请公众参与，收集公众的意见和建议（公众参与的对象应包括各级政府及相关的政府部门、非政府组织机构、企业和人民群众）同时建立公众参与的信息反馈制度，充分发挥公众的监督作用。

（5）推进水污染防治的市场化运作　只有将市场机制引入水污染防治领域，才有可能使水环境保护工作摆脱资金瓶颈，步入良性循环的轨道。大力推进水污染防治市场化运作，提倡治污集约化、产权多元化、运营服务市场化。出台水污染防治的经济技术政策，吸收民间资本投资建设水污染治理设施，集中全社会力量共同做好水污染防治工作。

（6）落实目标管理责任制度　在规划中应明确提出水污染物总量控制方案，确保规划目标按期完成，应提供的相应政策保障、法律保障措施，明确资金投入渠道，并逐步加以落实。规划目标确定后，要实施好规划项目，完成规划目标，落实目标责任制。规划中应明确政府各部门、工业企业的具体责任，签订目标责任状，建立责任追究制度，确保规划的顺利实施。

复习思考题

1. 如何进行水环境污染的预测及水质的预测？
2. 水环境功能区是如何划分的？应遵循什么原则？
3. 简述水环境容量及其基本特征。
4. 如何计算水环境容量？
5. 如何保障水污染防治规划的实施？

5

第 5 章
固体废物污染防治规划

随着工业社会的到来，工业化和城市化进程加快，资源消耗量不断增加，人口向城市不断集中，工业固体废物和城市生活垃圾也急剧地增加。许多城市垃圾围城，不仅影响居民的生活环境，也阻碍了城市的发展。一些工业固体废物未经处理直接排放，也严重污染了周围的环境。固体废物的污染，特别是危险废物的污染，已成为全球性环境问题。因此，面临资源危机和环境不断恶化的巨大压力，开展固体废物综合开发利用研究，变废物为资源；防治固体废物污染，搞好固体废物污染防治规划，对于减轻固体废物对周围环境和人体健康的影响和危害起着重要的作用。本章先介绍固体废物的基础知识，然后阐述固体废物污染防治规划的内容、技术路线和技术方法。

5.1 概述

5.1.1 固体废物的分类

固体废物是指在生产、生活和其他活动中产生的丧失原有利用价值或者虽未丧失利用价值但被抛弃或者放弃的固态、半固态和置于容器中的气态的物品、物质以及法律、行政法规规定纳入固体废物管理的物品、物质。

固体废物分类方法很多，我国从固体废物的管理需要出发，按固体废物来源进行分类。一般将固体废物分为三类，即工业固体废物、生活垃圾和危险废物。

(1) 工业固体废物　工业固体废物是指在工业生产活动中产生的固体废物。工业固体废物来源于各工业部门生产和加工过程及流通中产生的粉尘、碎屑、污泥等。主要行业包括冶金、化工、煤炭、电力、交通、轻工、石油、机械加工等。

(2) 生活垃圾　生活垃圾是指在日常生活中或者为日常生活提供服务的活动中产生的固体废物及法律、行政法规规定视为生活垃圾的固体废物。生活垃圾包括家庭垃圾、食品垃圾、商业垃圾、建筑垃圾、办公垃圾等。生活垃圾主要特点是成分复杂、有机物含量高。影响生活垃圾成分的主要因素有居民生活水平、生活习惯、季节、气候等。

(3) 危险废物　危险废物是指列入国家危险废物名录或者根据国家规定的危险废物鉴别标准和鉴别方法认定的具有危险特性的固体废物。危险废物具有毒性、易燃性、易爆性、腐蚀性、反应性、浸出毒性和感染性等危险特性，若处理处置不当，会对人体健康和周围环境造成危害。

鉴别危险废物一般采用列表法。美国按来源对危险废物进行列表，包含了上千种急性有毒物质和一般毒性物质，规定了试验鉴别的方法和标准。欧共体早在 1978 年的 78/319/EEC 文件中列出了必须控制的有毒及有害物质清单。

我国于 1998 年 7 月 1 日正式实施《国家危险废物名录》，我国危险废物共分为 47 类。同时国家制定了《危险废物鉴别标准》。国家规定，凡《国家危险废物名录》所列废物类别高于鉴别标准的属危险废物，列入国家危险废物管理范围；低于鉴别标准的不列入国家危险废物管理范围。

5.1.2　固体废物防治的现状及问题

随着我国工业化、城市化的发展以及人民生活水平的提高，固体废物污染防治工作面临着许多新的情况和问题，固体废物环境污染控制问题已成为环境保护领域的突出问题之一。一是固体废物产生量持续增长，工业固体废物每年增长 7%，城市生活垃圾每年增长 4%；二是固体废物处置能力明显不足，导致工业固体废物和许多危险废物长年堆积，垃圾围城的状况十分严重；三是固体废物处置标准不高，管理不严，不少工业固体废弃物仅仅做到简单堆放，城市生活垃圾无害化处置率仅达到 20% 左右；四是农村固体废物污染问题日益突出，畜禽养殖业污染严重，大多数农村生活垃圾没有得到妥善处置；五是废弃电器产品等新型废物不断增长，造成新的污染。

我国固体废物管理和污染防治工作起步较晚，存在着管理法规不健全，资金投入不足，缺乏成套的处理处置技术以及管理和技术人才缺乏等问题。在现有处理处置技术中，技术水平普遍偏低，远远不能满足固体废物控制的需要。为控制固体废物的污染，我国也逐步加大了对固体废物污染防治的管理力度，1995 年颁布实施了《固体废物污染环境防治法》。该法的实施对推动我国固体废物污染防治工作发挥了积极作用。针对我国固体废物污染防治过程中出现的新情况和新问题，2004 年 12 月 29 日通过了《固体废物污染环境防治法》修订案。自 2005 年 4 月 1 日起正式实施。这样将固体废物污染防治工作纳入了法制化管理的轨道。目前，在我国相继建设和投产了一些生活垃圾处理处置设施、医疗废物处理厂、危险废物（如多氯联苯 PCBs）处置厂等，为今后固体废物的污染防治管理和处理处置技术的发展奠定了一定的基础。

5.1.3　固体废物的环境影响

固体废物对环境的污染主要表现在对水体、大气、土壤、占用土地以及生态破坏等方面。

（1）占用土地　固体废物的堆积占用大量土地。累积存放量越多，占用土地面积越大。据统计，美国有 15000 个垃圾处理场，固体废物占用土地达 200 万 hm^2，英国占用土地面积 60 万 hm^2，波兰 50 万 hm^2。在我国，累积堆存的工业固体废物达 60 多亿 t，占地 5.5 亿 m^2。随着生产的发展和消费的不断增长，固体废物占地的矛盾将日益突出。即使是填埋处置，如处理、处置不当，废物中的有害物质还会通过不同途径进入环境，不仅对周围的自然环境造成影响，还会对生态环境及人类产生危害。

（2）污染水体环境　固体废物随天然降水或地表径流进入河流、湖泊，固体废物中细颗粒物质随风飘扬落入河流、湖泊会污染地表水；固体废物中的渗滤液处置不当会渗透到土壤中，进入地下水，污染地下水；固体废物直接排入河流、湖泊或海洋，更是直接影响水环境质量。

（3）污染大气环境　固体废物中的细微颗粒、粉尘等随风飘扬，四处扩散，会影响大气能见度和大气环境质量；在垃圾堆放场，由于固体废物中的一些有机物质会进行生物分解，产生不同程度的有害气体和恶臭，会影响周围大气环境质量；此外，固体废物在运输和处理过程中，也能产生有害气体和粉尘。

（4）污染土壤环境　固体废物及其浸出污泥和渗滤液中所含有害物质会改变土壤的性质和土壤结构，并对土壤中微生物的活动造成影响。这些有害物质的存在不仅妨碍植物根系的发育和生长，而且还会在植物有机体内成倍累积，通过食物链危害人体健康。工业固体废物，特别是危险废物，经过风化、雨水浸淋、地表径流的侵蚀，会产生化学反应，能杀灭土壤中的微生物，使土壤丧失腐解能力，导致草木不生，严重影响周围的土壤环境和生态环境。

5.1.4　规划编制思路

1. 指导思想

固体废物污染环境防治的基本指导思想为"三化"原则，即资源化、减量化和无害化。

资源化是指通过对废物中有用的成分进行回收、加工、再利用等，使废物直接变为产品或转化为能源及变为二次原料，如垃圾焚烧发电、废纸回用做纸浆。资源化实际上是对固体废物进行综合利用的过程。

减量化是指对已经产生的固体废物通过处理减少其体积或质量的过程。如固体废物的焚烧、压实、破碎等。

无害化是指对已经产生，但在现有技术经济条件下暂时无法进行综合利用的固体废物通过处理降低或消除其危害特征的过程。如固体废物的焚烧、中和、固化/稳定化等。

2. 固体废物规划与管理方法

目前，国内外固体废物规划与管理方法主要是避免产生（Clean）、综合利用（Cycle）、妥善处置（Control）的"3C原则"。避免产生是指对产业活动的产生源优先控制，即各种产业活动遵循清洁生产的原则，采用先进的清洁生产工艺，通过使用对环境友好的原材料，改革生产工艺和更换产品等，避免或减少固体废物的产生。综合利用是指建立完善的资源化体系，对固体废物中的有用成分进行再利用，包括产业系统内的回收利用、系统外的回收和利用（如废物交换等）。妥善处置是指在现在技术经济条件下暂无法综合利用的固体废物对其安全地进行最终处置，包括减容减量处理、无害化（稳定化）处理等。这样，固体废物从产生源头到最终处置，可实行全过程管理，可最大程度地减少固体废物对环境的影响。

3. 规划的技术路线

采取"目标—指标—项目—投资"四位一体的编制技术路线。

环境目标是环境规划的核心，是经济与环境协调发展的综合体现。环境目标要充分考虑国情和发展阶段，与经济发展的战略部署相协调，与现实的环境状况和综合国力相适应，实事求是，合理确定规划环境目标。不同行业固体废物污染得到全面控制，固体废物综合利用率、处理、处置能力逐步提高等在规划目标中应得到体现。

固体废物规划指标主要有污染防治指标和环境管理能力指标。规划指标要有可操作性，便于统计和考核，经过努力可以完成。污染防治指标有：固体废物综合利用率，危险废物处理、处置量、处置率等。环境管理能力体系是指健全固体废物污染排放、分析方法、环境标准体系，环境应急响应系统，重点污染源企业报告制度等。

项目是指为满足规划指标要求提出的城市垃圾无害化处理设施建设，工业固体废物综合利用、妥善处理、处置设施建设危险废物、医疗废物处置设施建设，加强环境管理能力建设等规划方案。

投资是指实施固体废物污染防治规划方案和项目所需要的环境保护投资估算。必要的经费是实现规划目标的重要保证，实施规划所需的费用及其来源，是规划的重要内容，也是规划可行性的重要依据。

5.2　现状调查与评价

做好固体废物现状调查，摸清规划区域内的固体废物底数，是编制固体废物污染防治规划的基础。只有全面地掌握固体废物的现状和存在的问题，才能制定出符合客观情况的污染防治规划。

5.2.1　固体废物现状调查

（1）环境背景资料　主要收集、调查规划区域内相关的环境质量、水文、气象、地形地貌等基础资料。

（2）社会经济状况调查　收集、调查区域内人口、经济结构、产业结构与布局、土地利用、居民收入与消费水平、交通以及社会与经济发展规划、城市或区域总体发展规划等。

（3）环境规划资料　主要指先前的环境规划、计划及其基础资料。

（4）固体废物来源、数量调查分析　调查和收集固体废物的来源、各种固体废物的产生数量，并对固体废物特征进行分析。

（5）固体废物处理处置情况调查　包括以下内容：

1）生活垃圾处理处置情况调查。调查生活垃圾分类收集方式、现有的垃圾回收站点、垃圾清运站数量、垃圾转运点的分布、垃圾搬运方式和贮存管理方式及垃圾运输方式；生活垃圾现有回收利用方式、回收利用率；现有生活垃圾处理设施，包括地理位置、处理或处置类型（如填埋、焚烧、堆肥等）、设计处理能力、实际处理量、设施运营机构及管理水平、设施正常运行状况等。

2）工业固体废物处理处置情况。对工业固体废物，除调查其来源、产生量外，还应调查其处理量、处置率、堆存量、累计占地面积、占耕地面积、综合利用量、综合利用率、产生利用量、产值、利润、非产品利用量、工业固体废物集中处理场数、能力、处理量等。

3）危险废物处理处置情况。调查危险废物种类、产生量、处置量、处置率、贮存量、贮存位置、利用量、利用率、危险废物集中处置设施、场所、处置能力。

5.2.2　调查范围、对象与评价技术方法

调查范围与对象是：规划的区域范围即为调查范围。同时如相邻区域有固体废物流入，应考虑外来固体废物流入对规划区域的影响。调查时，一般按各行政辖区或地理单元划分。调查对象是：对生活垃圾，重点调查居民垃圾、街道保洁垃圾和集团垃圾；对工业固体废物，一般以重点污染的大中型企业为重点对象；对危险废物，所有产生危险废物的单位均应

列入调查对象。

评价可采用排序法进行统计和分析。排序法是指按对固体废物排放总量进行排序，确定主要污染物和主要污染源，结合污染物排放特征，找出存在的主要环境问题。同时为制定固体废物污染防治规划提供依据。

5.3　固体废物的预测分析

1. 生活垃圾产生量预测

生活垃圾产生量预测可采用人均产污系数预测法和回归分析法。

1）人均产污系数预测法，按下式计算

$$SSc(t) = \alpha(t)P(t) \tag{5-1}$$

式中　$SSc(t)$——预测年生活垃圾及产生量；

$\alpha(t)$——人均垃圾排放系数，$\alpha(t)$值一般根据统计资料确定；

$P(t)$——预测年人口总数。

2）生活垃圾也可应用数学回归模型进行预测，统计近 5～10 年的人口与垃圾产生量，建立回归模型

$$y = a + bx \tag{5-2}$$

式中　x——统计人口数量；

y——统计垃圾产生量。

这样，即可建立起人口与垃圾产生量的相关关系。

2. 工业固体废物产生量预测

工业固体废物主要包括矿渣、粉煤灰、炉渣、煤矸石、化工渣、尾矿等。工业固体废物产生量一般用万元产值排污系数法，其中炉渣、粉煤灰利用能源消耗系数计算，煤矸石产生量利用万吨原煤产矸石系数计算。在预测中，对工业固体废物处理、处置量、综合利用量也应进行分析。

1）工业固体废物产生量按下式计算

$$SW_i(t) = \beta(t)X(t) \tag{5-3}$$

式中　$SW_i(t)$——预测年工业固体废物产生量；

$\beta(t)$——不同工业部门污染物产生系数或排放因子；

$X(t)$——产值、能源消耗量或能源产生量。

2）工业固体废物处理、处置量按下式计算

$$SW_{id}(t) = \beta_1(t)SW_i(t) \tag{5-4}$$

式中　$SW_{id}(t)$——污染物处理处置量；

$\beta_1(t)$——污染物处理处置率。

3）工业固体废物综合利用率按下式计算

$$SW_{ir}(t) = \beta_2(t)SW_i(t) \tag{5-5}$$

式中　$SW_{ir}(t)$——污染物综合利用量；

$\beta_2(t)$——污染物综合利用率。

4）工业固体废物排放量按下式计算

$$SW_d(t) = SW_i(t) - SW_{id}(t) - SW_{ir}(t) \tag{5-6}$$

式中　$SW_d(t)$——污染物排放量。

若考虑技术进步因素可采用的预测模型为：

$$ISW_i = ISW_0(1-k)^{\Delta t}E_i \tag{5-7}$$

式中　ISW_i——预测年工业固体废物排放量；

ISW_0——基准年工业固体废物排放量；

k——工业固体废物递减率（%）；

E_i——预测年工业总产值；

Δt——基准年至预测年的时段。

3. 危险废物产量预测

危险废物预测常用的方法包括应用数理统计建立线性或非线性回归方程，或采用单位产品产生危险废物系数或万元产值系数进行预测等，按下式计算

$$DW(t) = \gamma(t)\omega(t) \tag{5-8}$$

式中　$DW(t)$——预测年危险废物产生量；

$\gamma(t)$——单位产品或万元产值排污系数；

$\omega(t)$——预测年产品产量或产值。

5.4　固体废物污染控制规划目标

1. 确定规划目标

制定恰当的环境目标是制定环境规划的关键。环境规划的目的就是为了实现预定的环境目标。根据总量控制原则，结合规划区域特点及经济、技术支撑能力，确定有关综合利用和处理、处置的数量与程度的总体目标。在此基础上根据不同行业、不同类型固体废物的预测量与环境规划总体目标的差距，明确固体废物的削减数量和程度，并落实到各部门、各行业的固体废物污染防治控制目标方案之中。

固体废物污染防治规划目标总体上要体现资源化、减量化和无害化的"3C"基本原则。

2. 规划指标

固体废物污染物防治规划指标主要是考虑以下指标内容：①工业固体废物：处置率、综合利用率；②生活垃圾：城镇生活垃圾分类收集率、无害化处理率、资源化利用率；③危险废物：安全处置率；④废旧电子电器：收集率、资源化利用率。

5.5　固体废物污染防治规划方案

5.5.1　生活垃圾污染防治规划方案

1. 建立生活垃圾分类收集方案

分类收集是指根据废物的种类和组成分别进行收集的方式，它是实现生活垃圾减量化、资源化、无害化目标的有效途径。分类收集是从垃圾产生的源头开始，分类收集后，同一类垃圾成分比较单一，性质相近，易于处理和综合利用。实行生活垃圾分类收集，可降低废物

处理成本，提高生活垃圾中有用物质的回收利用率，降低后续处理处置成本。生活垃圾中的可以再利用物质实际上是一种资源，在发达国家，生活垃圾再利用的比例高达45%～60%。

如果实现垃圾分类收集和废弃物的回收利用，垃圾量可以削减30%～50%，减少生活垃圾的产生量就意味着减少了从资源开采、生产加工到消费、最终处置等各环节能源、人力、物质等资源的消耗。同时，还可减少垃圾的产生量就意味着减少垃圾收集、运输、贮存和处理、处置成本。

生活垃圾分类收集，也是法律赋予政府的责任。《中华人民共和国固体废物污染环境防治法》第42条规定，对城市生活垃圾应当及时清运，逐步做到分类收集和运输，并积极开展合理利用和实施无害化处置。因此，建立生活垃圾分类收集制度，将生活垃圾中有用的物质如废玻璃、废金属、废纸、废旧电池、废塑料、废橡胶、废家电制品等分门别类的进行收集，通过回收利用变"废"为"宝"。这将是我国生活垃圾污染环境防治中应优先考虑的制度。

生活垃圾分类收集后，应送到相关收购网点。为了促进生活垃圾回收利用的工作，应统筹规划，合理安排收购网点，逐步建立和完善生活垃圾污染防治的社会化服务体系。

2. 生活垃圾无害化处理方案

（1）建设原则　根据工业发达国家的经验，要有效地控制生活垃圾的污染，必须建立具有一定规模的处理处置设施，即对生活垃圾实行区域性集中管理和处理处置。由于生活垃圾成分复杂，其物理、化学性质各异，会涉及到各种处理处置技术方案。因此，必须充分了解废物特性，研究相应的单元处理技术，并进行优化组合，这样才能形成一套综合处理处置体系。

（2）选址要求　城市垃圾处理处置场地选择，总体原则是安全和经济合理。城市垃圾处理处置设施的选址是一个复杂问题，既有收集路径与处置选址的运输成本问题，还有地域环境可行性问题。在选择场址时，应考虑城市建设发展规划、当地环境保护规划、经济发展情况、土地资源、环境保护条件、地质环境条件等因素。

1）选址与规划相容性。垃圾处理处置场地的选择应符合城市建设总体规划和环境保护规划要求，与土地利用政策不相冲突。

2）环境保护条件。在建场前，要做好垃圾处理处置场建设的环境影响评价工作。对可能引起的污染水环境、臭味影响周围的居民、渗滤液污染地下水或地表水等问题，提出切实可行的环境保护对策和措施，尽可能地减小处置场的建设对周围环境的影响。

3）处置场与城市的距离。垃圾填埋场选址原则上应远离大、中城市。垃圾填埋场的建设会污染大气、地下水、地表水及土壤，从而威胁城市居民的健康，因此，垃圾填埋场应远离城市。但离城市愈远，交通运输成本亦会愈大。

4）交通运输条件。交通运输便利的地方运输成本低。一般要求场址距离公路、铁路不超过500m。

5）地质环境条件。场址应选择在渗透性弱的松散岩层或坚硬岩层的基础上，天然地层的渗透性系数最好小于10^{-8}m/s以下，并具有一定厚度；地下水位要有一定埋深，场底离地下水位应有一定距离（>1.5m）；场地地质稳定性要好；隔水层粘土厚度越大越好；不能在低洼湿地、河畔等地方建设。

（3）处理处置技术选择　城市生活垃圾的成分复杂，要资源化利用，必须先进行分类收集，回收可再生的物质。在我国，常见的城市生活垃圾的处理技术包括卫生填埋法、堆肥处理法和焚烧处理法等。

1）卫生填埋法。卫生填埋法处理成本低，工艺较简单，运行维护费用低，目前被广泛采用。卫生填埋是世界范围内城市生活垃圾的最常见的处理技术。垃圾填埋也存在不少不足之处。填埋要占用大量的土地，在垃圾堆放和填埋过程中，雨水浸淋会产生大量渗滤液，污染地表水和地下水。垃圾填埋后由于内部会发生生物降解等各种化学反应过程，会产生一些有毒有害气体，污染大气环境，威胁周围居民的身体健康；垃圾填埋场终止利用后，一般要考虑恢复措施，对填埋场表面进行复田处理和植被的重建。研究表明，终止的填埋场植被覆盖率普遍较低，有时还会出现沉降现象。填埋场关闭后，其渗滤液的产生常常持续多年，由于渗滤液的数量及其成分的不稳定性，使得常规的物理、化学或生物方法难以对其进行有效的处理。垃圾渗滤液是地下水和地表水潜在的污染源。

2）焚烧处理法。焚烧是实现生活垃圾减量化、无害化和资源化的最有效方法之一。通过建设城市垃圾处理厂进行资源化利用，其主要技术方案是焚烧发电供热。焚烧技术是利用焚烧炉使垃圾经过高温分解和深度氧化的综合处理过程，达到大量削减固体废物量，并将垃圾焚烧产生的热量进行回收利用的垃圾处理技术。垃圾焚烧处理减量化程度大，可以使废物减量 80% 以上；无害化效果好，可彻底消除有害细菌和病毒，破坏有毒有害有机物；回收热能，垃圾焚烧产生的热能可以回收利用，作为区域能源；同时焚烧厂无需远离城区，有利于降低运输成本。但焚烧处理法建设投资大，运行成本高，技术复杂，设计要求高，烟道气含有毒有害气体时污染控制技术难度大。

3）堆肥处理法。堆肥法也是一种生活垃圾资源化利用的方法。堆肥技术是利用自然界广泛分布的细菌、放线菌、真菌等微生物，在一定的人工条件下，有控制地促进可被降解的有机物向稳定的腐殖质转化的生物化学过程，其实质是一种发酵过程。堆肥法可将垃圾中的有机物转化为有用的土壤改良剂，不仅为有效地解决城市生活垃圾提供了一条出路，而且也为农业生产提供了适用的腐殖土。利用生物技术堆肥处理城市生活垃圾是实现城市垃圾资源化、减量化的一条重要途径。但堆肥处理技术仅适用于垃圾中有机部分，部分堆肥工艺和堆肥物在堆制过程中会产生臭气，影响周围的环境。在目前技术条件下，堆肥存在质量和市场销售问题；堆肥处理后的残渣仍需进一步处理、处置。

4）垃圾处理处置建设方案。在充分掌握生活垃圾现状和处理处置状况的情况下，预测服务对象在规划时段的生活垃圾生产量，结合规划目标和区域内经济社会发展实际水平，提出满足规划指标的垃圾处理规模，选择经济合理，技术上成熟可靠的处理、处置方案。

5.5.2　工业固体废物污染防治规划方案

1. 工业固体废物污染防治的基本原则

工业固体废物污染防治的基本原则首先要强化源头控制管理。一是调整产业结构，取缔资源消耗大、能源消耗高、污染严重、不符合国家产业政策的企业，减少工业固体废物的产生。二是积极推动企业实行清洁生产，通过改进工艺、提高原材料利用效率，使用加强生产环节的环境质量管理，减少废弃物的产生，促进各类废物在企业内部的循环使用和综合利用。三是积极倡导循环经济，在企业内放弃使用对环境有害的物质，用对环境友好的原料来替代，从源头上减少环境污染，控制企业原材料的消耗，提高产品的使用寿命。

其次开展资源循环利用，提高综合利用率。运用自然生态学原理把经济活动组织成一个"资源—产品—再生资源"的物质反复循环流动的过程，把固体废物作为资源和能源来对待，所有资源和能源在这个不断进行的经济循环中得到合理的持久的利用，使得整个经济系统以及生产和消耗的过程基本上不产生或者只产生很少的废弃物，尽量建设一个资源的闭合循环系统。

2. 冶金工业固体废物

（1）高炉渣的综合利用　水渣用于制造建筑材料，可制造矿渣硅酸盐水泥、石灰矿渣水泥、石膏矿渣水泥；矿渣碎石用于公路、机场、地基工程、铁路道渣、混凝土骨料和沥青路面等。

（2）钢渣的综合利用　钢渣用做冶金原料。钢渣经加工处理后，可用作烧结熔剂、高炉熔剂；同时还可回收废钢铁；钢渣还可用做筑路和回填材料；钢渣可作为生产无熟料或少熟料水泥的原料，也可作为水泥掺合料。

（3）赤泥的综合利用　利用赤泥可生产硅酸盐水泥，油井水泥和抗硫酸水泥；利用烧结法赤泥制造炼钢用保护渣；利用赤泥生产流态自硬砂硬化剂，制造硅钙肥料和塑料填充剂。

3. 能源工业固体废物

（1）粉煤灰综合利用　粉煤灰用作建筑材料，是我国利用粉煤灰的主要途径之一。粉煤灰可用于配制粉煤灰水泥、粉煤灰烧结砖与蒸养砖、粉煤灰混凝土、粉煤灰砌块、粉煤灰陶粒等；粉煤灰用作填充土和土建原材料；粉煤灰用作土壤改良剂和农业肥料；粉煤灰用作环保材料，可利用粉煤灰制造人造沸石和分子筛、复合混凝水处理剂，可以制作活性炭或直接作为吸附剂，用于印染、造纸、电镀等行业的废水处理。

（2）锅炉渣综合利用　炉渣一般用作制砖原料，用于筑路或作为屋面保温材料，作硅酸盐制品的骨架等。

4. 矿业固体废物

（1）有色金属矿山尾矿综合利用　对尾矿中的有价金属进行回收；用尾砂回填矿山采空区；利用尾砂生产高附加值的产品，根据尾砂的化学成分、矿物成分及粒度特征，可制造微晶玻璃、玻化砖、美术陶瓷、建筑陶瓷等高附加值产品；用尾砂做微肥，尾砂中含有某些植物所需微量元素时，将尾砂直接加工即可当作微肥使用，或作为土壤改良剂。

（2）煤矸石的综合利用　煤矸石含有一定数量的固定碳和挥发分，当可燃组分较高时，煤矸石可用来代替燃料；可用煤矸石生产煤矸石快硬硅酸盐水泥、煤矸石炉渣水泥、煤矸石无熟料水泥；可利用煤矸石生产空心砌块；煤矸石可作为填充材料。

5. 石化工业固体废物

石化工业固体废物可按照废物的来源、种类和性质，对其加以综合利用。

（1）废酸液　硫酸烷基化废液可用热解法制硫酸；精制润滑油的废酸可用于生产沥青；精对苯二甲酸残液可制取增塑剂。

（2）废碱液　液态烃废碱液可代替烧碱蒸煮麦草，生产漂白纸浆；环氧乙烷、环氧丙烷的皂化液可用作制造氯化钙、氯化钠；生产磺酸盐产生的废碱液可用作水泥预制构件脱模油。

（3）污泥　含油量较高的罐底泥、池底泥等可燃性物质可作为燃料。

（4）废催化剂　废催化剂中通常含有贵重的稀有金属铂、铼、银等，可通过适当的物理、化学、熔炼等加工方式，从中回收稀有金属。

6. 化学工业固体废物

（1）电石渣综合利用　电石渣在建材工业综合利用途径较多，可以代替石灰石作为水泥原料，也可以代替石灰碴酸盐砌块、蒸养粉煤灰砖、灰砂砖的钙质原料等。

（2）磷石膏的综合利用　磷石膏经预处理去除杂质，或经过改性处理可作为水泥缓凝剂；磷石膏可作为石膏建材；磷石膏制硫酸联产水泥，将磷酸装置排出的二水石膏转化为无水石膏，经高温煅烧，分解为 SO_2、CaO、SO_2 被氧化制硫酸，CaO 配以其他熟料可制成水泥。

（3）硫铁矿烧渣的综合利用　硫铁矿烧渣可制硫渣砖；硫铁矿烧渣中含有丰富的铁，利用磁选方法可回收其中的铁；硫铁矿烧渣经过重洗，可将精铁矿含铁量提高到 55% ~ 60%，其产品供炼铁厂使用。

7. 建筑行业固体废物

（1）废混凝土块的再生利用　废混凝土块主要来自于建筑物拆毁和维修，经破碎后可作为天然粗骨料的代用材料制作混凝土，也可作为碎石直接用于地基加固、道路和飞机跑道的垫层及室内地坪垫层等，进一步粉碎后可作为细骨料，用于拌制砌筑砂浆和拌灰砂浆。

（2）废沥青混凝土的再生利用　拆除旧路面和维护路面时会产生大量废沥青混凝土，废沥青混凝土可作为铺筑新沥青混凝土路面的建筑材料加以回收利用。

回收方法主要有冷溶回收和热溶回收。冷溶回收是将粉碎后的废沥青混凝土冷溶铺在下层，再在其上铺设新沥青混凝土路面。热溶回收是将粉碎后的废沥青混凝土作为部分骨料掺入新沥青混凝土中，形成再生沥青混凝土。

工业固体废物经过源头减量和资源循环利用之后，对暂时不能利用的固体废物，经过无害化、减量化处理之后，进行符合环境保护规定要求的最终安全处置。

要处理在目前技术经济条件下，暂时无法开发利用的工业固体废物，规划中应计划最终安全处置中心的建设。安全处置中心的建设要尽可能考虑区域联合建设原则，同时充分考虑地区已初选的固体废物处置设施选点以及各区域产生固体废物污染大户分布状况和应处置固体废物数量。

5.5.3　危险废物污染防治规划方案

（1）建立危险废物申报登记管理体系　产生危险废物单位必须向环境保护行政主管部门申报危险废物的种类、产生量、流向、贮存、处置等有关资料，并制定危险废物管理计划。管理计划中应包括减少危险废物产生量和危害性的措施以及危险废物贮存、利用、处置措施。

（2）实施危险废物经营许可证制度　从事收集、贮存、处置危险废物经营活动的单位，必须向县级以上人民政府环境保护行政主管部门申请领取许可证；从事利用危险废物的经营单位，需向省级以上人民政府环境保护主管部门申请领取经营许可证。许可证制度有助于提高危险废物管理和技术水平，保证危险废物的严格控制，防止危险废物污染环境事故的发生。

（3）实施危险废物转移联单制度　转移危险废物，必须填写危险废物转移联单，并须征得移出地和接受地双方相关环境保护主管部门批准，才能够按有关规定转移危险废物，并追踪和掌握危险废物的流向，保证危险废物的运输安全，防止危险废物的非法转移和非法处置，保证危险废物的安全监控，防止危险废物污染事故的发生。

（4）加强源头控制　产生危险废物的单位，应从源头加强控制，采用清洁生产工艺，尽量减少危险废物的产生量。

（5）危险废物的资源化利用与安全处置

1）在企业内部开发循环利用危险废物的技术工艺，能综合利用的危险废物要在企业内部就地消化。

2）建立区域危险废物交换中心，促进危险废物的循环利用，提高危险废物的循环利用率，尽量减少危险废物的安全处理、处置量。

3）建设危险废物综合利用设施，提高可回收利用的危险废物资源化程度。

4）按区域联合建设原则，建设危险废物焚烧设施和安全填埋场，对不能资源化的危险废物进行无害化安全处置。

5.5.4　医疗废物安全处置规划方案

处理医疗废物的目的：一是医疗废物稳定化，即使医疗废物中有机成分无机化；二是医疗废物安全化，即分解去除医疗废物中有害物质，杀灭细菌、病毒；三是医疗废物减量化。传染性医疗废物处理方法主要有：物理消毒法、化学消毒法、焚烧处理法和填埋法等。

医疗废物的收集运输系统应单独设立，应采用单独的收集运输专业化设备；不同种类的医疗废物，要分类包装；对需要安全处置的医疗废物，如血液制品、传染性的临床废物等应建设专用焚烧设施进行处置，专用焚烧设施应满足《危险废物焚烧污染控制标准》的要求；城市应建设医疗废物集中处置设施，收集处置城市和城市所在区域的医院临床废物。医疗废物的处置应逐步向集中化、专业化过渡。集中化处理有利于减少污染和控制风险，防止医疗废物污染事故的发生。

复习思考题

1. 固体废物的定义是什么？它是如何分类的？
2. 固体废物对环境的影响有哪几方面？
3. 固体废物污染环境防治的基本指导思想是什么？
4. 目前国内外固体废物规划与管理方法的原则是什么？
5. 简述固体废物规划编制的技术路线。
6. 固体废物污染物防治规划指标包括哪些内容？
7. 简述固体废物污染防治规划方案。

第6章
噪声污染防治规划

6

6.1 概述

6.1.1 噪声及其类型

从环境和生理学的观点分析，凡使人厌烦的、不愉快的和不需要的声音统称为噪声。根据噪声声源不同，噪声一般可分为工业噪声、建筑施工噪声、交通噪声和社会生活噪声四种。

工业噪声是指在工业生产活动中使用固定设备时产生的干扰周围生活环境的声音。工业生活中由于机械震动、摩擦撞击及气流扰动等产生的噪声属于工业噪声。例如：化工厂使用的空气压缩机、鼓风机等设备在运转时产生的噪声，是由于空气振动而产生的气流噪声；球磨机、粉碎机等产生的噪声，是由于固体零件机械振动或摩擦撞击产生的机械噪声。

建筑施工噪声是指在建筑施工过程中产生的干扰周围生活环境的声音。建筑施工过程中使用的一些机械设备，如搅拌机、打桩机等在运转时会产生噪声，干扰周围居民的生活和健康。

交通噪声是指机动车辆、铁路机车、机动船舶、航空器等交通运输工具在运行时所产生的干扰周围生活环境的声音。像飞机、火车、汽车等交通运输工具在飞行和行驶中所产生的噪声属于交通噪声。

社会生活噪声是指人为活动所产生的除工业噪声、建筑施工噪声和交通运输噪声之外的干扰周围生活环境的声音。如商业活动中使用高音广播喇叭产生的噪声。

6.1.2 噪声的危害

噪声的危害是多方面的，噪声不仅干扰人们正常的工作和生活，还会给人体健康带来危害。

1) 影响正常生活和工作。噪声影响人们交谈、思考，分散注意力，降低工作效率；噪声影响人们的睡眠质量，令人烦躁不安，反应迟钝，生活质量变差。

2) 损害人的听力。噪声强度愈大、频率愈高、作用时间愈长，危害愈严重。据统计，80~85dB（A）的噪声会造成轻微的听力损伤；85~100dB（A）的噪声会造成一定数量的噪声性耳聋；当噪声超过100dB（A）以上时，会造成相当数量的噪声性耳聋。

3) 影响人的中枢神经系统。噪声作用于人的中枢神经系统，使大脑皮层的兴奋与抑制平衡失调，导致条件反射异常，使脑血管张力遭到损害。时间一久，使人产生头痛、脑胀、耳鸣、失眠、心慌、记忆力衰退和全身疲乏无力等症状。

4）影响人的消化系统和心血管系统。噪声对人的消化系统会产生不良影响，会出现消化不良、食欲不振、恶化呕吐等症状。受噪声影响的人群，高血压和冠心病的发病率比正常情况高出 2~3 倍。

6.1.3　噪声污染防治规划技术路线

在城市声环境质量和噪声污染现状与趋势分析的基础上，结合城市土地利用规划和声环境功能区划，提出噪声污染控制规划目标及实现目标所采取的噪声污染防治方案。同时，还需要提出实施噪声污染防治规划所需费用及其来源。

6.2　城市噪声控制功能区划分

声环境要素是城市居民比较敏感的环境要素，但其污染源影响范围一般较小，区域间相互影响较轻微，划分的区域空间可以相对小一些，可依据城市规划的功能分区要求，结合《城市区域环境噪声标准》（GB3096—1993）的分类方法进行划分，其范围可以参照土地利用规划功能区的范围，落实到相应的网格区划图上。

1. 功能区划分的基本原则

声环境功能区划的目的是确定每个区划内具体的环境目标，划分时应重点考虑以下原则：

1）保障城市居民正常生活、学习和工作场所的安静，提高声环境质量，有效控制噪声污染的程度和范围。

2）以城市总体规划为指导，结合城市土地利用，按区域规划用地的主导功能来确定声环境保护目标，有利于城市环境噪声管理和促进噪声污染治理。

3）有利于城市规划的实施和城市改造，做到功能区划分科学合理，促进环境、经济和社会协调发展。

2. 城市区域环境噪声控制标准

城市区域环境噪声控制标准执行《城市区域环境噪声标准》。该标准将城市划分为五类区域。

Ⅰ类区域，适用于疗养区、高级别墅区、高级宾馆区等特别需要安静的区域，执行 GB3096—1993 的 0 类标准。

Ⅱ类区域，适用于以居住、文教机关为主的区域，执行 GB3096—1993 的 1 类标准。

Ⅲ类区域，适用于居住、商业、工业混杂区，执行 GB3096—1993 的 2 类标准。

Ⅳ类区域，适用于工业区，执行 GB3096—1993 的 3 类标准。

Ⅴ类区域，适用于城市中的道路交通干线道路两侧区域，穿越城区的内河航道两侧区域，执行 GB3096—1993 的 4 类标准。

3. 噪声控制功能区划分程序

1）收集噪声控制功能区划基础资料。

2）划分噪声控制功能区单元。

3）充分利用自然地形作为区域边界，合并多个区域类型相同且相邻的单元。

4）对初步划定的区划方案进行分析、调整。

5）征求相关部门意见，如规划、城建、公安、基层政府等部门。

6）确定噪声控制功能区划方案，绘制噪声控制功能区划图。

7）提交技术文件，包括区划工作报告、区划方案、区划图等，报上级环境保护行政主管部门技术验收。

8）地方环境保护行政主管部门将区划方案报当地人民政府审批，公布实施。

6.3　噪声现状调查与评价

6.3.1　噪声现状调查

噪声现状调查的方法主要有两种，即收集资料法和现场调查法。噪声现状调查时，首先应搜集现有的资料，当这些资料不能满足规划要求时，再进行现场调查和测试。

1. 调查内容

1）收集、调查规划区域内城市总体发展规划、土地利用状况及土地利用规划、交通及社会与经济发展规划。

2）收集已制定的城市环境规划、计划及其基础资料。

3）调查规划区域内环境噪声背景状况、主要产生噪声污染源分布状况。

4）收集、调查规划区域内存在的主要声环境污染问题以及城市居民对噪声污染的投诉情况。

5）收集当地政府有关控制噪声污染的法律法规及政策、措施。

6）调查区域内噪声敏感目标、噪声功能区划分情况。

7）调查受噪声影响人口分布。

2. 环境噪声现状测量

监测布点原则：

1）现状测点布置一般要覆盖整个评价范围，但重点要布置在现有噪声源对敏感区有影响的那些点上。

2）对于包含多个呈现点声源性质的情况，环境噪声现状测量点应布置在声源周围，靠近声源处测量点密度应高于距声源较远处的测点密度。

3）对于呈现线状声源性质的情况，应根据噪声敏感区域分布状况确定若干噪声测量断面，在各个断面上距声源不同距离处布置一组测量点。

3. 测量方法

环境噪声的测量应采用以下国家标准：城市区域环境噪声测量方法（GB/T14623—1993）、机场周围飞机噪声测量方法（GB9661—1988）、工业企业厂界噪声测量方法（GB12349—1990）、建筑施工场噪声测量方法（GB12524—1990）、铁路边界噪声限值及其测量方法（GB12525—1990）、工业企业噪声测量规范（GBJ122—1988）、环境监测技术规范（第三册）：噪声部分（国家环境保护总局）。

4. 测量要求

（1）测量仪器　应使用《声级计电声性能及测试方法》（GB3875—1983）或IEC651《声级计》规定的2型或性能优于2型的声级计及性能相当的其他声学仪器。

（2）测量环境条件　在室外测量时，声级计的传声器应加防风罩；室外测量的气象条件应满足无雨、无雾、风力小于四级（5.5m/s）。

（3）测量量　环境噪声测量量为A声级及等效连续A声级；高声级的突发性噪声测量量为最大A声级及噪声持续时间；机场飞机噪声的测量量为计权等效连续感觉噪声级（WECPNL）。噪声源的测量量有倍频带声压级、总声压级、A声级、线性声级或声功率级、A声功率级等；对较为特殊的噪声源（如排气放空等）应同时测量声级的频率特性和A声级。脉冲噪声应同时测量A声级及脉冲周期。

（4）测量时段　每一测点应进行昼间、夜间的测定；对于噪声起伏大的情况，应适当增加昼间、夜间的测量频次；应在声源正常运转或运行工况的条件下测量。

（5）采样或读数方法　用积分声级计或其他具有相同功能的仪器测量，仪器动态特性用"快"响应，采样间隔不大于1s，每次测量持续时间应根据有关测量方法标准确定。如果采用非积分式声级计，仪器动态特性用"慢"响应，读数间隔可为5s，每次测量数据不少于200个。

（6）记录内容　测量过程中，应记录现场测量的仪器型号、声级数据、有关声源运行情况。

6.3.2　环境噪声现状评价

1. 环境噪声评价量

对于稳态噪声，如常见的工业噪声，一般以A声级为评价量；对于声级起伏较大（非稳态噪声）或间歇性噪声，如公路噪声、铁路噪声、港口噪声、建筑施工噪声等，以等效A声级（Leq、dBA）为评价量；对于机场飞机噪声以计权等效连续感觉噪声级（WECPNL、dB）为评价量。

2. 评价标准

环境噪声的评价标准，应采用以下相关国家标准：城市区域环境噪声标准（GB3096—1993）、机场周围飞机噪声环境标准（GB9660—1988）、铁路边界噪声限值及其测量方法（GB12525—1990）、建筑施工场界噪声限值（GB12523—1990）、工业企业厂界噪声标准（GB12348—1990）。

3. 评价内容

1）规划区域内现有噪声敏感区、保护目标的分布情况、噪声功能区的划分情况等。

2）规划区域内现有噪声种类、数量及相应的噪声级、噪声特性、主要噪声源分析等。

3）规划区域内环境噪声现状，包括：①多功能区噪声级、超标状况及主要噪声源；②工业企业厂界噪声级、超标状况及主要噪声源；③交通噪声噪声级、超标状况及主要噪声源；④铁路边界噪声噪声级、超标状况及主要噪声源；⑤飞机噪声噪声级、超标状况等；⑥受多种噪声影响的人口分布状况。

6.4　噪声污染预测

6.4.1　交通噪声预测

1. 公路交通噪声预测模式

可用美国联邦公路管理局（FHWA）公路噪声预测模式来预测公路交通噪声。将公路上

汽车流按照车种分类（如大、中、小型车），先求出某一类车辆的小时等效声级

$$Leq(h)_i = (\bar{L}_0)_{Ei} + 10\lg\left(\frac{N_i\pi D_0}{S_i T}\right) + 10\lg\left(\frac{D_0}{D}\right)^{1+a} + 10\lg\left[\frac{\Phi_a\Psi_1,\Psi_2}{\pi}\right] + \Delta S - 30 \tag{6-1}$$

$$\Phi(\Psi_1,\Psi_2) = \int_{\Psi_1}^{\Psi_2}(\cos\Psi)^a\mathrm{d}\Psi \qquad -\frac{\pi}{2} \leqslant \Psi \leqslant \frac{\pi}{2} \tag{6-2}$$

式中　$Leq(h)_i$——第 i 类车的小时等效声级（dB（A））；

$(\bar{L}_0)_{Ei}$——第 i 类车的参考能量平均辐射声级（dB（A））；

N_i——在指定时间 T（1h）内通过某预测点的第 i 类车流量；

D_0——测量车辆辐射声级的参考位置距离，$D_0 = 15\mathrm{m}$；

D——从车道中心到预测点的垂直距离（m）；

S_i——第 i 类车的平均车速（km/h）；

T——计算等效声级的时间（1h）；

a——地面覆盖系数，取决于现场地面条件，$a = 0$ 或 $a = 0.5$；

Φ_a——代表有限长路段的修正函数，其中 Ψ_1、Ψ_2 为预测点到有限长路段两端的张角（rad）；

ΔS——由遮挡物引起的衰减量（dB（A））。

混合车流模式的等效声级是将各类车流等效声级叠加求得。如果将车流分成大、中、小三类车，那么总车流等效声级为

$$Leq(T) = 10\lg\left[10^{0.1Leq(h)_1} + 10^{0.1Leq(h)_2} + 10^{0.1Leq(h)_3}\right] \tag{6-3}$$

2. 铁路噪声预测模式

把铁路各类声源简化为点声源和线声源，分别进行计算。

对于点声源　　　$L_p = L_{p0} - 20\lg(r/r_0) - \Delta L$ $\tag{6-4}$

式中　L_p——测点的声级（可以是倍频带声压级或 A 声级）；

L_{p0}——参考位置 r_0 处的声级（可以是倍频带声压级或 A 声级）；

r——预测点与点声源之间的距离（m）；

r_0——测量参考声级处与点声源之间的距离（m）；

ΔL——各种衰减量，包括空气吸收、声屏障或遮挡物、地面效应等引起的衰减量。

对于线声源　　　$L_p = L_{p0} - 10\lg(r/r_0) - \Delta L$ $\tag{6-5}$

式中　L_p——线声源在预测点产生的声级（倍频带声压级或 A 声级）；

L_{p0}——线声源参考位置 r_0 处的声级；

r——预测点与线声源之间的垂直距离（m）；

r_0——测量参考声级处与线声源之间的垂直距离（m）；

ΔL——各种衰减量，包括空气吸收、声屏障或遮挡物、地面效应等引起的衰减量。

总的等效声级为　　　$Leq(T) = 10\lg\left[\frac{1}{T}\sum_{i=1}^n t_i 10^{0.1L_{pi}}\right]$ $\tag{6-6}$

式中　t_i——第 i 个声源在预测点的作用时间（在 T 时间内）；

L_{pi}——第 i 个声源在预测点产生的 A 声级；

T——计算等效声级的时间。

3. 机场飞机噪声预测模式

机场飞机噪声预测根据下列基本步骤进行：

（1）计算斜距　以飞机起飞或降落点为原点，跑道中心线为 x 轴、垂直地面为 z 轴、垂直于跑道中心线为 y 轴建立坐标系。设预测点的坐标为 (x, y, z)，飞机起飞、爬升、降落时与地面所成角度为 θ，则飞机与预测点之间的斜距为

$$R = \sqrt{y^2 + (x\tan\theta\cos\theta)^2} \tag{6-7}$$

如果可以查得离起飞或降落点不同位置飞机距地面的高度 H，斜距为

$$R = \sqrt{y^2 + (H\cos\theta)^2} \tag{6-8}$$

（2）查出各次飞机飞行的有效感觉噪声级数据　根据飞机机型、起飞或降落、斜距可以查出飞机飞过预测点时在预测点产生的有效感觉噪声级 $EPNL$。

（3）按下式计算平均有效感觉噪声级 $\overline{EPNL}$

$$\overline{EPNL} = 10\lg\left[\left(\frac{1}{N_1 + N_2 + N_3}\right)\left(\sum_{i=1}^{N} 10^{0.1EPNL}\right)\right] \tag{6-9}$$

式中　N_1、N_2、N_3——白天（07：00～19：00）、晚上（19：00～22：00）和夜间（22：00～07：00）通过该点的飞行次数，$N = N_1 + N_2 + N_3$。

计权等效连续感觉噪声级为

$$WECPN = \overline{EPNL} + 10\lg(N_1 + 3N_2 + 10N_3) - 40 \tag{6-10}$$

6.4.2　工业噪声预测模式

工业噪声源有室外和室内两种声源，应分别计算。一般来讲，进行环境噪声预测时所使用的工业噪声源都可按点声源处理。

1. 室外声源

1）按下式计算某个声源在预测点的倍频带声压级，

$$L_{oct}(r) = L_{oct}(r_0) - 20\lg(r/r_0) - \Delta L_{oct} \tag{6-11}$$

式中　$L_{oct}(r)$——点声源在预测点产生的倍频带声压级；

$L_{oct}(r_0)$——参考位置 r_0 处的倍频带声压级；

r——预测点距声源的距离（m）；

r_0——参考位置距声源的距离（m）；

ΔL_{oct}——各种因素引起的衰减量（包括声屏障、遮挡物、空气吸收、地面效应引起的衰减量）。

如果已知声源的倍频带声功率级 $L_{w,oct}$，且声源可看作是位于地面上的，则

$$L_{oct}(r_0) = L_{w,oct} - 20\lg r_0 - 8 \tag{6-12}$$

2）由各倍频带声压级合成计算出该声源产生的 A 声级 L_A。

2. 室内声源

1）按下式计算室内靠近围护结构处的倍频带声压级

$$L_{oct,1} = L_{w,oct} + 10\lg\left(\frac{Q}{4\pi r_1^2} + \frac{4}{R}\right) \tag{6-13}$$

式中　$L_{oct,1}$——某个室内声源在靠近围护结构处产生的倍频带声压级；

$L_{\text{w,oct}}$——某个声源的倍频带声功率级；

r_1——室内某个声源与靠近围护结构处的距离；

R——房间常数；

Q——方向性因子。

2）按下式计算出所有室内声源在靠近围护结构处产生的总倍频带声压级

$$L_{\text{oct,1}}(T) = 10\lg\left[\sum_{i=1}^{N} 10^{0.1L_{\text{oct,1}(i)}}\right] \tag{6-14}$$

3）按下式计算出室外靠近围护结构处的声压级

$$L_{\text{oct,2}}(T) = L_{\text{oct,1}}(T) - (TL_{\text{oct}} + 6) \tag{6-15}$$

4）将室外声级 $L_{\text{oct,2}}(T)$ 和透声面积换算成等效的室外声源，按下式计算出等效声源第 i 个倍频带的声功率级 $L_{\text{w,oct}}$

$$L_{\text{w,oct}} = L_{\text{oct,2}}(T) + 10\lg S \tag{6-16}$$

式中　S——透声源面（m^2）。

5）等效室外声源的位置为围护结构的位置，其倍频带声功率级为 $L_{\text{w,oct}}$，由此按室外声源方法计算等效室外声源在预测点产生的声级。

3. 计算总声压级

设第 i 个室外声源在预测点产生的 A 声级为 $L_{\text{A in},i}$；在 T 时间内该声源工作时间为 $t_{\text{in},i}$；第 j 个室外声源在预测点产生的 A 声级为 $L_{\text{A out},j}$，在 T 时间内该声源工作时间为 $t_{\text{out},j}$，则预测点的总等效声级为

$$Leq(T) = 10\lg\left(\frac{1}{T}\right)\left(\sum_{i=1}^{N} t_{\text{in},i} 10^{0.1L_{\text{Ain},i}} + \sum_{j=1}^{M} t_{\text{out},j} 10^{0.1L_{\text{Aout},j}}\right) \tag{6-17}$$

式中　T——计算等效声级的时间；

N——室外声源个数；

M——等效室外声源个数。

6.5　噪声污染控制规划目标

噪声污染控制规划总体目标就是要为城市居民提供一个安静的生活、学习和工作环境。根据环境噪声污染现状和噪声污染预测情况，结合各噪声污染控制功能区的基本要求，确定规划区域内噪声控制目标。噪声污染控制规划指标应主要考虑：

1）环境噪声达标率，对各功能区环境噪声有规划水平年达标率提出具体指标要求。

2）交通噪声达标率，对各交通干线噪声在规划水平年达标率提出具体指标要求。

3）厂界噪声达标率。

4）建筑施工噪声达标率。

6.6　噪声污染控制方案

6.6.1　交通噪声污染控制方案

（1）设置声屏障　声屏障可分为吸声式和反射式两种。吸声式主要采用多孔吸声材料来降低噪声，反射式主要是对噪声声波的传播进行反射，降低保护区域噪声。采用声屏障可节约土地，降噪效果比较明显。采用可拼装式结构，易于拆换，适于道路两侧敏感建筑物较多，环境保护目标比较敏感的区域。声屏障造价较高，行车时有单调及压抑的感觉。在设计声屏障时，除要求满足声学要求外还应注重屏障的造型与色彩设计，注意公路声屏障与周围景观协调一致。

（2）修建低噪声路面，减少轮胎与路面接触噪声　对于中小型汽车，随着行驶速度的提高，轮胎噪声在汽车产业的噪声中的比例越来越大，一般来说，当车速超过50km/h时，轮胎与路面接触产生的噪声，就成为交通噪声的主要组成部分。修建低噪声路面，可明显降低交通噪声，低噪声路面也称多孔隙沥青路面，它是在普通的沥青路面或水泥混凝土路面结构层上铺筑一层具有很高孔隙率的沥青稳定碎石混合料，其孔隙率通常在15%～25%。根据表面层厚度、使用时间、使用条件及养护状况的不同，与普遍的沥青混凝土路面相比较，多孔隙沥青路面可降低道路噪声3～8dB（A）。

（3）建设降噪绿化林带　建设绿化林带，可以降低汽车运输噪声。为了利用绿化林带降低交通噪声，应做到密集栽树，树冠下的空间植满浓密灌木，树的栽植应具有一定的形式。绿化带的吸声效果是由林带的宽度、种植结构、树种的选择、树木的组成等因素决定的。由几列树组成，有一定间隔的绿林带的减噪效果比树冠密集的单列绿林带大得多。当绿化林带宽度大于10m，可降低噪声4～5dB（A）。

（4）声源控制　声源控制包括改建汽车设计，提高汽车整体性能，减少或限制载重汽车进入噪声控制区域；在规定的区域内禁鸣喇叭；机车车辆在市区行驶，机动船舶在市区内河航道航行，铁路机车进入城区、疗养区时，必须按相应的规定使用声响装置等。

（5）公路、铁路、民航等部门制订专项噪声控制规划，减轻环境噪声污染　在已有的城市交通干线的两侧建设噪声敏感建筑物的，建设单位应当按照规定间隔一定距离，并采取减轻、避免交通噪声影响的措施；穿越城市居民区、文教区的铁路，因铁路机车运行造成环境噪声污染的，铁路部门和其他有关部门应制定环境噪声污染规划，减轻铁路噪声对周围居民的影响；地方政府应在航空器起飞、降落的净空周围划定限制建设噪声敏感建筑物的区域，在该区域内建设噪声敏感物的建设单位应当采取减轻航空器运行时产生的噪声影响的措施。民航部门应采取有效措施，减轻环境噪声污染。

6.6.2　工业噪声污染控制方案

工业噪声污染防治对策主要考虑从声源上降低噪声和从噪声传播途径降低噪声两个环节。

1. 从声源上降低噪声

1）应用新材料，改进机械设备的结构以降低噪声。如在设计和制造过程中选用发声小的新材料来制造机件，改进设备结构和形状，改进传动装置以及选用已有的低噪声设备都可以降低声源的噪声。

2）改革工艺和操作方法以降低噪声。例如：用低噪声的焊接代替高噪声的铆接；用无声的液压装置代替有梭织布机等均可降低噪声。

3）提高零部件加工精度和装配质量以降低噪声。零部件加工精度的提高，使机件间摩擦尽量减少，从而使噪声降低。提高装配质量，减少偏心振动，以及提高机壳的刚度等，都能使机器设备的噪声减小。

4）维持设备处于良好的运转状态以降低噪声。因为设备运转不正常时，噪声往往增高。

2. 在噪声传播途径上降低噪声

1）利用"闹静分开"和"合理布局"的原则降低噪声。在厂区内应合理地布置生产车间和办公室的位置，将噪声较大的车间尽量集中起来，与办公室、实验室等需要安静的场所分开，使高噪声设备尽可能远离噪声敏感区。

2）利用地形或声源的指向性降低噪声。如果噪声源与需要安静的区域之间有山坡、深沟、地堑、围墙等地形地物时，可以利用它们的障碍作用减轻噪声的干扰。同时，声源本身具有指向性，使噪声指向空旷无人区或者对安静要求不高的区域。而医院、学校、居民住宅区等需要安静的地区应避开声源的方向，减少噪声的干扰。

3）利用绿化林带降低噪声。采用植树、植草坪等绿化手段也可减少噪声的影响。

4）采取声学控制措施降低噪声。噪声控制还可以采用声学控制方法，例如对声源采用消声、隔振和减振措施，在传播途径上增设吸声、隔声等措施。

6.6.3　建筑施工控制噪声污染控制方案

1）选择低噪声的施工机械以降低噪声。同时对施工机械设备进行降噪处理。

2）建立建筑施工申报制度。在城市市区范围内，建筑施工过程中使用机械设备，可能产生环境噪声污染的，施工单位须向当地政府环境保护行政主管部门进行申报。申报内容包括：项目名称，施工场所和期限，可能产生的环境噪声值及采取的环境噪声污染防治措施的情况。

3）在城市市区噪声敏感建筑物集中区域内，禁止夜间进行产生环境噪声污染的建筑施工作业。因特殊需要必须连续作业的，需经相关环境保护行政主管部门批准。

4）加大建筑施工噪声现场监督管理力度，加大对群众信访和纠纷查处力度，保护城市市区居民安静的工作和学习环境。

6.6.4　社会生活噪声污染控制方案

社会生活噪声污染控制主要包括商业活动产生的噪声污染控制和文化娱乐活动产生的噪声污染控制。

商业活动的噪声污染控制方案如下：

1）禁止在商业经营活动中使用高音广播喇叭或采用其他发出高噪声的方法招揽顾客。

2）对在商业经营活动中使用空调器、冷却塔等可能产生环境噪声污染的设备、设施进行降噪处理，使其边界噪声达标排放。

文化娱乐噪声污染控制方案如下：

1）经营中的文化娱乐场所，其边界噪声不得超标排放；如达不到边界噪声标准限值，应采取降噪技术措施进行处理。

2）在广场、公园等公共场所组织娱乐集会等活动，使用的音响器材可能产生干扰周围生活环境的过大音量时，应遵守当地公安机关的规定。

3）家庭室内娱乐活动，应当控制音量或避开周围居民休息时间，避免对周围居民造成环境噪声污染。

家庭室内装饰，应当限制作业时间，选择白天周围居民外出工作和学习之际进行施工，以减轻、避免对周围居民造成的影响。

加强环境宣传教育力度，加大对群众信访和噪声污染纠纷查处的力度。保障人民群众的环境权益。

复习思考题

1. 什么是噪声和环境噪声？它是如何分类的？
2. 噪声有哪些方面的危害？
3. 城市噪声控制功能区划分的基本原则是什么？如何划分？
4. 城市噪声控制功能区划分是按照怎样的程序完成的？
5. 噪声污染控制规划指标主要考虑哪些内容？
6. 简述针对不同类型噪声污染防治的对策有哪些？

第 7 章
生态环境规划

7.1　生态系统概述

目前，我国许多地区的生态环境遭到破坏，有的地区的生态环境正面临危机，因此，对我国的生态环境做一个长期全面的规划是必不可少的，这样才能做到有本可循，我国的生态环境才能够得到保护和恢复。

7.1.1　生态系统及其特征

生态系统是由植物、动物、微生物群体与其周围的无机环境相互作用形成的一个动态、复杂的功能单位。人类是生态系统不可缺少的重要组成部分。

生态系统由植物、动物、微生物及环境四部分组成，其中前三者属于生物部分，后者属于非生物部分。在生态系统内，生产者（植物）利用太阳能等能源将水和无机盐等简单的无机物合成为复杂的有机物供生物群落中各种生命活动所需。消费者（动物）由初级消费者（食草动物）、次级消费者（食肉动物）、三级消费者、四级消费者构成了生态系统的各级营养链及复杂的营养关系。生态系统中各种生物通过营养上的关系彼此联系着，构成"食物链"，食物链相互交叉构成所谓的"食物网"。还原者（微生物）将复杂的有机物分解还原为简单的无机物，释放归还到环境中去，供生产者再利用。生态系统的这四个基本成分，在能量获得和物质循环中相互影响、互为依存，通过复杂的营养关系而结合为一个整体。生物成分是生态系统的核心，绿色植物则是核心的核心，因为绿色植物既是系统中其他生物所需能量的提供者，同时又为其他生物提供栖息场所。

生态系统的边界有的是比较明确的，有的则是模糊、主观的。它在大小和空间范围上往往由人们的研究对象、研究内容、研究目的或地理条件等因素确定。各种生态系统合成为生物圈，生物圈是一个巨大无比而又极其精密的生态系统，是地球上所有生物（包括人类）和它们生存环境的总体。

生态系统具有一般系统的共同性质，与一般的物理系统相比，它又具有自己的特性，表现在：①时间变化性，由于生态系统中生物的生长特点，生态系统是一个动态的、变化的，具体表现在其具有发生、形成和发展的过程，随着时间而经历幼年、成长和成熟期；②区域性，由于环境的地域性而使生态系统也具有一定的地区特点和空间结构；③与一般系统相同，也具有自动调节反馈机制和开放特性，从而使生态系统达到功能的协调和动态平衡，维持生态系统的有序状态。

环境系统是由围绕人群的各种环境因素构成的整体。这里所说的环境因素，包括生物和非生物的因素。环境系统和生态系统是两个不同学科体系对物质世界认识的产物，其实质是相通的，系统科学的认识思维方法架起了两者相通的桥梁。整个人类赖以生存的物质体系，即环境系统，就是一个巨大的生态系统。在宏观上，两者犹如生态系统和生物圈一样。整个环境系统由大大小小、形形色色的生态系统组成，因认识的需要，这些生态系统可以小到一个分子，大到整个宇宙，具有很多层次，它们相互依赖、相互制约，维持一定的时空结构格局，通过物质、能量、信息流动保持普遍联系，支撑整个环境系统发展运动。可见，环境系统和生态系统没有本质上的区别，只有研究层次上的差异及宏观和微观上的区别。

7.1.2 生态系统的类型

生物圈是一个巨系统，它由无数个大小不等、种类不同的生态系统组成。这些类型各异的生态系统大致分为三类：陆地生态系统、海洋生态系统和淡水生态系统。这三类又可按照生态特点、人为干扰作用强度等再作进一步划分。各生态系统在功能上都有各自特点，起着特殊作用，共同维持着生物圈的正常功能。生态系统的分类如图7-1所示。

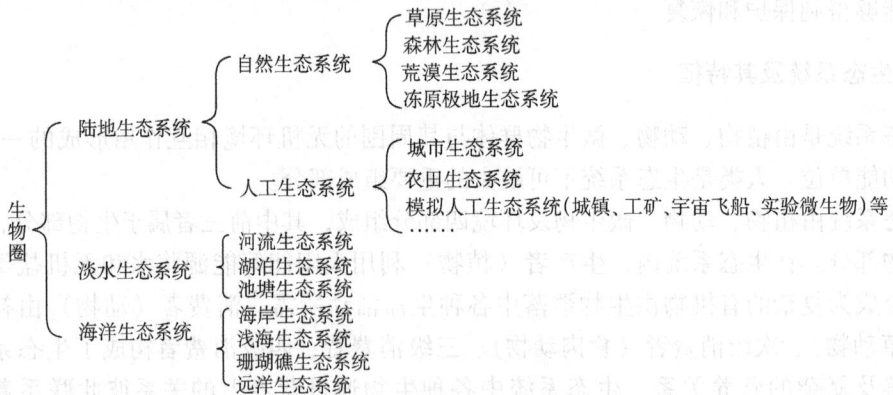

图 7-1　生态系统分类

生态系统结构是自然界的生物之间存在的特定的关系，是生物、环境之间长期作用、演化的结果。生态系统的结构包括物种结构、营养结构和空间结构。通过这种结构，物质循环和能量转化才能进行，从而使生态系统表现出生产、物质循环、还原等生态功能。生态系统的结构不是一成不变的，一般来讲，生态系统的结构愈复杂，系统就愈稳定。结构发生变化，则系统的稳定性就会发生相应的变化。

生态系统的空间结构是指生态系统中各种生物的空间配置（分布）状况，亦即生物群落的空间格局状况，包括群落的垂直结构（成层现象）和水平结构（种群的水平配置格局）。

生态系统的物种结构是指生态系统中各类物种在数量方面的分布特征。由于各类生态系统在物种数量及规模上差异很大，要想搞清它的全部物种是极其困难的，因此在实际工作中，人们主要是以群落中的优势种类，生态功能上的主要种类或类群作为研究对象。

生态系统的营养结构的基本特征是食物链、食物网和营养级。生态系统的各组成部分按照营养关系而相互联系，完成能量由低级营养级向高级营养级的流动，低一级的营养级的能量只有1/10被高一级营养级所利用，形成生物能量金字塔，人是金字塔的顶端生物。这就是生态学上的林德曼定律（或称为 1/10 定律）。

可见，生态系统是一个有一定的结构、功能、有生命的、有序存在的系统，是一个动态系统，处在不断的演替变化中，其整体性体现在系统内的物质循环，能量的流动及信息的传递均能持续的进行，这也正是生态系统的存在的原因所在。它的自组织演化表现为系统的各要素间的统一性加强，即结构更加合理，功能更加完善。

7.1.3　生态系统的功能

生态系统为人类提供的商品和服务统称为生态系统服务（Ecosystem Service）。生态系统服务功能是指人类从生态系统中获得的效益。这些效益包括供给功能、调节功能、文化功能及支持功能。供给功能是指人类从生态系统获得的各种产品，如食物、燃料、纤维、洁净水，以及生物遗传资源等。调节功能是指人类从生态系统过程的调节作用获得的效益，如维持空气质量、气候调节、侵蚀控制、控制人类疾病及净化水源等。文化功能是指通过丰富精神生活、发展认知、大脑思考、消遣娱乐及美学欣赏等方式使人类从生态系统获得的非物质效益。支持功能是指生态系统生产和支撑其他服务功能的基础功能，如初级生产、制造氧气和形成土壤等。生态系统服务功能的变化通过影响人类的安全、维持高质量生活的基本物质需求、健康，以及社会文化关系等而对人类福利产生深远的影响，Costanza 等（1997）详细列举了地球上生态系统的 17 种服务功能。生态系统服务对人类社会福利功能的贡献，很大一部具有单纯的工艺性能，难以通过货币而直接增加人类的效益。生态系统的众多服务是永远无法替代的，而对其破坏所造成的损失是难以估量和挽回的，人类目前至少无法通过技术手段来解决这个问题，因此，对人类生态系统的管理和可持续利用就显得尤为重要。

任何一个正常、成熟的生态系统，其结构与功能，包括其物种组成、各种群的数量和比例、物质与能量的输入输出等方面，也就是说，在一定的时期内，系统内生产者、消费者和分解者之间保持着一种动态平衡，系统内的能量流动和物质平衡在较长时期内保持稳定。这种状态就是生态平衡，又称为自然平衡。

生态中物质与能量的输入大于输出，其总生物量增加，反之则生物量减少。在自然状态下，生态系统的演替总是自动地向着物种多样化、结构复杂化、功能完善化的方向发展。如果没有外来因素的干扰，生态系统最终必将达到成熟的稳定阶段。那里生物种类最多，种群比例最适宜，总生物量最大，系统的内稳性最强。生态平衡是靠一系列反馈机制来维持的。物种循环与能量流动中的任何变化，都是对系统发出的信号，会导致系统向进化或退化的方向变化。但是变化的结果又来影响信号本身，使信号减弱，最终使原有平衡得以保持。生态系统结构越复杂，物种越多，食物链和食物网的结构也愈复杂多样，能量流动与物种循环就可以通过多渠道进行，有些渠道之间可以起相互补偿的作用。一旦某个渠道受到影响，其他渠道有可能替代其功能，起着自动调节作用。当然，生态系统的这种调节是限度的，超过这个限度就会引起生态失调，乃至生态系统的破坏。影响生态平衡的因素既有自然的，也有人为的，所谓"生态危机"大多是指人类活动引起的此类生态失调。

7.1.4　生态学及生态学基本原理

1. 生态学基本概念

生态学是研究生命系统与环境系统相互关系的科学。生态系统是它的核心概念。我国著名生态学家马世骏教授认为，生态学是一门包括人类在内的自然科学，也是一门包括自然在内的人文科学，并提出"社会-经济-自然生态系统"的概念。这样，生态学研究就包括了更为宏观、更为广阔的内容，直到全球尺度的全球生态学（生物圈）。

在生态系统中，生物之间存在着共生、竞争和营养关系，使生态系统中种群相互依赖、相互限制呈现出一定的时空分布特征；环境为生物提供其生存及生命活动所需要的，质量、数量适宜的利导因子，同时又存在影响生物的限制因子，生物既受益于环境，又受制于环境，而生物通过改变环境的化学组分、物理生境来影响环境，推动生物地球化学循环，使生态系统具有净化环境和提高环境抗灾能力的作用；生态系统的功能是由能量流动、物质循环、信息传递加以实现的，通过流动将系统中的各种组分有机地组合在一起形成一个自我组织、自我维持的系统，物质通过从环境-生物-环境循环不止，养育着地球上的亿万生物。生态系统内的各组分之间、生物与环境间、环境与资源、生态系统间的这种特定的复杂关系，称为生态学关系，物质流动、能量的转化和信息的传递称为生态学过程，它们是维持生态系统健康、可持续的基础，也是生态规划调控的主要对象。

生态学家在对生态系统的研究和实践中，将生态系统中的这些关系进行了总结，上升为生态学的普遍规律，如我国生态学家马世骏提出的生态学五规律，即相互制约和相互依赖的互生规律、相互补偿和相互协调的共生规律、物质循环转化的再生规律、相互适应与选择的协同进行规律和物质输入输出的平衡规律。陈昌笃提出的六条生态学一般规律，物物相关、相生相克、能流物复、负载定额、协调稳定和时空有宜。类似的美国环境学家小米勒提出的生态学三定律。这些生态系统存在、发展的内在规律，为生态规划提供了理论基础。

2. 复合生态系统

20世纪80年代初，我国著名生态学家马世骏等人在总结以整体、协调、循环、自生为核心的生态控制论原理基础上，指出人类社会是一类以人的行为为主导、自然环境为依托、资源流动为命脉、社会为经络的人工生态系统，提出了社会-经济-自然复合生态系统理论。

与传统的控制论相比，复合生态系统生态控制论原理的最大特点是强调可行性，即合理、合法、合情、合意的综合。合理指符合客观规律；合法指符合当时、当地的有关法令、法规；合情即符合人们的行为观念并为习俗所能接受；合意指符合决策者、利益相关者的意向。王如松等在人类生态学研究中指出复合生态系统中存在以下控制论原理：

（1）胜汰原理　生态系统的资源承载力和环境容量在一定的时空范围内是恒定的，但分布是不均匀的，这导致了生态学的竞争，并通过优胜劣汰促进发展。这是整个自然界和人类社会发展的普遍规律。

（2）拓适原理　任何生物有机体、地区、部门或企业发展都有其选定的资源生态位，成功的发展必须善于拓展其资源生态位并调整需求生态位，以改造和适应环境。只开拓不适应，缺乏发展的稳度和柔度；只适应不开拓，则缺乏发展的速度和力度。

（3）生克原理　任何一个系统的发展都存在某种利导因子主导其发展，也存在某种限制因子抑制其发展，资源的稀缺性导致了系统内部的竞争和共生机制。这种相生相克的作用是提高资源利用率，增强系统自生活力，实现持续发展的必要条件。

（4）反馈机制　两种反馈机制，一种是导致系统无止境增长的正反馈，还有一种是使系统趋于稳定的负反馈。在持续发展的系统中，正负反馈机制相互平衡。

（5）乘补原理　当一个系统整体功能发生变化时，系统中的某些因子会乘机膨胀成为主导组分，使系统歧变，导致系统的无止境增长或衰退；而有些组分能自动补偿或代替系统原有功能，使系统趋于稳定。在复合系统调控时要特别注意这种相乘相补的作用。要稳定一个系统，就要使补胜于乘；而要改变一个系统时，要使乘大于补。

（6）扩颈原理　系统的发展经历由慢－快－慢的发展，在复合生态系统中，人们不断地改造环境，扩展瓶颈，使系统出现新一轮的快速增长，并出现新的限制因子和瓶颈。复合生态系统正是在这种不断逼近和扩展瓶颈的过程中波浪式增进的。

（7）循环原理　物质循环利用是生物圈长期存在和发展的根本动因。复合生态系统的一切开发生产行为最终都要通过反馈作用于人类，只是时间早晚和强度大小不同而已。要保持系统持续发展，就必须维持系统的物质循环再生过程。

（8）多样性和主导性原理　系统必须有优势种和主导组分才会有发展的实力，也必须有多样化的结构和多样性成分才能提高稳定性。主导性和多样性的匹配是实现持续发展的前提。

（9）生态发展原理　生态系统的发展是一种渐进有序的系统发育和功能完善过程，系统发展的目标是不断的完善功能，而不是单纯的结构和组分增长；系统生产的目的在于提供服务功效，而非产品的数量或质量。

（10）机巧原理　系统在发展过程中机会和风险是均衡的，大的机会也往往伴随着高的风险。成功发展的系统善于抓住一切适宜的机会，利用一切可以利用的力量为系统提供服务，变害为利，避开风险，减缓危机，化险为夷。

复合生态系统的动力学机制来源于自然和社会两种作用力。自然作用力是各种形式的能量，它们流经生态系统，导致各种物理、化学、生物学过程和自然变迁。社会作用力有三个，一是经济杠杆——货币；二是社会杠杆——权力；三是文化杠杆——精神。货币刺激竞争，权力诱导共生，精神孕育自主，三者相辅相承，构成复合生态系统的社会动力。自然作用力和社会作用力的耦合，导致不同层次的复合生态系统的发展。两种作用力的合理耦合和系统搭配是复合生态系统持续演潜的关键。

7.1.5　生态保护工作的指导思想、基本原则与目标

1. 全国生态保护状况

我国生态环境保护确立了"保护优先、预防为主、防治结合"和"在保护中开发，在开发中保护"的生态保护方针和"生态保护与生态建设并重"的基本原则。全国的区域生态保护与建设取得突破进展，退耕还林还草、退田还湖、移民建镇和天然林保护取得显著成效；生态示范区，生态农业建设试点，重要生态功能区保护，野生药材、矿山等重点资源开发的生态保护得到加强；禁止秸秆露天焚烧初见成效，有机食品、绿色食品和无公害农产品快速发展，农村生态环境保护得到重视。

全国生态环境保护采取了一系列保护和改善生态环境的重大举措，加大了生态环境建设力度，使我国一些地区的生态环境得到了有效保护和改善。主要表现在：植树造林、水土保持、草原建设和国土整治等重点生态工程取得进展；长江、黄河上中游水土保持重点防治工程全面实施；重点地区天然林资源保护和退耕还林还草工程开始启动；建立了一批不同类型的自然保护区、风景名胜区和森林公园；生态农业试点示范、生态示范区建设稳步发展；环境保护法制建设逐步完善。

全国生态环境状况仍面临严峻形势。目前，一些地区生态环境恶化的趋势还没有得到有效遏制，生态环境破坏的范围在扩大，程度在加剧，危害在加重。突出表现在：一是区域生态平衡严重失调。长江、黄河等大江大河源头的生态环境恶化呈加速趋势，沿江沿河的重要湖泊、湿地日趋萎缩，特别是北方地区的江河断流、湖泊干涸、地下水位下降严重，加剧了洪涝灾害的危害和植被退化、土地沙化，因而导致沙尘暴加剧；海洋和淡水渔业水域污染加重，海蚀范围扩大，水域渔业功能削弱；资源的不合理开发导致生态破坏问题依然严重，环境恢复治理滞后，如草原地区的超载放牧、过度开垦和樵采，有林地、多林区的乱砍滥伐，致使林草植被遭到破坏，生态功能衰退，水土流失加剧，矿产资源的乱采滥挖，尤其是沿江、沿岸、沿坡的开发不当，导致崩塌、滑坡、泥石流、地面塌陷、沉降、海水倒灌等地质灾害频繁发生。二是生物多样性受到严重威胁。全国野生动植物物种丰富区的面积不断减少，珍稀野生动植物栖息地环境恶化，种群数量减少，种质资源及野生亲缘种丧失，珍贵药用野生植物数量锐减，珊瑚礁、红树林破坏严重，近海天然渔业资源衰退。三是农村生态环境质量持续下降。秸秆、畜禽粪便等各种养殖业的废物排放，农药、化肥等农用化学品的不合理使用，以及生活污水、垃圾污染，是当前农村环境面临的主要问题。目前，我国的生态恶化呈现出一些新的发展特点：一是积点连片，由原来的局部、小范围的生态破坏恶化逐步演变成区域性、大范围的生态恶化；二是从量变到质变，由原来以单要素为主的生态破坏，逐步发展成整个区域或流域生态的结构性破坏，功能退化甚至是完全丧失。

在保护生态环境的同时，我国的生态保护工作也有各种的不足。当前，我国的生态保护既有有利于发展的一面，也面临一些严重的制约因素和困难：一是党中央、国务院对生态保护与建设十分重视，公众生态保护意识日益增强，但是生态保护与生态建设发展不平衡，重建设轻保护，生态环境边治理边破坏，治理赶不上破坏的问题依然突出，土地沙化、草场"三化"面积分别以每年 3000 多 km^2 和 2 万 km^2 的速度在扩展；二是实施西部大开发战略，生态保护面临的机遇与挑战并存，任务十分艰巨；三是生态保护工作基础薄弱，特别是执法监督、监测预警能力不足，与社会经济发展的需求不相适应。

资源不合理开发利用是造成生态环境恶化的主要原因。虽然人们的环保意识在一定程度上有了提高，但一些地区环境保护意识仍然不强，重开发轻保护，重建设轻维护，对资源采取掠夺式、粗放型开发利用方式，超过了生态环境承载能力；一些部门和单位监管薄弱，执法不严，管理不力，致使许多生态环境破坏的现象屡禁不止，加剧了生态环境的退化。同时，长期以来对生态环境保护和建设的投入仍显不足，也是造成生态环境恶化的重要原因。切实解决生态环境保护的矛盾与问题，是我们面临的一项长期而艰巨的任务。

2. 生态环境保护指导思想

遵循江泽民三个代表的指导思想，以实施可持续发展战略和促进经济增长方式转变为中心，以改善生态环境质量和维护国家生态环境安全为目标，紧紧围绕重点地区、重点生态环境问题，统一规划，分类指导，分区推进，加强法治，严格监管，坚决打击人为破坏生态环境行为，动员和组织全社会力量，保护和改善自然恢复能力，巩固生态建设成果，努力遏制生态环境恶化的趋势，为实现祖国秀美山川的宏伟目标打下坚实基础。

3. 生态环境保护工作的基本原则

1）促进人和自然的协调与和谐。必须按照"三个代表"的要求保护和改善生态环境，努力开创生产发展、生活富裕和生态良好的文明发展道路，使人们在优美的生态环境中工作和生活。

2）生态保护与生态建设并举。在加大生态建设力度的同时，必须坚持保护优先、预防为主、防治结合，彻底扭转一些地区边建设边破坏的被动局面。

3）污染防治与生态保护并重。应充分考虑区域和流域环境污染与生态破坏的相互影响和作用，坚持统一规划，同步实施，把城乡污染防治与生态保护有机结合起来，努力实现城乡环境保护一体化。

4）统筹兼顾，综合决策，合理开发。经济发展必须遵循自然规律，充分考虑生态环境承载能力，坚持在保护中开发，在开发中保护，使近期与远期统一、局部与全局兼顾，绝不允许以牺牲生态环境为代价换取眼前的和局部的利益。

5）谁开发谁保护，谁破坏谁恢复，谁使用谁付费。要明确生态环境保护的责、权、利，充分运用法律、经济、行政和技术手段保护生态环境。

6）生态系统方式的管理思想。要树立大系统、大环境的观念，在搞好单要素保护的同时，强化区域、流域多要素、多系统的综合管理和生态结构与功能的维护。

7）统一监管与分工合作相结合。生态环境保护涉及多层面、多领域，各级政府有关部门必须在尽职尽责的同时，加强相互间的协调与合作，共同搞好我国的生态保护。

8）生态环境保护与精神文明建设相结合，动员社会广泛参与。要积极鼓励广大人民群众破除不利于生态保护的各种陋习，树立人与自然和谐的社会新风尚。

4. 目标任务与指标

全国生态环境保护的目标是通过生态环境保护，遏制生态环境破坏，减轻自然灾害的危害；促进自然资源的合理、科学利用，实现自然生态系统良性循环；维护国家生态环境安全，确保国民经济和社会的可持续发展。我国在生态环境保护工作中的近期及长期的总体目标如下。

（1）近期目标　到 2010 年，基本遏制生态环境破坏趋势，建设一批生态功能保护区，力争使长江、黄河等大江大河的源头区，长江、松花江流域和西南、西北地区的重要湖泊、湿地、重要的绿洲，水土保持重点预防保护区及重点监督区等重要生态功能区的生态系统和生态功能得到保护与恢复；在切实抓好现有自然保护区建设与管理的同时，抓紧建设一批新的自然保护区，使各类良好自然生态系统及重要物种得到有效保护；建立、健全生态环境保护监管体系，使生态环境保护措施得到有效执行，重点资源开发区的各类开发活动严格按规划进行，生态环境破坏恢复率有较大幅度提高；加强生态示范区和生态农业县建设，全国部分县（市、区）基本实现秀美山川、自然生态系统良性循环。

（2）远期目标　到 2030 年，全面遏制生态环境恶化的趋势，使重要生态功能区、物种丰富区和重点资源开发区的生态环境得到有效保护，各大水系的一级支流源头区和国家重点保护湿地的生态环境得到改善；部分重要生态系统得到重建与恢复；全国 50% 的县（市、区）实现秀美山川、自然生态系统良性循环，30% 以上的城市达到生态城市和园林城市标准。到 2050 年，力争全国生态环境得到全面改善，实现城乡环境清洁和自然生态系统良性循环，全国大部分地区实现秀美山川的宏伟目标。

针对具体对象所制定的目标及工作评价指标如下：

1）重要生态功能区与生物多样性保护的目标与主要指标。要分级抢救性地建立一批生态功能保护区，使部分大江大河源头、重要洪水调蓄区、水土保持重点预防保护区、重点荒漠绿洲和重要渔业水域等重要生态功能区的生态恶化趋势得到初步遏制，部分生态功能得到恢复；要通过新建自然保护区和提高现有自然保护区的建设与管护水平，使各类良好自然生态系统和重要物种得到有效保护，从而有效地降低自然灾害的危害，确保国家生态安全。主要指标：①建立生态功能保护区 55 个，其中国家级生态功能保护区 15 个；②自然保护区面积达到国土陆地面积的 13% 以上，海洋自然保护区面积达到 4 万 km^2；③60% 的重要湖泊湖滨带和海岸带的生态功能基本得到维护。

2）重点资源开发区的生态保护目标与主要指标。要基本建立、健全生态环境保护监管体系，人为破坏生态的违法行为得到遏制，水、土、草原、森林、海洋、生物、矿产等重点资源开发对生态环境的破坏降低，生态破坏的恢复治理率有所提高，自然生态系统的自我恢复能力得到增强。主要指标：①资源开发建设项目的环评制度和"三同时"制度执行率达到 90% 以上；②重点水土流失监控区内开发建设项目的水土保持方案执行率达到 90%；③天然林和成熟林、过熟林的面积保持稳定，质量稳中有升；④新的水土流失面积的年扩展速度比 2000 年的增速降低 60%；⑤矿产资源开发生态破坏的恢复治理率达到 25% 以上。

3）生态良好区的保护目标与主要指标。进一步扩大规模，提高标准，强化管理，提高生态示范区建设水平，努力使生态良性循环、经济社会健康发展的县、市比例进一步提高；新建一批生态农业示范县、环境优美小城镇。主要指标：①新建 120 个国家级生态示范区；②新建 100 个生态农业示范县；③创建 100 个环境优美小城镇；④力争建成一批生态市、生态县。

4）农村生态环境保护的目标与主要指标。要努力使农村生产和生活环境有所改善，种植和养殖业废物排放得到基本控制，资源化率有所提高；农用化学品环境安全管理得到加强，重点区域的农药、化肥等面源污染加重的趋势得到减缓。主要指标：①机场、高速公路、铁路、风景名胜区周边等重点秸秆禁烧区的秸秆禁烧率达到 95% 以上，全国秸秆综合利用率达到 80%；②重点地区规模化畜禽养殖场的污水排放达标率达到 60%，粪便资源化率达到 70%；③农业灌溉用水力争达到农田灌溉水质标准，农产的质量和安全水平有所提高。

7.2　生态规划目的与内容

7.2.1　生态规划基本概念

1. 生态规划的概念

规划是人们以思考为依据安排其行为的过程，规划包含两方面的含义：一是描绘未来，即人们根据对规划对象现状的认识构思未来目标和发展状态；二是行为决策，即人们为达到或实现未来的发展目标决策所应采取的时空顺序、步骤和技术方法。

生态规划（Ecological Planning）产生于 19 世纪末 20 世纪初的土地生态恢复、生态评价、生态勘测、综合规划等方面的理论与实践，是在生态学自身发展与生态学思想传播的氛围中得到发展的。生态规划发展迅速，应用的领域和范围也不断扩大，但生态规划至今尚无统一的定义，不同学者（如 L. Mumford、I. McHarg，以及我国的生态学家马世骏、王如松、刘天奇、于志熙、欧阳志云等）在不同时期结合各自的研究工作领域对生态规划提出了多种定义。

不同学科和领域对生态规划有不同的理解。早期生态规划多集中在土地空间结构布局和利用方面，随着生态学的不断发展及其在社会经济各个领域的广泛渗入，特别是复合生态系统理论的不断完善，生态规划已不仅仅限于土地利用规划、空间结构布局等方面，而是逐步扩展到经济、人口、资源、环境等诸方面，与国民经济发展、人民的生活质量、生态保护和建设、资源的合理开发和利用紧密结合，因而，可以认为生态规划是以可持续发展的理论为基础，以生态学原理为指导，应用系统科学、环境科学等多学科手段辨识、模拟和设计生态系统内部各种生态关系和生态过程，确定资源开发利用和保护的生态适宜性，探讨改善系统结构和功能的生态对策，促进人与环境系统协调、持续发展的规划方法。

2. 生态规划的内涵

生态环境规划是以促进区域生态系统良性循环，保持人与自然、人与环境关系持续共生、协调发展，实现社会的文明、经济的高效、生态的和谐为目的，提出资源合理开发利用、环境保护和生态建设的规划对策的规划方法。与传统的规划相比，具有很大的不同，主要在以下几方面：

1）生态规划的对象是复合生态系统，规划过程强调以人为本。生态规划以人类活动与环境的关系为出发点，强调人在系统调控中的主观能动性。

2）以资源环境承载力和环境容量为前提。强调系统的发展应立足于当地的资源环境承载力，在充分了解系统内部资源和自然环境特征及其环境容量，了解自然生态过程的特征与人类活动的关系基础上确定科学合理的资源开发利用规模和人类社会经济活动的强度和空间布局。

3）规划标准从量到序：生态规划特别注重系统的可持续发展，在规划中强调对系统生态过程和生态关系的调节，以及系统复合生态序的诱导，而非单纯的系统组分数量的多少。

4）规划目标从优到适：生态规划是基于一种生态思维方式，强调系统思想、共生思维和演替思想，遵循"循环再生，协调共生，持续稳生"的生态原则，注重系统过程，采用进化式的动态，引导一种实现可持续发展的过程。系统思想强调系统是一个功能整体，而不是个别简单组分的集合，因而规划的核心是对系统整体功能调节，而不是每一个组分细节关系。共生思维强调人与环境的协同共生，而协同共生是不同利益组分间的竞争和妥协和不同目标之间的调和，是不断变化的，因而对于系统来说不存在最优，目标空间犹如一个球体，没有哪一个方向和哪一个点是最优的，目标优劣的评判完全取决于管理者、决策者的主观偏好；演替思想强调生态系统的各种关系和环境是不断变化的，问题也是在不断变化，生态规划的重点是要弄清这些问题，在一定的范围内调节系统的发展过程，使功能正常发挥，向持续、高效，稳定的方向发展。

3. 生态规划的目的与任务

生态规划的目的主要体现在保护人体健康和创建优美环境、合理利用自然资源、保护生物多样性及完整性三个方面。生态规划的目的可以概况为：在区域规划的基础上，以区域的生态调查与评价为前提，以环境容量和承载力为依据，把区域内环境保护、自然资源的合理利用、生态建设、区域社会经济发展与城乡建设有机地结合起来，培育美的生态景观，诱导和谐统一的生态文明，孵化经济高效、环境和谐、社会适用的生态产业，确定社会、经济和环境协调发展的最佳生态位，建设人与生态和谐共处的生态区，建立自然资源可循环利用体系和低投入高产出、低污染高循环、高效运行的生态调控系统，最终实现区域经济、社会、生态效益高度统一的可持续发展。

按照生态规划的目的，生态规划的任务是探索不同层次生态系统发展的动力学机制和控制论方法，辨识系统中局部与整体、眼前与长远、人与环境、资源与发展的矛盾冲突关系，寻找解决这些矛盾的技术手段、规划方法和管理工具。

4. 生态规划与生态建设

生态建设是在对系统环境容量和承载力正确认识的基础上，有计划、有组织、系统地、安排人类相当长时段活动范围和强度的行为。它运用生态学原理，以空间合理利用，系统关系协调发展为目标，使人与环境、系统内部结构与外部环境的关系相协调，从而创造一个安全、舒适、清洁的生活和工作环境。生态建设的内容是由系统现实存在的生态问题所决定的，涉及到社会、经济、自然等各方面，主要有合理适宜人口容量的确定、产业结构模式的调整和演进、污染防治、生物多样性的保护和资源利用效率的提高等。马世骏教授在第三次全国环境保护会议上指出："生态建设的实质是把生态学的整体协调、循环再生的原理应用到工农业生产建设及自然资源管理中去，通过多级的物质循环利用，充分发挥物质的生产潜力，化废为宝，使新产品不断增加，保持自然活力的物质不断地得到补充"。这一论述阐明了生态建设的基本原理及其所要达到目标，生态建设由生态规划、生态设计和生态管理三部分组成，生态规划是其核心，生态设计和生态管理则是规划实施的保证。

生态建设是在生态规划基础上进行的具体实施生态规划内容的建设性行为，生态规划是生态建设的基础和依据，生态规划的目标都是通过生态建设来逐步实现的。

5. 生态规划与环境规划的关系

环境规划是经济和社会发展规划或总体规划的组成部分，是应用各种科学技术信息，在预测发展对环境的影响及环境质量变化的趋势基础上，为达到预期的环境指标，进行综合分析作出的带有指令性的最佳方案。其目的是在发展的同时，保护环境，维护生态平衡。环境规划分为两个层次：一是环境宏观规划，它通过对区域或城市未来发展对资源的需求分析，预测环境的主要问题和主要污染物的总量宏观控制要求，提出环境与发展的宏观战略；二是环境专项规划，它包括空气、水、固体废物等具体的环境综合保护和整治规划。

生态规划不同于环境规划，环境规划侧重于环境，特别是自然环境的监测、评价、控制、治理、管理等，而生态规划则强调系统内部各种生态关系的和谐、生态过程的稳定与生态质量的提高。生态规划不仅关注区域自然资源和环境的利用与消耗对人的生存状态的影响，也关注系统结构、过程、功能等的变化和发展对生态的影响。同时，生态规划还考虑社会经济因子的作用。

7.2.2　生态规划的原则

生态规划作为区域生态建设的核心内容、生态管理的依据，与其他规划一样，具有综合性、协调性、战略性、区域性和实用性的特点，规划要遵守以下原则：

（1）整体优化原则　从生态系统原理和方法出发，强调生态规划的整体性和综合性，规划的目标不只是生态系统结构组分的局部最优，而是要追求生态环境、社会、经济的整体最佳效益。生态规划还需与城市和区域总体规划目标相协调。

（2）协调共生原则　复合系统具有结构的多元化和组成的多样性特点，子系统之间及各生态要素之间相互影响、相互制约，直接影响着系统整体功能的发挥。在生态规划中就是要保持系统与环境的协调、有序和相对平衡，坚持子系统互惠互利、合作共存，提高资源的利用效率。

（3）功能高效原则　生态规划的目的是要将规划区域建设成为一个功能高效的生态系统，使其内部的物质代谢、能量的流动和信息的传递形成一个环环相扣的网络，物质和能量得到多层分级利用，废物循环再生，物质循环利用率和经济效益高效。

（4）趋势开拓原则　生态规划在以环境容量、自然资源承载能力和生态适宜度为依据的条件下，积极寻求最佳的区域或城市生态位，不断地开拓和占领空余生态位，以充分发挥生态系统的潜力，强化人为调控未来生态变化趋势的能力，改善区域和城市生态环境质量，促进生态区建设。

（5）保护多样性原则　生态规划要坚持保护生物多样性，从而保证系统的结构稳定和功能的持续发挥。

（6）区域分异原则　不同地区的生态系统有不同的特征，生态过程和功能、规划的目的也不尽相同，生态规划要在充分研究区域生态要素的功能现状、问题及发展趋势的基础上因地制宜地进行。

（7）可持续发展的原则　生态规划遵循可持续发展原则，在规划中突出"既满足当代人的需要，又不危及后代满足其发展需要的能力"的原则，强调资源的开发利用与保护增值同时并重，合理利用自然资源，为后代维护和保留充分的资源条件，使人类社会得到公平持续发展。

7.2.3　生态规划的程序与内容

不同的生态学者在规划采用不同的程序，但他们遵守着共同的规划原则。目前生态规划仍没有统一的工作程序，较早的规划一般采用调查—分析—规划方案的步骤，是以麦克哈格（McHarg）方法为基础的。McHarg 生态规划方法可以分为五个步骤：①确立规划范围与规划目标；②广泛收集规划区域的自然与人文资料，包括地理、地质、气候、水文、土壤、植被、野生动物、自然景观、土地利用、人口、交通、文化、人的价值观调查，并分别描绘在地图上；③根据规划目标综合分析，提取在第二步所收集的资料；④对各主要因素及各种资源开发（利用）方式进行适宜性分析，确定适应性等级；⑤综合适宜性图的建立。McHarg方法的核心是：根据区域自然环境与自然资源性能，对其进行生态适宜性分析，以确定利用方式与发展规划，从而使自然的利用与开发及人类其他活动与自然特征、自然过程协调统一起来。

生态规划过程或规划程序本身是不断进步与发展的，现代规划的方法及程序源于系统科学在生态规划中的应用，一般可以概括为三个阶段七个步骤（见图7-2）。

第一阶段为规划的准备阶段，主要任务是确定规划的总则，编制规划大纲。第二阶段为规划的编制阶段，主要任务是完成生态调查和评价、规划设计及决策，编写规划及相关图件。第三阶段为规划的实施与管理。规划的具体内容见下述的规划的七个步骤：

（1）编制规划大纲　根据规划任务，确定规划的范围和时空边界，在区域可持续发展总目标下，确定规划的总体目标、阶段目标及指标体系，规划原则和总体思路，编制规划大纲。

规划大纲编制

准备阶段

| 规划范围 | 时空安排 | 组织安排 | 经费安排 |

收集整理历史现状资料

| 自然资源 | 社会状况 | 经济结构 | 生态环境 |

生态环境现状分析与评价

规划编制阶段

不同意　　　　　　同意

| 趋势潜力 | 存在问题 | 制约因素 | 调控机制 |

发展战略研究

| 规划目标 | 发展模式 | 任务及重点 | 途径和措施 |

生态功能区划

规划设计

| 总体规划 | 专项规划 | 生态意识规划 | 生态空间规划 |

规划方案分析与决策

| 风险评价 | 损益分析 | 环境影响分析 | 能力分析 |

否　　是否同意？　　是

管理实施

审批与实施

| 信息管理 | 生态监测 | 科技支持 | 资金筹措 |

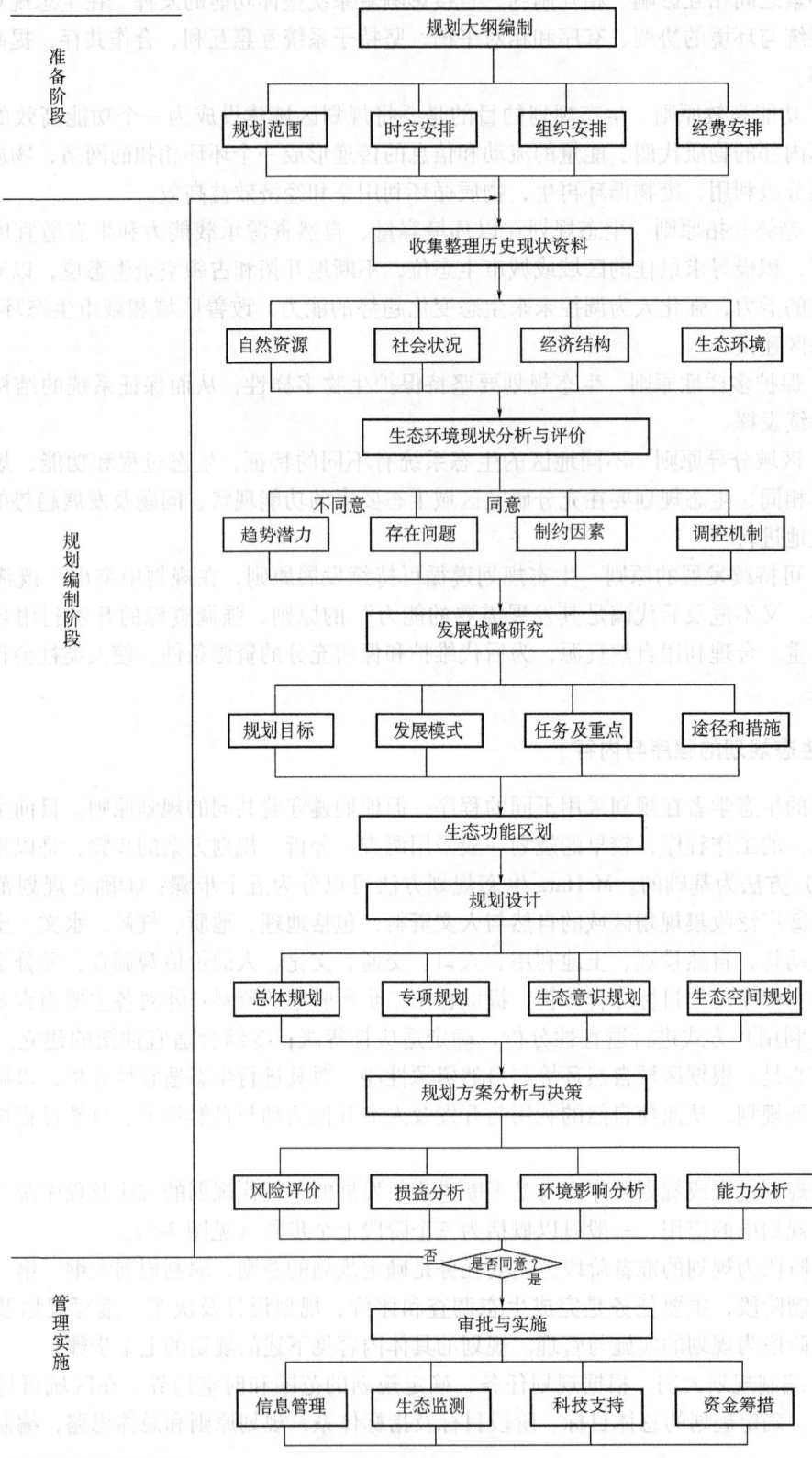

图 7-2　生态规划程序

规划大纲除以上内容外，还应包括规划采用的方法及内容、规划的组织、时间安排及经费安排。

（2）生态调查　对区内的复合生态系统进行生态调查，生态调查的方法可以采用遥感、收集资料和实地调查三种方法。收集规划区内自然生态环境和社会经济环境资料及与规划有关的法律法规，有历史、现状资料及遥感资料，对收集的资料进行初步的统计分析、因子相关分析以及现场核实与图件的清绘工作，然后建立资料数据库。资料具体内容包括以下几个方面：①一般调查，内容主要有动、植物物种，特别是珍稀、濒危物种的种类、数量、分布、生活习性、生长、繁殖及迁移行为等情况；②生态系统类型、结构及功能，特别注意土地利用类型的调查、城市绿化系统结构的调查、生态流及生态功能的调查；③社会系统调查，内容有人口的结构、流动及健康状况，科技的结构、转化及应用，科技示范区的建设现状及发展趋势，精神文明及环境管理的建设与现状；④经济系统的调查，产业结构、能源结构、投资结构、资源的利用与保护、环境与环境保护情况；⑤区域特殊保护目标调查，属于地方性敏感生态目标的有自然景观与风景名胜、水源地，水源林与集水区等、脆弱生态系统、生态安全区、重要生境；⑥自然灾害调查。

（3）生态环境现状分析与评价　将收集到的资料进行整理、加工和分析，对规划区域的生态环境现状、社会经济发展现状、环境质量现状进行分析评估。其主要内容包括：分析生态系统的类型、结构、功能及演替趋势、各种生态关系、生态过程；分析和评价区内土地利用格局、环境敏感性、生态足迹（环境承载力）、主要资源的承载力、景观格局、环境服务功能、生态安全和健康；分析经济发展模式及其可持续性、产业结构合理性、环境污染问题等。通过以上分析发现系统存在的主要问题、发展的利导因子、制约因素、发展潜力及优势，找出系统中存在的反馈关系、调节机制、政策对系统局部的影响机制，确定规划需要调节的主要环节、生态环境保护和建设的主要领域、经济发展的模式。

（4）生态功能区划　生态功能区划是根据区域生态环境要素、生态环境敏感性与生态服务功能空间分异规律，将规划区划分成不同生态功能区的过程。其目的是为制定区域生态环境保护与建设规划、维护区域生态安全、资源合理利用与工农业生产布局、保育区域生态环境提供科学依据，并为环境管理部门和决策部门提供管理信息与管理手段。2002年国务院西部地区领导小组办公室、国家环境保护总局组织中国科学院生态环境研究中心编制了《生态功能区划技术暂行规程》，用以指导和规范各地区开展生态功能区划。

生态功能区划不同于生态区划。生态区划是通过揭示自然区域的相似性和差异性规律，而对自然环境划分的区域单元。生态区划虽然也考虑生态系统的结构、过程和功能，但其着眼点是生态系统的区域特征，是以生物或者生态系统为区划的主要标志。而生态功能区划则着重于区分生态系统或区域为人类社会的服务功能，以满足人类需求的有效性为区划标志。生态区划是生态功能区划的基础。

生态功能区划应在生态环境现状评价、生态环境敏感性评价、生态服务功能重要性评价的基础上进行，生态功能区划的一般过程为：确定区划目标→收集资料→生态环境评价（生态环境敏感性评价、生态服务功能评价）→生态功能区划及分区描述→编制区划文件及生态规划图件。

生态功能区划分区系统分三个等级，一级区划分：以中国生态环境综合区划三级区为基础，各省市可根据管理的要求及生态环境特点，做适当调整；二级区划分：以主要生态系统类型和生态服务功能类型为依据；三级区划分：以生态服务功能的重要性、生态环境敏感性等指标为依据。

分区方法一般采用定性分区和定量分区相结合的方法进行分区划界。边界的确定应考虑利用山脉、河流等自然特征与行政边界。一级区划界时，应注意区内气候特征的相似性与地貌单元的完整性。二级区划界时，应注意区内生态系统类型与过程的完整性，以及生态服务功能类型的一致性。三级区划界时，应注意生态服务功能的重要性、生态环境敏感性等的一致性。

生态功能区划是对规划区实行分区管理的主要依据，因此，分区后要确定各功能区的目标、生态保护和建设及经济发展的规划。

（5）规划设计与规划方案的建立 在现状调查与评价的基础上，充分研究国家的有关政策、法规、区域发展规划，综合考虑人口发展、经济发展及环境保护的关系，提出生态规划的目标及建设的指标体系，确定区域发展的主要任务、重点领域，在区内生态环境、资源及社会条件的适宜度和承载力范围内，选择最适于区域发展的对策措施。一般包括：生态工业建设、生态农业建设、林业与自然保护区建设、生态旅游建设、水利建设与水土保持建设、环境综合整治、生态城镇建设、生态文化建设等。每一个规划方案都应包括经济发展战略、空间构架、建设目标和主要保护及建设内容。方案的设计要结合规划的实际，体现社会、环境、经济三者效益的高度统一。

（6）规划方案的分析与决策 对所设计的规划方案实施后可能造成的影响进行预测分析，包括生态风险评价、损益分析及环境影响等分析来进行方案比选，也可以采用数学规划的方法和动态模拟等决策方法进行辅助决策。

（7）规划方案的审批与实施 规划编制完成后，报有关部门进行审批实施。生态规划由所在地的环境保护行政主管部门会同有关部门组织编制、论证，经上级环境保护行政主管部门审查同意后，报当地人民政府批准实施，审批后的规划应纳入区内相关的发展规划，以保证规划的实施。

根据生态规划目标要素和存在的问题，有针对性地提出与规划主要建设领域和重点任务相配套的经济措施、行政措施、法律措施、市场措施、能力建设、国内与国际交流合作、资金筹措等措施，尤其是能力建设和政策调控最为关键。对规划的实施进行动态追踪和管理，及时修正，保证规划目标的实现。

7.3 生态规划的类型及主要生态规划

7.3.1 生态规划类型

生态规划按规划的空间尺度、规划对象、规划目的可以划分出多种类型。按地理空间尺度可划分为：区域生态规划、景观生态规划、生物圈保护区建设规划。按地理环境和生物生存环境划分为：海洋生态规划、淡水生态规划、草原生态规划、森林生态规划、土壤生态规划、城市生态规划、农村生态系统等。按社会科学门类划分为：经济生态规划、人类生态规划、民族生态规划等。按环境性质上划分：生态建设规划、污染综合防治规划、自然保护规划等。按空间目标布置划分：生态城市规划、生态示范区规划或生态区域规划等。

　　尽管生态规划有多种分法，都可以按规划的范围和层次将其分为国家规划、区域规划和部门规划，按照宏观和微观分为区域规划和专项规划。国家规划和区域规划对地区规划和专项规划具有指导意义，而后者是前者的基础和组成。

7.3.2　主要生态规划

　　目前，我国的生态规划主要有区域生态保护规划、生态示范区建设规划（生态省、市、县建设规划）、自然保护区建设规划、生物圈保护区、生态功能区建设规划、景观生态规划等。如"全国生态环境保护'十五'计划"、"全国生态环境建设规划"、"中国自然保护区发展规划纲要（1996—2010 年）"、"国家级主要生态功能区建设规划"等国家级规划和各省市的生态保护及建设规划。

　　1. 区域生态保护规划

　　区域生态保护规划是运用生态学、生态经济学及原理，根据区域社会、经济、自然条件特点，提出区域内不同层次生态功能区的保护、建设、资源开发战略和区域内环境保护和经济发展决策，调控区域内社会、经济及自然亚系统各组分的关系，使之达到资源综合利用、环境保护与经济增长的良性循环。区域生态保护规划强调协调性、区域性和层次性，如城镇发展和环境保护规划属于典型区域生态保护规划，规划的主要内容可参考《烟台市生态环境保护与建设规划》（见附录 B）。

　　区域生态保护规划主要建设领域和重点建设任务包括：土地利用规划、产业布局规划、生态城镇建设规划等。

　　2. 生态示范区建设规划

　　（1）生态示范区　生态示范区是以生态学和生态经济学原理为指导，以协调经济、社会发展和环境保护为主要对象，统一规划，综合建设，生态良性循环，社会经济全面、健康持续发展的一定行政区域。生态示范区是一个相对独立、对外开放的社会、经济、自然的复合生态系统。生态示范区建设可以乡、县和市域为基本单位组织实施。通过生态示范区建设，树立一批区域生态建设与社会经济发展相协调的典型，通过在全国广大地区的推广普及，使生态环境质量和人民生活水平得到较大程度的改善，逐步实现资源的永续利用和社会经济的可持续发展。主要考核指标包括：人口增长率达到计划生育指标、农民人均收入有大幅提高、森林绿地面积和水环境状况达到国家有关法律法规的要求等 20 项具体内容。

　　生态示范区建设规划是生态示范区建设的一个重要组成部分，规划应体现出生态系统与社会经济系统的有机联系。同时，规划应明确近、中、远期目标，并将建设任务加以分解落实，分阶段、分部门组织实施，突出阶段、部门的建设重点，组成重点建设项目。

　　生态区建设的发展模式大致有：生态农业型、生态旅游型、乡镇工业型、农工商一体化型、生态破坏恢复型等。

　　生态区建设内容包括：生物多样性保护、生态农业开发、农药和化肥污染的治理、乡镇企业污染防治、海洋环境保护、生态破坏的恢复以及自然资源的合理开发利用及保护。

　　目前生态示范区规划以生态省、市、县建设规划为最多。生态省（市、县）是指社会经济和生态环境协调发展，各个领域基本符合可持续发展要求的省（市、县）级行政区域。生态省建设的具体内涵是运用可持续发展理论和生态学与生态经济学原理，以促进经济增长方式的转变和改善环境质量为前提，抓住产业结构调整这一重要环节，充分发挥区域生态与资源优势，统筹规划和实施环境保护、社会发展与经济建设，基本实现区域社会经济的可持续发展。下面以生态市建设规划来说明生态示范区建设规划的编制程序及主要内容。

生态规划特别强调协调性、区域性和层次性，充分运用生态学的整体性原则、循环再生原则、区域分异原则，融生态规划、生态设计、生态管理于一体，编制生态规划。生态规划可按地理空间尺度、地理环境和生物生存环境、社会科学门类分成不同的规划类型，其中城市生态规划和农村生态规划与社会经济建设最为密切，普遍受到政府和规划部门的重视。

1) 城镇生态规划。利用城镇各种自然环境信息、人口与社会文化经济信息，根据城镇土地利用生态适宜度原则，为城镇土地利用决策提供可供选择的方案。其规划程序与内容大致是：①确定规划目标；②收集资料与生态分析；③对城镇土地利用进行生态适宜度分析，确定各种土地利用的适宜度，如居住、交通、绿地、工业、商业、文化设施、菜地、林地等。④根据适宜度分析提供的城镇土地利用方案进行评价，以决策提出优选方案；⑤制订实施规划的计划和具体实施措施；⑥执行规划中进行调整和完善。

2) 农村生态规划。针对农村主要环境问题和生态问题，提出以调整农业生态结构，改善和维护土地等农业资源，合理规划利用土地为主要内容的保护农村生态系统，美化农村环境的计划和决策。农村是人类积极参与改造利用农业自然资源，生产农产品为主的活动场所，农村生态系统复杂、层次多，人工生态系统占有重要地位。其生态规划应根据自然规律，模拟生态系统良性循环原理，因地制宜，采用多种类型生态工程和生态技术，实现农村持久的经济和生态效益。农村生态规划的主要内容包括：①通过农村生态适宜度分析，根据其农村生态环境特点，确定适宜的农业生产结构；②增加和保护区域内物种，改良和增加农作物品种的措施，促进农业生态系统的稳定，增强其抵御自然灾害和各种病虫害的能力；③采用和推广各种有效的农业技术，促进合理利用，有效保护土地资源，发展生态农业；④做好乡镇工业与管理，合理使用化学农药与化肥，减少化学物质对土地农作物的污染；⑤合理规划农村居住生活环境，健全基础设施，美化农村环境。

3) 生态农业规划。生态农业是根据生态学、生态经济学原理，吸收中国传统农业的精华，应用现代科学技术方法建立起来的一种多层次、多结构的集约经营管理的综合农业生产体系。做好生态农业规划是完善和扩展农村生态规划的重要内容。

生态农业规划主要包括：①农业生态环境状况分析，突出主要农业环境问题；②选择适当的生态农业建设指标及指标体系；③合理进行生态农业区划；④规划生态农业工程，优化生态农业技术；⑤落实生态农业建设对策和措施。生态农业规划与建设计划中，一般采用的生态农业建设技术主要有：生态工程技术，包括农业的立体种植、养殖技术，即生物最佳空间组合的工程技术；食物链结构工程技术；农林牧副渔一体化，种植、养殖、加工相结合的配套生态工程技术等；能源环境工程技术；自然环境治理技术，即水土流失治理技术、控制沙漠化技术、盐渍化土壤改良技术等；综合防治技术；区域整体规划技术；绿色食品与有机食品工程技术等。

(2) 生态城市建设规划　城市是一个高度人工化的复合生态系统。生态城市是一种按照生态学原理建立起来的一类社会、经济、自然协调发展，物质、能量、信息高效利用，生态良性循环的人类聚居地，即高效、和谐的人类栖境。2003 年 5 月，国家环保总局发布了《生态市建设指标（试行）》，其中把生态城市定义为："生态市是社会经济和生态环境协调发展各个领域基本符合可持续发展要求的地市级行政区域。"

生态城市规划是以创建生态城市为目标的城市生态规划，也可以看作城市生态规划的一个专项规划。但目前，国内外都把创建生态城市作为城市发展最高层次和追求的目标，生态城市规划已成为城市生态规划的核心和主要形式。

生态城市规划的基本原则：联合国在其《人与生物圈》报告中提出了生态城市规划的五项原则：①生态保护战略，包括自然保护、动植物区系保护、资源保护和污染防治；②生态基础设施，即自然景观和腹地对城市的持久支持能力；③居民的生活标准；④文化历史的保护；⑤将自然融入城市。在城市生态规划中应考虑四个基本问题，人口、资源合理利用、经济发展和环境问题。

规划的主要内容如下：

1）总论。说明规划任务的由来，规划编制的依据，宏观背景与现实基础，建设的目的、意义、规划范围、规划时限等。

2）现状分析与评价。收集规划区的自然和生态环境现状，社会、经济、文化现状资料，对经济、社会、环境现状及存在的重要问题、进行分析评价。主要分析：①规划区域内各种资源的组合状况及对经济发展的影响；②对规划区域经济、生态、社会持续发展和进步的有利因素、制约因素（包括自然因素、社会因素、经济因素、技术因素和政策因素等）及相互关系；③存在的主要生态环境问题及其产生原因。

3）确定规划的指导思想与基本原则。

4）确定规划目标。规划目标分为总体目标和建设指标。总体目标可分为整体协调目标、经济领域的目标、社会领域目标、生态环境领域目标分别提出要求，建设指标要根据国家环保总局《生态县、生态市、生态省建设指标（试行)》（环发〔2003〕91 号）和当地实际需要，分阶段分项列出具体要求和指标。

5）生态功能分区。生态功能区划在生态景观实地调查的基础上，根据反映生态经济关系综合信息的某种共性和不同单元存在的差异，综合总体特征进行区域划分，依据相同类型在空间上的连续分布，组成特征鲜明的生态功能区。生态功能分区根据自然地理条件和社会经济条件，结合土地利用与行政区划现状，考虑未来发展需要进行的。确定每个功能区的面积、人口、所辖行政区域，功能区的基本特征、发展方向，建设目标等。

6）确定建设的重点领域和主要任务。生态市建设的主要任务包括增强可持续发展能力、改善生态环境和明显提高资源利用效率三个大的方面。重点建设领域由生态经济、人居环境、生态环境和生态文化四部分组成：生态经济建设的重点体现为以循环经济为特征的现代化经济体系；人居环境建设的重点体现在社会稳定、生活环境的舒适性和适宜性；生态环境建设与保护的重点包括资源可持续利用、生物多样性、重要生态功能区、生态安全、生态环境修复和环境质量；生态文化重点体现现代生态文化建设，从制度文化、认知文化、心智文化三方面，在单位（企业、学校等）、社区（乡镇）和社会三个层面上展开。

7）重点建设工程。根据生态县、生态市建设的总体目标，主要任务和建设步骤，确定若干项重点建设工程，并说明所处位置、建设内容、建设周期、投资概算、经费渠道和承担单位及主要负责人。

8）经费概算与效益分析。生态县、生态市是一个开放的自然-社会-经济复合生态系统，建设的目的是努力使经济现代化、社会进步和生态环境良好三者之间良性互动，从而实现经济、环境和社会效益同步提高。因此对规划方案需进行三个效益的分析。①经济效益：可以从经济结构、产业布局、资源利用效率水平、生产发展水平、GDP、财政收入、各产业构成、人均 GDP、人均收入及相应增长率等分析；②生态效益：包括生态环境质量水平、人居环境的舒适性和适宜性、防御自然灾害能力等；③社会效益：包括城乡结构、城镇布局是否合理，社会保障和贫富差距改善，科技进步和文化教育水平的提高，人民生活水平和素质提高，生态意识的增强等；④可持续发展能力增强：包括生产能力、社会稳定、人口素质、环境质量、资源的可持续利用等。

9）实施规划的保障措施。提出实现规划目标的组织、政策、技术、资金、管理等方面的具体措施，保证规划的顺利实施。

10）规划附图。它包括生态环境现状图、生态功能区划图、重点环境基础设施建设规划图等图。

3. 自然保护区建设规划

所谓自然保护区是指对有代表性的自然生态系统，珍稀濒危的野生动植物物种的天然集中分布区，有特殊意义的自然遗迹等保护对象所在的陆地、湿地、水域或者海洋，依法划出一定面积予以特殊保护和管理的区域。

自然保护区可以完整的保护自然环境的本来面目上，为人类研究自然界的发展规律，以及为环境监测评价提供客观依据。它是动植物的天然资源库、天然的基因库、1872 年美国建立了世界上第一个自然保护区黄石国家公园，开创了保护自然的新途径。根据全国环境统计公报（2005）数据，我国的自然保护区总数为 2349 个（其中，国家级 243 个，省级 773 个，市级 421 个，县级 912 个），总面积 14994.9 万 hm^2，约占我国陆地国土面积的 15.0%。

保护区是一个有明显的边界的自然区域，保护区的主要任务是管理，不同的保护区有不同的管理目标，包括科学研究、野生生物保护、物种和基因多样性保护、环境服务功能的延续、特殊自然和文化特征的保护、旅游娱乐、教育、自然生态系统资源可持续利用、文化和传统的持续等。

根据保护区批准管理部门的行政级别，保护区分为国家级保护区、省级、地区级、市级、县级及县级以下政府批准的小保护区，也包括加入生物圈保护区网络、世界重要湿地名录、世界自然和文化遗产名录国际级保护区。

根据国际保护同盟 1994 年按保护区管理目标划分的分类，保护区主要有六大类：严格的自然保护区、国家公园、自然遗迹、栖息地（物种）管理区、保护景观、资源管理保护区。保护区的功能区划：保护区是一个具有多种功能的机构，除了保护管理外，还具有科研、教育资源开发利用和生态旅游等功能，必须根据生物地理群落的特征和保护价值，将保护区的生态系统，从地域、保护目标、管理方式上划分成不同的功能区域，实行不同的保护管理策略。按《中华人民共和国自然保护区条例》的规定，自然保护区可划分核心区、缓冲区和实验区。核心区应是最具保护价值或在生态进化中起到关键作用的保护地区，所占面积不得低于该自然保护区总面积的 1/3，实验区所占面积不得超过总面积的 1/3。三区的划分不应人为割断自然生态的连续性，可尽量利用山脊、河流、道路等地形地物作为区划界线。

（1）核心区　每一个保护区都有一个或几个基本上保护着原始状态或很少受到人类影响的区域作为核心区以保护重要物种、生态系统或自然景观，它作为自然本底，具有重要的保护与科学价值。因此，核心区必须受到严格保护，只能进行少数科研、监测活动。

（2）缓冲区　为了减少外界对核心区的影响，在核心区外围划定一个区域对核心区起到保护和缓冲作用，一些不直接索取资源的活动，如：科研、培训、环境教育及旅游和娱乐等可在这个区域内进行。

（3）实验区（过渡区）　考虑到保护区内及周边社区群众生活与发展的需要，在缓冲区的外围设过渡区。当地群众可在这个区域进行对上述两个区没有污染和负面影响的经济活动。这个区域可以用来进行资源合理利用的研究、试验与示范，并向周边地区推广和扩散，促进当地社区经济协调发展。

规划期目标主要包括自然生态和主要保护对象状态目标、人类活动干扰控制目标、工作条件和保护设施完善目标、科研和社区工作目标。规划期一般可确定为 10 年。

总体规划主要内容包括保护基础设施建设规划、工作条件和巡护工作规划、人力资源和内部管理规划、社区工作和宣教工作规划、科研和监测工作规划、资源合理开发利用规划（如生态旅游等）、保护区周边污染治理和生态保护建议、重点项目建设规划。

自然保护区主要规划的内容可参看《武夷山自然保护区规划》摘要（见附录 C）。

4. 生物圈保护区

生物圈保护区是联合国教科文组织（UNESCO）在全球实施的人与生物圈（MAB）计划下倡导并发展的，是受到保护的陆地、海岸带或海洋生态系统的代表性区域。生物圈保护区除了具有保护功能外，更重要的是具有促进资源可持续利用的发展功能和开展科学研究、监测、教育、培训、信息交流等后勤支持功能，并通过特殊的区域设计来发挥这些功能。生物圈保护区是国际性的，必须由各国政府主管部门推荐，并由本国 MAB 国家委员会提出申请，经 MAB 国际协调理事会及 UNESCO 总干事批准确认。这些生物圈保护区分布在全球各个国家，形成一个世界性网络，通过网络来达到国际间的合作与交流、信息和知识共享的目的。

始于 1971 年的人与生物圈计划是联合国教科文组织针对全球面临的人口、资源、环境问题而发起的一项政府间的国际科研计划。1992 年联合国环境与发展大会后，人与生物圈计划的重点集中于通过生物圈保护区在全球的建设来研究和保护生物多样性，促进自然资源的可持续利用。现在人与生物圈计划的发展已进入一个新的时期，世界生物圈保护区网络的建设也正在逐步走向规范和成熟。1995 年，在西班牙举行的第二次世界生物圈保护区大会上制定的《塞维利亚生物圈保护区纲要》和《生物圈保护区章程框架》明确提出，要将生物圈保护区建设成为实施《生物多样性公约》和《21 世纪议程》的基地，并规定了生物圈保护区的三大功能，即生物圈保护区不仅要保护生物多样性，也要保护文化多样性；要将生物圈保护区作为土地管理和可持续发展途径的样板；要将生物圈保护区作为研究、监测、教育和培训的基地。至今，全球已经有 459 个生物圈保护区分布在 97 个国家。中国人与生物圈国家委员会于 1993 年建立了"中国生物圈保护区网络"，中国已有 26 个保护区成为世界生物圈保护区。

从生物圈保护区的特点看，它也是保护区，但不属于世界保护联盟保护区分类系统的一种类型，而是具有国际意义的保护区管理模式，对任何一种类型的保护区的有效管理均具有指导意义。

5. 生态功能保护区建设规划

生态功能保护区是指在保持流域、区域生态平衡，减轻自然灾害，确保国家和地区生态环境方面具有重要作用的区域，如江河源头区、江河洪水调蓄区、重要水源涵养区、防风固沙区、水土保持的重点预防保护区和重点监督区、重要渔业水域等。

生态功能保护区建设规划范围的确定既要考虑生态系统结构的完整性和主导生态功能的同一性，又要考虑与行政边界保持一致，便于管理。范围以足以维持和发挥生态功能保护区主导生态功能作用为宜。

建立生态功能保护区是为了对重要生态功能区实施抢救性保护。因此，生态功能保护区规划必须坚持保护优先、预防为主、防治结合的原则，切实加强这些地区的社会、经济活动的环境监管，防止生态功能退化。同时，遵循自然规律，采取适当的生物和工程措施，尽快恢复和重建退化的生态功能。通过调整生态功能保护区内的产业结构，改变区内粗放经济发展方式，最大限度地减轻人类活动对生态环境的影响，以达到保护生态功能的目的。规划要突出重点，抓住生态功能保护区的主导生态功能，重点解决制约主导生态功能发挥的各类限制性因素。"规划"要体现以人为本，充分考虑当前群众的生存发展，既要搞好生态功能的保护，又要考虑当前社会经济的发展。

规划目标要与《全国生态环境保护纲要》和《全国生态环境建设规划》的目标相一致，要与当地的经济和社会发展计划、规划相结合，并将规划纳入当地经济和社会发展的长远规划和年度计划。在时间上以五年为一时段（与当地的经济和社会发展计划、规划要吻合），分为近期、中期和远期三个阶段。

在生态调查、环境敏感性评价、功能评价等生态评价的基础上，围绕确保主导生态功能稳定、有效发挥的需要，按照自然特点、环境现状、社会发展需要和保护与恢复生态功能的要求，进行科学的分区保护，明确各分区的范围、主要生态问题、生态保护目标、任务和措施。规划的重点是保护管理规划、基础设施能力建设规划、宣传教育规划、科研监测规划、社区共管规划、产业结构调整、生态产业发展规划、人口控制或移民规划。

生态功能保护区建设与管理的主要任务与措施，一是采取严格保护措施，保护现有生态状况保持良好、生态功能正常发挥的重点区域，防止发生新的退化和人为破坏。其中生物多样性丰富，具有典型性、完整性的自然区域，也可以采取建立自然保护区的保护方式。对于保护区内居民进行生态移民搬迁，以减轻人口对珍稀濒危物种栖息地的生态压力，恢复其生态系统的原始风貌。二是对生态系统受到破坏，生态功能开始退化的区域，重点采取合理的管护措施，包括围栏封育，促进自然恢复。三是对区内严重退化的生态系统和生态严重恶化区域，通过生物和工程措施，开展生态恢复与重建，逐步恢复其生态功能。同时，为了减轻不合理发展方式带来的冲击和压力，推动生态功能保护区内生态环境与社会经济的协调发展，应当在充分考虑当地经济、社会发展的需要和生态环境承载能力的基础上，调整产业结构和生产力布局，积极寻求替代产业，改变粗放的经济增长方式，发展生态经济。

6. 景观生态规划

景观生态学是研究景观单元的类型组成、空间格局及其与生态学过程相互作用的综合性学科。强调空间格局、生态学过程与空间尺寸之间的相互作用是景观生态学研究的核心。景观生态研究的内容和对象可以概括为三个方面：①景观结构，即景观组成单元的类型，多样性及其空间关系；②景观功能，即景观结构与生态学过程的相互作用，或景观结构单元之间的相互作用；③景观动态，即指景观在结构和功能方面随时间推移发生的变化。

景观生态规划是运用景观生态学的原理、生态经济学原理及相关学科的知识方法，从景观生态功能的完整性、自然资源的特征、实际的社会经济条件出发，通过对原有景观要素的优化组合或引入新的成分，调整或构建合理的景观格局，使景观整体功能优化，达到经济活动与自然过程的协同进化。景观生态规划是生态规划的一种，两者的区别表现在，首先两者所面对的对象有一定差别，生态规划的研究对象是生态系统，而景观生态规划的研究对象是景观，许多研究者都认为，景观在空间尺度上比生态系统为大；其次，生态规划强调的是生态系统内各组分的合理利用，而景观生态规划，虽也有生态组分的合理利用问题，但它更多面对的是生态系统的合理利用，而且它更强调景观内生态系统的空间动态稳定性。但应指出的是，两者在规划思想上是一致的。因此，许多生态规划的模型只是在应用中把尺度相应扩大，同进融入景观生态学的观点与方法，也是可以作为景观生态规划模型而应用的。

景观生态规划程序为：确定规划目标→景观生态调查→景观格局与生态过程分析→景观分析与制图→生态适宜性评价→景观功能区划→生态规划方案及评价→规划实施。

7. 土地利用总体规划

土地利用总体规划是指某一区域拥有的土地资源开发利用、保护规划。土地利用总体规划涉及的范围很广，包括进行工业、农业、交通运输业用地的综合布局，大城市、卫星城市及村镇居民点的用地布置，自然保护区的设立和保护，各种自然资源的综合开发利用、治理和保护，生态系统的良性循环等。对一个区域来说，土地利用总体规划应包括土地利用规划、自然资源开发与保护规划、园林绿地系统规划。

土地利用总体规划应考虑土地的环境容量、环境承载力、土地开发规模和土地利用空间构成，此外还应综合考虑地形、山脉、河流、气候、水文及地质等自然要素的制约，和国家有关政策、法规以及技术、经济的可行性。在恰当的标准指导下，结合生态适宜度、土地条件等评价结果，划定出城市各类用地的范围、位置和大小。

生态规划实例见附录 B、附录 C。

7.4 生态保护主要任务

全面贯彻《全国生态环境保护纲要》，切实做好重要生态功能区、重点资源开发区、生态良好区的生态保护，力争在生态功能保护区建设、资源开发的生态保护监管、生物安全管理、农村环境保护上取得新的进展。坚持"南拓青龙、北退黄龙、中扩绿洲"的林业发展战略，以增加林草植被，改善生态环境为目标，建立完备的林业生态体系和发达的林业产业体系，坚持保护与建设并重，治理与开发并举，生态效益与经济效益结合，推动全区经济社会可持续发展。

7.4.1 加强重要生态功能区的生态环境保护

1）重点保护中西部生态脆弱地区的重要生态功能区。要切实加强大江大河源头区、重要水源涵养区、水土保持重点预防保护区和重点监督区、天然洪水调蓄区、重点荒漠绿洲、重要渔业水域等重要生态功能区的保护。优先在长江、黄河流域的源头区，重要水源涵养区，水土保持重点预防保护区，上中游天然洪水调蓄区，松花江流域的天然洪水调蓄区，秦岭、滇西北地区山地生物多样性特别丰富的地区，华北、西北地区的黑河流域、塔里木河下游、阴山北麓等重要防风固沙区，以及南水北调源头区和东海舟山重要渔业水域等建立一批国家级生态功能保护区。在保持流域、区域生态平衡，减轻自然灾害，确保国家和地区生态环境安全方面这些保护区具有重要作用。对这些区域的现有植被和自然生态系统应严加保护，通过建立生态功能保护区，实施保护措施，防止生态环境的破坏和生态功能的退化。跨省域和重点流域、重点区域的重要生态功能区，建立国家级生态功能保护区；跨地（市）和县（市）的重要生态功能区，建立省级和地（市）级生态功能保护区。

2）尽快形成生态功能保护区管护能力。停止一切导致生态功能继续退化的开发活动和其他人为破坏活动；停止一切产生严重环境污染的工程项目建设；推进生态功能保护区监管能力建设、基础设施建设、生态功能恢复工程建设，开展生态功能保护区试点示范；在少数生态环境十分脆弱，生存条件恶劣，人口环境压力严重超载的地区，实行必要的生态移民。

3）规范成立国家级生态功能保护区管理，推进生态功能保护区管理评审、法制、技术标准等管理体系建设。由各级环保部门会同有关部门组成评审委员会评审，报同级政府批准。生态功能保护区的管理以地方政府为主，国家级生态功能保护区可由省级政府委派的机构管理，其中跨省域的由国家统一规划批建后，分省按属地管理；各级政府对生态功能保护区的建设应给予积极扶持；农业、林业、水利、环保、国土资源等有关部门要按照各自的职责加强对生态功能保护区管理、保护与建设的监督。

7.4.2　提高生物多样性保护能力

（1）提高自然保护区的建设与管理水平　继续抢建一批新的自然保护区。加强草原和草甸生态系统、干旱荒漠生态系统、海洋和海岸生态系统、野生植物、地质遗迹、古生物遗迹等类型自然保护区的建设；加快东部地区中、小规模自然保护区的建设，力求形成门类齐全的自然保护区群落；集中力量在西部地区建立一批较大规模的自然保护区；尽可能将大、中城市郊县现有残存的自然生态系统划定为自然保护区。要从重数量向重质量转变，抓紧完善《自然保护区条例》相配套的规章、制度和标准，加快地方性自然保护区法规建设，加强现有自然保护区的管理机构和基础设施建设，开展不同类型自然保护区建设与有效管护的示范，不断提高自然保护区的管理水平。

（2）遏制捕杀和采挖野生动植物的违法行为　要以治理非法走私出口和各种野味餐厅为突破口，严厉打击滥捕滥杀、滥采滥挖和倒买倒卖珍稀野生动植物的违法活动；加强生产、流通和市场监管，严格限制捕杀、采集和销售益虫、益鸟、益兽，严格控制野生中药材的采挖活动；继续开展珍稀野生动植物繁育中心和基地的建设，推进珍贵、濒危野生动植物的人工繁育和回归自然。

（3）加强国家生物多样性和生物安全管理　完善生物多样性保护的履约机制，制订和实施森林、草原、海洋、内陆水域、农业和干旱半干旱地区生态系统的生物多样性保护工作方案；完成外来物种入侵及其生态影响调查，制定法规，强化外来入侵物种的环境安全管理；开展遗传资源获取和惠益分享机制的研究，不断强化其管理；加强生物多样性保护监管能力建设，加大生物多样性保护的宣传、教育和培训力度。强化生物安全管理，完善有关法规，制定技术标准和规范，建立管理机构及风险评估和风险管理制度，认真贯彻落实《农业转基因生物安全管理条例》，把由现代生物技术产生的转基因活体及其产品对生物多样性、生态环境和人体健康的影响减少到最低限度，促进我国生物技术健康发展。

（4）保护和恢复重要湿地生态功能　以东北三江平原、长江中下游湖群湿地、西南川西北高原湿地、青藏地区高寒湿地、渤海海岸湿地、南海红树林和珊瑚礁分布区及河口湿地为重点，开展湿地生态功能与生物多样性保护，加强大中型湖泊湖滨带保护区、大中型湿地自然保护区建设与管理，扩大和增加我国的国际重要湿地地点；以太湖、滇池、巢湖等8～10个重要湖泊和南海红树林、珊瑚礁分布区为重点，开展湖滨带、海滨带保护及其生态系统的恢复与重建示范；加强湿地资源开发的生态保护监管和沿海滩涂的保护，初步建立中国湿地监测体系和湿地管理数据库，建立湿地开发的生态环境影响评价标准体系。

7.4.3 加强自然资源开发的生态环境保护

1. 加强各类自然资源保护

切实加强对水、土地、森林、草原、海洋、矿产等重要自然资源的环境管理，严格资源开发利用中的生态环境保护工作。各类自然资源的开发必须遵守相关的法律法规，依法履行生态环境影响评价手续；资源开发重点建设项目应编报水土保持方案，否则一律不得开工建设。

（1）维护水环境安全和水生态平衡　加强水资源管理，探索建立河流基本流量保障制度，科学核定重点河流流域的生态用水。水资源的开发利用要全流域统筹兼顾，生产、生活和生态用水综合平衡，坚持开源与节流并重，节流优先，治污为本，科学开源，综合利用。建立缺水地区高耗水项目管制制度，逐步调整用水紧缺地区的高耗水产业，停止新上高耗水项目，确保流域生态用水。在发生江河断流、湖泊萎缩、地下水超采的流域和地区，应停上新的加重水平衡失调的蓄水、引水和灌溉工程；合理控制地下水开采，做到采补平衡；在地下水严重超采地区，划定地下水禁采区，抓紧清理不合理的抽水设施，防止出现大面积的地下漏斗和地表塌陷。继续加大二氧化硫和酸雨控制力度，合理开发利用和保护大气及水资源。对于擅自围垦的湖泊和填占的河道，要限期退耕还湖还水。通过科学的监测评价和功能区划，规范排污许可证制度和排污口管理制度。严禁向水体倾倒垃圾和建筑、工业废料，进一步加大水污染特别是重点江河湖泊水污染治理力度，加快城市污水处理设施、垃圾集中处理设施的建设。加大农业面源污染控制力度，鼓励畜禽粪便资源化，确保养殖废水达标排放，严格控制氮、磷严重超标地区的氮肥、磷肥施用量。

（2）加强国土和矿产资源开发的生态环境保护　强化国土资源管理，搞好土地利用总体规划的编制和实施，合理调整土地利用结构和布局，保证生态功能保护区并建立地下水、自然保护区等生态用地需求，优先保护具有重要生态功能的林地、菜地和湿地；以水库和饮用水源保护区为重点，整顿沿库、沿岸边的采矿秩序，确保环境安全；加速矿山环境治理和土地复垦，开展矿山环境污染和生态破坏的综合治理。建设项目确需占用生态用地的，应严格依法报批和补偿，并实行"占一补一"的制度，确保恢复面积不少于占用面积。

（3）维护森林的生态功能　严格森林资源管理，推进森林的分类经营，加大天然林和防护林的保护力度，加快速生丰产林的建设速度，延长一般用材林和兼用林的砍伐周期，充分发挥现有森林的生态效益；禁止自然保护区、风景名胜区、森林公园内的森林砍伐，切实加强生态公益林的保护；以东北、西南地区为重点，清理天然林、生态公益林保护区域周边地区木材加工厂点，严厉打击各类盗伐、超量采伐活动；加强对退耕还林地的保护，落实管护资金，巩固生态建设成果。

（4）保护和恢复草原生态　对具有重要生态功能的林区、草原，应划为禁垦区、禁伐区或禁牧区，严格管护；要切实保护好各类水源涵养林、水土保持林、防风固沙林、特种用途林等生态公益林；对毁林、毁草开垦的耕地和造成的废弃地，要按照"谁批准谁负责，谁破坏谁恢复"的原则，限期退耕还林还草；进一步做好禁止采集发菜、制止滥挖甘草、麻黄草等固沙野生植物和中药材的监督工作；实施农村能源建设工程，发展沼气、节能灶、风能、太阳能和生物质能等新能源，减少过度开采对草灌植被的破坏。

（5）生物物种资源开发利用的生态环境保护　生物物种资源的开发应在保护物种多样性和确保生物安全的前提下进行。依法禁止一切形式的捕杀、采集、销售濒危野生动植物及益虫益鸟的活动，同时鼓励这些动植物的培养与繁育；加强野生生物资源开发管理，逐步划定准采区，规范采挖方式，严禁乱采滥挖。

（6）海洋和渔业资源开发利用的生态环境保护　海洋和渔业资源开发利用必须按功能区划进行，做到统一规划，合理开发利用。切实加强海岸带的管理，严格围垦造地建港、海岸和旅游设施建设的审批，严格保护红树林、珊瑚礁、沿海防护林。加强重点渔场、江河出海口、海湾及其他渔业水域等重要水生资源繁育区的保护，严格渔业资源开发的生态环境保护监管。

（7）加强旅游资源开发的生态环境保护　全面开展旅游景区的环境保护定量考核，积极推进水、气、垃圾和噪声污染防治，保护自然景观、人文景观和生态环境；对国家重点旅游区开展环境保护规划，完善环境保护管理体系，开展生态旅游区示范，创建15个ISO14000风景名胜示范区；完善法规标准，合理控制旅游规模，严格旅游设施建设项目的环境管理，规范生态旅游活动，促进旅游业的可持续发展。

2. 加强西部开发建设的生态环境保护

严格进行西气东输、西电东送、青藏铁路、南水北调等重大工程建设及高速公路、铁路建设的环境影响评价和施工监管，组织生态恢复，建设绿色通道；强化对新疆、青海、陕西等干旱地区油气田开发建设的环境监督，合理规划施工区，保护荒漠植被和地下水源；建立塔里木河流域、晋陕蒙接壤地区、晋陕豫接壤地区资源开发生态保护监控体系，严禁乱垦、乱采、乱挖活动，加大生态破坏恢复治理力度，开展重点工程的试点示范；推进三峡库区、黄河上中游和小浪底库区，滇、桂、黔岩溶地区的水土流失和石漠化治理，确保三峡库区、小浪底水库和龙滩水库的环境安全。分级抓好西部地区地方级开发建设活动中的生态环境保护，防止新的大规模生态破坏。

3. 自然保护规划

自然保护是为了给当代和后代人建立最适宜的生活、工作和生产条件，通过一系列合理的管理措施，保护人类生活的自然资源，使之免遭破坏。自然保护的目标是：保护人类生存和发展的生态过程及生命系统（如水、土、气以及森林、草地等）使其免遭破坏和污染；保证生物资源的永续利用；保存生物种的遗传多样性；保存自然历史纪念物。自然保护规划是在对自然资源进行调查、分析、评价的基础上，对其保护、增殖、开发利用等作出全面安排。自然保护规划根据不同要求、不同保护对象可以分成不同的类型规划，常有两类规划：自然资源保护规划，自然保护区规划。

（1）自然资源保护规划　自然资源是在一定的技术经济条件下，自然界中对人类有用的一切物质和能量，如水、土、气、森林、草原、野生动植物等，按其能被人利用时间的长短，可分为有限资源和无限资源两大类，前者又分为可更新资源和不可更新资源。自然资源保护规划根据不同的保护对象，有不同的规划要求和规划重点。如对可更新资源的保护，重点应放在调整其再生（增殖或更新）速率与开发利用速率之间的相对关系上，而对不可更新资源来说，最关键的是注意有计划地适度开发和合理利用，决不可竭泽而渔。

（2）自然保护区规划　自然保护区一般是指受国家法律特殊保护的各种自然区域的总称。不仅包括自然保护区本身，而且包括国家公园、风景名胜区、自然遗迹地等各种保护区。自然保护区的功能是使人类认识自然界，掌握自然界的变化规律，协调人类与自然的关系，以便合理地开发利用自然，使其永续利用。自然保护区的基本任务是：保护生物多样性基地；开展科学研究的天然实验室；宣传教育的自然博物馆；合理开发利用自然资源的示范地；开展生态旅游活动的场所等，因此自然保护区规划应按保护对象、不同类型、突出重点进行规划建设，当前我国自然保护区分成五类：①生态系统自然保护区（森林生态、草原生态、荒漠生态、内陆湿地和水域生态、海洋和海岸生态等）；②珍贵植物或特殊植被及水源涵养自然保护区；③野生动物自然保护区；④森林公园（自然公园）；⑤自然历史遗迹自然保护区。

自然保护区规划是在充分调查的基础上，论证建立自然保护区的必要性、迫切性、可行性，确立保护区范围，拟建自然保护区等级，保护类型，提出保护、建设、管理对策意见，最终编制自然保护区文本。自然保护区一旦确立，便成为一个占有法定空间、具有特定自然保护任务、受法律保护的特殊环境实体。我国自然保护区分国家级自然保护区和地方级自然保护区，地方级又包括省、市、县三级。建立、变更、撤消各级各类自然保护区，必须符合法律规定的条件、要求和审批程序。

7.4.4 推进生态良好地区的生态保护示范

1. 建设生态示范区

继续组织试点示范，到 2005 年，力争设立生态省试点 4 ~ 5 个，地、县级规模的生态示范区建设试点 300 ~ 400 个；在推进生态省建设的同时，在东部地区和经济较发达地区，重点发展一批地（市）级生态示范区建设，在省会城市、环境保护模范城市和条件较好的县（市），率先建设一批生态市和生态县；在西部有条件的地区，结合西部大开发，发展一批生态致富、生态脱贫的示范区；鼓励北京市、天津市、河北省有关地区联手建立首都生态经济圈。进一步完善生态示范区考核、验收、命名的管理规章和制度，初步建立全国生态示范区管理系统和信息网，实现规范化管理；开展对部分已验收命名生态示范区的规划更新，形成滚动发展机制，进一步提高生态示范区的建设和管理水平。

2. 建设生态农业示范县

进一步发挥生态农业在生态环境建设、农村面源污染治理和无公害基地建设方面的示范、推动作用，积极开展生态农业示范县建设。要使国家和省建设的生态农业示范县达 300个以上，建成一批以农业产业结构合理化、生产技术生态化、生产过程清洁化、生产产品无害化为主要特征的生态农业"精品"示范工程；建立健全生态农业建设的领导、管理和技术、信息服务体系；制定和执行有关的财政、信贷、税收优惠政策，促进生态农业健康持续发展，充分发挥示范县的示范作用。

3. 创建环境优美城镇

加强小城镇环境规划管理，力争使 60% 的小城镇完成环境保护规划。采取有效措施防止高消耗和高污染的落后工业向农村，尤其向是西部农村地区转移；推行乡镇工业小区和污染集中控制、村镇垃圾无害化处理，因地制宜、多方筹资建设村镇污水处理设施和垃圾处理设施；保护重点水域、水系和基本农田，建设自然保护小区和园林小区，有条件的地方要划定村镇集中式饮用水水源保护地，保证农村饮用水水源地的水环境质量基本达到饮用标准；以环境优美城镇建设为载体，以村镇生产、生活污染治理和农村面源污染治理为重点，完善小城镇环境保护体系，健全城镇环境保护监管队伍，推动乡镇环境建设健康发展。

7.4.5　加快农村环境保护步伐

（1）积极发展生态经济，实施生态家园富民计划　要抓住农业产业结构调整和加快小城镇建设的契机，在大力发展农业和农村经济的同时，把控制农村生产和生活污染，改善农村环境质量作为环境保护的重要任务，鼓励发展低污少废的生态农业、有机农业和节水农业，努力实现生态环境保护与经济社会发展双赢。要组织实施一批生态家园富民示范区，引导农民改变落后的生产生活方式，通过推广生态模式工程、沼气工程、太阳能利用工程、省柴节煤工程和小型电源工程，形成农户基本生活、生产单元内的生态良性循环，实现家居温暖清洁化、庭院经济高效化和农业生产无害化。

（2）强化污染控制，促进种、养业废物资源化　加大禁烧执法力度，促进秸秆综合利用。继续在机场、高速公路、重要铁路干线、高压输电线风景名胜区、自然保护区、人口集中区及其周边地区推行禁烧区制度，建立监督、考核制度和重大事故责任追究制度；要从饲料、肥料、燃料和工业原料等领域开拓秸秆综合利用渠道，大力推广秸秆还田、秸秆气化技术和其他综合利用措施，开发工业利用秸秆新途径，力争使禁烧区内秸秆的综合利用率有较大幅度的提高。控制畜禽渔养殖业的污染，制定禽畜渔养殖业的污染防治经济技术政策、污染物排放标准，开发畜禽养殖污水处理和畜禽粪便资源化技术，大力推进养殖业和种植业紧密结合的生态工程建设，积极引导相关产业的发展，建立健全有机肥生产、销售和使用的市场机制，促进废物资源化；加强渔业资源和渔业水域生态保护，合理确定养殖容量和捕捞强度；优先推进规模化养殖场的污染治理，在"三湖"地区和长江三角洲、珠江三角洲地区，以及东部经济较为发达的省会城市、重点城市郊、县等重点流域、区域实行污水限期达标排放。

（3）强化农用化学品环境安全管理　加强农药环境安全管理，减少不合理使用造成的危害。完善农药生产和使用的环境安全管理法规、标准，探索建立中高毒、高残留农药使用申报制度，加强在人口集中区、自然保护区农药使用的管理；鼓励开发和推广高效、低毒和低残留化学农药，发展生物农药，逐步使甲胺磷、甲基对硫磷、久效磷、磷胺等高毒有机磷农药品种退出主要生产和使用的农药品种系列。加强化肥施用的环境安全管理，减轻农业面源污染，积极探索不同流域、不同种植结构下化肥的合理施用量、流失率及其对水污染的贡献率，制定化肥施用的环境安全控制标准；积极发展高浓度、缓释化肥，合理调整氮、磷、钾施肥比例，鼓励使用有机肥。积极推广深施、包膜、缓释、复合配方和测土施肥等技术，提高化肥利用率，降低流失率。加强农膜使用的环境安全管理，开展农膜污染现状调查，制定农膜污染防治法规和标准，控制农膜严重污染地区的农膜用量；积极开发农膜回收利用技术和可降解生产技术，严格控制超薄农膜的生产和使用。

（4）建立农产品安全保障体系 开展土壤污染调查和土壤污染防治示范，开展无公害农产品生产示范基地建设，加强基本农田、有机食品、绿色食品、无公害农产品和其他优质农产品基地的环境保护，建立必要的缓冲区，严格控制工矿建设和污染排放，进一步提高重点区域农业污灌标准；制定和完善农产品环境安全的控制标准，建立农产品环境安全监测、监管体系，严格控制生物生长激素在农业生产中的使用，在蔬菜、水果、茶叶和中草药生产中禁止使用高毒、高残留农药，提高农产品质量和安全水平。积极发展有机食品、绿色食品和无公害农产品，实行优惠鼓励政策，强化有机食品、绿色食品和无公害农产品发展的监督管理，推动有机食品生产基地建设。支持自然生态条件较好的地区尤其是中、西部地区开发有机食品。加强"菜篮子"工程的环境保护，继续推进以"开辟绿色通道、培育绿色市场、提倡绿色消费"为主要内容的"三绿工程"，争取完成"十条绿色通道、百家绿色批发市场、千家绿色零售门店和万种绿色品牌"的创建任务。

7.4.6 我国生态环境保护建设重点

（1）祁连山天然林保护建设工程 完成人工造林 120 万亩（1 亩 = 0.1647hm²）。2005 年前完成 20 万亩，年均 4 万亩，封山育林育草 100 万亩；在国家资金的支持下，组织对祁连山区 6.2 万移民向开发区搬迁，解决好林牧矛盾；2006—2010 年完成人工造林 20 万亩，年均 4 万亩，封山育林 100 万亩；2011—2020 年完成人工造林 40 万亩，年均 4 万亩，封山育林 200 万亩；2021—2030 年完成人工造林 40 万亩，年均 4 万亩，现有宜林四荒地实现绿化。共需投资 16.6 亿元。

（2）荒漠化治理建设工程 完成人工造林 400 万亩。2005 年前完成 74 万亩，年均 14.8 万亩，封滩育林育草 120 万亩，促使绿洲向沙区推进；2006—2010 年完成人工造林 74 万亩，封滩育林育草 120 万亩；2011—2020 年完成人工造林 126 万亩，年均 12.6 万亩，封滩育林育草 240 万亩；2021—2030 年完成人工造林 126 万亩，年均 12.6 万亩，封滩育林育草 240 万亩。共需投资 25.4 亿元。

（3）退耕还林（草）工程 完成退耕还林（草）170 万亩。2005 年前退耕还林（草）30 万亩，年均 6 万亩，重点在祁连山区 25°以上和沿山区 25°以下不宜种植粮油作物的农耕地进行；2006—2010 年完成退耕还林（草）21 万亩，平均 4.2 万亩；2011—2020 年完成退耕还林（草）62 万亩，年均 6.2 万亩；2021—2030 年完成退耕还林（草）57 万亩，年均 5.7 万亩。共需投资 29.3 亿元。

（4）优质种苗基地建设工程 2005 年以前，力争建成 10 万亩优质种苗繁育基地，年出圃各类优质苗木 5.2 亿株，其中祁连山区建成 1 万亩针叶树种苗基地，开发区和国有林业场圃建成 5.5 万亩阔叶乔木种苗基地，沙漠前沿的国有林业场圃建成 1.5 万亩灌木林种苗基地，绿洲中部国营、集体和科研单位建设 2 万亩经济林、速生丰产用材林种苗基地。其需投资 5 亿元。

（5）黑河流域生态环境治理工程 到 2005 年以防止沙漠化和水土流失、实现生态综合治理为目标，以源头治理库区绿化、河岸绿化、干支渠绿化为重点，完成人工造林 26 万亩，年均 5.2 万亩；到 2010 年全面完成灌木林保护及植被恢复、人工影响天气、调水节水保土、生态农业、生物多样性保护、生态创新等重点项目建设任务。沿黑河建成一条绿色长龙，保护好"母亲河"。共需投资 34.8 亿元。

(6) 生物多样性保护工程　包括以下内容：①自然保护区建设，新建国家级自然保护区 50 个，重点是西南、西北和东北地区，使之形成初步管理能力，完善已有国家级自然保护区的基础设施。加大对现有国家级自然保护区的建设力度，形成较强的管护能力，建设与国际接轨的国家级自然保护区示范区 20 个；②生物多样性与生物安全监管能力建设，编制 6 个重点领域工作方案，组建生物多样性监测网络，开展生物多样性评估，建立国家生物多样性数据库和信息协调中心与交换所，建立国家生物安全评估中心、重点实验室、全国生物技术与生物安全数据库，建立生物安全跟踪监测系统，形成监管能力；③建设野生动植物种保护繁育中心和重要野生遗传资源保护区 15 个。

(7) 农村面源污染控制工程　包括以下内容：①秸秆禁烧与综合利用，选 20 个重点省，开展秸秆机械还田示范工程、秸秆过腹还田示范工程、秸秆气化转化新能源技术示范工程、秸秆加工纤维板技术示范工程；②规模化畜禽养殖污染控制，重点在北京、上海、天津、重庆、石家庄、郑州、广州、南京、杭州、昆明、成都、合肥、济南、青岛、烟台、深圳、大连等 17 个城市的郊区和郊县，建立畜禽污水处理示范工程、畜禽粪便资源化示范工程；③病死禽畜及其污染物污染控制，按统一规划，合理布局的原则，在一些重点大、中城市建立病死禽畜及其污染物处理示范工程；④化肥、农药污染防治，重点在京津塘地区、珠江三角洲、长江三角洲地区，太湖、滇池、巢湖、淮河（安徽、河南部分），建立农药、化肥环境污染跟踪监控体系和污染控制示范区。

(8) 生态示范区建设与管理工程　包括以下内容：①国家级生态示范区管理系统建设，建成国家级生态示范区建设试点管理网络和信息系统；②生态示范区可持续发展能力建设示范工程，重点支持生态省建设试点和验收命名的国家级生态示范区的规划更新、监测、监管能力建设和环境与经济协调发展示范工程建设；③生态示范区宣传教育与科技支持，开展宣传教育和管理人员、技术人才、农民科技培训，完善宣传、推广设施，建立科技单位技术依托和新科技推广机制。

7.5　实施对策与措施

为确保生态保护目标的实现和各项任务的完成，必须严格执行国家现有的环境保护和资源管理法律、法规，依法行政，严格监管。同时，应根据党中央、国务院的要求和国际环境保护形势的发展，在生态保护的政策、措施和制度上大胆创新，勇于开拓。

1. 加强领导和协调，建立生态环境保护综合决策机制

开展生态环境现状调查，诊断生态环境对区域经济社会发展的关键制约因素。在西部生态现状调查的基础上，完成东、中部生态调查，全面了解我国生态环境现状，建立数据库，为各级政府决策提供依据。编制生态功能区划。完成省域生态功能区划，进一步明确水、土、草原、森林、海洋、生物、矿产、渔业等自然要素的生态功能和省内各类型区域的生态功能与作用，指导经济结构调整、自然资源开发与产业合理布局，推动区域经济社会与生态环境保护的协调、健康发展。

制定生态保护规划。在生态功能区划的基础上，结合区域社会经济发展的需要，进一步明确各个时期、各个重点区域、重点领域的生态保护目标与任务。

建立以卫星遥感等高科技为手段的国家生态环境监测网络和信息系统，及时掌握生态破坏状况和变化，定期发布国家生态环境状况白皮书。提高国家对重要生态功能区和重点资源开发区生态状况的监控能力，以及对重大生态灾害的预警预报能力。

2. 加强法制，完善生态保护法律体系

1）加快生态保护立法。推进《生态环境保护法》立法工作，抓紧制定生物安全管理条例、生态功能保护区管理条例、遗传资源保护条例和防止外来物种管理条例；完成草原法的修改，完善生态用水的管理法规；进一步健全、完善地方性生态保护、自然保护区管理法规和监管制度。

2）加大现有环境保护和自然资源管理法律、法规的执法力度。建立部际生态环境保护联合执法机制，重点抓好生态破坏大要案的查处，树立生态环境保护执法权威。

3）建立和完善生态环境保护责任制。要把地方各级政府对本辖区生态环境质量负责、各部门对本行业和本系统生态环境保护负责的责任制落到实处。明确资源开发单位、法人的生态环境保护责任。实行严格的考核、奖罚制度。对于严格履行职责，在生态环境保护中作出重大贡献的单位和个人，应给予表彰、奖励。对于失职、渎职，造成生态环境破坏的，应依照有关法律法规予以追究。

4）加强生态保护标准建设。抓紧生态省、生态市、生态县标准的制定；完善制定各种自然资源开发的生态影响评价指标和标准、生态破坏控制标准和恢复治理标准、生态保护技术规范和技术政策；制定统一的省域生态环境质量考核标准、生态旅游示范区建设标准、自然保护区、风景名胜区和森林公园环境保护考核标准；制定农药、化肥环境安全控制标准。

3. 明确责任，加强生态保护监管

1）环保部门要做好综合协调与监督工作，计划、农业、林业、水利、国土资源和建设等部门要加强自然资源开发的规划和管理，做好生态环境保护与恢复治理工作。在国家确定生态环境重点保护与监管区域的基础上，地方各级政府要结合本地实际，确定本辖区的生态环境重点保护与监管区域，形成上下配套的生态环境保护与监管体系。西部地区各级政府和有关部门要把搞好西部地区的生态环境保护和建设放在优先位置，确保国家西部大开发战略的顺利实施。

2）按照"谁开发谁保护、谁破坏谁恢复"的原则，明确资源开发单位和法人的生态保护责任，建立生态破坏限期恢复治理制度。

3）加强生态保护监管能力建设。理顺关系，完善机构，进一步强化各级政府环保部门和资源管理部门相关的生态保护监管职能；定期开展各级生态保护监管人员培训，提高业务素质；增加投入，分级抓好监管设备建设，努力提高现场执法能力。

4. 增加投入，建立生态保护资金渠道

1）建立适应市场经济体制的生态保护投入机制。把生态环境保护纳入国民经济和社会发展年度计划之中，把生态功能保护区、自然保护区、生态示范区、农村污染控制示范工程、生态保护监管能力、生态监测站网的建设与运行费纳入各级财政预算，建立固定的生态保护资金渠道；按照事权划分的原则，坚持多渠道、多层次、多方位筹集保护资金。对资源开发造成的生态破坏，必须坚持由开发单位或个人投资重建和恢复。

2）运用市场机制积极推进生态保护相关产业的发展。抓紧建立生态农业、有机农业、生态恢复科技咨询和技术服务体系，引进市场机制，鼓励走公司加农户的产业化发展道路；

要以农业有机废物和城市有机垃圾资源化为重点，扶持一批产品和企业，加速农村环境保护产业的发展。

3）按照"谁使用谁付费"的原则，开展试点工作，探索建立以资源开发补偿、流域补偿、遗传资源惠益共享为主要内容的生态环境补偿机制。

5. 开拓创新，提高生态保护的科技支撑能力

1）重视生态保护的科研，加大投入。要把生态保护科学研究纳入各级科技发展的重点领域，给予重点扶持。鼓励科技创新，积极培养生态保护科研人才，不断提高生态保护的科技支持能力。

2）研究和开发重要生态保护理论与技术。尽快建立区域和流域生态环境与社会经济协调发展、生态系统方式、生态功能区划和生态影响评价的理论与方法；加强农村环境保护、生物多样性保护、生态恢复和水土保持等重点生态保护领域的技术开发和推广工作，组织示范工程。

6. 开展全民教育，增强生态保护的责任感

1）坚持不懈地开展生态保护宣传，进一步增强全民的生态保护意识和公德。要根据全国生态环境形势的变化和国家生态保护战略发展的需要，利用科学、艺术和新闻相结合的方式，定期开展生态环境警示教育；组织开展草原保护、森林保护、沙尘暴防治、水土保持和矿山环境保护、旅游环境保护等专题、专项宣传报道，不断提高公众的生态意识、环境意识和搞好生态保护的责任感、使命感。

2）进一步加强舆论监督，鼓励公众参与。表扬先进典型，揭露破坏生态的违法行为；完善信访、举报、听证和公示制度，鼓励公众和非政府组织参与，充分调动广大群众保护生态环境的积极性。

3）开展农村环境保护专题宣传。今后五年，要把农民作为重点对象，以生产和生活环境保护为主要内容，配合国家重点污染治理工程，结合农业经济结构调整，在农村地区广泛开展生态环境保护宣传，普及环境保护知识，传授生态产业技术。

7. 认真履约，广泛开展国际交流与合作

1）认真履行生态环境保护的国际公约。搞好《生物多样性公约》、《国际湿地公约》、《联合国防治荒漠化公约》及《生物安全议定书》的履约工作，完善国内的履约协调机制，形成合力；加强对各类履约相关问题的研究，提高国际公约谈判和履约的应对能力，维护国家的生态环境保护权益。

2）广泛开展多边和双边国际合作。积极引进国外资金和生态保护的先进技术与经验，推动我国生态环境保护工作的全面发展；进一步加强与联合国开发署、环境署、全球环境基金、世界银行和亚洲开发银行的联系，不断拓展合作的领域，增强我国生态保护的监管能力建设；把西部地区和贫困地区的生态保护作为国际合作的优先领域。

复 习 思 考 题

1. 生态环境保护工作的基本原则是什么？
2. 简述我国生态环境保护工作的总体目标。
3. 如何加强农村环境保护工作？
4. 为实现生态保护目标，可以采取哪些对策和措施？

第8章

区域环境规划

区域环境是指具有独特结构和特征，占有特定地域空间的自然或社会环境。按照功能和性质，区域环境可分为：自然区域环境（森林、草原、荒漠、冰川、海洋、河流、湖泊、山地、平原等）、社会区域环境（城市、镇、村、商业、工业、开发区、经济区、文化区等）、农业区域环境（农田、畜牧区、水产养殖区等）、旅游区域环境（旅游区、疗养、度假等）等。区域环境规划是针对区域社会发展状况、环境特征及其环境发展趋势而对人类自身活动和环境建设所做的时间和空间上的合理安排。区域环境规划是区域规划的重要组成部分，是制定和指导环境计划的重要依据。

8.1 区域环境规划概述

8.1.1 区域环境基本特征

1. 自然环境的整体性与行政地域分割性

在区域划分中，一种是自然区划，一种是行政与经济区划。其中行政区划是政治（行政）管理单元，是区域重要的形式，是区域环境规划的主要对象。流域是自然区划的形式，流域环境规划也是区域环境规划的常规对象。区域环境规划具有很强的综合性和地区性，但存在行政管理地域的分割性与自然环境的整体性的矛盾，主要体现在以下几方面：

1）跨行政区的江河因行政分割而使流域的整体性遭到破坏，增加了全流域统一环境规划、综合整治和合理利用的困难。

2）跨行政区的自然保护区、森林或水源保护区、沙漠和草原区等，因行政地域分割，造成管理上的困难，或因邻区开发而相互影响，降低了综合整治的效果。

3）大气流动性特征造成污染物跨行政区的迁移，影响大气质量，并成为行政区环境规划中较难控制的因素。

4）行政区域是坚持按政治管理原则管理的具有边界的区域，可行使独立的行政管理权力，代表了地域内居民的共同利益，有利于环境规划的实施。

2. 区域具有"社会—经济—环境复合系统"的特点

区域一般地域较广，自然条件相对复杂，自然资源、社会历史文化资源多样，经济结构丰富多彩，工业、商业、交通、建筑及农、林、牧、副、渔构成一定比例，区域环境规划应适合其社会、经济特点。

行政区域一般以大、中城市为中心，小城镇及广大自然地域为腹地，共同组成一个多样性、综合性的生态系统。这个生态系统通常由生物资源、非生物资源和社会资源构成。其中自然生态系统是根据物种、分布、数量及其比例关系，来衡量区域生态系统的稳定性。我国的行政区域大多数已形成一定的社会文化特征，成为具有一定的经济基础和自然条件多样性的"社会—经济—环境复合系统"。环境规划应保证区域内人工生态系统与自然生态系统的协调、平衡，并实现可持续发展。

3. 环境污染集中于行业和城镇

我国目前的环境污染物，约70%以上是由工业生产排放的，各区域的排放虽有差异，但全国总趋势基本一致。区域污染控制主要集中于工业或行业的污染上。这种以工业污染为主的污染物排放结构，将延续较长的阶段，因此，行业污染控制规划是区域环境规划的重要组成部分，占有特殊的位置。随着工业和城市现代化，污染物排放结构将逐步改变，工业污染物排放的比例逐渐减小，生活、农业的污染物排放将逐渐增加，如我国的上海市1997年工业污水排放已降至47.34%，而生活污水排放已达52.65%。按照这种发展趋势，区域污染物总量控制规划必须作出战略安排。

8.1.2　区域环境规划的基本要求

1. 区域环境规划与社会经济协调发展

区域环境规划应谋求经济、社会和环境的协调发展，保护人民健康，促进社会生产力持续发展及资源和环境的持续利用，结合区域特点，还应特别注意：

1）注重宏观规划的合理性，将宏观规划与微观规划相结合。区域是地域范围较大的经济—社会—环境复合系统，区域环境规划必须首先注重宏观的协调，如生产力布局的环境合理性、产业结构与资源优势的配置、污染物总量的地域分布等。因此，宏观规划应特别注重环境区划或环境功能区划分，在环境规划中，针对地域性特点，按照宏观包容微观、整体包容局部的原则，加强宏观环境规划，并协调多方面的关系。

2）坚持点、线、面结合的城乡一体化环境规划的方针。区域内城、镇、村之间相互联系，河流、渠系、道路等形成网络，它们又在国土范围内成为有机整体，城镇人工生态、自然生态与工农业发展应得到均衡、协调、持续发展。

3）因地制宜原则。区域环境规划必须符合区域情况，符合经济发展阶段，环境目标切实可行，措施具有可操作性，指标、工程项目具有可分解性，可落实到行政和行业的环境计划中去。

4）在突出重点环境问题和城市环境综合整治的基础上，还应体现环保政策的延续性。区域环境规划必须坚持"全面规划、合理布局、突出重点、兼顾一般"的原则。在区域内抓好城市、工矿等主要污染源和人群密集区的环境规划，是区域环境规划的核心。

2. 加强区域经济特征分析

进行经济特征分析是区域环境规划的必要基础。经济要素主要指那些影响环境质量，而与环境规划内容有直接关系或间接关系的经济活动状况。经济特征分析主要集中于资源配置、生产布局、产业结构及生产力发展水平等方面。

1）资源是经济社会发展的基础，它决定区域生产力布局和产业结构，也决定环境的基本问题和环境规划的基本方向与内容。资源形势分析一般包括土地资源、水资源、生物资源。矿产资源、海洋资源及其他资源的形势分析。

2）产业结构是指经济部门内部相互联系的各类产业的构成。在工业经济部门内部，各类工业占总产值的比重不同，构成不同工业产业结构。各类产业对环境污染的程度和特征是不同的，产业结构决定了区域环境污染特征。调整产业结构是区域环境规划的重要决策内容。

3）生产力布局是人类生产活动存在和发展的空间形式，它对区域环境有直接而显著的影响。合理的生产布局能够最大限度地减轻区域环境的危害，并在有限的环境容量和环境资源的情况下，发挥当地最大的生产潜力；反之则会严重损害区域环境质量，不能有效地发挥生产潜力。生产力布局分析包括：投入产出损益分析；重大环境项目的环境影响分析；区域生产、再生产的各个环节、各生产部门、各生产要素的空间组合方式，及其对区域环境的影响；区域内城市、乡村、工业、农业及其他部门之间的协调程度及造成的环境影响与危害等。

4）生产力发展水平分析。生产力发展水平反映了人类征服、改造、控制和适应环境的能力。从发展史看，随着生产力的发展历程，环境污染也经历着从无到有，由轻到重，再由重到轻的有规律的发展过程。同时，从现代生产力的发展上，也反映出人类对环境需求的提高和环境意识的增强。生产力水平高，资源消耗少，污染物排放也能达到减量化、无害化排放。因此，生产力水平是作用于经济和环境关系的动态影响因素。生产力发展水平包括：生产总值、收入；生产技术水平、设备、工艺的先进程度；能耗水平，万元产值的能耗、万元产值排放废水、固体废物量；由生产力发展水平分析污染出现的可能性和客观规律性及其损益，控制污染的有效途径等。

3. 区域社会要素分析

对区域环境产生巨大影响的社会因素主要有人口和社会意识。人是社会的基本组成，又是社会生产和消费的主体。人通过生产和消费活动与环境间构成了相互联系、相互作用、相互制约的对立统一关系，因此，人口数量、分布、密度、结构、城乡人口分布、行业人口分布等都直接或间接影响环境。社会意识是指区域内人们的思想、道德、哲学、美学、文艺、宗教、风俗等社会意识形态，特别是人们的环境意识状况，以及这些意识对区域环境产生的影响。

4. 区域环境要素分析

区域环境要素系指气象、水体、土壤、生物、生态等自然环境要素和化学污染物及噪声、电磁、辐射、振动、放射性等物理污染。环境要素的分析是区域环境规划的基础。环境要素的分析主要包括：

（1）气象要素分析　要考虑不同季节的风向、风速变化、气温、气压、降水、蒸发、日照等气象条件及分布规律；特别是对灾害性气候，如旱涝灾害、台风、霜冻等的分析。

（2）自然地理要素及生态状况分析　其内容主要包括：区域内各环境功能区的地理位置、地形、地质、地貌、土壤背景状况等；区内的自然保护区、森林、草原、矿产、荒漠、冰川、野生动植物，特别是珍稀濒危物种的分布、数量、构成现状及变化等；区域内其他自然资源及生态单元，如海洋、海岛、滩涂、港湾、沼泽、河流、湖泊、水库及地下水等自然情况，开发利用情况，污染与破坏及保护情况，环境容量和变化趋势等。

（3）污染形势分析　其内容包括区域内的大气、水环境、农田土壤、固体废弃物、噪声、有毒有害化学品等情况，特别是结合产业结构与生产力布局，对主要污染源和主要污染物及其与环境的关系进行分析，是区域环境规划的重要工作。

8.1.3　区域环境规划编制程序与工作步骤

区域环境保护规划的编制过程，是为适应区域经济发展而对环境污染控制、环境综合整治作出时间和空间上的科学安排和规定，是一个正确认识社会、经济、环境相互关系、运动变化及发展的过程，是一个科学决策的过程，其基本程序如图 8-1 所示。

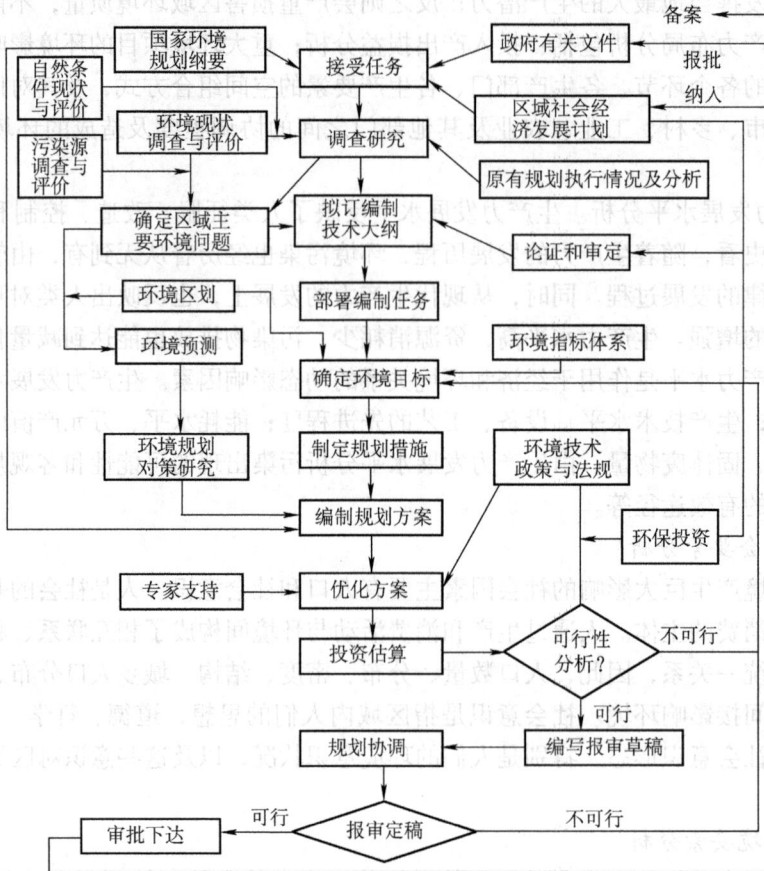

图 8-1　区域环境规划编制程序框图

区域环境规划的编制程序基本分为三个阶段，即准备阶段、编制阶段、报批阶段。结合具体情况可划分若干工作步骤组织实施。

1. 准备阶段

（1）明确编制任务，落实编制计划　区域环境规划一般受国家或地方政府的委托，接受任务后，应组成编制工作组，成立领导小组，组建编制组、技术协调组和重点项目科研组，分别负责主体规划的编写工作，横向、纵向及内外技术联系与协调，开展环境现状评价、环境预测和对策研究等。

（2）调查研究，弄清问题　环境问题的发生和解决是环境规划的发端和归宿。环境规划涉及面广，指标繁多，指标体系完整，体现环境与经济社会的协调发展。调查研究突出如下几个方面：①收集和掌握相关资料与文件，包括区域经济社会现状及发展规划，已有的或全国一级环境规划纲要，前期环境规划和执行情况及总结分析等；②区域自然环境条件；③区域污染源状况，环境问题的发展趋势，主要污染行业及污染动态变化；④环境现状及评价；⑤有关环境科研成果等。

（3）拟定环境规划编制技术大纲　根据区域环境问题，确定规划重点，拟定技术大纲，经过论证和审定，作为规划编制的行动纲领，并报上一级管理部门批复，下达规划任务。

（4）部署编制任务　主要指由领导小组对各行政部门、行业部门分解、下达环境规划任务和要求，并举办规划学习班，统一规划技术大纲中的方法、概念等。

2. 编制阶段

（1）确定规划目标与指标　环境目标是环境建设的纲领，是经济与环境协调发展的综合体现，是环境规划的核心。环境目标要求与经济发展的战略部署相协调，与城市、区域的功能性质相适应，与当前和今后的环境状况及经济实力相适应。一般而言，环境规划总目标的确定可用定性的描述，将环境的主要问题及其在规划期所要达到或解决的程度用文字作结论性说明；而分项目标，带有全区域共性的环境问题，则以具体目标设栏，可用定量概念分别描述，如废水、废气、固体废物排放总量控制指标，万元产值的"三废"排放指标，工业废水排放达标率，水、气环境质量指标值等环境状况水平的指标。环境目标的提出需要经过多方案比较和反复论证，经不同方案及具体措施的论证后才能确定最终目标。

（2）环境预测　环境预测指在对环境质量过去和现状调查研究的基础上，运用相关科学手段和方法，推测社会经济活动对环境的影响及环境质量的变化情况。环境预测是环境决策和管理的基础，是制定环境规划目标和环境规划方案的重要依据。区域环境预测包括：

1）社会经济发展预测。对规划期内人口、生产力发展水平、经济发展等带来的各种环境问题，环境质量的变化，区域污染物发生量与人口、生产布局和生产力发展水平等因素之间的关系进行预测。

2）资源、能源消耗、土地利用等的规模、速度对环境的影响分析。

3）环境污染状况及环境容量的预测。预测各类环境要素中各种污染物的总量、浓度及分布；预测可能出现的新污染物的种类、数量，预测各类污染物的排放量、削减量；分析由环境污染造成的社会、经济损失；预测环境容量的变化等。

4）对区域开发活动可能造成的生态破坏进行预测。

5）对环境污染与生态破坏造成的损失进行预测，达到不同环境目标所需环保投资及其效益分析。

（3）编制规划方案　拟定规划方案是制定达到目标的具体途径。编制规划方案是环境调查、筛选主要环境问题，贯穿于环境目标与指标的建立到环境预测与对策全过程。一般区域环境规划方案可拟定多个（2～3个）可供选择的方案，然后进入投资估算和可行性分析，再根据技术政策、法规、标准进行评估，研究各类方案达到的后果、实现目标的可能性及方案本身的可行性，比较各方案，推荐较满意的方案供决策。

（4）环境规划对策与措施　环境规划对策与措施是环境规划的重要内容，是落实规划目标的重要保障。区域环境规划具体对策有：①把环境保护规划纳入区域国民经济和社会发展规划，这是区域环境规划得以实现的首要对策；②保证资金渠道畅通，逐年增加环保投入。落实环境规划资金是环境规划工作的一项中心任务；③健全环境管理体制，强化环境管理。强化环境管理是投资最少、见效最明显的环境保护对策措施，发挥各项管理制度在规划中的作用，是推进规划方案实现的重要保障；④正确处理长、中、短期环境规划的关系，重点放在短期规划；⑤发挥科技进步在环境保护中的作用。环境规划对策与措施应具体，在区域内落实到各行政区，各部门行业，并汇总编制规划措施执行表。规划措施分为工程措施和非工程措施。

（5）投资估算与可行性分析　按照规划对策措施的内容，测算环境规划总投资需求，对具体的工程措施应包括治理投资与运转费。对照国民经济发展规划的环保投资安排，环保投资需求估算，分析财力对环保投资的承受能力，决定采纳哪种规划方案，经过反复协调，不断反馈，直至基本达到规划目标而采取的一系列对策和措施，以求投资效益基本最优，环境资源利用基本合理可行。

（6）完成规划文本。

3. 报批阶段

编制的区域环境规划，经由专家论证、修改、补充、完善后，分别报国家环保部门、计划、规划部门综合平衡，进一步修改定稿。该规划应与国土规划、城市总体规划、区域总体规划等相协调，有机联系。环境保护规划是国民经济社会发展规划的重要组成部分，但又具有独立完整性、综合协调的职能。规划方案内部和各部分亦必须协调，经上级政府、人大审批后，由计委、环保部门、城建部门组织实施。

8.1.4　区域环境规划实施的措施与条件

环境规划的实用价值主要取决于其实施程度。环境规划的实施既与编制规划的质量有关，又取决于规划实施过程所采取的具体步骤、方法和组织。环境规划实施的保证措施主要是：

（1）环境规划必须切实纳入国民经济与社会发展规划体系　经济与环境相互依存、相互促进，又相互制约。保护环境是发展经济的前提和条件，发展经济是保护环境的基础和保证，环境规划纳入国民经济与社会发展规划是协调环境与社会经济关系不可缺少的手段。其纳入的内容应包括：环境规划指标、环境技术政策、环境保护资金的平衡和环境建设项目等。

（2）环境规划与环境管理制度相结合　环境规划是环境管理制度的先导和依据，而管理制度又是环境规划的实施措施与手段。

（3）环境规划实施的政策与法律的保证　政策与法律是保证规划实施的重要方面，尤其是在一些经济政策中，逐步体现环境保护的思想和具体规定，将规划结合到经济发展建设中，是推进规划实施的重要保证。

（4）环境规划实施的组织管理　组织管理是对规划实施过程的全面监督、检查、考核、协调与调整，环境规划管理中的手段主要是行政管理、协调管理和监督管理，建立与完善组织机构，建立目标责任制，实行目标管理，实行目标的定量考核，保证规划目标的实现。

8.2　区域环境规划主要内容和规划方法

区域环境规划按行政隶属关系、按部门行业及特征区域不同系统构成一个多层次的网络结构。各层次根据不同的区域特点，按环境要素、规划内容和规划时间编制具体的污染控制规划和计划或生态保护规划和计划。层次之间应做到上下联系，左右协调，综合平衡，实现整体上的优化。

8.2.1 区域环境规划指标体系

环境目标是为改善、管理、保护该区域的环境而设定的，拟在该规划期限内力求达到的环境质量水平与环境结构状态。环境目标可划分为战略目标、策略目标、规划目标等。环境规划目标可用精练而明确的文字概括地阐明，在确定总目标的基础上，针对最突出的环境问题和规划期的工作焦点，将必须实施的规划目标和措施作为纲领或总任务确定下来，充分体现规划的重点。

指标是目标的具体内容、要素特征和数量的表述。环境规划指标体系是由一系列相互联系、相互独立、互为补充的指标所构成的有机整体，如图8-2所示。

在实际规划工作中，根据规划区域对象、规划层次、目的要求、范围、内容而选择适当的指标选取的基本原则是：科学性原则、规范化原则、适应性原则、针对性原则、超前性原则和可操作性原则。指标类型主要包括环境质量指标、污染物总量控制指标、环境管理与环境建设指标、环境投入及相关的社会经济发展指标等。

8.2.2 区域环境功能区划

环境功能区划是依据社会发展需要和不同区域在环境结构、环境状态和使用功能上的差异，对区域进行合理划分。功能区是指对经济和社会发展起特定作用的地域或环境单元。环境功能区，实际上是社会、经济与环境的综合性功能区（见图8-3）。在环境规划中划分功能分区是为了合理布局，确定具体环境目标和便于管理与执行而划定的。

划分功能区主要根据如下原则进行：①环境功能与区域总体规划相匹配，保证区域或城市总体功能的发挥；②根据地理、气候、生态特点或环境单元的自然条件划分功能区，如自然保护区、风景旅游区、水源区或河流及其岸线、海域及其岸线等（见图8-4）；③根据环境的开发利用潜力划分功能区，如新经济开发区、生态绿地等；④根据社会经济的现状、特点和未来发展趋势划分功能区，如工业区、居民区、科技开发区、教育文化区、开放经济区等；⑤根据行政辖区划分功能区，按一定层次的行政辖区划分功能，往往不仅反映环境的地理特点，而且也反映某些经济社会特点，有其合理性，也便于管理；⑥根据环境保护的重点和特点划分功能区，特别是一些敏感区域，可分为重点保护区、一般保护区、污染控制区和重点整治区等。

8.2.3 区域环境污染控制规划

1. 社会经济、环境状况与评价

社会经济状况涉及到区域内资源潜力、工农业生产及人口等国民经济和社会发展情况和主要指标。它们是环境规划的起点和基础，阐明其发展趋势，以使环境与国民经济和社会发展规划相协调。

环境状况则包括前期环境规划环境目标和指标的执行情况、环境现状及存在的主要环境问题，特别是本期环境规划基准年的现状，以此作为环境规划的起点。

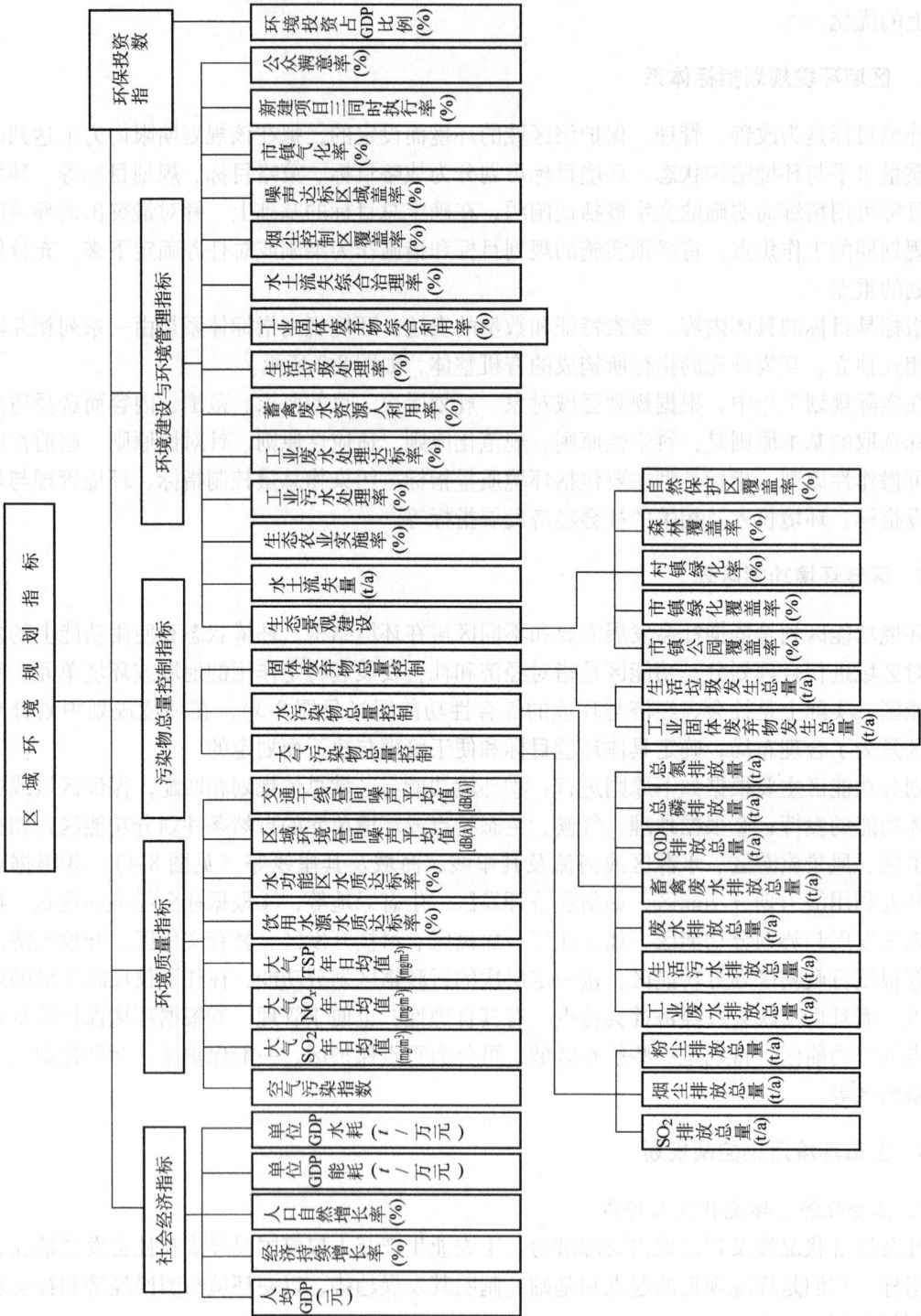

图8-2　区域环境规划指标

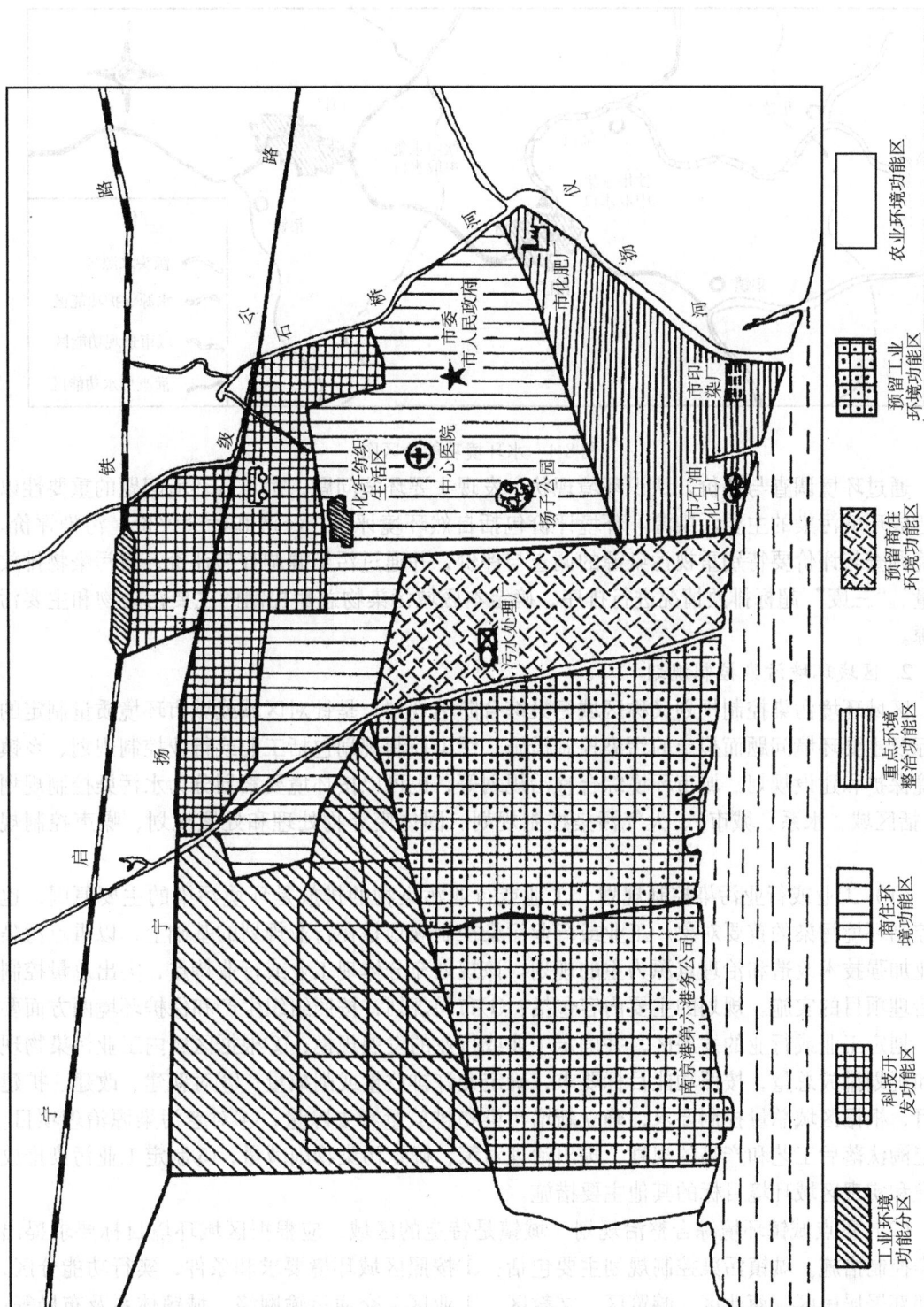

图8-3 环境功能分区图

图例：
- 农业环境功能区
- 预留工业环境功能区
- 预留商住环境功能区
- 重点环境整治功能区
- 商住环境功能区
- 科技开发功能区
- 工业环境功能分区

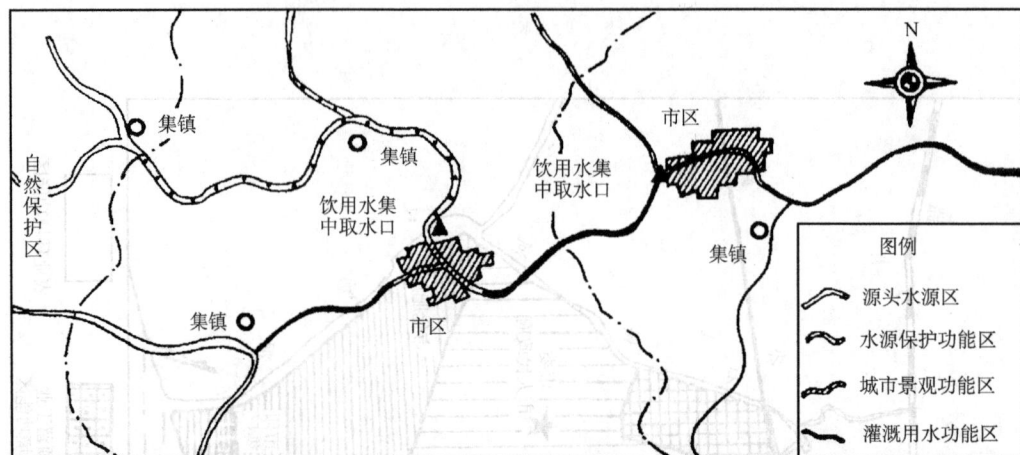

图 8-4　水环境功能分区图

通过环境调查与评价,认识环境现状,发现主要环境问题,确定各环境问题的重要性以及造成环境污染的主要污染源。环境评价包括自然环境评价、经济和社会评价、污染评价。环境调查与评价要特别重视污染源的调查与评价,并通过污染源调查与评价,将污染物排放总量、"三废"超标排放情况进行排序,确定本区域污染物总量控制的主要污染物和主要污染源。

2. **区域环境污染控制规划**

区域环境污染控制规划又称区域污染综合防治规划,是针对区域或城市环境质量制定的目标及主要环境问题而拟定的污染控制措施。污染控制规划包括工业或行业控制规划、乡镇环境保护和建设规划、城市环境综合整治规划等,也可以按环境要素划分为水污染控制规划(包括区域、水系、城市)、大气污染控制规划、固体废弃物处理和处置规划、噪声控制规划。

(1) 工业或行业污染控制规划　工业或行业污染物的排放是环境污染的主要原因,也是控制环境污染的首要对象。工业或行业污染控制规划是在行业规划的基础上,以重点污染行业加强技术改造和治理点源为主的规划。该规划充分体现工业或行业特点,突出总量控制和治理项目的实施。规划的主要内容包括:①布局规划,按照组织生产和保护环境两方面要求,划定工业或行业的发展区,并确定工业或行业的发展规模;②根据区域内工业污染物现状和规划排放总量,按照功能目标要求,确定允许排放量或削减量;③对新建、改建、扩建项目,根据区域总量控制要求,确立新增污染物排放量和去除量;④对老污染源治理项目,制定淘汰落后工艺和产品的规划,提出治理对策,确定污染物削减量;⑤制定工业污染排放标准和实现区域环境目标的其他主要措施。

(2) 重点城镇环境综合整治规划　城镇是特定的区域,应根据区域环境目标要求提出污染控制措施。城镇污染控制规划主要包括:①按照区域环境要求和条件,实行功能分区,合理部署居民区、商业区、游览区、文教区、工业区、交通运输网络、城镇体系及布局等;②能源规划包括推行无污染、少污染燃料,集中供热,实行煤气化、电气化等计划;③水源保护和污水处理规划,规定饮用水源保护区及其保护措施,规定污水排放标准,确定下水道与污水处理厂的建设规划;④垃圾处理规划,规定垃圾的收集、处理和利用指标和方式,争取由堆积、填埋、焚烧处理垃圾走向垃圾的综合利用；⑤绿化规划，规定绿化指标、划定绿地区、建立苗圃等。

（3）大气污染控制规划　针对区域内主要大气污染问题，根据大气环境质量的要求，运用系统工程的方法，以调整经济结构和布局为主，工程技术措施为辅而确定的大气污染综合防治对策。该类规划关键的内容是：①明确具体的大气污染控制目标；②优化大气污染综合防治措施。防治措施主要包括：减少污染物排放，改革能源结构，对燃料进行预处理，改进燃烧装置和燃烧技术，采用无污染或少污染的工艺，节约能源，加强企业管理，减少事故性排放，妥善处理废渣以减少地面扬尘等；治理污染物，回收利用废气中有用物质或使有害气体无害化，有计划、有选择地扩大绿地面积，发展植物净化；利用大气环境的自净能力，合理确定烟囱高度，充分利用大气在时间和空间上的稀释扩散自净能力等。

（4）水污染控制规划　水体的对象是江河、湖泊、海湾、地下水等。水污染控制规划是针对水体的环境特征、主要污染问题而制定的防治目标和措施，又称污染防治规划。水污染防治规划的主要内容是：①水环境功能区规划，按照不同的水质使用功能、水文条件、排污方式、水质自净特征，划分水质功能区，监控断面，建立水质管理信息系统等；②水质目标和污染物总量控制规划，规定水质目标与污染物排放总量控制指标；③治理污水规划，提出推荐的水体污染控制方案，确定提出分期实施的工程设施和投资概算等。

8.2.4　区域环境规划方法与技术

环境规划是一个多目标、多层次、多系统的研究与技术开发工作，具有综合性、区域性、长期性、政策性等特点。环境规划优化或系统模拟等环节需要运用各种方法与技术。环境规划工作的关键是合理筛选运用各种不同的方法，将其组成一个方法体系，恰当运用一系列方法与技术完成规划任务。其关键技术是环境区划技术、环境预测技术、环境规划技术等。

1. 环境预测方法与技术

预测是为决策提供必需的未来信息。选择预测方法时，应考虑的基本要素是：预测对象、预测时段、预测条件、预测资料的性质、预测模型类型、预测方法和精确度、预测方法的适用性及预测方法的费用等。预测方法根据预测结果一般可分为两类，即定性预测和定量预测。

（1）定性预测方法　该法以逻辑思维推理为基础，根据多年的环境监测资料进行回顾分析，运用经验等对未来环境状况作出定性描述和环境交叉影响分析，如专家预测法、特尔菲征询意见法、历史回顾法等。

（2）定量预测技术　该法以统计学、运筹学、系统论、控制论等为基础，通过辨识建立各种预测模型，用数学或物理模拟进行环境预测。环境规划中常用的方法有：

1）约束外推预测法。在环境预测中常用的有时间序列预测法，常用模型有：

直线预测模型　　　　　　　　　　$y_t = a + bt$ 　　　　　　　　　　　　　　　（8-1）

一次曲线模型　　　　　　　　　$y_t = a + bt + ct^2$ 　　　　　　　　　　　　（8-2）

指数外推预测　　　　　　　　　　$y = ae^{bt}$ 　　　　　　　　　　　　　　（8-3）

修正指数曲线模型　　　　　　　　$y_t = k + ab^t$ 　　　　　　　　　　　　（8-4）

龚帕兹预测法　　　　　　　　　　$y = ka^{b^x}$ 　　　　　　　　　　　　　　（8-5）

逻辑增长曲线预测

$$y = \frac{k}{1 + be^{-at}} \qquad (8\text{-}6)$$

式中　y_t、y——预测值；

a、b、c——参数；

t、x——自变量；

k——模型参数。

在环境预测中常用的移动平均法又分成一次移动平均法、二次移动平均法和三次移动平均法等。

简单移动平均法

$$y_t = \frac{1}{n}[y_t + y_{t-1} + y_{t-2} + \cdots + y_{t-(n-1)}] \qquad (8\text{-}7)$$

加权移动平均法

$$y_t = \frac{\omega_0 y_t + \omega_1 y_{t-1} + \omega_2 y_{t-2} + \cdots + \omega_n y_{t-(n-1)}}{\omega_0 + \omega_1 + \omega_2 + \cdots + \omega_{n-1}} \qquad (8\text{-}8)$$

二次移动平均法

$$y_t^{(2)} = \frac{y_t^{(1)} + y_{t-1}^{(1)} + \cdots + y_{t-(n-1)}^{(1)}}{n} \qquad (8\text{-}9)$$

式中　y——预测值；

n——时距；

ω——权值。

2）回归分析与相关分析。环境预测中常用的回归方法有

一元线性回归

$$y = b_0 + b_1 x \qquad (8\text{-}10)$$

多元线性回归

$$y = b_0 + b_1 x_1 + b_2 x_2 + \cdots + b_m x_m \qquad (8\text{-}11)$$

非线性回归：幂函数曲线

$$y = ae^x \qquad (8\text{-}12)$$

指数函数

$$y = ae^{bx} \qquad (8\text{-}13)$$

对数函数

$$y = a + b\lg x \qquad (8\text{-}14)$$

双曲函数

$$\frac{1}{y} = a + \frac{b}{x} \qquad (8\text{-}15)$$

S形函数曲线

$$y = \frac{1}{a + be^{-x}} \qquad (8\text{-}16)$$

式中　y——预测对象 y 的估计值；

x、x_m——相关因素；

b_0——直线的截距；

a、b、b_1、b_2、b_m——回归系数。

（3）其他预测方法　在环境预测中还有采用决策树图预测法、马尔科夫预测法、灰色系统预测法、箱式模型预测法等，选用何种预测方法，应根据环境条件、资料、技术等情况决定。

2. 环境功能区划主要技术

区域环境功能区划一般分两个层次，即综合环境区划与单要素环境区划。综合环境区划依据区域环境特征，服从区域总体规划，满足各个分区功能的要求，并充分考虑土地利用现状、发展趋势，根据敏感目标、保护级别而确定，常用专家咨询法，辅助数学计算分析。其基本工作程序如图 1-1 所示。

单要素环境区划以综合环境区划为基础，结合每个要素自身的特点加以划分，主要分项

是大气环境区划、水环境区划及噪声环境区划等。

（1）大气环境功能区划 大气环境功能区划根据保护目标确立一、二、三类区域及其相应的环境质量要求，划分的功能区数目一般不限，但不宜过细，各分区在相应目标下的污染物控制总量及其计算方法是

$$Q_{ak} = \sum_{i=1}^{n} Q_{aki} \tag{8-17}$$

$$Q_{aki} = A_{ki} \frac{S_i}{\sqrt{S}} \tag{8-18}$$

$$S = \sum_{i=1}^{n} S_i \tag{8-19}$$

式中　S——总量控制区面积；

　　　S_i——第 i 功能区面积；

　　　A_{ki}——第 i 功能区某污染物的总量控制系数（$10^4 t/$年·km）；

　　　Q_{aki}——第 i 功能区某污染物年允许排放总量（$10^4 t$）；

　　　n——功能区总数；

　　　i——功能区编号；

　　　k——某污染物下标。

（2）水环境功能区划 水环境功能区划分为两个层次：水环境功能区划和水环境控制单元。根据保护目标的要求，地表水分成如下几类水环境保护功能区：①自然保护区及源头水；②生活饮用水水源区；③水产养殖区，包括珍贵鱼类及经济鱼类的产卵、索饵。回游通道、历史悠久或新辟人工养殖保护的渔业水体、自然水域；④旅游区、游泳区、景观功能区、划船功能区、水上运动区等；⑤工业用水区的自然水体；⑥农业灌溉区及排污口附近混合区（带）等。计算各功能区和控制单元的水污染物控制总量选择适宜的水质模型和模型参数。

（3）声环境功能区划 声环境要素主要包括对城镇、村庄、居住区等敏感的要素，但因污染源的影响范围一般较小，区域间相互影响较轻，故划分的区域空间可以相对小些。声环境功能区可根据《城市区域环境噪声标准》的分类方法进行划分，其范围可参照区域土地利用规划功能区范围，落实到相应的网格区上。

3. 总量控制技术

总量控制是区域污染防治规划方法的核心，分为宏观规划总量控制和详细规划总量控制。宏观规划总量控制是研究规划区污染物的产生、治理、排放规律和治理资金的需求与经济、人口发展的协调关系，以从宏观上把握经济、人口的发展对环境的影响，提出对策，促进环境与社会经济的协调发展。详细规划总量控制是受纳环境容许纳污总量的控制，是寻求技术经济条件与环境质量要求的最佳结合。

（1）宏观总量控制模型 作为环境规划，污染源与环境目标是环境规划的两个对象，规划的任务是建立规划对象之间的两个定量关系：第一是污染源排放量与环境保护目标之间的输入响应关系；第二个是为实现环境目标，在限定的时间、投资和技术条件下，制定治理费用最小的优化决策方案。因此，需要认识环境自净规律、环境容量、污染物迁移转化规律等，需要研究技术经济约束、管理措施与工程效益等问题。解决上述两个定量关系的工具

是：各类数学模型和经济优化模型。宏观总量控制模型的结构设计如图8-5所示。

污染物宏观总量控制由废水宏观总量控制、废气宏观总量控制、固体废物宏观总量控制及环境经济分析及其相应的宏观控制模型构成。具体污染物的总量控制模型主要由以下几方面分别建立：①污染物产生量；②污染物的治理（去除）量；③污染物回收利用（去除）量；④污染物排放量；⑤污染物治理投资；⑥回收利用效益或综合利用效益等。

（2）水域允许纳污量 水域允许纳污量是在给定水域和水文、水力学条件、排污口位置情况下，满足水域某些功能而确定的水质标准的最大排放量，称为该水域

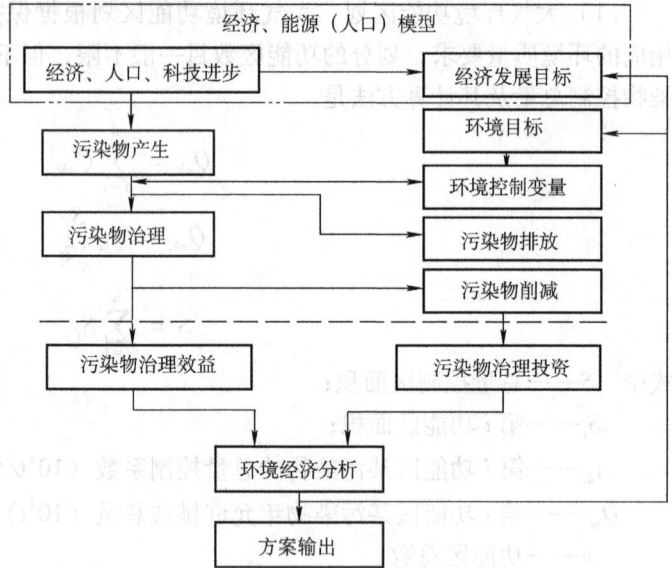

图8-5 污染物总量宏观控制总体结构框图

所能容纳污染物质总量，通称水域允许纳污量或水环境容量。根据水文条件，水域功能要求，污染物性质，污染物排放方式、排放强度，环境背景状况建立符合要求、可行的模型，确立合理的参数，进行水环境容量计算。实施总量控制，根据我国的情况有两种方法，即目标总量控制和容量总量控制。目标总量控制，是从污染源可控性出发，强调控制目标，强调技术、经济可行，一般称为最佳适用方法；容量总量控制，是从纳污水体允许纳污量出发，强调环境目标，强调环境、经济、技术三效益统一，也称水质质量规划方法。具体模型可根据具体情况进行选择。

（3）大气污染物总量控制 大气污染物总量控制也是从功能区划分、环境质量目标出发，考察污染物排放与功能区大气质量关系，分析达到功能区质量要求的途径和措施，编制达标方案，进行效益费用分析，协调与综合目标可达性及目标调整等。建立大气总量控制的技术要点是：①建立控制规划模型；②开列污染源清单，确定受体模式（颗粒物）；③控制点的优化、确定和规划方案优化；④综合平衡确定大气环境质量目标等。常用的具体空气质量模型有：TSP扩散—沉积模型；颗粒污染物受体模式；SO_2扩散模式（点源、面源）；配套的相关参数的处理及确定方法，建立相应的模式参数等。

4. 污染物总量控制规划常用方法

污染物总量控制规划中，已有多种方法应用和探索，一般通过线性规划方法可求得总污染源排放最大和总污染源削减量最小或削减污染物措施的总投资费用最小。通过整数规划方法或离散规划模型可获得最佳削减污染物措施和方案。还可通过动态规划模型求得总排放量的分配问题等。

（1）线性规划法 线性规划法可根据模型中的参数确知的情况，分成白色线性规划和灰色线性规划。白色线性规划的标准模型为：

目标函数
$$\max(\min)z = \sum_{j=1}^{n} c_j x_j \tag{8-20}$$

约束条件 $\sum_{j=1}^{n} A_{ij}x_j \leq (=, \geq)B_i(i = 1,2,\cdots,m);x_j > 0(j = 1,2,\cdots,n)$ (8-21)

灰色线性规划模型是：

目标函数
$$\max(\min)z = \sum \otimes c_j x_j \tag{8-22}$$

约束条件 $\sum \otimes A_{ij}x_j < (=, >) B_i (i = 1, 2, \cdots, m); x_i > 0$ (8-23)

式中 $\otimes$——灰色参数；

x_j——第 j 个源的排放强度（mg/s）；

c_j——第 j 个源的排放或削减权重系数；

A_{ij}——第 j 个单位源在 i 个控制点上的浓度值，即输入响应系数（s/m^3 或 s/L）；

B_i——第 i 个控制点的环境目标值（mg/m^3 或 mg/L）。

（2）整数规划法 分成 0—1 型整数规划和混合整数规划，0—1 整数规划模型有：

目标函数
$$\min z = \sum_{i=1}^{n} \sum_{l=1}^{k_j} c_{jl} x_{jl} \tag{8-24}$$

约束条件
$$\sum_{j=1}^{n} \sum_{i=1}^{k_j} A_{ijl} x_{jl} \leq B_i (i = 1,2,\cdots,m) \tag{8-25}$$

混合整数规划模型：

目标函数
$$\min z = \sum_{k=1}^{k_0} c_k x_k \tag{8-26}$$

约束条件
$$\sum_{k=1}^{k_0} A_{ik} x_k \geq B_i (i = 1,2,\cdots,m) \tag{8-27}$$

$$x_k > 0(k = 1,2,\cdots,k_0);x_k = 0,1(k = k+1,k_1+2,\cdots,k_0) \tag{8-28}$$

式中 z——治理费用或总投资费用；

c_{jl}——第 j 个源 l 个治理方案的费用；

c_k——费用函数；

k_j——第 j 个源中共有 k_j 个治理方案；

k——治理措施编号；

k_0——连续变量个数；

x_{jl}——第 j 个源第 l 个治理方案取舍因子 0 或 1；

x_k——污染源削减量，0 或 1；

A_{ijl}——第 j 个源采取第 l 个治理方案后第 i 个控制点上的浓度（mg/m^3 或 mg/L）；

A_{ik}——源强浓度贡献；

B_i——第 i 个控制点上环境目标值（mg/m^3 或 mg/L）。

（3）离散规划模型 在求最优综合治理环境规划中，可解决多个变量和约束方程问题，其模型是：

目标函数
$$\min z = \sum_{j=1}^{n} z_j(l_j) \tag{8-29}$$

$$z_j(l_j) > z_j(l+1) \quad (l_j = 1,2,\cdots,k) \tag{8-30}$$

约束条件
$$\sum_{j=1}^{n} A_{ij}x_j(l_j) \leqslant B_i \quad (i = 1,2,\cdots,m) \tag{8-31}$$

$$x_j(l_j) < x_j(l+1) \quad (l_j = 1,2,\cdots,k) \tag{8-32}$$

式中　z——治理费用总和（万元）；

　　　l_j——第 j 个源采取第 l 个治理方案；

　　　$z_j(l_j)$——第 j 个污染源第 l 个治理方案费用（万元）；

　　　$A_{ij}(l_j)$——第 j 个单位污染源对第 i 个控制点上的排放浓度（s/m^3 或 s/L）；

　　　$x_j(l_j)$——第 j 个源采取第 l_j 个治理措施后的排放量（mg/s）；

　　　B_i——第 i 个控制点上的环境目标值（mg/m^3 或 mg/L）。

除了上述几类规划模型外，还有动态规划模型等。

8.3　城镇环境规划方法

8.3.1　城镇环境规划概述

20 世纪 80 年代初，政府提出"限制大城市，适当发展中等城市，大力发展小城镇"的思路，其后仅建制镇的数量便从 1998 年的 2850 个发展到 20000 多个，小城镇处于农业生态环境和自然环境之中，环境保护工作如做得不好，其发展将给农村生态环境带来不利影响。

（1）我国小城镇概况　据小城镇改革发展中心对我国 20 世纪 90 年代中期小城镇的统计设置，我国的小城镇基本情况如下：①县城关镇的基本人口规模在 3～10 万人之间，非城关镇镇区人口规模 1 万以下的占 65.76%，1～3 万人口的占 28.79%，5 万人口以上的非城镇占 6%；②全国小城镇建成区平均面积为 176m²，平均人均占用面积为 108m²，住宅占建成总面积的 31.8%，工商业和金融业占总面积的 24.43%，公共建筑、交通占 7.96%，市政占 4.55%；③小城镇的中小学教育已得到普及，各类文化设施如影剧院、文化站、图书馆、电视台（站）、广播台（站）平均每镇达到 1 个；④平均每个小城镇总产值为 6.5 亿元，平均每个小城镇工业企业收入占镇区总收入的 52%，第三产业收占总收入的 31%。

（2）小城镇主要环境问题　目前小城镇环境污染问题较为突出，其具体表现在：①大部分小城镇的环境保护规划工作滞后于城填发展，没有做到与经济建设、城镇建设同步规划、同步实施，环境保护没有真正纳入城镇经济和社会发展规划之中，给环境防治和生态保护造成困难；②一些小城镇发展仍在沿袭粗放型的经济增长方式，布局散、规模小、能耗高、污染重的产业占较大的比重，部分国家规定应淘汰的能耗高、污染重的企业仍然存在；③大量的生活污水、生活垃圾没有妥善处理，污水集中处理、垃圾无害化处理等环境基础设施落后；④环境管理滞后，环保投资严重不足。

8.3.2　规划的主要内容

规划成果包括规划文本和规划附图。

规划文本内容详实、文字简练、层次清楚。基本内容包括：

（1）总论　说明规划任务的由来、编制依据、指导思想、规划原则、规划范围、规划时限、技术路线、规划重点等。

（2）基本概况　介绍规划地区自然和生态环境现状、社会、经济、文化等背景情况，介绍规划地区社会经济发展规划和各行业建设规划要点。

（3）现状调查与评价　对规划区社会、经济和环境现状进行调查和评价，说明存在的主要生态环境问题，分析实现规划目标的有利条件和不利因素。

（4）预测与规划目标　对生态环境随社会、经济发展而变化的情况进行预测，并对预测过程和结果进行详细描述和说明。在调查和预测的基础上确定规划目标（包括总体目标和分期目标）及其指标体系，可参照全国环境优美小城镇考核指标。

（5）环境功能区划分　根据土地、水域、生态环境的基本状况与目前使用功能、可能具有的功能，考虑未来社会经济发展、产业结构调整和生态环境保护对不同区域的功能要求，结合小城镇总体规划和其他专项规划，划分不同类型的功能区（如工业区、商贸区、文教区、居民生活区、混合区等），并提出相应的保护要求。要特别注重对规划区内饮用水源地功能区和自然保护小区、自然保护点的保护。各功能区应合理布局，对在各功能区内的开发、建设提出具体的环境保护要求。严格控制在城镇的上风向和饮用水源地等敏感区内建设有污染的项目（包括规模化畜禽养殖场）。

（6）规划方案制定　其内容包括水环境、大气环境、声环境及固体废物的综合整治。

1）水环境综合整治。在对影响水环境质量的工业、农业和生活污染源的分布，污染物种类、数量、排放去向、排放方式、排放强度等进行调查分析的基础上，制定相应措施，对镇区内可能造成水环境（包括地表水和地下水）污染的各种污染源进行综合整治。加强湖泊、水库和饮用水源地的水资源保护，在农田与水体之间设立湿地、植物等生态防护隔离带，科学使用农药和化肥，大力发展有机食品、绿色食品，减少农业面源污染；按照种养平衡的原则，合理确定畜禽养殖的规模，加强畜禽养殖粪便资源化综合利用，建设必要的畜禽养殖污染治理设施，防治水体富营养化。有条件的地区，应建设污水收集和集中处理设施，提倡处理后的污水回用。重点水源保护区划定后，应提出具体保护及管理措施。地处沿海地区的小城镇，应同时制定保护海洋环境的规划和措施。

2）大气环境综合整治。针对规划区环境现状调查所反映出的主要问题，积极治理老污染源，控制新污染源。结合产业结构和工业布局调整，大力推广利用天然气、煤气、液化气、沼气、太阳能等清洁能源，实行集中供热。积极进行炉灶改造，提高能源利用率。结合当地实际，采用经济适用的农作物秸秆综合利用措施，提高秸秆综合利用率，控制焚烧秸秆造成的大气污染。

3）声环境综合整治。结合道路规划和改造，加强交通管理，建设林木隔声带，控制交通噪声污染。加强对工业、商业、娱乐场所的环境管理，控制工业和社会噪声，重点保护居民区、学校、医院等。

4）固体废物的综合整治。工业有害废物、医疗垃圾等应按照国家有关规定进行处置。一般工业固体废物、建筑垃圾应首先考虑采取各种措施，实现综合利用。生活垃圾可考虑通过堆肥、生产沼气等途径加以利用。建设必要的垃圾收集和处置设施，有条件的地区应建设垃圾卫生填埋场。制定残膜回收、利用和可降解农膜推广方案。

5）生态环境保护。根据不同情况，提出保护和改善当地生态环境的具体措施。按照生态功能区划要求，提出自然保护小区、生态功能保护区划分及建设方案，制定生物多样性保护方案；加强对小城镇周边地区的生态保护，搞好天然植被的保护和恢复；加强对沼泽、滩涂等湿地的保护；对重点资源开发活动制定强制性的保护措施，划定林木禁伐区、矿产资源禁采区、禁牧区等；制定风景名胜区、森林公园、文物古迹等旅游资源的环境管理措施。洪水、泥石流等地质灾害敏感和多发地区，应做好风险评估，并制定相应措施。

（7）可能性分析　从资源、环境、经济、社会、技术等方面对规划目标实现的可能性进行全面分析。

（8）实施方案

1）经费概算，按照国家关于工程、管理经费的概算方法或参照已建同类项目经费使用情况，编制按照规划要求，实现规划目标所有工程和管理项目的经费概算。

2）实施计划，提出实现规划目标的时间进度安排，包括各阶段需要完成的项目、年度项目实施计划，以及各项目的具体承担和责任单位。

3）保障措施，提出实现规划目标的组织、政策、技术、管理等措施，明确经费筹措渠道。规划目标、指标、项目和投资均应纳入当地社会经济发展规划。

8.3.3　规划编制工作程序

小城镇环境规划的编制一般按下列程序进行：

（1）确定任务　当地政府委托具有相应资质的单位编制小城镇环境规划，明确编制规划的具体要求，包括规划范围、规划时限、规划重点等。

（2）调查、收集资料　规划编制单位应收集编制规划所必需的当地生态环境、社会、经济背景或现状资料，社会经济发展规划、城镇建设总体规划，以及农、林、水等行业发展规划等有关资料。必要时，应对生态敏感地区、代表地方特色的地区、需要重点保护的地区、环境污染和生态破坏严重的地区，以及其他需要特殊保护的地区进行专门调查或监测。

（3）编制规划大纲　按照附录的有关要求编制规划大纲。

（4）规划大纲论证　环境保护行政主管部门组织对规划大纲进行论证或征询专家意见。规划编制单位根据论证意见对规划大纲进行修改后作为编制规划的依据。

（5）编制规划　按照规划大纲的要求编制规划。

（6）规划审查　环境保护行政主管部门依据论证后的规划大纲组织对规划进行审查，规划编制单位根据审查意见对规划进行修改、完善后形成规划报批稿。

（7）规划批准、实施　规划报批稿报送县级以上人大或政府批准后，由当地政府组织实施。

8.4　开发区环境规划方法

8.4.1　开发区环境规划概述

1. 开发区环境特点

开发区环境规划是区域环境规划的一种特殊类型，它既有着区域环境规划的共性，又有独特的方面。通常开发区是在城市边缘或城市规划地区的原农业区或未开垦的区域上重新建设新区，原有工业基础薄弱，城市化水平低，环境质量好。因此，开发区环境规划制定得是否科学将直接影响到该区域未来的环境经济的发展。开发区作为我国经济发展的一种新模式，绝不是20世纪初崛起的"工业城市"的克隆体，也不是现代城市环境污染的制造者，而应成为可持续发展的示范区。因此，开发区坚持可持续发展理念至关重要。所以，开发区环境规划工作是重中之重。合理的环境规划是一个开发区最基本的前提，是其能否可持续发展的根本条件。最开始的经济利益会被日益严重的环境污染所取代，从而影响整个开发区的持续发展。

但由于我国正处在工业发展的高峰，全国各地相继建立无数开发区来提高和发展本地区的经济，而相应的环境措施和环境设备并未同步发展起来，这就造成开发区在最初阶段污染日趋严重，而后又投入大量的人力、财力来进行治理，形成先污染后治理的恶性循环。因此，在进行开发区规划时一定要重视环境规划，以便开发区在投入使用时既有良好的经济效益，又有不错的环境和社会效益，形成良性循环。

目前许多开发区的环保机构设置得五花八门，只有少数是当地环保局的派出机构，绝大部分是开发区自设环保局或由其他局代办环保业务，由于前者沿袭了环保部门成熟的工作程序，能够很快进入工作角色，运行状况比较理想，后者出现的问题则较多。例如，出现"头重脚轻"现象。有的开发区虽然有环保机构但无环境监理和环境监测部门，机构残缺不全，环保专业人员匮乏，致使环境管理工作难以开展，也导致开发区的环境逐渐恶化。法律制度不健全，导致问题出现时无法制止，最终环境污染的延续和恶化。

开发区环境规划应以经济开发为中心，并同时保证经济建设和环境保护协调发展。因此，开发区环境规划应以开发区的开发方向、开发规模、开发速度、经济结构、生产布局及环境建设等为科学依据，为开发区的经济、社会和环境协调发展寻求有效途径。开发区区域环境规划应体现"科学规划、合理布局、总量控制、集中治理、统一监管"的方针，坚持经济发展和环境保护并重。

2. 开发区环境规划的原则

1）坚持环境与经济协调发展的原则，促进经济发展与环境保护的良性循环。

2）完善功能区划，明确环境质量目标。正如前面所叙述的那样，环境功能区划是环境保护规划的重要内容，一般可以分为两个层次，即综合环境区划和单要素环境区划。综合环境区划主要以城市中人群的活动方式以及对环境的要求为分类准则，充分考虑土地利用现状和城市发展、旧城区改造的需要，服从城市总体规划，满足城市功能需求。综合环境区划一般划分为重点环境保护区、一般环境保护区、污染控制区和重点污染治理区等。划分方法主要采用专家咨询法，也可采用数学计算分析法作为辅助方法，如生态适宜度分析、主因子分析、聚类分析、可能-满意度分析等方法按网络综合分级。单要素环境区划主要指大气环境区划、水环境区划和噪声环境区划。单要素环境区划要以综合环境区划为基础，结合每个要素自身的特点加以划分。大气环境功能区，依据国家大气质量标准，分为一、二、三类区域。水环境功能区依据国家地方水环境质量标准，按其保护目标分为自然保护区及源头水区、生活饮用水水源区、水产养殖区、旅游区、工业用水区、农业灌溉区、排污口附近混合区。

3）工业用地的划分应注重土地使用的并存性，根据工业项目性质不同，建立环境保护所需要的缓冲区。

4）坚持以高新技术为先导，无污染或轻污染的现代工业为主体，开发建设园区。

5）突出重点，解决主要的环境问题，力求规划的可行性。

8.4.2 开发区环境规划的内容

1. 开发区环境现状调查

1）自然环境和社会环境调查，包括气候、水文、人文、地质条件、经济状况等。

2）环境质量现状调查，包括大气、水、固体、放射性等环境质量情况。

3）生态环境现状调查，包括生物种群的数量、种类、分布等，如森林覆盖率。

4）环境效应调查，包括当地的环境污染对人体、动植物等影响的经济分析。

5）国土综合开发规划，包括中心规划区布局，规划外围布局，农业发展规划，供水、交通规划，综合发展方向和目标等。

2. 结合发展方向对开发区环境现状分析

从宏观上、整体地分析开发区环境与开发区计划发展的协调性很重要。主要包括：

1）分析地方经济和社会发展规模、速度、结构、布局、科技贡献率等与新开发区的发展要求的协调性。

2）从国内经济发展和国际经济、科技和信息发展的形势的大趋势分析开发区性质、功能定位及选址的合理性。

3）从区域环境现状及发展趋势分析新开发区位置的适宜性。

4）对开发区的资源环境综合承载力作初步分析。

3. 基础环境分析

（1）大气环境分析　大气环境分析包括开发区大气环境的研究目的、技术路线、大气污染物输送的主要气象过程及大气边界层结构、规划区大气污染源分析、大气质量模式的建立及其计算结果、大气环境质量趋势及工业布局合理性分析。

（2）水环境分析　其内容包括水环境质量的分析、水环境污染物迁移转化规律研究、浓度响应系数分布图绘制、扩散自净能力分区及排放总量分析、排污方案的水质模拟研究等。

（3）固体污染分析　其内容包括固体污染物的产生途径分析、处理及处置方法的研究、废弃物再利用的方法研究，特别是开发区内的有毒有害物质处理处置的研究。

（4）噪声污染分析　其内容包括分析噪声产生的来源、研究控制或尽可能将噪声减小至最低水平的方法。开发区的噪声主要是在其最初进行硬件建设施工阶段和特殊工艺项目产生的。

（5）生态环境条件分析及经济开发对其的影响　其内容包括生态特征分析、主要污染物对特种物种的影响分析；对于临海的开发区，还需进行海域富营养化可能性及控制对策研究、开发活动对滩涂养殖业的影响及对策研究。对开发区进行生态适宜性分析是指根据生态调查的各种现状资料，按照生态学考虑各种不同功能的土地排序位置是否合理。这里所说的排序，主要是指生态位高低的排序。对于不同使用功能的地段来讲，与之功能相对应的生态位的高低必然有所不同。比如说一个执行居住功能的地段所处的生态位就应比一个执行工业用地功能的地段的生态位要高，而一般工业用地的生态位要比污染工业用地的生态位要高。至于如何划分生态位的高低，应具体问题具体分析，要依照具体开发区的土地特点和规划用地的类型来确定。

（6）土地及人口问题分析　其内容包括土地质量、分布和利用等情况，人口分布、素质、职业、经济收入等状况。

4. 环境预测及规划

1）确定研究目标，指导思想和理论基础。

2）开发区及规划小区环境承载力分析。环境承载力又称环境承受力或环境忍耐力，是指在某一时期、某一区域环境对人类社会经济活动的支持能力的限度。

3）开发区经济发展结构及投资预算分析。

4）环境污染预测。环境污染预测的方法很多，许多通用的预测方法都适合于环境污染预测，如趋势外推法、投入产出法、弹性系数法、排污系数法等。应用最多和比较简便的方法是排污系数法和弹性系数法。其具体内容包括大气、水、固废、土壤和噪声污染预测。

5）环境污染控制研究。其内容包括大气、水污染控制规划和固体废物处理处置规划等。水环境污染控制措施有工业园区内的排水系统实行雨、污分流制，工业污水、生活污水在接入污水管道统一收集，输送到污水处理厂，工业污水在接入污水管网前须进行预处理，达到污水厂进水水质要求后才可接入污水管网。

6）环境污染综合防治方案设计。

7）开发区土地利用规划。为使土地得到充分的利用，在工业与居住区置地分配时，可以使无污染的高科技工业将普通工业和居住区分开；非居住用建筑物，如公园、公路、停车场、电力分站、垃圾收集站、康乐与体育设施等也可建设在工业用地的缓冲区内。河道两岸、道路两旁、住宅区与工业区的空地部分应建立一定的绿化带，达到缓冲区与美化环境的目的。

根据工业园区建设发展的总体目标，园区规划概念和工业园区所处的特殊位置及现有环境容量，园区的开发建设不适合引进易产生大量污染物的特殊工业，同时不应有放射性、电磁辐射污染产生的工业进入园区，有关基础设施的建设也应得到合理布局，污染得到应有的控制，而其他对环境有一定影响的项目在进入园区时，应根据园区《建设项目环境保护管理办法》进行申报与建设，以确保项目建设、选址得当，各类项目相容并存，污染得到合理控制，环境效益得到提高。

8）开发区工业与城镇布局调整规划。不同工业产生污染的程度有所不同，因此对缓冲区的设置也应不同，根据工业产生污染的程度；将工业分为无污染工业、轻污染工业、一般工业和特殊工业四类，并设立相应的缓冲区。具体分类为：

① 无污染工业：不产生对空气、水的污染，无气味、无噪声污染，且不使用大量有毒、有害化学物质的工业。例如：产品的设计与开发（家电、电子产品等的安装、组装与维修），仓库作业（无污染成品的储存等），此类工业不必设有缓冲区。

② 轻工业：不产生噪声污染，不使用大量有毒、有害物质，不产生废水、废渣，无燃煤、燃油的锅炉等设施的工业项目。例如：生物工程，不含印染等工序的纺织品、针织品、服装生产，印刷、出版及相关工厂，纸板、盒箱制造，干食料包装，灭火器重新灌装等，此类工业应与最近的居住区住宅楼至少留有50m的缓冲区。

③ 一般工业：根据环保部门的要求；必须设置防治和污染治理设施的建设项目。例如：含有印染等工序的纺织品、针织品等的制造，乐器、家具及配件的制造，一般五金的生产，化妆品、卫生用品的制造，化学品的储存等此类工业与最近的居住区住宅楼至少要留有100m的缓冲区。

④ 特殊工业：使用较多量的有毒、有害化学品，需设置完善的防污和污染治理设施的

工业项目；应与最近的居住区住宅楼至少留有 500m 的缓冲区，易造成重污染的大型设施（如污水处理厂等）缓冲区至少要达到 1000m。

9）开发区交通规划。开发区交通规划的目标有：①建立园区的高效的综合对外交通体系，促进铁路、公路航道运输协调发展；②建立园区的与综合对外交通体系相配合的综合内部交通系统，包括轻轨列车、公共汽车、小汽车、自行车等系统；③综合协调园区与市区的交通系统，使园区的综合交通体系成为市区综合交通体系的一部分；④近期与远期相配合，使近期建设的交通系统能够面对未来发展的挑战。

10）经济开发区环境管理建议。

8.4.3　开发区环境规划的编制程序

1. 系统特征简析

对开发区而言，它既是一种特殊的区域经济体系，又受到区域一般性的系统特征（如集合性、多目标性、动态性和不确定性等）影响。对于不同的开发区，由于存在社会经济条件、自然资源、生态环境及交通区位等方面的不同，因此其系统结构也就存在差异。尽管如此，从系统的观点看，如果将环境经济系统的诸多细节忽略，而从相对宏观的角度去分析开发区环境经济系统的共性，则可以作出粗略但具有一定普适性的系统分析。

开发区的首要任务在于发展经济，因此经济活动是整个系统的两大出发点之一。经济活动具有两重性：一方面，经济活动是区域发展的基础，它能通过物质生成形成区域的经济效益；另一方面，由于经济活动涉及资源开采、利用和生产等过程，而在这些过程中往往不可避免地造成生态环境影响，产生并排放各种污染物和废物，所有这些都将对环境造成损害。当这些损害达到一定强度时，就必然会威胁到区域的进一步发展乃至人们的生活和生存。因此，为了避免出现这种情况，在开发区的发展过程中，将采取一定的环境管理与污染控制措施以降低环境损害水平。于是，相当数量的资金将被投入到这些活动中。从某种意义上说，环境问题导致了区域的经济净效益的降低。由此便产生了一个问题，即应该如何发展经济并保护环境才能使得区域的纯收益最大？显然，这正是环境规划的主要任务之一。

系统的另外一个出发点是区域的环境和资源系统。任何开发区所处区域的资源条件和环境承载能力都是有限的。这些可利用资源与环境承载力空间就够成了区域发展的可行空间。如果开发区过分追求经济开发的速度与规模，而无视各种资源与环境的约束的话，那么，各种难以解决的环境经济问题就会接踵而来。因此，为了协调经济发展与资源、环境之间的矛盾，对开发区进行相应的环境规划是至关重要的。在进行环境规划时，必须充分考虑特定开发区的具体情况，以区域的资源、环境阈限为约束空间来作出行动方案，通过有效的安排各种经济活动，从而使区域发挥尽可能高的发展潜力。

总之，在进行开发区环境经济系统规划时，既要综合考虑区域的自然资源、交通区位及生态环境等状况，又要充分研究系统内部的主要因素及相互关系，以区域的可持续发展为首要追求目标，将开发区的环境系统和经济系统作为一个有机的整体来进行分析研究。

2. 开发区环境规划的编制程序

开发区环境规划方法的主要技术路线为：

1）经济开发区的战略性研究，它包括社会、经济发展战略、环境保护战略及全局性的宏观决策。制定环境规划目标是编制规划的中心任务。由于环境问题的复杂性，涉及面广泛，环境规划是一个多决策问题，目标的确定是健康要求、经济发展对环境功能的需求、科学技术水平、国力水平综合协调的结果，是一个相当复杂的问题，通常要根据环境现状与发展趋势及从多方面的综合考虑，先确定一个初步目标，在此基础上，进一步研究实现这些目标的各种措施及财政人力等方面的支持条件，进行测算和可行性研究，根据可行性研究结果，反馈修改或最终确定环境目标。

2）经济开发区的开发方向、经济结构、产业规模、生产布局与环境承载能力相适应的研究。方案的比较和优化，往往都是在一定前提条件下，或者是在某一个子系统中进行的。然而，开发区环境规划问题是一个十分复杂的多层次、多因子、多目标的动态开放的大系统，有许多因素难以用数学模型来描述，在决策问题的分类中属于非确定型或半确定型问题。在筛选或优化出最佳方案以后，还要进行涉及面更广、层次更高的可行性分析。例如进行方案的灵敏度分析、风险性分析，研究外界条件变化对方案效果的影响程度；进行投资来源渠道分析，分析方案在财政方面是否有可能；进行投资比例分析，研究用于环境保护的投资占国民生产总值的比例，以判断国力是否有可能支撑；进行环境费用效益分析，对最佳方案的费用和效益（包括经济效益、社会效益、环境效益）进行比较和分析，以判断方案是否可行等。通过方案的可行性分析最终确定规划方案。

3）制定经济开发区经济开发与环境保护相协调的具体策略和措施。拟定方案是环境目标初步确定后，根据环境保护的技术政策和技术路线，拟定实现环境目标的具体途径和措施。一个目标（或目标集）可以通过多种途经来实现，但是只有在正确的技术政策和技术路线指导下，拟定的方案才能符合"三效益统一"的评价准则。20年来，我国已初步形成了一整套污染防治的技术政策和技术路线，在环境规划拟定规划方案时，要认真加以贯彻。为了使规划方案更好地符合"三效益统一"，通常采用"情景分析"的方法，拟定多个方案，通过模拟方案实施后可取得的效果来比较，从中筛选或通过数学模型优化出最佳方案。提出的方案要包括"总量—质量—项目—投资"四个相互联系的内容。

8.5 农村环境规划方法

8.5.1 农村环境规划概述

我国农业发展在相当长的时期内必将面临三大挑战：一是如何满足日益增长的对农产品的巨大需求；二是如何适应入世后激烈的市场竞争；三是如何阻止自然资源耗竭和生态环境恶化。三者缺一不可，是相互依存的统一体。这就要求我国的农业生产从化学农业的束缚中解放出来，也要求农村环境改变目前的污染和破坏现状，走可持续发展道路。

1. 农村环境规划的内涵

20多年来，我国农村环境建设取得了引人瞩目的成就，但是农村生态环境形势依然严峻，从总体上看，污染日趋严重，生态破坏的范围在扩大，程度在加剧。在我国现阶段，经济的发展与环境保护似乎总是矛盾的，这在地方建设中表现的更为突出。人口的急剧增长，尤其是近代人类不合理的开发建设活动，引起了农村环境质量的日益恶化。从整体上讲，农村环境质量继续恶化的趋势尚未得到有效的控制。

农村环境系统在过去漫长的时间内由于其本身的演变及人与环境长期相互作用，必然表现出不均衡性，并且具有明显的特征和地域分布规律，形成农村环境质量的地域差异。农村环境规划就是从社会、经济、环境等角度研究农村不同地区的环境质量，查明其形成地区分异的主要环境因素，包括自然和社会因素，按区内相似性和区际差异性原则进行分区划片，并提出每一个环境质量区划单位的基本特点及保持与提高环境质量的战略设想。

农村环境规划的目的是对农村环境质量现状进行评价，作功能分区，确定不同环境区域的功能、环境质量目标，反馈给经济开发和社会发展相关部门，以提出合理的产业结构和工业布局安排。

农村环境规划不同于农村环境质量评价。农村环境质量评价主要关心一个地区农村环境质量的好坏程度，而农村环境规划更关心地区间农村环境质量的差异。因此，农村环境规划体系的设置既包括一些宏观方面的指标，如社会经济发展指标等，也包括一些微观方面的指标，如具体的水、气、噪声指标等。农村环境规划可以也应该尽量在农村环境质量评价的基础上进行，以充分利用现有的工作基础，减轻工作量，因此农村环境规划指标可直接采用一些评价指标。但就指标而言，规划指标更强调其代表性及宜量化问题。

2. 农村环境规划的原则

（1）自然环境结构相似性原则　区域农村环境质量的相似性和差异性来自于自然环境的演变及其分异规律，同时叠加人类社会经济活动的影响。一方面，自然环境结构不同类型的地区，人类利用自然环境、改造自然的方式和程度有着明显的差异，从而对环境产生的影响也就不同；另一方面，自然环境结构特征不同，它对污染物的敏感性、承载与降解能力也随之不同，保护和改善环境质量的方向、途径和措施也就不同。因此，保持自然环境结构的区内一致性和区间差异性是农村环境规划的基本原则。

（2）社会环境结构及其对环境影响的相似性原则　自然环境结构制约着人类活动的方式和程度，而社会环境结构则是反映人类活动的特点、方式、程度和结果，以及对环境产生的影响。在不同的农村自然环境中，由于人类活动的方式和程度不同，对环境的改造以及造成的破坏与污染性质和程度随之而异，农村环境质量也就不同。因此，社会环境结构的区内相似性和区间差异性是农村环境规划的另一重要原则。

（3）改善农村环境质量对策的一致性原则　进行农村环境规划的目的，在于通过不同等级环境质量分区的综合分析，寻求社会、经济与环境协调发展的对策。在一定的农村环境区域里，环境影响条件和环境问题具有相似性，因而，改善环境质量的措施和对策也必然具有相似性，反之亦然。因此，环境保护措施和对策的区内相似性和区间差异性，又成为农村环境规划的一条重要的原则。

（4）行政区单元相对完整原则　农村环境规划是为农村环境管理服务的，为了便于环境管理，分区最终要落实到一定的行政管理单元上，因此，农村环境规划的界线要保持一定级别的行政区界的完整性，这样有利于区内社会经济发展、工农业生产布局和环境保护对策具体实施等方面的统筹规划与统一领导。因此，保持行政区界的相对完整性也是农村环境规划不可缺少的原则。

8.5.2　农村环境规划的方法

1. 提高认识，加强领导，把农村垃圾出路问题提上重要议事日程

解决农村垃圾问题是最大的实实在在的为人民服务。我们的各级干部，特别是村两委干

部，要真正把开展农村环境卫生整治，解决垃圾出路问题摆到重要议事日程上来，作为移风易俗、提高村民文明素质的重要举措和精神文明建设的突破口。从环卫基础设施完善和道路标准要求、所需经费的筹措等方面着手，制定切实可行的实施方案，落实镇、村干部的岗位责任制，考核结果直接与经济挂钩。解决农村垃圾问题起决定性作用还是人。

2. 统一规划，统一建设垃圾处理设施

1）建档次较高的垃圾填埋场，可以有效吸纳农村垃圾。

2）各镇、街道要科学规划，合理布局，加快垃圾中转站建设，接收各村产生的垃圾。

3）各个村庄要落实好农村现代化建设领导小组办公室提出的"三个一"要求，落实房前屋后的"三包"责任制，清扫保洁员对村内公共场所、道路每天至少清扫 $1 \sim 2$ 次，及时清运生活垃圾。

3. 树立新观念，制定新措施，开征农村生活垃圾处理费

要认真贯彻温家宝总理关于"运用市场机制，实行垃圾排放收费制度，培育垃圾治理产业"的指示精神，加大环卫产业经费投入，制定农村企业、常住人口、暂住人口交纳垃圾清扫、清运处理费的政策，适当收取费用，以保证农村环卫工作的经费来源。

4. 健全环卫管理机构

1）各镇、街道统一建立环卫所（站），在当地政府的领导下，负责镇区环境卫生的管理、监督、作业。指导各行政村的环卫业务，收集本辖区的环卫信息。

2）各行政村两委要落实人员负责本村环卫管理工作，负责本村环卫清扫保洁人员的工作，及时汇报、交流环卫信息等情况。

3）镇、村都要建立相应的环卫队伍，并注重队伍的管理、素质的提高和资金的保证。

5. 加大宣传力度

群众是垃圾的制造者，也是垃圾污染环境的受害者，更是环境治理的受益者。他们对环境卫生工作的认识程度如何，直接关系到我们工作的好坏和成效。因此，要大力宣传环境保护的现实意义，宣传垃圾污染的严重性，倡导移风易俗；树立"讲卫生光荣，不讲卫生可耻"的新风尚；树立谁污染谁治理的观念，实行垃圾处理收费等新政策法规，保证农村环境卫生整治工作的顺利开展。

6. 积极稳妥实施环卫作业体制改革

环卫体制改革是市场经济发展的需要，是大势所趋，要从调查试点入手，逐步推广，真正实施管干分离，使环卫管理体制日趋科学合理。但不能一味追求经济效益，违背了环卫行业注重社会效益的原则，防止出现环境卫生质量倒退的被动局面。

8.5.3 农村环境规划的编制程序

农村环境规划的编制一般按下列程序进行：

（1）确定任务 当地政府委托具有相应资质的单位编制农村环境规划，明确编制规划的具体要求，包括规划范围、规划时限、规划重点等。

（2）调查、收集资料 规划编制单位应收集编制规划所必需的当地生态环境，社会、经济背景或现状资料，社会经济发展规划，城镇建设总体规划，以及农、林、水等行业发展规划等有关资料。必要时，应对生态敏感地区、代表地方特色的地区、需要重点保护的地区、环境污染和生态破坏严重的地区，以及其他需要特殊保护的地区进行专门调查或监测。

（3）编制规划大纲　按照附录的有关要求编制规划大纲。

（4）规划大纲论证　环境保护行政主管部门组织对规划大纲进行论证或征询专家意见。规划编制单位根据论证意见对规划大纲进行修改后作为编制规划的依据。

（5）编制规划　按照规划大纲的要求编制规划。

（6）规划审查　环境保护行政主管部门依据论证后的规划大纲组织对规划进行审查，规划编制单位根据审查意见对规划进行修改、完善后形成规划报批稿。

（7）规划批准、实施　规划报批稿报送县级以上人大或政府批准后，由当地政府组织实施。

8.6　工业企业环境规划方法

8.6.1　工业企业环境规划概述

保护环境是企业建设和发展的重要任务，企业生长在城市，保护企业的环境就是保护城市的环境，城市是人口和经济活动集中的场所，也是环境问题比较突出的地方。目前，我国城市环境污染形势严峻，水环境污染普遍，大气环境质量严重超标，许多城市垃圾围城，环境问题已成为制约我国城市发展和影响人民健康的重要因素。"十一五"期间，我国实施城市化战略，城市化进程将进一步加快，人口和经济密度将不断提高，城市环境将面临着更大的压力；随着公众环境意识的提高，改善环境质量已成为提高人民生活水平的重要内涵；同时，改革开放和市场经济的建立也对城市环境质量提出了更高的要求，优美的环境是现代化城市的重要标志。污染严重的现实与对环境质量要求日益提高形成鲜明的对比，保护环境是城市建设和发展的重要任务。因而，编制企业环境保护规划并纳入城市总体规划加以实施在国家城市化战略中具有十分重要的意义。

8.6.2　环境保护规划的主要内容

环境问题涉及到经济、人口、资源、等多方面，城市总体规划中的环境保护规划是一个综合决策问题，要将环境作为一个重要因素，在城市总体规划的指导思想、优化产业结构、合理布局、功能区划分、污染物总量控制、城市基础设施建设和重大工程项目等方面，实行综合规划。

1. 实施可持续发展战略是编制城企业总体规划的重要指导方针

自 1992 年联合国环境与发展会议之后，可持续发展已被世界各国所采纳。我国政府率先编制并发布了《中国 21 世纪议程》，明确宣布：走可持续发展之路是中国在未来和下世纪发展的自身需要和必然选择，并将可持续发展战略作为我国发展的基本战略。

在城市建设中，实施可持续发展战略，建设可持续发展城市已成为国际城市建设的大趋势。企业在城市化建设中起着至关重要的作用，在我国城市总体规划中，贯彻可持续发展战略尤为重要。回顾我国的城市化历程，有相当长的一段历程时期，城市发展受"限制农村人口向城市和非农业转移"、"城市建设要先生产后生活"、"变消费城市为生产城市"等政策、思想的影响和计划经济的束缚，不少城市性质的定位不适应市场经济和改革开放的要求，产业结构和布局不合理，城市基础设施建设落后于城市化的发展，城市环境污染严重，制约了城市化的健康发展。当前，我国正在实施城市化战略，特别是随着大力发展小城镇和西部大开发战略的推进，城市总体规划要将全面、认真地贯彻可持续发展战略放在重要位置，作为编制城市总体规划的重要指导方针。

2. 环境保护目标与企业性质

按照可持续发展的要求，环境保护目标是企业建设和发展目标不可缺少的一部份，是对企业环境保护任务的综合反映，是编制详细环境保护规划的依据。环境保护目标包括对企业环境质量的总体要求和主要的污染控制和环境建设指标。环境保护目标的确定要遵循以下原则：与经济、社会发展相协调；与企业性质相适应，高功能、高标准，低功能、低标准；与自然生态条件相适应，遵循生态规律；与综合实力相适应，实事求是、量力而行；与"以人为本"的原则相适应，保证公众环境安全与舒适。

3. 环境保护与优化产业结构

当前我国正处于产业结构战略性调整时期，城市产业结构（含工业结构）对城市经济发展有着深远的影响，对企业环境保护也至关重要。环境保护与产业结构的关系是一种双向关系。经济发展必然对环境有一定的压力，不同产业结构的环境压力有很大的差异。第二产业的发展，特别是能源、化工、原材料等重污染行业的发展，对环境的潜在压力大，第三产业和高新技术产业以及清洁生产对环境的潜在压力要小得多，产业结构决定了环境保护难易的程度。环境保护的要求是优化产业结构的重要因素，尤其是在环境问题成为城市发展的主要矛盾或制约因素时，环境因素将成为产业结构调整的主要因素。因此，城市环境保护规划要开展产业结构的环境影响评价，从环境保护的角度论证产业结构的合理性，提出调整产业结构的方案，促进经济与环境协调发展。

4. 合理布局与环境功能区划

环境问题的地域特征十分鲜明，与企业布局的关系密切。环境有一定的自净能力（或环境容量），不同区域的环境容量不同。同时，环境质量标准是根据功能来制定的，不同的区域功能对环境质量的要求不同。例如：旅游区、集中的生活区和饮用水源区对环境质量要求高，一般的工业区对环境质量要求低。因此，合理布局、合理利用环境容量十分重要。规划要避免将对环境影响大的活动布置在对高功能区有影响的地方，而应将之布置在环境容量大，对高功能区无影响或影响少的地方。例如：水污染重的工厂禁止放在饮用水源地的上游，火电厂应放在城市的下风向等。在城市组团的配置上，更要考虑相互之间的环境影响。环境容量也是资源，布局合理可以达到事半功倍的作用；布局不合理，治理起来难度大得多，会带来严重的后果，甚至是无法挽救的损失，最后只能搬迁，调整布局。北京市特钢厂的搬迁，城区退二进三的大动作；上海抓住浦东开发的契机，对整个上海进行布局的战略重整，环境因素是最重要的原因之一。因此，将环境因素纳入布局配置，开展布局对环境的影响评价，从环境的角度论证布局的合理性，特别是重点污染源布局的合理性，从而提出合理布局的建议和重点污染源的搬迁方案，这是环境保护规划编制的重要内容。

环境功能区划是城市布局在环境方面的表述，体现了城市布局在环境方面的要求。环境功能区划应从环境特征或环境容量与经济、社会活动相和谐出发，规划城市环境功能区，协调环境与经济、人口的关系。按照高功能区高标准保护、低功能区低标准保护的原则，环境功能区划为确定不同功能的环境目标、制定详细环境规划和实施环境管理提供依据。对于功能要求比较严格的区域，要建立专门的保护区，以便加强管理。例如：城市重要的饮用水源地的上游，划定饮用水源保护区，在这个地区内禁止建设对水环境有污染的企业，已存在的污染企业要勒令限期搬迁。其他常见的保护区有自然保护区、风景旅游保护区等。

5. 污染物总量控制

污染物总量控制以环境质量为目标，根据污染物达标排放要求和污染物排放的"输入-响应关系"（污染物环境容量模型）控制污染物的排放，将污染负荷分配到源，由此规划相应污染源（工业污染源、生活污染源及面源）污染负荷的削减方式，论证污染控制方案的可行性。污染物总量控制是环境污染防治规划的核心和主线，它与规划的其他内容都有密切的联系，环境规划的许多内容，例如布局重整、工业污染源的治理、城市环境基础设施的建设都是污染物总量控制的具体体现。

污染物总量控制要将污染物总量-环境质量-项目-投资四个环节有机地联系起来，具体来讲，是以空气和水环境的质量为目标，控制各类污染源的污染物排放总量，将治理措施落实到具体的项目上，具体的项目还要进行技术经济核算，列出经费需求和规划的筹资渠道，进行可行性分析。

6. 企业环境基础设施建设

企业基础设施是企业赖以生存和发展的基础。一个现代化的企业没有现代化的企业基础设施，一日都无法运营。企业环境基础设施，是指与环境保护密切相关的基础设施，是企业保护环境的重要手段，如企业供气系统、集中供热、集中企业污水处理厂及污水截留管网，垃圾收集、运输及无害化处理设施，绿化等。

20多年来，我国环境污染控制工作经历了由分散控制向集中控制和分散控制相结合的转变。同时，随着工业污染源的逐步控制，生活排污量占全部排污量的比例逐渐提高。目前已有一些企业生活污水排放量超过工业废水排污量，生活废气排放成为影响城市空气质量的主要贡献者，企业生活垃圾成为固废污染的元凶，集中控制越来越占有重要地位。然而，目前我国企业环境基础设施建设落后于城市化速度，也落后于道路交通、邮电通信、住房建筑等基础设施的建设，成为造成城市环境污染的重要原因。因而，城市建设应把企业环境基础设施建设摆在重要位置，重点规划，加快建设。

7. 企业生态规划

企业生态规划也是企业环境保护规划的重要内容。企业建设要遵循开发利用与保护恢复并重的原则，防止水土流失、破坏城市生态。城市绿地（包括林地、草地）是城市生态系统实现良性循环和美化环境的重要因素。绿地具有涵养水分、防止水土流失、吸收尘埃、噪声和生产氧气的功能，是城市组团之间的理想隔离带，对改善城市环境质量起着重要作用，也是城市居民休闲、旅游的好去处，是城市用地中不可缺少的一部份。因而城市绿化在城市总体规划中占据重要地位，应专门有一章来叙述。城市绿地又与环境保护关系密切，环境保护规划应该从生态规划角度对绿地建设提出了建设性意见。由于草地建设见效快、成本低，当前绿地建设中存在着重草地、轻林地的倾向，其实林地的生态功能远大于草地，并且还有遮阴功能，所以绿地建设格局要改单一草地的平面建设为林草结合的立体建设。随着工业和城市生活污染的治理程度的提高，禽畜集中养殖场的水污染和农业面源污染逐步成为重要的污染源，要将禽畜集中养殖场和农业面源污染作为城市环境规划的重要内容。

8. 清洁生产

（1）清洁的能源　采用各种方法对常规的能源（如煤）采取清洁利用的方法，如城市煤气化供气等；对沼气等再生能源的利用；新能源的开发及各种节能技术的开发利用。

（2）清洁的生产过程　尽量少用和不用有毒有害的原料；采用无毒、无害的中间产品；选用少废、无废工艺和高效设备；尽量减少生产过程中的各种危险性因素，如高温、高压、低温、低压、易燃、易爆、强噪声、强振动等；采用可靠和简单的生产操作和控制方法；对物料进行内部循环利用；完善生产管理，不断提高科学管理水平。

（3）清洁的产品　产品设计应考虑节约原材料和能源，少用昂贵和稀缺的原料；产品在使用过程中以及使用后不含危害人体健康和破坏生态环境的因素；产品的包装合理；产品使用后易于回收、重复使用和再生；使用寿命和使用功能合理。

清洁生产是对传统发展模式的根本变革，是对末端治理的污染防治模式的根本否定，是实现可持续发展的必由之路。清洁生产是指不断采取改进设计、使用清洁的能源和原料、采用先进的工艺技术与设备、改善管理、综合利用等措施，从源头削减污染，提高资源利用效率，减少或者避免生产、服务和产品使用过程中污染物的产生和排放，以减轻或者消除对人类健康和环境的危害。

与传统的末端治理污染相比，清洁生产有三个显著特点：一是清洁生产体现了预防为主的思想。传统的末端治理与生产过程相脱节，即"先污染，后治理"，重在"治"。清洁生产则要求从产品设计开始，到选择原料、工艺路线和设备，废物利用，运行管理等各个环节，通过不断加强管理和技术进步，提高资源利用率，减少乃至消除污染物的产生，重在"防"。二是清洁生产体现的是集约型的增长方式。传统的末端治理以牺牲环境为代价，建立在以大量消耗资源能源、粗放型的增长方式的基础上，清洁生产则是走内涵发展道路，最大限度地提高资源利用率，促进资源的循环利用，实现节能、降耗、减污、增效。三是清洁生产体现了环境效益与经济效益的统一。传统的末端治理不仅治理难度大，而且投入多，运行成本高，只有环境效益，没有经济效益。清洁生产则从源头抓起，实行生产全过程控制，使污染物最大限度消除在生产过程之中，能源、原材料消耗和生产成本降低，企业竞争力提高，从而实现经济与环境的"双赢"。

清洁生产在我国已经推行了近 10 年。1992 年，我国在《环境与发展十大对策》中就明确提出：新建、扩建、改建项目，技术起点要高，尽量采用能耗物耗小、污染物排放量少的清洁生产工艺。1993 年第二次全国工业污染防治工作会议指出，要积极推行清洁生产。近 10 年来，立法机构、有关部门在推行清洁生产方面做了大量工作，取得了积极进展。目前，绝大部分地区都在组织推行清洁生产，有的制定了地方性法规，有的制定了鼓励性政策，有的开展了示范试点工作等。据对实施清洁生产审核试点的 200 多家企业的统计，共获经济效益 5 亿多元，主要污染物平均削减 20% 以上。但从总体上看，推行清洁生产的进展还比较缓慢。首先是认识问题。各级领导特别是企业领导，对清洁生产在可持续发展中的重要作用和对增强企业综合竞争力的作用还缺乏足够的认识，在解决环境污染问题上重治标，轻治本，还没有转到预防污染的清洁生产上来。其次是缺乏资金。从已经开展清洁生产的企业看，绝大多数还停留在清洁生产审核阶段，在选择低、中、高费方案时，一般都选低费方案，尚未与结构调整和技术改造相结合。三是基于市场的激励机制没有建立起来，企业缺乏自觉开展清洁生产的动力和自觉性。四是现行环境管理制度和措施在某些方面与推行清洁生产的要求还不相适应。五是信息不畅，企业缺乏寻找清洁生产技术与管理信息的正常渠道。

面对日益严峻的资源和环境形势，面对加入世贸组织后激烈的竞争，面对"绿色壁垒"

的压力，加快推行清洁生产势在必行。国家将组织有关部门共同推进这一工作。

要使《清洁生产促进法》真正落到实处，必须以企业为主体，政府指导推动，充分发挥市场配置资源的基础性作用，形成企业自觉实施清洁生产的机制。一是要研究制定促进企业实施清洁生产的政策和管理办法。有关部门将组织制定第二批《当前国家鼓励发展的环保产业设备（产品）目录》，对使用清洁生产设备（产品）的继续给予减免税收的优惠政策；制定第二批《国家重点行业清洁生产技术导向目录》、《清洁生产审核办法》、《重点行业清洁生产指南》、《清洁生产企业评价指标体系》、《强制回收的产品和包装物目录和具体回收办法》等。二是加大以清洁生产为主要内容的结构调整和技术进步的支持力度，包括清洁生产技术开发、技术示范、技术改造和技术推广。三是严格环境管理和监督。对新建、扩建、改建项目不采用清洁生产工艺和技术的，项目审批部门不批准立项，环保部门不批准环境评价，金融机构不予贷款；对严重污染环境，被责令治理的重点企业，不采用清洁生产工艺、技术进行结构调整和技术改造的，主管部门不得批准其恢复生产。四是继续推进示范试点工作。在继续推进重点城市、重点行业清洁生产试点工作的基础上，要抓好重点流域、重点企业清洁生产示范试点工作，首先将太湖流域建成全国清洁生产基地；在重点行业选择一批企业开展示范试点，制定规划，逐步实施，使资源利用率达到同行业最高，污染物达到或接近"零"排放。五是加强宣传、教育、培训和信息引导，树立清洁生产理念，增强企业实施清洁生产的自觉性。当前要加紧做好《清洁生产促进法》的宣传贯彻工作。

8.6.3　环境保护规划编制的程序与方法

各种区域环境保护规划的编制简单归纳有以下七个步骤：

（1）调查评价　只有对问题有了清楚、深刻的了解和认识之后，才可能作出一个科学的规划。所以环境规划首先要通过调查评价弄清环境问题，找出其主要环境问题和产生的原因，为确定目标、制定对策提供依据。调查评价工作要注意解决好指标体系、必要的信息来源、科学的评价方法三个重要环节。环境质量评价和污染源评价是环境评价的重点。

（2）污染趋势预测　环境问题随着经济和社会的发展和环境保护活动的推进在不断的变化着，因而环境规划不仅要弄清当前的环境问题，而且要预测规划期内环境问题的发展趋势，在此基础上才可能确定合理的目标，制定有的放矢的对策。

（3）环境功能区划　环境功能区划是环境保护规划的重要内容，一般可以分为两个层次，即综合环境区划和单要素环境区划。综合环境区划主要以城市中人群的活动方式以及对环境的要求为分类准则，充分考虑土地利用现状和城市发展、旧城区改造的需要，服从城市总体规划，满足城市功能需求。综合环境区划一般划分为重点环境保护区、一般环境保护区、污染控制区和重点污染治理区等。单要素环境区划主要指大气环境区划、水环境区划和噪声环境区划。单要素环境区划要以综合环境区划为基础，结合每个要素自身的特点加以划分。

（4）制定目标　制定目标是编制规划的中心任务。目标的确定是健康要求、经济发展对环境功能的需求、科学技术水平、国力水平综合协调的结果，是一个相当复杂的问题，通常要根据环境现状与发展趋势及从多方面的综合考虑，先确定一个初步目标，在此基础上，进一步研究实现这些目标的各种措施及财政人力等方面的支持条件，进行测算和可行性研究，根据可行性研究结果，反馈修改或最终确定环境目标。

（5）拟定方案和优化方案　拟定方案是环境目标初步确定后，根据环境保护的技术政策和技术路线，拟定实现环境目标的具体途径和措施。一个目标（或目标集）可以通过多种途经来实现，但是只有在正确的技术政策和技术路线指导下，拟定的方案才能符合"三效益统一"的评价准则。

（6）可行性分析　环境规划问题是一个十分复杂的多层次、多因子、多目标的动态开放的大系统，有许多因素难以用数学模型来描述，在决策问题的分类中属于非确定型或半确定型问题。在筛选或优化出最佳方案以后，还要进行涉及面更广、层次更高的可行性分析。例如进行方案的灵敏度分析、风险性分析及环境费用效益分析，对最佳方案的费用和效益（包括经济效益、社会效益、环境效益）进行比较和分析，以判断方案是否可行等。通过方案的可行性分析最终确定规划方案。

（7）编写环境规划文本　城市环境规划要纳入城市总体规划，同时作为一个专项规划要单独经人大通过或经政府批准赋予法律效力，加以实施，因而环境规划通常需要编写两种文本。一是规划详细文本，这是一种技术性文件，除了表述规划目标和要求以外，还要说明规划的技术依据和可行性分析；二是规划的法律文本，该文本要简明、准确地表明规划的目标和要求，供人大或政府批准。

复习思考题

1. 简述区域环境的定义、分类及其基本特征。
2. 简述区域环境规划编制的程序。
3. 什么是环境功能区划，有何意义？
4. 简述污染控制规划、自然保护规划的定义及其分类。
5. 区域污染防治规划方法的核心技术是什么？简述之。
6. 城镇环境规划与开发区环境规划有何异同点？
7. 农村环境规划应遵循怎样的原则？

（5）规划方案的生成。根据决策目标和决策规则，选择可行的操作，通过模型推演，把规划目标分解成具体的规划任务，一个个目标（人目目标）被排序解决，据此而得到若干可行的规划方案，它们都可不同程度地满足决策目标，据此可供决策者进一步评价、优选。

……（大量被遮挡文字）……

9.1　决策支持系统的概念和发展

决策支持系统（Decision Support System，DSS）是辅助决策者通过数据、模型和知识，以人机交互方式进行半结构化或非结构化决策的计算机应用系统。它是管理信息系统（MIS）向更高一级发展而产生的先进信息管理系统。它为决策者提供分析问题、建立模型、模拟决策过程和方案的环境，调用各种信息资源和分析工具，帮助决策者提高决策水平和质量。

9.1.1　DSS 的概念和分类

1. DSS 的概念及其产生

决策支持系统（DSS）的基本概念，最初由美国的 Qerrity 等人在 1970—1971 年间提出的，当时称为人机决策系统。自从 1971 年 ScottMorton 在《管理决策系统》一书中第一次指出计算机对决策的支持作用以来，DSS 已经得到迅速的发展，成为系统科学、管理科学、人工智能等领域十分活跃的研究课题。各种学派均从不同的角度给予 DSS 定义，目前不少文献对 DSS 的定义表述为：凡能对决策提供支持的计算机系统，这个系统充分运用可供利用的、合适的计算机技术，针对半结构化或非结构化的决策问题，通过人机交互方式帮助和改善管理决策制定的有效性的系统。

信息系统研究的实践证明，结构化的决策过程能够自动化，通过计算机程序来实现。而半结构或非结构化的决策问题则不容易或不可能完全自动化。在当今的环境管理和决策领域中，信息量庞大，所需解决的问题一般为半结构化的或非结构化的，决策人员一方面要根据经验进行分析，另一方面需要借助计算机为决策提供各种辅助信息，才能作出正确而有效的判断。DSS 是以辅助半结构化或非结构化决策过程为特征的计算机信息系统，它能为决策者提供所需要的数据、信息和背景材料，帮助明确决策目标和进行问题的识别，建立、修改决策模型，提供各种备选方案，并对各种方案进行评价和优选，可以通过人机反复对话，进行分析、比较和判断，为正确决策提供有益的帮助。

计算机在管理中的应用可分为电子数据处理系统（EDPS）、管理信息系统（MIS）和决策支持系统（DSS）三个主要发展阶段。

通常，人们把自计算机问世不久用于数据处理和编制报表的这一类系统及其所涉及到的技术称作电子数据处理（EDP）。EDP 把人们从繁琐的事务处理中解脱出来，大大提高了效率。但是任何一项数据处理都不是孤立的，必须与其他工作进行信息交换和资源共享，因此需要对一个机构的信息进行整体分析和系统设计。在这种情况下，管理信息系统（MIS）应运而生，使信息处理技术进入了一个新的阶段。

MIS 是进行管理信息的收集、传递、储存、加工、维护和使用的系统。MIS 把孤立的、零碎的信息变成一个比较完整的、有组织的信息系统，不仅解决了信息存放的冗余问题，而且大大提高了信息的效能。与此同时，随着管理科学和运筹学的成熟，人们开始运用线性规划等模型解决运输、存储和生产能力等问题，并用各种优化算法进行求解，而后这些计算工具被扩充成软件包，在大企业和学术界广泛运用。

在 EDP 之后发展起来的 MIS 也没有达到预期的效果，其主要原因是由于刻板的结构化系统分析方法、漫长的研制生命周期，使传统的 MIS 难于适应多变的外部及内部管理环境。伴随着对 MIS 的反思和决策支持思想的产生，与完成这一任务的相关学科都有了长足的进步：运筹学模型的出现、数理统计方法及其软件的进一步发展，决策理论的突破，人工智能方面的知识表达技术，专家系统语言及智能用户界面的产生，小型、高效、廉价的计算机，数据库及其管理系统，图形专用软件，各类软件开发工具的普及，这一切均为广泛地研制和应用 DSS 提供了良好的技术条件和物质条件。

2. DSS 的基本特征

DSS 的基本特征归纳为以下五方面：①对准上层管理人员经常面临的结构化程度不高、说明不充分的问题；②把模型或分析技术与传统的数据存取技术及检索技术结合起来；③易于为非计算机专业人员以交互会话的方式使用；④强调对环境及用户决策方法改变的灵活性及适应性；⑤支持但不是代替高层决策者决策。

如果按国内学术界比较流行的方式，即用构成决策支持系统的部件来表述 DSS 的结构特征，这可包括如下五个方面：①数据库及其管理系统；②模型库及其管理系统；③交互式计算机硬件及软件；④图形及其他高级显示装置；⑤对用户友好的建模语言。

9.1.2　DSS 的分类及其发展趋势

1. DSS 的分类

目前，DSS 有多种分类方法，其中有些是相互交叉的。常见的分类体系有：

1）按系统输出对行为影响的程度划分可分为：文件柜系统、数据分析系统、分析信息系统、会计模型、表达模型、优化模型和建议模型。

2）按用户情况划分可分为：个人支持、群体支持和组织支持。

3）按系统结构划分可分为：网络型、桥型、分层型和塔型。

4）按使用 DSS 的最终用户或操作模式划分可分为：个人型 DSS、执行信息系统 EIS、群体决策支持系统 GDSS 和分布式决策支持系统 DDSS。

5）按系统智能化程度划分可分为：传统 DSS、智能 DSS。

在各种类型的 DSS 中，群体决策支持系统 GDSS 是一种以计算机为基础的支持决策群体的决策支持系统。随着计算机网络及分布式数据库技术的发展，分布式决策支持系统 DDSS 得到了迅速的发展。它是由多个逻辑联系的而在物理上分离的信息处理结点组成的计算机应用系统网络，其中每一个结点至少含有一个 DSS 具有若干独立辅助决策的能力。通常，决策过程被分成不同阶段，不同决策者完成不同阶段的决策任务，而且按预定的顺序进行。

执行信息系统 EIS 是在 DSS 基础上发展起来的支持高层管理决策人员的新型管理支持系统。它服务于高层执行人员的信息需求，在多媒体支持下对用户十分友好，具有异常报告和逐步深入分析的能力。它也能非常容易地与联机信息服务和电子邮件连接起来。

智能决策支持系统 IDSS 是将 AI 技术和其他相关学科的成果及技术与传统的 DSS 集成，使它具有人工智能行为的系统。它能够充分利用人类知识，通过逻辑推理和创造性思维来描述和解决复杂的决策问题。传统的交互式多目标决策成功与否，在很大程度上取决于决策者的判断和偏好。而事实上决策者并非万能的，不可能做到永远正确。决策者说一，系统不敢说二的 EDSS，是不负责任的系统，将人工智能引入决策过程中，可在最大程度上减少决策者的主观随意判断，消除决策者的任意性，其对 EDSS 提出的备选方案会作出详尽解释，同时对决策者的判断和选择也可作出客观评价，提出专家建议。

2. 决策支持系统的发展趋向

Internet 特别是 Intranet 的发展，对决策支持系统的研究与开发提出了许多极富挑战性的问题。大型企业都把自己的生存、发展与网络连在一起，而越是这样的企业，越是需要决策支持系统。当一个企业是建立在 Internet 上时，就分析与决策而言，至少在以下两点上会发生很大变化：①分析、决策用的数据不再集中于某一场地，而是分散到网络上的不同地区、部门。②运行在 Internet 环境里的分析、决策模型及知识处理方法会从在一台机器上进行集中式处理，变成在网络环境下的分布式处理，或分布加并行处理。这些变化提出了研究基于分布式数据仓库的决策支持系统的新课题。

DSS 是随着计算机软硬件技术及管理和决策领域的理论发展而产生，且以管理科学、运筹学、控制论和行为科学为基础的信息系统技术。这种新技术越来越受人们的重视，并成为国内外计算机应用领域内的热门研究课题。在短短的 20 多年里，DSS 的理论、方法和应用的研究十分活跃，取得了很多成果。尤其是与 AI 相结合的 IDSS 是 DSS 中最有生命力、最有前途的一个新兴分支，其研究和开发应用都在快速发展中。与 DSS 集成的 AI 技术主要有：

（1）自然语言处理和语音处理技术　它们主要与 DSS 中的用户接口结合，形成智能接口，以实现用户与系统以自然语言对话。它们也可与数据库管理子系统结合构成智能数据管理子系统，以实现自然语言查询、存取数据库。

（2）专家系统 ES　DSS 与 ES 的集成系统又叫决策专家系统。它能将 DSS 和 ES 各自独特的优点结合起来。DSS 为决策者提供信息获取、信息评估和最后决策的完全控制权，但可能会受到人们判断和观点偏见的影响。ES 可以为特殊领域提供智能，作出尝试性决策且不受人们偏见的影响。两者集成也摆脱了受 ES 领域狭窄的限制。

（3）人工神经网络 ANN　人工神经网络能自动对系统的逻辑输入产生逻辑输出，具有自我完善能力，推理时具有对不精确性的自然处理。ANN 与 ES 是互补的，两者集成起来形成神经专家系统，如果将神经专家系统与 DSS 进一步集成，可以产生更加智能的 DSS 转化。

此外，数据库技术和 3S（GIS、GPS 和 RS）的发展也为 DSS 开拓出更广阔的发展空间。例如，DSS 与 GIS 的结合形成了以模型库为驱动核心的空间决策支持系统（SDSS），它可用于求解难于具体描述和模拟的结构化较差的空间问题，为决策者迅速地提供决策所需要的数据、信息和背景材料（图形或报表形式），帮助决策者明确决策目标，建立修改决策模型和进行空间复合运算，提供各种备选方案，并对各种方案进行评价和优选，通过反复地人机对话，充分发挥决策者的分析、判断和智能，为正确决策提供有力的支持和帮助。

9.2　环境规划决策支持系统

宏观的环境规划与管理，具有多准则、多层次、多方位的特点。它涉及面广，具有高度的复杂性，所研究的问题亦十分广泛，包括从经济发展速度、生产力布局到环境预测和环境评价，从污染物的产生、迁移、转换到污染损失估算及治理污染的投资计算等许多问题。

9.2.1　环境规划决策支持系统层次

实践表明，传统的系统分析方法已很难胜任当前环境决策的要求。因为尽管环境模拟模型、预测模型、评价模型及其他一些数学模型在环境决策的某些阶段中能为决策提供一些有用的信息，但环境决策的实质都属多目标决策，在决策的全过程中，决策者的经验、洞察力、决策风格和直观感觉都起着重要的作用，这是一般数学模型所无法胜任的。环境决策属于半结构化问题，如何妥善处理决策过程中所遇到的半结构化问题，科学高效地作出宏观环境规划与管理决策，就成为一项重要的课题。

1. 环境问题决策分析的层次

环境问题的决策一般可分为三个不同的层次。第一个层次为环境战略决策。该层次所要解决的问题是要统筹环境发展与环境保护之间的关系，协调两者之间的矛盾，在发展经济的过程中，使环境质量保持在合理的水平上。环境战略决策的任务是要协调环境保护与外部条件（如经济发展速度）之间的关系。因此，这一层次的决策分析要结合各种与环境保护有关的外部条件提出环境保护的战略，供更高层次的综合决策者作出最终决策时参考。环境战略决策分析所用的方法为：费用-效益分析、包括环境因素在内的投入-产出分析、多目标决策分析及模糊决策方法等。

第二个层次是环境战术决策，它是在战略决策结果的指导下进行的。环境战术决策的任务是在环境目标已经确定的条件下，寻求实现这一战略目标的最佳方案。一个地区或一个流域规划方法、网络方法是常用的技术。

第三个层次是技术决策。技术决策是在战术决策结果的指导下进行的。它的任务是为实现战术决策所确定的方案选择和确定最佳的技术措施。选择最适用的污水处理流程、确定最佳的废气处理方法等都属于技术决策。各种最优化技术可以用于技术决策，经验对于技术决策具有重要作用。

环境问题的决策一般是按上述三个层次自上而下进行的。上一层次的决策为下一层次的决策提供指导信息，下一层次的决策为上一层次的决策方案的实现提供保证。当然，下一层次的决策对上一层次的决策也起着反馈作用，对预先的决策方案，可以根据反馈信息作出修改。

2. 建立环境规划决策支持系统（EPDSS）是环境规划发展的要求

（1）建立 EPDSS 是环境规划科学性的要求　环境规划是人类为使环境与经济社会协调发展而对自身活动和环境状况所制定的时间和空间的合理安排，可用来指导未来一段时期内区域环境保护工作。因此，环境规划必须具有科学性和合理性。但是，环境规划中的决策问题多为半结构化和非结构化问题，仅仅依靠规划人员的主观判断是很难保证环境规划的科学性。而 DSS 正是以辅助半结构化或非结构化决策为特征的，在环境规划中可以发挥重要作用。EPDSS 可以扩大和增强规划人员处理问题的范围和能力，决策过程中可以充分利用计算机资源和有价值的分析工具以帮助规划人员作出科学、合理的决策。

（2）建立 EPDSS 是环境规划动态性的要求　区域环境是一个极其复杂的动态变化系统，其中存在着许多不确定因素。因此，人们对于未来社会发展作出的预测总是存在着或大或小的偏差。在环境规划的实施过程中，需要不断地将规划状态与实际环境状况进行比较，然后进行决策，提出相应的对策。当偏差较大时，必须及时根据实际情况对环境规划进行修订，保证环境规划的科学性。因此，环境规划的制定、实施是一个动态的过程。

环境规划的动态性对环境规划的实施者和环境管理人员提出了较高的要求。考虑到我国中小城市环境管理人员队伍的现状，提高环境规划可操作性，使之易于实施，便于修订就成为一个急待解决的问题。EPDSS 可以辅助规划人员制定科学的规划，使环境规划便于实施和控制。管理人员通过人机交互，将实际环境状况和扰动随时输入计算机中，在 EPDSS 的辅助下将实际状况与规划状况进行比较，并利用模型对扰动造成的环境影响进行预测、评估，提出有效的对策。而且，管理人员还可依靠 EPDSS 在必要时对环境规划进行修订。

（3）建立 EPDSS 是环境规划手段现代化的要求　规划手段现代化是世界环境规划发展的趋势之一，而计算机技术应用是规划手段现代化的最主要表现，我国环境规划工作起步较晚，规划手段较为落后，今后需加强 EPDSS 的研究工作。

3. 环境规划决策支持系统的发展方向

环境规划是一门综合性的技术，它涉及环境、经济、社会等多方面的知识，而且环境规划问题涉及较多不确定性因素，其中存在着许多非结构化决策问题，所以在环境规划中，专家的判断必不可少。如环境目标的确定、工业的合理布局、工业结构的调整等问题往往依靠专家的经验和知识来解决。因此，EPDSS 智能化将成为 EPDSS 的发展方向。智能 EPDSS 中具有依靠有关领域专家的经验和知识建立起来的知识库和模拟专家思维方式的推理机，它不仅具有定量的计算功能，而且具有定性的知识推理功能，并将两者有机地结合起来，这样就大大加强了其辅助决策的有效性。一旦拥有了智能 EPDSS，环境规划的制定和实施都将更为简单、方便、高效，环境规划的科学性也将大为提高。

我国已建立了少数几个环境决策支持系统，但专门服务于环境规划的 DSS 尚未见到，今后要加强 EPDSS 的研制工作，在有条件时逐步过渡到智能 EPDSS。

9.2.2　环境规划决策支持系统的发展

经过 20 多年的发展，从技术手段上，DSS 结合计算机领域的最新成果不断加以充实。尤其是地理信息系统的发展，为 DSS 提供了一个优秀的开发平台。数据仓库及 OLAP 工具的出现，也为管理和分析海量数据提供了很好的基础。近年来，各大数据库厂商又相继推出了基于智能搜索和语义判别的知识管理系统，为知识库的实现提供了行之有效的工具。

环境决策支持系统（EDSS）是将 DSS 引入环境规划、管理、决策工作中的产物。它的主要目的是帮助决策者解决环境问题中常遇到的半结构化的问题。

从 20 世纪 70 年代起，国际上开始研究 EDSS，到现在的 20 多年时间里，计算机、人工智能、数据采集与管理、远程通信等技术得到飞速发展。国内外在 EDSS 的理论研究和实际应用上都已取得了一定的成就，见表 9-1。

表 9-1　国内外环境决策支持系统（EDSS）的若干实例

简　　称	全　　称	主要研究人员	年代	国别	主要功能或内容
GPLAN	河流水质规划 DSS	Haseman，W. D.	1977	美国	河流净化规划
	河流水质管理 DSS	Francisco Cubillo Bruno Rodriguez	1991	西班牙	支持 QUAL2E 模型运行
Hypetejo	海湾水质管理 DSS	Camara，A. S.	1990	葡萄牙	污染扩散和面源污染计算，污水处理系统优化
	海湾水质管理 DSS	Arnold，U. Orlob，G. T.	1989	美国	海湾水质规划
	流域政策分析 DSS	Davis，J. R.	1991	澳大利亚	土地利用与土地管理政策对水库水质的影响分析
	大气环境质量管理 DSS	Mikiko kainuman	1990	日本	预测经济发展对大气中 NO_2 浓度的影响
SuSy-EIA	环境影响评价 DSS	Schwabl，A.	1988	德国	环境影响评价
	环境 DSS	Guariso，G. Werthner，H.	1989	意大利奥地利	重点讲解模型库和人工智能技术的 EDSS 专著
NEQDSS	国家环境质量 DSS	王金南	1991	中国	全国 52 个重点城市的环境质量模拟、预测、方案比较评价
UEDSS	城市环境实用 DSS	孙启宏　乔琦　薛萍	1994	中国	城市环境评价，环境综合整治规划，环境经济决策

美国 Purdue 大学研制了河流净化规划决策的支持系统 GPLAN，这是最早的 EDSS 之一。组成上它是一个两库系统，即包括对话部件、模型库和数据库。GPLAN 具有很强的查询功能，决策者利用这种查询功能，不仅可以即时查询，还可以像查询数据一样，执行满足一定条件的模型。GPLAN 实现了模型库与数据库管理系统的自动接口，并将人工智能应用于模型的排序与构造，尽管其能力还相当有限。

在葡萄牙政府资助下，Camara 等人采用苹果公司开发的信息处理工具 Hypercard，用于西欧 Tejo 海湾水质管理的决策支持系统 Hype-tejo。其主要目的是解答葡萄牙政府官员和技术管理人员提出的以下问题：要达到多用途目的，海湾水质应达到什么标准？达到所需水质标准，应减少哪些污染物？污水处理厂的最佳位置、容量、效率，如何控制分散的污染源，以保证污染负荷的减轻？采取这些措施的费用需多少？污染负荷改变对海湾使用水平有何影响，保持目前使用水平还要采取什么措施，费用怎样？

Hype-tejo 包括水质数据库和污染数据库，以及 Tejo1 模型、扩散模型、面源污染模型和污水处理优化模型。其特点在于成功地运用了 Hypercard 软件所提供的强大的用户界面设计、数据处理、图形式数字化地图的处理功能，另外 Hypercard 与其他软件还具有良好的兼容性，这些对于 EDSS 的设计都具有特别重要的意义。

另外，西班牙的河流水质管理 DSS，美国的海湾水质管理 DSS，澳大利亚的水库水质保护 DSS 等在用户界面设计、空间数据分析、人工智能诸方面都各有特色。

　　环境规划决策支持系统在我国也经历了从无到有的建设过程。早期的环境规划 DSS 比较注重评价和规划模型的建立和运用，而其他方面比较落后。近几年来，环境规划 DSS 基本建立在地理信息系统的基础上，在人-机界面方面有很大突破。

　　我国对 EDSS 的研究起步较晚，可说才刚刚开始，但也取得了一定的成果。国家环境质量决策支持系统（NEQDSS）是中国环境科学研究院研制的用于全国 52 个重点城市的水环境和大气环境规划与管理的大型 EDSS。它具有数据库管理、决策模拟及决策比较评价三大功能，主要特点如下：

　　1）采用了 20 世纪 80 年代兴起的半结构化决策的快速原型（RP）设计方法，开发了能适应不同情况和信息要求的 60 多套模拟决策模型及其灵活的模型管理技术。

　　2）实现了模型库、数据库和方法库的一体化，在一般数据库的基础上增设了参数生成功能。

　　3）采用了国际上先进的离散型多准则交互式决策软件 DISCRETE。

　　另外，中国环境科学研究院管理所孙启宏等人也开始了对城市环境实用决策支持系统（UEDSS）的研制工作。

9.3　环境决策支持系统实例

9.3.1　水质规划与管理决策支持系统

1. 20 世纪 80 年代末水资源规划与管理 DSS 在欧美的发展及应用

（1）WRPM-DSS 在欧美的发展　1990 年在葡萄牙举办了水资源研究和管理的计算机辅助支持系统高级研讨班，从随后出版的论文集可了解 20 世纪 80 年代末期水资源规划与管理决策支持系统（WRPM-DSS）在欧美各国发展和应用概况。这期间的进展主要是大量引进新的计算机技术，各种预处理、后处理技术，计算机图象技术及地理信息系统（GIS）的采用，使用户应用 DSS 更容易，计算成果的显示更直观，还提出多媒体技术引入 DSS 的前景。再者，各种高级计算机语言、面向过程语言的出现，各种面向对象软件及 ES "外壳"工具的开发，促使将 ES 引入 WRPM-DSS 构成 IDSS。

　　交互式图像技术和 GIS 引入 WRPM-DSS 是新进展的一个重要方面，包括水资源系统各组成部分及有关数据和计算成果在地图上的标示。此外，人-机界面的菜单和提示也可以用图像，使之更直观。在数据库及其管理方面，由于 WRPM-DSS 涉及的数据量很庞大，有的需要和其他公用数据库联网，因此对数据管理的要求也提高了，出现了所谓的数据库系统。数据库系统由数据库管理程序和若干个数据库组成，用户通过一个称为查询语言的界面进入数据库系统中的数据。数据库中的数据再不仅是数字，还包括面向文字或语言的数据及面向图象或图形的数据。

　　（2）WRPM-DSS 在欧美的研究和应用概况　荷兰代尔夫特水力学所针对实际水资源系统开发了流域模拟软件包 RIBASIM、代尔夫特三维水质模型 DELWAQ 等水资源管理软件；开发交互式软件以产生图像、动画显示，甚至采用音像技术，正在研究把 GIS 和降雨径流模型结合及显示二维水质模型成果的 GIS 软件包等。该所还开发了计算机辅助决策系统，帮助制定荷兰的 1990—1995 年及 1995—2020 年水资源管理规划及印度尼西亚 Cisadane-Cimanuk

地区的水资源开发规划。

英国西北自来水有限公司负责西北地区城镇的给、排水业务，1984 年起就在运行管理中应用 DSS，可监测该系统的工况，监督运行计划的实施及在干旱期采取紧急对策。还于1990 年开发了一个 ES 原型用于干旱管理。西班牙 Andreu 等人研制了通用软件包 AQUA-TOOL，用于 Seguro 等若干流域的规划和管理。

2. 我国水资源规划 DSS 的开发及发展前景

我国对 WRPM-DSS 的研究始于 20 世纪 80 年代末，目前尚处于初步阶段，公开发表的文献较少。

1990 年翁文斌等初步建成了京津唐水资源规划 DSS，可对该水资源系统的数十个供水规划方案作多目标分析并给出方案的优劣排序。1991—1993 年，在联合国开发计划署资助下，华北水资源研究中心主持并组织近 10 个单位开展华北地区宏观经济水规划模型的研究，建立了京津唐地区宏观经济水规划 DSS。它包括由宏观经济模型、多目标分析模型和水资源管理模拟模型等 7 个模型组成的模型库，由 Oracle 软件及 ARC/INFO 软件支持的数据库及多级菜单驱动的人-机界面和模型管理系统，实现了各模型的连接与信息交换。目前正进一步完善并扩大到全海河流域。1990—1993 年，黄河水利委员会利用世界银行贷款研制黄河流域水资源经济模型，目的是研制评价黄河水资源分配政策的工具，供决策机构对黄河水资源利用规划方案及水分配政策作出科学的选择。该经济模型系统由模拟模型、优化模型、数据库和图形显示系统组成，从结构和功能看，已具有建立 DSS 的基础。此外，北京、天津市有关单位对研制该市的 WRPM-DSS 进行了卓有成效的工作，西北水利科学研究所也对陕西关中水资源规划 DSS 进行了初步研究。

由于水资源规划涉及政治、经济、社会、环境等方面的许多复杂因素，不少因素难以量化，尤其还要考虑国家方针政策的变化和决策层的偏好，水资源规划 DSS 的实际应用还有相当长的路要走。需要研制能反映决策层和有关专家的经验及偏好的 ES 和 IDSS，使决策层能方便地参与决策过程，才可能被用来解决复杂的水资源规划问题。

9.3.2　大气环境质量管理决策支持系统

日本学者 Mikiko Kainuma 等研制了预测东京湾开发计划对大气环境质量可能产生影响的DSS。它由 8 个子系统组成，3 个用于与管理相关的数据和模型，2 个用于环境问题的识别，其余 3 个用于建模和模拟。显然，预测未来的大气环境质量是一个涉及多学科、多领域专门知识的复杂问题。其特点就在于融入了各相关领域专家的知识和判断，通过语义模糊模拟分析环境状况，把专家的知识与数据结合在一起建立计算机模型，用于预测各种政策对未来大气环境所可能产生的影响。日本学者的研究为大气环境预测的智能化作了有益的探索，取得了一定的成果。

9.3.3　环境影响评价决策支持系统

环境影响评价（EIA）涉及多学科知识，需处理大量的数据信息，具有相当的复杂性。为解决这个问题，德国汉堡大学 A. Schwabl 研制了环境影响评价决策支持系统 Susy-EIA。此系统由知识库子系统、模拟子系统、数据库子系统及用户界面、过程管理器（Procedural Manager）和系统资源管理器（Resource Manager）组成，具有两个特点：

1）知识库由模块化语句组成，降低了知识库组成的复杂性，增强了有序性。

2）过程管理器（PM）的使用给无经验用户最大的支持和帮助，同时也不影响熟练用户发挥才能。在 EIA 工作中，PM 能找出必需的步骤，在缺乏必要的数据时，由用户输入可能的数据，但 PM 将对这种数据作出标记，便于以后的修改。PM 还能区别用户和系统选择使用的方法和参数，对 EIA 全过程进行跟踪，使系统具有更高的透明度。

复 习 思 考 题

1. 什么是 DSS？它的基本特征是什么？
2. DSS 的发展趋势是什么？
3. 环境规划决策支持系统由哪几部分组成？为什么说建立决策支持系统是环境规划发展的要求？
4. 环境问题通常分成几个决策层次，它们各自的目标和任务是什么？
5. 什么是环境决策支持系统？中国环境决策支持系统的研究情况如何？
6. 为充分发挥环境决策支持系统的优势，你认为应从哪些方面加强其分析、解决问题的能力。

第 10 章

地理信息系统在环境规划中的应用

  环境规划是环境管理的基础，环境建设与经济建设同步规划、同步实施、同步发展是我国环境保护的基本政策之一。环境规划是一项复杂的系统工程，涉及到社会、经济、自然各方面的情况，进行城市环境规划必须综合考虑和分析各种因素。对于宏观性的、全局性的城市环境规划来说，利用地理信息系统（Geographical Information System，GIS）可以实现规划中的定性与定量相结合、空间分析与属性分析相结合、历史信息与发展方向相结合，通过GIS 的各个功能模块进行城市环境规划的各项工作，包括工厂选址、污染源分布、污染扩散分析等，利用 GIS 中的综合信息和空间分析模型为科学决策提供依据，是决策支持的有效技术。环境规划与决策工作可通过 GIS 的缓冲区分析、叠置分析等功能模块实现。

  地理信息系统 20 世纪 60 年代首先出现在加拿大，也称为资源与环境信息系统，是在计算机硬、软件的支持下，对整个或部分地球表层（包括大气层）空间中的有关地理分布数据进行采集、储存、管理、运算、分析、显示和描述的技术系统。我国地理信息系统的发展始于 20 世纪 70 年代末期，然后得到了飞速发展和广泛应用，应用领域涉及到国民经济的各个方面。应用 GIS 建立各种环境地理信息系统。各级环保部门在日常管理业务中，需要采集和处理大量的、种类繁多的环境信息。而这些环境信息 85% 以上与空间位置有关。GIS 的强大功能之一是它的空间数据的采集、编辑、处理功能和对空间数据的管理能力。使用 GIS 可以建立各种环境空间数据库。例如：污染源空间信息数据库（包括工业、农业、交通等污染源数量、属性和污染源发生的地域范围）、环境质量信息数据库（包括空气、水、噪声等）、自然生态空间数据库（包括地貌、水文、动物、植物等），GIS 能够把各种环境信息与其地理位置结合起来进行综合分析与管理，以实现空间数据的输入、查询、分析、输出和管理的可视化。例如，基于 GIS 平台，厦门市建立了城市环境空间数据库和污染源监测属性数据库在此基础上开发了污染源信息管理决策支持系统，实现了城市环境污染源空间增减、查询统计分析的可视化。武汉市环境信息中心建立了环境质量空间数据库开发了网络化城市环境质量地理信息系统，该系统涵盖了大气、地表水、声学环境的监测信息，以分布图、专题图、三维模型等形式，生动直观地反映环境质量状况。由于采用了因特网的 GIS 开发技术，该系统可以在 Internet/Intranet 上运行。

  环境地理信息系统是一个空间型信息系统，具有控制管理功能，输入、输出功能，空间分析功能及多信息支持下的辅助决策与模拟功能。具体功能包括信息录入、信息查询、属性数据统计分析、空间数据分析和决策支持等几个部分。其中信息录入包括属性数据、空间（地图）信息、图像信息和其他多媒体信息的录入。信息查询是将属性信息、地图信息、图像信息和其他多媒体信息结合起来，包括由文查图和由图查文两个方面，其中由文查图是指按文字形式输入查询条件，系统以特定颜色将满足条件的空间信息及其他相关信息显示出来；由图查文是指取空间信息，系统将以亮色把与之相关的属性信息显示出来。统计分析功能是按要求生成各种统计报表并以统计图表的方式显示查询结果。空间数据分析是进行图形之间的复合运算，研究污染程度和其他环境要素的关系，为环境管理提供科学依据。决策支持功能是指在模型知识库的支持下，进行以各专业领域问题为驱动的决策模拟应用，包括城市环境最佳规划、环境适宜性评价、环境动态监测、环境预警等功能。

为了对环境污染状况进行动态监测及对重大灾害事件快速作出反应，环境管理地理信息系统的建立是十分必要的。目前，在北京、上海、南京等城市已经建立了这样的系统，并且在环境管理实践中得到了成功的应用。甘肃省也将在近期开展的国土资源遥感调查中，建立重点城市环境管理信息系统，待取得经验后将逐步向全省推广。

10.1　地理信息系统的基本内容

10.1.1　地理信息系统的定义与内容

地理信息系统（GIS）是 20 世纪 60 年代开始迅速发展起来的地理学研究新技术，GIS已成为一门集计算机科学、地理学、测绘遥感学、环境科学、城市科学、空间科学、信息科学和管理科学为一体的新兴边缘学科，是以地理空间数据库为基础采用地理模型分析方法，适时提供多种空间的、动态的地理信息为地理研究和地理决策服务。计算机支持是主要特征，空间查询和覆盖是其主要功能特征。从宏观上看，它包括硬件、软件、人才、数据、方法五大要素，从微观上看，它是一个可以输入、存储、查询、操作、分析、输出包括空间信息在内的所有信息的计算机信息系统。地理信息系统是对空间数据的管理系统，它以地理空间数据库为基础，在提供多种空间的和动态的地理信息上，为数据的分析提供了新的手段，与一般管理信息系统相比，地理信息系统有以下特点：

1）强大的空间数据管理系统。现实世界经过模型处理后用各种数据输入到系统中，系统有机地组织、管理、显示这些数据。

2）形象直观的应用界面。系统用模型化的世界——电子地图和用户交互，使用者可依靠人类固有的对自然界的认知逻辑操作数据。

3）强大的空间分析能力。数据是空间对象的一种属性，并可通过地理对象的相关性进行连接、分割、总计等操作，使空间问题的处理简单迅速。

10.1.2　地理信息系统的组成

GIS 由五个主要部分组成：

1）硬件——用于数据采集、存储、处理和显示。

2）软件——执行 GIS 操作。

3）数字地图数据——GIS 的操作对象。

4）工作流程——执行各种操作的步骤。

5）经验——提供使用 GIS 知识的人。在 GIS 所有组成部分中，使用系统的人是最重要的。

使用 GIS 的第一步是设计并建造数字地图数据库。对于要进行数字化的地图，用户必须明确所要存储的信息，明确如何建立和记录每一条数据，以及如何使用地图数据库。GIS 具有专门的数据模型用于表示存储在计算机中的"地图"。当用户了解数字地图是如何建立并存储的，就可以设计数据库了。

10.2　地理信息系统在环境领域中的应用

10.2.1　环境地理信息系统

环境问题与地理因素紧密相关，通常带有很强的地理或地理分布特征。伴随计算机及 GIS 技术的不断发展和完善，刺激着地理信息系统在环境领域中的广泛应用，包括环境管理、环境影响评价、面源污染分析、污染监测、环境制图等。1995 年，世界银行 B-1 项目（即建立中国 27 个省、自治区级环境信息系统）选用 ArcInfo 作为 GIS 的开发平台，促使了 GIS 在我国环境领域中的应用和发展。在此后建立的环境信息系统或管理系统中，或多或少都涉及到了 GIS。这些实践和经验为 GIS 引进到环境信息系统中进行了有益的探索。

环境管理信息系统（EMIS）是为环境管理和决策服务的技术过程系统。GIS 的应用大大改善了 EMIS 基础数据的处理和收集方式，提高了环境管理的效率。利用 GIS 的数据采集与编辑、信息查询、数据库管理、统计制图、空间分析等功能，环境工作者可将已经编码的空间数据组合起来，并确定其地理位置，同时揭示不同信息间的相互关系，尤其可对空间数据进行分析和运算。目前，为满足 EMIS 向更高形式发展的需要，GIS 在其中的应用以与环境模型相耦合为主要形式。

环境地理信息系统的定义为：环境地理信息系统（EGIS）是利用地理信息系统（GIS）、遥感（RS）和其他信息技术对环境数据进行处理、分析的一种空间信息系统。

10.2.2　环境地理信息网络

Internet 技术正在深刻地改变着这个世界。随着人们对地理信息需求的增加，基于 Internet 发布地理数据，供全球用户查询、检索并提供 GIS 服务的万维网地理信息系统（WebGIS）已成为地理信息系统发展的重要方向之一。地理信息系统自从 20 世纪 60 年代在加拿大诞生以来，已经经历了三十多个年头。这三十多个年头可以说是地理信息系统从诞生、发展到不断走向成熟的过程。地理信息系统不仅能管理地理空间信息和数据库属性数据，而且在城市规划、地下管线管理、市政设施、房地产、交通管理等领域都有着广泛的应用价值。"数字地球"是近几年提出的一个新概念，是传统的 GIS 技术与网络技术相结合的一种新的产物。它的诞生标志着 GIS 系统集成技术的发展进入了一个崭新的阶段，正如一位著名学者所说"它既具有社会效益，也具有市场价值，使解决人口、资源环境和灾害等重大社会问题成为可能，是促进社会经济持续、加速和健康发展所面临的基础信息手段。"因此建立真正的信息共享就显得更加重要。

近年来，由于互联网的飞速发展，使得传统的地理信息系统也得到了飞速的发展，同时地理信息系统软件的网络应用也得到了很大发展。用户对于网络化应用的需求也越来越大。

人们对各类信息、资源的需求也与日俱增，而传统单机的那种方式已不能再适应信息的发展，而网络 GIS 正是通过把互联网与传统各类信息相结合使其并网运行，从而使得信息发布、共享与传输达到一个新的阶段。WebGIS 是一项应用 Internet 技术来扩展和完善传统地理信息系统的新技术，是在地理信息系统中嵌入 HTTP 和 TCP/IP 标准的综合应用技术体系。WebGIS 为地理信息和 GIS 服务通过 Internet 在更大范围内发挥作用提供了新的平台。Web-GIS 由多 WebGIS 服务器、多 Web 服务器、多数据库服务器和大量客户端通过 Internet 连接而成。WebGIS 具有客户/服务器结构，客户端是需求地理信息的广大客户，希望通过 Web-GIS 获得地理信息和 GIS 服务，服务器端是多源地理数据库和各专业 GIS 系统，是地理信息的提供者。

　　GIS 建设首先是网络建设，网络在整个 GIS 项目中处于至关重要的地位。GIS 应用与常规事务处理有很大不同，突出表现在巨大的数据量、复杂的处理方式、空间的分布性，以及对安全容错机制的要求上。

　　WebGIS 的发展与 GIS 技术、信息技术的发展是紧密结合的，当今 GIS 技术与信息技术领域内非常热门的技术——面向对象技术、组件式开发技术、地理信息的互操作、分布式计算、元数据（Metadata）等，都对 WebGIS 的发展产生极大的影响。WebGIS 正面临全新的机遇和挑战。只有 WebGIS 真正融合了这些技术，才能实现基于 Internet 的地理信息社会化共享。

　　面向对象系统分析（Object Oriented Analysis，OOA）和面向对象系统设计（Object Oriented Design，OOD）已是当今系统软件分析和设计主要方法之一。WebGIS 可通过面向对象技术分析得出问题原型和空间地物模型，并建立求解问题和模型的基础。

　　可以预见，随着国家政府部门的不断重视，以及我国地理信息专家的不断研究，并随着Internet 和 GIS 技术的不断发展，网络 GIS 终将在我国经济建设的各行各业中发挥其强大的作用。

10.2.3　智能 GIS 在环境领域中的应用

　　1978 年，专家陈述彭主张将地理信息系统作为一个新学科和技术领域分支提出，标志着中国内地 GIS 事业准备工作的开始；1980 年 1 月中国科学院遥感应用研究所成立全国第一个 GIS 研究室，标志着中国内地 GIS 的研究与发展正式起步。经过二十多年的发展，中国内地的 GIS 事业在理论研究、软件开发和推广应用等方面都有较大发展，成为国民经济建设和社会生活的一种共同需要和普遍使用的工具。目前，在资源开发、环境治理及资源、环境的综合利用等方面，GIS 发挥了不可估量的作用，主要体现在以下几方面：

　　（1）资源调查初显威力　我国幅员辽阔，草原、森林、矿产、生物等各种资源丰富，使用 GIS 和遥感技术对资源进行综合调查，可以加快调查的进度，能够使获取的资料充分地满足精度和现势的需要。例如，在城市规划与管理方面，可以参考 GIS 建立城建档案信息系统，利用 GIS 完善城市道路管理与整治规划、城市发展规划，可以运用 GIS 进行城市公共设施规划分析、城市规划空间分析、城市环境管理、城市发展布局优化等，可以更好地进行城市地理学研究、城市地下水研究等。

　　不仅如此，GIS 及相关技术还可以应用于交通规划及其管理、地质与矿产资源的开发利用、林业、农业、景观生态等各个领域，为相关的研究及决策提供更可靠的信息收集及评价分析。

　　GIS 及相关技术也可应用于海洋资源管理。目前我国对海洋开发的程度较低，仍以港口、渔业等近海单项传统产业开发为主。技术含量低，资源浪费严重，缺少全局、长远的兼顾，特别是缺少对海洋整体利益的考虑，尤其是新型海洋产业发展缓慢。海洋娱乐区、倾废区等功能区规划不尽合理，管理滞后。

　　同时，我国海洋环境污染也相当严重，许多海区、港湾的污染指标均超过国家限制标准。这一状况的改善需要我们运用现代化的技术来加强管理。运用 GIS 与相关技术建立现代化海洋实时立体监测管理系统，可以实现信息更新、信息共享，并通过图形方式对管理与决策前景进行动态模拟，为海洋资源开发、环境和气候的监测、防灾减灾以及维护国家权益服务。

　　利用 GIS 等技术可为海洋工作者提供丰富的海洋资源信息，为海洋管理、海岸带和海岛资源开发提供科学依据，有利于克服自然界环境的限制，减少投资的盲目性。这些技术还可以对区域自然资源的分布及其量值的动态变化进行快速、准确的调查和评价，例如，确定资源量及其变化幅度、时空分布特征，分析、预测各类资源利用的现状与前景，探索解决自然资源供需矛盾的可能途径，评价资源管理的政策与方案等。

　　（2）监测环境　防治灾害 GIS 不仅利于资源调查、分析与评价，在环境保护、预防灾害等方面也具有重要作用。无论是大气、水体污染，还是水土流失、沙漠化等，都可以利用 GIS 进行科学分析，辅助决策。

　　通过 GIS 可以对城市居住小区及公路交通的噪声进行预测和规划，了解城市热场分布、大气污染扩散及污染物的排放情况，为治理大气、噪声污染提供科学的依据，可以在矿产污染物沉积疏浚及后续处理、垃圾填埋场位置选择、非点状源污染等方面提供精确的信息，还可以利用 GIS 对河流水质扩散、地表水污染进行调查，进行环境恶化动态分析，建立水库流域水质规划，以解决水污染的问题。

　　GIS 系统在水土保持、地容地貌的综合利用等方面也具有很重要的作用。在由贵州师范大学资源与环境科学系的学者进行的花江喀斯特峡谷示范区土壤侵蚀调查中，就充分利用了 GIS，不仅详细了解了这一地区土壤的特征，还利用 GIS 等相关技术从地形地貌、植被、降雨等方面分析了土壤侵蚀的影响因素。

　　此外，GIS 在环境监测、环境应急热线、环境地学研究、环境工程、环境规划管理、环境系统经济损失等方面都发挥着重要作用。

10.2.4　应用前景与发展趋势

　　尽管 GIS 在环境保护领域的应用比较肤浅，但是成效是显著的，而且随着新技术的发展，应用的深入，GIS 的应用必将为我国的环境保护领域作出巨大的贡献。展望未来，就其应用发展前景而言，最为人们所关注的应用有以下几方面：

　　（1）"M-3S"一体化系统　近 20 年来，"3S"技术（GIS、RS 和 GPS 集成技术）以其在管理空间数据方面的强大功能和处理资源与环境可持续发展问题上的突出能力，已成为空间信息科学发展的重要方向，被广泛应用于各行各业，为地球与环境科学提供了新一代的观测手段、描述语言和分析管理工具。而多媒体技术是近几年发展起来的一种新型的具有很大发展潜力的技术。因此，建成 GPS-RS-GIS-M 综合集成系统，将有效提高环境保护信息管理现代化及业务化水平。"M-3S"一体化系统将是"3S"集成系统发展趋势的最终目标。

（2）应用模型的开发　目前应用模型的研究比较引人注目的是引进空间化的数理统计和系统分析方法，通过实例研究，建立专业模型。在 GIS 应用中，应用模型是联系 GIS 应用系统与常规专业研究的纽带，模型的建立必须以广泛的专业知识为基础，这既是解决专业模型的关键，也是 GIS 功能的扩展。因此，应用模型研究是今后研究的重点和发展的主要方向之一。

（3）模型驱动的决策支持系统的发展　尽管 GIS 在环境领域得到了广泛的应用，但是传统的应用方法主要放在了利用 GIS 建立、维护、管理和空间分析上。模型和模型管理系统在其中处于从属地位，难以解决环境中复杂的结构化程度低的问题。而以模型库为驱动核心的空间决策支持系统以决策的有效性为目的，建立决策模型和空间复合运算，在不同的决策阶段予以不同的支持，支持决策的全过程，从而避免了运用 GIS 在空间信息的分析评价、时空评价、预测和模拟及其决策等过程中模型分析功能的不足。因此 GIS 在环境中的传统应用阶段必将走向空间决策支持系统发展阶段。

（4）面向对象方法的引进　现实的景观是三维的。面向对象（OO）方法与现实世界存在着自然而然的直接的对应关系，采用的方法建立的 3D 模型，能更充分地描述和表达客观世界，有利于解决模型与 GIS 集成后可视化输出的不确定性问题；在 GIS 软件设计中采用OO 技术中的继承性、多样性、数据的完整封装性有助于提高 GIS 软件的开放性和可重用性。总之，OO 的抽象化、OO 的数据库、OO 的模拟模型设计，有利于增加更多的分析函数到 GIS 软件中，有利于模型与 GIS 的完全集成，有利于专业性 GIS 软件的开发。

（5）智能 GIS 的广泛应用　GIS 目前只能提供辅助决策过程中的数据级支持，还不能提供实质性的决策方案。基于知识的专家系统（ES）能模拟人脑进行启发式推理，其与遥感GIS 的结合有助于解决非结构化的难以用精确的数学模型来表达的问题。因此，智能 GIS 中丰富的知识库必将在解决环境保护中不确定性问题和制定空间决策支持系统时发挥重要作用。

（6）环境地理信息网络　随着网络技术的发展和信息高速公路的建成，基于 Web 上的GIS 应运而生，并在逐渐的完善。借助 Internet 和这种新型 WebGIS 技术，可对数据进行集中的网络化管理，实现信息资源的充分共享，提高工作效率，同时网上实时、高效地发布信息，使联系交流更为密切，将提高管理的响应能力，缩短环境管理的空间距离。此外，随着技术的发展，GIS 正向着三维的"科学直观化"发展，进而引进第四维——时间，从而可以产生四维的动画来显示、模拟复杂的环境过程。GIS 与环境科学在研究对象和研究方法上具有的相似性和互补性，使两者的结合孕育着巨大的发展潜力。毫无疑问，以 GIS 为核心的多科性、多技术的联合应用必将推动环境保护工作的不断前进。

10.3　常用 GIS 软件简介

目前众多的 GIS 软件中最有影响力的 ARC/INFO 是由美国环境系统研究所开发的。我国也于 20 世纪 80 年代中期建立了资源与环境信息系统国家重点实验室，开始将 GIS 技术应用于环保领域。随着 GIS 本身的数据管理功能的不断加强与数据库管理系统连接技术的日益成熟以及近来的 OLE（Object Linking Embedding）嵌入技术的不断完善，GIS 的应用变得更加广泛，推动着环保工作不断精细化、规范化与标准化。通过 GIS 技术，实时动态地对环境信息进行处理，大大提高管理工作的效率和现势性；利用 GIS 软件，环境工作者可有效组织数据库可视化；GIS 数据参照同一空间坐标系，使不同领域共享数据和结果变得简单高效，各部门数据可集成支持整个项目的战略决策。在全球环境演变研究中，GIS 为全球沙漠化、核扩散及核废料、海平面上升等研究工作提供了强有力的工具。

常用的国外 GIS 软件系统有：ESRI 公司的 ARCGIS、Arc/Info、ARCVIEW、ARCSDE，MapInfo 公司的 MapInfo6.0、Intergraph 公司的 Intergraph MGE、Geomedia，ER MapperGenasys 公司的 GenaMap、GRASS，Bentley System 公司的 MicroStation、Geographies，Smallworld GIS 公司的 OOGIS，TITAN 公司的 TITAN GIS，MS MapPoint 公司的 MS MapPoint，AutoDesk 公司的 AutoCAD Map 等。

国内常用的 GIS 软件系统有：武汉中地信息工程有限公司的 MAPGIS、武汉大学的 GeoStar、深圳的 GROW、北京大学的 CITYSTAR、北京超图公司的 SUPER MAP、方正智绘公司的 Founder MIRAGE、北京图元公司的 MapEngine、国家遥感应用工程技术研究中心的 GeoBeans。

ARC/INFO 是应用最广泛的一种大型 GIS 软件，功能非常强大，我国早期开发的 GIS 几乎都是以 ARC/INFO 作为平台的。其主要特点为：采用地理关系数据模型；提供极强的空间操作和分析功能；采用模块式结构，灵活并易于扩充；提供宏命令语言实现快速编程；提供 38 种地图投影方式，可在不同投影之间实现坐标转换；开放式的结构，提供直接与多种数据库的接口；兼容性很好，能与 25 种不同系统的数据格式之间相互转换；独立于硬件，运行于不同的平台；广泛支持当今各种工业标准。但它没有 DEM 和插值计算，且不具备统计图表分析功能，价格比较昂贵。

ArcView 通过它的可扩展的软件结构，为 GIS 的应用提供了一个具有伸缩性的软件平台，使得 ArcView 队伍可以开发出一系列"插件"式的模块，利用这些模块进行组合可以显著地扩展 ArcView 的功能。Avenue 是它提供的面向对象的程序设计、调试、开发工具。Avenue 自身带有编辑器、编译器、随机帮助和多种调试工具，独立于硬件平台和操作系统，在一种平台上的 Avenue 程序可在其他任何平台的 ArcView 上执行。虽然它在显示、查询、统计图表、地图设计等方面的功能较为强大，但它不是一个全要素的地图制图和数据操作工具。

MapInfo 是标准的桌面地图信息系统。在 MapInfo 软件平台中，核心是 MapInfo Professional 和 MapBasic 两个部分。MapBasic 是它提供的类 Basic 编程语言，可开发应用软件包。MapInfo Pro-fessional 可运行在 Client/Server 环境下，具有可视化地理分析功能，电子地图的显示、管理、建立和修改功能，电子地图上的地图对象与关系数据库中的记录的自动连接功能。可实现地图与数据库的双向查询，使地图上的对象（如建筑物、道路等）与数据库中的相关数据连接，以数据库中的数据来动态改变地图对象的可视属性，自动生成专题地图，提供管理、分析、决策。对数据库的查询结果，可以直接反映在地图上，也可直接在地图上选择对象查询相应数据库信息，可为数据库查询结果自动地建立一张结果地图或为地图上的选择结果自动建立数据表，尤其适合管理人员使用。

MAPGIS 是中国地质大学开发的具有中国自主知识产权的 GIS 软件，在国产 GIS 软件中一直处于领先地位，曾于 1997 年、1998 年与 1999 年连续三年，在国家科委组织的"国产地理信息系统基础软件测评"中名列第一名。它采用矢量数据和栅格数据混合结构,将不同来源、不同类型的数据和信息进行有机结合,实现了数据信息的共享。MAPGIS 网络版的空间数据引擎可在标准关系数据库环境下实现 Client/Server 结构,允许用户同时访问同一空间数据,支持多种硬件网络服务平台,支持大型、超大型关系数据管理空间和属性数据。MAPGIS 的地图编辑功能十分强大,并且具有无限大的外挂系统库,它将图形中的文字、图形符号、注记、填充花纹及各种线型等抽取出来,经过编辑、修改,生成外挂式的符号库、线型库、填充图案库和颜色库,用户可根据不同应用、不同行业的标准建立合适的符号、图案、颜色库,使输出的图像准确、丰富、美观。

GeoStar 是武汉大学开发的具有中国自主知识产权的 GIS 产品,它采用了面向对象技术,它可以同时管理 GIS 中的图形数据、属性数据、影像数据和 DEM 数据,四种数据可以单独建库,并可以进行分布式管理。通过自行开发的空间数据交换模块可与当前流行的 GIS 软件及标准空间数据交换格式交换数据。GeoStar 的核心模块是空间数据管理平台,在空间数据管理平台基础上,抽象出一套应用程序开发函数(API),上层数据处理与应用系统用它来开发数据采集、空间查询、空间分析及应用模块,所有模块共享一个空间数据库。

GeoSurf(Internet GeoStar)是武汉大学开发的网络地理信息系统软件,是一种基于分布式超图模型(Distributed Hypermap Model)的 Client/Server 模式的 Internet GIS。它用超图概念来表达 Internet GIS 数据信息,如3维、4维,元数据、数据目录等。客户端的要求只要具有支持 Java 的互联网浏览器或具有 Java 虚拟机的平台就可以了,对操作系统无任何要求,对万维网服务器、数据库服务器操作系统环境也没有限制,具有与平台和操作系统无关性。可用它获取和管理多种地理信息数据源数据,如 GeoDB、Arc/InfoMap、Info DXF、MGE 等,连接 Sybase、SQL server、Oracle、dBase、Access、FoxPro 和 Informix 等多种数据库。

地网 GeoBeans 是由国家遥感应用工程技术研究中心网络与运行工程部开发的。地网 GeoBeans 采用了 Browse/Server 计算模式,由分布在 Internet 上的客户端(Browser)、Web 服务器、多应用服务器、多数据库服务器组成。作为客户端工具的浏览器可采用 Netscape4.0 或 IE4.0Applet 由服务器下载到客户端,负责图形的放大、缩小、漫游等功能,通过 CGI、RMI、IDL 与应用服务器通信 Web 服务器负责 www 服务,处理和分发请求。应用服务器负责处理并发请求,实例化状态,交易处理,安全管理,数据库连接池管理等。应用构件实现用户应用功能。数据库服务器负责存储、管理数据。地网 GeoBeans 由于采用了构件化技术,大大方便了用户的二次开发。用户可根据自己的需求,定制自己的 Internet 应用和普通的桌面应用,具有很大的灵活性。

复 习 思 考 题

1. 什么是地理信息系统?它有哪些功能?
2. 简述地理信息系统的组成。
3. 地理信息系统在环境规划中有哪些应用?
4. 地理信息系统在环境保护领域的应用前景和发展趋势如何?

第 11 章

环境规划的发展和趋势

　　自从地球上有了人类，人类就不断地与自然环境作斗争，进行着改造自然的活动。由于人类的力量较弱，对自然环境的改造也较小，对环境造成的破坏并不严重。但工业革命以后，人类改造自然的能力越来越强，对自然的损坏也越来越严重，造成了一系列环境污染、生态破坏、资源耗竭等问题，这终于引起了人类的觉醒。人类认识到，环境污染和生态破坏归根结底来自于人类过度的和盲目的社会经济活动。

　　环境规划作为协调人类、环境和发展的工具逐渐引起人们的重视。20 世纪 60 年代以来，美国、日本、英国、德国等在环境规划管理上先后采取了一系列行动，成立了环境规划委员会，制定并实施全国、州、城市和工业区的环境规划，以及在经济发展战略研究中，把环境规划作为重要内容并取得了较好的效果。在环境规划的理论方法上也相继提出一些系统化的总结，发表了代表性论著。

　　我国的环境规划是于 20 世纪 60 年代末 70 年代初开始的，先后经过了一个从单纯的点源治理、局部控制到目前的综合控制，规划工作得到了不断的发展。虽然，与当前的经济发展和环保工作的需要相比，环境规划在对不同层次环境规划编制范围和内容的界定上，以及对规划编制方法体系的研究等方面还存在着相当大的差距和混乱，但也已取得了一定的成果，形成了一定的理论体系。

11.1　环境规划的发展

　　伴随着世界各国经济的迅速发展及人口的不断增长，带来了严重的环境污染和资源耗竭问题。环境污染危害人体健康，特别是一些发达的资本主义国家在取得经济成绩的同时付出了巨大的环境代价。从 20 世纪 30 年代到 60 年代，美、英、日等国家先后发生了闻名世界的八大公害事件，导致了成千上万的人死亡。近几十年来，发展中国家因为环境污染患癌症死亡的人与日俱增。资源的耗竭和环境容量的减少已经成了经济发展的障碍，影响着人类的文明和进步。近几十年来，这些问题日益突出，已成为各国讨论的热点之一，其中心的论题就是如何使经济持续发展。

　　1972 年 6 月 5—16 日，113 个国家的代表云集瑞典首都斯德哥尔摩，举行了首次人类环境会议，通过了著名的《联合国人类环境会议宣言》及保护全球环境的"行动计划"，规定了人类对全球环境的权利与义务的共同原则。同年 10 月，第 27 届联大根据斯德哥尔摩会议的建议，决定成立联合国环境规划署，并正式将 6 月 5 日定为"世界环境日"。同年 12 月

15 日，联合国大会作出建立环境规划署的决议。1973 年 1 月，作为联合国统筹全世界环保工作的组织，联合国环境规划署（United Nations Environment Program，UNEP）正式成立。联合国规划署的成立，显示了人类社会发展的趋同性，是人类环境保护史上重要的一页，也是环境规划的序曲。环境规划署的临时总部设在瑞士日内瓦，后于同年 10 月迁至肯尼亚首都内罗毕。从 1974 年起，联合国环境规划署每年都根据当年的世界主要环境问题及热点，有针对性地制定世界日的主题。

1984 年 5 月召开的"地球的未来"会议，号召人类的活动必须自始至终贯穿可持续发展的思想，即"经济社会的发展必须和资源和环境保护相协调：在满足当代人需要的同时，不危及后代人满足其需要的能力。"20 世纪 90 年代以后，持续发展是经济发展的一种战略，已成为时代发展的主题，各国相继作出了不懈的努力，采取了一些行之有效的措施，其中一个重要的措施就是制定环境保护规划，把环境规划作为国民经济规划的一个重要组成部分，从而达到协调经济、社会、环境、资源的关系，促进社会生产力的持续发展和资源的永续利用，实现经济效益、社会效益和环境效益统一的目的。

环境规划正在日益受到世界各国政府的关注，包括我国在内的许多国家都在不断加大对这方面的投资。但是，由于环境污染严重，特别像我国这样的发展中国家，要全面规划难度很大。因此，环境规划不但需要联合国环境规划署等一些国际机构的整体协调，需要那些发达国家的帮助去改善环境问题，更需要全世界人民提高认识，保护环境。这对我们环境保护者来说更是任重而道远。

11.2　我国环境规划的发展历程

11.2.1　我国的环境规划活动

我国在环保工作的起步时期就十分重视环境规划工作。1973 年全国第一次环境保护会议确立了环境保护工作的 32 字方针，即"全面规划，合理布局，综合利用，化害为利，依靠群众，大家动手，保护环境，造福人民"。30 多年来，环境规划的编制及其纳入国民经济和社会发展计划的工作取得了很大的进展，成为各级环境管理机构工作所围绕的一条主线。

1. 有关的法律规定

自 20 世纪 70 年代末以来，我国先后颁布了一系列环境法规，其中有很多涉及环境规划的条款，现按时间先后次序摘要如下。

1）1979 年 9 月颁布了《中华人民共和国环境保护法（试行）》。该法规定了环境保护工作的方针是"全面规划，合理布局，综合利用，化害为利，依靠群众，大家动手，保护环境，造福人民"；其中第五条规定："国务院和所属各部门、地方各级人民政府必须切实做好环境保护工作，在制定国民经济计划的时候必须对环境的保护和改善统筹安排，并认真组织实施，对已经造成的环境污染和其他公害，必须作出规划，有计划有步骤地加以解决"。

2）1981 年 2 月国务院发布《关于在国民经济调整时期加强环境保护工作的决定》。在第三部分"制止对自然环境的破坏"中要求："各级环境保护部门要会同农业、林业、水利……等部门，加强对自然环境的规划和管理"；在第四部分"搞好首都北京和杭州、苏州、桂林的环境保护"中要求"国务院环境保护领导小组会同有关部门，帮助和督促这四个城市特别是北京市制定规划，积极实施，切实作出成绩"；在第五部分"加强国家对环境保护的计划指导"里，规定"各级人民政府在制定国民经济和社会发展计划、规划时，必须把环境保护和自然资源作为综合平衡的重要内容，把环境保护的目标、要求和措施切实纳入计划和规划，加强计划管理。"

3）1984年5月国务院发布《关于环境保护工作的决定》。其中作了如下规定："成立国务院环境保护委员会。其任务是："研究、审定有关环境保护的方针、政策，提出规划要求，领导和组织、协调全国的环境保护工作"；要加强和完善各级环境保护机构，"以承担起组织、协调、规划和监督环境保护工作的职能"；"各级人民政府要加强对乡镇工业和街道工业的领导，做好规划，……切实防治环境污染和破坏"。

4）1986年3月国家环保局发布了《对外经济开放地区环境管理暂行规定》。其中第四条规定"对外经济开发地区进行新区建设必须作出环境影响评价，全面规划，合理布局。各有关部门必须严格按照规划和布局要求进行建设"。

5）1989年12月颁布了《中华人民共和国环境保护法》。其中第四条规定"国家制定的环境保护规划必须纳入国民经济和社会发展计划"；第十二条规定"县级以上人民政府环境保护行政主管部门，应当会同有关部门对管辖范围内的环境状况进行调查和评价，拟订环境保护规划，经计划部门综合平衡后，报同级人民政府批准实施"；第二十二条规定"制定城市规划，应当确定保护和改善环境的目标和任务"。

6）1990年12月国务院发布《关于进一步加强环境保护工作的决定》。其中强调了资源的保护和利用，规定"水利部门要加强对水资源的规划管理"；各主管部门要"积极开展自然保护的区划、规划工作。……环境保护部门应加强对自然保护的统一监督管理，统筹全国自然保护区的区划、规划工作"。

7）1995年9月党的十四届中央委员会第五次全体会议通过了《中共中央关于制定国民经济和社会发展"九五"计划和2010年远景目标的建议》。其中第36条规定"坚持经济建设、城乡建设与环境建设的同步规划、同步实施、同步发展。所有建设项目都要有环境保护规划和要求"。

8）1995年10月颁布了《中华人民共和国固体废物污染环境防治法》。该法第六条规定"县级以上人民政府应当将固体废物污染环境防治工作纳入环境保护规划"；第二十八条规定"县级以上人民政府有关部门应当制定工业固体废物污染环境防治工作规划"。

9）1996年5月颁布了《中华人民共和国水污染防治法（96修正）》。该法第十条规定"防治水污染应当按流域或者按区域进行统一规划"，并对不同等级的江河流域水污染防治规划的制定和报批作了详细说明；第十五条规定"超标准排污的企业事业单位必须制定规划，进行治理，并将治理规划报所在地的县级以上人民政府环境保护部门备案"。

10）1996年6月国务院发布了《关于淮河流域水污染防治规划及"九五"计划的批复》。其中第二条规定《淮河流域水污染防治规划及"九五"计划》（简称《规划及计划》）"是淮河流域水资源保护和水污染防治的重要依据，淮河流域的经济建设必须符合《规划及计划》的要求。河南、江苏、安徽、山东四省人民政府及有关部门要依照《规划及计划》的要求，尽快制定本省、本系统淮河流域水污染防治规划和实施计划"。

11）1996年8月国务院发布《关于环境保护若干问题的决定》。其中规定："城市人民政府要加强城市环境综合整治工作";"地方各级人民政府要按照国务院有关规定采取切实措施,加强对乡镇企业环境管理。要全面规划、合理布局、分类指导"。

12) 1996 年 10 月颁布了《中华人民共和国环境噪声污染防治法》。该法第四条规定"国务院和地方各级人民政府应当将环境噪声污染防治工作纳入环境保护规划";第三十九条规定"穿越城市居民区、文教区的铁路,因铁路机车运行造成环境噪声污染的,当地城市人民政府应当组织铁路部门和其他有关部门,制定减轻环境噪声的规划"。

13) 2000 年 4 月 29 颁布了《中华人民共和国大气污染防治法(2000 修正)》。该法第二条规定:"国务院和地方各级人民政府,必须将大气环境保护工作纳入国民经济和社会发展计划,合理规划工业布局,加强防治大气污染的科学研究,采取防治大气污染的措施,保护和改善大气环境。";第三条规定:"国家采取措施,有计划地控制或者逐步削减各地方主要大气污染物的排放总量。地方各级人民政府对本辖区的大气环境质量负责,制定规划,采取措施,使本辖区的大气环境质量达到规定的标准。";第十七条规定:"国务院按照城市总体规划、环境保护规划目标和城市大气环境质量状况,划定大气污染防治重点城市。直辖市、省会城市、沿海开放城市和重点旅游城市应当列入大气污染防治重点城市。未达到大气环境质量标准的大气污染防治重点城市,应当按照国务院或者国务院环境保护行政主管部门规定的期限,达到大气环境质量标准。该城市人民政府应当制定限期达标规划,并可以根据国务院的授权或者规定,采取更加严格的措施,按期实现达标规划"。

14) 2002 年 6 月颁布的《中华人民共和国清洁生产促进法》中第八条规定:"县级以上人民政府经济贸易行政主管部门,应当会同环境保护、计划、科学技术、农业、建设、水利等有关行政主管部门制定清洁生产的推行规划"。

15) 2002 年 7 月颁布的《中华人民共和国水污染防治法实施细则》中第二条规定:"依照水污染防治法第十条规定编制的流域水污染防治规划,应当包括下列内容:①水体的环境功能要求;②分阶段达到的水质目标及时限;③水污染防治的重点控制区域和重点污染源,以及具体实施措施;④流域城市排水与污水处理设施建设规划。"第十四条规定:"城市建设管理部门应当根据城市总体规划,组织编制城市排水和污水处理专业规划,并按照规划的要求组织建设城市污水集中处理设施"。

以上各法规从不同的层次和侧面涉及环境保护规划的制定和实施。2002 年 4 月颁布的《大气污染防治法》(修订稿)对大气环境质量未达标的重点城市提出了制定大气环境限期达标规划的明确要求。2000 年 7 月颁布的《中华人民共和国水污染防治法实施细则》,对流域水污染防治规划内容有了相对详细的说明。但大部分法规中有关环境规划的内容,基本上都是抽象的原则性规定,对规划的编制、修改实施、检查的具体程序,以及对未完成规划目标所应承担的法律责任没有明确的规定,也没有专门的条例或实施细则予以说明。总的说来,环境规划的法律地位不明确。

目前我国环境保护的形势日趋严峻,环境规划的重要性也为越来越多的人所认识,迫切需要有专门的法律和详细的管理条例来规范环境规划的编制,保障规划制度和规划措施的落实。

2. 宏观环境规划

在国家计划的层次上,1975 年 5 月,国务院环境保护领导小组在《关于制定环境保护十年规划和"五五"(1976—1980)计划》的文件中,要求各地区、各部门把环境规划作为其中的一个组成部分纳入国民经济和社会发展计划。国家环境保护"六五"计划作为独立的篇章首次纳入了国家的《国民经济和社会发展计划》。"七五"环境保护计划较"六五"计划有显著提高，内容比较丰富、指标比较齐全，该计划作为独立文件，由国家计划委员会和国务院环境保护委员会共同下发，其主要指标和内容纳入了国家《国民经济和社会发展计划》。在 2000 年环境预测的基础上，制定了《全国 2000 年环境保护纲要》，在第三次全国环境保护会议上原则通过并下发执行，使宏观环境规划得到了进一步发展。国家环境保护十年规划和"八五"计划的主要指标和内容纳入了《中华人民共和国国民经济和社会发展十年规划和"八五"计划纲要》。这是在当时国家计委大量减少部门专项计划的情况下，在国家"八五"计划中加入了环境保护专项计划，体现了国家对环境保护规划的重视。1996年 3 月八届人大批准了《中华人民共和国国民经济和社会发展"九五"计划和 2010 年远景目标纲要》，其中提出了我国"九五"环境保护目标。同年 9 月国务院批准了《国家环境保护"九五"计划和 2010 年远景目标》，包括《"九五"期间全国主要污染物排放总量控制计划》和《中国跨世纪绿色工程规划》两个附件。《国家环境保护"九五"计划和 2010 年远景目标》要求所有城市都要制定或修订环境保护规划，同时还要制定城市环境保护规划管理办法和技术规范；《总量控制计划》确定了"九五"期间 12 种污染物排放总量的控制指标，标志着我国污染控制将由浓度控制向总量控制转变；而《绿色工程规划》是一个环境保护工程项目计划。

除了政府和环境保护部门外，各个行业也分别制定了各部门行业环境保护规划，环境规划在宏观层次得到足够的重视。

3. 区域环境规划

从 1992 年起，各地区、各部门按照国家统一要求编报环境保护年度计划，并纳入国家计划。环境保护部门协调监督各地方、各有关部门安排落实的局面，对于促进环境保护与国民经济和社会的协调发展起到保障作用。各地在编制和实施环境保护计划时，注意把强化环保执法、制定和实施环境经济技术政策、强化环境管理作为实现环境目标的措施，取得了较好的效果。

城市环境规划工作始于 20 世纪 70 年代末。规划主要侧重于污染控制，当时制定的济南市环境保护规划就是一个典型的例子。从 80 年代初开始，国内广泛开展了环境影响评价、环境背景值调查和环境规划编制程序、方法的研究，为编制规划打下了基础。

1983 年 12 月我国召开第二次环境保护会议。此次会议将环境保护确立为我国的一项基本国策，并确定了"经济建设、城乡建设、环境建设同步规划、同步实施、同步发展"，"经济效益、环境效益、社会效益统一"的方针。随后太原市制定了"市区污染综合防治规划"。

1984 年 6 月召开了"城市环境规划学术交流会"，对该规划的研究成果进行了鉴定。1985 年 5 月—1986 年 8 月吉林市进行了城市环境综合整治规划研究，并在此基础上编制了"吉林市环境综合整治规划"。其后，秦皇岛、鄂州等中小城市相继制定了城市环境规划。城市环境规划自此进入了综合整治阶段。1988 年 6 月，"第二次全国城市环境规划学术交流会"在湖北鄂州召开，对 1985 年以来中小城市环境规划的经验进行了总结，与会专家认为城市环境规划是城市环境综合整治的基础。

20 世纪 90 年代以来，环境规划工作进一步开展。各大中城市相继制定了城市环境综合整治规划，这一时期的规划立足于服务城市经济建设，多数以总量控制为核心，总量控制理论和方法的研究得到重视，特别是国家环保局推动的两控区污染控制战略和总量控制计划有力地推动了地方的环境规划工作。

11.2.2　我国环境规划的发展历程

我国的环境规划是伴随着环境保护工作的发展而发展的，发展历程大体上可以按照全国环境保护会议分为四个阶段。

（1）探索阶段（1973—1983）　我国一贯重视计划和规划工作，在环保工作开创初期，1973 年第一次全国环境保护会议上提出的我国环保工作 32 字方针中，前 8 个字为"全面规划，合理布局"，对环境规划工作就十分重视。那时，国家已认识到环保工作要有一个奋斗目标，提出了"5 年控制，10 年解决"的目标。但实际证明这个目标是不切实际的，表明了当时我们对环境保护的客观规律还缺乏全面深入的了解，对环境规划的认识还很肤浅。20 世纪 70 年代开展的北京东南郊、沈阳市及图们江流域环境质量评价和污染防治途径研究为环境规划作了有益的探索。80 年代初济南市环境规划和山西能源重化工基地综合经济规划中的环境专项规划是我国最早的区域环境规划。这两个规划的范围仅限于污染治理，规划分析了存在的环境问题，提出了治理措施，在方法论上，还停留在以定性为主的阶段。

（2）研究阶段（1983—1989）　1983 年第二次全国环境保护会议提出了"三同步"方针，表明我国对环境与经济建设、城市建设之间关系的认识有了一个飞跃，对环境规划有着深远影响。"七五"期间开展了国家科技攻关项目——大气和水环境容量研究。建立了我国自己的大气和水容量模型，并在丹东鸭绿江、内江、湘江和深圳河、太原市和沈阳市环境规划中得到应用，为环境规划从定性分析向定量为主的跨越创造了条件。国家环境管理信息系统的研究在应用计算机建立数据库、模型库、模拟污染过程等方面取得了经验，推动了环境规划中的计算机应用。对企业和区域环境经济投入产出线性规划方法进行了研究，并在东方红炼油厂和内江市应用。对经济与环境综合规划方法作了有益的探索。在科研工作的带动下，水利部和国家环境保护局联合开展了七大流域水污染防治规划；1984 年全国环境管理、经济、法学学会在太原市召开了全国城市环境规划研讨会，对环境规划也起了推动作用。另一个值得提到的进展是"全国 2000 年环境预测与对策研究"，该项研究在"三同步"方针的指导下，从宏观经济发展目标出发，预测 2000 年可能发生的环境问题，提出了环境目标和对策建议，为国家和地区编制"七五"、"八五"环境保护计划提供了依据；在方法论上，开发应用了我国的环境经济计量经济模型、环境经济投入产出模型、系统动力学模型，并开展了环境污染和生态破坏经济损失估算的研究，为我国污染物排放宏观目标总量控制和环境经济损失计量打下基础。这一阶段，环境规划方法论研究取得了显著进展。

（3）发展阶段（1989—1996）　1989 年第三次全国环境保护会议进一步明确了环境与经济协调发展的指导思想。1992 年联合国环境与发展大会积极倡导可持续发展战略，会后我国率先编制并颁布了《中国 21 世纪议程》，明确宣布"走可持续发展之路是我国未来和 21 世纪发展的自身需要和必然选择。"因此，环境规划的指导思想上升到可持续发展的高度。技术路线从末端控制转向优化产业结构，生产合理布局，发展清洁生产和污染治理的全过程。1993 年国家环保局发文要求各城市编制城市环境综合整治规划，并下发了《城市环境综合整治规划编制技术大纲》，组织编制了《环境规划指南》。为加强环境管理，国家环保局开展了污染物排放总量控制试点。在这种环境下，我国广泛开展了环境规划的编制工作，涌现出一批优秀的环境规划，如湄洲湾环境规划研究，秦皇岛市、广州市、南昌市、马鞍山市和济南市环境规划，通化市环境综合整治规划，桂林市大气环境规划和澜沧江流域生态环境规划等。在方法论上也有不少进展，如北京大学在湄洲湾环境规划研究中，提出并应用了环境承载力的概念和方法解决合理布局问题；清华大学在济南市环境规划中，应用冲突论解决污染负荷公平分配问题；广州市环科所在广州市环境规划中，北京大学、清华大学在济南市环境规划中，云南省环科所在澜沧江生态环境规划中，都应用了地理信息系统（GIS），使环境规划的空间分布可视性大为提高。

（4）深化阶段（1996 以后） 1996 年国务院召开了第四次全国环境保护会议并颁发了《关于环境保护若干问题的决定》，批准了《国家环境保护"九五"计划和 2010 年远景目标》。国家实施污染物排放总量控制和跨世纪绿色工程规划两大举措，确定"三河"（淮河、海河、辽河）、"三湖"（太湖、巢湖、滇池）、"两区"（酸雨和二氧化硫控制区）为治理重点。因此，各级政府对环境规划都十分重视，并大力推进规划的实施，要求规划需落实到项目，大大提高了规划的可操作性，使环境规划的编制和实施名副其实地成为环境决策和管理的重要环节，成为环境保护工作的主线。这一阶段最具有代表性的规划是"三河三湖"的水环境规划。另外，21 世纪环境问题的研究和环境规划也成为环境规划的新热点。

30 年来，我国的环境规划从探索到逐渐成熟，已经初步形成了一套从宏观到微观，从理论到实践，从规划编制到实施的环境规划体系、程序和方法。但是，环境规划毕竟还是一门新兴学科，仍存在着不少问题有待解决，同时随着环保工作的深入和科技手段的现代化，还会出现新问题，环境规划必将不断向前发展。

11.3 我国环境规划的现状及发展趋势的展望

11.3.1 我国环境规划的现状分析

1. 我国环境规划工作取得的进展

经过近 30 年来的工作实践和发展，我国环境规划已逐步形成了一套从宏观到微观，从理论到实践，从规划编制到实施的环境规划体系、程序和方法。其现状概括有如下几方面：

（1）我国环境规划确立了可持续发展和科教兴国的战略思想 从《中国 21 世纪议程》和《全国生态环境建设规划》等政策方案可以看出，我国的环境规划是以达到经济、社会和环境的协调发展为目的，既保证资源的永续利用，又促进社会生产力稳步增长，实现经济效益、社会效益和环境效益的统一。

（2）我国环境规划有了全国统一的技术大纲，正逐步规范化 规划的编制除主导思想外，还有较为完整的指标体系，并且环境规划的内容也日臻完善。

1）比较完善的指标体系。30 年来的环境规划工作使规划指标经历了一个由少到多、由次要到主要、由粗到细、由局部到整体的完善过程。

2）初步形成方法论。我国环境规划经过"六五"、"七五"、"八五"计划及《2000 年的中国》等规划的编制实践，已初步形成了包括评价方法、预测方法、区划方法、决策方法、优化方法及总量控制方法许多内容在内的方法体系。目前来看，总量控制规划方法和污染综合防治规划方法应用较多。

　　3）环境规划的内容日趋完善。目前，我国环境规划主要内容包括以下七个方面：制定环境规划目标，建立环境规划指标体系，环境调查与评价，环境预测，环境功能区划，环境规划方案设计与方案优化和方案实施与管理。其中，方案优化是环境规划的核心内容。其内容日趋完善。

　　(3) 环境规划正逐步纳入国民经济与社会发展规划中　我国环保工作开展多年，但成效一直不大。其中，环境与经济分割是重要原因之一，可持续发展理论的提出强化了经济与环境协调的必要性，从而将环境规划纳入国民经济与社会发展规划中，这是环境规划发展的必然。我国在此方面的工作正逐步展开并深入下去，从我国环境规划的发展历程可见一斑。

　　2. 我国环境规划存在的问题及原因分析

　　由于环境规划是一门新兴学科，是从工作实践中发展而来的，所以仍存在许多问题。

　　(1) 环境与经济协调发展型规划仍然缺乏　虽然我国已明确了把可持续发展的思想作为环境规划乃至整个环保工作的指导思想，但目前协调发展型的环境规划还不是主流，大部分环境规划还属于经济制约型规划。之所以造成这种状况，与人们对经济的传统重视程度和环境规划人员缺乏经济规划的知识，又很少与经济界研究人员合作有重要关系。这方面的科研工作也显得十分薄弱。

　　(2) 新开发区环境规划方法有待完善和发展　新开发区的迅速发展对环境规划提出了新的要求。几十年来，改革开放的形势使新开发区如雨后春笋一般迅速发展。外资项目的引进要求政府快速作出反应。这样，编制具有污染物总量控制特征的新经济开发区环境规划就显得十分重要。近些年来，深圳、厦门、珠海和长春经济技术开发区对环境规划作了有益的探索，提出了一些规划方法，但编制具有污染物总量控制特征的新经济开发区环境规划的方法仍需探索与发展完善。

　　(3) 环境规划的管理还没有完全走上法制的轨道　《中华人民共和国环境保护法》中确定了环境规划的法律地位。但具体实施过程缺乏环境规划管理条例及其实施细则，所以环境规划仍未完全走上法制轨道。环境规划的报批、实施和检查仍无章可循。

　　(4) 缺乏一支素质好、技术力量强的环境规划队伍　我国地域广大，环境规划本身又是一个过程，需要不断地滚动。因而，环境规划工作任务十分繁重，没有一支素质好、技术力量强、人数众多的规划队伍是难以胜任的。虽然我国已初步形成了一些规划力量，但队伍不稳定，总体上讲素质不尽人意。因而，我国环境规划队伍的建设应大力加强。

　　(5) 规划决策支持系统（PDSS）的研制工作亟待加强　基于 GIS 的规划决策支持系统对于环境规划资料库的建立，各类数据的分析、表征和管理在环境规划领域具有明显的优越性。目前，我国已建立了省级环境决策支持系统，但其实用程度有待加强，环境统计的广度和深度都不尽人意，制约了规划的发展。

　　(6) 作出的环境规划缺乏足够的可行性和可操作性　虽然我国的环境规划在其方法及理论体系方面的规范化工作已经取得了很大进步，但我国采用的环境规划理论大都是欧美发展的环境目标规划法，因此得出的污染物削减量及投资费用都比较大，难以为决策机构所采用。其次，规划完成后，未及时制定相应的年度执行计划和条例，实施起来比较困难。

11.3.2　我国环境规划在今后的研究重点及发展趋势

　　随着政府职能转换和社会主义市场经济飞速发展，环境规划工作将作为环境建设与管理工作的科学依据和先导，成为宏观调控与管理的有效手段。同时，随着环境管理工作的深入，对环境规划也必将提出新的要求，环境规划学的发展必须变革思维方式，吸收先进的整体思维方式，把环境规划对象当成复杂的整体，各个要素构成一个网络整体，强调整体思维，使环境规划尽量真实地反映客观世界的复杂变化，不断地发展、完善，真正指导环境保护工作。

在方法学上，环境规划要深入研究以下问题：

1）环境规划的发展离不开对相关学科理论成果的借鉴吸收，但必须在环境规划理论内部重整和系统化。

2）环境规划的方法大多是以数学逻辑对规划过程加以抽象化、简单化，因此其结果往往并不理想。如何使之符合实际，具有可操作性，必须深入研究。

3）在实践中应用的环境规划技术方法往往太简单，不能满足区域环境复合系统的时变、高阶、复杂性的要求，必须加强数学模型的研究。

4）环境规划的制定规范、环境规划管理的法律支持、多学科交叉融合尚存在缺欠，难以统一、综合，全面协调贯彻实施环境规划，必须深入研究，使之有机结合。

随着我国经济体制改革和政府职能的转换以及环境建设和环境管理的加强，环境规划的重要意义越来越显著。环境行政管理部门逐步把环境规划工作作为环境建设和管理工作的科学依据和先导，提出环境管理工作千头万绪，要有一条主线、一个核心，使方方面面的工作形成一个有机的整体，而这条主线就是环境规划的制定、实施和检查，这个核心就是环境目标。教育部门对环境规划也越来越重视，不少高等院校环境科学专业均开设了环境规划课程，为培养环境规划人才打下了基础。这些情况表明，环境规划将会得到更快的发展。

从环境规划的内容及方法论来看，由于"环境与发展"这一主题的呼声日高和环境管理工作的深入，对环境规划提出了新的要求，促进了环境规划的发展。今后，环境规划的发展将会有以下一些特点：

1）环境与经济协调规划继续受到重视并成为热点。人们已经认识到了环境与经济协调规划的必要性和重要意义，在先后制定的《中国 21 世纪议程》等纲领性文件中都对协调规划的方针有明确的规定，现已被我国以至世界各国所接受。在环境规划中，环境对经济的反馈要求、环境目标的权重都将有所提高，环境与经济协调型规划将会成为环境规划发展的一个重要方向。

2）环境规划的技术将从污染末端控制向生产全过程控制转变，规划的内容和污染控制对策将会更多地深入到生产的全过程。过去很长一段时间，我国与世界各国一样，污染控制的技术路线遵循的是末端控制，实践表明，这是一条治标不治本、不明智的路线。所谓污染物实质上是浪费了的资源和能源，它与生产全过程的科学技术和管理水平都有密切关系。因而，污染控制要实行生产全过程控制，通过清洁工艺的采用，充分利用资源、能源，将污染物消灭在生产过程之中，这才是污染控制的根本出路。今后的环境规划将更鲜明地贯彻这一路线，规划内容和污染控制对策将会更多地深入到生产的全过程。

3）环境规划的污染控制方式将更突出区域集中控制。多年的实践表明，点源治理方式是投资大、效益差、不易于管理的方式，而集中治理发挥了规模效益、投资省、效益好和管理方便的优点。除了那些因有特殊污染物或地理位置不便于集中治理的之外，都应尽量采用集中治理。为此，我国制定了集中控制的管理措施，并列入"八项管理制度"中。适应了优化集中治理设施的方法论将得到广泛的应用和发展。

4）污染物总量控制规划将继续得到重视。在环境规划方法论中，污染物总量控制一直是一条重要准则，特别是近年来环境管理推行排污许可证制度以来，从污染物总量的角度，规划污染物的排放与治理成为环境规划的规范方法之一。另外，随着新经济开发区的崛起，从污染物总量的角度，规划新经济开发区的功能区划和项目布局，将成为一种有效的方法而得到广泛应用。

5）城市生态规划越来越被人们重视。随着我国城市化的发展和城市国际化的趋势，城市环境问题更加突出（如北京严重的大气污染），对城市环境质量的要求将会更高。因此，如何规划好一个城市的经济、社会和环境使其协调发展将成为一个重要课题。特别是遵循城市生态学原理，从能源、物流、人流和信息流的角度研究城市功能、规模、结构和布局的城市生态规划方法，将是一种具有吸引力的规划方法。

6）环境规划决策支持系统的建立将会成为研究的重点之一。环境规划决策支持系统具有快速、灵活、人机对话和图形显示等功能，特别是对解决半结构化和非结构化问题更为适宜，是环境规划的一种现代化工具。环境规划利用其进行自身改进，观测和统计各种信息，运用计算机和网络进行搜寻、处理和管理，最终实现规划中评价、预测、优化和决策的全方位的科学化。随着环境规划的动态性和多目标决策的要求，环境规划决策支持系统的建立就更显得迫切，它必然合成为今后环境规划发展的一个突出特征。

7）地球规划国际合作前景看好。地球是一个大的生态系统，各个国家和地区的相互关联和影响，决定了国际合作的必然性。而政策经济的日益全球化，则为环境方面的国际合作提供了可行性。从《保护臭氧层的维也纳公约》、《关于消耗臭氧层物质的蒙特利尔议定书》到《气体框架公约》、《生物多样性公约》等，已有多项国际环境公约签定并为多数国家认同、执行。国与国之间在环境领域也加强双边合作，世行和亚行也为我国提供了多项环保方面的贷款。而且，各国环境规划有其自身的特点，加强相互交流，有助于各自的发展与完善。因此，国际合作成为环境规划以至环境保护领域的又一重要方向。

11.4 国外环境规划情况简介

11.4.1 美国环境规划研究概况

美国的环境规划研究进行得十分广泛，每个州都设立了环境规划委员会。环境规划委员会大体上可分为三类：一是成员由下面推荐，州长委派，权力较大，这类规划委员会工作有成效；另两类主要起顾问咨询作用，成分复杂，效果较差。

美国的环境规划内容和特点可归纳如下：

1）环境立法规划环境目标。1975年美国联邦议会批准了环保署（EPA）提出的"大气清洁法案及其修正案"。为了实现环境立法规定的大气环境分阶段目标，各州纷纷开展环境规划研究。各州在研究中，都以EPA规定的各阶段环境目标为区域性环境目标。

2）进行环境预测，并提出优化方案。美国在环境规划研究中，广泛采用模型预测的方法，研究经济增长、人口变化、城市规模扩大等对环境带来的影响，预测环境质量的动态变化；然后，以区域环境目标为奋斗方向，探讨环境污染控制费用及比较各种控制污染措施的方案，从中筛选出最优化方案。

3）研究能源与环境的关系，并以能源研究作为环境规划研究的基础。为了制定今后的方针，美国环境质量委员会于 1980 年向总统提交了《2000 年的世界》的研究报告，报告中广泛讨论了人类所面临的环境问题，并对 2000 年的世界人口、资源、能源和环境进行了动态模拟和预测。该报告中提出美国应发展无害或低污染工业，并要开展清洁能源方面的研究，这已成为美国全国性环境规划研究的基础。

4）积极开展环境规划方法的研究。美国威斯康星大学麦迪逊学院所属的能量系统和政策研究小组，建立了威斯康星州区域能量模型，这为区域环境规划提供了科学依据。旧金山海湾地区曾建立多种模型。其中大气模型、水模型都是很成功的，但土地利用模型则较差。其原因在于政策多变、耗资巨大，而且模型无法满足不断变更的需要。此外，环境规划委员会在制定环境规划时，一定要有政府官员参加，同时进行评议，并设有公众听取会。公众可发表不同意见，提出不同见解。

总之，美国的环境规划一般都以区域性的环境规划为主，近年提出的绿色社区规划的研究已形成热点。其原则是以人类健康和生态影响规划、公共事业活动规划、工业过程规划及能源利用规划为主。健康和生态影响是环保局确定环境标准的基础，是制定环境法规的依据。公共事业活动规划的主要活动是预防、处理住宅或其他非工业活动产生的污染，研究饮水中的污染物对人体健康的直接或间接影响，为地区、州和地方的各级环境管理人员提供如何解决广泛的环境问题，并选择投资最少的技术。工业过程规划主要研究如何减轻或消除工业引起的环境质量问题。

11.4.2 英国环境规划研究概况

英国环境规划最早是从 20 世纪 60 年代末开始的，即英国西北部经济委员会组织的西北部经济规划，其中就开始考虑环境问题，曾提出一系列研究报告，如"烟气控制"、"废弃土地问题"等。他们所提出的环境目标是改善当地居民的生活质量，合理开发当地资源。

除西北部经济委员会外，约克郡和汉伯萨德经济规划委员会在经济发展规划中也特别强调环境问题。

英国环境规划的特点是：

1）环境规划是经济发展规划的一个有机组成部分。国家的经济发展规划中必须包括环境规划的内容，而且区域经济发展规划中也重视环境规划，甚至分区规划中也必须包括环境规划。

2）新市镇规划中包括环境规划的内容。英国在新市镇规划中已经开始重视有关环境规划的研究。例如，当沃林顿在提出作为新城市开发地址时，公众根据该地严重的大气污染状况，提出它不适合作为新市镇的镇址，该地卫生部门提出了有关烟尘、二氧化硫、沉积物及风向、风速等资料。地方当局组织了防止污染工作组，来具体规划、合理解决当地污染问题，并提出控制环境污染方案。

3）"规划导向型"（Plan-led）的发展规划管理机制。自 20 世纪 90 年代以来，英国政府一再强调"规划导向型"的发展规划管理机制，要求全国各地编制"地方规划"或"统一发展规划"作为开发建设的规划管理依据，并且规划在保证可持续发展的前提下，将经济发展作为其主要的目标。

11.4.3 日本环境规划研究概况

日本于 20 世纪 70 年代初，对福井工业区、京畿工业区、周防滩工业区及鹿岛工业区等的环境规划先后进行过研究。在这些研究中，首先提出了各年份的环境目标；其次，对开发和建设所造成的环境影响进行了预测（如大气、水、土壤），积极开展拟建项目的环境影响评价研究，同时，采取各种污染的防治对策和措施，减少污染的排放量，以便分别达到各开发区所规定的各年度环境目标。

日本环境厅又推出了"区域环境管理规划编制手册"，明确了区域环境规划的基本观点是在发展经济的同时，调整资源的中、长期供需平衡，做到合理分配。手册把环境规划分成综合型、指导型、污染控制型和特定的环境目标型，使日本的环境规划更加趋于成熟。

日本环境规划特点是：

1）保护人体健康重于经济发展。随着日本人民的生活水平和文化水平普遍提高，对环境污染一天比一天敏感起来，加之几大公害病（如水俣病、骨痛病等）的发生，使人们对环境的认识有所加深。这样，日本提出了只有在保护健康的前提下，发展国民经济的方针。因此．一些环境对策是在不考虑费用的情况下制定的，就是说，日本防治公害所采取的措施多是非经济性的。

2）环境规划中的防治重点突出。防治重点主要集中于汞、镉、多氯联苯、二氧化硫和氮氧化物等几种曾引起过严重公害事件的物质上，近年来，加强了对河流有机物污染问题的研究和防治对策研讨。

3）重视直接的和行政的管理。日本防治污染政策基本上是依靠行政指导来贯彻执行。

4）将"标准"作为基本的规划目标和规划手段。标准可分为两种：一种是环境标准，一种是排放标准。前者基本上是一种目标，对污染者无约束力，但仍起着非常重要的作用。后者作为环境政策的手段，主要对污染者起约束作用。

由于日本较早地开展环境规划的研究工作，因此取得很大的成功，日本环境质量有所改善，污染趋势得以严格控制。

11.4.4 俄罗斯环境规划研究概况

前苏联从 20 世纪 70 年代初开始进行系统的环境规划研究工作，并取得了一定的成就，使前苏联的环境污染得到逐步控制，环境质量也有所改善。

俄罗斯的环境保护规划属于协调型的环境保护规划，他们制定环境规划的原则是既要以社会发展规划为基础，又要使环境规划与经济发展规划有机地结合起来，并把环境规划纳入到国民经济计划之中。根据当地环境的持点、自然资源情况和生产力布局，合理安排区域发展规划和环境规划。正确处理区域供给与需求结构之间、产业结构之间、经济发展与环境保护之间的关系，协调区域经济社会发展规划与环境规划。充分利用科学技术，最大限度地合理开发利用自然资源，在生态经济学理论指导下，提高自然资源的利用率，既保证经济社会发展的需要，又有效地解决了环境问题。

1. 环境规划的指导思想和主要任务

1）制定自然资源合理利用规划。弄清自然环境与自然资源的现状，研究资源的需求、各部门之间的适时比例、各部门的生产结构以及环境保护措施与经济效益，进而改革规划方法和体制。

2）解决重大的环境保护任务，在资源开发中充分应用科学技术成果，解决环境问题和环境保护设备的生产问题。同时，在环境保护科学研究中，加强国际合作和交流。

3）环境保护措施必须纳入到国民经济计划之中，经最高权力机关批准，从而具有法律效力。

4）改进规划方法，制定成套计划，其中包括五年计划和年度计划。保证部门规划原则与区域规划原则相结合，制定出重大科技、经济、社会综合发展纲要，改进企业、公司、区域与城市的经济发展和社会发展综合规划。在这些规划中，都必须立足于生态学观点，综合解决环境保护问题。

2. 环境规划中的主要措施

俄罗斯解决环境污染的方法与西方国家有所不同。例如日本是采用污染物排放总量控制的方法，美国采用环境影响评价制度，而俄罗斯则采用"目标纲要规划"的方法。这种规划方法是立足于最大限度地利用自然资源，尽可能少产生环境污染。

3. 俄罗斯的环境规划方法

俄罗斯解决环境污染的途径与西方国家截然不同，他们是以资源利用为前提，并根据资源—环境—经济统一的原则，制定国家环境规划，即环境目标纲要法。它是指将资源、重大科学技术、经济、社会和环境保护综合起来形成一个整体，使之成为综合发展的纲要。这样，既能充分利用科学技术成果发展生产，又能维持生态平衡，保证充分合理地利用资源，不仅最大限度地满足了国民经济对原材料的需要，而且保护和改善了生活环境和自然环境。

11.4.5 澳大利亚环境规划研究概况

在 20 世纪的发展中，澳大利亚形成了具有自身特点的规划体系。政府非常重视环境规划，其具有以下特点：

1）制定了非常严格的环境法。为了打击环境犯罪，澳大利亚制定了环境特别刑法。在加强刑法对环境的保护和对环境犯罪行为的惩罚方面，新南威尔士州的立法是一个很好的例子。

2）澳大利亚各级政府非常重视环境法的实施，最主要的做法是加强环境行政管理，例如：制定和实施土地利用规划；通过环境影响评价和颁发许可证来控制发展项目；加强对污染防治的监督管理；加强对危险物品的进出口管理；加强对核废料的监督管理；加强对危险废物的的使用、储存、转移和处置的监督管理。为了加强环境行政执法，法律授予环保局等行政官员以广泛的调查权、应急权。环保局有权对违法行为实行制裁，有权命令排污或造成污染事故的单位和个人减轻或排除污染。根据澳大利亚新南威尔士州的法律，环境保护通知是保障环境法律实施的一个主要行政工具，环境保护局有权对违法行为人发出消除污染通知、预防通知、禁止通知和承担有关执行经费的通知，不执行上述通知属于犯罪行为。该州于 1989 年制定了《环境犯罪和惩罚法》之后，该州结合执法情况，多次对该法进行了修改。该法规定了如下三种犯罪：第一种是最严重的环境犯罪，主要适用于非经授权处置废物的犯罪行为；第二种是中等程度的犯罪，主要由《清洁空气法》（1961）、《清洁水法》（1970）、《噪声控制法》（1975）和《污染控制法》（1970）以及《地方政府法》（1919 年制定，1993 年修改）规定，乱丢废物和不遵守"清理环境"的通知也属于这种犯罪；第三种是轻微的犯罪，该法为处理轻微的环境法律实施问题规定了一种"现场"侵权通知。

3）澳大利亚有关环境犯罪的法律都强调"以损害或可能损害环境的方式"这一环境犯罪的特征。与中国的环境刑法不同，根据有关的环境法律，对"环境的损害"被定义为"任何引起环境退化的、直接或间接的环境改变，包括但不限于任何导致大气污染、水污染的作为或不作为"；"污染"被定义为"改变空气、水等环境要素的物理、化学或生态条件的所有行为"。

复 习 思 考 题

1. 简述国内外环境规划的发展历程。
2. 结合我国环境规划的发展历程，说明其特点和发展前景。
3. 国际环境规划的基本特征是什么？
4. 现阶段我国的环境规划存在着哪些问题？为什么会存在这些问题？
5. 根据你对国外环境规划情况的了解，你认为对我国的环境规划有哪些可以借鉴的地方？今后的研究重点应放在哪里？

第 2 篇

环 境 管 理

第 12 章

环境管理绪论

当前人类面临的环境问题日益严重，如环境污染、生态破坏、资源短缺、酸雨蔓延、温室效应、臭氧层破坏等一系列环境问题。残酷的现实告诫人们，人类社会经济水平的提高和物质享受的增加，在很大程度上是以牺牲环境与消耗资源为代价而换取得来的。而环境与资源作为人类生存和发展的基础和保障，正通过种种问题对人类进行着报复。人类正在遭受着严重环境问题的威胁和危害。半个多世纪以来环境问题的挑战已经教育了人类，人类终于觉醒并认识到地球是我们惟一的家园，我们应该爱护地球，保护环境。

环境管理是在环境保护的实践中产生，并在实践中不断发展起来的。随着环境问题不断地对环境管理提出新的挑战，环境管理已逐渐形成了自己的学科——环境管理学。它通过运用法律、行政、经济、教育等综合手段实施环境管理，达到保护环境的目的，使人类生活的地球环境恢复其和谐、美好的面貌。

12.1 环境管理

12.1.1 环境管理的基本概念

环境管理的概念尚无一致的看法，但通过环境保护的实践，人们对其基本含义有了一个比较统一的认识，一般可概括为：运用经济、法律、技术、行政、教育等手段，限制（或禁止）人们损害环境质量的活动，鼓励人们改善环境质量；通过全面规划、综合决策，使经济发展和环境保护相协调，达到既能发展经济满足人类的基本需求，又不超出环境容许极限的目的。

随着全球环境问题日趋严重，人们对环境管理的认识是在不断地深化，环境管理的含义也随着人类社会的发展而不断地发展和完善。

1974 年，休埃尔编写的《环境管理》中对环境管理的含义作了专门的论述，指出"环境管理是对损害人类自然环境质量的人的活动（特别是损害大气、水和陆地外貌的质量的人的活动）施加影响"。并说明，"施加影响"系指"多人协同活动，以求创造一种美学上令人愉快，经济上可以生存发展，身体上有益于健康的环境所作出的自觉的、系统的努力。"

1987 年，刘天齐主编的《环境技术和管理工程概论》中对环境管理的含义作出了如下论述："通过全面规划，协调发展与环境的关系；运用经济、法律、技术、行政、教育等手段，限制人类损害环境质量的活动；达到既要发展经济满足人类的基本需要，又不超出环境的容许极限。"

1987 年，在世界环境与发展委员会主席（挪威前首相布伦特兰夫人）的指导下，集中了世界最优秀的环境、发展等方面的著名专家学者，耗用 900 天时间，去世界各地实地考察，写出了《我们共同的未来》的报告。在这份报告中明确提出了持续发展战略，即"既满足当代人的需要，又不对后代人满足其需要的能力构成危害的发展。"这种尊重"公平与共同利益"的观点，为环境管理的含义注入了新的认识。

2000 年，叶文虎主编的《环境管理学》中对环境管理的含义进行了归纳："环境管理是通过对人们思想观念和行为进行调整，以求达到人类社会发展与自然环境的承载能力相协调。也就是说，环境管理是人类有意识的自我约束，这种约束通过行政的、经济的、法律的、教育的、科技的等手段来进行，它是人类社会发展的根本保障和基本内容。"

进入 21 世纪以来，随着全球环境问题的不断加剧，国内外专家学者对环境管理的认识也在不断深化。根据这些专家学者的研究成果，要比较全面地理解环境管理的含义，必须注意以下四个方面的问题。第一，协调发展与环境的关系。建立可持续发展的经济体系、社会体系和保持与之相适应的可持续利用的资源和环境基础，这是环境管理的根本目标。第二，动用各种手段限制人类损害环境质量的行为。人在管理活动中扮演着管理者和被管理者双重角色，具有决定性的作用。因此，环境管理实质上是要限制人类损害环境质量的行为。第三，环境管理和任何管理活动一样，也是一个动态过程。环境管理要适应科学技术规模的迅猛发展，及时调整管理对策和方法，使人类的经济活动不超过环境的承载能力和自净能力。第四，环境保护是国际社会共同关注的问题，环境管理需要各国超越文化和意识形态等方面的差异，采取协调合作的行动。

从环境管理概念的分析，我们可以得出如下的结论：第一，环境管理是针对次生环境问题而言的一种管理活动，主要是解决由于人类社会活动所造成的各类环境问题。第二，环境管理的核心是对人的管理。长期以来，环境管理中的一个误区就是把污染源作为管理对象，环境保护部门围绕着各种污染源开展环境管理活动，工作长期处于被动局面。原因是人们只关心环境问题产生的地理特征和时空分布，这种环境管理，实质上是一种物化管理——污染源和污染设施的管理，忽视了对人本身的管理。人是各种行为的实施主体，是产生各种环境问题的根源。只有解决人的问题，从人的基本行为入手开展环境管理，环境问题才能得到根本解决。应当认识到，管理对象的变化是环境管理理论创新与实践深化的一个重要标志。第三，环境管理是国家管理的重要组成部分。环境管理的目的是解决环境污染和生态破坏所造成的各类环境问题，保证区域的环境安全，实现区域社会的可持续发展。环境管理涉及到包括社会领域、经济领域和资源领域在内的所有领域。环境管理的内容非常广泛和复杂，与国家的其他管理工作紧密联系、相互影响和制约，成为国家管理系统的重要组成部分。环境管理与国家管理的系统关系是一种要素与整体的关系，是下位子系统与上位子系统的关系。这就决定了有什么样的国家发展战略就有什么样的环境保护战略，有什么样的国家管理体制和模式就会有什么样的环境管理体制和模式。

12.1.2　环境问题和环境管理概念的形成与发展

1. 环境问题

环境问题是伴随着人类社会的发展而产生的，是人与环境对立统一的产物。在人类社会发展的不同时期，产生了不同的环境问题。

环境问题是指在人类活动或自然因素的干扰下引起环境质量下降或环境系统的结构损毁，从而对人类及其他生物的生存与发展造成影响和破坏的问题。

环境问题按照产生的原因分为原生环境问题和次生环境问题。其中，由于自然因素引起的环境问题称为原生环境问题，也称第一类环境问题。如火山喷发造成的大气污染，地震造成的地质破坏和水体污染等。由于人类活动引起的环境问题称为次生环境问题，也称第二类环境问题。

次生环境问题又分为环境污染和生态破坏两大类。环境污染是指由于人类在工农业生产和生活消费过程中向自然环境排放的、超过其自然环境消纳能力的有毒有害物质——污染物而引起的一类环境问题。环境污染产生的直接原因是人类的生产技术落后造成的，而根本原因是人类不可持续的发展模式和消费模式的产物。如水域污染、大气污染、固体废物污染、噪声污染等问题。

生态破坏是指人类在各类自然资源的开发利用过程中不能合理、持续地开发利用资源而引起的生态环境质量恶化或自然资源枯竭的一类环境问题。如森林毁灭、荒漠化、水土流失、草原退化和生物多样性减少等问题。生态破坏是一种结构性破坏，生态系统的结构一旦遭受破坏，就失去了系统的稳定性和自律性，其生态系统的功能是无法自行恢复的，需要在人类的调控下来恢复其功能。但这种恢复是一个漫长的过程，即便恢复，其恢复周期也需要半个世纪甚至是上百年的时间。如荒漠化的控制、森林资源的恢复、土地资源的恢复等。

在人类社会发展初期——古代文明阶段，由于人口数量极少，生产力水平低下，没有能力去创造人工环境。采集和狩猎是人类的基本生存方式，此时人们的生活资料完全来源于自然环境，人类的活动对环境的影响微弱，不存在人为的环境问题。

随着社会生产力的逐步发展，人类改造自然的能力日益增强，人类社会逐渐进入到以养殖和种植业为主要特征的农业文明阶段。此时人们的生活资料均为原始加工，人类的生存环境不断得到改善。但是，与此同时在一些局部范围内，也开始出现了人为的环境问题——生态破坏。这类环境问题最早是在一些文明古国的农业生产中发生的。主要是由于人类大量开垦荒地和砍伐森林，造成了局部地区严重的水土流失和荒漠化、旱涝灾害的发生。农业生态破坏是人类社会发展过程中最早出现的环境问题。纵观农业文明的历史，环境问题还只是局部的、零散的，还没有上升为影响整个人类社会生存和发展的问题。

工业发展造成的环境问题，主要是从产业革命开始的。人类社会进入18世纪后，由于科学技术的迅速发展，建立在个人才能、技术和经验之上的小生产被建立在科学技术成果之上的大生产所代替，社会生产力有了大幅度的提高，人类利用和改造环境的能力大为增强。人类的经济活动大规模地改变了环境的组成和结构，从而也改变了环境中的物质循环和能量流动方式。以牛顿力学和技术革命为标志的工业文明，一方面创造了比人类有史以来生产力之和还要大得多的生产力和空前的物质繁荣；另一方面也带来了新的环境问题，大量的工业废弃物排放到自然环境中，产生了严重的环境污染。例如，在19世纪70～90年代，英国伦敦多次发生可怕的有毒烟雾事件，20世纪30年代初到70年代末，出现的震惊世界的"八大公害"事件。在这一时期，环境问题具有了与以往完全不同的性质，已经上升为从根本上影响人类生存和发展的严重问题。

进入20世纪以来，环境问题呈现出地域上扩张和程度上恶化的趋势。随着污染程度的加深和污染影响范围的扩大，各种污染之间交叉复合以及愈演愈烈的过度开发，环境问题已逐渐由区域性问题演变为全球性的问题。1985 年英国科学家发现的南极臭氧空洞（即臭氧层被破坏，臭氧浓度极为稀薄）引起了全世界的极大震撼，再有全球气温升高、生物多样性锐减、酸雨地区的扩展等，人们终于不得不对环境问题给予更加深刻的认识和反思。

当今世界面临的主要环境问题表现在以下方面：

（1）大气环境污染　环境科学所称的大气环境是指在地球引力作用下聚集在地球外部的气体层，也称大气层或大气圈。大气层按大气温度垂直变化的特点分为对流层、平流层、中间层、热成层和逸散层。靠近地面的底层大气，其温度随高度的增加而下降，到达一定高度后，大气温度停止下降而略有回升，这一大气层即为对流层。对流层的高度在赤道地区约为 16～18km，在中纬度地区约为 10～12km。大气中的水汽大部分集中在对流层，云雨雷电就发生在这里，人类工业社会对大气的污染也主要发生在这里。

大气污染主要来自于为工业提供的动力、热能、电能所需要的煤和燃油的燃烧。煤和燃油燃烧后，会产生大量的二氧化碳、二氧化硫、氮氧化物、烟尘和其他有害气体。这些污染物的含量超过大气的自然净化能力时，就会给人类带来危害。

工业对大气环境的影响除了直接造成大气污染外，还进一步导致二氧化碳等温室气体在大气含量中的大幅度增加，由此带来地球表面和大气层下部温度升高，使全球气候变暖。气候变暖使北半球温度带北移，使降水情况改变，突出地表现为洪涝灾害和干旱灾害加剧。气候变暖还会导致冰山融化、海平面上升及一些沿海地区出现海水倒灌和土地盐渍化，这将会严重地影响沿海地区的发展和稳定。

在距离地表 10～50km 范围内，由于太阳紫外线辐射的光化学作用，氧原子与氧分子发生反应生成臭氧分子，形成臭氧层。臭氧层可以吸收大量的紫外线，减少其对地球生物的危害。1985 年，英国国家环境研究委员会南极考察队的科学家福曼等人发布了在南极上空出现“臭氧洞”的消息：南极上空的臭氧层总量从每年 9 月下旬开始迅速减少，10 月的臭氧含量与同年 3 月相比下降了约 50%，这种状况要持续到 11 月左右才能逐渐恢复。后来的监测数据表明，南极臭氧层破坏的情况逐年加重，“臭氧洞”的面积在 20 世纪 80 年代初约 1000 万 km^2，到 90 年代末已扩大到 2200 万 km^2，臭氧含量的下降由 50% 到下降 60%～70%。据美国宇航局科学家们发布的卫星和气象气球探测结果表明，1999 年，南极上空臭氧洞的面积已达到 2720 万 km^2，其深度切入同温层，几乎达到 24km，其中心部分事实上已无臭氧可言。这是观测到的最大的臭氧洞。类似的情况也发生在北极。据“第三次欧洲臭氧同温层试验”发表的新闻公报：北极在 2000 年 1 月至 3 月出现了近 10 年来臭氧含量减少最为严重的情况，北极上空 18km 处的同温层里，臭氧含量累计减少了 60% 以上，这种情况使得欧洲上空的臭氧含量比 1976 年以前的水平降低 15%。除南极和北极外，北美和欧洲的大部分地区、西伯利亚地区、澳大利亚、我国的青藏高原地区都不同程度地出现臭氧含量大幅度减少的情况。

臭氧层的破坏直接导致照射到地面上的太阳紫外线辐射增强。紫外线辐射能够破坏动植物的细胞，改变细胞内的遗传基因和再生能力，可使大豆、玉米、棉花、甜菜等农作物的叶片受损，导致减产和农作物劣化，使人的免疫机能降低，增加皮肤癌的发病率，诱发眼球产生白内障等病变。科学家证实，大气臭氧层的破坏与人们过多地使用氯氟烃类化学物质有关。这类物质的大量排放和在大气中的积累，是导致臭氧层破坏的重要原因。

降雨是大气自然净化的一种方式。由于空气中含有二氧化碳，它溶于水后使水呈现弱酸性，因而正常雨水呈弱酸性，但其 pH 值不会低于 5.6。pH 值低于 5.6 的雨水就是酸雨。随着人口的剧烈增长和生产的发展，化石燃料的消耗不断增加，酸雨问题的严重性逐渐显露出来。20 世纪 50 年代以前，酸雨只在局部地区出现。60 年代，北欧地区受到欧洲中部工业区酸性气体的影响，出现了酸雨。60 年代末到 80 年代初，酸雨的危害全面显示，酸雨范围由北欧扩大到中欧，同时北美也出现了大面积的酸雨区。80 年代以来，在世界各地相继出现了酸雨，如亚洲的中国、日本、韩国、东南亚各国，南美的巴西、委内瑞拉，非洲的尼日利亚等都受到了酸雨的侵害。我国存在大片酸雨区，而且越来越严重。1984 年明显的污染区有 2 个，一个以重庆为中心，一个以自贡为中心。1995 年增至 4 个，厦门、福州和青岛都出现了酸雨。1994 年对 77 个城市的统计，降水 pH 值年平均值低于 5.6 的占了 48.1%。1995 年的测定表明，长江流域已经普遍出现酸雨，有些地方酸雨的酸度达到 4～4.5，超过欧洲和美国曾经达到的程度。我国目前已经形成长江以南广东、广西、贵州、四川的华南和西南酸雨区，长沙、南昌一带的华中酸雨区，上海、厦门一带的华东沿海酸雨区，以及青岛一带的北方酸雨区。酸雨区的面积约占国土面积的 30%。即使在人们认为还没有污染的青藏高原，我国科学家从珠穆朗玛峰海拔 6000m 的积雪中取样，测得积雪的 pH 值为 5.85，已经接近酸雨值。

酸雨使土壤酸化，破坏土壤结构，影响植物生长。中北欧、美国、加拿大已出现明显的土壤酸化现象，使得农作物减产，树木死亡，土地贫瘠。酸雨使水体酸化，水中生物面临灭绝的危险。如美国到 1979 年因水体酸化导致的渔业损失每年达 2.5 亿美元；加拿大的 30 万个湖泊到 20 世纪末，已有近 5 万个因水体酸化生物将完全灭绝。酸雨对森林的危害在许多国家已普遍存在。全欧洲 1.1 亿 hm^2 的森林，有 5000 万 hm^2 受酸雨的危害而变得脆弱和枯萎。酸雨对艺术雕塑、建筑物、桥梁都有严重的损害。酸雨对人体健康也有损害，直接影响是刺激皮肤，并引起哮喘和各种呼吸道疾病；间接影响是污染水源，人类通过饮用而受其害；或酸雨使湖泊中有毒金属成为可被鱼吸收的状态被鱼类摄入，进而被人类食用而受害。

酸雨的产生源于大气降水时对大气中不正常的酸性物质的吸收，因而由石油、天然气、煤炭燃烧产生的二氧化硫和氮氧化物则是造成酸雨的主要原因。

（2）水体环境污染　水体指地面水（河流、湖泊、沼泽、水库）、地下水和海洋的总称，不仅包括水，还包括水中的溶解物、悬浮物、水生生物和底泥。全球水的总储量约为 13.9 亿 km^3，其中 97% 以上是海水，淡水不足 3%。淡水中约 3/4 以极地冰帽和高山积雪、冰川的形式存在。在太阳能作用下，海洋和大地表面的水蒸发成为水蒸气。水蒸气随大气环流运动，部分进入陆地上空，在一定的条件下形成雨雪降水。降水到地面后转化为土壤水、地下水、地表径流。地下径流和地表径流最终又流回大海，形成海陆空立体淡水循环。这部分水是人类社会最常利用的水源。这部分水资源受污染对人类和其他生物的生存构成了严重威胁。

水污染包括水质污染、水体底泥污染、水生生物污染、水体富营养化和综合性的海洋污染等。工业生产过程中产生和排放的废水、人类的生活污水、含农药和化肥的地表径流和土壤中的渗流及有毒物的渗出液，都直接造成水质污染。污染物中重金属易从水中转移到底泥中，造成底泥污染。水质和底泥的污染直接引起水生生物的污染。含有大量的氮、磷的污水进入湖泊后，能使藻类快速生长，藻类的尸体为微生物提供充足的养料，使其大量繁殖；集中于底泥的微生物快速消耗水中的溶解氧，造成水的底层缺氧，从而使得底层需氧生物死亡；表层藻类的生长进一步限制了阳光的人射深度和氧气的补充速度，最终导致藻类缺氧死亡，形成赤潮。这种恶性循环就是水体富营养化，它最终导致湖底升高，以致于变为沼泽。海洋污染是综合性的污染，污染源多，持续性强，范围广，难以治理。目前，海洋污染突出表现在生态方面：大量工业废水、生活污水、垃圾和各种固体废物倾入海洋，使海水水质变坏，各种有毒有害物质在近海海底积累和在海面漂浮，致使渔场外迁，鱼群死亡，一些滩涂养殖场荒废，一些珍贵海生资源丧失。

（3）土壤环境污染　土壤环境污染是全球三大环境要素（大气、水体和土壤）的污染问题之一。也是全世界普遍关注和研究的主要环境问题。土壤污染的最大的特点是，一旦土壤受到污染，特别是受到重金属或有机物（农药、化学品）的污染后，其污染物是很难消除的。土壤是地球大陆的外层，具有天然肥力，能为陆生植物提供生长所需要的营养源和水分，是植物进行光合作用和进行能量交换的场所，也是人类生存和进行农业生产的场所。人类在利用大地环境时，也给她带来破坏和各种不良影响。人类大规模的耕作、放牧、兴修水利设施等，破坏了土壤本身的生态环境，使森林和草原等天然植被受到毁坏，引起土壤侵蚀、水土流失、土地沙化和贫瘠化；人类无限制地扩展城市、修筑道路，使可耕土地的面积日益缩小。这是人类最直接和最明显的破坏。

工业污染是对土壤环境最严重的破坏。工业废水的直接排放引起沿河渠道两侧土壤严重污染，使作物不能正常生长。工业废气中的降尘给土壤带来各种有毒有害的散落物。工业废渣向农田中倾倒，城市垃圾作为肥料向农田中倾倒，大量塑料薄膜在农田的弃埋，使农田成为不能生长作物的废土。人类大规模的开山采石、修筑道路、建设工程，使大量地球内部的岩石来到地表，含有重金属的尘土和废矿渣撒向大地，旧电池等各种重金属的固定废物在土地上的堆置，都导致了日益严重的土壤重金属污染。

化学农药污染是最突出的土壤环境问题。自 1939 年瑞士科学家米勒发明了 DDT 杀虫剂以来，今天的农业已到了离不开农药的境地，如果不使用农药，绝大部分棉花和近一半的粮食将被各种病虫害和杂草所吞噬。施用于田间的农药大部分直接落入土壤中；附在植物枝叶上的农药除部分被植物吸收外，有相当多的部分最终因风吹雨淋而落入土壤；用于浸种、拌种的农药，随着种子埋入土壤。这一切都造成了农药在土壤中的存留和积累，不但使农作物中残留农药，而且使畜产品和食物中也有残留农药，进而危及人类的健康。此外，农药在杀灭害虫的同时也杀灭了害虫的天敌以及传粉的昆虫，使自然界的生态平衡出现混乱。长期使用农药还会使害虫产生抗药性，进而人们不断地加大农药用量和制造更新农药，这导致了农药对土壤的污染日益严重。

（4）固体废物和危险性废物污染　固体废物是指人们在生产和生活中丢弃的固态或泥状的物质。所谓"废"，是相对于人们的利用目的而言的。由于人类受到认识自然、利用自然能力和条件的限制，各种资源被提取有用成分后，总会把剩余的一部分作为废物丢弃，各种产品在其使用寿命终结后，也会作为废物丢弃。可以说，任何废物都不废，只是人们尚不知道如何利用或利用的条件不具备。一种过程的废物，在另外某种特定条件下，就可以是另一种过程的资源。固体废物在丢弃、堆放期间，不可避免地对环境造成不良影响。其中包括：第一，对大气的污染，如固体灰渣中的粉末遇风形成扬尘，固体废物在长期堆放中产生大量的有害气体；第二，对水体的污染，如倾倒在河流、湖泊、海洋中的固体废物会造成水质变坏、水生生物死亡等；第三，对土壤的污染，如堆放在露天的固体废物经日晒雨淋，其渗出液及沥滤中所含的有害成分向地下渗透，从而改变土质和土壤的结构；第四，侵占土地，影响环境卫生，如许多城市都被固体废物、垃圾所包围。

危险性废物是指对人类健康危害较大的废物。危险性废物的特殊性，特别是毒性、腐蚀性、易爆性，在短期内可引起急性中毒、燃烧、爆炸等事故，在长期内可导致人体慢性中毒，有"三致"作用，导致生态环境恶化。这些年来，危险性废物由工业发达国家向发展中国家转移的事件时有发生。转移后的危险性废物未经安全处理，直接倾倒或随意丢弃，任其渗漏，给这些发展中的国家造成了严重的环境危害。

（5）噪声、电磁波和放射性污染　随着工业发展、城市的扩大和交通的扩展，噪声逐渐成为仅次于水污染和大气污染的第三大环境公害。造成环境污染的噪声主要是：工业生产噪声，如大型鼓风机、空压机的噪声，一般机械工业、纺织工业、电子工业机器运转的噪声；工程施工噪声，如打桩机、推土机、搅拌机、电锯的噪声；交通噪声，如公共汽车、载重汽车的行进噪声，喇叭鸣笛声，飞机起飞、降落时的噪声等。噪声的危害表现为：使人厌烦，精力不集中、影响休息，降低工作效率；在较强噪声下，容易掩盖危险警报信号，使人未得到应有的预报，从而引发工伤事故；长期在强噪声下工作，可导致职业性耳聋、心血管疾病、神经系统疾病等。

随着电气、电子设备在社会各个领域的广泛应用及通信、广播事业的发展，电磁波辐射日益严重。各种大功率变压器、输电线路产生的电磁场对近场区产生电磁干扰，各种无线电、电视、通信等射频设备产生的电磁辐射和电磁感应造成射频辐射污染，其中尤以微波辐射的影响最为显著。随着汽车、电脑和各种家用电器大量进入家庭，在人们的生活空间内，电磁能量密度迅速增加，越是家用电器现代化的家庭，越是生活在电磁污染的笼罩之中。

电磁辐射对人体的危害主要在于生物热效应。在电磁场作用下，生物体内的极性分子重新排列，由于射频电磁场方向变化极快，使这种分子重新排列的方向与极化的方向变化速度都很快，与周围分子发生剧烈碰撞而产生热能。当射频电磁场的辐射强度超过一定范围时，就会破坏人体的热平衡，从而导致神经系统、心血管系统等方面的疾病。

随着核技术在军事工业、动力工业、医疗和其他行业的应用，放射性污染成为重要的环境问题。放射性污染产生于核爆炸造成的放射性沉降物、核工业放射性排放物（包括核燃料生产过程、核反应堆运用过程和核燃料后处理过程中放射性物质的排放）及医疗放射线治疗等方面。放射性污染的特点是：放射性污染物在其放射性自然衰变的时间内持续地放射出射线。除了进行核反应外，目前尚无法改变其放射的特性，其危害难以消除。放射性污染对人的危害是多方面的，当人体受到较大辐射剂量时，能引起急性放射病、皮肤放射病或内照射病变；核爆炸则能造成人类大量的伤亡。

（6）生态环境恶化　生态系统是地球上所有生物与其生存环境之间形成的动态整体。在自然生态法则的作用下，生物与他们赖以生存的环境之间相互影响，相互约束，在进行物质能量交换的同时，维持着生态系统的动态平衡。但是，进入工业文明以后，随着科学技术的发展，新能源的发现，新机器设备的发明，人们的生产力水平较农业社会有了突飞猛进的大幅提高，物质财富极大丰富。但是也对自然环境进行了超过其负载能力的开发利用，这种掠夺式的索取，造成了环境恶化，生态失衡，并危及到人类和各种生物的生存和发展。现代生态环境问题突出表现在以下方面：

1）森林锐减。森林是陆地上生产力最高的生态系统，是生物圈的能源基地。森林绿色植物通过光合作用生成的有机物质生产量约占陆地总生产量的 72%，其生产能力和生产效率远高于农田、草原等其他生态系统。有人认为，森林是陆地生态系统的中心，在涵养水源、保持水土、调节气候、繁衍物种、动物栖息等方面起着不可替代的作用。它还为人类提供丰富的林木资源，支持着以林木产品为基础的庞大的工业部门。没有森林的荫蔽，人类的远祖不知道以何栖身。

根据 1990 年联合国粮农组织（FAO）对森林资源的评估，全球森林及其他树木茂盛地区的覆盖面积为 $5.1 \times 10^9 \mathrm{hm}^2$，约占地球土地面积的 40%。其中天然林和人工林共 $3.4 \times 10^9 \mathrm{hm}^2$，其他木本植被（如开阔林地、灌木丛林地和灌木林地）$1.7 \times 10^9 \mathrm{hm}^2$。1980—1990 年，世界森林面积减少了 2%，即 $10^8 \mathrm{hm}^2$；天然林的面积变化最大，下降了 8%。据估计，目前世界每年有 0.6% 的森林遭到砍伐，在发展中国家更严重。在各类林地中，1960—1990 年世界丧失了 $4.5 \times 10^8 \mathrm{hm}^2$ 热带森林，其中亚洲约损失 30% 的热带森林，非洲及拉丁美洲各损失了大约 18%。仅 20 世纪 80 年代全球就损失了 8% 的自然热带森林，到 1990 年，全球热带森林覆盖面积仅为 $1.8 \times 10^9 \mathrm{hm}^2$。

造成森林破坏的原因主要是由于人们只把森林看作是生产木材和薪材的场所，对森林在生态环境中的重要作用缺乏认识，长期过量地采伐，使消耗量大于生产量。其次，是现代农业的有计划垦殖使森林永久性地变成农田和牧场。

由于森林的砍伐速度大大超过了其生长的速度，世界上几个古代文明的摇篮大都已变为林木稀少之地，甚至沦为半荒漠和荒漠。欧洲大部分、亚洲北部、美洲西北部和美国东部等地区的天然林均已基本消失，现有森林多属树种单纯的次生林或人工林。只有俄罗斯得天独厚，其远东地区由于地广人稀和难以通行，保存了世界针叶林的一半，其中 2/3 为原始林。热带森林原本由于难于通行而免遭砍伐，保存较好。但近几十年来在人口压力和经济刺激下，热带森林的砍伐速度大大增加。根据联合国粮农组织和环境规划委员会联合研究，1981—1985 年热带森林的砍伐速度为 $1130 \times 10^4 \mathrm{hm}^2/\mathrm{a}$，相当于热带森林总面积的 0.6%。森林锐减的结果直接导致水土流失、物种减少、气候异常和环境污染加剧。

2）草原退化、土地沙化。从沿海向内陆，降雨量逐渐减少，需水量多的森林逐渐消失，代之以需水量少的草原；再往干旱的内陆，草原又被荒漠植被所代替。草原的退化表现为草群稀疏低矮，产量降低，草质变劣。退化严重的地方整个自然环境受到破坏、土地沙化和盐渍化，导致该地区动植物资源遭到破坏，许多物种濒临灭绝。目前，世界各地的草原都有不同程度的退化，惟有欧洲情况较好。北美诸国草原经历了开发、滥用到逐步改善三个阶段，现已逐渐好转。发展中国家的草原大多仍处于退化阶段。例如，非洲许多国家的草原严重荒漠化，其原因不仅是由于过度放牧，还由于当地居民的过度樵采。在一些地区，草原成为当地燃料的惟一来源，结果导致草原的彻底破坏。南美的草原也存在过度放牧和退化的情况，尤其是在阿根廷、巴拉圭、乌拉圭和巴西等国家。

我国草原总面积约 $3.53 \times 10^8 \mathrm{hm}^2$，可利用的约 $3.1 \times 10^8 \mathrm{hm}^2$，占国土面积的 40% 以上，居世界第四位。但是由于长期以来对草原资源采取自然粗放式经营，我国草原退化情况严重。过牧超载、重用轻养，乱开滥垦，使草原破坏严重，以致草原退化、沙化和碱化面积日益发展，生产力不断下降。目前，我国草地退化面积占可利用草地面积的 1/3 到 1/2，而且质量变劣。虫害（主要是蝗虫）和鼠害是草原退化的另一原因，内蒙古地区的鼠害使牧草每年减产（30~50）×10^8kg。

3）土壤肥力下降，耕地面积减少。人们对耕地重用轻养的短期行为导致了土壤结构变坏，养分减少。据第二次全国土壤普查资料，我国耕地总面积的59%缺磷，23%缺钾，14%磷钾都缺；耕层浅的占26%；土壤粘板结的占12%；土壤无障碍因素的耕地只占15.3%。农业不合理灌溉导致了土地的次生盐渍化。例如，内蒙古鄂尔多斯草原西部的巴晋陶套灌区，1996年引黄河水灌溉土地，因缺乏排水工程而导致土地次生盐渍化，到1982年已有灌区面积的46%弃耕。我国次生盐渍化耕地已达到1000万hm^2，其中新疆、甘肃、宁夏、内蒙古受盐渍化耕地占总耕地面积的30%~40%。

4）湖泊淤积，河流不畅，洪涝灾害频繁，水土流失严重。河流和湖泊是地球水循环中重要的陆地水生态系统，具有重要的泄洪、蓄水、调节水量等功能。水土流失直接造成河流堵塞、河床增高、行洪不畅。例如，黄河每年泥沙流失量达16亿t，沉积在河道的约4亿t，河床每年淤高约10cm；长江每年泥沙流失量达10亿t，仅洞庭湖每年就淤积1.5亿t，湖底每年增高4~5cm。河流淤积、泄洪不畅和大部分湖泊的消失必然导致严重的洪涝灾害。

我国是世界上水土流水最严重的国家之一。目前全国水土流失面积达179×10^4km^2，每年土壤流失量达到50×10^8t。近30年来，虽开展了大量的水土保持工作，但总体来看，水土流失点上有治理，面上在扩大，水土流失面积有增无减，全国总耕地有1/3受到水土流失的危害。

水土流水以黄土高原地区最为严重，该地区总面积约54×10^4km^2，水土流失面积已达到45×10^4km^2，其中严重流失面积约28×10^4km^2，每年通过黄河三门峡向下游输送的泥沙量达16×10^8t。其次是南方亚热带和热带山地丘陵地区。此外，华北、东北等地水土流失也非常严重。

植被破坏严重和水土流失加剧也是导致1998年长江流域特大洪灾的主要原因。1957年长江流域森林覆盖率为22%，水土流失面积为36.38×10^4km^2，占流域总面积的20.2%。1986年森林覆盖率仅是10%，水土流失面积增到73.94×10^4km^2，占流域面积的41%。严重的水土流失使长江流域的各种水库年淤积损失库容12×10^8m^3。长江流域河道的不断淤积造成了荆江河段的"悬河"，汛期洪水的水位高出两岸数米到数十米。由于大量泥沙淤积和围湖造田，使30年间长江中下游的湖泊面积减少了45.5%，蓄水能力大为减弱。

水土流失给土地资源和农业生产带来了极大的破坏，严重地影响农业经济的发展。

5）生物多样性被损害。生物多样性是指地球上所有的生物及其所构成的综合体的丰富多样性。其中，包括生物物种多样性、物种遗传多样性、生态系统多样性。生物多样性是各种有生命的自然资源的总体特征，是人类赖以生存的条件。植物资源为人类提供粮、油菜、果；动物资源为人类提供肉、蛋；各种野生植物（如人参、天麻）、各种真菌（如灵芝、茯苓）、各种动物及其器官（如海马、鹿茸）为人类提供天然药物；各种各样的工业原料也广泛地来自动植物，如牛皮、羽绒、棉花、橡胶等。由于人口增加和工业发展导致资源过度开发，环境污染严重，各种生物及其生态系统受到极大影响，生物多样性损害严重。下面就生态系统多样性的锐减和生物物种多样性锐减的情况作一介绍。

生态系统多样性的锐减主要是各类生态系统的数量减少、面积缩小和健康状况的下降。我国主要的生态系统表现为森林生态系统、草原生态系统、荒漠生态系统、西藏高原高寒区生态系统、湿地生态系统、内陆水域生态系统、海岸生态系统、海洋生态系统、农田生态系统和城市生态系统等。

生物生态多样性的主要威胁是野生动植物栖息地的改变和丢失，这一过程与人类社会的发展密切相关。在整个人类的历史进程中，栖息地的改变经历了不同的速率和不同的空间尺度。在中国、中东、欧洲和中美，栖息地的改变经历了1万年，改变过程较慢。在北美，栖息地的改变较为迅速，从东到西横跨整个大陆的广大地区，栖息地的改变只经历了400余年。严格地说，热带栖息地的改变主要发生在20世纪后半叶。目前，热带森林、温带森林和大平原及沿海湿地正在大规模地转变成农业用地、私人住宅、大型商场和城市。

栖息地的改变与丢失意味着生态系统多样性、物种多样性和遗传多样性的同时丢失。例如，热带雨林生活着上百万种尚未记录的热带无脊椎动物物种，由于这些生物类群中的大多数具有很强的地方性，随着热带雨林的砍伐和转化为农业用地，很多物种可能随之灭绝。又例如，大熊猫在很久以前曾广泛分布于我国珠江流域、华中长江流域及华北黄河流域。由于人类的农业开发、森林砍伐和狩猎等活动的规模和强度的不断加强，大熊猫的栖息地现在只局限在几个分散、孤立的区域。栖息地的碎裂化直接影响到大熊猫的生存。据中国林业部和世界野生动物基金会在1985～1988年的联合调查，大熊猫的栖息地不断缩小，与20世纪70年代相比，大熊猫分布区由45个县减少到34个县，栖息地的面积减少了$1.1 \times 10^4 km^2$，且分布不连续。栖息地的分离、破碎，将大熊猫分割成24个亚群体，造成近亲繁殖，致使遗传狭窄，种群面临直接威胁。

物种的灭绝有自然灭绝和人为灭绝两种过程。物种的自然灭绝是一个按地质年代计算的缓慢过程，而物种的人为灭绝是伴随着人类的大规模开发产生的，自古有之，只不过当今人类活动的干扰大大加快了物种灭绝的速度和规模。有记录的人为灭绝的物种多集中于个体较大的有经济价值的物种，本来这些物种是潜在的可更新资源，由于人类过度地猎杀、捕获，导致许多物种的灭绝和资源的丧失。世界各国已经注意到，生物多样性的大量丢失和有限生物资源的破坏，已经正在直接或间接地抑制经济的发展和社会的进步。

物种多样性的丢失涉及到物种灭绝和物种消失两个概念。物种灭绝是指某一个物种在整个地球上丢失；物种消失是一个物种在其大部分分布区内丢失，但在个别分布区内仍有存活。物种消失可以恢复，但物种灭绝是不能恢复的，造成全球生物多样性的下降。对于物种的灭绝又可以分为物种灭绝的自然过程和物种灭绝的人为过程。生物物种自然灭绝的原因可能是：第一，生物之间的竞争、疾病、捕食等长期变化；第二，随机的灾难性环境事件。地球大约经历了46亿年的发展过程，在过去地质年代中曾发生过许多灾难性事件，以物种丢失速率为特征，已经认定，约有9次灾难性的物种大灭绝事件。例如，大陆的沉降、漂移，冰河期，大洪水等使生活在地球上的人类和生物遭受毁灭性打击。在2.5亿年前，出现了一次规模和强度最大的物种灭绝，估计当时海洋中95%的物种都灭绝了。在6500万年前的白垩纪末期，很多爬行类动物，如恐龙、翼手龙等灭绝了。同时，约有76%的植物物种和无脊椎动物物种也灭绝了。

生物物种的人为灭绝自古有之。在物种大规模的灭绝事件中，多数与人类大规模的殖民化相关联。这些土地原先是没有人居住的，野生动物可以自由生活。殖民化后，人口数量的增加，过度狩猎，超过了野生动物的繁殖速率，野生动物经不起人类突然的捕杀和栖息地的改变，导致许多大型动物的灭绝。在南加利福尼亚发现的化石研究表明，在北美被殖民化后的不长一段时间里，发生了包含57中大型哺乳动物和几种大型鸟类的灭绝，其中包括10种野马，4 种骆驼，2 种野牛，1 种原生奶牛，4 种象，以及羚羊、大型的地面树獭、美洲虎、美洲狮和大体重的猛禽等。如今，这些大型动物尚存的惟一代表是严重濒危的加利福尼亚神鹰。

在近几个世纪，由于工业技术的广泛应用，人类对自然开发规模和强度增加，人为物种灭绝的速率和受灭绝威胁的物种数量大大增加。已知在过去的四个世纪中，人类活动已经引起全球 700 多个物种的灭绝，包括大约 100 多种哺乳动物和 160 种鸟类。其中 1/3 是 19 世纪前消失的，1/3 是 19 世纪灭绝的，1/3 是近 50 年来灭绝的。估计 20 世纪最后 10 年灭绝的生物物种将比前 90 年所灭绝的物种的总和还要多。当前，还有相当数量的植物和动物种类正面临着即将到来的灭绝，其数量之大令人悲伤和遗憾。

6）人口过度增长、致使资源相对不足，环境不堪重负。人类进入 20 世纪以来，随着工业化带来的经济高速增长，人类自身的增长也达到了前所未有的程度。20 世纪初，世界总人口为 10 亿；1930 年，人口达到了 20 亿；1957 年，人口增长到 30 亿；1987 年，人口为 50 亿；1999 年 10 月 12 日，世界上第 60 亿位居民在波黑首都萨拉热窝降生。按照目前的年龄结构和增长率估计，到 2025 年世界人口将超过 80 亿，并继续增加，直到 22 世纪初世界人口才能达到稳定值。联合国世界银行对此稳定值作了预测，到 2100 年，预测人口低值为 72 亿，高值为 149 亿。人本是生态环境中的一个因素，人口的过度增长使生态平衡被严重破坏。这是因为人口剧增必然导致人均占有耕地剧减，对粮食、食品和各种消耗品的需求猛涨，对能源和各种资源的消耗大幅度上升。人为了获取粮食，就要毁林开荒和围湖造田，这种破坏自然界运行规律的掠夺性开采，必然会受到自然界无情的报复。工业社会对矿产资源的大量消耗已经使人类面临资源逐渐减少和某些资源即将枯竭的局面。如根据现在原油开采和消耗的趋势推算，原油到 21 世纪下半叶将枯竭。地球是有限的，资源是有限的，地球对人类数量的容量也是有限的。目前的地球对现有人口生存和人类造成的生态环境恶化已不堪重负，若人口进一步无限制地增加和环境进一步恶化，人类就将会受到地球灭顶的报复。

2. 环境管理的概念形成与发展

环境管理概念的形成与发展是同人们对于环境问题的认识过程联系在一起的，所以，从这个角度看，环境管理概念的形成与发展大致可分为以下四个阶段：

第一阶段是萌芽前期，是指 20 世纪 50 年代以前，由于人们对环境问题缺乏足够的认识，人们把工厂鳞次栉比，空中烟雾迷漫，作为近代工业发达与社会进步的象征。对于工业燃煤所引起的大气污染，只是对燃煤加以限制，而没有采取任何大气污染的治理措施，更谈不上进行环境管理。进入 50 年代以后，环境污染逐渐由局部地区扩展到全区，连续出现公害事件，这时才迫使工业发达的国家采取污染治理措施，对工业排出的有害物质进行净化处理。但问题并没有解决，污染仍继续扩展，公害事件仍不断发生，这是最初的单项治理阶段。对环境问题主要是考虑污染的控制，同时利用各种手段去限制排污。这一阶段未提出环境管理的概念。

第二阶段是把环境问题作为一个技术问题，以治理污染为主要管理手段的阶段。这一阶段大致从 20 世纪 50 年代末到 70 年代初。由于最初人们直接感受到的环境问题主要是"公害"问题，即局部的污染问题，如河流的污染、城市空气污染等，于是人们认为这是一个可通过发展技术得到解决的单纯的技术问题。因此，这个时期的环境管理原则是"谁污染、谁治理"，实质上只是环境治理，环境管理成了治理污染的代名词。这主要表现在政府环境管理机构本身就体现了这样一种认识。如中国一开始成立的环保机构就叫做"三废治理办公室"。在这一时期，各国政府每年从国民收入中抽出大量的资金来进行污染治理，如美国的污染防治费就占 GNP 的 2%。

在法律上，则颁布了一系列的防治污染的法令条例，如美国"清洁空气法案"。可以说，目前的环境保护法律主要是在这一时期制定的。这些法律的基本特点都是针对某一单项环境要素或某一类污染问题。在技术上则致力于研究开发治理污染的工艺、技术和设备，用于建设污水处理厂、垃圾焚烧炉、废弃物填埋场等。在理论研究上，各个学科分别从不同的角度研究污染物在环境中的迁移扩散规律，研究污染物对人体健康的影响，研究污染物的降解途径等，从而形成了早期的环境科学的基本形态，如环境化学、环境生物学、环境物理学、环境医学、环境工程学等。这一时期的工作对于减轻污染、缓解环境与人类之间的尖锐矛盾，起了很大的作用，也取得了不少成果。但总体说来，这一时期的工作因为没有从杜绝产生环境问题的根源入手，因而并没能从根本上解决环境问题。一方面花费了大量的人力、物力和财力去治理已产生的污染问题，另一方面新污染源又不断地出现。20 世纪 60 年代后期，许多国家先后成立了全国性环境保护机构，颁布环境法规，制定污染防治规划，执行环境影响评价制度等预防措施，标志着环境管理逐步被人们重视并开始发展起来。但这一阶段工作仍以控制工业环境的污染为主，虽开始进行生态平衡的维护，可是对人类生态系统的大环境问题以及发展与环境之间的关系缺乏足够的认识。

第三阶段是把环境问题作为经济问题，以经济刺激为主要管理手段的阶段。这一时期大致从 20 世纪 70 年代初到 80 年代末。随着时间的推移，生态破坏、资源枯竭等问题日趋严重，加之使用末端治理污染的技术手段并没有取得预期的效果，于是人们进一步认识到酿成各种环境问题的原因在于经济发展中环境成本的外部性问题，因此开始把保护环境的希望寄托在经济发展活动过程的管理。这一时期环境管理思想和原则就变为"外部性成本内部化"，即设法将环境的成本内在化到产品的成本中去。就是通过对自然环境和自然资源进行赋值，使环境污染和破坏的成本在一定程度上由经济开发建设行为担负。这一时期最重要的进步就是认识到自然环境和自然资源的价值性。所以，对自然资源进行价值核算，运用收费、税收、补贴等经济手段以及法律的、行政的手段进行管理成为这一阶段的主要研究内容和管理方法，并被认为是最有希望解决环境问题的途径。在这一时期，环境规划、环境经济学、环境法学等得到蓬勃的发展。但大量实践表明，经济活动为其固有的运行准则所制约，因而在其原有的运行机制中很难或不可能给环境保护提供应有的空间和地位，对目前的经济运行机制进行小修小补还是不可能从根本上解决环境问题的。

1972 年人类环境会议是一个重要开端。1974 年在墨西哥召开的资源利用与开发战略方针讨论会，以及 1975 年鹿特丹的经济规划的生态对象讨论会等使人们认识到环境问题决不仅仅是工业污染所引起的，人类要解决环境问题必须正确处理人类社会经济发展与环境保护这一对立统一的矛盾；要考虑到人类环境的整体性与有限性，强调对整个环境进行系统科学的管理；要求在满足人类生活需要的同时，保护自然环境资源和维持生态良性循环，并在经济发展的过程中始终重视对环境的影响，全面规划，统筹兼顾，使经济效益与环境效果协调统一起来。这一阶段标志着环境管理的概念已初步形成并逐步得以发展完善，从此环境管理被越来越多的人所接受。

第四阶段是在 20 世纪 80 年代末以后，把环境问题作为一个发展问题，以协调经济发展与环境保护关系为主要管理手段的阶段。1987 年《我们共同的未来》的出版及 1992 年在巴西里约热内卢召开的联合国环境与发展大会《里约宣言》的公布，标志着人们对环境问题的认识提高到一个新的境界。人们终于认识到环境问题是人类社会在传统自然观和发展观等人类基本观念支配下的发展行为造成的必然结果。在这种根本发展观念和发展模式发生偏差的情况下，一切管理手段都是苍白的、无济于事的。迄今为止，无论是《增长的极限》还是《没有极限的增长》，人们关注的中心仍旧只是人类自身的生存和发展，仍旧没有把人与自然和谐、社会经济系统与自然生态系统的和谐作为发展的根本内容放在中心地位。

多年来解决环境问题的实践与思考，人们终于觉悟到，要真正解决环境问题，首先必须改变人类的发展观。"发展不能仅局限于经济发展，不能把社会经济发展与环境保护割裂开来，更不应对立起来，发展应是社会、经济、人口、资源的协调发展和人的全面发展"。这就是"可持续发展"的发展观。也就是说，只有改变目前的发展观及由此所产生的科技观、伦理道德观和价值观、消费观等，才能找到从根本上解决环境问题的途径与方法。因此，环境管理的思想和原则也应该做相应的改变。

12.1.3　环境问题产生的根源与环境管理目的和任务的关系

环境问题产生并且日益严重的根源在于人们自然观的错误，以及在此基础上形成的基本思想观念的扭曲，进而导致人类社会行为的失当，最终使自然环境受到干扰和破坏。从这个角度看，环境问题的产生有两个层次上的原因：一是思想观念层次上的，二是社会行为层次上的。基于这种思考，人们终于认识到，必须改变自身一系列的基本思想观念，必须从宏观到微观对人类自身的行为进行管理，以尽可能快的速度逐步恢复被损害了的环境，并减少甚至消除新的发展活动对环境的结构、状态、功能造成的损害，保证人类与环境能够持久地、和谐地协同发展。这就是环境管理的根本目的。具体说来，环境管理的目的就是通过可持续发展思想的传播，使人类社会的组织形式、运行机制以至管理部门和生产部门的决策、计划和个人的日常生活等各种活动，符合人与自然和谐共进的要求，并以规章制度、法律法规、社会体制和思想观念的形式体现出来。

基于这样的目的，环境管理的基本任务包括两个方面：一是转变人类社会的一系列基本观念，二是调整人类的社会行为。

观念的转变是根本。观念的转变包括消费观、伦理道德观、价值观、科技观和发展观甚至整个世界观的转变。这种观念的转变必然是根本的、深刻的，因此要从根本上扭转人类既成的基本思想观念，显然不是单纯通过环境管理就能达到的，但是环境管理却可以通过建立一种优良环境文化来使人类的环境认识发生转变。文化决定着人类的行为，只有转变了过去那种视环境为征服对象的认识，才能从根本上去解决环境问题。所以，从这个意义上来讲，环境文化的建设是环境管理的一项长期的根本的任务。

环境文化是以人与自然和谐相处为核心和信念的文化，环境管理的任务之一就是要指导和培育这样一种文化，以取代工业文明时代形成的，以人类为中心，以人的需求为中心，以自然环境为征服对象的文化，并将这种环境文化渗透到人们的思想意识中去，使人们在日常的生活和工作中能够自觉地调整自身的行为，以达到与自然环境和谐相处的境界。比如，在中国的传统文化中，以儒、道、佛为代表的"天人合一"的思想对于中华民族的延续和发展起了至关重要的作用。考察世界历史，我们可以看到，战争和灾荒固然会给人类带来深重的灾难，但却不可能造成一个民族或文明的覆灭，能够毁灭一个民族或文明的只有大自然。1500 多年前的玛雅文明曾经发展到了相当高的程度，但是由于对生态环境的破坏，导致了生态平衡的失调而遭到覆灭。中华民族之所以绵延 5000 多年，不能不说"天人合一"思想起了重要的作用。

相对于调整思想观念而言，行为的调整是较低层次上的调整，然而却是更具体、更直接的调整。人类的社会行为可以划分为行为主体、行为对象和行为本身三大组成部分。行为主体还可以分为政府行为、市场行为和公众行为三种。政府行为是总的国家的管理行为，诸如制定政策、法律、法令、发展计划并组织实施等。市场行为是指各种市场主体包括企业和生产者个人在市场规律的支配下，进行商品的生产和交换的行为。公众行为则是指公众在日常生活中，诸如消费、居家休闲、旅游等方面的行为。这三种行为都可能会对环境产生不同程度的影响。

政府的决策和规划行为，特别是涉及到资源开发利用或经济发展规划，往往会对环境产生深刻而长远的影响，其负面影响一般很难或无法纠正。市场行为的主体一般是企业，而企业的生产活动一直是环境污染和生态破坏的直接制造者。不但在过去，而且在将来很长的一段时期内，它们都将是环境问题中的重点内容。公众行为对环境的影响在过去并不是很明显，但随着人口的增长尤其是消费水平的提高，公众行为对环境的影响在环境问题中所占的比重将会越来越大。从全球来看，生活垃圾的总量约占整个固体废物总量的 70%，大大超过了工业废物的总量。由于消费方式等原因，大量产品在未得到充分利用或仍可以作为资源回收利用的情况下，就被公众当成了废物而丢弃，这不仅加剧了固体废物对环境的污染，对于资源的持续利用也是一种损害。

这三种行为相辅相成，所以环境管理的主体和对象都是由政府行为、市场行为、公众行为所构成的整体或系统。当然，这三种行为对环境的影响具有不同的特点，其中政府行为起着主导作用，因为政府可以通过颁布法令、规章等在一定程度上约束市场行为和公众行为。对这三种行为的调整可以通过行政手段、法律手段、经济手段、教育手段和科技手段来进行，这本身又构成了一个整体或系统。

由以上的分析可见，环境管理的两项任务是相互补充、构成一体的。其中环境文化的建设是根本性的，但文化的建设是一项长期的任务，短期内对环境问题的解决效用可能不太明显；而行为的调整则可以比较快地见效，同时，行为的调整也可以促进文化的建设。所以对于环境管理来讲，这两项任务不可偏废。

综上所述，环境管理是通过对人们自身的思想观念和行为进行调整，以求达到人类的发展与自然环境的承载能力相协调。也就是说，环境管理是人类有意识的自我约束，这种约束通过行政的、经济的、法律的、教育的、科技的等手段来进行，它是人类社会发展的根本保障和基本内容。

12.2　环境管理学的产生与发展

12.2.1　环境管理思想的萌发

环境管理的思想和实践有着悠久的历史。中国春秋战国时代就有保护正在怀孕或产卵期的鸟兽鱼鳖的"永续利用"的思想和定期封山育林的法令。英国伦敦在13世纪70年代曾颁布了一项禁止使用烟煤的法令。但是,人类真正开始认识环境问题还是在20世纪60年代之后,20世纪50~60年代发生的震惊世界的"八大公害"事件,引起了西方工业国家的人民对公害强烈的不满,促使一批学者专家参与环境问题的研究,发表了许多报告和著作,形成了有代表性的观点和学派,并对环境管理思想和理论的发展产生了重要的影响。

1962年,蕾切尔·卡逊发表的《寂静的春天》描述了杀虫剂污染带来严重危害的景象:杀虫剂污染使许多鸟种绝迹,从南极的企鹅到北极的白熊,甚至在爱斯基摩人身上都发现了DDT成分。该书阐明了人类同自然界的密切关系,初步揭示了污染对生态系统的影响,提出了现代生态学研究所面临的生态污染问题,使人们认识到环境污染造成的损害是全面的、长期的、严重的。卡逊女士作为环境保护的先驱人物而载入环境管理思想和理论的发展历史。

1972年,由罗马俱乐部发表的《增长的极限》所提出的思想和理论,被后人称之为"零增长"学派。该书提出了人类社会增长是由五种相互影响、相互制约的发展趋势所构成,即加速发展的工业化,人口剧增,粮食短缺和普遍营养不良,不可再生资源枯竭,以及生态环境日渐恶化。由于地球的有限性,这五种趋势的增长是有限的。如超越这一极限,后果很可能是人类社会突然地无可挽救地瓦解。人类社会应该走最可取的道路——人类自我限制增长。对其的思想和理论,虽然众说不一,褒贬不一,但其所提出的五种发展趋势被人们归纳为"人口、资源、发展、环境",成为世人关注的"四大"爆炸性全球问题。毫无疑问,被后人称为环境保护的先知先觉的罗马俱乐部的各国学者,在唤醒世人的环境意识方面具有功不可没的历史地位。他们的研究引发了第一次环境管理思想的革命,促进人们认真地思考未来的社会的发展模式,促进了可持续发展战略的提出。

1972年,由英国经济学家B·沃德和美国微生物学家R·杜博斯为人类环境会议提供的背景材料而发表了《只有一个地球》。该书指出人类所面临的环境问题,呼吁各国人民重视维护人类赖以生存的地球。这本书中所阐述的许多观点对现代环境管理思想和理论的形成和发展产生了重要影响。

综上所述,在20世纪60年代末到70年代初,一大批专家学者投身环境保护的行列,推出了各种思想理论以及著作,对推动各国的环境管理产生了广泛的影响,提高了世人对环境问题的认识,引发了第一次环境管理思想的革命。这些思想和理论因受到历史条件和专业角度的局限,难免带有片面性,但是,对于现代环境管理思想的产生和发展所起的推动作用是巨大的。

1972年6月5~16日,联合国人类环境会议在瑞典斯德哥尔摩举行。这是世界各国政府共同讨论当代环境问题,探讨保护全球环境战略的第一次国际会议。会议通过了《联合国人类环境会议宣言》(简称《宣言》),呼吁各国政府和人民为维护和改善人类环境,造福全体人民,造福子孙后代而共同努力。

在人类环境会议之后,1974年在墨西哥由联合国环境规划署(UNEP)和联合国贸易与发展会议(UNCTAD)联合召开了资源、环境与发展战略方针专题讨论会。这次会议可以概括为三点带有启发性的见解:第一,全人类的一切基本需要应得到满足;第二,既要发展以满足需要,但又不能超过生物圈的容许极限;第三,协调这两个目标的方法就是加强环境管理。

人类环境会议已经构筑起了现代环境管理思想和理论的总体框架，明确提出自然资源保护原则、经济和社会发展原则、人口政策原则、国际合作原则，以及通过制定发展规划、设置环境管理机构、开展环境教育和环境科学技术研究等多种途径加强环境管理。而墨西哥会议进一步明确了环境管理的核心是协调发展和环境的关系，指出选择新的发展方式和生活方式是实现协调发展与环境的基本途径，促使现代环境管理步入了迅速发展的道路。人类环境会议和墨西哥会议使人类对环境问题的认识有了重大的转变，是环境管理思想的一次革命，是环境管理发展史上的第一座里程碑。

在 1987 年发表的报告——《我们共同的未来》中指出：环境问题是当今世界面临的共同问题，世界各国必须迎接共同的挑战，承担共同的任务，采取共同的行动。该报告以丰富的实地考察调研所获得的最新资料和数据，深刻地揭示了当今世界环境与发展之间所存在问题的根源，提出了持续发展战略和实施持续发展的政策导向和现实行动方案，初步形成了新形势下环境管理思想和理论的改革思路，引发了现代管理思想的第二次革命。

1992 年 6 月 3 ~ 14 日，联合国环境与发展会议在巴西里约热内卢召开。183 个国家代表团、102 位政府首脑或国家元首参加了会议。这次大会讨论了人类生存面临的环境与发展问题，通过了《里约环境与发展宣言》、《21 世纪议程》、《气候变化框架公约》、《生物多样性公约》和《关于森林问题的原则声明》等重要文件和公约。这次会议被认为是人类迈入 21 世纪的意义最为深远的一次世界性会议。我国前国家环境保护局局长曲格平参加了这次会议，并发表了以下三点体会：第一，认识的一致和深化。在 1972 年会议上发达国家高喊环境问题严重，而发展中国家则更重视发展问题。20 年后的里约会议上发达国家和发展中国家都认识到环境问题对人类生存与发展的严重威胁，认识到解决环境问题的紧迫性。这种基于共同利害的责任感与合作精神，是解决全球面临的环境问题的前提条件。第二，找到了解决环境问题的正确道路。在 1972 年的会议上，就环境污染谈环境污染，没能与经济和社会发展联系起来，因此找不到解决环境问题的出路。20 年后的里约热内卢会议，不仅扩展了对环境问题的认识范围和认识深度，而且把环境问题与经济社会发展结合起来研究，探求它们之间的相互影响和相互依托的关系，这是人类认识的一大飞跃。这次环发大会普遍接受了"可持续发展战略"，就是在经济和社会的发展过程中——不是停滞发展，也不是离开发展——同时防治环境问题，走经济、社会和环境协调发展的道路，这是人类的正确选择，是促进经济社会持续发展的康庄大道。第三，明确了责任，开辟了资金渠道。1972 年的会议只是暴露了环境问题，没能找出问题的根源和责任，因而也就不能更有效地解决全球环境问题。20 年后的里约热内卢会议，从筹备到会议通过的文件，都首先找出环境问题产生的根源和责任。会议认为，从影响全球和区域的环境问题看，主要责任直接或间接地来自工业发达国家，就是发展中国家面临的一些环境问题，也与发达国家的长期掠夺或廉价收买资源有关。因此，工业发达国家有义务承担环境的治理费用。在环发大会上通过的《气候变化框架公约》和《21 世纪议程》中，都明确规定了筹集环境基金的渠道和数额。规定工业发达国家每年拿出占国民生产总值 0.7% 的资金来帮助发展中国家的环境治理。当然，明确发达国家对环境应负主要责任，也不能掩饰发展中国家的责任。发展中国家也应该认真对待环境与发展问题。会议所通过的对于全球环境问题共同的、但有区别的责任的表述是恰当的。发达国家和发展中国家都应遵循这一原则，履行自己的国际义务。

联合国环境与发展大会的召开，标志着人类对环境问题的认识上升到了一个新的高度，是环境管理思想的又一次革命，是环境管理发展史上的第二座里程碑。至此，环境管理思想就是可持续发展的思想，环境管理的最终目标就是走可持续发展道路。

12.2.2　环境管理学的特点

环境管理学是环境科学与管理科学相互交叉产生的一门综合性学科。环境管理学的形成是长期以来人类探索环境保护，解决环境问题的结果，是人类了解自身运动与环境变化之间协调的规律性，以及如何调控自身的行为，来与环境协调发展的必然结果，是人类生存与发展需要的结果。在这个探索的过程中人们认识到，环境管理具有独特的规律，对它的研究，不是单纯的管理学、经济学或环境学所能胜任的，在走出了综合自然科学和社会科学的第一步之后，环境管理学逐渐拥有了自己独特的研究领域和研究方法，而只有在找到了自身的灵魂，即协调人类社会经济发展与自然环境之间的矛盾以后，环境管理学才逐渐形成起来。

因此，环境管理学应该具有以下特点：

（1）环境管理学是在传统学科交叉、综合基础上形成的一门新学科　环境管理学既不单纯是社会科学，也不单纯是自然科学，而是来源于两者中某些门类的综合。这与环境管理学所面对的对象有关，因为环境管理学所面对的既不单是自然环境，也不单是人类社会，而是人类社会与自然环境组成的复合系统（环境—社会系统）。因此，它既需要汲取社会科学中的管理学、经济学、伦理学等学科的精髓，也需要吸收自然科学如生态学、生物学等的成果。环境管理学的综合性还表现在它是主观和客观的综合、主体和客体的综合。

（2）环境管理学是复杂的科学　环境管理学所面对的对象是自然环境—人类社会的复杂系统，该系统成分多样，结构复杂，并表现出多种多样的功能，随着时间的变化表现出动态性的特点。就目前而言，人类对该系统的了解还很少，这就意味着环境管理学的发展将面临着极大的挑战。

（3）环境管理学是新兴的、正在发展的学科　环境管理学在许多方面还不成熟，还需要不断地完善和发展，还需要人们的共同努力。

12.2.3　环境管理学的发展动态

环境管理学作为一门刚刚产生的新学科，还很不成熟，这主要表现在：基本的概念还不完善，基本理论还需要发展，基本的方法还很不完备。所以今后环境管理学的发展方向主要应该为：第一，对环境管理学的基础理论进行深入的研究，进一步完善；第二，在人类可持续发展战略思想指导下，研究、完善环境管理的方法论。

复习思考题

1. 环境管理概念是什么？
2. 环境问题产生的根源是什么？
3. 环境管理的目的与任务是什么？
4. 环境管理学的特点是什么？

第 13 章

环境管理学的理论基础

环境管理学是环境科学的一个分支学科，它是在人类社会活动与环境变化之间响应关系的基础上来研究调控人类社会行为的原理和方法。本章将分别阐述三种生产理论、界面活动控制理论、冲突协同理论及环境管理中基本原则。

13.1　三种生产理论

13.1.1　三种生产理论概述

人和环境组成的世界系统本质上是一个由人类社会与自然环境组成的复杂系统，有些学者称之为"人类生态系统"，也有一些学者称之为"社会生态系统"。无论用何名称，都说明在这个世界系统中，人与环境之间有着密切的联系。这种联系体现在两者之间的物质、能量和信息的交换和流动中。其中，物质的流动是基本的，它是另外两种交流的基础和载体。在物质运动层次上，可以进一步划分为三个子系统：物资生产子系统、人口生产子系统和环境生产子系统。整个世界系统的运动与变化取决于这三个子系统自身内在的物质运动，以及各子系统之间的联系情况。因此可以说生产活动决定了子系统的生命力。需要指出的是，这里所说的生产是指有输入、有输出的物质转变活动的全过程。

环境生产：是指环境在自然力作用下消纳污染和产生自然资源（生活资源如各种风景资源，生产资源如森林、矿产、水源等资源）的总过程。其基本参数是环境对污染的消纳力和资源的生产力。

物资生产：是指人类利用技术手段从环境中索取自然资源，并将其转化为人口生产和环境生产所需物资的总过程。物资生产的效率和水平取决于社会的组织方式、生产方式和劳动技术设备，即经济组织结构、经济运行方式、经济规模、科技水平、经济关系等。其基本参数是资源利用率、产品流向比和社会生产力。

人口生产：是指人类生存和繁衍的总过程，既包括人口的再生产（繁衍、生育），也包括人口在其生存过程中对物质资料的消费。其基本参数是人口数量、人口素质和消费方式。

以上三种生产的关系，可以用图 13-1 表示。

人类与自然组成的世界系统经历了漫长的演变过程。古代文明时代，世界系统中占主导作用的是环境生产，人口很少，相应的物资生产能力也非常微弱，并且都包含于环境生产中。进入农业文明时代以后，物资生产从环境生产中分离出来，物资生产与环境生产的相互作用成为世界系统运行的主导。人口生产是在物资生产出现后，从物资生产系统中产生的。在农业文明时代，按照人口生产的规模，可划分为三个阶段（早、中、晚）：早期阶段，人口的生产还没有在世界系统运行中体现出来；中期阶段，人口的生产作为物资生产的一部分有所表现；随着人口规模的不断扩大，人口生产从物资生产系统中分离出来，成为一个独立的系统。在工业文明时代，人口生产子系统和物资生产子系统的规模逐渐强大，与环境生产子系统三者之间主导了世界系统的运行。

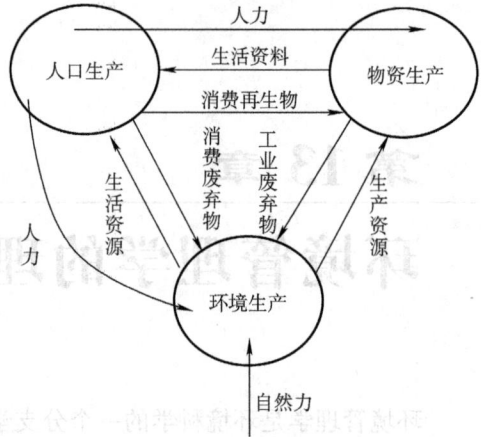

图 13-1　三种生产之间的关系

从世界系统的演变中可以看出，环境生产处于最根本的地位，是人口生产和物资生产子系统产生和发展的基础。但是，由于历史的局限性，人类对世界系统的认识过程与实际事实不一致，最先，人们只注意到了物资生产子系统的存在，没有意识到人口生产子系统和环境生产子系统的存在。只是当人口增长速度超过了物资增长的速度，出现了相对的物资匮乏时，人类才开始意识到人口生产子系统的存在，才开始研究人口生产子系统与物资生产子系统之间关系的处理问题。同样，只有在环境污染、生态破坏自然资源锐减的当今，人类才意识到环境子系统的存在，也才意识到人类生产子系统和物资生产子系统必须同环境生产子系统相协调。从一种生产到两种生产再到三种生产，反映出人类对世界系统的认识过程。可见，承认环境子系统的存在及其在世界系统中的基础地位是人类认识史上的飞跃。这也是正确解决环境问题的基本出发点。

13.1.2　三种生产理论在环境管理学中的地位与作用

三种生产理论对环境管理学理论体系的建立具有重要的指导意义，并在环境管理工作中发挥作用。主要表现在以下几个方面：

1. 三种生产理论阐明了人与环境关系的本质

在三种生产中，环境生产是人口生产和物资生产存在的前提和基础，它要依靠自然环境系统与社会经济系统之间物质流和能量流的畅通来维持。为了便于分析，我们可以把人口生产和物资生产比喻成一个"社会有机体"，作为三种生产中的物质流和能量流中一个环节。于是可见，作为一个"社会有机体"中的物资生产实际上是物质形态与结构的转化器，它依靠环境生产的自然资源作原料，通过环境的自净能力来消纳它排放的污染物。人口生产则是三种生产构成的世界系统运行的原动力。人口生产所产生出的人口作为劳动力在支持物资生产和帮助、维护环境生产。这里用"生产"一词来描述人类与自然的关系，反映了人类与环境关系的动态性和发展性。

2. 三种生产理论揭示出环境问题的实质及其生产的根源

从三种生产之间的关系中可见，环境生产在输入–输出上的不平衡是造成环境问题的根本原因。在环境生产中，输入的是（太阳能除外）人类在消费和生产过程中排泄的废弃物，这些废弃物不但不被环境亲和消纳，还破坏和降低了环境消纳残余物的能力。同时，人类开发自然资源的活动对环境的破坏也影响着环境的资源生产能力。而人类日益增长的对自然资源的索取和对自然环境质量的需求，使得自然环境的基本功能不断"透支"。这种输入－输出的不平衡导致了整个自然环境系统运行的异常，导致了环境问题的出现。所以说，环境问题的实质是三种生产子系统运行的不和谐。这是我们研究环境问题及其解决途径的根本出发点。

3. 三种生产理论指明了环境管理的主要目标和任务

从三种生产构成的世界系统演变过程可以看出，要使它们能够和谐、稳定地运行，就必须使物质在这个系统中的流动顺畅，就必须使每一种生产的物质输入－输出均衡。为了达到这一目的，必须在现有的物质流动的过程中再加上一个功能单元。这个单元应能将人类在生产和生活中排泄的"废弃物"，或以环境能够亲和的形态进入环境，或重新转变成物资生产子系统可利用的资源。显然，要推动这样一个单元的形成和有效运行，除了要改变人类社会的一系列固有观念外，更重要的是要改变目前的经济运行机制。

当然，该功能单元加入循环系统，目的并不是要停止人类改造自然的活动，而是要使人类对自然环境的作用能同时使环境质量得到不断的改善。可见，环境管理的目标和任务应该是：推动人类社会建立一个新的生存方式，将对自然资源的开发强度、废弃物的排放强度与环境生产力协调起来。创造一切有利条件，促进这种新的功能单元的建立是一个极其重要的方面。

4. 三种生产理论明确了环境管理的主要领域和调控对象

依据三种生产理论还可看到，环境问题的生产往往发生在不同"生产"系统的界面上。例如对森林资源的利用，一方面它的经济价值决定了人类需要砍伐利用它，另一方面它的生态价值又决定了它不能被随意砍伐，这就在环境生产子系统和物资生产子系统的界面上发生了矛盾。另外，环境问题产生的直接原因常常还在于不同的自然的、地理的、行政的等边界上的活动的不协调，如河流的不同区段、城市和农村的混合地带、不同省市交界处的活动等。这些都要求环境管理的主要领域应该在各种不同的界面上。

同时，从三种生产理论的分析可知，任何一个"生产"子系统中都有自己的状态参数。这些状态参数是决定三种生产能否和谐运行的关键。也就是说，要和谐三种生产之间的关系，环境管理就必须控制这些状态参数。

5. 三种生产理论奠定了环境管理学的方法论基础

面对当今世界的环境问题，环境管理学就是解决管理什么以及如何管理的核心问题。三种生产理论在基础的物质运动层次上，揭示出人与环境关系的本质，揭示出了人类社会与自然环境系统相互作用的本质，指出只有改变目前人类的生存方式，才能够解决威胁人类生存的环境问题。三种生产理论还告诉人们，为了人类社会的可持续发展，人类必须和谐人与自然环境的关系，科学的管理好自己的社会行为，而且把管理自己社会行为的行为也作为一种社会行为来组织。简单来说，三种生产理论表明人类必须掌握用自己的社会行为来管理自己社会行为的方法。

在人类社会中，作为个体的人在社会中同时扮演着多种角色。比如对于产品而言，某人可以是这种产品的生产者，同时又是另一产品的消费者；对于社会活动而言，某人可以是这个活动的管理者或组织者，同时又是另一个活动的参加者或被管理者等。因此，人类的社会行为是一个交错的、非常复杂的网络结构。

人类的社会行为，按行为主体划分为政府行为、企业行为和公众行为三类，这些行为还可以细分，比如政府行为可以细分为中央政府行为、地方政府行为和职能部门行为等；人类的社会行为从行为内容上分，可以分政治行为、经济行为和文化行为等；从行为时间上分，又可以分为过去行为、现在行为和未来行为等。

在这个复杂的社会行为中，管理社会行为的社会行为处于一种特殊的位置，它肩负着把各种各样的社会行为有序、有效地组织起来的任务。因此，它的管理方法必须能够正确地处理好符合人类长远、根本利益的人与环境的关系，同时也要处理好各种不同的人群之间在各方面表现在不同时空上的利益冲突。

三种生产理论表明，要保证物质在三种生产子系统之间流动顺畅，人类社会采取的方法学原则就必须是且只能是协调和协同。把人类社会的一切行为协同起来，把三个生产子系统自身的利益追求与世界系统物流顺畅的要求协调起来。这是环境管理学的方法论基础。

13.2　界面活动控制论介绍

13.2.1　界面

界面是相互作用、相互联系的事物或系统之间的共同部分或联系的渠道。它可以是空间上的、也可以是时间上的；可以是直接的、也可以是间接的。比如河岸线就是河流与陆地之间的界面，不同国家或地区之间的边界线是它们的界面，这是空间上的界面；演替进程中的荒草地实际上是草地生态系统与荒漠生态系统之间的时间上的界面。以上的例子是属于直接类型界面。另外，如人口数量与环境变化之间的关系是通过物资生产与环境生产之间发生的。因此，人口系统和环境系统之间的界面就是属于间接界面。

界面广泛存在于自然界和人类社会中一切相互作用、相互联系的事物之间。作为界面，具有以下两个基本特征：

（1）界面只存在于相互联系的事物之间　界面是相互联系的事物发生作用的产物。在互不联系、互不发生作用的事物之间是不存在界面的。相互交流的事物之间，在发生相互作用的关系时，就会产生物质、能量和信息的交流，在这种交流下，必然会产生出相应的结构来支撑这种交流，从而成为交流的载体，这样就产生了界面。

（2）界面是相互作用事物之间的通道，它是相互作用的事物或系统所共有的　在界面中，来自相互作用的各个系统的物流、能流或信息流在此处交汇，因此，界面并不是单纯属于其中的任何一个系统。随着各种交流的深化，界面往往会发育成为一个结构上相对独立、且具有独特性质的新系统。如果把相互联系、相互作用的各事物或系统的统一整体看作是更高层次的系统的话，那么，界面的活动将决定着这个更高层次系统的稳定性和发展方向。

13.2.2　界面上的活动

从2.1节的论述中得出，环境问题产生的根源在于三种生产子系统运行关系的不和谐，也就是说，在三种生产联系的界面上，物质流的方式、数量和速度出现了异常。一般来说，物资生产和环境生产之间的界面是作为环境系统要素的自然资源；人口生产和环境生产之间的界面是表征环境状态的环境质量；人口生产和物资生产之间的界面则是商品；而三种生产之间的共同界面是废弃物。当然，这些界面上的具体内容很多，将因实际问题的不同而不同。比如，在物资生产和环境生产之间的界面上，森林既是自然资源中的生产者，又是物资生产中的原材料；水体是生态系统中的各类生命的必须物，又是物资生产中必不可少的资源等。实际上，人口生产、物资生产和环境生产各自本身也是一个复杂的系统，它们分别由更下一级的子系统组成。可以说，要想使三种生产和谐运行，就必须控制好各个层次界面上的活动。环境问题之所以主要源自于人类在界面上的活动，主要有以下两方面原因：

1. 界面是相互联系、相互作用的事物或系统之间最活跃、最容易发生变化的部分

界面是不同系统的物质、能量或信息的交汇处，同时也是系统中稳定性最差的、比较脆弱的部分。如果处理不好这里的矛盾运动的话，就容易使三种生产的活动不和谐，导致这个大系统功能的退化甚至崩溃。比如，自然资源是联系物资生产和环境生产的界面。它一方面是自然环境的有机组成部分之一，对于维持自然环境中的物质循环和维持自然环境固有的状态起着决定性的作用；另一方面它又是物资生产的生产资料，对人类社会的生存发展有着重大的使用价值。随着人类改造自然、开发利用自然能力的提高及对物质利益的追求，人类对自然资源的需求量愈来愈大。于是，自然环境系统要求保存足够数量和分布均衡的自然资源，社会经济系统又要求开发足够多的自然资源。这样，在自然资源这个界面上就产生了冲突或矛盾，而且日益严重或尖锐化。如森林的情况就是例子。在自然生态系统中，森林是陆地生态的主要组分，对维持一定的水分循环、一定的气温和一定的大气组分，对涵养水源，对给许多生物提供栖息地等均起着重要的作用。对于人类社会而言，森林可以向人类提供大量的木材、林产品及狩猎、观光等娱乐活动，同样有重要的作用。这样，森林就成为自然环境系统与人类社会系统争夺的焦点。在这样的状况下，人类的社会发展行为导致许多原始森林被毁坏，虽然人们也在积极地育林，但是在生态功效上与原始森林无法相比。

2. 界面上的人类活动常常是产生环境问题的重要原因之一

首先，界面是不同组成部分共同追求利益的所在，而界面又不属于任何一方，所以各方在界面上的权利、义务很难统一很难落实。突出表现在一些跨国家、跨地区的自然要素上。如河流，它的环境权益没有明确的代表，而它的物质生产资料的功能却可以自由取用，人们有免费使用权，却无需要承担其保护的义务，最后导致产生河流污染的局面。在许多界面上，人类在享受追求利益的权利，却不承担环境保护的义务，这就必然导致环境问题的产生。

13.2.3 界面活动的控制

1. 界面活动控制的意义

首先，环境问题往往源于人类在各种界面上的活动，环境管理工作应当把注意力首先集中在界面上的活动，而不是去代替其他部门具体地管理它们各自系统的内部行为。也就是说，环境管理必须紧紧抓住人类在界面上活动的协调，才能使人与自然的关系和谐，唯有这样，环境管理工作才真正抓住了环境管理的灵魂。

其次，环境管理工作是在不同层次上把属于该层次的各个子系统利益和需求加以综合协调。界面活动控制论也是指明了在各种人类社会行为中，首先要加以协调的主要是各方在界面上发生的社会行为。界面活动控制论对环境管理工作具有指导意义。

总之，界面活动控制理论是根据对环境问题的本质特点进行分析、思考后提出的，它的提出为发展环境管理学，提高环境管理学的水平奠定了基础。

2. 界面活动控制的方法学原则

界面活动控制理论是实践环境管理的方法学理论，必须掌握其控制的方法或方法学原则。

（1）正确判定界面　在研究和寻求解决环境问题的管理方法时，正确判定界面是至关重要的。寻找和判定界面，首先要梳理出与该环境问题相关的、同一层次上的系统；然后弄清它们之间的联系方式与相互作用关系，界面就存在于这些关系中。例如在研究对待国际环境问题的方针、政策时，应把不同的国家看成是各自独立的系统，也就是应该找到不同国家之间的界面，这时往往会想到国界线。但是，国界线只是接壤国家之间的地理边界，并不一定就是国家系统之间的界面，特别是对在地域上不相邻发国家来说，就更不能简单地把国界线作为界面了。实际上，国家之间的联系首先是贸易和文化上的联系，特别是贸易上的联系。因此，贸易便是国家之间联系的重要界面。

（2）全面掌握不同系统在边界上的活动及其价值目标　在正确判定界面之后，全面掌握相关系统在界面上的活动就成为决定环境管理方案正确与否的关键。一个好的环境管理方案必须能够有效地约束和调整在界面上的所有活动或行为。制定环境管理方案时，必须全面掌握各方在界面开展活动的价值目标及这些价值目标的合理性，并通过采用互补的方法使各方满意。

（3）准确把握协调的"度"　这里说的"度"，就是相互冲突的系统各方均可接受的利益分配点，也就是协调冲突的最优解。下面通过一个例子来说明这个比较抽象的概念。

众所周知，人类生存与发展的需要，使得采伐树木成为必然。对于森林来说，特别是对于天然林来讲，也常常会以火、虫灾等形式来消灭其中部分树木，这是自然调节规律对树木种群数量调控的结果。因此，对于森林而言，适当的采伐是必要的，但是如果滥砍乱伐，就会使森林生态系统受到破坏，导致水土流失、气候异常等严重的环境问题。所以，这里需要有一个采伐度的问题，这个度的概念，其核心就是采伐量。比如，在未成熟的森林中进行采伐，其采伐量（收获木材体积量）应该是：如果同龄林依照轮伐期把所占的地域或它的木材体积划分成相等的若干份（森林具有一个正常的年龄段分布），那么在整个地区，每年能收获的木材体积量等于其生长量（年生长量）。

以上只是一个简单的例子，实际问题会比这要复杂的多。要使所确定的"度"能被各方接受，就必须把握各方的技术水平、社会制度、文化和生活习俗等因素，并且进行综合分析。只有把握了"度"，才能确保环境管理的决策正确、可行、有效。

13.3　冲突协同理论介绍

13.3.1　冲突协同理论的概述

1. 冲突

冲突是广泛存在于人类社会和自然界中的一种现象，也就是竞争、对立。如市场经济竞争、两军对垒等都是冲突。冲突产生的根本原因在于同一个有限的利益目标，追求的各方都想以最小的支出获得最大的收益。比如单位职工为争夺一个出国名额，在他们之间就会产生矛盾，这就是冲突。从数学角度描述和研究这种矛盾和冲突的学科就是博弈论。博弈论的内容还包括为达到利益目标所应选择、采取的行动，即对策。

最初，博弈论只是一门应用数学，目前，它正在发展成为一门关于人类理性选择行为的实质性理论。理性选择是个人有意识地使某目标函数极大化的行为。可是，往往当事人（局中人）不止一个，利益的总和又有限，所以个人利益极大化的目标是不可能实现的，而博弈论研究的正是在认为考虑到其他人的选择也是理性选择的前提下当事人的理性选择，即局中人的理性选择是相互依赖的情况下当事人的最优选择。

2. 协同

协同即合作、配合，也是广泛存在于人类社会和自然界中的一种现象。协同理论认为，任何一个系统，在无外界干预的情况下，系统中各要素的运动、变化呈现出一种被称之为"自组织"的规律，它使系统结构的演化，由简单到复杂，由无序到有序。如地壳的演化、植物花叶形状的形成、生物进化等都是如此。系统实现这样的自组织运动具有以下三个条件：

（1）系统必须是开放的　根据热力学第二定律，封闭系统的总熵总是趋于最大，即系统内部能量与物质均一分布，呈无序状态。只有开放，才能与外界进行物质、能量的交换，进行由简单到复杂，由无序到有序运动。

（2）系统必须是远离平衡态的　因为在平衡态附近，系统的运动总是趋向平衡态，并伴随着无序的增加和结构的破坏。

（3）系统的各要素或子系统之间的相互作用必须是非线性的，处于一种相干状态　一个系统不但其内部众多子系统之间存在着复杂的非线性相互作用，而且子系统本身的运动形式也异常复杂多样。协同学将子系统的运动分成两种类型：一是子系统独立无规则的运动；另一是相互关联引起的有序运动。这两种运动相互作用，此消彼长，构成了整个系统的宏观相变运动形式。在临界点前，子系统之间的关联弱到不能束缚子系统独立运动的程度，子系统本身无规则的独立运动居主导态势，系统处于无序状态。随着控制参量的变化，当环境控制参数达到某一临界点时，子系统之间的关联便逐渐增强，子系统无规则的独立运动在相对变弱，子系统之间的关联和子系统的独立运动，从均势转变到关联起主导地位的作用，在系统中出现了由关联所决定的子系统之间的协同运动，整个系统就转入有序状态。任何有序状态都是某个无序态不稳定的结果，而造成不稳定的内部原因是涨落。这种涨落随时存在于各种系统中，如激光中光的自发辐射、流体力学中流体的涨落、化学反应中分子的无规则运动、生物进化中的偶然变异等。它们一旦在临界点上某种微涨落被放大为影响系统整体运动的巨涨落，系统就会失稳，如果此时巨涨落能够与外界交换物质和能量进而稳定下来，就会形成新的有序状态。由于涨落是随机的，因而系统变化的方向取决于系统内部各子系统的"集体运动的模式"或"序参量"。系统演化过程中有众多状态变量，序参量是协同学中描述系统宏观有序程度的参量。在平稳发展时期这些变量所起的作用大致相同，但在接近状态变化的转换点时，大部分"快变量"在还未来得及影响或支配系统的行为时就已经消灭或转变了，只有极少数的"慢变量"，由于本身的变化速度相对缓慢，才有足够的时间和机会来支配或影响系统的行为。因此，慢变量将支配和主宰系统的演化，代表系统的"序"或状态，从而形成序参量。由此可见，序参量是在一定条件下，由系统中的子系统通过相互作用实现协同产生出来的；反过来，它又支配着众多子系统的运动、变化。于是在子系统与序参量之间就构成了一种相互促进、相互制约的关系。这一关系推动着整个系统自发地组织起来。另外，一个子系统中序参量可以有多个，这多个序参量之间又通过相互竞争、相互合作和相互共存，使系统的自组织具有不同的组织演化形式。序参量不是系统的确定性参量，而是微观子系统集体运动的产物，是表征合作效应的某种统计平均量，是一种宏观参量。

自组织是系统整体演化发展的一种重要机制，它不仅是一个通过积累而平稳渐进的过程，而且是一个经过积累、酝酿而后发生突变、飞跃的过程。在客观世界中，自组织现象不是任何一个系统都有的，它只能发生在开放的、远离平衡的、子系统之间存在相干的系统中。

3. 冲突和协同

冲突和协同是系统中同时存在的两种现象，这两种现象对立统一于一个系统中。所谓冲突，也就是竞争、对立；而所谓协同，也就是统一整合。系统中各要素都是在合作与协同中进行竞争，在竞争中协同。竞争以协同和合作为基础，协同以竞争为前提。

竞争是相互作用的事物、系统或要素具有个体性并力图保持个体性的表现，是个体之间产生的相互排斥、相互竞争的作用。这种作用不是由外来力量强加于个体之间的，而是个体之间所固有的，正是由于这种相互联系、相互排斥基础之上的竞争，才使得要素之间发生联系，并产生协同作用。与竞争相反，协同反映的是事物之间、系统或要素之间保持合作状态的要求和趋势。协同和竞争是相互依赖、同时并存的。没有协同，就没有竞争，没有竞争也就没有协同。如果协同不是建立在竞争基础之上，系统就失去了活力；相反，如果系统之中只有竞争，没有协同，系统也就不复存在。

13.3.2　冲突协同理论的应用

环境问题本身就是人类社会经济系统与自然环境系统发生冲突的结果，它与人类社会内部各利益团体之间的冲突有着密切的关系。

人类社会与自然环境之间的冲突（也包括人类团体的冲突）主要是：从区域上看，有国家之间的利益冲突，比如公海的利用问题、关于全球二氧化碳排放量的争议等。在同一国家或地区也存在着不同地区单元或不同行政单元之间的冲突，他们往往在资源的使用上争先恐后，而在对环境的保护上相互推诿。从组织上看，有团体和机构之间的利益冲突，如行政部门和企业之间的冲突，前者一般对环境质量有着较高的追求，而企业则往往为着利润的需要而只将环境看作免费使用的"公共物品"。从时间上看，有长远利益和眼前利益的冲突，突出表现为当代人和后代人之间的冲突上，如果当代人过多地消耗了自然资源和破坏了自然环境，则后代人的发展空间和余地就必然减少。从对自然环境的需求上看，存在着质和量的冲突，如对一条河流而言，沿岸的团体中，上游和下游的居民和企业就在水质和水量方面存在着严重的冲突等。

所谓的冲突协同理论，是指通过人类社会的理性行为解决冲突，实现子系统之间协同的原理、原则和方法的理论，通过协调子系统的局部运动可以使系统整体的宏观运动效果优于部分运动之和；相反，如果子系统的运动之间不协同，甚至相互制约，那么子系统运动的效果就会相互抵消，使系统整体运动的效果低于部分运动之和。冲突协同理论就是通过对序参量的把握，充分发挥组成系统的各要素或子系统的优势，使系统呈现最优化的运动状态，在达到人与人之间利益关系协调的同时，达到人类社会与自然环境的协同。

下面举例说明冲突协同理论在环境管理中的应用。例如，排污收费制度是一项控制排污的管理措施。它在总量控制的基础上，由政府部门把要削减的污染量优化分配到排污单位，并以向排污单位发放许可证的形式使其获得排污许可。目前其主要应用于水体污染控制上。

　　由于对同一污染物而言，不同的污染源因所在行业或企业不同，其削减的费用存在着较大的差异，有的可以用较少的投入获得较高的去除率，有的则需要较高的费用。如果允许通过市场手段（交易）将排污指标转化为资本，那么前者就会愿意努力削减排污量使自己的排污许可指标富裕，转让出去。而对后者来讲，它就可以选择购买排污权，使自己的排污合法化，扩大生产规模，争取更大的经济效益。从这个角度看，它不但可以在保证污染物的排放总量不超过所容许总量的前提下，使污染削减的总费用趋向最小化，而且可以把环境容量作为资源合理"分配"到经济效益最高的企业或部门，有利于区域经济结构的调整和发展。

　　排污许可证制度体现了冲突协同理论的思想和原则。它较好地协同了不同单位在排污量上的冲突，协同了政府主管部门和企业之间在指令性计划和市场调节之间的冲突。它在确定了排污总量并进行了合理分配的大前提下，使排污单位可以根据自身的情况来选择，使污染削减费用最小化，既达到了保护环境的目的，也减轻了企业的负担，使企业能够在利益的驱动下，积极地进行生产工艺的改革、实施清洁生产，增加排污余额。也使企业的生产行为与环境容纳量得到了协同。

　　当然，在实际操作中，排污总量的分配和可交易量的地域是两个极为重要的环节，也是调节全地区环境保护与经济发展协同的杠杆。排污许可证制度说明，在进行环境管理时，只要抓住关键的问题（序参量）就可以同时调动企业的积极性，促使其在治理污染、加强管理、改革工艺、调整产品结构上下工夫，以取得排污的余额。其中，排污总量及排污总量在各排污单位之间的分配就是企业－环境系统中的一种序参量。最终的结果是，排污许可交易政策协同了经济活动与环境承载力之间的矛盾。

13.4　生态学理论

　　（1）物物相关　自然界中各种事物之间有着相互联系、相互制约、相互依存的关系。自然界是由各种各样的生态系统组成的，每一个生态系统又包括多个组成部分，各组分之间有着错综复杂的相互关系，改变其中的某一组分，必然会对系统内的其他组分产生影响，以致影响系统整体，各系统之间也彼此影响，这种影响有些是直接的，有些是间接的；有些是立即表现出来的，有些则是在一个很长的时期后才显露出来。因此，我们在生产建设中，务必注意调查研究，既查清自然界诸事物之间的相互关系，统筹兼顾，又要对某些事物有关的其他事物加以认真的、通盘的考虑，包括考虑此种建设可能会产生的短期的和长期的、明显的和潜在的影响，从而作出全面安排，特别是在需要排放废弃物、施用农药、采伐森林、开垦荒地、猎捕动物、修建大型水利工程及其他重要建设项目时，尤应加以注意。

　　（2）相生相克　生态系统中，每一物种都占据一定的位置，具有特定的作用。各生物物种之间相互依赖、彼此制约、协同进化，被食者为捕食者提供生存条件，同时又为捕食者所控制，反过来，捕食者又受制于被食者，彼此间相生相克，使整个生态系统成为协调的整体。当向一个生态系统中引进其他系统的生物物种时，往往会由于该生态系统缺乏控制它的物种（天敌）存在，使该物种种群暴发起来，从而造成灾害，大多数农业害虫在它们原来的乡土生活环境里是无害的，但当它们一旦侵入或被无意间引到一个新区域或新的农业系统中时，就往往成为害虫，从一个生态系统中消除某一物种，也会对该系统造成或大或小的影响。因此在从事农、林、牧、渔各业生产时，对引进某一新物种或在原有生态系统中消灭某一物种要十分慎重。

（3）物复能流　在生态系统中，能量不断的流动，物质不停的循环。但是，能量流动是单向的，在经过食物链的每一级时，都有一部分转化为热而逸散入环境，不能再回收利用。因此，提高能量利用率是环境保护的重要战略任务之一。此外，物质在循环过程中遵循物质不灭定律。为了控制环境中有毒、有害物质的迁移转化，掌握物质循环途径及运行过程是十分必要的。

（4）负载有额　任何生态系统的生产能力和抵御外来干扰的能力都有一个极限。此极限就是通常所说的生态系统的调节能力、环境容量或资源承载力。它是由生态系统的结构决定的，人类的开发活动不能超出此极限。

（5）协调稳定　只有结构功能相对协调的生态系统才能稳定地运行。一般说来，自然生态系统中，生物的种类越多，生态系统的稳定性就越强。因此，环境管理要运用各种手段鼓励人们保护生物物种的多样性，研究生态设计，创造结构和功能相对协调的、生物生产能力高的人工（或半人工）生态系统。

（6）时空有宜　各类特定的生态系统都随着时空条件而变化。因此，人类开发利用自然资源要了解和掌握不同时空条件下生态系统的特点，因时、因地制宜。

13.5　环境管理中掌握的基本原则

在环境管理工作中，还要把握全过程控制和双赢两个原则。

13.5.1　全过程控制原则

环境管理是人类针对环境问题而对自身行为进行的调节，环境管理的内容应当包括所有对环境产生影响的人类社会经济活动，全过程控制就是指对人类社会活动的全过程进行管理控制。因此，无论是人类社会的组织行为、生产行为，或是人群的生活行为，其全过程均应该受到环境管理的监督控制。这里的全过程，可以是逻辑上的全过程，也可是时序上的全过程。

目前环境管理主要针对的是人类的开发建设行为和生产加工行为对环境的污染和破坏。显然，这不能从根本上解决环境问题。比如对产品的环境管理，就应该是对其生命全过程进行控制，才能解决产品所带来的环境问题。产品的生命全过程包括：原材料开采、生产加工、运输分配、使用消费、废弃处置。目前的环境管理大多只注重于产品生产过程中产生的环境问题，而对产品在发挥完使用功能后对环境造成的污染和破坏则缺乏相应的管理。因此，以生命周期管理思想为指导，实施以产品为龙头，面向全过程的环境管理是当务之急和大势所趋。

最近几年出现的新的管理方法和思路，体现了这一管理思想和原则。比如环境标志制度和清洁生产制度等。环境标志是对在产品全过程中所产生的环境影响不超过某一规定限度的产品颁发的标志。清洁生产是从技术管理角度对产品生命过程的每一个阶段或环节所提出的要求。

全过程控制原则有以下特点：第一，管理内容的综合集成。环境管理不仅仅是对人类社会行为进行管理，它还包括对环境系统的保护和建设，以提高其提供自然资源的能力和提供较高环境质量的能力。环境管理对人类社会行为的调控，是依据环境系统状况对人类行为的反应和变化而进行的。环境系统的演变有其自身的规律，它不依人们意志为转移，但人们可以认识它，并依据规律安排自己的行为。这就要求环境管理不仅要掌握人类社会的规律，还要掌握自然环境的演变规律，尤其重要的是掌握环境变化和人类社会经济行为之间的"剂量－反应"的关系。因此，环境管理的内容不仅仅是对环境进行监测、观察、研究，也不仅仅是对人类社会行为的调查、研究，而是这两部分内容的综合。第二，管理对象的综合集成。环境管理对象，从层次上看，有政府行为、企业行为和公众行为，从性质上看，有生产行为、消费行为、还有文化行为等，这些行为往往会交织在一起出现对环境产生影响。因此，环境管理的对象也是一个综合集成的体系。第三，管理手段的综合集成。对于环境－经济体系这个复杂的巨大系统来讲，其中的许多关系都会呈现出较大的随机性和模糊性，加之该系统对外开放，更是令情况复杂多变，包含着大量的不确定的、定性的信息，如人们的预测、计划、主观判断等。所以，只能探索、创造出一种能够把定量信息、定性信息综合集成的管理方法。

13.5.2 双赢原则

双赢原则是指在制定处理利益冲突的双方（也可以是多方）关系的方案时，要注意使双方都得利，而不是牺牲一方的利益去保障另一方的利益。双赢也是冲突协同理论的具体化。在处理环境问题时，必须追求既能保护环境，又能促进经济发展的方案。这就是环境与经济的双赢，也是可持续发展的要求。双赢既是一种策略，也是一种结果。通常情况下，在环境管理的实际工作中，往往处理的是多方面的关系，因此，不仅是双赢，更是"多赢"。实际生活中，环境问题的发生往往涉及到多个部门，而跨行政区域的环境问题则更是非某一个行政区所能单独解决的。因此，在处理与多个部门、多个地区有关的环境问题时，必须遵循双赢原则。

在实现双赢原则的环境管理工作中，规则是最重要的，其次是技术和资金。所谓规则就是法律、标准、政策和制度。规则是协调冲突，达到双赢的保障，因为双赢并不是双方都会得到最大限度的好处，而是彼此在遵守规则的前提下的一定程度的妥协。比如在工厂排污和附近农民发生纠纷的情况下，要协调工厂和农民的矛盾，只有依赖污染排放标准及有关的法律规定，才能顺利解决问题。技术和资金在体现双赢原则时也起着重要作用。例如，节水技术对农业、节能技术对工业的作用等。对于某一钢铁厂而言，如果提高钢产量，就会增加对水的需求，但如果通过对原来工艺的改革，提高水的循环利用率来进行发展，就不会增加对水总量的需求。这样，既提高了钢产量，发展了经济，又节约了水资源，保护了环境。在这个例子中，技术和资金是非常重要的。因此，在实际环境管理工作中，要实现双赢，必须依赖法律标准和政策制度等的保障，同时又要积极筹集资金，大力发展环保技术。

复 习 思 考 题

1. 简述三种生产理论的内容。
2. 界面的概念是什么？
3. 冲突的概念是什么？
4. 简述环境管理中的基本原则。

第 14 章
环境管理的对象、内容与手段

14.1 环境管理的对象

关于环境管理的对象，应该对人、物、资金、信息和时空等五个方面进行考虑。

14.1.1 环境管理的五个对象

（1）人是管理的最主要对象 环境管理包括对人的管理和对其他对象的管理，而对其他对象的管理又是靠人去推动和执行的。管理过程是一种社会行为，是人们相互之间发生复杂作用的过程。管理过程各个环节的主体是人，人与人的行为是管理过程的核心。1994 年 4 月在北京举行的"21 世纪中国的环境与发展研讨会"上，与会专家一致认为环境与发展问题的症结在于："最关键的是人的悟性、人的素质，既包括所有社会成员，更重要的是领导层、决策层成员。几十年的历史已反复证明，一切环境的破坏，首先发端于各层各级的决策思想、决策方向，发端于各层各级干部们的行为准则。没有这个以干部为重点、为对象的，以改变思想、改变观念、改变行为方式为目的的'一百年不变'的教育，没有科学思想、科学规律对干部、官员贯彻始终的理性约束，科学家们再多的忧心、再多的努力、再好的'蓝图'、再多的工程技术系统体系，终将付诸东流！"这段论述充分说明了人与人的行为是管理过程的核心，也说明提高全民的环境意识和可持续发展的意识是当前和长远的重要任务。

（2）物也是管理的重要对象 环境管理也可认为是为实现预定环境目标而组织和使用各种物质资源的过程，即资源的开发利用和流动全过程管理。环境管理的根本目标是协调发展与环境的关系，从宏观上说，要通过改变传统的发展模式和消费模式去实现；从微观上讲，要管理好资源的合理开发利用，要管理好物质生产、能量交换、消费方式和废物处理各个领域。

（3）资金对象 从社会经济角度出发，经济发展消耗了环境资源，降低了环境质量，但又为社会创造了新增资本。如果说，物的管理侧重于研究合理开发利用资源，保护环境资源，维护环境资源的持续利用，避免造成难于恢复的严重破坏，那么，资金管理则应研究如何运用新增资本和拿出多少新增资本去补偿环境资源的损失。为了增强综合国力和提高人民生活水平，我国必须实现持续快速健康的经济增长，同时不能破坏经济发展所依赖的资源和环境基础。因此，资源、环境与经济发展必须相辅相成。

（4）信息对象　信息系统是管理过程的"神经系统"，信息也是环境管理的重要对象。信息是指能够反映管理内容的，可以传递和加工处理的文字、数据或符号等，常见形式有资料、报表、指令、报告和数据等。环境管理中的物质流、能量流，都要通过信息来反映和控制。只有通过信息的不断交换和传递，把各个要素有机结合起来，才能实现科学的管理。发展和采用现代化的信息采集、传输、管理、分析和处理手段，将地理信息系统、遥感、卫星通信和计算机网络等高新技术应用于环境质量的监测、调查及评价中，建立环境管理信息系统和统计监测系统将成为环境管理现代化的重要内容。

（5）时空条件也是管理的对象　任何管理活动都是在一定的时空条件下进行的，环境管理的一个突出特点是时空特性日益突出，则时空条件亦应成为管理的研究对象。管理活动在不同的时空区域，就会产生不同的管理效果。各种管理要素的组合和安排，也都存在一个时序性问题。按照一定的时序，管理和分配各种管理要素，是现代管理中的一个重要问题。因此，时间是管理的坐标。管理学家得鲁克曾指出，时间是管理的最稀有和最特殊的资源。因为时间具有不可逆性，抓住时机、把握机遇是成功管理的要旨。同时，空间区域的差别往往是环境容量和功能区划的基础，而这些条件又构成了成功管理的要旨。因此，对环境时空条件的研究，已成为现代环境管理的重要对象。

14.1.2　人类社会经济活动的主体

上述五个方面的对象，已经包括了人类社会经济活动的各个方面。把握好这些管理对象，进行合理、科学地管理是解决环境问题的关键。同时，还必须以环境与经济的协调发展为前提，对人类的社会经济活动进行引导并加以约束，使人类社会经济活动与环境承载力相适应。因此，环境管理的对象重点要放在人类的社会经济活动中。显然，应该注意人类社会经济活动的主体。这里就人类社会经济活动的主体做一简单介绍。人类社会经济活动的主体大致可分为个人、企业、政府三个方面。

（1）个人　个人作为社会经济活动的主体，主要是指个体的人为了满足自身生存和发展的需要，通过生产劳动或购买来获得用于消费的物品和服务。其中消费品既可以直接从环境中获得，又可以通过市场购买来获得。例如，农民将自己生产的部分粮食用作消费，以满足自己的基本生存的需要；城市居民从市场中购买粮食来满足需要等。在消费这些物品的过程中或在消费以后，将会产生各种各样的废物，并以不同的形态和方式进入环境，从而对环境产生各种负面影响。一般来讲，消费对环境的负面影响可以分以下几种情况：一是在对消费品进行必要的清洗、加工处理过程中产生的废物以生活垃圾的形式进入环境，这里，加工是指消费者对消费品进行的必要处理，如食品烹饪等处理；二是在运输和保存消费品时，使用的包装物也将成为废物，它们同样以生活垃圾的形式进入环境，如各种塑料包装袋等；三是在消费品使用后，或迟或早也成为废物进入环境，例如废旧电池、电器等。

要消除个人消费行为对环境的不良影响，首先必须明确，个人行为也是环境管理的重要对象之一。为此必须唤醒公众的环境保护意识，同时还要采取各种先进的技术和管理措施：诸如提供并鼓励消费者选用与环境友好的消费品，以利于最大限度地降低消费过程对环境的影响；集中清洗和加工各种消费品，以便于收集和处理废弃物；禁止使用难于处理或严重污染环境的消费品等。总之，在市场经济条件下，可以运用经济手段和法律手段，引导和规范消费者的行为，建立科学、合理的消费模式。

（2）企业　企业作为社会经济活动的主体，其主要目标通常是通过向社会提供物质性产品或服务来获得利润。由于企业活动的目标是追求最大的利润，至于生产什么样的产品、生产多少取决于它能从市场上得到利润的多少。但是，无论企业的性质有何不同，在它们的生产过程中，都必须要向自然界索取自然资源，并将其作为原材料投入到生产活动中，都要排放出污染物。因此，企业的生产活动，特别是工业企业的生产活动对环境系统的结构、状态和功能均有极大的影响。企业生产活动对环境的不利影响可以有以下情况：第一，从环境中索取各种自然资源，直接改变了环境的结构，进而影响到环境的功能，例如，为了满足造纸的需要，导致许多森林被过度砍伐，森林重要功能的丧失；第二，在企业生产过程中，只有一部分原材料能够转化为产品，其余的很大部分都将以废物的形式进入环境，造成环境污染，这种生产性的污染往往同时包括有大气、水体、噪声、固体废物等污染情况。

由上述分析可见，企业行为也应是环境管理的重要对象。要控制企业对环境的不良影响，首先要从企业文化的建设、管理入手，从内部减少或消除造成环境污染的因素，同时要从外部形成一个使其难以用破坏环境的方法来获利的社会运行机制和氛围。另外，还要营造有利于使其与环境协调、和谐的企业行为、技术发明所得到较高回报的市场条件。可以采取的管理措施有：制定严格的环境标准，限制企业的排污量；实行环境影响评价制度，禁止兴建过度消耗自然资源、严重污染环境的企业；运用各种经济手段，鼓励清洁生产、支持和培育与环境友好的产品生产的企业等。

（3）政府　政府作为社会经济活动的主体，其主要的形式为：第一，作为投资者为社会提供公共消费品和服务，这种情况在世界范围内具有普遍性，如由政府直接控制军队和警察等国家机器，经办供水、供电、铁路、文教等公用事业；第二，作为投资者为社会提供一般的商品和服务，这在我国比较突出；第三，掌握国有资产和自然资源的所有权，以及对自然资源开发利用的经营和管理权；第四，政府有权运用行政和政策手段对国民经济实行宏观调控和引导，其中也包括政府对市场的政策干预。

无论是进行提供商品和服务的活动，还是对市场进行宏观调控，政府的行为同样会对环境产生好的或坏的影响。其中特别注意的是宏观调控对环境所生产的影响具有特殊性，既涉及面广、影响深远又不容易察觉。由此可见，作为社会经济活动行为主体的政府，其行为对环境影响是复杂的、深刻的。既有直接的一面，又有间接的一面；既可以有重大的正面影响，又可以有巨大的难以估计的负面影响。要解决政府行为所造成和引发的环境问题，关键是要促进、把握宏观决策的科学化和正确性。

14.2　环境管理的内容

环境管理的目的是追求人类与自然的协调、和谐的发展，具体说，就是要使人类生活的水平和环境条件都同时得到改善和发展，走可持续发展的道路。基于这些，环境管理的内容可以有不同角度的划分。从对象角度，可以分为政府行为的环境管理、企业行为的环境管理和个人行为的环境管理；从环境目标角度，可以分为环境质量的环境管理和生态环境的管理。在实际工作中，这些划分常常相互交叉、结合在一起，并不一定需要从理论分析的角度去分门别类的管理。在当今时代，政府虽然也是环境管理的对象，但更重要的却是它同时扮演着主要环境管理者的角色。本节着重从政府环境管理者的角度，来介绍环境管理的内容。

14.2.1　环境质量管理

环境质量管理是指为了保证人类生存和健康所必须的环境质量而进行的各项管理工作。这里的环境质量，一般是指特定的环境中，环境的总体或环境的要素对人群的生存和繁衍以及社会经济发展的适宜程度。由于环境由多种要素组成，也由于不同地域环境的功能不同，故通常把环境质量分为空气环境质量、水环境质量、土壤环境质量等。评价环境质量的基本依据是环境质量标准，它是为保护人群健康和公私财产而对环境中污染物的容许含量所做的规定。环境质量的标准因级别的不同而不同。例如，空气中二氧化硫的日平均浓度低于 0.05mg/m^3（标准状态，余同）时为一级，在 $0.05\sim0.15\text{mg/m}^3$ 范围内为二级，在 $0.15\sim0.25\text{mg/m}^3$ 范围内为三级。政府对不同地区规定了不同的功能要求，从而规定其环境质量达到不同的级别。以空气环境质量为例，规定自然保护区、风景名胜区和其他需要特殊保护的地区应达到国家空气质量的一级标准；城镇规划中已经确定的居民区、商业交通居民混合区、文化区、一般工业区和农村地区应达到国家空气环境质量二级标准；特点的工业区应达到国家空气质量三级标准等。根据环境要素的不同，环境质量管理的内容还可以进一步划分为：大气环境管理、水环境管理、声学环境管理、土壤环境管理、固体废物环境管理。根据区域类型的不同，可以将环境质量管理进一步划分为：城市环境管理、农村环境管理。由于环境质量管理的核心内容是环境被污染的情况和程度，所以还可以从产业部门的角度将环境管理的内容划分为：农业环境管理、工业环境管理、商业及服务业环境管理。由于认识程度的阶段性和技术手段的局限性，环境质量管理的内容也在逐步的变化和发展。早期，认为控制住污染物的排放浓度就可以控制环境污染的程度，于是环境质量管理的内容主要表现为浓度管理。随着这一管理效果无效性的日益显现，今天人们认识到除了要控制住每一个排放口的污染物浓度外，还必须控制住其排放总量，以及整个地域中的总排放量，这样才能够有效地控制环境质量。近年来，许多国家的政府都开始推行以总量控制为中心内容的环境管理。

14.2.2　生态环境管理

生态环境是指人类赖以生存、发展的自然环境，之所以冠以"生态"之名，意在强调自然环境中各种要素之间存在着密不可分的物质的、能量的、信息的流动与联系。自然环境中的要素是指空气、土地、水、生物、矿物、各种气候等。所谓的自然环境就是在不同的时间和空间中，由这些要素以不同的结构形式联系在一起，并具有一定的状态。在人类活动强烈参与之后，自然环境中的要素及其结构就发生了变化。具体讲，就是物质、能量和信息的流动方式与流动状况发生了改变。如果这些改变将威胁人类（或子孙后代）的生存和发展，那就不符合人类的愿望和发展的要求。因此，人类应该管理好自己的"参与行为"。

这里所讲的生态管理，实质上就是人类对自己行为的管理。在生态环境管理中，重点是对上述自然环境要素（自然资源）的管理。

自然资源是指在一定的技术经济条件下，人类可以利用的、天然形成的物质和能量。各种自然资源来源于环境，参与环境的物质和能量的循环。一般来讲，各种自然资源在地球的物质和能量循环中都会得到更新和补充。但是，不同类型的自然资源在更新和补充的速率上存在很大的差异。某些生物可以在一年内繁殖十几代，而矿物资源则要经过数百万年才能形成。根据自然资源的更新和补充速率，自然资源可以划分为两大类：可再生资源和不可再生资源。水、生物和气候等属于可再生资源，矿物属于不可再生资源。而土地资源则具有一定的特殊性，从总量来说，它属于恒量资源；但从农业意义上讲，它属于可再生资源。

对于可再生资源来说，目前面临的主要问题是，人类对它的开发速率远远超过它的补给速率，以致可再生资源的基地不断萎缩，甚至濒临灭绝。据世界自然保护同盟（IUCN）统计，世界上平均每天有 2～3 个物种在灭绝。物种的减少使地球上的生物多样性受到破坏，从而影响到生态系统的稳定性，给人类和其他生物的生存带来巨大的威胁。因此，可再生资源管理的目标是：第一，确保人类对可再生资源的开发利用速率不超过补给速率；第二，维护生态系统和基因的多样性，拯救濒危的动植物资源。

对于不可再生资源来说，目前面临的主要问题是，人类对它的开发利用的数量呈指数规律增长，以致于部分不可再生资源将会在可预见的时期内被消耗殆尽。据世界资源研究所估计，全世界已经探明的铜、铅、汞、锡等的储量只可再满足大约 50 年的需要。考虑到人类现有的技术体系是建立在不可再生资源的基础之上的，因此从直接利害关系来看，如果人类在不可再生资源枯竭之前不能建立起全新的、以可再生资源为基础的技术体系，那么，整个人类社会经济将面临着崩溃。另外，从生态环境角度来看，不可再生资源是自然生态系统中不可缺少的环节，它的枯竭将意味着整个自然生态系统的崩溃。比如说，山区的土壤被制砖、冲刷、流失殆尽，剩下的只是一座座的石山，那么，人类将无法在这一地区生存。因此，不可再生资源管理的目标是，提高不可再生资源的利用率，尽可能减缓不可再生资源的消耗速率，以便使人类有足够的时间进行技术体系的调整，保证自然生态系统不致崩溃。

在实际工作中，当前主要是按照自然资源的种类，将自然资源管理的内容划分为：水资源管理、土地资源管理、矿产资源管理、生物资源管理等。

14.3　环境管理的手段

环境管理是一个具有对象性、目的性的管理过程。为了实现环境管理的目标，需要运用一定的手段对管理的对象施以控制和管理，才能收到好的效果。环境管理的手段主要有行政手段、法律手段、经济手段、教育手段、科学技术手段。

14.3.1　环境管理的行政手段

环境管理的行政手段是指在国家法律监督之下，各级环保管理机构运用国家和地方政府授予的行政权限开展环境管理的手段。例如，对那些违反环境保护法律和法规的行为进行警告，对擅自拆除或闲置环境保护设施的行为责令重新安装使用，对污染严重又难以治理的企业，责令停业、责令关闭、责令拆迁或限期整改等就是环境管理中的行政手段。

行政手段具有权威性、强制性、具体性、无偿性四个主要特征。

（1）权威性　运用行政手段开展环境管理，起主要作用的是管理者的权威。这是因为行政手段的有效性和所发出指令的接受率以及上下级之间的沟通，在很大程度上取决于管理者的权威。管理者的权威越高，被管理者对管理者所发出的指令的接受率就越高，上下级沟通情况就越正常，因此，提高管理者的权威是提高行政手段有效性的前提。管理者权威的提高主要取决于管理者所具有的行政权限的大小。另外，还与管理者自身在管理工作中所表现出来的良好管理素质及管理才能有关。提高行政手段的有效性必须受到国家法律的监督和制约，要坚持依法行政，依法管理。

（2）强制性　行政手段是通过行政命令、指示、规定或指令性计划等来对管理对象进行指挥和控制，因而就必须具有强制性。这种强制性与法律手段的强制性不同。从强度看，法律手段的强制程度高，它通过国家执法机关来执行，它规定了人们的行为规范，只能做什么和不能做什么，否则就是违法。而行政手段的强制程度则相对低一些。它主要强调原则上的高度统一，并不排斥人们在手段上的灵活多样性。从制约范围上看，法律手段的强制性对管理系统的子系统和任何个体都是一致的。而行政手段的强制性一般只对特定的部门或特定的对象才有效。

（3）具体性　环境管理的行政手段不同于环境管理的法律、教育手段，它较为具体。法律手段具有概括性的特点，适用范围广。教育手段具有抽象性的特点，适用范围更广。行政手段的具体性一方面表现在从行政命令发布的对象到命令的内容都是具体的，另一方面表现在行政手段在实施的具体方式方法上是因对象、目的和时间的变化而变化的。因此，它往往只对某一特定时间和对象有用，否则是无效的。

（4）无偿性　运用行政手段开展环境管理，管理者可以根据上级的有关规定和环境保护目标要求，有权对下级的人、财、物和技术进行调动和使用，有权对经济行为的主体的生产与开发行为进行统一管理，不实行等价交换的原则，因而具有明显的无偿性特征。

14.3.2　环境管理的法律手段

环境管理的法律手段是指管理者代表国家和政府，依据国家环境法律、法规所赋予的，并受到国家强制力保证实施的对人们的行为进行管理以保护环境的手段。法律手段是环境管理的一个最基本的手段，是其他手段的保障和支撑。

1. 环境法的作用与地位

（1）环境法的基本概念　环境法或称环境立法，是 20 世纪 60 年代以来才逐步产生和发展起来的一个新兴法律，其名称往往因国而异，例如，中国一般称为"环境保护法"，日本称为"公害法"，欧洲各国多称为"污染控制法"，前苏联和东欧国家称为"自然保护法"，美国称为"环境法"等。其定义也不统一，但可以将其概括为：为了协调人类与自然环境之间的关系，保护和改善环境资源并进而保护人体健康和保障经济社会的可持续发展，而由国家制定或认可并由国家强制力保证实施的调整人们在开发、利用、保护和改善环境资源的活动中所产生的各种社会关系的行为规范的总称。

该定义主要包括以下几个方面的含义：第一，环境法的目的是通过防治环境污染和生态破坏，协调人类与自然环境之间的关系，保证人类按照自然客观规律特别是生态学规律开发、利用、保护和改善人类赖以生存和发展的环境资源，维护生态平衡，保护人体健康和保障经济社会的可持续发展。第二，环境法产生的根源是人与自然环境之间的矛盾，而不是人与人之间的矛盾，其调整对象是人们在开发、利用、保护和改善环境资源，防治环境污染和生态破坏的生产、生活或其他活动中所产生的环境社会关系。通过直接调整人与人之间的环境社会关系，促使人类活动符合生态学规律及其他自然客观规律，从而间接调整人与自然界之间的关系。第三，环境法是由国家制定或认可并由国家强制力保证实施的法律规范，是建立和维护环境法律秩序的主要依据。由国家制定或认可，具有国家强制力和概括性、规范性，是法律属性的基本特征。这一特征使得环境法同社团、企业等非国家机关制定的规章制度区别开来，也同虽由国家机关制定，但不具有国家强制力或不具有规范性、概括性的非法律文件区别开来。同时，环境法以明确、普遍的形式规定了国家机关、企事业单位、个人等非法律主体在环境保护方面的权利、义务和法律责任，建立和保护人们之间环境法律关系的有条不紊状态，人们只有遵守和切实执行环境法，良好的环境法律秩序才能得到维护。

（2）环境法的目的、功能与地位　环境法产生与发展的根本原因在于环境问题的严重化以及强化国家环境管理职能的需要，由于各个国家国情的不同而各具特色。但综观各国环境法的目的、任务和功能，其法律规定又往往具有相似性，大都同时兼顾环境效益、经济效益和社会效益等多个目标，强调在保护和改善环境资源的基础上，保护人体健康和保障经济社会的持续发展。例如，《中华人民共和国环境保护法》（1989年）第1条规定："为保护和改善生活环境和生态环境，防治污染和其他公害，保障人体健康，促进社会主义现代化建设的发展，制定本法"；美国《国家环境政策法》（1969年）规定其目的在于防止环境恶化，保护人体健康，使人口和资源使用平衡，提高人民生活水平和舒适度，提高再生资源的质量，使易枯竭资源达到最高程度的再利用等。此外，也有个别国家（如日本和匈牙利等），法律规定其环境法的惟一目的和任务是保护环境资源、保障人体健康，即放弃经济优先的思想，强调对人体健康和环境利益的绝对保护。

由于环境法的保护对象是整个人类环境和各种环境要素、自然资源，再加上环境法本身不仅要符合技术、经济、社会等方面的状况、要求，而且还必须遵循自然客观规律，特别是生态学规律。因此，环境法的实施过程，实质上就是以国家强制力为后盾，通过行政执法、司法、守法等多个环节来调整人与人之间的社会关系，使人们的活动特别是经济活动符合生态学等客观自然规律，从而协调人类与自然环境之间的关系，使人类活动对环境资源的影响不超过生态系统可以承受的范围，使经济社会的发展建立在适当的环境资源基础之上，实现可持续发展。也可以说，在现代国家行使其管理职能必须坚持"依法治国"、"依法行政"的基本原则之下，环境管理就是依据环境法的规定，对与环境资源的开发、利用、保护与改善等有关的事项进行监管和调控的活动。由此可见环境法在保护环境资源、实施可持续发展战略中的极端重要性。而联合国《21世纪议程》对包括环境法在内的法律法规在实现可持续发展过程中的重要性和必要性也作出了精辟的概括，指出"在使环境与发展的政策转化为行动的过程中，国家的法律和规章是最重要的工具，它不仅通过'命令和控制'的手段予以执行，而且还是经济计划和市场工具的一个框架"。因此，各国"必须发展和执行综合的、有制裁力的和有效的法律和条例，而这些法律和条例必须根据周密的社会、生态、经济和科学原则制定。"《中国21世纪议程——中国21世纪人口、环境与发展白皮书》也进一步强调："与可持续发展有关的立法是可持续发展战略和政策定型化、法制化的途径，与可持续发展有关的立法达到实施是把可持续发展战略付诸实现的重要保障。在今后的可持续发展战略和重大行动中，有关法律和法规的实施占重要地位。"

2. 环境法律关系

环境法对现实生活发生作用，是通过其法律规范对有关的社会关系加以确认和调整，为有关法律主体设定某种权利、义务和法律责任，并凭借国家的强制力，追究违法者的法律责任，从而保障权利的拥有和义务的履行，进而达到保护环境资源、保障和促进可持续发展的目的。而这种由环境法确认和调整的人与人之间的权利、义务关系，就是环境法律关系。

环境法律关系由主体、内容和客体三要素组成。环境法律关系以环境法中某一具体法律规范达到存在为其发生、变更或终止的前提，并以某种环境法律事实（包括环境法律事件和环境法律行为）的存在为其发生、变更或终止的必要条件。它主要包括环境行政法律关系、环境民事法律关系和环境刑事法律关系三种类型。但从整体上看，无论何种环境法律关系，其设定和形成都是为了保护环境资源、维护环境利益。从国家角度来看，主要表现为保障自然资源的合理开发、利用、保护与改善，防治环境污染与其他公害，维护生态平衡，保护和改善环境质量，保障人体健康，促进经济社会的可持续发展；从具体的单位和个人角度来看，则表现为保护其人身权（如生命权、身体权、健康权等）、财产权以及在良好、适宜的环境中生活和工作的环境权益。

环境法律关系的主体是指依照环境法的规定，在环境法律关系中享有权利、承担义务的当事人。国家、国家机关、企事业单位、社会团体、个人等均可以成为环境法律关系的主体。环境法律关系的内容是指环境法律关系的主体依照环境法的规定所享有的权利、承担的义务以及在不履行其法律义务时所应承担的强制性的环境法律责任。环境法律关系的客体是环境法律关系中权利、义务所共同指向的对象。一般而言，空气、水体、土壤、矿产、森林、草原、野生动植物等环境要素，工程设施、机械设备等污染源，各种污染物质，各种环境保护装置、设施，以及与环境资源的开发、利用、保护与改善有关的行为等，均可以成为环境法律关系的客体。

3. 环境法的体系与实施

（1）环境法的体系　各种具体的环境法律法规，其立法机关、法律效力、形式、内容、目的和任务等往往各不相同，但从整体上看，其必然具有内在的协调性、统一性，组成一个完整的有机体系。而这种由有关开发、利用、保护和改善环境资源的各种法律规范所共同组成的相互联系、相互补充、内部协调一致的统一整体，就是所谓的环境法体系。关于环境法体系的类型，可以从不同角度加以划分。例如，按照国别来分，包括中国环境法和外国环境法；按照法律规范的主要功能来分，包括环境预防法、环境行政管制法和环境纠纷处理法；按照传统法律部门来分，主要包括环境行政法、环境刑法（或称公害罪法）、环境民法（主要是环境侵权法和环境相邻关系法）等；按照中央和地方的关系来分，包括国家级环境法和地方性环境法等。

从法律的效力层级来看，我国的国家级环境法体系主要包括下列几个组成部分。

1）宪法关于保护环境资源的规定。宪法第26条规定："国家保护和改善生活环境与生态环境，防治污染与其他公害"；第9条规定："矿藏、水流、森林、山岭、草原、荒地、滩涂等自然资源，都属于国家所有，即全民所有；由法律规定属于集体所有的森林、山岭、草原、荒地、滩涂除外。国家保障自然资源的合理利用，保护珍贵的动物和植物。禁止任何组织或个人用任何手段侵占或者破坏自然资源"。

2）环境保护基本法。它是对环境保护方面的重大问题作出规定和调整的综合性立法，在环境法体系中，具有仅次于宪法性规定的最高法律地位和效力。我国的环境保护法是1989年12月26日颁布实施的《中华人民共和国环境保护法》。其主要内容包括：第一，规定环境法的目的和任务是保护和改善生活环境和生态环境，防治污染与其他公害，保障人体健康促进社会主义现代化建设的发展；第二，规定环境保护的对象是大气、水、海洋、土地、矿藏、森林、草原、野生生物、自然遗迹、人文遗迹、自然保护区、风景名胜区、城市和乡村等直接或间接影响人类生存与发展的环境要素；第三，规定一切单位和个人均有保护环境的义务，对污染或破坏环境的单位或个人有监督、检举和控告的权利；第四，规定环境保护应当遵循预防为主、防治结合、综合治理原则、经济发展与环境保护相协调原则、污染者治理、开发者养护原则、公众参与原则等基本原则；应当实行环境影响评价制度、三同时制度、征收排污费制度、排污申报登记制度、限期治理制度、现场检查制度、强制性应急措施制度等法律制度；第五，规定防治环境污染、保护自然环境的基本要求及相应的法律义务；第六，规定中央与地方环境管理机关的环境监督管理权限及任务。

3）环境资源单行法。它是针对某一特定的环境要素或特定的环境社会关系进行调整的专门性法律法规，具有量多面广的特点，是环境法的主体部分，主要有以下几个方面：第一，土地规划法，包括国土整治、城市规划、村镇规划等法律法规。目前我国已经颁布的有关法律法规主要有《城市规划法》、《村庄和集镇规划建设管理条例》等。第二，环境污染和其他公害防治法，包括大气污染防治法、水污染防治法、噪声污染防治法、固体废物污染防治法、有毒化学品管理法、放射性污染防治法、恶臭污染防治法、振动控制法等。目前，我国已经颁布的主要有《大气污染防治法》及其实施细则，《水污染防治法》及其实施细则、《海洋环境保护法》及其实施条例、《环境噪声污染防治法》、《固体废弃物污染环境防治法》、《放射性同位素与射线装置放射防护条例》等。第三，自然资源保护法，包括土地资源保护法、矿产资源保护法、水资源保护法、森林资源保护法、草原资源保护法、渔业资源保护法等。目前，我国已经颁布的有关法律法规主要有《土地管理法》及其实施条例、《矿产资源法》及其实施条例、《水法》、《森林法》及其实施条例、《草原法》、《渔业法》及其实施条例、《水产资源繁殖保护法条例》、《基本农田保护条例》、《土地复垦规定》、《森林放火条例》、《草原放火条例》等。第四，自然保护法，包括野生动植物保护法、水土保持法、湿地保护法、荒漠化防治法、海岸带保护法、绿化法以及风景名胜、自然遗迹、人文遗迹等特殊景观保护法等。目前，我国已经颁布的有关法律法规主要有《野生动植物保护法》及其实施细则、《水土保持法》及其实施细则、《自然保护区条例》、《风景名胜区保护管理暂行条例》、《野生植物保护条例》、《城市绿化条例》等。

4）环境标准。它是由行政机关根据立法机关的授权而制定和颁布的，旨在控制环境污染、维护生态平衡和环境质量、保护人体健康和财产安全的各种法律性技术指标和规范的总称。环境标准一经批准发布，各有关单位必须严格贯彻执行，不得擅自变更或降低。作为环境法的有机组成部分，环境标准在环境监督管理中起着重要的作用，无论是确定环境目标、制定环境规划、监测和评价环境质量，还是制订和实施环境法，都必须以环境标准这一"标尺"作为其基础和依据。根据《环境保护法》和《环境保护标准管理办法》的规定，我国的环境标准由三类两级组成，即在类别上包括环境质量标准、污染物排放标准、环境保护基础标准及方法标准三类，在级别上包括国家级和地方级（实际上为省级）两级。其中，国家环境质量标准、国家污染物排放标准由国务院环境保护行政主管部门制定、审批、颁布和废止；省、自治区、直辖市人民政府对国家环境质量标准中未作规定的项目，可以制定地方环境质量标准，并报国务院环境保护行政主管部门备案；省、自治区、直辖市人民政府对国家污染物排放标准中未做规定的项目，可以制定地方污染物排放标准；对国家污染物排放标准中已做规定的项目，可以制订严于国家污染物排放标准的地方污染物排放标准。地方污染物排放标准须报国务院环境保护行政主管部门备案。

环境质量标准是国家为保护公民身体健康、财产安全、生存环境而制定的空气、水等环境要素中所含污染物或其他有害因素的最高允许值。如果环境中某种污染物或有害因素的含量高于该允许限额，人体健康、财产、生态环境就会受到损害。因此，环境质量标准是环境保护的目标值，也是制订污染物排放标准的重要依据。从法律角度看，它是判断环境是否已经受到污染、排污者是否应当承担排除侵害、赔偿损失等民事责任的根据。

污染物排放标准是指为了实现环境质量标准和环境目标，结合环境特点或经济技术条件而制定的污染源所排放污染物的最高允许限额。它作为达到环境质量标准和环境目标的最重要手段，是环境标准中最为复杂的一类标准。

环境保护基础标准是为了在确定环境质量标准、污染物排放标准和进行其他环境保护工作中增强资料的可比性和规范化而制定的符号、准则、计算公式等。环境保护方法标准则是关于污染物取样、分析、测试等的标准。就其法律意义而言，环境保护基础标准和方法标准是确认环境纠纷中争议各方所出示的证据是否合法的根据。只有当争议各方所出示的证据是按照环境保护方法标准所规定的采样、分析、试验办法得出，并以环境保护基础标准所规定的符号、准则、公式计算出来的数据时，才具有可靠性和与环境质量标准、污染物排放标准的可比性，属于合法证据；反之，即为没有法律效力的证据。

5）其他部门法中有关保护环境资源的法律规范。在行政法、民法、刑法、经济法、劳动法等部门法中也有一些有关保护环境资源的法律法规，其内容较为庞杂。例如，《治安管理处罚条例》第25条第一款关于对故意污损国家保护的文物、名胜古迹，尚不够刑法处分者处以200元以下罚款或者警告的规定；第6款、第7款关于对破坏草坪、花卉、树木者以及在城镇使用音响器材，音量过大，影响周围居民工作或休息，不听制止者，处以50元以下罚款或警告的规定；《民法通则》第83条关于不动产相邻关系的规定；第123条关于高度危险作业侵权的规定；第124条关于环境污染侵权的规定；《对外合作开采石油资源条例》第24条关于作业者、承包者在实施石油作业中应当保护渔业资源和其他自然资源，防止对大气、海洋、河流、湖泊、陆地等环境的污染和损害的规定；《刑法》第六章第六节关于"破坏环境资源保护罪"的规定等，均属于环境法体系的重要组成部分。此外，环境行政处罚、环境行政诉讼、环境民事诉讼、环境刑事诉讼等也必须适用《行政处罚法》、《行政诉讼法》、《民事诉讼法》、《刑事诉讼法》等，与这些法律存在着不可分割的密切联系。

6）我国缔约或参加的有关保护环境资源的国际条约、国际公约。为了协调世界各国的环境保护活动，保护自然资源和应付日趋严重的气候变暖、酸雨、臭氧层破坏、生物多样性锐减等全球性环境问题，于是产生了国际环境法。它是调整国家之间在开发、利用、保护和改善环境资源的活动中所产生的各种关系的有拘束力的原则、规则、规章、制度的总称。《中华人民共和国环境保护法》第46条明确规定的，除了我国声明保留的条款外，适用国际条约的规定。由此可以说，国际环境法是我国环境法体系的特殊组成部分，行为人也必须遵守有关规定。

（2）环境法的实施　环境法的实施就是在现实社会生活中具体运用、贯彻和落实环境法，使环境法主体之间抽象的权利、义务关系具体化的过程。通过环境法的实施，使义务人自觉地或被迫地履行其法律义务，将人们开发、利用保护和改善环境资源的活动调整、限制在环境法所允许的范围内，从而协调人类与自然环境之间的关系，实现环境法的目的和任务。因此，环境法的实施，是整个环境法制的关键环节，具有决定性的实践意义。而环境法的实施必须坚持以"事实为依据，以法律为准绳"，以及"在法律面前人人平等"的原则。

根据实施主体的不同，可以将环境法的实施分为公力实施和私力实施两大类别。

公力实施，也称为国家实施，是指国家机关依照法定权限和程序，凭借国家暴力进行的环境法的实施活动，包括行政机关通过依法行使行政权对环境资源进行监督管理，司法机关通过行使司法权进行的实施活动，检察机关通过行使检察权进行的实施活动，以及立法机关通过对行政机关、司法机关、检察机关等遵守环境法情况的监督所进行的实施活动。其中行政机关对环境法的实施活动发挥着最重要、最为基础的作用，而许多国家的环境法也都明文规定设立专门的环境行政机关，由环境行政机关负责环境法的执行和实施。

私力实施，也称公民实施，是指公民个人或公民组织依据法律规定所进行的环境法的实施活动，其主要形式包括依法参与环境行政决策、依法对违反环境法的国家机关、企事业单位或公民个人提起环境诉讼或进行检举、控告，与排污者签订污染防治协议，通过立法机关的民意代表对行政机关等遵守和实施环境法的活动进行监督以及针对环境犯罪、环境侵害行为实施正当防卫和其他自力救济等。

由于公众是环境公害的直接受害者，对环境状况最了解、最敏感，是完善和实施环境法制的根本动力来源。因此，无论在理论上还是在实践中，国际社会和世界各国都十分重视社会公众在环境法实施过程中的重要作用，强调维护公众的正当环境权益，特别是知情权、参与权和获得救济权等程序意义上的环境权，使行政机关、司法机关等的公力实施与私力实施密切配合，以求收到良好的实施效果。例如，1992年的《里约环境与发展宣言》原则第10条强调："环境问题最好是在有关市民的参与下，在有关级别上加以处理。在国家一级，每个人都应有权适当地获得公共当局所持有的关于环境的资料，包括在其社区内危险物质和活动的资料，并有机会参与各项决策进程。各国应通过广泛提供资料来便于和鼓励公众的认识和参与，应让人人都能有效地使用司法和行政程序，包括补偿和补救程序。"

4. 环境法律责任

这里的环境法律责任，是指环境法主体因违反其法律义务而应当依法承担的、具有强制性的法律责任，按其性质可分为环境行政责任、环境民事责任和环境刑事责任三种。

（1）环境行政责任　所谓环境行政责任是指违反环境法和国家行政法规中有关环境行政义务的规定所应当承担的法律责任。承担责任者既可能是企事业单位及其领导人员、直接责任人员，也可能是其他公民个人；既可能是中国的自然人、法人，也可能是外国的自然人、法人。

在环境法中，某些行为承担环境行政责任的要件仅包括行为的违法性和行为人的主观过错（包括故意或过失）两个方面，另外某些行为承担环境行政责任的要件则包括行为的违法性、危害后果、违法行为与危害后果之间具有因果关系、行为人主观上有过错三个方面。是否以"危害后果"作为承担环境行政责任的要件，则必须由环境法律法规作出明确规定。

对负有环境行政法律责任者，由各级人民政府的环境行政主管部门或其他依法行使环境监督管理权的部门根据违法情节给予罚款等行政处罚；情节严重的，有关责任人员由其所在单位或政府主管机关给予行政处分；当事人对行政处罚不服的，可以申请行政复议或提起行政诉讼；当事人对环境保护部门及其工作人员的违法失职行为也可以直接提起行政诉讼。

（2）环境民事责任　所谓环境民事责任是指公民、法人因污染或破坏环境而侵害公共财产或他人人身权、财产权或合法环境权益所应当承担的民事方面的法律责任。在现行环境法中，因破坏环境资源而造成他人损害的，实行过失责任原则。行为人没有过错的，即使造成了损害后果，也不构成侵权行为、不承担民事赔偿责任。其构成环境侵权行为、承担民事责任的要件包括行为的违法性、损害结果、违法行为与损害结果之间具有因果关系、行为人主观上有过失四个方面。因污染环境造成他人损害的，则实行无过失责任原则；除了对因不可抗拒的自然灾害、战争行为以及第三人或受害人的故意、过失等法定免责事由所引起的环境损害免予承担法律责任外，不论行为人主观上是否有过错，也不论行为本身是否合法，只要造成了危害后果，行为人就应依法承担民事责任，即以危害后果、致害行为与危害后果间的因果关系两个条件为构成环境污染侵权行为、承担环境民事责任的要件。

侵权行为人承担环境民事责任的方式主要有停止侵害、排除妨碍、消除危险等预防性救济方式，恢复原状、赔偿损失等补救性救济方式。上述责任方式可以单独使用，也可以合并使用。其中因侵害人体健康或生命而造成财产损失的，根据《民法通则》第119条的规定，其赔偿范围是："侵害公民身体造成受害的，应当赔偿医疗费、因误工减少的收入、残废者生活补助费等费用；造成死亡的，并应当支付丧葬费、死者生前抚养的人必要的生活费等费用。"对侵害财产造成损失的赔偿范围，应当包括直接受到财产损失者的直接经济损失和间接经济损失两个部分。直接经济损失是指受害人因环境污染或破坏而导致现有财产的减少或丧失，如养的鱼死亡、农作物减产等。间接经济损失是指受害人在正常情况下应当得到，但因环境污染或破坏而未能得到的那部分利润收入，如渔民因鱼塘受污染、鱼苗死亡而未能得到的成鱼的收入等。

追究责任人的环境民事责任时，可以采取以下办法：由当事人之间协商解决；由第三人、律师、环境行政机关或其他有关行政机关主持调解；提起民事诉讼；也有的通过仲裁解决，特别是针对涉外的环境污染纠纷。

（3）环境刑事责任　环境刑事责任是指行为人因违反环境法，造成或可能造成严重的环境污染或生态破坏，构成犯罪时，应当依法承担的以刑罚为处罚方式的法律后果。构成环境犯罪是承担环境刑事责任的前提条件。与其他犯罪一样，构成环境犯罪、承担环境刑事责任的要件包括犯罪主体、犯罪的主观方面、犯罪客体和犯罪的客观方面。

环境犯罪的主体是指从事污染或破坏环境的行为，具备承担刑事责任的法定生理和心理条件或资格的自然人或法人。环境犯罪的主观方面是指环境犯罪主体在实施危害环境的行为时对危害结果发生所具有的心理状态，包括故意和过失两种情形。环境犯罪的客体是受环境刑法保护而被环境犯罪所侵害的社会关系，包括人身权、财产权和国家保护、管理环境资源的秩序等。环境犯罪的客观方面是环境犯罪活动外在表现的总和，包括危害环境的行为、危害结果以及危害行为与危害结果间的因果关系。

关于环境犯罪的种类和名称，各个国家并不相同。根据我国《刑法》第六章第六节关于"破坏环境资源保护罪"的规定，我国环境犯罪的具体罪名主要有：第338条规定的非法排放、倾倒、处置危险废物罪；第339条规定的非法向境内转移固体废物罪；第340条规定的非法捕捞水产品罪；第341条规定的非法捕杀珍贵、濒危野生动物罪，非法收购、运输、出售珍贵、濒危野生动物及其制品罪，非法狩猎罪；第342条规定的非法占用耕地罪；第343条规定的非法采矿罪；第344条规定的非法采伐、毁坏珍贵林木罪；第345条规定的盗伐、滥伐森林或其他林木罪，非法收购盗伐、滥伐的林木罪等。承担环境刑事责任的方式，有管制、拘役、有期徒刑、无期徒刑、死刑、罚金、没收财产、剥夺政治权利和驱逐出境。自然人犯有"破坏环境资源保护罪"的，上述刑罚种类基本上均适用；而法人犯有

"破坏环境资源保护罪"的，仅适用罚金和没收财产两种形式的处罚。

5. 我国环境法律制度概述

（1）环境污染防治法法律制度　我国的大气污染防治立法主要有《大气污染防治法》及其实施细则、《城市烟尘控制区管理办法》、《关于发展民用型煤的暂行办法》、《汽车排气污染监督管理办法》等。具体内容有：关于国务院和地方各级人民政府防治大气污染职责的规定；关于大气污染防治监督管理体制的规定；关于排污单位的责任和公民权利义务的规定；关于大气环境保护标准制定机关及其权限的规定；关于通过合理的规划和布局防治大气污染的规定；关于对严重污染大气环境的落后生产工艺和落后生产设备实行淘汰制度的规定；关于大气污染防治监督管理制度的规定；关于防治烟尘污染的规定；关于防治废气、粉尘和恶臭污染的规定；关于违反大气污染防治法律法规的法律责任的规定，包括行政责任、民事责任和刑事责任。

我国水污染防治立法主要有《水污染防治法》及其实施细则、《淮海流域水污染防治暂行条例》、《水污染物排放许可证管理暂行办法》、《污水处理设施环境保护监督管理办法》、《饮用水源保护区污染防治管理规定》等。基本内容是：关于水污染防治原则的规定，包括水污染防治与水资源开发利用相结合原则、水污染防治与企业的整顿和技术改造相结合原则、严格保护生活饮用水原则等；关于国务院有关部门和地方各级人民政府水污染防治职责的规定；关于水污染防治监督管理体制的规定；关于水污染防治监督管理制度的规定；关于综合性水污染防治措施的规定；关于防止地表水污染的规定；关于防止地下水污染的规定；关于防止内河船舶和造船、拆船作业污染水环境的规定；关于法律责任的规定。

我国的噪声污染防治立法主要有《环境噪声污染防治法》。基本内容是：关于噪声污染监督管理体制的规定；关于环境噪声标准的规定；关于防治噪声污染的综合性制度和措施的规定；关于工业噪声污染防治措施的规定；关于建筑施工噪声污染防治措施的规定；关于交通运输噪声污染防治措施的规定；关于社会生活噪声污染防治措施的规定；关于法律责任的规定。

我国的固体废物污染防治立法主要是《固体废物污染环境防治法》。基本内容为：关于固体废物污染防治原则的规定，包括固体废物的减量化、资源化和无害化原则、全程控制原则、分类管理原则等；关于固体废物污染防治监督管理体制的规定；关于固体废物污染防治监督管理制度的规定；关于固体废物污染防治措施的规定；关于法律责任的规定。

环境立法中有毒有害物质主要是指化学品、农药和放射性物质等。我国目前尚无综合性的化学品污染控制法、也没有单行的农药控制法和放射性污染控制法。但是有一些相关的行政法规、行政规章，例如，《化学危险品安全管理条例》、《控制化学品管理条例》、《农药登记规定》、《民用核设施安全监督管理条例》、《放射性同位素与射线装置放射防护条例》、《核电厂核事故应急管理条例》、《城市放射性废物管理办法》、《放射环境管理办法》。综合起来分析，化学品污染控制立法的基本内容是：关于对化学危险品的生产、使用、贮存、经营、运输、装卸等实行严格管理的规定；关于对监控化学品实行特殊管理的规定；关于对铬、镉、汞、砷、铅等严重污染环境的化学物质的生产和使用采取严格的污染防治措施的规定；关于对化学品的进出口实行严格管理的规定等。农药污染控制立法的基本内容是：关于农药登记制度的规定；关于购买、运输和保管农药的规定；关于农药使用范围的规定；关于安全使用农药的规定。放射性污染控制立法的基本内容是：关于放射性同位素与射线装置放射防护的规定；关于民事核设施安全监督管理的规定；关于防治医疗放射性污染的规定；关于放射性废物管理的规定。

我国的海洋污染防治立法主要有《海洋环境保护法》、《防止船舶污染海域管理条例》、《海洋石油勘探开发环境保护条例》、《海洋倾废管理条例》、《防治陆源污染物污染损害海洋环境管理条例》、《防治海岸工程建设项目污染损害海洋环境管理条例》等。基本内容是：关于海洋环境保护管理体制的规定；关于防止海岸工程建设项目对海洋环境污染损害的规定；关于防止海洋石油勘探开发污染损害海洋环境的规定；关于防治陆源污染物污染损害海洋环境的规定；关于防止船舶污染海洋的规定；关于防止拆船污染海洋环境的规定；关于防止倾废污染海洋环境的规定；关于法律责任的规定。

（2）自然资源保护法律制度　我国的土地资源保护立法主要有《土地管理法》及其实施条例、《土地复垦规定》、《基本农田保护条例》、《外商投资开发经营成片土地管理办法》、《水土保持法》及其实施条例等。基本内容是：关于全面规划与合理利用土地的规定；关于进行土地复垦、恢复土地功能的规定；关于严格用地审批程序、避免乱占和浪费土地的规定；关于建立基本农田保护区、严格控制占用耕地的规定；关于防止土壤污染的规定；关于防止水土流失、土壤沙化、盐渍化、潜育化等土地破坏的规定；关于法律责任的规定。

我国的矿产资源保护立法主要有《矿产资源法》及其实施细则、《石油及天然气勘查、开采登记管理暂行办法》、《矿产资源补偿费征收管理规定》以及《煤炭法》、《煤炭生产许可证管理办法》、《乡镇煤矿管理条例》等。基本内容有：关于矿产资源所有权、探矿权和开采的规定；关于矿产资源保护监督管理体制的规定；关于矿产资源保护监督管理制度的规定；关于矿产资源保护措施的规定；关于集体和个体采矿的规定；关于开采矿产资源活动中保护环境的规定；关于法律责任的规定。

我国水资源保护立法主要有《水法》、《取水许可制度实施办法》、《城市供水条例》、《河道管理规定》等。基本内容有：关于水资源所有权和使用权的规定；关于水资源开发利用原则的规定；关于水资源监督管理体制的规定；关于水资源监督管理制度的规定；关于法律责任的规定。

我国的森林资源保护立法主要有《森林法》及其实施细则、《第五届全国人民代表大会第四次会议关于开展全民义务植树活动的决议》、《国务院关于开展全民义务植树活动的实施办法》、《森林和野生动物类型自然保护区管理办法》、《森林防火条例》、《城市绿化条例》、《森林病虫害防治条例》、《森林采伐更新管理办法》等。基本内容是：关于森林所有权的规定；关于森林建设实行"以营林为基础，普遍护林，大力造林，采育结合，永续利用的方针"的规定；关于全面规划、合理布置林地的规定；关于森林种类的规定；关于植树造林和绿化的规定；关于森林保护管理机构的规定；关于控制森林采伐量和采伐更新的规定；关于占用、征用林地的规定；关于森林保护措施的规定，包括建立林业基金制度、封山育林制度、群众护林制度、森林防火制度、森林病虫害防治制度、采伐许可证制度、划定自然保护区制度等；关于法律责任规定。

我国的草原资源保护立法主要有《草原法》、《草原防火条例》等。基本内容是：关于草原所有权和使用权的规定；关于合理利用草原，保护草原植被，防止草原因过牧、滥垦、滥砍、滥挖、滥捕野生动物、采矿、火灾、鼠害、虫害、污染等而被破坏的规定；关于草原保护监督管理体制的规定；关于草原所有权或使用权纠纷处理办法的规定；关于法律责任的规定。

我国的渔业资源保护立法主要有《渔业法》及其实施细则、《水产资源繁殖保护条例》、《水生野生动物保护实施条例》等。基本内容是：关于渔业生产实行"以养殖为主，养殖、捕捞、加工并举，因地制宜，各有侧重的方针"的规定；关于发展养殖业的规定；关于规范捕捞业的规定；关于渔业资源增殖和保护的规定；关于渔业资源保护管理体制的规定；关于法律责任的规定。

（3）自然保护法律制度　我国的生物多样性保护立法主要有《野生动物保护法》、《陆生野生动物保护实施条例》、《水生野生动物保护实施条例》、《水产资源繁殖保护条例》、《野生植物保护条例》、《野生药材资源保护管理条例》、《进出境动植物检疫法》、《植物检疫条例》等。其中野生动物保护立法的基本内容是：关于野生动物资源属于国家所有的规定；关于保护野生动物生境的规定；关于野生动物保护的监督管理体制的规定；关于单位、个人保护野生动物的权利、义务的规定；关于对珍贵、濒危野生动物实行重点保护的规定；关于控制对野生动物猎捕的规定；关于鼓励驯养野生动物的规定；关于对野生动物及其制品的经营利用和进出口活动实行严格管理的规定；关于法律责任的规定。野生植物保护立法的基本内容是：关于野生植物保护基本方针和综合性措施的规定；关于野生植物保护的监督管理体制的规定；关于野生植物保护的监督管理制度的规定；关于通过建立自然保护区、控制野生植物的经营利用等措施保护野生植物生境的规定；关于法律责任的规定。动植物检疫立法的基本内容是：关于动植物检疫管理体制的规定；关于动植物检疫范围的规定；关于检疫对象和划定疫区的规定；关于防止检疫对象传入措施的规定；关于对检疫不合格动植物处理办法的规定；关于法律责任的规定。

我国的水土保持和荒漠化防治立法主要有《水土保持法》及其实施条例。此外，《环境保护法》、《土地管理法》、《水法》、《农业法》、《森林法》、《草原法》等也对水土保持和荒漠化防治作了相应的规定。综合来看，基本内容是：关于水土保持工作实行"预防为主，全面规划，综合防治，因地制宜，加强管理，注重效益的方针"的规定；关于水土保持管理制度的规定；关于开展和鼓励有利于水土保持的活动的规定；关于禁止可能造成水土流失和荒漠化的某些活动的规定；关于修建铁路、公路、水利工程，开办大中型企业及从事林业活动等可能造成水土流失的活动者采取水土保持措施的规定；关于法律责任的规定。

我国自然保护区立法主要有《自然保护区条例》、《森林和野生动物类型自然保护管理办法》、《自然保护区土地管理办法》等。基本内容是：关于自然保护区管理体制的规定；关于自然保护区分级的规定；关于建立自然保护区的条件和程序的规定；关于自然保护区分区（包括核心区和实验区）的规定；关于自然保护区管理措施及其开发利用的规定；关于法律责任的规定。

我国的风景名胜区和文化遗迹地保护立法主要有《文物保护法》及其实施细则、《风景名胜区管理暂行条例》及其实施办法、《地质遗迹保护管理规定》。《环境保护法》、《城市规划法》、《矿产资源法》等法律也对风景名胜区和文化遗迹地的保护作了相应规定。综合来看，基本内容是：关于制定规划、全面保护的规定；关于划分风景名胜区和文物保护单位的级别、确定历史文化名城并对其实行重点保护的规定；关于风景名胜区管理机构、管理体制的规定；关于禁止侵占风景名胜区的土地和从事破坏环境景观的建设活动的规定；关于采取划定建设控制地带、限制文化遗迹地内工程建设、控制文化遗址的迁移、拆除、改作他用等措施保护文化遗迹地的规定；关于法律责任的规定。

14.3.3 环境管理的经济手段

1. 环境管理的经济手段的介绍

环境管理的经济手段是指管理者依据国家的环境经济政策和经济法规，运用价格、成本、利润、信贷、税收、收费和罚款等经济杠杆来调节各方面的经济利益关系，规范人们的宏观经济行为，培育环保市场以实现环境和经济协调发展的手段。环境管理的经济手段可分为：一是宏观经济手段，指国家运用价格、税收、信贷、保险等经济政策来引导和规范各种经济行为主体的微观经济活动，以满足环境保护要求，把微观经济活动纳入到国家宏观经济可持续发展的轨道上来的手段；二是微观经济手段，指管理者运用征收排污费、污染赔偿和罚款、押金制等经济措施来规范经济行为主体的经济活动，强化企业内部的环境管理，做好污染防治和生态环境保护的手段。

环境管理经济手段的核心作用是贯彻物质利益原则，将对环境有害活动的外部影响纳入到经济核算中去，即把各种经济行为的外部不经济性内化到生产成本中。运用经济手段，从一定意义上说，就是在国家宏观指导下，通过各种具体的经济措施不断调整各方面的经济利益关系，限制损害环境的经济行为，鼓励保护环境的经济活动，把企业的局部利益同全社会的共同利益有机地结合起来。

经济手段具有利益性、间接性、有偿性三个特征。

（1）利益性 利益性是经济手段的根本特征。它是指经济手段应符合物质利益的原则，利用经济手段开展环境管理，其核心是把经济行为主体的环境责任和经济利益结合起来，运用激励原则充分调动企业环境保护的积极性。让企业既主动承担环境保护的责任和义务，又能从中获得有利于自我发展的机遇和外部环境。

（2）间接性 间接性是指国家运用经济手段对各方面经济利益进行调节，来间接控制和干预各经济行为主体的排污行为和生产方式。以使各经济行为主体自主选择既有利于环境保护，又有利于发展的资源开发、生产和经营策略。

（3）有偿性 有偿性是指各经济行为主体在环境责任与经济利益方面应遵循等价交换的原则，即实行谁开发谁保护、谁利用谁补偿、谁破坏谁恢复、谁污染谁治理的"使用者支付原则"。环境资源是发展经济的基础，但发展不能损害或降低环境资源的价值量。无论是资源开发活动，还是企业生产行为，在获取经济利益的同时，必须以增加环境保护投入、交纳排污费或污染赔款等形式来承担与此相应的环境责任，消除由此所造成的环境破坏和影响。

企业的行为是经济行为，制约和规范经济行为的最有效手段是经济手段。但是，在环境管理中让经济手段发挥应有的作用必须满足一个基本前提，这就是企业因违反环境法律、法规所必须支付的用于环境保护的补偿或费用必须大于企业因逃避环境责任而获得的非法收入的额度。具体地讲，只有当经济处罚或收费的额度超过其因减少环境保护投入所节省下来的货币价值时，环境管理的经济手段才能真正发挥应有的作用。企业才能积极主动地调整自己的经济行为，认真开展污染预防和治理工作。

2. 当前我国的环境经济手段

（1）我国环境经济手段的分类 我国的环境经济手段有环境污染防治政策、生态环境保护政策和自然资源合理开发利用政策等。其中有国家制定的方针政策，有国家制定和颁布的法律，有国家制定和颁布的规章制度，有地方制定和颁布的法规和政策。根据环境经济手段的执行部门来划分，我国的环境经济手段是：第一，是由环境保护部门负责执行的环境经济手段，包括排污收费制度、"三同时"制度、排污申报登记与排污许可证制度、征收生态环境补偿费和环境税制度等；第二，是由产业部门负责执行的环境经济手段，包括资源使用税，开发矿产资源和土地资源补偿费，造林育林专项资金、补贴、优惠贷款，城建环境保护投资，废物回收利用押金返还、补贴等；第三，由综合部门负责执行的环境经济手段，包括城镇土地使用税，耕地占用税，城乡维护建设税，资源综合利用政策（税收、押金、利润留成、补贴），企业更新改造环保投资要占一定的比例，清洁生产的鼓励政策，环保产业税收、贷款优惠政策，有益于环境的财政税收政策等。

（2）我国现行的环境经济手段　一般包括：①是排污收费制度。它是我国环境管理中最早提出，并已广泛实行的环境管理制度之一。这项制度是将外部不经济性内在化的一项环境经济政策，是"谁污染谁治理"原则的体现。合理制定排放标准是这项制度的关键。排污收费标准的研究确定要遵守以下原则：补偿对环境损害的原则，略高于治理成本的原则，排放同质同量的污染物等价收费的原则，技术经济可行、科学合理、可操作性强的原则。实施排污收费的目的是：控制污染，全面改善环境质量。我国的排污收费可分两个层次：一是超标收费，《中华人民共和国环境保护法》第28条规定："排放污染物超过国家或地方规定的污染物排放标准的企事业单位，依照国家规定缴纳超标排污费，并负责治理"；二是收排污费，即向环境排放污染物就要按照国家规定缴纳排污费。②"三同时"制度。三同时制度为我国独创，它来自20世纪70年代初防治污染工作的实践。这项制度的诞生标志着我国在控制新污染的道路上迈出了新的台阶。所谓"三同时"是指新建、扩建、改建项目和技术改造项目、自然开发项目，以及可能对环境造成损害的工程建设，及其防治污染和其他公害的设施，必须与主体工程同时设计、同时施工、同时投产。建设投产或使用后，其污染必须遵照国家或省、市、自治区规定的标准排放。③收取环境税。环境是有价值的资源，使用环境资源应交纳一定的费用。④生态补偿费。"谁开发谁保护，谁破坏谁恢复，谁利用谁补偿"。如果未进行保护、恢复和补偿则必须交纳生态补偿费。⑤排污交易。排污交易理论是在20世纪80年代引入我国的，它是指如果某企业排放的污染量低于排放限度水平，这家企业就可以把它的实际排放量与允许排放量间的差额卖给另外的企业。⑥补贴与奖励制度。补贴是指政府对保护环境、治理污染行为给予一定的资金补贴。常用于对于植树造林活动、对于污染防治工程的基本建设投资及污染治理设施的运行费用等进行补贴。奖励则主要是针对"三废"的综合利用方面而言的。

14.3.4　环境管理的教育手段

作好环境保护工作，不仅需要加强环境法制建设，通过强化管理来规范人们的环境行为，而且还需要加强环境教育以提高人们的环境意识，使环境保护成为人们的自觉行动。所以，环境教育是环境保护的一项重要内容，是解决环境保护源动力的一项"治本工程"。

1. 环境教育

环境教育是指在一般教育规律的指导下，针对不同层次的教育对象，采用形式多样的教育形式和方法而进行的有关环境保护的教育。环境教育的目的，一是使受教育者拥有一定的环境保护知识，二是提高受教育者的环境保护意识，如生态意识、资源意识、环境质量意识等。使环境教育发挥内在约束与管理的作用。

环境教育有多种不同的手段、形式、内容和途径。其中环境宣传是环境教育的一种手段，但并不是一个独立的内容，国内有些学者和专家把环境宣传当作与环境教育并行的两个独立的方面，这就倒置了环境宣传和环境教育的隶属关系，容易产生认识上的混乱和理解上的偏差。这一点有必要明确指出，使所有的环境工作者、读者能够对环境教育和环境宣传的关系有一个正确的认识。

2. 环境教育的形式

环境教育的形式概括起来可分为四种形式：学历环境教育、基础环境教育、公众环境教育、成人环境教育。

（1）学历教育　也就是专业教育，是以高等院校为主体，通过培养专业环境保护人才为主要形式。中国的学历环境教育开始于 20 世纪 70 年代中后期，发展迅速，培养的人才是国家环境保护事业的核心力量。

（2）基础教育　也就是非专业教育，是以各种类型的学校的学生为对象的教育形式。因为环境保护是一项长期、全面而又艰巨的任务，需要持续不断地教育和影响全社会各个阶层，所以，环境教育必须从儿童就开始。这样可以充分利用儿童接受性强，渗透面广的特点，从而间接培养带动家长的环境保护意识，形成全面推动的环境保护教育局面。非环境专业的大中专院校及各类职业学校的环境教育具有一定的强制性、理论性和系统性，主要以课堂教学为主，并根据所学专业开设各种环境保护选修课或必修课。如环境保护概论，环境建筑学，环境水利学，森林生态学，生态农业，环境地质学，环境化学和环境物理学等。

（3）公众环境教育　其是包括环保部门，教育机构和其他社团对企业、政府等更广泛的社会公众进行的环境宣传教育活动。公众环境教育主要利用与环境有关的各种节日，通过大型咨询、游行集会、宣传展览、公益广告等活动，结合广播、电视、报刊杂志等媒体联合进行的一种环境教育活动。

开展社会公众环境教育的目的是提高公众的环境意识，增强广大群众与环境保护的自觉性，加强社会公众对政府和企业环保工作的监督。这也是国家和政府部门的一项长期任务。要充分发挥环境保护部门执法监督的职能和新闻媒体的宣传作用，并辅之以社会、街道的管理优势，通过开展行之有效的宣传，培养和提高社会公众的环境意识。

开展企业界的环境教育是环境保护部门和行业主管部门的首要任务，主要抓好三方面工作：一是进行环境法制教育，环保部门要通过严格环境执法和监督，以典型案例为教材，增强企业的环境法制观念，使企业法人和企业职工明确自己所应承担的环境保护责任、义务和应具有的环境权益。二是进行行业环境保护知识教育，使企业的干部和职工了解本行业环境保护的基本知识和基本技能。三是进行环境道德教育，培养企业职工良好的环境道德和行为规范。

开展政府决策者环境教育的目的是努力提高决策者的环境意识和决策水平。现行的主要手段和途径为：一是通过各种高层次培训有针对性地进行环境保护政策、法规方面的宣传，使他们明确自己肩负的责任与义务；二是强化社会公众的环境监督力度，通过社会公众的环境监督促进领导干部环境意识的提高；三是加强环境宣传的力度，通过环境宣传和社会公众的广泛参与推动领导干部环境意识的转变和提高。

（4）成人环境教育　其也称为在职岗位培训或继续教育，主要是通过在职培训持续提高环保人员的业务素质和业务能力，实现持证上岗。从受教育人员的构成来看，环境保护成人教育包括环保部门在职教育和企业环保人员在职教育两种。从受教育人员的工作性质来看，包括管理人员在职教育和业务人员在职教育两种。

3. 环境教育的对策

作为科教兴国战略的重要组成部分，中国的环境教育要立足于国情，以环保实践的需要为向导，确立环境教育为环境管理服务的指导思想，重新调整各种环境教育的发展方向和对策。

（1）确立基础教育优先发展的地位　长期以来，我国形成了以学历或专业环境教育为中心，社会公众教育次之，基础教育再次之的教育发展模式。随着我国环境保护形式的发展和环境战略的调整，提高全民族的环境意识已成为我国 21 世纪环境教育中最重要的问题，这就使基础环境教育摆在了优先发展的地位。发展基础环境教育，一要制定国家的基础环境教育规划，将环境教育依法纳入国家九年义务教育计划，统一要求和标准，并进行规范化管理；二要增加基础环境教育投入，大力开展基础环境教育的理论研究，大力培养环保师资队伍；三要加强环境教育的教材建设，特别是加强中小学环境教育的教材建设，提高教材质量，规范出版全国性环境保护科普教材。

（2）加强公众环境教育　公众环境教育范围广、综合性强，拥有最大的受教育群体。在各种环境教育中，公众环境教育是仅次于基础教育的一种教育形式，应当受到重视。但由于环境执法力度不够，对企业界和政府决策的环境教育往往停留在空洞的传统说教上，缺少必要的新闻舆论监督、法律监督和行政监督，又成为环境教育中的薄弱环节，应当加强这方面的工作。社会公众既是环境污染和生态破坏的受害者，又是环境保护的受益者。开展环境保护没有社会公众的支持是不行的，而能够得到社会公众的支持关键取决于社会公众的环境意识强弱。事实证明，在未来的环境保护工作中，社会公众将成为企业和政府依法履行环境保护责任与义务的监督主体。

加强公众环境教育，一是要建立有效的公众参与制约监督机制，保障社会公众的合法环境权益；二要避免形式主义，减少空洞的说教，增加司法实践的内容，通过具体案例进行环境宣传教育；三是要充分发挥舆论监督作用，强化对政府环境保护工作的舆论监督。

（3）加强成人教育　主要包括环保系统的岗位培训和行业环保人员的岗位培训两部分。加强环保系统的岗位培训是成人环境教育的主要内容，也是国家环境保护行政主管部门的一项重要任务。要充分发挥高校在环境教育的作用，加大环保岗位培训的力度，特别要加快对县级环保部门领导干部以及基层环保人员的系统培训，提高整体素质，强化环境行政执法能力。

开展行业环保人员的环境教育主要指大、中型企业环保人员的岗位培训。这项工作主要由地方政府或行业主管部门负责组织实施。可利用各种形式，举办各类培训班和学习讲座，对企业环保人员进行专业知识教育。

（4）调整和优化学历环境教育　目前，应当从人才政策和人才分配制度上加强对学历环境教育的宏观调控和指导，规范环保人才市场，有效开发和利用各类环保专业人才资源，实现环保专业人才的有序、合理流动。开设专业环境教育的各类高等院校要面对环保人才市场需求，调整专业方向和专业设置，限制过剩的环境专业的发展，增加如生态保护、环境监理等方面的专业，以满足不断发展的环保专业人才需求。

14.3.5 环境管理的科学技术手段

环境管理的技术手段是指管理者为实现环境保护目标而采取环境工程，环境监测，环境预测、评价、决策分析技术等，用这些技术手段达到强化环境监督的目的。环境管理的技术手段可分为宏观管理技术手段和微观管理技术手段两个层次。

1. 宏观管理技术手段

它属于决策技术的范畴，是一种"软技术"，是指管理者为开展宏观管理所采用的各种定量化、半定量化及程度化的分析技术。这类技术包括环境预测技术、环境评价技术和环境决策技术。

环境预测与环境评价技术是指区域政策的预测与评价技术，包括灰色预测与评价技术、模糊预测与评价技术、马尔可夫链状预测与评价技术等。环境决策技术按量化程度可分为定量决策技术、定性决策技术。按决策结果的确定性程度可分为确定性决策技术和非确定性决策技术。按解决环境问题的过程可分为单阶段决策技术和多阶段决策技术。按决策问题包含的目标多少可分为单目标决策技术和多目标决策技术等。

2. 微观管理技术手段

它属于应用技术的范畴，是一类"硬技术"。它是指管理者运用各种具体的环境保护技术来规范各类经济行为主体的生产与开发活动，对企业生产和资源开发过程中的污染防治和生态保护活动实施全过程控制和监督管理的手段。

按照环境保护技术的作用来划分，环境管理技术可分为预测技术、治理技术和监督技术三类。预测技术包括污染预测技术和生态预测技术。治理技术包括污染治理技术和生态治理技术。监督技术包括常规监督技术和自动监控技术。

按照环境保护技术的应用领域来划分，环境管理技术可分为污染防治技术、生态保护技术和环境监测技术三类。

污染防治技术包括污染预防技术和污染治理技术两方面。其中，污染预防技术也称为清洁生产技术，它属于生态技术范畴，是指在工业生产过程中，从产品设计开始，力求资源利用最大化，废物排放最小化的全过程控制生产技术。清洁生产可概括为：采用清洁的能源和原材料，通过清洁的生产过程，生产出清洁的产品。污染治理技术也称为环境工程技术。生态保护技术也称为生态工程技术，它是指对生态系统进行研究、设计，运用生态学的原理与措施以改善生态系统的结构，恢复其生态系统功能的一类技术。它包括生态建设技术和生态治理技术两方面。环境监测技术包括污染监测技术和生态监测技术两方面。

技术手段具有规范性特征，所谓规范性是指各种技术在操作和应用过程中必须严格遵循技术要求和技术规程的特性。

复 习 思 考 题

1. 环境管理的对象是什么？
2. 简述环境管理的内容。
3. 环境管理的手段有几类？并简要说明。
4. 论述环境教育的重要性。

15

第 15 章
环境管理的技术保证

15.1 环境监测

环境监测是环境管理工作的一个重要组成部分，是通过技术手段测定环境质量因素的代表值以反映环境质量状况的监管工作。

15.1.1 环境监测的任务与目的

环境监测的任务是对环境中各要素进行经常性监测，对各有关单位排放污染物的情况进行监视性监测，掌握和评价环境质量状况及其变化趋势；通过长期监测为全面开展环境管理工作提供准确、可靠的监测数据和资料等，为政府部门制定各项环境法规、标准提供依据。

环境监测的目的是通过环境监测的数据来判断该地区的环境质量是否符合国家规定，预测环境质量的变化趋势，找出该地区的主要环境问题，甚至主要原因；通过环境监测的数据可以发现新的和潜在的环境问题，发现并掌握污染物的迁移、转化规律，最终为环境管理工作服务。

在此基础上，才能够提出相应的治理方案、控制方案、预防方案以及法律、法规和标准等一整套环境管理的办法，作出正确的环境决策。

15.1.2 环境监测的特点与分类

1. 环境监测的特点

环境监测的特点有以下三个：

（1）环境监测的系统性　环境监测具有系统性。完成环境监测工作，获得真实可靠的数据、资料，就必须系统地把握监测过程中的一系列关键的基本环节。比如在环境监测中要把握布点、采样、样品运输和保存、样品分析、数据处理等基本环节。

（2）环境监测的综合性　环境监测的综合性是指监测对象的综合与监测手段的综合。监测手段的综合是指把化学的、物理的、生物的监测手段等综合在统一的监测系统中。在环境监测工作中，大气、水体、土壤、固体废弃物、生物等环境因素都是环境监测的对象，由于这些要素之间有十分密切的联系，因此监测对象的综合性就是指对这些要素监测的数据进行综合分析，才能够揭示数据的内涵，才能说明环境质量的状况。

（3）环境监测的时序性　环境监测的对象大多成分复杂、干扰因素多、情况变化大。

要想准确地揭示它们的变化情况，监测就必须具有连续性。这样做才有可能消除各种可能出现的误差，获得较准确的信息，才有可能揭示环境污染的真实情况，才有可能准确地预测环境质量或环境污染的发展趋势。

2. 环境监测的分类

环境监测分为常规监测和特殊目的监测两类：

（1）常规监测　常规监测一般是指对已经污染因素的现状和变化趋势进行的监测，又可以分为环境要素监测和污染源监测两类：

1）环境要素监测是针对如大气、水体、土壤等各种环境要素，分别从化学、物理、生物等角度对其污染情况进行定时、定点监测。

2）污染源监测是针对污染源的排污情况从化学、物理、生物等角度进行定时监测。

（2）特殊目的监测　这种类型的监测主要包括研究性监测、污染事故监测、仲裁监测和考核验证监测等。

15.1.3　环境监测的方法和质量保证

环境监测的方法随着监测的目的和实际的可操作性而灵活运用。从技术上来看，包括化学的、物理的、生物的方法等；从科技含量来看，包括人工的、自动化的。总之，方法多种多样，而且还在不断地发展、更新，在实际操作中，应该灵活运用。

环境监测的质量保证是非常重要的。质量保证的目的是为了使监测数据具有准确性、精确性、完整性、可比性、代表性。质量保证的内容包括采样的质量控制、样品运送和储存中的质量控制、数据处理分析的质量控制等。

15.2　环境预测

15.2.1　概念

环境预测是根据已掌握的资料情报和监测数据，运用科学技术手段和方法对未来的环境状况和发展趋势进行的估计和推测。其目的就是为提出改善环境和进一步保护环境的决策提供依据，它是环境管理的重要依据之一。

在环境管理活动中，需要不断分析形势，了解情况、估计后果。因此，环境预测对环境管理工作非常重要。为了使环境管理有效，确定好的决策目标和管理方案，必须要有一正确环境预测结果，这样才可以使管理决策具有正确性、管理方案具有现实的合理性。

15.2.2　环境预测的原则与方法

1. 环境预测需要遵循的原则

1）经济社会发展是环境预测的基本依据。这里要注意经济社会与环境各系统之间以及系统内部的相互联系和变化规律。

2）科学技术是第一生产力。科学技术无论是对经济社会发展，还是对环境问题的解决及人类生存环境的保护，都起重要的作用。

3）突出重点。在环境预测的过程中，要抓住那些对未来环境发展动态最重要的影响因素，提高预测的准确性，减少工作量。

4）具体问题具体分析。环境预测涉及的工作面十分广泛，要注意不同方面、不同层次的特点和要求。

2. 环境预测的方法

根据预测方法的广义特性可将其分为以下几类：

1）定性预测方法，即指经验推断方法、启发式预测方法等。这类方法的共同特点主要是依靠预测人员的经验和逻辑进行推理，不需要历史数据的计算处理。但是，这种预测方法不同于凭主观直觉作出预言的方法，是充分利用新获取的信息，将集体的想法集中起来按照一定的程序形成的。在处理环境问题的工作中，有许多现象无法作出定量的描述，另外，有时又不需要预测出未来的具体细节，只需要掌握主要的发展方向即可。

2）定量预测方法，是依靠历史统计数据，在定性分析的基础上建立数学模型进行预测的方法。这种方法不靠人的主观判断，是依靠数据进行计算分析的。

3）综合预测方法，是定性与定量方法的综合。也就是说，在定性方法中，也要辅之必要的数值计算；在定量方法中，也要以人的主观判断做前提。综合方法兼有各种方法的长处，可以得到较可靠的预测结果。

根据预测方法的具体操作特性可将其分为以下几类：

1）直观法，也就是定性预测法。

2）因果型方法，是分析预测对象与有关因素的因果关系，并依据此关系构造模型进行预测。如投入产出预测法。

3）趋势外推法，是利用研究对象历史和现在的统计数据资料，发现其变化趋势，并根据此趋势推测其未来的状况。如时间序列法、增长曲线法。

15.2.3　环境预测的程序

环境预测的工作程序，因工作的内容、要求的不同而不尽相同。一般来讲，环境预测工作可以分为四个阶段和相应的步骤。

1. 准备阶段

（1）确定预测目的和任务　按照环境决策管理的需要，确定预测的目的和任务是进行预测的前提工作。因此，对这一阶段的工作的要求是目标明确、任务具体可行。

（2）确定预测时间　根据预测的目的和任务的要求，规定预测的时间期限。

（3）制定预测计划　预测计划是预测目的的具体化，布置预测的具体工作，如人员的安排、经费的预算、预测的情报获取途径等。

2. 收集、分析信息阶段

（1）收集预测资料　环境预测需要有充分的历史和现实的数据。因此，安排好任务之后，就应该围绕目标，收集有关的数据和资料等材料。这些数据资料必须来源明确、可靠，结果必须正确、可信。

（2）资料的分析检验　环境预测所收集的数据、资料中，必须包含可以反映预测对象的特性和变动倾向的信息。同时，要对资料进行加工、整理、分析和选择，剔除非正常因素的干扰，对相关因素要进行调整和测定等。

3. 预测分析阶段

（1）选择预测方法　根据环境过程的特点、资料的占有情况、预测目的所要求的精确程度及人力、经费、时间等情况，选择可行的预测方法。

（2）建立预测模型　环境预测模型正确与否，是决定预测结果准确性的关键。它应该能够反映预测对象的基本特征与经济、环境之间的本质联系，能够反映预测对象内部因素与外部因素相互制约的关系。

（3）进行预测计算　将有关的资料数据输入所建立的环境预测模型中进行计算，求出最初的环境预测结果。

（4）检验预测结果　结果的检验是非常重要的一步。最初的结果往往不是十分精确，还需要对结果进行分析、检验来确定其可靠程度，如果误差太大，就需要对预测结果作必要的调整或对模型进行修改，重新进行计算。有时，可能需要多次重复此步骤，直到预测结果满足要求为止。

4. 输出预测结果阶段

（1）输出预测结果　当预测结果满足精度要求后，就可以将预测结果输出。

（2）提交预测结果　当预测结果输出后，按提交要求交给决策部门，制定环境管理方案。

15.3　环境审计

有关工业企业环境审计概念的讨论最近几年比较广泛，其目的是将潜在的、可能出现的环境危险降到最低程度。

15.3.1　环境审计介绍

广义地说，环境审计是对环境管理的某些方面进行检查、检验和核实。

国际商会对环境审计的概念作出的说明是："环境审计"是一种管理工具，它用于对环境组织、环境管理和仪器设备是否发挥作用进行系统的、文化的、定期的和客观的评价，其目的是通过以下两个方面来保护环境：第一，简化环境活动的管理；第二，评定公司政策与环境要求的一致性，公司政策要满足环境管理的要求。

环境审计是一个较新的术语，它也是一个应用日趋广泛的术语。在过去很长的时间里，环境审计的活动是在不同名称下进行的，如环境考察、调查、质量控制、环境评估等。20世纪 70 年代末，美国率先采用了环境审计。最初，它的重点是保证公司依法办事。如在评审工厂发展的可能时，首先应该注意该工厂是否位于符合大气质量标准的区域。同时，讨论该工厂对大气污染的状况时，审计报告列出该工厂排放物的名称以及它们允许值的范围。尽管该术语在环境管理工作中已经开始被利用，但是，国际上对此概念的含义、审计的任务及方法等仍然没有明确公认的看法。

15.3.2　环境审计的方法

环境审计从具体操作的方法看，它可以分为三大步骤：

1. 前期审计活动

每一项审计的准备工作都包括大量的活动，活动的内容包括选择审查现场，挑选、组织审计小组，制订审计计划以确定技术、区域和时间范围，获得被审计单位的背景材料及要被用在评估中的标准。这样做可以减少现场活动的时间，使审计小组在审计过程中能够发挥最大的工作效率。

2. 现场审计活动

现场审计大致包括五个方面：

（1）鉴别和了解企业内部的管理控制系统　内部控制与环境管理系统是联系在一起的。内部控制包括有组织的监测和保存记录的程序；正式计划，如防止和控制偶然的污染事故的排放；内部检查的程序；排放物的控制以及其他的控制系统等。审计小组通过利用调查表、观察资料和会谈等方法，来得到大量的资料，并从中获得与所有重要的控制系统要素有关的信息。

（2）评价企业内部的管理控制系统　该系统主要用来评价管理系统的功能和效果。在有些情况下，法规对管理控制系统的设计已有详细的说明，如对偶然的排放物，法规可列出包含在计划中的有关专项内容。但是审计小组的成员还必须依靠他们的专业能力对控制系统作出评价。

（3）搜集审计资料　其主要内容包括：审查排放物的监测数据以确证其符合规定的要求；审查培训记录以证实有关的工作人员已接受过培训，或审查采购部门的记录以证实废弃物承包商具有资格处理这些废弃物。审计人员搜集所需要的证据，以便证实系统控制在实际运行中确实达到预期的效果。

（4）评价审计调查结果　单项的调查结束后，审计成员得出的是与控制系统单个要素有关的结论。随后需要综合评价调查结果，并评估其不足之处。对于所得的审计结果，要确认有足够的证据来证实，并清楚、概要地总结调查结果。

（5）向工厂汇报调查结果　在审计工作中，就调查的结果通常要与工厂员工进行讨论。在总结报告时，要与工厂的管理部门召开一个正式会议，说明调查结果及其在控制系统运行中的重要性。

3. 后期审计活动

在审计的后期，需要有三方面的工作要做：

（1）准备最终报告并提出一个更正行动的计划　审计小组提出审计报告后，经过审查其准确性后，提交管理部门。

（2）行动计划的准备及执行　在审计小组或专家的协助下，工厂提出一项计划，该计划可以反映全部的调查结果。该计划是为取得管理部门的认可和保证实施服务的。只要可能，就应该立即付诸行动。否则，就失去了审计的主要作用。

（3）监督行动计划的执行　监督是审计工作最重要的方面，其目的是要保证更正行动受到关注和使行动计划能够实施。审计小组、内部环境专家及管理部门都可以进行监督。

15.3.3　环境审计的发展状况

最近几年，关于公司的环境审计的概念已进行过多次讨论，但是，由于环境审计的含义或审计的内容，以及审计所采用的方法等，从国际上看，还没有明确，还需要一个时间过程的发展。

同时，在现代环境管理中，审计只能是一个有限的工具。环境审计是环境管理系统中的一个组成部分，它协调公司有效的组织和管理环境。经验说明，只有当公司出于自愿进行环境审计，并且将审计的结果有效地运用于管理中，环境审计才能够充分发挥其效用。

15.4　环境标准

环境标准是环境管理目标和效果的表示，也是环境管理的工具之一。它是环境管理工作由定性转入定量，更加科学化的显示。

15.4.1　基本概念

环境标准是有关污染防治、生态保护和管理技术规范标准的总称。有关环境标准的定义有很多。

亚洲开发银行从环境资源价值角度给环境标准下的定义是：环境标准是为了维护环境资源价值，对某种物质或参量设置的允许极限含量。在环境资源的概念下，环境标准可适用的范围很广。

《中华人民共和国环境保护标准管理办法》中对环境标准的定义是：为了保护人群健康、社会物质财富和维持生态平衡，对大气、水、土壤等环境质量、对污染源的监测方法及其他需要所制定的标准。

一般认为，环境标准是为了防治环境污染，维护生态平衡，保护人群健康，对环境保护工作中需要统一的各项技术规范和技术要求所作的规定。具体地讲，环境标准是国家为了保护人民健康，促进生态良性循环，实现社会经济发展目标，根据国家的环境政策和法规，在综合考虑本国自然环境特征、社会经济条件和科学技术水平的基础上规定环境中污染物的允许含量和污染源排放污染物的数量、浓度、时间和速率及其他有关技术规范。

环境标准是国家环境政策在技术方面的具体体现，是行使环境监督管理和进行环境规划的主要依据，是推动环境科技进步的动力。由此看出，环境标准是随环境问题的产生而出现，随科技进步和环境科学的发展而发展，体现在种类和数量上也越来越多。环境标准为社会生产力的发展创造良好的条件，又受到社会生产力发展水平的制约。

15.4.2　环境标准的制定与应用

1. 环境标准的制定

（1）制定环境标准的原则　一般包括以下四点：

1）保障人体健康是制定环境质量标准的首要原则。因此在制定标准时，首先需研究多种污染物浓度对人体、生物、建筑等的影响，制定出环境基准。

2）制定环境标准要综合考虑社会、经济和环境三方面效益的统一。具体来讲，就是既要考虑治理污染的投入，又要考虑治理污染可能减少的经济损失，还要考虑环境的承载能力和社会的承受能力。

3）制定环境标准，要综合考虑各种类型的资源管理、各地的区域经济发展规划和环境规划的要求和目标，贯彻高功能区用高标准保护，低功能区用低标准保护的原则。

4）制定环境标准，要和国内其他标准和规定相协调，还要和国际上的有关协定和规定相协调。

（2）制定环境标准的基础　一般包括以下五点：

1）与生态环境和人类健康有关的各种学科基准值。

2）环境质量的目前状况、污染物的背景值和长期的环境规划目标。

3）当前国内外各种污染物处理的技术水平。

4）国家财力水平和社会承受能力，污染物处理成本和污染造成的资源经济损失等。

5）国际上有关环境的协定和规定，其他国家的基准/标准值；国内其他部门的环境标准（卫生标准、劳保规定等）。

（3）制定环境标准的原理　一般认为有环境质量标准的制定原理和污染物排放标准的制定原理。

1）环境质量标准是从多学科、多基准出发，研究社会的、经济的、技术的和生态的多种效应与环境污染物剂量的综合关系而制定的技术法规。制定环境质量标准的科学依据是环境质量基准。基准值是纯科学的数据，它反映的是单一学科所表达的效应与污染物剂量之间的关系。环境标准中最低类别多数与这些基准值有关。将各种基准值综合以后，还需要与国内的环境质量现状、污染物符合情况、社会的经济和技术力量对环境的改善能力、区域功能类别和环境资源价值等加以权衡协调，这样才能使环境质量标准合理可行。

2）污染物排放标准是指可排入环境的某种物质的数量或含量。在这个数量范围内排放不会使环境参数超出已确定的环境质量标准范围。它对于直接控制污染源，防治环境污染，保护和改善环境质量具有重要的作用，是实现环境质量目标的重要手段。污染物排放标准又分为国家污染物排放标准和地方污染物排放标准两级。

（4）我国的环境标准　我国的环境标准分三类，即环境质量标准、污染物排放标准、环境保护基础标准与环境方法标准。

1）环境质量标准有大气、地面水、海水、土壤、噪声、振动、电磁辐射、放射性辐射等各个方面的标准。

2）污染物排放标准除了污水综合排放标准及行业的排放标准外，还有烟尘排放标准，同时对噪声、振动、放射性、电磁辐射也都作了规定。

3）基础和方法标准是对标准的原则、指南和导则、计算公式、名词、术语、符号等所作的规定，是制定其他环境标准的基础。

环境标准是伴随着环境问题的出现而产生的，它将随着人们对环境问题危害程度的认识和国家技术经济水平的提高而不断发展和完善。

2. 环境标准的应用

环境标准在环境管理工作中有广泛的应用。首先它是表述环境管理目标和衡量环境管理效果的重要标志之一。比如在进行环境现状评价和环境影响评价时，都需要一个衡量好坏、大小的尺度，从而作出能否允许，是否能接受的判断。环境标准就承担了尺度的角色；又如在制定环境规划时，首要的任务是进行功能分区，并明确各功能区的环境目标，然后才能够做下一步的规划工作。而各功能区的环境目标必须用环境标准来表达。再如在制定排污量或排放浓度的分配方案时，也必须利用环境标准来明确环境目标的前提下才能够进行。

另外，在制定各种环境保护的法规和管理的办法时，也必须以环境标准为准则，才能对环境事故的情况作出正确的判断和评价。

总之，环境标准是环境管理工作中的一个重要工具和手段。

15.5　环境管理信息系统

15.5.1　信息系统的介绍

1. 环境信息

环境信息是在环境管理中应用经收集、处理而以特定形式存在的环境知识。它们以数字、字母、图像、声响等多种形式存在。环境信息是环境系统受人类活动等外来影响作用后的反馈，是人类认知环境状况的信息来源。因此，环境信息是环境管理工作的侦察兵和主要依据之一。

2. 环境信息的特点

环境信息除具有一般信息的基本属性（如事实性、等级性、传播性、扩散性和共享性）以外，还具有以下特点：

（1）时空性　环境信息是对一定时期环境状况的反映。针对某一国家或地区而言，其环境状况是随时间不断变化的。因此环境信息具有鲜明的时间特征。不同地区，其自然条件、经济结构及社会发展水平各异，其环境状况也各不相同。因此环境信息具有明显的空间特征。

（2）综合性　环境信息是对整个环境状况的客观反映。而环境状况是通过多种环境要素反映的，这就要求环境信息必须具有综合性。

（3）连续性　环境状况的变化是一个由量变到质变的过程，这就决定了环境信息体现出连续性。

（4）随机性　环境信息的获得要受到自然因素、社会因素及特定环境条件的随机性的作用，因此环境信息具有明显的随机性。

15.5.2　环境信息系统的应用与决策

1. 环境信息系统（EIS）的应用

环境信息系统的应用，涉及到多方面的工作。下面就通过介绍中国省级环境信息系统（PEIS）的总体设计和开发过程，简要地说明环境信息系统的具体应用。

（1）PEIS 项目概况　从 1994 年开始，我国利用世界银行贷款进行了覆盖全国 27 个省、自治区和直辖市的中国省级环境信息系统（PEIS）建设。其目的是提高我国环境管理的现代化水平，同时为省级和国家环境管理部门提供科学的、及时的、准确的、直观的信息支持。

（2）PEIS 的建设目标　该目标又可分为根本目标和具体目标。

1）根本目标是建设我国 27 个省级结构基础完善、功能比较齐全、传输较为简便的环境信息系统，强化省级环保机构，提高为各省环境管理和决策直接服务的工作能力，为最终建成国家环境信息网络打好基础。

2）具体目标是建立 27 个省级环境信息中心；建立 27 个省级局部网络；开发各省通用的软件系统；进行相关人员的培训等。

（3）PEIS 的基本框架　各级环境信息系统建成数据库（包括环境背景数据、环境基础数据、环境业务管理数据、行政管理数据等)、图形库(地形图、专题图等)、模型库(预测模型、规划模型、评价模型、决策模型等)和方法库(统计分析方法、预测方法、规划方法、决策方法等)。由这四个库来支持环境管理与决策的全部功能。同时,PEIS采用客户/服务器体系结构,通过网络连接每一台计算机,完成环境管理和决策的功能。

(4) 应用软件的主要内容　由基础数据库、环境管理模块和决策支持模块三部分构成。

1) 基础数据库包括环境数据库、环境质量数据库、污染源数据库、环境标准数据库、环境法规数据库。

2) 环境管理模块包括环境保护目标责任制管理模块、城市综合整治与定量考核模块、环境质量管理模块、排污申报管理模块、建设项目环境管理模块、环境保护科技项目管理模块、环保产业管理模块、排污许可证管理模块、排污收费管理模块、环境统计管理模块。

3) 决策支持模块除输入空间信息数据外,原则上全部由基础数据库、应用数据库等公共数据库提供数据。包括以下六方面的内容:基础空间信息管理;历年统计和监测资料分析;环境现状评价;环境影响评价;污染物削减分配决策支持;环境与经济持续发展决策支持。

(5) PEIS的特点　具体体现在三个方面:

1) 先进性,表现为采用了先进的客户/服务器网络结构体系,应用了对象技术、大型关系型数据库管理技术和地理信息系统 (GIS) 等多项当今国际计算机发展潮流的先进技术。

2) 规范性,体现在PEIS建设是在国家环境保护总局统一部署下,根据中国环境信息资源管理战略规划的要求进行的。在开发过程中始终注意统一规范,基本保证了数据的一致性、完整性和有效性。

3) 实用性,体现在该系统基本满足了当前管理工作的需要。

2. 环境信息系统的决策支持系统

环境信息系统是从事环境信息处理工作的部门。环境信息系统按内容可分为环境管理信息系统、环境决策支持系统。

环境管理信息系统 (EMIS) 是一个以系统论为指导思想,通过人-机结合收集环境信息,通过模型对环境信息进行转换和加工,并据此进行环境评价、预测和控制,最后再通过计算机等先进技术实现环境管理的计算机模拟系统。其基本功能为:环境信息的收集和录用;环境信息的存储;环境信息的加工;以报表、图形等形式输出信息,为决策者提供依据。

环境决策支持系统 (EDSS) 是将决策支持系统引入环境规划、管理、决策工作的产物,是从系统观点出发,利用现代计算机的功能特点,应用决策理论方法对定结构化、未定结构化或不定结构化问题进行描述、组织,进而协助人们完成管理决策的支持技术。它是建立在环境管理信息系统的基础上的,是环境信息系统的高级形式。EDSS为决策者提供了一个现代化的决策辅助工具,并且提高了决策的效率和科学性。

环境决策支持系统的主要功能有:收集、整理、储存并及时提供本系统与本决策有关的各种数据;灵活运用模型与方法对环境信息进行加工、处理、分析、综合、预测、评价,以便提供各种所需环境信息;友好的人机界面和图形输出功能,具有一定的推理判断能力;快速的信息加工速度和响应时间;具有定性分析和定量研究相结合的特定处理方式。

15.5.3　环境管理信息系统的设计与评价

环境管理信息系统 (EMIS) 的设计与评价过程可分为四个阶段:可行性研究、系统分析、系统设计和系统实施与评价。每个阶段又分若干步骤。

1．系统的可行性研究

可行性研究是环境管理信息系统设计的第一阶段。其目标是为整个工作提供一套必须遵循的衡量标准：①针对客观事实；②考虑具体要求；③符合开发节奏。

可行性研究阶段的任务是确定环境管理系统的设计目标和总体要求，研究其设计的需要和可能，进行费用-效益分析，制定出几套设计方案，并对各个方案在技术、经济、运行三方面进行比较分析，得出结论性建议，并编制出可行性研究报告报上级主管部门审查、批准。

2．系统分析

系统分析是环境管理信息系统设计的第二阶段。这个阶段的主要目的是解决做什么的问题，即明确系统的具体目标、系统的界限及系统的基本功能。这一阶段的基本任务是设计系统的逻辑模型。所谓逻辑模型，是从抽象的信息处理角度看待组织的信息系统，而不涉及实现这些功能的具体的技术手段及完成这些任务的具体方式。这一阶段的主要工作内容包括：详细的系统调查，以了解用户的主观要求和客观状况；确定拟开发系统的目标、功能、性能要求及对运行环境、运行软件需求的分析；数据分析；确认测试准则；系统分析报告编制，包括编写可行性研究报告及制定初步项目开发计划等工作。

3．系统设计

系统设计是环境管理信息系统设计过程的第三阶段。该阶段的主要任务是根据系统分析的逻辑模型提出物理模型。这个阶段是在各种技术手段和处理方法中权衡利弊，选择最适合的方案，解决如何做的问题。

系统设计阶段的主要工作内容包括：系统的分解；功能模块的确定及连接方式的确定；输入设计；输出设计；数据库设计及模块功能说明。在系统设计过程中，应该考虑该系统是否具备下述性能：①能否及时全面地为环境科研及管理提供各种环境信息；②能否提供统一格式的环境信息；③能否对不同管理层次给出不同要求、详细程度不同的图表、报告；④是否充分利用了该系统本身的人力、物力，使开发成本最低。

4．系统的实施与评价

系统的实施与评价是环境管理信息系统的最后阶段。系统设计完成后就应交付使用，并在运行过程中不断完善，不断升级。同时，需要对其进行评价。评价工作主要从五个方面进行：①系统运行的效率；②系统的工作质量；③系统的可靠性；④系统的可修改性；⑤系统的可操作性。

复 习 思 考 题

1. 环境监测的目的和任务是什么？
2. 简述环境监测的分类。
3. 简述环境预测的概念。
4. 什么是环境审计？
5. 简述环境标准的概念。
6. 简述环境管理中信息系统的应用。

第 16 章

区域环境管理

区域是一个相对的地域概念，相对于全球而言，一个国家或一个地区就是一个区域。相对于国家而言，一个省，一个市、一个流域等也是一个区域。一般而言，所谓区域，其面积必须有一定的大小，在这个区域中必须具有相对独立的自然生态系统。

因此，区域环境管理必须落实到一定的区域上，大到全球或一个国家，小到一个地区或一个乡镇；必须关注人类的社会行为对区域环境所造成的影响，寻求解决的方法。区域环境管理的分类有很多，本章重点介绍以下四种主要的区域环境管理。

16.1　城市环境管理

16.1.1　城市环境管理概述

1. 城市环境及其主要特征

城市是人类利用和改造环境而创造出来的高度人工化的地域，是人类经济活动集中，非农业人口大量聚居的人工环境，是一种以人类占绝对优势的新型生态系统。城市环境是经过人类充分改造过的人工环境系统，它不仅包括被改造的自然生态系统，还包括经济、社会系统与地球物理系统，这些子系统相互联系、相互制约，共同组成庞大的城市环境系统。该系统具有以下特征：

（1）人是城市环境系统的主体　人对城市环境系统结构、功能及其发展起着主导作用。人类的经济、社会活动，是人类与自然环境相互作用的中间环节，调控城市生态系统必须从这些环节入手。

（2）城市环境中的自然生态系统是不独立和不完全的生态系统　由于城市环境中的自然生态系统内部生产者有机体与消费者有机体相比数量显著不足，大量的能量与物质需要从其他生态系统（如农业生态系统、海洋生态系统等）人为地输入。实践证明，一个需要外部输入能量、物质的生态系统，在系统内部经过生产消费后所排出的废物，也要依靠人为技术手段处理或向其他生态系统输出，利用其他生态系统的自净能力，才能消除其不良影响，保证物质循环的畅通。因此，城市生态系统的能量交换和物质循环是开放式的。

（3）城市生态系统改变了原来自然环境系统的结构和功能　在物质形态结构方面，人工建筑物及其布局、道路和物质输送、土地利用等都是人类活动的结果，是人为形成的；在营养结构方面，完全改变了原自然生态系统食物链、营养级的比例关系，从物质输入、加工、传送整个过程都是人的因素起主要作用；在物质流、能量流和信息流方面，人类的社会经济活动更是起着决定性的作用，城市生态系统是否能维持正常运转，保持良性循环，主要取决于人类的经济、社会活动与环境的关系是否协调，体现在城市的经济、社会结构的设计是否合理。

2. 城市主要环境问题及其产生原因

由于城市化的迅速发展，人口大量向城市集中。当前，全球城市人口已超过世界人口总数的 40%。中国城市人口虽然只占全国人口总数的 28.6%，绝对数却居世界前列。长期以来，中国一直奉行"变消费城市为生产城市"的政策，忽视了生活环境的保护和改善，致使城市环境的结构和功能不尽合理和极不完善。这是造成城市自然生态系统超负荷承载，城市环境质量恶化的根本原因。我国的城市环境问题分述如下：

（1）城市大气环境污染　煤炭是中国城市的主要能源，燃煤是城市大气污染物的主要来源，煤炭燃烧排放的污染物占城市大气污染物总排放量的 85%，主要污染物是烟尘和 SO_2。据 1994 年统计，全国 85 个城市颗粒物日平均浓度为 $89 \sim 849 \mu g/m^3$，北方城市日平均浓度为 $407 \mu g/m^3$，南方城市日平均浓度为 $250 \mu g/m^3$，有 45 个城市日平均浓度超过国家二级标准；全国 88 个城市 SO_2 日平均浓度为 $2 \sim 247 \mu g/m^3$，北方城市日平均浓度为 $89 \mu g/m^3$，南方城市日平均浓度为 $83 \mu g/m^3$，有 48 个城市日平均浓度超过国家二级标准。由于城市的地理位置和经济发展程度不同，各个城市大气环境的污染状况也各不相同。

（2）城市水环境污染　我国城市水环境污染普遍严重，并呈恶化趋势，其主要原因是未经过处理的工业和生活污水直接排入水体造成的。城市水污染的主要污染物是氨氮、耗氧有机物、挥发酚、总汞等。据国家水质监测网监测，流经城市的河流都受到不同程度的污染，72% 的纳污河段各项污染物的平均值有不同程度的超标。我国在 1994 年统计的 136 条流经城市的河流中，符合地面水 Ⅱ 类标准的有 18 条，Ⅲ 类标准的有 13 条，Ⅳ 类标准的有 37 条，超过 Ⅴ 类标准的有 51 条。全国大部分城市地下水都受到不同程度的污染，对 31 个城市的地下水水质监测结果表明，完全符合国家饮用水标准的城市只有 4 个。

（3）城市固体废物污染　固体废物主要是工业废渣和生活垃圾。随着经济发展，城市规模扩大和人口增多，城市固体废弃物产量剧增。据统计，我国 1994 年工业固体废弃物产生量为 $6.2 \times 10^8 t$，累积堆存量为 $64.6 \times 10^8 t$。目前，我国生活垃圾的年产量已达 $8.5 \times 10^6 t$，有 2/3 的城市被垃圾包围。与日剧增的城市固体废物不仅占用大量土地，而且严重污染环境，引起一系列的社会问题和经济问题。

（4）城市噪声污染城市　城市噪声主要来源于城市交通、工业生产和建筑施工等方面。据 2000 年对我国 214 个城市道路交通噪声监测，声级范围在 $56.7 \sim 80.7 dB$ 之间，8.9% 的城市污染严重，22.4% 的城市属中度污染，53.3% 的城市属轻度污染，15.4% 的城市环境质量较好，重点城市道路交通噪声基本处于轻度污染范围。我国大多数城市居民处在不安静的环境中生活和工作。

城市环境质量的不良变化，给城市经济发展和居民健康带来了很大危害。据上海等 7 个城市的统计，每年因水污染而造成的经济损失达 27 亿元，估计全国每年因污染造成的经济损失达数百亿元。一些城市的地方病、多发病、常见病的发病率明显增加，癌症的发病率及死亡率也明显高于农村，表明城市居民的健康已受到了较大损害。

3. 城市环境管理的发展

城市环境管理的目的是通过实施有效的管理来调节城市中人的社会经济活动与环境的关系，改善城市生态结构，并运用法律、经济、技术、行政和教育等手段，限制和禁止损害环境质量的活动。

从 20 世纪 70 年代开始，城市环境管理得到了世界很多国家的普遍重视。1973 年国际城市管理协会为美国环保局做过地方环境质量调查，并将城市环境问题进行了排队。20 世纪 70 年代中期，美国贝利等人汇集出版了城市环境管理方面的研究成果《城市环境管理》，并在美国高等院校也相继设立了"城市规划或城市环境规划系"。前苏联在 20 世纪 70 年代设立了城市建设研究所和城市环境保护研究室，就城市环境管理的理论和方法进行了大量的研究，并将城市环境的保护和改善纳入各类城市的规划设计中。日本在 1974 年制定了国土利用计划法和全国的国土利用规划，并把城市环境规划纳入到城市建设规划中。

中国的城市环境管理是从 20 世纪 70 年代初的城市污染源调查和城市环境质量评价开始起步，在 1979 年成都环境保护会议提出"以管促治，管治结合"的方针之后，城市环境管理走上了综合防治的轨道。由于城市环境中的各要素存在着相互联系、相互制约的关系，自 20 世纪 80 年代以来，对城市生态系统又进行了较多的研究，城市环境管理也逐渐由单纯环境污染控制转向城市生态环境管理。

16.1.2　城市环境管理的基本途径和方法

1. 污染物浓度指标管理

污染物浓度指标管理是指控制污染源污染物的排放浓度，其控制指标一般分三类：综合指标、类型指标、单项指标。综合指标一般包括污染物的产生量、产生频率等。类型指标一般分为化学污染指标、生态污染指标和物理污染指标三种。各类指标都是单项指标的集合。单项指标一般有多种，任何一种物质如果在环境中的含量超过一定限度都会导致环境质量的恶化，因此就可以把它作为一种环境污染单项指标。在水环境中常用的单项指标有：pH 值、水温、色度、臭味、溶解氧、生化需氧量、化学需氧量、挥发酚类、氰化物、大肠杆菌、石油类、重金属类等；在大气环境中，常用的单项指标有：气温、颗粒物、二氧化硫、氮氧化物、烃类、一氧化碳等。

污染物浓度指标管理和排污制度相结合，构成了我国城市环境管理的一个重要方面。这种管理方法对于控制环境污染，保护城市环境发挥了很大的作用。但随着技术进步和社会发展，也暴露出许多问题，主要为：①此类管理以污染物的排放浓度为控制对象，只控制了从污染源排出的污染物的浓度，而忽略了污染物的流量，因此势必造成环境中污染物总量不断增加，控制不住城市环境质量；②为满足排放标准要求，各超标排污的组织都会去采取一定的污染物控制措施。但在分散治理的情况下，其规模效益难以保证，故从宏观上来看是不可取的。

2. 污染物总量指标管理

污染物总量指标管理是指对污染物的排放总量进行控制。所谓总量包括地区的、部门的、行业的、以至企业的排污总量。具体做法首先是推行排污申报制度和排污许可证制度。污染物排放总量控制管理是建立在环境容量这一概念基础上的。环境所能接受的污染物限量或忍耐力极限，一般称为环境容量，即单元环境中某种污染物质的最大允许容纳量。在实际管理工作中，污染物总量控制管理包括如下内容：①污染物申报制度。向环境中排放污染物的单位，一律要向当地环境保护部门提出排污申请。申请中应注明每个排污口排放的污染物、浓度及削减该污染物排放的具体措施、完成年限。重点排放污染物企业要按月填报排污月报。②总量审核。首先是由当地环保部门按照污染物排放总量控制的要求，核定排污大户和各地区允许排放的污染物总量，然后由下一级政府的环保部门核定辖区范围内其他排污单位的允许排污量。③颁发排污许可证。

3. 城市环境综合整治

（1）城市环境综合整治的原则　原则包括三个方面。

1）打破传统观念，坚持把改革放在首位。城市环境综合整治指明了我国城市环境保护工作的方向，是一种新的环境管理模式，这种模式就是建立以市长为核心的城市环境管理体系，打破部门、行业间的界限，建立一个与改革相适应的城市环境管理体系，把政府的职能主要集中在做好城市规划、建设和管理上，以可持续发展战略为指导，在改革中促进城市环境综合整治的有效实施。

2）以生态学理论为指导，以合理开发利用资源为核心。城市环境综合整治是从"人-环境"系统的总体上来调控城市生态系统的运转过程，使自然再生产过程、经济再生产过程、人类自身再生产过程的物质流、能量流处于良性循环状态，所以必须按照生态规律，改善城市生态系统结构，建立良好的人工生态系统。从环境的资源观来看，城市环境及其周围的农村是经济建设和城市建设的资源，如水资源、土地资源、生物资源等。资源的整体性和各部门从各自的需要出发，造成的开发和利用的分散性是城市环境问题的主要根源之一，再有就是资源的利用率和转化率低、浪费大、流失多，是我国经济密度不高而城市环境污染却比较严重的另一重要问题。所以，城市环境综合整治必须以合理开发利用资源为核心，从总体上考虑城市资源的合理开发和利用，提高资源利用率和转化率，这是减少资源浪费和流失、减轻城市污染的重要途径。

3）建立明确的城市环境综合整治目标。城市环境综合整治要求发动各部门、各行业及社会各界和全体市民围绕同一个综合整治目标，调整自己的行为。因此，必须首先确定环境综合整治目标，并与城市的经济发展目标、城市建设目标等相协调。

（2）城市环境综合整治的作用　城市环境综合整治有三个方面的重要作用：一是城市环境综合整治把城市的环境建设、经济建设和城市建设紧密地结合起来，通过综合规划、合理布局、调整经济结构、整顿企业、改变能源结构、技术改造、治理污染源、控制污染物的排放、市政公用设施建设（如集中供热、燃气化、污水和垃圾处理、园林绿化等），以及相应的环境监测管理措施等多种形式，保护和改善城市环境；二是城市环境综合整治明确了政府在城市环境保护中的责任，强化了环境保护主管部门与各部门之间的联系，组织各行各业参与城市环境保护工作，形成了市长负责、部门参加、环保部门监督管理、分工合作、各负其责的环境管理体制，改变了过去环保部门孤军奋战的局面；三是在城市环境综合整治中，通过运用行政、法律、经济、教育、技术等多种手段，把环境管理与治理紧密地结合起来，以管促治、防治结合，控制了新老污染的发展。

（3）城市环境综合整治的工作内容　大体有以下四个方面的工作内容：

1）确定综合整治目标。城市环境综合整治的任务是以城市生态理论为指导，防治污染、改善生态结构，促进城市生态良性循环，运用系统分析的方法，使城市各类经济社会活动以最佳的形式利用环境资源，以最小的劳动消耗为城市居民创造清洁、卫生、舒适、优美的生活和劳动环境。为此，应本着从实际出发，量力而行，远近结合，分步实施的原则，首先确定综合整治的总目标，然后将其分解为若干个分目标，建立起相应的指标体系。

2）制定城市环境综合整治规划，采取多种途径综合防治污染。主要针对城市的重点环境问题，制定城市环境保护规划，并将其纳入城市建设总体规划，通过环境的综合整治，推进城市现代化建设。城市的结构布局、功能分区状况，在很大程度上决定了城市环境质量。城市环境综合整治与城市的建设和发展有着密切的联系，城市建设和发展应与城市环境综合整治一致，做到同步规划、整体实施。进行城市环境综合整治，要根据城市整体规划的要求，按照工业性质和对环境的影响程度，做到合理布局。

由于我国幅员辽阔，各地的环境污染程度、环境容量、经济承受能力、管理水平等各不相同，所以不能用一个模式，更不能照搬国外的经验，只能是根据各地的实际，提出污染防治的途径。例如：通过结合技术改造，依靠科技进步，合理开发利用城市环境资源，节约能源，大力发展"三废"综合利用等措施，实现大气、水体及固体废弃物污染的综合防治；通过园林绿化、整治城市水系、旧城改造等途径，改善城市生态系统结构，提高自然净化能力，促进生态良性循环。

3）改革城市环境管理体制，强化城市环境管理。城市是人类社会和自然环境之间最集中、最突出的场所，城市环境综合整治涉及面广，综合性强，需要解决的问题复杂。因此，城市环境综合整治工作必须纳入城市政府的议事日程，由市长亲自部署，统一指挥，充分发挥各行业、各地区、各部门的积极性，合理分解综合整治任务，并将其具体落实到各个部门和单位，建立起城市污染防治系统。

环保部门作为城市政府职能机构，要充分发挥其监督、检查、规划、协调的职能，根据国家有关环境保护的法律、法规、标准和规章制度，结合本地实际，采取行政、法律、经济、技术、教育等多种管理手段，组织协调好对环境的全局管理，促进环境综合整治工作的开展。

4）开辟多种渠道，筹集城市综合整治资金。随着国家经济体制改革的深化和社会主义市场经济体制的确立，我国环境保护投资由过去只有国家投资的单一渠道，发展为多种投资渠道。目前筹集治理资金主要渠道有：征收超标排污费、建设项目"三同时"配套资金、企业更新改造资金、城市建设维护费及综合利用利润提成。

搞好城市环境综合整治是关系到国计民生的大事，必须纳入国民经济和社会发展的计划之中，城市政府要随着城市经济的发展，相应增加环境综合整治的投资，加快城市基础设施和环境保护设施的建设。本着"取之于城市，用之于城市"的原则，发动受益单位对环境综合整治提供资金上的支持。要贯彻"谁污染，谁治理"的原则，排污者要积极承担治理责任，合理负担由于污染对社会造成的损失及整治费用。

16.1.3 开发区环境管理概述

开发区的建设是我国社会主义市场经济的一项重要举措，对吸引外资和发展经济起到了十分重要的作用。开发区又是一类具有特殊性的区域，它具有开发强度大，开发行为集中，开发速度快，对自然环境的作用强烈的特点。由于开发区的优惠政策和对经济发展的巨大促进作用，全国各地纷纷建立了相应级别的开发区，发展速度极其迅猛。目前，几乎我国所有大中城市都有至少一个开发区，国家级开发区就有三十多个。这些开发区大都已发展成为各城市社会经济发展的增长点。但开发区建设中的环境保护工作却是我国建设项目环境管理中一个薄弱环节。因此，开发区的环境管理问题应作为区域环境管理中的一个重要组成部分给予关注。

1. 开发区环境问题的基本特征

（1）开发区生态环境所受冲击严重，变化剧烈，一般不易恢复　这是由于开发区的开发强度，开发行为集中的特点造成的。

（2）开发区生态环境的变化趋势具有很强的不确定性　这是由于开发区的开发方案、投资的不确定性决定的。

（3）开发区的环境污染物的种类、来源复杂　我国开发区的经济活动一般以工业为主，结合贸易、旅游，并带有出口加工和自然贸易性质。具有明显的综合性、开放性的外向型的产业结构，在初建时主要由劳动密集型的来料加工、补偿贸易等项目组成，规模也以中小型为主。随之向劳动与技术双密集型转变。这样，一方面使污染源与污染物向多样化发展；另外，不少地方政府，为了吸引投资，纷纷出台一系列从税收到信贷的优惠政策，甚至不顾生态环境的影响，把西方国家一些污染严重的"夕阳工业"也引入开发区。

（4）开发区自然资源利用率下降　一些地方政府一味地在开发区规划面积上互相攀比，过多地征用耕地。同时又由于缺乏相应政策，多占的土地多数不再进行耕作和其他经营，造成耕地资源闲置，加剧了我国人多地少的矛盾；另一方面，一些开发区只注重投资硬环境的建设，而忽视了包括生态环境建设、政府服务职能在内的投资软环境的建设，造成基础设施资源的浪费。

（5）缺乏针对性强、明确可操作的环境管理方法　比如开发区环境规划所采取的方法仍不外乎是对城市环境规划方面的简单拓展，而没有能针对开发区的特点，形成独特的一套思路和程序。

2. 开发区环境管理坚持的原则

在开发区的环境保护管理工作中，为了处理好经济发展与环境保护的关系，还需要根据开发区的具体特点，坚持三个方面的具体原则：

（1）坚持环境规划优先原则　在环境效益与经济效益、社会效益统一的总原则下，开发区的环境管理工作必须坚持环境规划优先的原则。对开发区社会经济建设与环境保护，统筹安排，合理布局。对可能出现的环境问题防患于未然，通过提高自然资源利用率和综合整治，努力减少废物排放和治理的投入。

（2）坚持环境管理工作与科技进步、经济结构调整、强化企业内部科学化管理相结合的原则　在环境效益与经济效益、社会效益统一的总原则下，开发区的环境管理工作必须坚持与科技进步、经济结构调整、强化企业内部科学化管理相结合的原则。工业产业结构及产业布局的不合理是造成生态破坏、环境污染的主要原因。当前的管理落后及技术落后不仅造成环境污染，也浪费了宝贵的资源。因此，在开发区引入项目时，应依据本地区具体的特点，严格执行清洁生产的审计工作。

（3）坚持防治结合，以防为主的原则　比如在制订开发区规划时，既要关注土地利用率、人均绿地面积，同时也要预留足够的污染治理用地；在引入项目时，既要注意利税收入，也要注意污染物排放总量的限额；既要禁止污染严重而又难以治理的项目进入开发区，又应要求进入开发区的企业在内部实施清洁生产制度，减少污染物的产生。在污染物的治理时，既要求采取新工艺、新设备，减少污染物的排放，又要准备集中处理污染物；既要制定严格的污染物排放标准，又要建立和完善环境保护法律保证体系。

16.1.4　开发区的环境规划管理

开发区的环境规划是开发区环境管理的一个重要组成部分，下面就其状况作一介绍。

1. 开发区环境规划的特点分析

通过上述分析可知，开发区环境规划的对象是一定时空区域内长时间处于动态的一种特定的"社会经济-自然环境"系统。一般而言，开发区的环境规划是在高强度开发区活动尚未进入之前制定的，因此，开发区环境规划的主要特点和目标在于防范未来可能出现的环境问题，以推动开发区设计出可持续发展的经济发展模式。由于开发区的经济发展活动受制于市场的变化，具有较大的随机性，因此这种随机性和防重于治的特点要求，构成了开发区环境规划与一般环境规划在方法学上的差异。

2. 开发区环境规划的具体原则

具体原则是：①防治结合，以防为主的原则；②环境规划实施的主体必须兼有行政职能和经济职能；③实行污染物总量控制原则；④以发展高新技术项目为主，实行清洁生产的原则；⑤将环境管理手段纳入项目管理全过程的原则。

3. 开发区环境规划的主要内容

开发区环境规划是一项技术性的工作，其内容大致包括七个方面：①确定规划区范围和环境保护的目标；②进行环境质量现状调查与评价，并在此基础上划分环境功能区；③确定开发区主要控制污染物及其允许排放总量；④将排污总量按功能区合理分配；⑤进行区域环境承载力研究，确定实施总量控制的技术和经济路线，制订相应的技术措施；⑥提出环境规划投资概算分析和资金来源分析，并对各方案进行比较，最终提出最优化方案；⑦提出保证规划实施的政策、制度、法律措施与运行机制。

16.2　农村环境管理

16.2.1　农村环境管理概述

农村生态环境是由自然环境要素和人工环境要素所构成的复合生态系统，是一个半人工半自然的生态系统。农村环境有狭义和广义两种理解。狭义的农村环境仅指乡村、田园、山林和荒野，而广义的农村环境还包括小城镇。无论是狭义还是广义的农村环境，都与城市环境有着明显的差异，而且与纯自然环境也有很大的不同。

农村人口密度相对稀疏，就其生态系统中生产者、消费者、分解者三大类生物部分而言，生产者比较充分，多余的生产量也有足够的分解者进行分解。因此，农村环境不会出现城市那样的交通紊乱、废物积聚、污染严重等问题。

以农业生产为主体的狭义农村环境，在农业生产中由于不断引入新技术，大量使用农药、化肥，使其与纯自然环境的差异越来越大。如农药的大量使用，虽然有效杀灭了危害农作物的有害生物，提高了农作物的产量，但同时对自然生态系统中许多有益生物也产生了明显的毒害作用，使自然生态系统原有的状态发生改变，甚至遭到严重的破坏。

小城镇虽然也有明确的行政管理界线范围，但它们与田园交错，具有村野、乡居兼有的景观特色。其辖区内的土地、大气、水体等都是就近区域土地、大气、水体的一部分，是不完整的自然生态地域单元，是农村"大生态系统"中的一个组成部分，因而其环境与生态功能很接近自然，具有很大的环境资源潜力。村镇通常与农田、菜地、果园交错混杂，具有村镇环境和田园环境间杂的特点。一般说来，小城镇较少高楼大厦，公益设施简陋，上下水不完善，道路质量低劣，公共建筑量少质差。近年来，乡镇工业发展迅速，但由于工艺落后，设备陈旧，加之管理水平较低，故污染十分严重。特别是一些大、中城市近处的城镇，不少都是城市污染工业的扩散地，环境污染问题就更为突出。

由此可见，农村环境也面临着一系列严重的问题，极需要得到人类的重视和关注。

16.2.2 农村环境管理的目的

农业环境管理是依据国家农村环境保护的法规、政策和规划进行监督管理的，它是环境管理的一个重要方面。其目的是协调农村经济发展与生态环境保护之间的关系，处理农村经济各部门、各社会集团和个人有关环境问题的相互关系，通过全面规划和合理利用自然资源，从而达到既满足人们对农产品数量和质量不断增长的需求，又要保护和建设好农业劳动者的生产和生活环境，保持农村生态环境的良性循环，促进农业资源的永续利用，实现农业和乡镇经济的可持续发展。

16.2.3 农村环境管理的途径和措施

1. 加强对乡镇工业的环境管理

遍布全国的乡镇企业所造成的环境污染是我国社会经济发展中出现的一个新问题。解决这一问题，既不能用禁止小型工业发展的办法，也不能放任自流。应该是坚强领导，搞好规划，把小型企业的发展引导到健康的轨道上来，使小型工业的发展既符合经济规律，又符合生态规律；做到发展与环境协调，经济效益、环境效益与社会效益相统一。

（1）调整乡镇工业的发展方向，因地制宜地发展无污染或少污染的工业项目 发展乡镇工业应立足于农业，根据各地的资源条件，充分发挥本地区优势，重点发展和支持带动农业生产的项目，如农产品的深加工、储藏、包装、运输、代销等产前、产后服务业，在有条件的地方可适度发展小型采掘业、小水电和建材业等；在经济发达地区，根据实际需要和自身条件，也可以发展为大工业配套、出口服务、城乡人民服务的加工业、服务业；要严格遵守国家关于"不准从事污染严重的生产项目，如石棉制品、土硫磺、电镀、制革、造纸制浆、土炼焦、漂洗、炼油、有色金属冶炼、土磷肥和染料等小化工，以及噪声振动严重扰民的工业项目"的规定，坚决制止排放剧毒污染物、强致癌物和严重污染环境的生产项目。

（2）制定村镇规划，合理安排乡镇工业布局 从本地的实际情况出发，制定切实可行的环境规划，并将其纳入村镇建设总体规划、乡镇企业调整规划和农业区域规划之中，是搞好乡镇污染防治、改善乡镇环境的前提。只有使乡镇环境保护与村镇的建设、发展统一规划，同步建设，才能有效地防止污染，保持乡镇生态环境的良性循环，使自然资源得到合理开发和永续利用，实现环境效益、经济效益、社会效益三者的协调统一。

在制定村镇环境规划时，要对乡镇环境和生态系统的现状进行全面的调查和评价，要依据社会经济发展规划、界域发展规划、城镇建设总体规划及国土规划等，对规划范围内环境与生态系统的发展趋势及可能出现的环境问题进行分析和预测，实事求是地确定规划期内要达到的目标及所要完成的环境保护任务，并据此提出切实可行的对策、措施、行动方案和工作计划。由于乡镇工业的技术含量一般较低，不论是资源的利用还是废物的治理，都远远落后于大规模的现代化工业。因此，必须结合乡镇规划，合理安排乡镇工业在行业和空间上的布局，严格遵守国务院《关于加强乡镇、街道企业环境管理的规定》的要求，在城镇上风向、居民稠密区、水源保护区、名胜古迹区、风景区、温泉疗养区和自然保护区内，不准建设污染环境的乡镇、街道企业。已建成的，要坚决采取关、停、并、转、迁的措施。

（3）加强老污染源的管理，控制新污染源的产生　对现有的老污染源，在调查研究的基础上，实行分区分类型控制。根据本地区的实际情况，制定老污染源治理计划。要以改革工艺、综合利用为主，充分利用社会上的技术资源，结合乡镇工业的特点，研究适用于小型企业治理污染的设备，并与适合乡镇企业的先进工艺相配套，取得技术改造、治理污染、综合利用的多种效益。对于重点污染源要求限期治理，对布局不合理，产品不对路，污染扰民严重又难以治理的企业，坚决实行关、停、并、转、迁。

要贯彻"预防为主"的方针，严格执行国务院关于"所有新建、扩建或转产的乡镇、街道企业，都必须填写环境影响报告表，由县级环境保护主管部门审批，未经审批的项目，当地计委等有关部门不得批准建设，银行不予拨款、贷款，工商管理部门不得发给营业执照。对于不执行'三同时'规定造成环境污染的，要追究有关部门、单位或个人的经济责任和法律责任"的规定。

（4）制定地方性环境保护法规，坚决制止污染转嫁行为　环境法规是进行环境管理的依据。我国的环境法规还很不完善，已颁布的法规也都是一些原则性的规定。要使乡镇环境管理工作有章可循，就应遵照国家环境法规的精神，制定符合实际情况的地方性环境保护条例和实施细则。环境标准是体现环境保护的具体要求，各地应在国家污染物排放标准的基础上，制定适当的地方污染物排放标准。

要严禁将有毒、有害的产品委托或转移给没有污染防治能力的乡镇、街道企业生产，对于转嫁污染危害的单位有关人员以及接受转嫁的有关人员，要追究责任，严肃处理。

（5）建立健全环境保护机构，加强对乡镇、街道企业环境管理的领导　环境保护工作有很强的综合性和地方性，搞好环境管理的重点在基层。因此，加强环境管理保护机构的建设，建立一个完整的环境保护管理网络，是搞好环境保护工作的基本保证。在县、镇、村及乡镇企业，都应建立环境保护机构或设专职环保员，配备得力的领导干部、管理干部和技术人员，并且要重视环境监测站的建设和环保队伍的自身建设。

乡镇、街道企业所在地的县、区、乡镇和主管部门的主要负责人，要对本地区、本部门的环境保护工作负责，加强对乡镇、街道企业发展工作的领导，调整发展方向，合理安排布局，对严重的环境污染事件，要认真进行处理。各地环境保护部门和环境监察员，要严格按照国务院《关于加强乡镇、街道企业环境管理的规定》和国家有关法规进行监督检查。近年来，我国乡镇工业"重发展，轻保护"的倾向比较突出，要彻底扭转乡镇环境污染和破坏日趋严重的局面，在严格执法、完善监督机构的同时，必须加强宣传教育，增强干部群众的环境意识，提高乡镇工业领导者的环境管理水平和能力。

2. 加强农业环境管理的主要措施

农业生产活动也对农村环境造成了严重的影响。比如农药的使用，杀死了害虫，取得了农业丰收；同时，又毒死了自然生态系统中许多有益动植物。而大量使用的农药的经过土壤和地下水，并通过食物链进行传递最终进入人体，威胁着生态环境和人类的健康；化肥的利用同样污染着土壤、水体，一些挥发性的物质进入大气中，造成大气的污染。当前，主要通过下面两种措施进行管理：

（1）防治农药和化肥的污染　随着现代化农业生产技术的发展，农药和化肥在农业生产中的使用量越来越大，引发了较为严重的农业环境问题。因此，防治农业生产中农药和化肥的污染问题，是农业环境管理的重要内容之一。

防治农药的污染应采取以下的主要措施：一是正确使用农药品种，合理使用农药；二是改革农药剂型和喷施技术；三是实行综合防治措施，如选用抗病品种，采用套种、轮作技术，逐步停用高残毒的有机氯、有机汞、有机砷农药等。

目前我国大多数地区特别是农业发达地区，氮肥施用严重超标，化肥回报率逐年下降，并且造成严重的污染。磷肥施用后，一般75%～85%被固定化，有效利用率很低。化学钾肥都是易溶的盐类，除了径流损失外，60%进入了60cm以下的非耕作层中。化学复合肥，特别是高浓度的化学复合肥，造成农田局部化肥浓度过高和更多的流失。防治化肥污染的主要措施首先是要合理施肥，尽可能提高化肥利用率，其次是大力开发和推广使用有机肥、生物肥。

（2）发展生态农业　农村人口、资源、环境、产业、景观的特殊性决定了农村生态系统的特殊性。农业不仅是农村的主体产业，而且是农村生态系统的主要环节。因此，农业生产活动是否符合生态学原则，将直接关系到整个农村生态系统的稳定和良性循环。

生态农业是20世纪70年代以来在我国出现的新事物，它既不同于传统的有机农业，又有别于常规的现代农业。作为一种农业生产体系，它将各种生产活动有机联系起来，实现经济效益和生态效益高度统一。我国农业面临着现代化和持续发展的双重任务，未来的发展形势十分严峻，必须走生态农业之路。

生态农业是根据生态学生物共生和物质循环再生的原理，应用生态工程和现代科学技术，因地制宜，合理安排农业生产的优化模式，主要手段是提高太阳能的固定率和利用率，使物质在系统内得到多次重复利用和循环利用，组织和发展高效、无废的农业。其主要目的是提高农产品的质和量，满足人们日益增长的需求，使生态环境得到改善，不因农业生产而破坏或恶化环境，增加农民收入。

全国各地在政府推动、科技引导、社会兴办、群众参与方针的指导下，先后涌现出2000多个农业生态工程示范基地，有160个生态农业县，100多个生态示范区等。这些基地在外部投入有限的情况下，通过常规实用技术的系统组装、资源挖潜、体制改革和能力建设等，从农田（土壤生态、作物生态、害虫综合防治、节水集水、间作轮作、有机质还田）、农业（农、林、牧、副、渔业耦合、资源再生）、农村（肥料、饲料、燃料工程、庭院生态、社区建设、小流域治理）和农镇（工业、能源、交通、景观、人居环境、废弃物的生态规划、建设与管理、生态建设与城乡关系）四个层次促进资源的综合利用，进行环境的综合整治，取得了举世瞩目的社会效益、经济效益和生态效益。

16.3　流域环境管理

16.3.1　概述

流域环境问题主要是水环境污染的问题，污染的综合治理主要是水环境的综合治理。由于流域环境问题往往是跨区域的环境问题，在现有的区域环境管理模式和体制下，需要不同地区之间相互配合，采取协调一致的对策与行动。因此，解决流域环境问题难度大，不仅要发挥各级地方政府的作用，而且要发挥国家的宏观调控作用。正是由于流域环境问题是一种跨区域的环境问题，决定了流域环境问题的特殊性和流域环境综合治理的特殊作用。通过流域特别是重点流域的环境综合治理，可以带动区域环境综合治理，促进城市和乡镇水污染和生活垃圾污染的防治工作。所以，解决流域环境问题对区域环境问题的解决具有居高临下的指导和促进作用，是国家环境保护的重点和切入点。

16.3.2　流域环境管理的主要特点

（1）流域水体的多样性　流域水体以水体为主体，或者是河流，或者是湖泊、水库、海湾等，河流还可以分为干流和支流。作为流域，简单的可以由一条河流及其周边陆域组成；复杂的可以由一条干流和若干条支流及其周边陆域组成；更复杂是可以是由若干条干流、支流和若干个湖泊、水库连结而成，也就是说一个大的流域可以包含若干个小流域和小小流域。

（2）流域水体功能的多样性　流域的水体都同时属于两个不同的环境单元，如黄河洛阳段，它就既是黄河的一个部分，又是洛阳的一部分。作为黄河的一个部分，它可以被赋予运输的功能、水产养殖的功能、调节气候的功能、农业灌溉的功能，甚至发电的功能等；作为城市的一个部分，它可以被赋予饮用水源的功能、工业用水的功能、观赏的功能、接纳城市污水的功能等。由此可见，流域的水体同时兼负多种不同的功能。显然，在社会的经济发展中，这些不同功能需要之间就会产生矛盾和冲突。

（3）流域水体所属的多样性　在现实情况中，流域水体的不同部分，分别是属于不同的行政单元，比如同一河流的上下游就完全可以分属于不同的省、市或县等。所属的不同，就会造成污染情况的不同，管理上的不同，利益上的矛盾。

16.3.3　流域环境管理的主要内容

由上文所述，流域的环境问题复杂、多样，因而流域环境管理的所包含的内容也极其复杂。下面将其主要内容作一概括和归纳。

1. 流域环境污染综合治理

流域环境污染包括工业废水污染、石油污染、固体废物污染三大类。其中，既有城市工业的点源污染，又有来自于分散的乡镇企业和广大农业地区的面源污染，这些是流域环境问题中最普遍、最突出的问题之一，已经严重地影响到区域乃至国家经济的可持续发展。在流域环境污染中，工业污染占主导地位，因此，要把工业污染综合治理放在首位。

（1）流域工业污染防治　流域工业污染防治是流域环境综合治理中的重点任务，国家自 1996 年以后确立的"33211"计划中的"三河"和"三湖"就是针对工业污染问题确立的重点流域污染治理计划。其目的是以此带动全国的流域环境综合治理工作。

解决流域工业污染问题要坚持重点与一般相结合，流域与区域相结合的原则。在国家产业政策指导下，参与国家当前重点流域的环境保护任务，结合区域污染的防治工作，根据流域的环境保护规划的阶段性目标，以工业污染源限期治理为主要措施，以污染源达标排放或污染物总量控制为基础要求，通过污染限期治理促进污染源达标排放和总量控制，实现流域污染治理的目标。

开展流域工业污染治理要重点抓好乡镇企业污染限期治理工作。第一，要结合企业的联合兼并与改组，关、并一批规模不经济的污染企业，结合企业技术改造推进清洁生产，促进企业环境管理向生产的全过程延伸。第二，要对污染企业实施区别对待、分类管理。对没有达标且已经列入国家淘汰落后生产能力、工艺和产品名录的"15 小"企业要严格按淘汰时限实行破产关闭；对达标无望的企业要提前作出安排，采取转产、限产和停产的措施；对符合国家产业政策，尚未建立治理措施的企业，要监督其尽早确立方案，限期治理；对正在运行的企业要加强施工现场的环境管理；对已经达标排放的企业要进行指导和监督强化企业的内部管理。第三，要抓好流域污染治理的重点工程项目的建设，以重点污染治理项目带动一般的污染治理工作。第四，对重点流域的污染治理，除了抓工业污染源的限期达标排放外，同时要完善污水收费政策，加快城镇污水处理厂的建设。

（2）流域石油污染防治　流域石油污染主要来源于水上的运输工具——船只动力机械漏油、油船泄漏、船只修理或停靠设施排入水体的含油废水，还有流域沿岸企业排放的含油废水所造成的污染。这类污染问题虽然不是流域的主要和普遍问题，但在中国南方水上交通繁忙的一些重点流域和水域，如长江流域的中、下游水域，由船舶产生的石油污染相当严重和突出。

解决流域的石油污染，主要是要加强对各种船舶等水上运输工具动力设施的安全检查，防治石油意外泄漏。一是加强对船只修理和停靠设施的环境管理，防治石油废水直接排入自然水体；二是加大对石油污染事故的执法力度，减少或杜绝石油污染。

在流域石油污染防治方面，环境保护的责任主体是各级交通行政管理部门，这些部门要依据国家的《水污染防治法》和有关的交通安全及地方性流域环境保护法规进行管理，环保部门负责统一的环境监督与监察。

（3）流域固体废物污染防治　进入 20 世纪 90 年代以后，随着人口的增加和消费水平的提高，流域的固体废物污染特别是"白色污染"问题已越来越突出，成为仅次于工业污染的另一个流域环境问题。

流域的固体废物污染以生活垃圾污染为主，而生活垃圾由流域沿岸居民生活垃圾和船舶产生的生活垃圾两部分组成。其中，由于一次性的塑料用品特别是塑料餐具所产生的白色污染是流域生活垃圾的主要方面。因此，流域的固体废物的污染防治实质上就是"白色污染"防治，解决"白色污染"问题特别是大江大河等重点流域的"白色污染"已成为流域环境综合治理的一个重要内容。

产生"白色污染"的原因是多方面的：一是缺少全国性的专门法规，因而在治理方面没有强制性的措施，对公民、企业、餐饮和交通行业生产、经营和处置废旧塑料制品的行为没有约束力；二是缺少相关的经济政策，不能有效调动人们对废旧塑料制品的回收、加工和利用的积极性；三是行业环境管理工作活动中产生的废物没有采取严格的管理措施，听任其直接排放到自然环境中；四是人们还缺乏足够的认识，没有把"白色污染"同废水污染、废气污染等视为同等重要的环境问题，因而采取了视而不见、听之任之、任其发展的态度。

为此，解决"白色污染"问题，应该从中国的国情出发，坚持"以宣传教育为先导，以强化管理为核心，以回收利用为主要手段，以开发替代产品为补充措施"的指导思想。环保部门要与建设、铁路、交通、水利、旅游等部门密切合作，明确分工，按行政区域建立行业环境保护目标责任制，落实行业主管部门的环境责任。

2. 流域生态环境综合治理

流域生态破坏同流域环境污染一样，构成了影响和制约流域经济可持续发展的另一个环境问题。虽然人们对流域生态破坏的认识时间很短，但随着生态破坏所产生影响的不断扩大，其认识在不断深化。特别是1998年中国的洪涝灾害，唤醒了国家政府和社会公众对流域生态环境的保护意识。

流域生态环境问题主要是植被被破坏所导致的水土流失和洪涝灾害，其影响不论是在深度还是广度上都已超过了环境污染所造成的影响，对环境的结构性破坏大大降低了流域乃至国家经济与社会可持续发展的能力与潜力。造成流域植被被破坏的原因有两点：一是流域源头和上游大量的砍伐森林和毁林开荒，降低或丧失了植被固土、固水的生态功能；二是缺少水土保持的资源开发活动及农业生产活动造成了植被的严重破坏。植被破坏造成了流域的水土流失，导致湖、河、水库底泥增多，河床抬升，容易引起洪涝灾害，给人们的生命财产造成了重大损失。同时，也造成了水资源容量减少，进一步制约了经济的发展，另外，也造成土壤中有机质的大量流失，降低了土壤的肥力。为提高农作物产量，就不得不大量使用化肥，从而加重了土壤和水体的污染，形成了恶性循环。

加强流域生态环境综合治理，要坚持统筹规划、突出重点、量力而行、分步实施的原则，作好以下四个方面的工作：

（1）大力植树造林、增加植被覆盖率　治理流域的水土流失，首先要以国家的生态环境建设规划为指导，针对流域内的不同生态问题，确定重点，分步实施山、林综合治理，抓好流域源头及上游地区的生态保护。尤其要抓好长江、黄河等国家重点流域源头的生态保护，建立特殊生态功能区，实行封山育林并大力营造流域风沙防护林和人工草地。同时要加强执法力度，避免毁林开荒和偷盗林木等一切森林资源的违法行为，加强对现有天然林的保护。其次，对流域的中下游人口稠密地区要采取植树造林、植树种草、退耕还林、退耕还湖等措施，增加植被固土固水的生态功能。再次，小流域生态治理要以县为基本单位，大力营造流域水土保持林和发展山地经济果林，综合运用生物工程措施，推广水土保持耕作技术。

（2）搞好水土保持，加强资源开发的环境管理　在人类社会的发展过程中，流域往往是人口最集中、人类的经济活动最频繁、开发活动最密集的区域，因而是生态环境最易遭受破坏的区域。其中，人类各种开发活动对流域的生态环境冲击最严重，影响最深刻、最持久。

因此，开展流域生态保护防治水土流失，除大力植树造林、植树种草，增加流域的植被覆盖率外，还要加强土地与矿产资源开发活动的水土保持工作。例如铁路、公路建设工程，矿产资源开发活动等都需要相应的水土保持措施。长期以来，由于人们只注重开发忽视保护，在各种开发、建设活动中缺少配套的水土保持措施，致使各种开发活动变成了破坏性的开发，造成了一系列严重的流域性水土流失问题。

解决开发、建设活动产生的水土流失问题，必须加强建设项目的环境管理，在开发、建设项目的环境影响评价中要认真落实水土保持对策和措施。任何土地与矿产资源开发项目的环境影响评价中都需要有水利部门审批的水土保持措施，凡是缺少水土保持措施的资源开发项目不能通过环境影响评价审批。同时，要根据国家有关的水资源保护法规，严禁在河道两侧乱垦乱耕，取缔一切影响行洪、泄洪和威胁河堤安全的违法建设项目。

（3）加强流域水利工程保护　一些流域的防洪堤坝、蓄水、调洪等水利工程设施由于缺少投入，年久失修，加上人为毁坏和生态破坏，已经无法发挥或者说已经丧失了防洪、调洪、蓄洪和防止水土流失的作用。加强流域防洪堤坝等水利工程措施的保护，防止水资源流失和流域生态环境恶化，是流域生态环境综合治理的一个重要内容。主要对策是增加投入和加强管理，一方面要增加投入积极修复年久的水利工程，加固堤坝；另一方面要加强对水利工程设施的规划与管理，防止滥建水利工程项目；第三方面要加强法制教育和水利安全教育，依法制止破坏水利工程设施的违法犯罪行为。

（4）加强流域水资源管理　进入20世纪80年代以后，流域水资源短缺已成为中国流域生态环境问题之一，直接影响到区域经济、社会的可持续发展，又进一步加剧了流域生态环境恶化的趋势。造成流域水资源短缺有多方面的原因：一是工农业用水和生活用水的增加；二是工业污染造成水资源的浪费；三是重经济用水、轻生态用水，过量引水、蓄水；四是农业用水技术落后，水资源浪费严重；五是缺乏流域水资源的统一管理，各地盲目兴修各种截流水利工程，造成流域的中下游水资源匮乏甚至断流。

加强流域水资源的管理是流域生态环境综合治理的重要内容。其主要措施包括：一是建立流域源头生态保护区，加强流域源头的生态保护；二是建立流域水资源统一管理机构，理顺上、中、下游的责、权、利和经济补偿关系，加强流域水资源的统一调度，慎重建设流域水利工程，合理分配和使用流域水资源；三是优化产业结构，建立节水型产业，在工业中推行节水的生产工艺和技术，在农业中推广节水灌溉技术和方法；四是加强流域水污染治理，从污染防治中节约水资源，获取生态效益；五是对城乡和工农业生产引水实行严格的配给制度；六是提高水资源价格和工农业用水征收标准，制定流域水资源保护和利用的经济补偿政策和市场激励机制。

16.4　工业企业环境管理

16.4.1　工业企业环境管理的概述

工业企业环境管理是企业管理的重要组成部分，也是国家环境管理的主要内容之一。它是以管理工程和环境科学的理论为基础，运用技术、经济、法律、行政和教育手段，对损害环境质量的生产经营活动加以限制，协调发展生产与保护环境的关系，使生产目标与环境目标、经济效益与环境效益统一起来，其长远目标是要建立一个优于原有自然生态系统的、新的人工生态系统。

工业企业环境管理包括两个方面的主要内容，一是企业作为管理的主体，对企业内部自身进行管理；二是企业作为管理的对象而被其他管理主体如政府职能部门所管理。

工业企业环境管理的核心是要把环境保护贯穿于企业经营管理的全过程，使环境保护成为工业企业活动的重要决策因素。工业企业不论是作为环境管理的主体，还是作为环境管理的客体，都必须在其活动的全过程中遵循经济与环境相协调的原则，设立专门的机构，指定专职人员，建立一系列配套的规章制度，在产品的生产、流通、使用以及最终的处理、处置等全部环节上，从节约资源、降低消耗、减轻环境污染的角度进行严格的审查、监督，采取有效的管理措施。只有这样，才能保证工业生态系统的良性循环，实现工业企业的可持续发展。

16.4.2 工业企业环境管理的特点

1. 企业的最高管理者同时也是环境保护的责任者

世界许多国家早已明确规定，企业的厂长（经理）是公害污染的法定责任者。工业企业既是生产单位，又是工业污染防治单位，这是同一过程的两个方面。厂长（经理）不仅对企业的生产发展负领导责任，同时也必然对企业的环境保护负领导责任，对提高企业的环境质量负领导责任。近年来，国务院的一些工业部门所颁布的环境保护条例中都明确规定厂长、经理在环境保护方面对国家应负法律责任。厂长（经理）领导环境保护工作，既反映了客观规律的需要，同时也是环境保护工作的特点所要求的。工业企业环境管理是综合性和专业性都很强的管理工作，涉及并渗透于企业生产经营的各个环节和企业管理的各个方面，只有在厂长（经理）的领导下，才能有效地组织与协调各级领导、各组织部门的力量，充分发挥其积极性。企业污染防治工作技术复杂，会出现多种困难与矛盾，由厂长（经理）直接领导，各种困难与矛盾就比较容易解决，管理工作与防治工作就会进展顺利，特别是工艺改革、技术改造、设备更新等方面的工作就更能卓有成效。企业的最高领导者在阐明企业的环境价值观和环境方针、树立企业员工的环境意识、激励员工的环境保护行为等方面具有关键性的作用。

2. 企业环境管理要同企业生产经营管理紧密结合

工业企业管理是通过对企业各职能机构，在集中领导、统一指挥的原则下，依据科学管理与技术进步，对企业的生产、技术、经济等各项活动，进行计划、协调、监督和鼓励，确保企业生产的正常进行和发展。工业企业管理要求以少的消耗、最低的成本，取得最佳的经济效果，同时，控制和减少污染，保护和改善环境，取得最佳的环境效果。在工业企业各项管理中，环境管理具有突出的综合性、全过程性、专业性等特点，渗透于企业各项管理之中，与企业各项管理发生直接关系，是企业管理中不可缺少的一项专业技术管理。因此，环境管理必须协调、组织与发挥企业的各方面力量，真正纳入企业管理的各个环节中去。

从企业的生产目的上看，企业管理与环境管理又是同一过程中相互联系、相互作用的两个方面，企业的生产，既要取得产品，又要排放污染物。通过生产经营管理，减少原材料与能源的消耗，提高劳动生产率，获取价格低廉的满足人民需要的最佳产品；通过环境管理，提高资源、能源利用率，控制和减少生产过程中污染物的排放，为人们提供舒适良好的生活与劳动环境。这就是马克思所说的要使生产过程中"排泄物减少到最低限度和进入产品中原料和辅助材料提到最高限度"。由此可见，两者的目标是一致的，都是为了减少耗费，取得效益，创造人类社会的物质文明和精神文明。因此，企业在进行生产经营活动中，必须把企业环境管理同企业经营管理紧密结合起来，把经济效益同环境效益结合起来。通过企业环境管理体制的运行,使客观存在的渗透关系明确化、制度化,统一组织,分头实施,职能机构各负其责。既要发展生产,又要保护环境,共同为企业获得最佳的综合经济效果而努力。

3. 企业环境管理必须落实在基层

工业企业管理的基础在基层,企业管理应与其相一致。这就是要求把企业的环境管理落实到车间与岗位,建立厂部、车间、班组的企业环境管理网络,明确(或设立)相应的管理机构与人员,除厂部要设立环境管理机构外,各职能机构与各车间的主要领导都应该是本部门的环境保护负责人,同时要配备适当的专职人员,工段与班组设置环境管理员。使企业环境管理在厂长(经理)的领导下,通过分级管理,将工作落实于车间、班组与岗位,从而实现企业自上而下的有效环境管理。

为了确实保证环境管理和污染综合防治的实施,还必须分级进行监督考核,这是以企业环境保护专职机构为主,其他各部门密切配合的一项重要任务。监督考核的内容有四个方面:一是经常性的监督管理,主要检查环境规划、制度、标准的执行情况,发现问题,及时督促解决;二是组织进行企业环境检测与评价,为环境管理和污染综合防治提供科学依据;三是运用经济手段实行环保指标考核,环保指标考核要纳入企业经济考核指标体系,与企业经济技术指标同时下达,同时统计,同时检查考核,凡是超标排污、违反环保法纪、造成污染事故、完不成环保考核指标的单位和个人,要给予经济处罚,对成绩优异者要给予奖励;四是组织开展清洁生产活动,指定目标,进行严格考核与验收,以促进清洁生产活动的全面开展,提高职工关心和参与环境管理的自觉性,不断提高企业环境管理水平。

16.4.3 工业企业环境管理的内容

工业企业的环境管理是企业管理的一个重要组成部分,也是国家环境管理的主要内容之一,因此企业的环境保护是一项同发展生产同样重要的工作。随着我国经济改革的深入,在工业企业中重视和提倡全过程的环境管理是与企业现代化的要求完全一致的。

工业企业环境管理有两方面的内容:一方面是企业作为管理的主体对企业内部自身进行管理;另一方面是企业作为管理的对象而被其他管理主体如政府职能部门所管理。这两方面的内容之间有着十分密切的内在联系。做到了前一方面的要求,才可能符合后一方面的要求;只有有明确的后一方面的要求,才能对前一方面的工作加以推动。

1. 作为管理主体的工业企业环境管理

作为管理主体的工业企业的环境管理,指的是对企业自身内部实施环境管理。其主要内容有以下方面:一是建立健全企业管理体制;二是对生产过程及其废弃物进行环境管理;三是对产品的原料、制作、包装、运输、消费及消费后的最终出路的全过程进行环境管理。

(1)建立企业内部环境管理体系 在企业内部建立健全环境管理体系,有利于高效、合理地控制企业的环境行为,有利于企业实现对社会的环境承诺;保证环境承诺和环境行为活动所需要的资源投放;通过循环反馈,保持企业环境管理的动态提高。

企业环境管理体系的基本模式是国际标准化组织制定的 ISO 14000 环境管理系列标准,它的初衷是通过规范全球工业、商业、政府、非盈利组织和其他用户的环境行为,改善人类环境,促进世界贸易和经济的持续发展。ISO 14000 系统主要包括环境管理体系及环境审核、环境标志、生命周期评价三大部分。ISO 系列标准的提出和实施,为环境管理体系的认证提供了合适的规范,使企业环境管理更加规范有序,同时也为企业国际交往提供了共同语言。

ISO 14000 系列是国际标准化组织继 ISO 9000 系列后作出的一个重大举措。企业要生存和发展，一方面必须实施质量管理标准（ISO 9000 系列），以使企业产品保持竞争力；另一方面必须实施环境管理标准（ISO 14000 系列），以树立企业的环保形象，进一步提高竞争力。有专家预言：在 ISO 已有的10300多个标准中，ISO 14000 系列和 ISO 9000 系列将是世界上被采用的最多的标准之一，且 ISO 14000 系列的用户数可能会超过 ISO 9000 系列的用户数。ISO 14000 系列的实施将使企业面临 ISO 14000 系列和 ISO 9000 系列的双重压力。从某种意义上说，ISO 14000 系列是在 ISO 9000 系列的基础上对企业提出了更高的要求。根据 ISO/TC（国际标准化组织下属的一个技术委员会）的工作计划，ISO 9000 系列质量管理标准将逐步与 ISO 14000 系列环境管理标准统一。由于贯彻 ISO 14000 系列是时代潮流，是企业自身发展的需要，因此，遵守 ISO 14000 系列的规定并适时取得其认证，将成为企业产品进入国际市场的"绿色通行证"，将有利于提高企业在国际贸易市场上的竞争力。

企业可参照 ISO 14000 系列标准，建立和实施企业内部环境管理体系。这里的环境管理体系的含义在 1996 年颁布的 ISO 14001《环境管理体系　规范与使用指南》中已经给出，即环境管理体系是整个管理体系的一个组成部分，包括制定、实施、实现评审和保持环境方针所需要的组织结构、策划活动、职责、惯例、程序、过程和资源。一个组织可以通过展示对本标准的成功实施，使相关方确信它已建立了妥善的环境管理体系。因此，ISO 14001 不仅可以用作认证的规范，也可以直接用于指导一个组织或企业建立、实施和完善有效的环境管理体系。我国企业应对照 ISO 14000 系列的要求，根据现实的经济、技术条件，采取切实措施使企业环境管理逐步向 ISO 14000 系列靠拢。

ISO 14000 系列的环境体系运行模式是持续改进的螺旋形上升模式，即最高管理者的承诺→确定方针目标→提供人、财、物确保体系运行→程序化和文件的全过程控制→检验、纠正、审核、评审→持续改进。其特点是：强调预防为主、全面管理和持续改进；重视污染预防和生命周期分析；突出企业最高管理者的承诺和责任；强调全员环境意识及参与；完善结构化、系统化、程序化的系统工程管理方法；明确环境管理体系是企业大系统的一个子系统，要和其他子系统协同运作。因此，领导重视、组织健全是贯彻 ISO 14000 系列的前提；企业制订环境管理制度，建立环境管理体系要从实际出发。在已开展的广义的环境管理的基础上，根据企业的活动、产品和服务的特点确定体系要素，分解和落实环境管理的职能、职责和任务。根据 ISO 14001 标准的要求，环境管理体系应由环境方针、规划（策划）、实施和运行、检查和纠正措施及管理评审等五个一级要素组成（见图 16-1）。体系建立后，应通过有计划地评审和持续改进的循环，保持环境管理体系的完善和提高。在环境管理组织健全、体系完善的基础上，全面推行"清洁生产"工艺，将整体预防的环境战略持续应用于生产过程和产品。从根本上解决资源浪费和环境污染，是达到国际环境管理认证体系 ISO 14000 系列要求的关键。由于清洁生产是一项系统工程，涉及到管理、技术、生产等各方面；另外清洁生产又具有相对性，是个渐进过程。所以，为保证清洁生产在企业中的持续推进，必须在企业内部建立一个长期性的清洁生产审计组织。

（2）防治生产过程中排出的污染物与废弃物　企业环境保护应坚持预防为主、防治结合、综合治理的方针，减少能源与原材料消耗，采用清洁生产工艺，促进资源回收与循环利用。但受经济、技术、条件的制约，企业生产中产生一定的污染物是不可避免的。因此，在合理利用环境自净能力的前提下，企业对产生的污染物进行厂内治理，将其所产生的外部不

持续改进

持续改进
持续改进

| 管理评审 |

| 环境方针 |

检查与纠正措施
检测与测量
不一致，纠正与预防措施
记录
EMS 审核

策划
环境因素
法律与其他要求
目标与指标
环境管理方案

实施与运行
组织结构与职能
培训意识与能力
信息沟通
EMS 文件
文件控制
运行控制
应急准备与反应

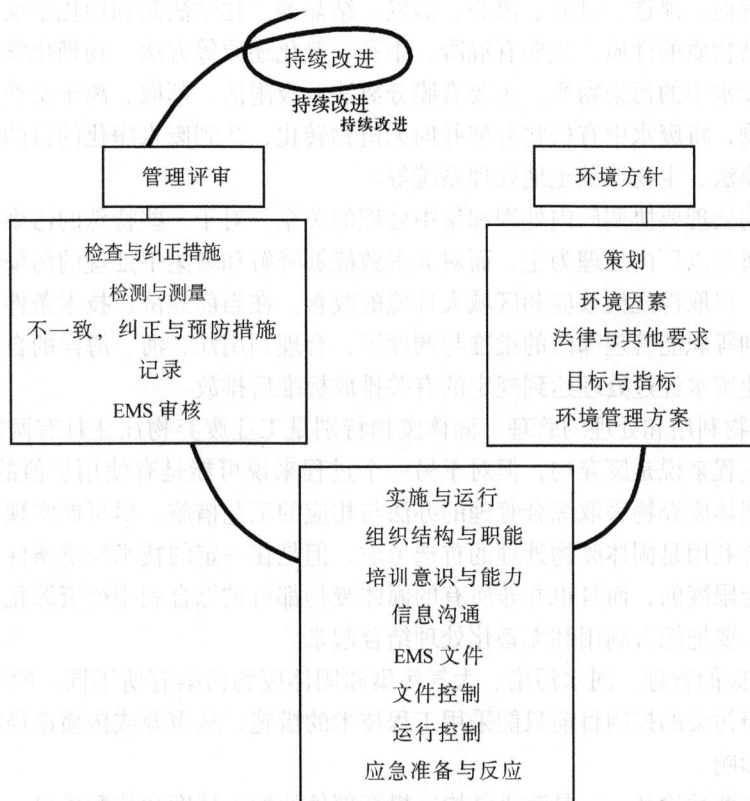

图 16-1　环境管理体系运行模式

经济性内部化，以达到国家或地方规定的有关排放标准及总量控制要求，是企业环境管理的具体内容之一。

这里就企业产生的污染物和废弃物方面的环境管理作一介绍：

1）大气污染物防治的管理。能源结构的不合理是大气污染特别是烟尘和二氧化硫污染的主要原因。对企业来说，改善能源结构、采用集中供热、发展无污染或少污染的新能源，能够有效地降低煤烟型大气污染物的排放。

另外，燃烧方式和设备的落后也是大量排放大气污染物的一个重要原因。对于企业来讲，结合技术改造和设备更新，有计划、有步骤地改进燃烧设备，努力提高烟气净化效率，可以从根本上减少大气污染物的排放。比如有计划地淘汰污染严重的老式锅炉，改造、更新锅炉，配备效率高的除尘设备。对于燃煤电厂，应推行静电除尘等高效除尘技术，努力提高现有除尘器的效率。同时，企业还应注意改革工艺和革新原料和产品，发展脱硫、脱硝等气体污染物治理技术。

2）污水、废水防治的管理。水污染治理就是用各种方法将污水和废水中所含的污染物质分离、回收或将其转化为无害的物质，从而使污水、废水得到净化。废水特别是工业废水是各种多样的，不可能用一种方法就能够把所有的污染物质去除干净。不论何种废水，都需要通过几种方法组成的处理系统进行处理，才能够达到预期的效果。

废水处理方法按其作用大致可分为物理法、化学法、物理化学法、生物化学法四类。物理方法主要利用物理作用分离废水中呈悬浮状态的污染物质，在处理过程中不改变污染物的化学性质，如沉淀、浮选、过滤、离心、蒸发、结晶等。化学法是利用化学反应，去除污染物质或改变污染物质的性质，主要有混凝、中和、氧化还原等方法。物理化学法是利用物理化学作用去除废水中的污染物质，主要有膜分离法、吸附法、萃取、离子交换等。生物化学法是利用微生物，将废水中有机物分解并向无机物转化，达到废水净化的目的，主要有活性污泥法、生物膜法、生物塘及土地处理系统等。

工业废水的处理要协调厂内处理和集中处理的关系。对于一些特殊的污染物，如难降解有机物和重金属应以厂内处理为主，而对大多数能够降解和易集中处理的污染物，应尽可能考虑集中处理，以取得规模效应和区域大环境的改善。在当前经济、技术条件下，企业也可以在环保及水利等职能管理部门的批准与调度下，合理利用江、河、海洋的自净能力和水环境容量，将工业废水经过处理达到规定的有关排放标准后排放。

3）固体废物利用和处理的管理。固体废物特别是工业废弃物往往具有两重性，对于某一生产或消费过程来说是废弃物，但对于另一个过程来说可能是有使用价值的原料。因此，企业应对工业固体废弃物采取综合管理的办法与相应的工艺措施，尽可能实现废物资源化和综合利用。综合利用是固体废物处理的首选考虑，但是在一定的技术经济条件下，废物的综合利用是有一定限度的，而且也并非所有的固体废物都可被综合利用或资源化。因此，在固体废物防治上，要把综合利用和无害化处理结合起来。

4）噪声污染的管理。同水污染、大气污染和固体废物污染有所不同，噪声污染是一种物理污染。噪声污染的控制目前只能采用工程技术的措施，从声源或传播途径控制角度降低噪声对环境的影响。

控制声源有两种途径：一是改进结构，提高部件的加工精度和装配质量，采用合理的操作方法等，以降低声源的噪声发射功率等；二是利用声的吸收、反射、干涉等特征，采取吸声、隔声、减振、隔振等技术，以及安装消声设备等，以控制噪声的传播与辐射。

由于声的能量随着传播距离的增加而减弱，因此控制噪声传播途径的主要措施有：通过加大声源与敏感目标的距离来降低噪声影响；建立隔声屏障或利用隔声材料和隔声结构来阻挡噪声的传播；应用吸声材料和吸声结构，降低噪声能量等。

（3）推行清洁生产　清洁生产概念是从 20 世纪 70 年代以来逐步发展起来的。在不同的国家，对此有过不同的提法，如少废无废工艺、无公害工艺、废料最少化、清洁工艺和绿色工艺等。1996 年联合国环境规划署（UNEP）对清洁生产的定义为："清洁生产是关于产品的生产过程的一种新的、创造性的思维方式。清洁生产意味着对生产过程、产品和服务持续运用整体预防的环境战略以期增加生态效益并减降人类和环境的风险。"对于产品，清洁生产意味着减少和降低产品从原材料到最终处置的全生命周期的不利影响。对于生产过程，清洁生产意味着节约原材料和能源，取消使用有毒原材料，在生产过程排放废物之前减降废物的数量和毒性。对于服务，则要求将环境因素纳入设计和所提供的服务中。

清洁生产是对传统污染治理模式进行反思的产物。为了减轻工业污染对环境的危害，传统的环境治理模式将主要力量放在对污染物的治理上，科学研究和技术开发的主要努力方向也是"三废"的处理。这就是所谓的末端处理。这种方式在污染物控制方面的作用是显著的，但其弊端也显而易见。主要的问题之一，治理的成本过于高昂。许多企业不得不投入巨资建造治理设施，支付沉重的运行费用，甚至使企业不堪重负而难以维持。另一方面，末端治理实际上并不能从根本上遏止环境的恶化，更不能缓解自然资源的耗竭性使用的趋势，在这种情况下，探讨源头治理的途径是必由之路。清洁生产正是这种探索的成果。

清洁生产概念包含了四层涵义：一是清洁生产的目标是节省能源、降低原材料的消耗、减少污染物的产生量和排放量；二是清洁生产的基本手段是改进工艺技术、强化企业管理，最大限度地提高资源、能源的利用水平和改变产品体系，更新设计观念，争取废物最少排放及将环境因素纳入服务中去；三是清洁生产的方法是排污审计，即通过审计发现排污部位、排污原因，并筛选消除或减少污染物的措施及产品生命周期分析；四是清洁生产的终极目标是保护人类与环境，提高企业自身的经济效益。清洁生产的目标是：①通过资源的综合利用，短缺资源的代替利用，二次资源的利用及节能、降耗、节水，合理利用自然资源，减缓资源的耗竭；②减少废物和污染物的生产和排放，促进工业产品的生产、消费过程与环境相容，降低整个工业活动对人类和环境的风险。清洁生产目标的实现将体现工业生产的经济效益、社会效益和环境效益的统一，保证社会经济的持续发展。

清洁生产的主要内容包括以下几方面：首先是清洁的能源，指的是常规能源的清洁利用；引进和开发各种节能技术；可再生能源的利用以及新能源的利用。其次是清洁的生产过程，包括尽量少用、不用有害有毒的原料；尽量采用无毒、无害的中间产品；尽量采用少废、无废的工艺和高效设备，减少生产过程中的各种危险因素；促进物料的再循环，开展生产过程内部原材料的循环使用和回收利用，提高资源和能源的利用水平；强化生产过程的管理，减少物料的流失和泄漏。最后是清洁的产品。指的是产品应该具有合理的使用功能和使用寿命；产品在使用过程中以及使用后不会危害人体健康和生态环境；产品在使用后失去功能后，应该易于回收，复用和再生；合理包装；提倡使用二次资源为原材料；产品应该是节约原料和能源的，少用昂贵和稀缺的原料，应具有节能、节水、低耗和低噪声等特点。

清洁生产的基本途径一般包括以下方面：

1）资源的综合利用。在传统工业生产中，企业一般只利用原料的部分，对本企业的无用组分被作为废弃物丢弃，这是废物排放的基本原因。所以，清洁生产极为强调资源的充分利用和综合利用。综合利用不应局限于某个企业的内部，还应该推进企业之间的合作。"零排放"的主要思路，就是以原料为核心，在一个工业小区内兴建配套的工业，使资源得到最充分的利用。

2）改革工艺和设备。生产过程中产生废料，造成污染的重要原因是工艺的不完善、不合理。理想的工艺流程应为简短，前后工艺衔接合理，原材料消耗少，无废料排出，安全可靠，物料泄漏少、滞留少，能耗低等。

3）物料闭路循环，废物综合利用。工业生产中排放的"三废"，实质上是生产过程中流失的原料、中间体和副产品。将流失的物料回收，使之重新返回生产流程之中，达到既减少污染又创造财富的目的，是清洁生产的基本方向之一。

4）调整产业结构，改进产品设计。污染不仅发生在生产过程，还广泛存在于消费过程中。按照清洁生产的要求，需要对工业产品的整个生命周期的环境影响进行分析，并对产品实施从设计到消费后，也就是从摇篮到墓地的全过程控制。对于那些生产过程中消耗大、污染重的，或消费过程中或报废后产生严重环境影响的产品，应加以淘汰、调整和改进。

5）强化管理。发达国家的经验表明，通过强化管理，在不需要实质性投入，不涉及基本工艺流程的前提下，可达到减污 40% 的效果。作为清洁生产强化管理的起点，通常需要进行清洁生产的审计。清洁生产的审计的目的是核对有关单元操作、原材料、产品、用水、能源和废物的资料；确定废物的来源、数量及类型，确定废物削减的目标，制定经济有效的削减废物产生的对策；提高企业对由削减废物获得效益的认识和知识；判定企业效率低的瓶颈部位和管理不善的地方。在此基础上，采取健全生产组织、完善规章制度、确定减排降耗和节能目标、并落实责任、加强物料管理、加强设备的维修保养等措施，以推进清洁生产。

2. 作为环境管理的对象的工业企业环境管理

政府环境保护职能部门依据国家的政策、法规和标准，采取行政、法律、经济、技术和教育等手段，对工业企业要实施环境监督管理。依据全过程控制的原理，工业企业环境管理的主要内容有三个方面：一是工业企业发展建设过程的环境管理；二是产品生产、销售过程的环境管理；三是对工业企业自身环境管理体系的环境管理。

（1）对工业企业发展建设过程的环境管理　对工业企业发展建设活动的全过程大体可分为筹划立项、设计、施工、验收四个阶段。

1）筹划立项阶段的环境管理。在工业企业发展建设的筹划立项阶段，环境管理的中心任务是对企业建设项目进行环境保护审查，组织开展企业建设项目的环境评价，以妥善解决建设项目的合理布局，制订恰当的环境对策，选择有效的减轻对环境不利影响的措施。企业建设项目的环境保护审查，要依据国家、政府或主管职能部门的政策和法律规定进行。当然要注意地区的差异及行业的差异。主要内容包括：产品项目的审查；企业布局的审查；污染物排放情况的预审核。拟建项目的选址要充分考虑到当地的环境功能和环境容量。在水源保护区、名胜古迹、风景游览区、疗养区、自然保护区及城镇居民生活区，不准建设污染环境的企业。一般来讲，应在充分考虑环境容量的基础上，严格控制拟建项目的排放标准和排放量。对新建项目或企业技术改造过程必须审查它在不同运转时期的污染物排放情况，预测建设项目对环境可能造成的不良影响或改善程度，审查拟建项目的生产工艺及资源、能源利用率是否合理，是否体现了清洁生产的要求等。

建设项目的环境影响评价是企业建设项目前期环境管理的主要内容之一。把环境影响评价纳入到企业建设发展管理的全过程，体现了"预防为主"的方针。通过对建设项目的厂址选择、产品的工艺流程、使用的原料及其排污等进行环境影响评价是政府环保职能部门对企业发展行为进行环境管理及监控的有效手段，有利于促进经济与环境的协调发展。由于企业是清洁生产的主体，因此，对企业建设项目进行环境影响评价时，应注意应用清洁生产的思路和方法。

有关清洁生产的内容包括：①项目建议书阶段，要对拟建项目工艺和产品是否符合清洁生产要求提出初评意见；②项目可行性研究阶段，要重点评审原材料选用、生产工艺和技术、产品的方案，以最大限度地减少技术和产品的环境风险；③对于使用国家规定限期淘汰的落后工艺和设备及不符合清洁生产要求的建设项目，环保行政主管部门不得批准其环境影响报告书（表）；④环境影响报告书（表）所提出的清洁生产措施要与主体过程同时设计、同时施工、同时投产使用。

通过对企业建设项目的环境审查和环境影响评价，应该对企业建设项目的选址及污染防治措施等环境对策的实施原则，提出明确的审查意见。如果企业建设项目选择的厂址是当地环境所不能接受的，例如建设投产后可能造成周围环境不可恢复的破坏、排放的污染物负荷超过当地环境容量所容许的范围、超过人或生物所能容许的极限值等，都应重新选择厂址。在审查企业建设项目的污染防治措施时，要重点审查环境影响评价报告书（表）中提出的措施是否得到落实，确保新建项目排放的污染物能得到有效治理。

2）设计阶段的环境管理。建设项目设计阶段环境管理工作的中心是如何将建设项目的环境目标和环境污染防治对策转化成具体的工程措施和设施，保证环境保护设施的设计。因此，在企业建设项目的初步设计中，要把规定的各项环境保护要求、目标和标准贯彻到各个部门及专业的具体设计中去。

在生产工艺的综合防治设计上要体现清洁生产和生命周期分析的思路，将环境因素和预防污染的环境保护措施纳入产品设计准则之中，使环境保护准则成为产品设计固有的一部分，并且置于优先考虑的地位。在生产工艺设计和设备设计中，应尽可能选用效率高、排污少、能充分利用资源和能源的先进工艺和设备，采用无毒无害或低毒的原料路线和产品路线，尽量减少生产过程中污染物的排放和资源与能源的消耗。另外，企业给水与排水设计要从分类供水、局部循环、串级用水及提高监测管理水平入手，以提高水循环率，减少新水补给量和废水排放量。

在环境保护设施设计上要按照初步设计中规定的排放标准设置净化或处理设备，选用的环境保护设备必须能使污染物的净化和处理效果达到设计排放标准，选用的处理或净化工艺和设备要保证环境保护设施能够长期稳定的运行。同时还应在不降低排放污染物设计标准的前提下，注意技术经济指标的合理性。对于经过处理设施净化、回收的废弃物，在设计时应考虑进一步的资源化、无害化和综合利用，防止造成二次污染。尤其是要注意地区性的专业协作，力争使某个企业产生的废弃物能作为另一个企业生产的原材料。

3）施工阶段的环境管理。企业建设项目施工阶段的环境管理工作重点是检查和落实环境保护设施的施工，并注意防止施工现场对周围环境产生的不利影响。

环境保护设施的检查和落实，一是要结合施工现场情况，复查设计文件中环境保护设施的设计落实情况，一旦发现环保设施设计不完善或不符合现场实际情况，应及时通知有关部门更改或补充设计；二是检查环境保护设施的施工进度，建设单位要及时向环境管理机构汇报进度执行情况；三是检查环境保护设施的施工质量，要严格按照设计要求和验收规范规定的质量要求检查环境保护设施的施工质量，对不符合质量要求的施工应及时要求其返工；四是要妥善处理环境保护设计的变更，建设单位和施工单位都不得随意变更环境保护设施的设计工艺和设备技术标准，如果建设项目在规模、工艺技术或厂址等方面有较大的设计变更，必须重新修订环境影响报告书，并报原审批部门审批。

在建设项目施工中，要防止对施工现场周围的生态环境造成不可恢复或难以恢复的破坏，因此应结合建设项目的设计，合理安排施工现场，使绿化、复垦工程等能同时开工、同时完成。尤其是要防止河道淤塞、水土流失、土地盐碱化等对自然生态系统的破坏，竣工后施工单位要负责修正或复原在建设中受到破坏的自然环境。在施工中，可能会产生粉尘、噪声、振动及有害气体，污染和危害周围居民生活区，施工单位要采取行之有效的防护措施，避免施工现场对周围居民区环境产生不利影响。

4）验收阶段的环境管理。企业建设项目竣工验收阶段环境管理的主要内容是验收环境保护设施的完成情况。要求环境保护设施必须与建设项目的主体工程同时验收，经原审批环境影响报告书的环境保护行政主管部门验收合格后，该建设项目可投入生产。

环境保护设施验收的主要依据是经过批准的设计任务书、初步设计或扩大初步设计、施工图样和设备技术说明等文件及检测单位提交的检测报告。对单项工程进行验收时，环境管理的主要内容是：对照审批下达的环境保护设施清单，核对环境保护设施项目；检查环境保护设施的施工质量；清点交付的验收文件。总体工程验收中环境管理的主要内容是：环境保护设施的调试、考核；各单项工程或车间的环境保护验收报告的审定；建设项目环境保护对策的总体验收。在验收中发现的问题由参加验收的部门提出具体的处理意见，环境保护设施没有建成或不达到规定要求的不予验收，环境保护设施存在一定问题但不是严重危害环境的可以采取同意投产、预留投资、限期解决的方式处理，对于暂时无法解决的遗留问题，应作为专题拟定处理意见，上报主管部门会同有关部门审查批准后执行。

（2）对工业企业生产过程的环境管理　工业企业的生产过程的环境管理，应该考虑的内容包括三个方面：一是工业企业污染源的管理；二是工业企业生产过程的环境审计；三是产品生命周期的环境管理。

1）对工业企业污染源的管理。政府环境保护职能部门对工业污染源进行监督管理，是根据国家的政策、法规和排放标准，对污染源进行监控，以确保污染物排放符合国家及地方的有关规定。

对现有污染源的监督管理，主要是监控其排放是否符合国家和地方法定的排放标准以及在技术改造中是否采用符合规定要求的技术措施。

对新建项目污染源的管理，一般分为两个阶段：第一阶段是在建设前进行环境影响评价，即对建设项目的厂址选择、产品的工艺流程、使用的原料及其排污等进行环境影响评价，提出预防污染的措施和对策，并作为整个建设项目可行性研究的一个组成部分；第二阶段是要保证环境影响报告书（表）中提出的措施得到落实，确保新建项目排放的污染物能得到有效治理。

对矿产资源开发利用的环境管理，其主要内容和手段是进行环境影响评价，不仅要在开发前做好环境影响评价工作，而且要作好开发后的回顾性评价。在进行评价时，要考虑自然资源开发引起的自然风险和社会风险，注意资源开发的外部不经济性。加强矿产资源开发利用的环境管理，还应对矿产资源开发利用的各个阶段进行必要的环境监测，获取信息，随时反馈，以便及时制订相应的补救措施。矿产资源开发主管部门应会同当地环境管理机构，建立事故应急小组，制定应急措施计划，配备应急处理设备，以便在发生环境意外事故时能迅速采取行动，有效控制污染程度与污染范围，减轻对周围环境的影响，避免公害事故的发生。

2）对工业企业生产过程的环境审计。环境审计是近年来发展起来的一种对生产过程进行环境管理的方法。我国的环境审计是指审计机构接受政府或其他有关机关的委托，依据国家的环境保护法律、法规，对排污企业的污染状况、治理状况以及污染治理专项资金的使用情况，进行审查监督，并向授权人或委托人提交书面报告和建议的一种活动。通过环境审计，对企业污染治理状况、治理专项资金使用情况以及治理后的效益进行定期或不定期地审查，监督企业在此过程中的行为，促进企业加强环境管理，积极治理污染，使环境保护得到真正落实。

环境审计的全过程是审计主体对审计客体（对象）的生产过程进行全面的环境管理的过程。环境审计主体包括国家审计机关和社会审计机构两类。前者是政府职能部门，由政府授权对排污单位进行环境审计；后者是社会性的民间审计机构，在接受环境保护主管部门审计机关和产品进出口审查机关的委托后，可以从事一些特定目的的环境审计工作。环境审计的客体包括排放污染物的一切企业、事业单位。

　　环境审计可划分为三个层次：一是以审查执法情况为目的的环境审计，主要依据国家、地方和行业的法规，审查企业的执行情况和达标情况，针对审查中发现的问题制定出相应的行动计划，促进企业改进环境保护工作，防止污染事故的发生；二是以废物减量为目的的环境审计，主要是通过对生产过程的分析评估，揭示消减废物发生量的机会，提出改进方案，最大限度地减少工业生产对环境的污染；三是以清洁生产为目的的环境审计，它是从污染预防的角度对现有的或计划进行的工业生产活动中物料的走向和转换所实行的一种分析程序，通过对企业生产过程的重点环节及工序产生的污染进行定量监测，找出高物耗、高能耗、高污染的原因，并有针对性地提出对策，制定实施清洁生产的多层次方案。

　　3）对产品生命周期的环境管理。人们在工业企业环境管理实践中认识到，要争取工业生产与环境相容这一目标，只抓污染物的排放和处理是不够的，而应当从产品抓起，考察产品的整个生命周期对环境的影响。产品的生命周期指的是产品从自然中来又回到自然中去的物质转化过程，包括从产品的开发设计、原材料采集和处理、加工制作、流通、使用复用、再生利用及最终处置等各个阶段，即"产品从摇篮到坟墓"的全过程。

　　产品生命周期的环境管理是指对产品的开发设计、加工制造、流通、使用、报废处理、再生利用到最终处置各个阶段的活动进行资源分析和环境影响评价，以便寻找消除或降低其对环境不良影响的机会和方法。为了从根本上解决环境污染和资源浪费问题，1996 年 9 月国际标准化组织颁布的 ISO 14000 环境管理系列标准针对目前在欧美发达国家已经广泛使用的"生命周期评估"技术制定了标准，试图将这一观念引入组织的管理活动中。生命周期评估对有效的环境管理具有相当积极和重要的作用，目前，日本和美国的生命周期评估工作走在世界前列，我国在这方面的工作尚处于起步阶段。

　　生命周期评估的思想原则包括：工业生产的环境影响评估应具体落实到每一个产品；对于产品造成的环境影响不但应着眼于污染物的排放，亦要考虑其物料和能源的消耗情况，即要从物质转化的输入和输出端同时着手；对于产品造成的环境影响应从其整个生命周期来评估，而不能仅仅局限于生命周期的某个阶段。借助这些思想原则就有可能将环境管理从行业、企业的宏观层次渗透到产品的微观层次。

　　一个完整的生命周期评估，包括目标和范围的确定，清单分析，影响评估和改善评价四个阶段：

　　目标和范围的确定，主要是明确应用目标，确定研究深度，界定研究范围，选择研究方向，对所考察的产品有一个全面的认识。

　　生命周期清单分析，是利用系统分析的原理，对产品从产生、收集、运输、回收利用到最终处置整个生命过程中所有物质和能量的输入与输出，以及排放的环境污染物（包括气、液、固体废弃物）逐一列出，并进行量化，为后续的影响评估打下基本。

　　进行生命周期清单分析时，不能遗漏掉产品生命周期中的任何一个阶段，产品的制造过程还要细分为原料加工、产品生产、组合及加工、充填、包装、发送等各环节。在对主要过程和辅助过程充分细化的基础上，按统一制定的单位标准，将收入项、支出项逐一列入生命周期分析清单之中。一般收入项包括各种资源、过程中间投加的物料、能源，以及从土地、水体、大气中获得的各种自然资源等；支出项包括生产过程的各阶段中所排放的气、液、固体废弃物及各种微量有害物质、过程中间或最后产生的主要副产品等。另外，在计算支出时，还必须考虑产品发送的交通运输方式，因为不同的交通运输方式消耗和排放的物质在种类和数量上都有明显的差异。

生命周期影响评估，是运用清单分析的结果对产品生命周期的各个阶段所涉及的所有潜在的重大环境影响进行评估，即确定系统的物质、能量输入与输出对外部环境的影响。影响评估的过程是：根据所确定的环境影响类型，对清单分析结果进行归类整理；将清单分析的结果与具体的环境影响联系起来，针对特定的环境影响类型，对输入和输出数据进行分析和量化；将各种不同影响类型的数值综合为单一指标，分析其重要性，对不同领域内的环境影响进行横向比较。

生命周期改善评价，是指对所评价产品生命周期的某一阶段或某一时期提出改进措施，以减少产品对环境的污染影响。产品生命周期的任何一阶段或过程均可单独从不同方面进行鉴定、评价和选择。

4）工业企业环境管理体系的审核。为促进企业实施持续改进的环境管理体系，有必要对企业环境管理体系进行审核，以判断一个企业的环境管理体系是否符合该企业所规定的环境管理体系准则。企业建立环境管理体系，可以使企业通过资源配置、职责分工及对惯例、程序和过程的不断评价，有序、一致地处理环境事务，减少直至消除其活动、产品和服务对环境的潜在影响。环境管理体系审核的目的主要是：第一，对照 ISO 系列环境管理体系审核准则，确定受审核方环境管理体系的符合情况；第二，判定受审核方环境管理体系是否得到了正确的实施与保持；第三，发现受审核方环境管理体系中可以改进的领域；第四，对内部管理评审在保证环境管理体系持续适用性和有效性方面效能的评估；第五，对一个有意与之建立合同关系的企业（如一个可能成为供方的企业和合资经营的伙伴）的环境管理体系进行评价。

复习思考题

1. 简述城市环境管理的途径和方法。
2. 说明开发区的环境管理方法。
3. 农村环境管理的目的是什么？
4. 流域环境管理的主要特点是什么？
5. 工业企业环境管理的特点是什么？简述工业环境管理的内容。
6. 说明清洁生产对工业企业环境管理的作用。

第 17 章

自然资源保护与管理

17.1 自然资源保护与管理概述

1. 自然资源及自然资源管理的定义

自然资源通常是指在一定的技术经济条件下，自然界中对人类有用的一切物质和非物质的总称。联合国出版的文献对其含义解释为："人在自然环境中发现的各种成分，只要它能以任何方式为人类提供福利的，都属于自然资源。"从广义上来说，自然资源包括全球范围内的一切要素，既包括过去进化阶段中无生命的物理成分，如矿物等，又包括地球演化中的产物，如植物、动物、景观要素、地形、水、空气、土壤和化石资源等。自然资源通常可分为不可再生资源（如矿产资源）和可再生资源（如水资源和生物资源等）两类，但这两者的划分并不是绝对的，如果利用合理，保护得当，不可再生资源也可以转化为可再生资源，也可以持续利用，相反，如果开发与保护的关系处理不妥当，不仅不可再生资源难以持续，而且可再生资源也难以为可持续发展作出全面贡献。

提高管理系统的整体运行效率，而不是一加一等于二的关系。综合管理的效果集中体现在制度效率的提高和交易成本的降低。

2. 自然资源的属性

（1）稀缺性　"稀缺性"是自然资源的固有特性。因为人类的需要实质上是无限的，而自然资源是有限的。自然资源相对于人类需要在数量上的不足，是人类社会与自然资源关系的核心问题。

（2）整体性　人类通常是利用某种单一资源甚至单一资源的某一部分，但实际上自然资源之间是相互联系、相互制约形成的一个整体系统。如土地资源是气候、地形、生物及水源共同影响下的产物。

（3）地域性　自然资源的形成服从一定的地域差异规律，因此其空间分布是不均衡的，总是相对集中于某些区域之中。如石油资源就相对集中于波斯湾地区。

（4）多用性　大部分自然资源具有多种功能和用途。例如一条河流，对能源部门来说可用作水力发电，对农业部门来说可作为灌溉水源，对交通部门而言则可能是航运线，而旅游部门又把它当成风景资源。

（5）社会性　地理学家卡尔·苏尔认为"资源是文化的一个函数"，即自然资源由于附加了人类劳动而表现出社会性，它或多或少都有人类劳动的印记。人类不仅变更了植物和动物的位置，而且也改变了它们所居住的地方的地形与气候，甚至还改变了植物和动物本身。

（6）可变性　自然资源与人类社会构成"人类-资源生态系统"，它处于不断的运动和变化之中。这种变动可表现为正负两个方面。正的方面如植树造林、修建水电站等，使人类与资源的关系呈现良性循环。负的方面如滥伐森林，围湖造田，使资源退化衰竭，甚至加剧自然灾害等。

3. 自然保护的必要性和分类保护

人类的生存和发展需要有良好的自然环境和丰富的自然资源。自然环境是指客观存在的物质世界中同人类、人类社会发生相互影响的各种自然因素的总和，主要是大气、水、土壤、生物、矿物和阳光等。自然资源是自然环境中人类可以用于生活和生产的物质，可分为三类：一是取之不尽的，如太阳能和风力；二是可以更新的，如生物、水和土壤；三是不可更新的，如各种矿物。随着人类生产力的发展和提高，自然资源可为人类利用的部分不断扩大。如一种矿物往往和其他矿物共生，选矿和冶炼技术的发展，使共生矿物不再是被排入环境的废渣，而是被回收进入社会生产过程中，成为新的自然资源。这些资源，特别是可更新资源，如开发利用不合理，不仅会使大气、水体、土壤等受到污染，生态平衡和自然环境遭到破坏，而且自然资源本身也将日趋枯竭，严重地影响人类的生存和社会的发展。因此，人类在开发和利用自然资源的同时，必须对自然进行保护和管理。

建立自然保护区，即对一定范围内的陆地或水域，采取有效措施，保护自然综合体或自然资源，以及保护其他特定的单种、多种或整体的对象，是自然保护工作的重要内容。

（1）水资源保护　河流、湖泊、沼泽、水库、冰川、海洋等"地表贮水体"，由于太阳的照射，水蒸发后在空中凝结成雨降到地面，一部分渗入地下，大部分流进河流汇入海洋。地球上的水总量约 14 亿 km^3，但真正可利用的水资源却只有很小的一部分。中国大部分地区是季风气候区，降雨多集中于夏季，很多河流雨季后流量迅速减少；华北和西北又处于干旱和半干旱气候区，缺水尤其严重。因此保护水资源，防止水污染，十分重要。

保护水资源必须有效地控制水污染，因此要大力降低污染源排放的废水量和降低废水中有害物质的浓度。行之有效的措施是：①改革生产工艺和设备，少用水或不用水，少用或不用容易产生污染的原料，减轻处理负担；②妥善处理工业废水和生活污水，杜绝任意排放；③回收城市污水，用于农业、渔业和城市建设等，节约新鲜水，缓和农业和工业同城市争水的矛盾；④加强对水体及其污染源的监测和管理，使水污染逐步得到减轻和控制。

（2）土地资源保护　土地是人类生活和生产的场所，是地质、地貌、气候、植被、土壤、水文和人类活动等多种因素相互作用下组成的高度综合的自然经济系统。中国的国土有 2/3 是山地，1/3 是平地，而耕地面积只占 10.4%，约为 100 多万 km^2，工业、交通、城镇等面积占了 6.9%，约为 67 万 km^2。因此从生态平衡的观点出发，控制人口增长和严格限制对耕地面积的侵占，是同自然保护密切相关的。

土地资源保护的根本措施是植树造林，对已开发利用的土地资源要合理灌溉和耕作。海涂是沿海淤积平原的浅海滩，可为农业提供可耕土地，又可为水产业提供养殖场地，可以制盐，还可利用潮汐能发电等。因此必须对海涂资源进行综合调查和研究，作出全面安排和统筹规划，使海涂得到合理的开发和利用。

（3）生物资源保护　森林是由乔木、灌木和草本植物组成的绿色植物群体，要根据森林的自然生长规律，有计划地合理开发，永续利用，还要注意防止森林火灾和防治病虫害。

草原是草本植被，要根据草原的生产力，合理确定载畜量，防止超载放牧。对已沙化地区，要进行封育，并结合人工补种。对大面积天然草场采取围栏、灌溉、施肥、化学除莠、灭鼠、区划轮牧等综合技术措施，提高草原牧草的产量和质量。某些原始性的草原，或有特殊植被类型的草原，以及有珍稀动物栖息的草原，可划为草原自然保护区。在野生动、植物资源保护方面，要开展资源的普查工作，建立自然保护区和禁猎区，规定禁猎期，建立物种库，保存和繁殖物种，并开展人工引种驯化科学研究。

(4) 自然保护的法律和经济学　人类对自然保护的努力是同对自然价值的认识分不开的。人类对自然价值的认识程度较低，或者自然受到污染或破坏较轻时，自然保护活动规模也是较小的。随着人类对自然价值认识程度的提高，以及自然资源的蕴藏量日趋枯竭，人们认识到必须设立自然保护的行政机构，及时根据可靠的、系统的情报资料，进行正确的预测，提出有效的防止措施。同时，为了有效地对自然进行保护和管理，需要制定相应的法律。如德国于1902年制定保存美丽景观的法律，1935年制定自然保护法。日本于1919年制定《古迹名胜天然纪念物保存法》（日本在名胜及天然纪念物的概念中，也包括人工构筑物、饲养的动物和栽培的植物）；1931年制定《国立公园法》，还颁布了有关鸟兽保护区、禁猎区的《狩猎法》，有关地域环境保护的《自然环境保护法》，有关保护森林的《森林法》等。

对自然资源的开发利用也要进行环境经济学的研究，除了研究一些经济发展方面，如社会生产的需要、工艺技术的可能、成本的高低等因素外，还要研究对自然保护和环境保护最有利的开发利用的形式、规模和速度。

17.2　土地资源保护与管理

土地狭义上是指陆地表层，广义上是指陆地、内陆水域和滩涂，经济学上通常使用的是广义的土地。土地资源是指可供人类利用的土地，是人类生存和发展的必要条件。我国土地辽阔，北自漠河以北的黑龙江江心，南至南沙群岛的曾母暗沙，东起黑龙江与乌苏里江的汇合处，西至帕米尔高原，总面积约为960万 km^2，折合为144亿亩。其中，耕地14.9亿亩，占总面积的10.4%；宜农荒地约5亿亩，占总面积的3.5%；林地约18.3亿亩，占总面积的12.7%；宜林荒地约11.7亿亩，占总面积的8.0%；草地42.9亿亩，占总面积的29.6%；南方草山、草坡约6.7亿亩，占总面积的4.6%；内陆水域约4亿亩，占总面积的2.68%；沼泽地1.7亿亩，占总面积的1.1%；寒漠、永久积雪和冰川、沙质荒漠、戈壁、荒山等合计约为29.4亿亩，占总面积的20.6%；城市交通和工矿用地为10.0亿亩，占总面积的6.8%。人多地少，耕地后备资源严重不足，是我国土地的基本国情。

17.2.1　我国土地资源的特点

我国土地资源主要有以下五个特点：

1. 土地辽阔，类型多样

我国土地总面积约960万 km^2。从北纬53°34′至3°51′，南北跨约50个纬度，由寒温带至赤道带，约70%为温带（占25.9%）、暖温带（占18.5%）和亚热带（约占26%），有优越的热量条件；从东经73°附近至135°05′，东西跨将近62个经度，由太平洋沿岸到欧亚大陆的中心，包括土地面积几乎相等的湿润（占32.2%）、半湿润（占17.8%）与半干旱（占19.2%）、干旱（30.8%）两大地理区域。从地形高度看，从平均海拔50m以下的东部平原，逐级上升到西部海拔4000m以上的青藏高原。由于土地的水、热条件组合的差异和复杂的地形地质条件、悠久的农业历史、多样的土地利用方式，形成了我国极其多种多样的土地资源类型，极有利于农林牧副渔生产的全面发展。同时，这一特征也决定了我国各地在土地利用过程中，必须因地制宜进行综合利用，切忌"一阵风"、"一个模式"进行土地开发利用。

2. 山地多，平地少是我国土地构成的显著特点

我国是个多山国家。据粗略估算，山地、高原、丘陵的面积约633.7万km²，约占土地总面积的69%，平地约占31%。全国1/3的人口，2/5的耕地和9/10的有林地分布在山地。联合国粮农组织发表的74个国家的1986年统计资料表明：我国人均耕地和永久性农作物用地，只占世界人均拥有量的30%，在世界各国中居第67位。在全世界26个人口在5000万以上的国家中，我国人均耕地数量仅高于日本、孟加拉国，居第24位。我国以占世界6.8%的耕地，养育着占世界21.8%的人口。这一方面说明我国农业的巨大成就，同时也说明我国耕地的人口承载力正在逼近极限。山地一般高差大，坡度陡，土层薄，土地的适宜性单一，宜耕性差，农业发展受到较大限制，生态系统一般较脆弱，利用不当，极易引起水土流失和资源破坏。但山地，尤其是我国南方山地，水热条件好，适宜于林木生长和多种经营的发展。西北地区的山地是中国主要牧场，又为平原地区农业灌溉水源的集水区，因而，山地在西北地区农业自然资源的组成中和农业生产结构中占有特殊重要地位，其合理的开发对于我国科学整治山河，积极开展多种经营占有特别重要的意义。相比之下，平原地区土地的适宜性较强，耕作性能强，农业发展的制约因素相对较少，多为我国主要的农业稳产高产区域。

3. 农业用地绝对数量多，人均占有量少

我国现有耕地约9572万hm²，为世界耕地总面积的7.7%，居世界第4位；仅我国北部和西部的牧区与半农半牧区的天然草地约3.17亿hm²（另一数字为3.53亿hm²），为世界草地总面积的10%，居世界第3位；我国有林地面积约1.25亿hm²，占世界森林总面积的4.1%，居世界第8位，但我国人均耕地按统计约0.1hm²，仅为世界平均值的1/3；森林覆盖率仅13%（世界平均覆盖率为22%），列世界第121位，我国每人占有林地约0.12hm²，仅为世界平均数的1/5强；天然草地稍多，中国每人占有约0.35hm²，也不及世界平均数的1/2。农、林、牧用地总和，中国平均每人占有0.54hm²，最多也不超过0.67hm²，仅为世界的1/4强至1/3。这一特点表明，我国人多地少的矛盾十分突出，人均土地资源十分贫乏，这就决定了我国土地利用只能精耕细作，走资源节约型的农业发展道路。

4. 宜林地较多，宜农地较少，后备的土地资源不足

据林业部门调查，中国可供进一步发展生产的后备土地资源约1.225亿hm²，其中包括疏林地0.156亿hm²，灌木林地0.296亿hm²，宜林宜牧的荒山荒地约9000多万hm²。这些土地按其性质主要应作为林牧用地，每人平均亦仅占有0.12hm²左右。而宜于种植作物、人工牧草的后备土地资源，从多方面材料估算仅约0.33亿hm²，其中可以作为粮棉等农作物生产基地建设的毛面积约0.13亿hm²，净面积也只有0.067亿hm²的潜力。相反，如流

动沙丘、戈壁和海拔在3000m以上人类不易利用的土地等这类无效的土地面积共约3.487亿hm^2，约占我国土地总面积的36.3%，所占比例相当大。我国农用地偏少，特别是林地、耕地少、后备资源不足，效用低下土地资源多，构成我国经济发展特别是农业经济发展的重大制约因素。

5. 土地资源分布不平衡，土地生产力地区间差异显著

我国东南部季风区土地生产力较高，目前已集中全国耕地与林地的92%左右，农业人口与农业总产值的95%左右，是我国重要的农区与林区，而且实际也为畜牧业比重大的地区。但这些地区内自然灾害频繁，森林分布不均。在东南部季风区内，土地资源的性质和农业生产条件差别也很大。西北内陆区光照充足，热量也较丰富，但干旱少雨，水源少，沙漠、戈壁、盐碱面积大，其中东半部为草原与荒漠草原；西半部为极端干旱的荒漠，无灌溉即无农业，土地自然生产力低。青藏高原地区大部分海拔在3000m以上，日照虽充足，但热量不足，高而寒冷，土地自然生产力低，而且不易利用。总之，我国土地资源分布不平衡，土地组成诸因素大部分不协调，区域间差异大。

17.2.2　我国土地资源开发现状与存在问题

1. 我国土地资源开发现状

20世纪50年代以来，中国在农田、草原、林地与水利建设等方面做了许多工作，取得了较大的成绩。总的开发现状有如下几个特点：

（1）土地开发利用程度东部高、西部低　全国土地利用指数约75%，东部地区土地利用指数达88%，远高于全国平均水平。其中上海接近100%，北京为95%，天津为94%，河北、广西相对较低，为78%左右，也高于全国平均水平。中部地区土地利用指数为87.5%，西部则为64%。

（2）土地利用结构地域差异明显　表17-1表明：一是耕地比重东部占28.3%，西部不到7%，仅为全国平均水平的一半；二是园地东部比重接近4%，中西部均不到1%；三是西部草地比重占1/3强，东部草地比重仅占2%；四是水域、城镇工矿、交通用地的比重，东部为中部的2倍，而西部的比重较小；五是西部地区未利用土地比重大，占地区总面积的1/3倍。

表17-1　三大地区土地利用结构（%）

地区	耕地	园地	林地	草地	水域	城镇、工矿	交通	未利用地
东部	28.8	3.9	37.1	2.0	8.2	6.6	1.4	12.0
中部	19.7	0.7	31.8	26.5	4.8	3.2	0.8	12.5
西部	6.8	0.3	15.9	36.4	4.1	0.2	0.2	36.3

（3）农用地人均占有量东少西多，南少北多　表17-2表明：东部地区人口密集，人均占有耕地面积仅及全国平均水平的70%，全国人均占有耕地少于0.5亩的463个县市中近半数位于本区；中部地区人均耕地面积1.95亩，高于全国平均水平；中部的北方四省区人均耕地面积均超过2亩，而南方五省人均耕地面积均低于全国1.62亩的平均水平，其中湖南最低，仅为0.89亩/人；西部地区人均占有耕地、林地、草地面积分别为2亩、4.6亩和10.7亩，分别为全国平均水平的1.23倍、1.66倍和3.11倍；西部地区人均耕地面积除四

川外，其余省区均高于全国平均水平，林地人均占有面积除宁夏为 0.78 亩外，其余均高于全国平均水平。

表 17-2　三大地区土地利用的人均状况（亩）

地区	耕地	园地	林地	草地	水域	城镇、工矿	交通	未利用地
东部	1.14	0.16	1.47	0.08	0.32	0.26	0.05	0.48
中部	1.95	0.07	3.16	2.63	0.48	0.31	0.08	1.24
西部	2.03	0.11	4.7	10.8	0.91	0.30	0.07	10.75

（4）耕地减少东部最多，西部最少　以 1993—1995 年为例，全国耕地共减少 3300 万亩，其地区分布是东部最多，中部次之，西部最少，三者的比例为 1.34∶1.04∶1.00。这期间，全国耕地处于净减少状态的省市区主要分布于东中部地区，其中东部 11 个，中部 8 个；耕地净增加的省区有 7 个，主要分布于西北、东北和西南地区，它们是新、甘、宁、黑、云、川、桂七省区。从耕地减少的构成分析，建设用地占 19.4%，农业结构调整占 65.5%，自然灾害毁损占 15.1%。国家建设、集体建设占用耕地东部最高，分别占全国的 57.1% 和 51%；农业生产结构调整占用耕地中部最多，占全国的 36.8%；自然灾害毁损东部、中部分占全国的 38.3% 和 36.8%。

总之，土地利用的区域特征的形成深受自然因素与人文因素所制约，以自然因素为基础，以人类生产活动为主导构成了我国土地利用的地域差异格局。东部地区自然条件优越，土地开发利用程度广，后备资源十分有限；人均耕地少，但质量较好；城镇工矿、交通用地较多，占本区土地总面积的 8%，为全国平均水平的 2.7 倍；城镇和乡镇企业建设用地比重大，增速快，约占全国同类用地总量的 70%；人均耕地面积下降较快，主要用于国家建设和集体建设。中部地区地处东、西过度地带，土地开发利用程度较高，后备土地资源有一定潜力，可垦荒地约 1200 万亩，主要分布于皖、湘、黑、豫、晋等省；耕地资源相对丰富，人均占有量多于全国水平；林地面积约占土地面积的 1/3，高于全国平均水平；城镇和工矿用地比重和人均占有量均高于全国水平；建设用地主要用于交通和农田水利用地，约占全国同类用地的一半左右。西部地区深受内陆气候、高原气候影响，土地利用程度不高，未利用土地资源多，约占全国的 79.4%，主要分布于新疆、西藏、青海，且其中难以利用的土地比重大，人均耕地面积高于全国平均水平，但多数耕地质量不高，多属中低产田；区内草场面积大，但产出率低，草场宰畜率不高；建设用地中用于个人建房比重较大，近年来随着西部大开发的展开，工交用地增长较快。新、甘、宁、云是近年来我国新增加耕地的重要省区。

2. 我国土地资源开发中存在的问题

（1）人均土地占有量越来越少　我国有陆地面积 960 万 km^2，占世界陆地面积的 7.2%，占亚洲陆地面积的 25%，仅次于俄罗斯和加拿大，居世界第三位。但我国有近 13 亿人口，人均陆地面积不足 12 亩，不足世界人均面积的 1/3，只有澳大利亚人均土地的 1/61，加拿大的 1/49，巴西的 1/8，美国的 1/5。

（2）水土流失严重　我国是世界上水土流失最严重的国家之一。1945 年水土流失面积 116 万 km^2，占国土面积的 16%；到 1998 年，水土流失面积扩大到 367 万 km^2，占国土面积的 38%，每年新增流失 1 万多 km^2，其中水土流失的耕地有 7.3 亿亩，每年流失沃土 50 多亿 t，全球每年流失 260 亿 t 表土，我国要占 20%，损失土地中的养分相当于我国 1984 年的化肥产量。2002 年 1 月 21 日水利部通报的全国第二次水土流失遥感调查成果显示，全国现有水土流失面积 356 万 km^2，其中受水力侵蚀的水土流失面积 165 万 km^2，受风力侵蚀的水土流失面积 191 万 km^2，在水蚀和风蚀面积中有 26 万 km^2 的水土流失面积为水蚀、风蚀交错区。调查表明，全国水土流失面广量大，不论是山区、丘陵区、风沙区，还是农村、城市、沿海地区，都存在不同程度的水土流失问题。水力侵蚀比较严重的地区主要分布在长江上游的云南、贵州、四川、重庆、湖北和黄河中游的陕西、山西、甘肃、内蒙古、宁夏等省（自治区、直辖市）。同时在中、东部地区的一些省份，如黑龙江、辽宁、山东、河北、江西、湖南等省的部分地区，水土流失也非常严重。风力侵蚀最严重的地区主要分布在西北地区的新疆、内蒙古、青海、西藏、甘肃等省、自治区。水、风蚀交错区主要分布在长城沿线及内陆河流域的部分地区。

（3）土地退化严重　土地退化是指土壤的物理化学性质和生物性质恶化，引起土地质量下降和肥力减退。广义的土地退化还包括沙化、盐渍化和石漠化。这里主要是讲土壤的营养性物质遭破坏，引起土地退化，造成土地贫瘠，如我国土地贫磷 10.09 亿亩，贫锌 7.29 亿亩，贫钼 6.68 亿亩，贫氮 4.96 亿亩，贫硼 4.92 亿亩，贫钾 2.72 亿亩。有 77% 的省份的耕地缺钾，63% 的省份耕地缺磷，30% 的省份耕地缺氮。2003 年全国农药使用量为 131.2 万 t，化肥使用量为 4339.5 万 t，其中氮肥 2157.3 万 t，磷肥 712.2 万 t，钾肥 422.5 万 t，复合肥 1046.2 万 t。

（4）土地沙漠化严重　联合国大会确定 2006 年为"国际沙漠和荒漠化年"。为同这一主题保持一致，联合国环境规划署（UNEP）宣布 2006 年世界环境日的主题是"莫使旱地变荒漠"，以突出强调这一人类所面临的紧迫环境问题。荒漠化同土地退化相关，它影响了地球 1/3 的面积和超过 10 亿人的生活，另外，在社会和经济损失方面，它还具有潜在的破坏性后果。所以，土地的沙漠化问题是现今世界关注的一大环境问题之一。

我国是世界上土地沙漠化最严重的国家之一，已成为环境的头号问题。2003 年春天，中国工程院公布的有关数据显示，1999 年全国荒漠化土地总面积为 267.4 万 km^2，其中西北地区约为 218.3 万 km^2。中国工程院的研究报告提出，西北地区的生态环境在长期历史演变中出现种种问题，如干旱缺水、河湖干涸、水土流失等，这些危机的综合表现则是土地荒漠化。2004 年的秋天，中国科学院寒区旱区环境与工程研究所的专家再次发出警告，中国西部和北方沙漠化土地虽然局部得到治理，但全国土地状况"整体恶化"！专家们通过遥感监测和系统分析发现，从 1998—2000 年之间，我国平均每年有 3600 万 km^2 的领土退化成沙漠化土地，大批良田变成沙漠的日子已不再遥远。而自 20 世纪 50 年代后期到 2000 年，我国北方沙漠化土地已达 385700km^2，其中潜在和轻度沙漠化土地达 139300km^2，占沙漠化土地面积的 36.1%；中度沙漠化土地 99770km^2，占 20.9%；重度沙漠化土地 79090km^2，占 20.5%；严重沙漠化土地面积 67560km^2，占 17.5%。并且一直呈现加速发展的态势，而这个数字相当于整个河北省加上京津地区面积的总和。

（5）土地盐渍化严重　土地盐渍化又叫盐碱化，是指可溶性盐碱在土壤中积聚，形成盐土和碱土。表土层含有 0.6% ~2% 以上的易溶盐碱，就称盐渍土，人类不合理的农业措施引起的盐渍化，就称为次生盐渍化。我国是世界上土地盐渍化最严重的国家之一。西北、华北、东北、东南沿海都有盐渍土分布，总面积达 100 多万 km^2。有现代盐渍土 5.5 亿亩，残余盐渍土4.9亿亩，潜在盐渍土1.7亿亩，据统计，20世纪50年代末，河北、山东、河南三省的次生盐渍土曾扩大到6000万多亩，新疆次生盐渍土占耕地面积1/3以上；河南的黄河冲击平原地区，建国初期有盐渍土500多万亩，到1963年扩大为1150万亩，次生盐渍土2000万亩；现黄淮平原、西北黄土高原、内陆区、东北丘陵区、沿海地区的盐渍化面积超过4.5亿亩，其中耕地占100多万亩。

（6）土地石漠化　土地石漠化是土地严重遭受水、风的侵蚀，岩石大面积裸露，土地退化、生产力下降的过程。我国石漠化主要分布在金沙江和乌江流域，珠江上游和红水河、南北盘江、左江、右江流域，红河、澜沧江、怒江流域等。目前我国总共有石漠化167.66万km^2，占国土面积17.46%。其中：贵州、广西、云南三省岩溶面积达32.48万km^2，占三省面积的40.9%；四川"石化"面积2.691万km^2，每年以5万km^2的速度在扩大。

（7）耕地资源逐年锐减　耕地资源是指用于作物种植的土地，是十分有限而珍贵的资源，我国从1949—1991年的42年中，人均耕地从2.7亩减少到1.5亩，人均减少耕地40%，低于世界人均水平的43%；从20世纪90年代以来，人均耕地逐年减少，1996年人均耕地1.59亩，1997年为1.57亩，1998年为1.56亩，1999年为1.54亩，预计，30年后，我国人均耕地只有1亩左右；在全国2800多个县中，人均耕地低于联合国粮农组织确定的0.8亩最低界限的有666个县，低于0.5亩的有463个县。

从20世纪90年代以来，我国耕地在加速减少：1991年减少54万亩，1992年减少437万亩，1993年减少484万亩，1994年减少400多万亩，1997年净减耕地203万亩，1998年净减耕地392万亩；从1978年到1994年的16年中，净减耕地6880多万亩，平均每年净减耕地750多万亩；从1986—1996年的10年中，平均每年净减耕地750多万亩；从1997年以来，即使采取了比较严格的措施保护耕地，但每年要净减耕地417万多亩。2000年耕地面积比1991年和1995年分别减少了249.81万hm^2和179.61万hm^2，减少幅度为1.91%和1.38%。在耕地数量不断减少的同时，人口不断增加，人均耕地迅速降低，人地矛盾日益突出。2000年我国人均占有耕地约为0.10hm^2，比1995年约减少了0.01hm^2，比1991年减少了0.02hm^2。到2020年，我国人均耕地将低于联合国规定的警戒线——0.053hm^2（0.795亩），只有世界人均水平的25%，那时如果发生粮荒，即使把世界的全部贸易粮为中国进口，也养活不了那时的16亿中国人。

17.2.3　我国土地资源可持续开发与利用对策

1978年改革开放以来，我国十分重视土地问题，制定了"十分珍惜和合理利用每一寸土地，切实保护耕地"的重要政策，坚持土地合理利用的方针，使土地资源的开发利用在满足世界近1/4的人口的生存及其不断增长的食物需求，满足我国社会和经济发展的需要基本上达到了预期目的。但是我国土地开发利用过程中由于对我国土地供需矛盾的严重性认识不深刻，缺乏宏观控制和科学管理，土地开发利用不尽充分，土地利用结构不够合理，资源的破坏与浪费严重，地力的退化与环境的恶化较为严重。为此，针对我国土地资源的严峻态势，借鉴国际上其他国家的经验教训，切实实现土地的合理开发，走可持续的土地资源利用之路，必须采取以下对策和措施：

1. 继续严格控制人口增长，减轻土地的承载能力

人口的急剧增长，土地承载压力的增大，迫使人们采用超常规手段，不顾自然规律，对

土地资源采取掠夺式的开发，从而造成土地资源的严重破坏和生产性能的降低，由此进一步恶化各种资源及其生态环境，反过来又影响到土地的产出水平及效益，从而不得不采取更具破坏性的掠夺开发，陷入土地利用恶性循环的怪圈。

2. 经济效益、社会效益、生态效益相结合，强化土地生态化管理

开发利用土地是为了形成一定的经济效益。如何实施投入少，产出多是开展土地利用研究的基本前提，是土地利用所追求的首要目标。但土地利用不仅仅是一个经济问题，不能一味考虑经济效益，同时还要考虑社会效益和生态效益。没有生态效益，经济效益不会持续久远，这一点美国、泰国都有教训。没有社会效益，所谓的经济效益可能是不会被接受的。"三效益"的互动、协调才是土地可持续利用的基础和前提。

3. 加强农业划定工作，有效保护农用土，尤其是切实保护耕地的数量、质量

农用土地既是土地生态系统的基本组成部分，又是农业生产的重要生产资料。我国对农地的划定做了一定的工作，但划而不定、模棱两可，定而不行、滥用农地现象仍普遍存在。今后农地的划定工作应转向两大方面：一是可以开发利用且开发利用生态风险较小的农地划定，进行合理的开发利用规划，严格按规划监督开发利用；二是确认不宜开发利用，生态风险大的农地，建立相应的保护机制。

4. 高效与集约用地，节约有限的土地资源

其一，增加投入，不断改善土地利用的环境条件。总体来看，我国土地的现有生产力水平低于世界中游水平，仍有较大潜力，关键是投入不足影响土地的产率。其二，开展农田基本建设，治理中、低产田，挖掘土地生产潜力。其三，推进土地适度规模经营，优化配置土地资源。其四，规模经营有利于充分调动土地经营者集约用地的积极性，促使其加大投入，加强管理，走可持续利用土地之路。其五，大力推广适用的农业技术，因地制宜提高复种指数，提高土地产出率。其六，强化土地复垦制度。其七，搞好土地整理，有效利用土地资源。

5. 开展土地整治，改善生态环境，遏制土地退化

土地整治是土地资源开发、利用、保护和治理工作的总称，是一项长期的、艰巨的、综合性工作。21 世纪初我国土地整治重点方向：一是"四荒地"开发，荒山、荒坡、荒滩和荒沙是我国最具开发价值的后备土地资源；二是搞好水土保持；三是治理土地退化。

6. 做好土地资源的调研、评价和规划工作，强化土地规划的科学性、权威性

搞好土地资源的调研、评价和规划，是科学、合理开发利用土地的基础和前提。为了有效保护土地，提高土地质量，必须做好对土地质量进行调查和评价工作。土地利用几乎涉及国民经济的所有部门，因此必须按照经济规律，土地的适宜性以及土地的自然、人文环境特点，做好土地开发的总体规划。

7. 培育和完善土地市场体系，健全土地信息系统，依法管理土地

我国处于社会主义市场经济体制建立、完善阶段，土地市场亟待培育、规范和完善。培育土地市场、完善土地三级市场体系（国有土地有偿出让市场、土地开发商转让市场、土地使用权转让市场），可促进我国土地资源的合理配置、优化配置，节约用地，提高土地利用率，从而实现土地资源的可持续利用。利用卫星遥感技术、计算机信息技术建立和健全土地信息系统，有利于对我国的土地资源和土地资产进行有效管理。通过土地信息系统，可以及时准确掌握土地资源的构成、利用现状和变化动态，掌握土地资产的数量及分布，为决策

部门合理组织利用土地、解决部门、行业之间争地矛盾提供准确的、全面的资料和依据。依法管理土地已成为世界各国成功管理土地的共同做法。欧、美、日的土地管理已完全纳入法制轨道，有超过百部的法律、法规来规范土地开发、利用、保护、治理行为。与其相比，我国土地管理的法律体系尚不完备，法律条文不具体、不详细、处罚过轻，操作不便。为此，我国当务之急要围绕《土地法》不断补充制定各种各样配套的土地利用法律、法规，完善土地利用法律体系；针对我国土地资源开发利用的实际，根据土地管理中出现的新问题、新情况，不断的修订、补充有关具体的法律条款，并对某些脱离实际、过时的条款予以废除更新，从而使我国土地利用管理做到有法可依。

17.3　矿产资源保护与管理

17.3.1　我国矿产资源的特点

矿产资源是自然资源的重要组成部分，是人类社会发展的重要物质基础。新中国成立五十多年来，矿产资源勘查开发取得巨大成就，探明一大批矿产资源，建成比较完善的矿产品供应体系，为我国经济的持续快速协调健康发展提供了重要保障。目前，我国92%以上的一次能源、80%的工业原材料、70%以上的农业生产资料来自于矿产资源。

目前，我国已探明的矿产资源约占世界总量的12%居世界第3位。人均占有量较少，仅为世界人均占有量的58%，居世界第58位。截至1998年底中国已发现171种矿产。占世界发现矿种的绝大部分。探明有资源总量的矿种有155种。其中，能源矿产8种，金属矿产54种，非金属矿产90种，水气矿产3种。

钨、锡、钼、锑、稀土、萤石、重晶石等矿产资源总量居世界前列。石油、天然气、铀、铁、锰、铬、铜、铝土矿、金、银、硫、钾盐等矿产的资源总量占世界总量的比例较低。根据预测，我国石油、富铁、富锰、铜、铬、钾等矿产资源在相当长的时期内难以满足国内需求。

石油、天然气主要分布在东北、华北和西北。煤主要分布在华北和西北。铁主要分布在东北、华北和西南。铜主要分布在西南、西北、华东。铅锌矿遍布全国。钨、锡、钼、锑、稀土矿主要分布在华南、华北。金银矿分布在全国，台湾也有重要产地。磷矿以华南为主。

我国矿产资源的基本特点是：

（1）资源总量较大，矿种比较齐全　我国已探明的矿产资源种类比较齐全，资源总量比较丰富。煤、铁、铜、铝、铅、锌等支柱性矿产都有较多的查明资源储量。煤、稀土、钨、锡、钼、锑、钛、石膏、膨润土、芒硝、菱镁矿、重晶石、萤石、滑石和石墨等矿产资源在世界上具有明显优势。地热、矿泉水资源丰富，地下水质量总体较好。

（2）人均资源量少，部分资源供需失衡　人口多、矿产资源人均量低是我国的基本国情。我国人均矿产资源拥有量在世界上处于较低水平。金刚石、铂、铬铁矿、钾盐等矿产资源供需缺口较大。

（3）优劣矿并存　既有品质优良的矿石，又有低品位、组分复杂的矿石。钨、锡、稀土、钼、锑、滑石、菱镁矿、石墨等矿产资源品质较高，而铁、锰、铝、铜、磷等矿产资源贫矿多、共生与伴生矿多、难选冶矿多。

（4）查明资源储量中地质控制程度较低的部分所占的比重较大 查明资源储量结构中，资源量多，储量、基础储量少；经济可利用性差或经济意义未确定的资源储量多，经济可利用的资源储量少；控制和推断的资源储量多，探明的资源储量少。

（5）成矿条件较好，通过勘查工作找到更多矿产资源的前景较好 石油、天然气、金、铜等矿产资源的找矿潜力很大。老矿山深部、外围和西部地区是重要的矿产资源接替区。我国是世界上最早开发利用矿产资源的国家之一。新中国成立以后，我国政府大力加强地质工作，明确要求地质工作要走在国民经济建设的前面，提出了"开发矿业"的战略方针，并在每个五年计划期间，都对矿产资源勘查开发作出了部署。矿产资源勘查开发得到了极大的发展，使我国逐步成为世界矿产资源大国和矿业大国。矿产资源勘查开发为经济建设提供了大量的能源和原材料，提供了重要的财政收入来源，推动了区域经济特别是少数民族地区、边远地区经济的发展，促进了以矿产资源开发为支柱产业的矿业城市（镇）的兴起与发展，解决了大量社会劳动力就业，为国民经济和社会发展作出了重要贡献。

（6）相继发现和探明了一大批矿产资源 以大庆油田为代表的一大批油气田，使我国由一个贫油国转变为世界上主要产油国之一。发现和扩大了白云鄂博稀土金属矿、德兴铜矿、金川镍矿、柿竹园钨矿、栾川钼矿、阿什勒铜矿、焦家金矿、玉龙铜矿、大厂锡矿、厂坝和兰坪铅锌矿、东胜-神木煤田、紫金山铜金矿、羊八井地热田等一批重要矿床。发现和探明了一批重要地下水供水水源地。西部地区矿产资源集中区逐渐显示出良好的找矿前景。在一批老矿山外围或深部找到了新的资源。新一轮国土资源大调查陆续取得一批成果。五十多年的矿产资源勘查工作，使我国从矿产资源家底不清到成为世界矿产资源大国；从已知地下水源地稀少到地下水在全国供水中起举足轻重的作用。与此同时，形成了一支具有优良传统和作风、技术力量雄厚的地质勘查队伍，为我国经济建设作出了重要贡献。

（7）矿产资源保护和合理利用水平逐步提高 五十多年来，物探、化探、遥感等技术的使用提高了矿产资源勘查的科学技术水平。矿产资源综合利用和回收利用成效明显，资源利用率逐步提高。目前，我国废钢的回收率为 40%，废旧有色金属的综合回收率为 27.7%；铂族和稀散元素几乎全部来源于综合利用；近 1/3 的硫酸原料也是由有色金属生产过程中综合回收。一些矿山企业对与煤伴生的瓦斯、油页岩、高岭土、高铝黏土进行综合开发，对煤矸石、粉煤灰进行加工利用，产生了较好的经济效益和环境效益。

（8）矿产品对外经济贸易快速发展 2002 年我国矿产品及相关能源与原材料进出口贸易总额为 1111 亿美元，占全国进出口贸易总额的 18%。原油、铁矿石（砂）、锰矿石（砂）、铜精矿、钾肥进口量较大。铅、锌、钨、锡、锑、稀土、菱镁矿、萤石、重晶石、滑石、石墨等优势矿产品的出口量较大。中国矿产资源领域的对外合作不断扩大。通过海洋油气资源对外合作勘查，陆续发现了一批新的油气田，海洋油气产量逐年增加。到国外勘查开发油气资源已具一定规模，到国外勘查开发固体矿产资源也已开始。在煤层气领域与一些国家建立了长期的研究开发合作关系。

17.3.2 我国矿产资源开发现状与存在问题

我国主要依靠开发本国的矿产资源和其他自然资源来发展经济。在全面建设小康社会的过程中，将首先立足于提高国内矿产资源的供应能力。我国矿产资源勘查开发的潜力还相当大。在全国已发现的 20 多万处矿点、矿化点中，目前仅对 2 万多处作了勘查评价。20 世纪

80 年代以来，发现矿化异常 7.20 万处，检查异常 2.50 万处，发现矿床 217 个。其余未检查异常有着良好的找矿前景。西部广大地区、东部地区深部地带和管辖海域的地质工作程度不高，还存在大量的空白区。这些都是今后我国国内矿产资源勘查开发的方向。

我国政府按照建立和完善社会主义市场经济体制的要求，深化矿产资源勘查体制改革，实行公益性、基础性地质调查评价和战略性矿产资源勘查同商业性矿产资源勘查分开运行。1999 年组建了中国地质调查局，组织开展新一轮国土资源大调查，实施基础调查计划、矿产资源调查评价工程、资源调查与利用技术发展工程，重点开展地质工作程度较低地区的基础地质调查和矿产资源远景评价，特别是西部地区矿产资源潜力调查评价和短缺矿产资源的调查评价，为矿产资源规划和政府管理决策提供科学依据，为商业性矿产资源勘查提供地质矿产基础信息。国家出资的战略性矿产资源勘查工作拉动了商业性矿产资源勘查投资，一批成矿远景区成为商业性矿产资源勘查投资关注的热点。

我国政府鼓励并积极引导符合规划要求，以市场需求为导向，以经济效益为中心的商业性矿产资源勘查活动。鼓励在中西部地区、边远及少数民族地区等经济欠发达且具资源潜力的地区开展商业性矿产资源勘查。鼓励矿山企业在有市场需求和资源潜力的老矿山外围或深部开展商业性地质勘查工作，探寻新的接替资源。对以往由国家出资勘查形成的矿产地，鼓励投资者通过公平竞争获取探矿权采矿权。鼓励开展石油、天然气、煤层气、低灰低硫煤、优质锰、铬、铜、铝、金、银、镍、钴、铂族金属、钾盐等矿产资源的商业性勘查。科学、合理开发地热、矿泉水和地下水资源，厉行节约，优水优用，防治污染。

从中国矿业联合会获悉，近年来我国矿产资源紧缺矛盾日益突出，石油、煤炭、铜、铁、锰、铬储量持续下降，缺口及短缺进一步加大，我国 45 种主要矿产的现有储量，能保证 2010 年需求的只有 24 种，能保证 2020 年需求的只有 6 种。据国土资源部官员透露，加大矿产资源的勘探力度，力争发现和掌握更多的重要矿产储量，已受到我国政府的高度重视。我国已经制定政策，吸引更多的社会资本和外资投入到矿产资源的勘探与开采中。1998 年以来，不仅国家财政支持的地质大调查项目投入增加，社会的商业性投入也持续增长，已超过了政府财政投入。外商投资我国矿产勘探的有效项目已有 41 个，我国矿产资源勘查长期徘徊的被动局面被一举打破。自积极发展商业性矿产勘查以来，已累计新发现矿产地 421 个，获得了一大批铜、铅、锌、优质锰、铝土矿、锡、钨、金、银、铀、钾盐等新的资源量，特别是在西南地区的金沙江、澜沧江和怒江沿江地带，在天山东部和雅鲁藏布江沿线等西部重要成矿区带，新发现一批大、中型铜多金属矿产。河南西部和辽宁青城子等中东部老矿山外围找矿也取得了重大勘探成果。以企业为主体的商业性地质勘探工作，如青海锡铁山铅锌矿、云南会泽铅锌矿、福建紫金山金矿等大型矿山探明储量得到了大幅度增长。此间矿产业专家表示，与国民经济高速发展的要求相比，我国矿产资源勘查有效投入仍严重不足，钻探工作量逐年下降，规范的矿业市场亟待培育。

在矿产资源勘查开发方面我国仍面临一些矛盾和问题，主要有：

1) 经济快速增长与部分矿产资源大量消耗之间存在矛盾。石油、（富）铁、（富）铜、优质铝土矿、铬铁矿、钾盐等矿产资源供需缺口较大。东部地区地质找矿难度增大，探明储量增幅减缓。部分矿山开采进入中晚期，储量和产量逐年降低。

2) 矿产资源开发利用中的浪费现象和环境污染仍较突出。开采矿山布局不够合理，勘探技术落后，资源消耗、浪费较大，矿山环境保护需进一步加强。

3）区域之间矿产资源勘查开发不平衡。西部地区和中部边远地区资源丰富，但自然条件差，生态环境脆弱，地质调查评价工作程度低，制约了资源开发。

4）矿产资源勘查、开发的市场化程度不高。探矿权、采矿权市场体系有待进一步健全。矿产资源管理秩序需要继续整顿和规范。矿产资源领域的国际交流与合作需要拓宽。

17.3.3　我国矿产资源可持续开发与利用对策

1. 健全法律法规

建国以来，我国一直致力于加强矿产资源立法的建设，通过了一系列法律和法规，1982年，国务院发布《中华人民共和国对外合作开采海洋石油资源条例》，1984年10月发布了《中华人民共和国资源税条例》，1986年3月全国人大通过了《中华人民共和国矿产资源法》，1994年，国务院发布了《矿产资源补偿税征收管理规定》，1996年8月，全国人大通过并颁布了《全国人民代表大会常务委员会关于修改〈中华人民共和国矿产资源法〉的决定》，但是这些法律和法规还不完善，在新的历史时期，应该加快推进资源保护的法律制度建设，重点是矿产资源规划制度、矿产开发监督管理制度、地质环境保护制度等。继续完善矿业管理权的法律制度，重点是矿业权交易主体、矿业权交易规则和矿业权招标拍卖等制度。积极推进为社会公共服务的资源法律制度的建设，重点是公益性地质调查、地质资料的回交和社会利用等方面的制度，为建立市场化的矿业产权制度提供法律保障。市场这只看不见的手可有效地配置资源。市场最大的优势在于效率。市场化是我国资源产权改革的方向。当然由于环境资源的公共性、外部性以及市场机制本身的缺陷导致了市场机制不能有效地配置环境资源，出现了"市场失灵"。但并不能以此来否认我国矿产资源产权改革的市场化方向，应该在进行市场化改革的同时，加强管理，加强国家宏观调控的职能，减少因为市场所带来的失灵，建立完善的矿产资源产权制度。

1997年国务院颁布实施了《矿产资源勘查区块登记管理办法》、《勘查资源开采登记管理办法》、《探矿权采矿权转让管理办法》。

2. 作好矿产资源规划

矿产资源规划是国土资源规划的重要组成部分，其基本任务是，根据一定时期经济社会发展的目标和要求，统筹安排矿产资源的调查评价、勘查、开发、利用和保护，综合运用法律、经济、技术和行政等手段，调控资源开发总量，优化资源利用结构和布局，保护生态环境，以促进经济和社会的可持续发展。

资源和生态环境问题，是关系中华民族长远发展的重大战略问题。矿产资源规划就要涉及矿产资源调查评价、保护和合理利用、管理等各个环节的一系列重大战略问题，如矿产资源调查评价战略、"走出去"和"引进来"战略、矿产资源安全供应战略、矿产资源储备战略、矿产资源开发利用与经济社会协调发展战略、能源战略等。

矿产资源规划是建立矿产资源优化配置新机制的重要手段。通过对矿产资源开采总量的调控，引导矿产资源开发利用的方向，优化生产要素的配置；根据探矿权、采矿权市场的容量和矿产品的供需情况，合理确定探矿权、采矿权、投放量和布局，发挥规划对探矿权、采矿权市场的调控作用；通过对"引进来、走出去"的统筹安排，推进矿产资源领域的对外开放，合理利用"两种资源、两个市场"。

我国正在实施可持续发展的经济发展战略，矿产资源在可持续发展战略中占有十分重要的基础地位。中央政府已经把控制人口、保护环境、节约和合理利用自然资源列为实施可持续发展战略的基本国策。

17.4　水资源保护与管理

17.4.1　我国水资源的特点

我国水资源总量为 28124 亿 m^3。地表水资源我国河川年径流总量为 27115 亿 m^3，占全世界径流总量的 5.8%，占亚洲径流总量的 18.8%。但按人口平均，我国每人年拥有水量尚不及 2200m^3，只相当于世界平均数的 1/4。

我国河川径流虽然丰富，但地区分布却很不均匀，全国径流总量的 96% 都集中在外流流域（面积占全国总面积的 64%），内陆流域仅占 4%（面积占全国总面积的 36%）。并且我国各河径流量的大小相差悬殊，长江为我国最大河流，其多年平均径流总量为 9755 亿 m^3，占全国径流总量的 1/3 以上，仅次于南美洲的亚马逊河和非洲的刚果河，居世界第 3 位；其次为珠江，为 3360 亿 m^3；雅鲁藏布江居第三位，为 1395.4 亿 m^3；黄河虽是我国第 2 大河，但水量却只居第 8 位。

我国的年平均降水量为 630mm，较全球的平均值约少 20%。降水量中约有 56% 被蒸发，只有 44% 形成径流。全国河川平均径流量为 2.71 万亿 m^3，为全球 47 万亿 m^3 的 5.8%。虽然我国河川年径流量在世界上仅次巴西、原苏联、加拿大、美国和印尼，居世界第六位，但由于国土辽阔，人口众多，人均所占有的水资源只有 2200m^3，还不到全世界人均占有量 10800m^3 的 1/4，可见我国水资源是十分紧张的。

除了水资源量偏低外，我国水资源另一突出特点是：在地区和季节分布上很不均衡，并且与人口、耕地的分布不相适应。我国南方雨量充沛，而北方，尤其是西部地区，雨量稀少，有的地方甚至终年无雨，干旱严重。全国水资源约 80% 集中分布在长江及其以南地区，而这一地区的人口占全国的 55%，耕地只占全国的 35%。长江以北广大地区人口占全国的 35%，耕地占全国的 65%，而水资源却只占全国的 20%。其中黄、淮、海、辽四个流域耕地占全国 42%，而水资源只占全国的 9%。这就形成了南方水多耕地少，北方水少人多耕地多的局面，水资源的分布十分不均衡。

在时间分布上，我国的雨季在南方大致是 3~6 月，或 4~7 月，在这期间的降水量约占全年的 50%~60%；在北方，不仅降水量小于南方，而且分布更不均匀，一般在 6~9 月的降水量达到全年的 70%~80%，有时甚至集中在两个月内。

从河流多年径流量的变化来看，南方河流比较均匀、稳定，北方变化较大，最大年径流量和最小年径流量的比值，长江为 2.1，钱塘江为 4，淮河支流为 11~23，海河南面各支流（子牙河、南运河）为 12~76，越向北变化越大。

由于以上所述的降水量和径流量在时间上和空间上的剧烈变化，就造成了水旱灾害频繁，农业生产不稳定，以及水资源供需的尖锐矛盾。

以上是从水量上评价我国的水资源，如果从水能资源来看，我国河川的水能资源还是很丰富的。全国水能资源的理论蕴藏量总计达 6.76 亿 kW，约占全世界的 1/6，其中可以开发的水电装机总容量为 3.78 亿 kW，居世界首位。

水能资源在全国各地的分布也很不均匀。长江流域的水能蕴藏量占全国的 40%，可开发的占全国的 53%，其次是西南地区一些河流。海河、滦河及淮河流域最小，还不到全国的 0.5%。

我国有 18000km 海岸线，有众多的河流，挟带着大量的泥沙、丰富的溶解矿物和有机营养成分流到海里，对我国沿海地区的开发起着重要的作用。河流泥沙是形成沿海广阔滩涂的主要物质来源，不断为国家增添新的土地资源。漫长的海岸线和众多的河口为建设海港提供了有利的条件。沿海还蕴藏着大量的海洋能资源，据不完全统计，沿海 200kW 以上可开发的潮汐电站总装机可达 2173 万 kW。所以海岸带的开发利用对发展国民经济具有重要意义。

我国的地下水资源约为 8288 亿 m³/年（或 8700 亿 m³/年），相当于河川径流总量的 30% 左右。但地区分布很不平衡，北方 15 个省、市、自治区和苏北、皖北地区的地下水资源为 3000 多亿 m³/年；南方各省、市、自治区为 5000 多亿 m³/年。

我国地下水资源从开发利用来看，集中分布在几个大平原和盆地地区。全国 14 个主要平原和盆地的面积仅为全国的 16%，而其地下水资源约 1900 亿 m³/年，占全国地下水资源的 23%。这些平原和盆地主要分布在秦岭淮河以北的北方地区。其中最多的有松辽平原、黄淮海平原、天山山前平原、三江平原等。

我国还有丰富的地下热水资源，全国出露地面的温泉就有 2600 多处。中国地下热水主要分布在：藏滇地热带，台湾地热带，东南沿海地热带，郯庐断裂地热带，川滇南北向地热带，汾、渭张北地热带。此外，天津、北京、福州等城市已经普遍利用地下热水资源。

17.4.2　我国水资源开发利用现状和存在问题

中国水资源的总量为 28100 亿 m³，但人均水资源为 2300m³、公顷均水资源为 28500m³，仅相当世界平均人均占有量的 1/4，公顷均占有量的 4/5。我国水资源的特点是受季风影响，在时间和地区上分布很不均衡，洪涝和干旱灾害出现频繁，农业生产很不稳定。1999 年以来，我国水利建设有了很大发展，全国兴修了大量蓄水、引水、提水和调水工程，为农业、工业、城市生活等事业的发展，提供了水源，有力地促进了我国国民经济的发展和人民生活水平的提高。

（1）防洪建设　全国共修建和加固堤防 25 万 km，保护耕地 5 亿多亩，人口 3.4 亿。全国修建大中小型水库 86000 多座，总库容达 4700 亿 m³，在防洪上发挥重要作用。还在主要江河上开辟了行洪、分蓄洪区 100 多处，分蓄洪容量达 1200 亿 m³，用以容蓄超标准洪水。使我国主要江河初步形成了防洪体系，并初步控制了 10～20 年一遇的洪水，提高了主要河段和大中城市的防洪标准，防洪效益显著。

（2）农田水利建设　经过 40 多年的大规模农田水利建设，全国的灌溉面积已从 1949 年的 2.4 亿亩发展到目前的 7.5 亿亩，增长了两倍，约占全国耕地面积的一半。全国有 3/4 低洼易涝农田，2/3 盐碱地和 1/3 以上的渍害低产田得到不同程度的治理，这些都对保证农业生产，特别是粮食稳定增产起了十分重要的作用。2005 年水利部组织 160 多名专家，对全国 1998—2004 年实施改造的 255 个大型灌区进行了中期评估。评估结果表明，大型灌区续建配套与节水改造项目建设取得显著效益；一是节省水费效果显著。项目实施后，项目区灌溉水利用系数由 0.43 提高到 0.50，新增年节水能力 74 亿 m³，按现状完成投资计算，平均投资约 1.5 元可节约 1m³ 水。二是农业增产、农民增收显著。项目区粮食作物单产由

$5700kg/hm^2$ 增加到 $6390kg/hm^2$，增长 12.1%，总产量增长 6.8%，新增粮食生产能力 58.2亿 kg，农业总产值增加 46.1%；受益区农民人均纯收入平均增加了 43.8%；项目区灾害损失估算减少 32 亿元，较项目实施前下降了 37.1%。三是生态效益明显。大型灌区节水改造对环境改善与新农村建设起到了重要支撑作用。据评估统计，项目实施后形成的节水能力中 1/3 用于支持生态用水，生态用水改善显著的灌区比例为 90%，地下水环境改善显著的灌区比例为 79%，农村生态系统改善显著的占 62%。四是社会效益巨大。

（3）水电建设　1949 年全国水电装机只有 16 万 kW，1995 年已达到 4000 万 kW，居世界第四位。我国小水电发展较快，考虑到农村电气化是亿万农民的大事，国家早在 20 世纪70 年代就十分重视发展小水电，并在全国中选定 100 个试点县，实现农村电气化试点。

（4）港口航道建设　20 世纪 50 年代初全国沿海只有 6 个主要港口，总泊位 233 个，其中万吨级深水泊位 61 个，年吞吐能力只有 1000 多万 t，到 1995 年底深水泊位已超过 400个，总吞吐能力已达 7.4 亿 t，并建成了一批 5~10 万 t 级的深水码头，宁波北仑港的 20 万 t级深水泊位已经投入使用。

（5）海岸带的开发利用　我国有 18000km 海岸线和 6500 多个沿海岛屿，沿海一带蕴藏着十分丰富的自然资源。如果再从海岸向外伸展，还有广阔的大陆架和专属经济区，再向外还有国际共有的大洋，那么资源就更丰富了。特别是大洋里，有些资源，如水产资源、矿产资源等更是陆地上所不能比的。例如矿产资源中的多金属结核资源，又称锰结核，分布在水深 3000~6000m 的海底表层，是一种含有锰、铜、钴、镍等 30 多种金属元素的结核状矿产，总储量达 3 万亿 t，太平洋占有一半，这些资源我国都较贫乏，不能满足工业生产的需要，所以向海洋索宝具有重要意义。

沿海除前面所提到的港口资源外，还有大面积的土地资源。这主要是指潮间带的沿海滩涂，估计约有 3300 万亩，是位于大潮高潮位和大潮低潮位之间的土地，而且还在不断淤涨，速度每年大约为 45 万亩。40 多年来，全国沿海共围涂近 1800 万亩。围海造地不仅为我国沿海地区发展农业、盐业、养殖业提供了大量用地而且也为沿海港口建设、工业及生活设施等提供了急需用地，它已成为解决我国沿海地区人多地少，经济和社会发展与土地不足之间矛盾的重要途径。

从全国总平均来看似乎尚有潜力，但中国水资源的主要问题是水资源在地区上分布极不平衡，它与人口、耕地资源和经济的分布不相匹配。因此，全国有相当大的国土面积短缺水资源，而水的供需矛盾在地区上则有明显差别，全国大致可以划分为南方、北方和西北内陆三个明显不同的类型区。

（1）南方水资源问题　根据 1993 年调查资料：全国有 80.4% 的水资源集中分布在长江及其以南地区。该地区人口占全国 53.5%，耕地占全国的 35.2%，GDP 占全国 54.8%；人均水资源平均为 $3490m^3$，公顷均水资源为 $64500m^3$，属于人多、地少、经济发达，水资源相对比较丰富的地区。该地区 1993 年人均年用水量 $450m^3$，仅占人均水资源量的 12.7%，可见当地水资源的开发尚有很大潜力。当前存在的主要问题是水污染日益严重。由于城市化发展过快，城市水设施的建设跟不上，而污水的排放控制不严，污水任意排放使城市周围的地表和地下水源受到严重污染，水质恶化，使符合水质标准可供利用。

（2）北方水资源问题　在长江以北广大地区，人口占全国 44.4%，耕地占全国 59.2%，GDP 占全国 43.4%，而水资源仅占全国 14.7%，属于人多、地多、经济相对发达、水资源短缺的地区，其中尤以黄河、淮河、海滦河三流域最为突出。三流域的耕地占全国39.1%，人口占全国34.8%，GDP占全32.1%，而水资源只占全国7.7%；人均水资源接近500m³，公顷均水资源少于6000m³，是我国水资源最短缺的地区。1993年，黄淮海三流域人均用水336m³，低于全国平均水平，但水资源利用率已达到71%。由于丰水年汛期的洪水难以利用，枯水年来水偏少，因此经济合理的水资源可利用量约为资源量的50% ~ 60%，可见该地区水资源的开发已接近上限，进一步开发潜力不大。部分地区如海滦河，由于地下水过量开采，地下水位大幅度持续下降已形成了大面积下降漏斗，河道断流、湖泊干涸，生态环境日趋恶化。20世纪90年代黄河进入了枯水期，中上游来水偏少，黄河下游断流的频次、历时和河长不断增加。1997年黄河出现了近50年来最枯水年份，中上游来水比正常年份偏少约一半左右，黄河下游断流13次，断流河段长达704km，断流历时在利津长达226天。黄河是中国第二大河，它的断流已引起了国内外的关注。

（3）西北水资源问题　西北内陆地区，除额尔齐斯河属于外流河，其他河流都属于内陆河流域。来自流域四周高山地区由冰雪和雨水补给的径流量约1164亿m³，地下水的补给量826亿m³，扣除相互转化的重复量，该地区水资源总量达到1300亿m³占全国的4.8%。由于西北内陆地区地广人稀，耕地面积占全国5.6%，人口占全国2.1%，GDP占全国1.8%，因此人均水资源量达到5191m³，公顷均水资源量约23850m³，人均水资源相对比较多，但公顷均水资源是偏少的。1993年，该地区水资源的引用已达到582亿m³，约占资源量的45%，由于人均耕地较多，人均用水量高达2350m³，居全国首位。西北内陆地区土地资源丰富，进一步开发潜力大，但干旱地区绿洲生态农业的耗水量很大。已引发了下游生态环境问题——天然绿洲、终端湖泊消亡和荒漠化的发展。由于内陆干旱地区的生态环境十分脆弱，当地水资源的承载力有多大，如何合理开发利用，需结合当地生态环境保护的要求作进一步的研究。

17.4.3　我国水资源可持续开发与利用对策

鉴于我国人均水资源量少、社会用水需求量大、水环境污染严重的基本水情和国情，我国水资源可持续开发利用必须建立"节流为先，治污为本，多渠道开源"的新战略，并以此指导城市水管理政策、规划和方案的制定。"节流"是由我国贫水的基本水情决定的，必须放到优先位置；"治污"具有保护水资源，改善水环境，增加供水量的多重效益，是解决城市水问题的根本出路；"多渠道开源"的内涵除合理适度开发地表水和地下水资源外，还包括雨水利用、海水代用、海水淡化和污水资源再生利用等，并且污水资源的再生利用应当逐步成为"开源"的主要途径。实施城市水资源可持续开发利用的新战略，必须依靠对水量、水质和水价的科学控制和管理。

以有限的水资源来满足社会经济的可持续发展，其最根本的途径便是通过节约用水，控制用水需求。这是实施"节流为先"战略的基本要求。

（1）实施气候工程，走生态经济型环境水利模式　对水资源的开发利用，要拓展思路，广开水源，挖掘潜力，不仅要强调对地表水和地下水的开发利用，还要注意大气降水。要广辟水源，实施气候工程，根据气候变化特点，不失时机地进行人工降雨，从天上调水以解决部分地区因自然条件造成的缺水。在洪雨季节，实行"蓄、疏、导、调"措施，建设小型水库、水坎、水窖，把雨水拦截在当地，除水害、兴水利，化害为利，把雨水转换成可有效利用的水资源。建议尽快成立"向天调水"的科研机构，研究对天水资源的开发利用问题。重视经济社会与资源、环境的协调发展，走生态型环境水利发展模式的道路。

（2）节约用水，建立节水型社会生产体系　在积极开发资源的同时，要高度重视水资源的节约与保护，要开源与节流并重。要因地制宜，以水定地，合理布局工农业生产，达到水资源的合理配置，综合开发。还要积极采用国内外先进技术，实行科学用水，计划用水，不但要科学利用地表水，合理开发地下水，还要有效使用天上水，提高水的综合利用率。并且要划定和保护饮用水源区，尤其是重点城市水源区和农村水源保护地。还要大力宣传节约用水，提高全民节水意识，建立节水农业、节水企业、节水型社会生产体系，并制定相关的政策、措施和可持续利用的指标体系，确保节约用水，合理用水。

（3）要加强水污染防治，做到开源节流治污并重　要用水和治水相结合，执行使用水资源许可证制度，对排污大户要进行严格限制和集中统一管理，要推行谁污染谁治理的治污原则，控制和治理污染源，保护有限的水资源免受进一步的污染。对污染严重而又屡教不改者无论什么理由，要坚决、迅速地关闭这些企业，并严禁这类企业生产反弹，再度污染。要不断完善用水收费制度，对过度开发使用水资源的单位和个人实行高水费征收办法，限制过量开发和使用水资源。

（4）积极开展生态水资源建设，充分发挥"生物水库"效能　植树种草，绿化荒山荒坡，大力营造农田防护林带，建设城镇生态风景林带和河渠、道路、村镇四旁绿化林带等。做到治水与治山相结合，生物措施与工程措施相结合，充分发挥森林植被的涵养水源、蓄水保墒、防风固沙、减少入河泥沙、调节气候等生态作用，保护水资源，合理开发利用水资源。

17.5　海洋资源保护与管理

17.5.1　概述

海洋是地球上广阔连续的咸水水体的总称，地球上所有的大陆都被海洋所分隔和包围，因此地球上没有统一的大陆。但海洋却相互贯通，连成一片，形成统一的世界大洋。海洋是地球水圈的主体。地球上海洋面积约为 3.6 亿 km^2，约占整个地球表面积的 71%，其中蕴含着丰富的资源。它是人类获取食物、药物及生活用品等物资的重要来源。随着人类文明的不断发展和科学技术的创新，陆地环境的不断恶化，陆生资源日益匮乏，人们将研究和发展的重心从陆地移向海洋。海洋是人类可持续发展的宝贵财富。它巨大的开发潜力是解决人类人口剧增、环境恶化及能源短缺这些问题的希望。

我国是一个发展中国家，正面临着发展经济和环境保护的双重任务。从国情出发，我国把环境保护作为一项基本国策，把实现可持续发展作为一个重大战略。我国是一个海洋大国，管辖海域辽阔，海岸带和海洋资源丰富，沿海经济发展潜力巨大。沿海地区的快速经济发展和人口的增长，给海岸带和海洋造成巨大环境压力。同时，我国沿海地区的快速发展为环境保护工作提供了坚实的基础，沿海地区环境保护基础设施建设得到了大幅度的加强，自然保护区建设也得到了进一步发展，海洋环境恶化的势头得到了一定程度的控制，总体污染趋势有所减缓。实践表明，我国实行的经济、社会和环境协调发展的方针是有成效的。

17. 5. 2 我国的海洋资源

我国是海洋大国,漫长的海岸线长达18000多 km。加上岛屿岸线达 32000 多 km。大陆沿岸的海域面积辽阔,海区面积 470 多 km^2,海洋渔场面积 42 亿亩,海水可养殖面积 73 万亩,适合发展渔业的滩涂几百万公顷,自然条件优越,海洋资源十分丰富,鱼类 5000 多种,虾、蟹、贝、藻类千余种,我国海域已有记载的生物可达万余种。我国海洋资源中不仅生物资源繁多,还有大量的矿产资源、动力资源和海水资源。我国近海石油储量估计可达 50～150 亿 t,其他海洋资源的总蕴藏量约有 9 亿 kW,沿岸砂矿中含有锆英石等多种价值极高的原料,海水中还含有盐、溴、钾、钠、镁等多种化学资源。

1. 海洋中的生物资源

海洋生物资源是可再生资源,其种类繁多,蕴含着地球上 80% 以上的生物资源。与陆地生物比较,海洋生物往往具有独特的化学结构及多种生理活性物质,因此,我们要科学的开发利用海洋资源,使其长久地为人类造福。

海洋中的水生植物种类繁多,从单细胞形式到大乔木都有,它们是海洋自然资源的重要组成部分。它们的种类、数量与其他海洋生物的发展息息相关,并且影响着海洋的自然环境。海洋植物的重要性还体现在它不仅是全球食物链的重要组成,而且为多种海洋生物提供栖居地,还对海水和沉淀物有过滤和稳定的作用,可以防止基质流失。海洋植物常见种分为绿藻门、褐藻门、红藻门、金藻门、甲藻门、隐藻门、裸藻门、被子植物门八个门。其中多细胞的大型藻类被人们广泛应用在许多方面,它们不仅是食物、药物、饲料、肥料的重要来源,而且可用于藻胶、盐类的提取,还可用于造纸及燃料。

我国食用海藻的历史悠久,早在公元 1000 年就有我国食物海藻的记载。褐藻门中的海带、裙带菜,红藻门中的紫菜是早已走入千家万户而为人们所熟知的常见食品。还有很多种海藻是可以直接食物的藻类。而以食用海藻为主料、辅料开发食品、饮料更是不胜枚举。

海洋植物的药用价值也是可观的。早在公元 300 年,我国就用海藻来治疗甲状腺肿大了。现在有六七十个品种的藻类可入药,分别对治疗喉痛、喉炎、淋巴结核、甲状腺肿大、中暑、疮疖、流行性感冒、腮腺炎、食道炎、哮喘、高血压、麻疹、肠炎、肾炎、血小板病等有显著的疗效。以海洋水生植物为原料的保健品行业也在不断的壮大。

海藻还可用于喂养动物的饲料和改善土壤的肥料。

此外,海藻还有重要的工业用途。我们可以从海藻中提取碘和钾盐。还可以从中提取在日常用品及医疗方面用途广泛的藻胶、藻胶酸。

我国海洋中动物资源繁多,占据着自然界 36 个动物门中的 35 个门,且其中有 13 个门是陆地上没有的,如半索动物、棘皮动物、栉水母等种类就是海洋所独有的。很多种类可供食用、药用;还可将其生理活性物质用于日用品;也可用海洋动物来提取制造一些具有特殊功用的新材料。

就食物方面而言,各种鱼、虾、蟹、贝、参等都是美味佳肴。以龙虾、鲍鱼、海参、鱼翅等为主料的系列菜谱构成了中国南北各大菜系特有的海味珍馐。

在中国海洋动物作为药品使用的历史源远流长。早在公元前 3 世纪的医学文献《黄帝内经》中就有乌贼骨、鲍鱼汁治疗疾病的记载。汉代《神农本草经》、梁代《神农本草经集注》、唐代《新修本草》、宋代《嘉佑补注本草》、明代《本草纲目》、清代《本草纲目的拾遗》等各医书中对海洋生物药物均有记载。现在药用动物的种类更加繁多了，包括水母类、珊瑚类、腹足类、双壳类、头足类、甲壳类、海参类、海星类、海胆类、鱼类、爬行类、哺乳类中的多种海洋动物，广泛应用于各类疾病的治疗。

我们还可以从海洋动物中提取有用的海洋生理活性物质，应用于医疗或日常生活中。例如：从沙蚕中提取的一种海洋生理活性物质——星虫素，它是一种毒素，可用来做杀虫剂，使害虫致死，而且没有残毒，不会造成污染。

甲壳质作为海洋新材料，用于人造血管及人工皮肤的研究开发，近些年来倍受人们的关注。

2. 海洋中的矿产资源

可以毫不夸张地说，海洋中几乎有陆地上有的各种资源，而且还有陆地上没有的一些资源。目前人们已经发现的有以下六大类：

（1）石油、天然气　据估计，世界石油极限储量1万亿t，可采储量3000亿t，其中海底石油1350亿t；世界天然气储量255～280亿m³，海洋储量占140亿m³。20世纪末，海洋石油年产量达30亿t，占世界石油总产量的50%。我国在临近各海域油气储藏量约40～50亿t。由于发现丰富的海洋油气资源，我国有可能成为世界五大石油生产国之一。

（2）煤、铁等固体矿产　世界许多近岸海底已开采煤铁矿藏。日本海底煤矿开采量占其总产量的30%；智利、英国、加拿大、土耳其也有开采。日本九州附近海底发现了世界上最大的铁矿之一。亚洲一些国家还发现许多海底锡矿。已发现的海底固体矿产有20多种。我国大陆架浅海区广泛分布有铜、煤、硫、磷、石灰石等矿。

（3）海滨砂矿　海滨沉积物中有许多贵重矿物，如：含有发射火箭用的固体燃料钛的金红石；含有火箭、飞机外壳用的铌和反应堆及微电路用的钽的独居石；含有核潜艇和核反应堆用的耐高温和耐腐蚀的锆铁矿、锆英石；某些海区还有黄金、白金和银等。我国近海海域也分布有金、锆英石、钛铁矿、独居石、铬尖晶石等经济价值极高的砂矿。

（4）多金属结核和富钴锰结壳　多金属结核含有锰、铁、镍、钴、铜等几十种元素。世界海洋3500～6000m深的洋底储藏的多金属结核约有3万亿t。其中锰的产量可供世界用18000年，镍可用25000年。我国已在太平洋调查200多万km²的面积，其中有30多万km²为有开采价值的远景矿区，联合国已批准其中15万km²的区域分配给我国作为开辟区。富钴锰结壳储藏在300～4000m深的海底，容易开采。美日等国已设计了一些开采系统。

（5）热液矿藏　热液矿藏是一种含有大量金属的硫化物，海底裂谷喷出的高温岩浆冷却沉积形成，已发现30多处矿床。仅美国在加拉帕戈斯裂谷储量就达2500万t，开采价值39亿美元。

（6）可燃冰　可燃冰是一种被称为天然气水合物的新型矿物，在低温、高压条件下，由碳氢化合物与水分子组成的冰态固体物质。其能量密度高，杂质少，燃烧后几乎无污染，矿层厚，规模大，分布广，资源丰富。据估计，全球可燃冰的储量是现有石油天然气储量的两倍。在上世纪日本、前苏联、美国均已发现大面积的可燃冰分布区。我国也在南海和东海发现了可燃冰。据测算，仅我国南海的可燃冰资源量就达700亿t油当量，约相当于我国目前陆上油气资源量总数的1/2。在世界油气资源逐渐枯竭的情况下，可燃冰的发现又为人类带来新的希望。

由于人类对两极海域和广大的深海区还调查得很不够，大洋中还有多少海底矿产人们还难以知晓。

17.5.3 我国海洋资源开发利用现状与存在问题

1. 我国海洋资源开发利用现状

海洋经济是开发利用海洋资源的各类产业及相关经济活动的总和。主要的海洋产业有：海洋渔业、海洋交通运输业、海洋石油天然气业、海洋滨海旅游业、海洋沿海修、造船业、海洋盐业、海洋滨海砂矿开采业、海洋医药业、海水利用业等。近 10 年来，特别是"九五"以来，我国海洋经济一直保持着年均两位数的快速增长水平。"九五"期间，海洋产业增加值增长速度为年均 15.7%，远高于同期全国国内生产总值的增长速度。海洋产业已成为包括 13 个门类的新兴海洋产业群，成为我国国民经济发展的积极推动力量。据统计，全国海洋产业总产值，1979 年时只有 64 亿元，1990 年增至 439 亿元，1995 年达到 2464 亿元，到 2000 年海洋产业增加值已达 3000 多亿元，2001 年主要海洋产业增加值占全国 GDP 比重为 3.44%，占沿海地区 GDP 比重达到 5.48%。2003 年海洋经济总量迈上新台阶，海洋产业总产值首次突破 10000 亿元大关，达到 10077.7 亿元，海洋产业增加值为 4450 余亿元，按可比价格计算，比上年增长 9.47%。据初步核算，2004 年全国主要海洋产业总产值为12841 亿元，海洋产业增加值为 5268 亿元，相当于同期国内生产总值的 3.9%，按可比价格计算，比上年增长 9.8%。海洋三次产业比例为 30：24：46。海洋第一产业增加值 1678 亿元，第一产业增加值 1352 亿元，第三产业增加值 2238 亿元。

我国海洋经济的总体水平如今已在世界海洋国家中处于较为领先的行列，如：我国的海盐产量一直位居世界第一；海洋渔业产量也已跃居世界第一；我国造船量居世界第二位；我国商船拥有量居世界第五位；海洋运输已承担起对外贸易货运量的 70%；风格迥异的海洋旅游资源使我国也已成为世界旅游大国，随着海洋开发的不断深入，海洋经济将继续保持增长的势头。但即使这样，我们与世界海洋强国相比，我国海洋产业的总体水平还比较落后，对海洋产资源的开发利用无论是在思想意识上、技术装备上、经济效益上还是在管理上都还存在着较大的差距和不足，已经成为阻碍我国海洋产业进一步发展的不利因素。加强对海洋资源的科学化管理已是摆在我们面前的一项重要任务。

（1）海洋渔业 我国海域辽阔，陆架宽广，海岸线长达 $1.8 \times 10^4 km$，生态环境复杂多样，蕴藏着丰富的生物资源。我国主权管辖的渤海、黄海、东海、南海水域面积逾 $3.0 \times 10^9 m^2$，跨越热带、亚热带、温带三个气候带，北起 $40°N$，南至 $4°N$，拥有黄海（含渤海）生态系统、东海生态系统、南海生态系统以及黑潮生态系统，海洋生物种类繁多。沿海有珠江、长江、黄河、辽河、鸭绿江等众多江河注入海洋，径流量达到 $2.6 \times 10^8 m^3$，河流的注入携带了大量营养物质，为海洋生物繁殖、生长、发育提供了优良的场所。中国诸海区的生物产量为 $2.7 t/km^2$（加权平均值），总生物生产量为 $1.3 \times 10^7 t$，已有记录的海洋生物达20278 种，隶属 44 门。其中鱼类 3032 种，螺贝类 1923 种，蟹类 734 种，虾类 546 种，藻类790 种，主要经济种类达到 200 多种。这些海洋生物资源中，既有大量的暖水性种，也有丰富的温水性种，还有不少中国特有的地方种和一些客居的冷水种；既有适宜于近岸浅海生活的物种，又有大洋及深海物种。此外，辽阔的公海、深海和其他水域，还可通过相应的国际合作共享资源。但是，我国海洋生物资源存在着明显的不足，近海鱼类生产力平均只有 $3.2 t/$ $(km^2 \cdot a)$，（而南太平洋沿海高达 $18.2 t/$ $(km^2 \cdot a)$），海洋渔业可捕量（约 $3.5 \times 10^6 t \cdot a$）仅占世界海洋渔业总可捕量的 1.16% ~ 1.75%。我国虽然海疆辽阔，但是渔业资源数量的区域性差异显著。随着渤海、黄海、东海、南海由北到南所处纬度的降低，渔业资源的种数依次递增，而资源的密度则依次递减。除台湾地区东部濒临太平洋外，其他海区都是半封闭的陆缘海，没有强大海流通过。这种地理特征决定了我国海洋生物资源特点是生物种类多，但缺乏世界性广布种类，单位生物量也不高，在世界各国中属中等偏下水平。

在我国的海洋产业中，海洋生物资源的开发利用位居首位，海洋渔业（水产业）所占比例超过50%，近年已达55%。2002 年，我国海洋捕捞产量达到 1.4×10^7 t（含远洋捕捞），养殖产量达到 1.2×10^7 t。海洋生物资源已用作优质食品、药物、生物制品和其他精深加工品的原材料。需要指出的是，我国海洋药用生物资源相当丰富，但现已开发利用的极少，无论是生物的种类或是数量，都有很大利用潜力。

（2）海洋油气业 我国陆架区海域面积达 200 多万 km²，其中含油气盆地面积近 100 万 km²，共有大中型新生代沉积盆地 16 个。我国自 20 世纪 60 年代以来在海上进行了大量油气资源勘探工作，尤其是 1979 年引进外资和勘探技术以来，海上石油勘探和开发工作有了长足的发展。1990 年底，累计完成地震测线 59 万 km，钻探井 250 多口。1980 年我国开发的海洋油气田仅 5 个，年产石油 16.57 万 t，1995 年海洋石油年产量已达 927.5 万 t，1998 年达到 1631 万 t。我国海洋天然气产量从 1993 年的 2.89 亿 m³，到 1998 年猛增至 38.6 亿 m³。我国的海洋油气业起步晚但发展迅速，取得了重大进步。我国管辖海域已经形成九大油气区，计划开发、正在建设和已经生产的油气田已有 39 个，矿区总面积共 34189km²。2000 年，全国海洋石油产量 2080 万 t，天然气产量 460127 万 m³。

（3）海洋运输业 我国现有大、中、小型商港 160 多个。这些港口大体上分为两类：一类是海湾港，共 102 个；另一类是河口港，共 64 个，分布在 42 条入海江河的河口附近。我国主要商港有 40 多个，其中上海、广州、大连、天津、秦皇岛、青岛、连云港、宁波、湛江等大型海港年吞吐量都在千万 t 以上。据统计，我国主要海港年吞吐量在 50 万 t 以上的有 36 个，100 万 t 以上的 32 个，500 万 t 以上的有 13 个，1000 万 t 以上的有 9 个，2000 万 t 以上的有 7 个，3000 万 t 以上的有 5 个。1995 年，我国 56 个主要海港生产性码头泊位 1263 个，其中万 t 级泊位 394 个，码头岸线长 140 多 km。我国海港货物吞吐量达 8.02 亿 t，其中国际集装箱吞吐量 0.49 亿 t，外贸货物吞吐量 3.10 亿 t。1998 年海洋运输已承担起我国对外贸易 70% 的货运量。我国有 67 个主要沿海港口，深水泊位 490 个。2000 年，我国已经成为世界第二大航运贸易国，全国现有海运船舶一万多艘，每年运输总量接近一千万个标准集装箱。发展中的交通运输网，除沟通我国沿海地区外，还通过众多的国际航线加强了我国和世界各国的海上联系。可以说，我国运输船舶已通行于世界五大洲的各主要港口。

（4）滨海砂矿业 我国是世界上滨海矿产种类较多的国家之一，矿种达 65 种之多，各类砂矿床 191 个，其中大型 35 个、中型 51 个、小型 105 个，总储量约为 31 亿 t。探明储量约 15.27 亿 t，其中大多数为非金属砂矿，金属砂矿仅占 1.6%。目前已探明具有工业储量的有钛铁矿、金红石、锆石、磷钇矿、独居石、磁铁矿、砂锡矿、铬铁矿等 13 个矿种，此外还发现有金刚石和砷铂矿颗粒。矿床和储量分布均不平衡，南多北少，广东、海南、福建三省的砂矿储量占全国滨海砂矿总储量的 90% 以上。

目前已开采的海滨砂矿床约有 30 余处，均属小规模开采。开采者既有国家，也有集体和个人。在开采中，普遍存在着采富不采贫（即倾向富集度高的矿床开采，而摒弃那些品位较低的贫矿），采矿过程多处于粗放型阶段，采矿、选矿技术水平普遍不高，明显落后于发达国家。采矿过程中只能采选其中的某一种或某几种矿物，而其他的一些有用矿物多被废弃，导致这些矿砂不能尽其所用。因为砂矿床多以共生、伴生的形式存在，如果只采选其中的一种，其他有用矿种势必遭到破坏。另外，有些业主不懂砂矿的成因机理，在采砂过程中，不分青红皂白，将所采砂矿全部当作普通建筑材料使用或卖掉，造成了巨大的资源浪费而使国家蒙受不小的损失。

（5）海盐及盐化工业　我国有许多如下辽河、华北和江淮等滨海平原，海水含盐量高，因此我国海盐生产条件十分优越。我国海水制盐和海盐化工业实行以盐为主、盐化结合、多种经营的方针，地域优势明显，生产能力居世界第一位，参与国际市场竞争的条件和能力良好。1996 年，我国有盐田面积 41.3 万 hm^2，年产量 1930.2 万 t，约占全国原盐总产量的 50%。海盐工业总产值为 42.63 亿元，工业增加值为 23.14 亿元。目前我国海盐生产企业约 550 个，占整个制盐工业企业总数的 61.3%。我国盐化工业发展较快，但目前仅限于从卤水中提取氯化钠、氯化钾、溴、镁和芒硝等，而经济价值高的微量元素，如铀、碘等，尚未开发利用。我国现有盐化工厂 50 多个，产品 60 多种，年产量已达 70 多万 t。2000 年，我国拥有盐田面积 423390hm^2，其中盐业生产面积 345556hm^2，渔业水产养殖面积 30874hm^2。2000 年，年末海盐生产能力为 2841 万 t，沿海地区海盐产量为 2364 万 t，销量 2016 万 t。

（6）滨海旅游业　我国滨海旅游资源丰富多样，但滨海旅游业开展较晚。我国滨海旅游景点中最多的是人文景点，其次是山岳景点和海岸景点；生态景点和岛屿景点较少，奇特景点和海底景点更少。已开发的和部分开发的景点有 300 多处，不到全部景点的 1/4。如山东省有 115 处海滨旅游景观，已开发的只有 50 多处，占 43%。上海有古迹旅游点 140 处，已开发利用的仅 17 处，占 12.1%。全国约有海滨沙滩资源 100 多处，已开发利用为海水浴场的有 39 处。20 世纪 90 年代以来，沿海 11 个省市区的 45 个滨海城市的旅游基础建设不断加强，服务设施日趋配套，综合接待能力规模化。2000 年，沿海城市和旅游景点接待境外游客 1717 万人次，外汇收入达 771347 万美元。目前全国已初步形成了以城市为依托的滨海旅游网络，滨海旅游业已跃居我国海洋产业的第三位，正在成为沿海各地重点发展的第三产业和发展外向型经济的先导产业。

（7）海洋动力资源的利用　浩瀚无垠的海洋，约占地球表面的 71%，它汇集了地球 97% 的水量，蕴藏着丰富的能源。随着陆地资源的不断消耗，人类赖以生存与发展的能源，将越来越依赖于海洋。中国大陆的海岸线长达 1.8 万 km，海域面积 470 多万 km^2，海洋能源非常丰富。海洋能源通常指海洋中所蕴藏的可再生的自然能源，主要为潮汐能、波浪能、海流能（潮流能）、海水温差能和海水盐差能。更广义的海洋能源还包括海洋上空的风能、海洋表面的太阳能以及海洋生物质能等。在多种海洋动力资源中，我国只开发了潮汐能，其他如波浪能、海流能等仍处于试验和探索阶段。利用潮汐发电始于 20 世纪 50 年代中期，1958 年全国建立了 40 多座小型潮汐电站，装机容量 583kW。但由于自然条件调研不够，一些技术未能解决，因此在不太长的时间里，绝大部分下了马，最后只剩浙江沙山电站。20 世纪 70 年代初，我国又出现了一次建潮汐电站热潮，共建起 10 座，结果建成运转的只有 5 座。20 世纪至 80 年代末 90 年代初，我国建成投入使用的潮汐电站共 8 座，设计装机容量为 9640kW。

2. 海洋资源开发利用中存在的主要问题

(1) 海洋开发工作缺乏整体观念　前几年海洋开发虽已取得较大的成就，但海洋开发唱主角的仍是海洋捕捞，而忽略了海洋养殖及海洋化工、海洋药物等新兴海洋产业，也忽略了海洋国土综合开发和各种海洋产业的联动发展，造成海洋潜在的资源优势未得到充分发挥，甚至出现部分资源浪费现象，综合利用效果差，形不成良性循环，难以实现由海洋资源大区向海洋经济大区的跨越。

(2) 海洋资源三权混淆，开发管理三无现象依然存在　海洋资源的所有权、行政权、经营权混淆，以行政权、经营权代替所有权管理，使海洋资源的所有权受到条块的多元分割，所有权不到位；国家作为国有资源所有者的地位模糊，产权弱化，对自然资源的所有权在经济上得不到体现，造成国有资产大量流失，其收益只转化为一些部门、集体或个人的利益。同时，协调和管理海洋自然资源开发利用的法律法规不健全不配套及滞后性，致使开发活动无序、无度、无偿进行；由于管理乏力，各个利益主体的经济关系缺乏协调和法律的明确界定，使资源使用者的合法权益得不到有效保护，权益纠纷时有发生。

(3) 重开发利用，轻养护管理　由于人们对渔业资源缺乏科学的认识和有效的保护，在产量指标和经济利益的驱动下，不顾资源的现状，盲目无序无度开发。船只马力严重失控，非渔劳力大量增加，造成"船多鱼少"的局面，出现渔业资源酷渔滥捕。超强的捕捞压力，一方面使传统主要经济鱼类资源严重衰退，如大小黄鱼、曼氏无针乌贼、鲳鱼、马鲛鱼、鳓鱼、海蜇等传统渔汛已经消失；历史上曾左右东海渔业的"四大经济鱼类"（带鱼、大黄鱼、小黄鱼、乌贼）合计产量由20世纪70年代占捕捞总产量的60%～70%下降至目前的不足20%。其他梭子蟹、虾类资源，近年也出现了剧烈波动和衰减。另一方面造成了资源生态平衡的破坏，传统的主要经济鱼类资源在短期内无法恢复，如大黄鱼、乌贼等，有些品种出现种群退化，性成熟提前，部分鱼类产卵场消失，产下的卵无法正常发育繁殖，生物群落生存空间移位，资源生态平衡遭到严重破坏。

(4) 海洋环境污染日趋严重　随着沿海经济发展，临海工业废水、生活污水及固体废弃物等陆源污染物大量倾入海中，海域污染日益加重。据报道每年有几十亿吨污水排入舟山渔场，加剧了沿岸水域的污染。例如，马峙门水域的洗船基地，仅1994—1995年，清洗船只24艘，共360万t，排放油污水17300t，油泥6200t。近几年发展起来的部分甲壳素加工厂等临海工业废水大量向沿海排放。这些已对海域造成严重污染，导致沿岸渔场的生态环境遭到不同程度的破坏，沿岸海域传统渔业资源衰退，渔场外移，汛期混乱，资源生态失去平衡。另外，沿岸海水富营养化，导致赤潮生物大量繁殖而引起海域缺氧，赤潮发生频率提高，使自然资源和养殖生物大量死亡，加剧了对渔业资源的危害。同时污染还使养殖的贝类、虾类、鱼类等病害频发，滩涂养殖受污染导致直接损害的事件时有发生，对养殖业发展造成严重威胁。

17.5.4　我国海洋资源的可持续开发与利用对策

1. 我国的海洋资源管理

我国有辽阔的海域，丰富的海洋资源不仅品种多、储量大，而且具有利用上的诸多优势，具备建设强大海洋经济、发展海洋事业的物质资源基础。建国50多年以来，通过国家和各级政府的共同努力，新中国的海洋资源管理工作从无到有，逐步发展，已经取得了很大的成就，到目前为止已基本形成了围绕资源开发与保护为核心的海洋资源管理体制。我国的海洋资源管理主要是根据有关政策、法律法规按行业和部门为主进行。涉及的管理领域主要包括：

（1）渔业资源管理　我国海域分布着许多鱼获量很高的渔场，如黄渤海渔场、舟山渔场、南海沿岸渔场、北部湾渔场、吕泗、大沙、闽南等渔场，前四者被称为我国的四大渔场。据估算，我国海域目前最佳渔业捕获量为 280～330 万 t。但从 20 世纪 70 年代以来，由于我国海洋渔业捕捞强度越来越大，有时甚至酷渔滥捕，加上海洋污染日趋严重，导致我国沿岸近海渔业资源不同程度地受到损害或破坏而呈技术衰退趋势。目前，我国渔业资源管理的主要内容是：①通过国家以及与国际组织合作，调查评估国家管辖海域和相关公海区域的渔业资源分布、数量、质量与变动状况，为资源的养护、持久利用和控制调节等管理活动提供科学依据；②制定并实施保障海洋渔业及所有海洋生物资源持久利用的战略；③按照国家立法和《联合国海洋法公约》要求，确定各海区适宜捕捞量，再由渔政部门向生产单位或个人分配下达捕捞数量指标，发放捕捞许可证与限量捕捞许可证并负责进行监督、检查；④依据有关法律法规通过控制使用渔船、渔具标准和规定捕捞对象技术标准，维护海洋渔业种资源的生态平衡，避免资源的严重破坏；⑤制定并采取积极政策与措施，大力鼓励近海海水养殖业和增殖渔业的发展，进一步提高资源利用效益；⑥严禁严重破坏资源的捕捞方法，如炸鱼、毒鱼等，施行禁鱼区和伏季休鱼制度。

（2）海洋矿物资源管理　我国海域海底有着储量丰富、种类繁多的矿产资源，如石油和天然气、海滨矿砂，铜、金、煤以及沉积于海底的其他多种金属矿产资源，其中石油是我国海底矿产中最重要的资源。目前对海洋矿产资源的主导思想是对开发活动进行合理、科学的控制，提高资源使用效益水平，达到综合开采、综合利用、开源节流的目的。各级主管部门根据开采者的申请报告依法进行审批，经批准的项目，由相应的矿管部门颁发采矿许可证，并对资源开发利用情况和保护工作进行监督管理。组织实施对海洋矿产资源持续利用的评价工作。统一管理海洋矿产资源的调查、勘探、资源储量、评价结论等资料。

（3）海洋空间资源管理　我国海洋空间资源管理主要集中在港口资源、海上交通运输和海岸带管理方面。我国港口资源比较丰富，其中可供建设中级泊位的港址有 160 多处，可供建设万吨级以上泊位的港址有 30～40 处。目前我国沿海已经发建设的港口有 135 个，属大中型的有 30 多个，能接纳万吨级以上船舶的有 21 个。我国大陆海岸线北起鸭绿江口，南到北仑河口，长达18000多 km，海岸带区域辽阔。我国的海上交通运输业也很发达。在海洋空间资源开发不断增长的情况下，我国对海洋空间资源管理的主要内容有：①根据《国家海域使用管理法》的要求和我国海域功能区划，审批海洋空间资源的使用；②管理海洋空间资源利用的合理布局，如海港建设、海上机场建设在项目选址、论证、评价等管理工作；③进行海域使用的协调管理，如对开发项目使用区域的重叠与交叉矛盾、开发项目对其他海洋资源的消极影响矛盾、不同主管部门对空间资源利用意见矛盾等问题的处理和协调等。

（4）海洋旅游资源管理　我国海岸线漫长而曲折，岬湾相间，岛屿众多，气候类型多样，风光旖旎，因而有着良好的海洋旅游资源开发基础。目前，海洋旅游资源的管理工作集中在以下几个方面：①开展海洋旅游资源分布、类型、数量的普查和价值登记评定，以全面掌握旅游资源的基本情况，并按照国家或地方制定的标准划分出资源等级，作为开发和管理的依据；②进一步研究并建立适应社会主义市场经济条件下合理的海洋旅游资源管理体制，提高管理效率；③对我国海洋旅游资源进行统一规划并进行开发秩序的管理。

（5）海盐资源管理　海盐是人们日常生活的必需品，也是从事化工生产的重要原料。目前，我国有宜盐土地和滩涂 $8400km^2$，其中山东省 $2740km^2$，河北省 $1670km^2$，辽宁省 $940km^2$，江苏省 $1170km^2$，福建省 $1050km^2$，天津市 $390km^2$，广东省 $130km^2$，广西自治区 $70km^2$，浙江省 $160km^2$，海南省 $80km^2$。当前，我国对海盐资源的管理主要是：①进一步组织海盐资源调查、评价和区划；②协调盐业资源开发中出现的矛盾；③根据《盐业管理条例》开展盐资源的保护工作；④加强对盐资源开发的技术管理工作，努力提高开发效益。

2. 海洋资源管理中存在的问题

建国以来，我国的海洋资源管理工作虽然已经取得了很大的成绩，但从社会发展的需要来看，其中也存在不少的问题，我们认为主要有以下几点：

（1）管理体制不完善，没有形成科学合理的管理体系　多年来，我国海洋资源管理工作，在传统体制下从中央到地方基本上是分散在行业部门的计划管理，实行资源开发与管理一体化，是传统陆地管理方式的延伸。这种管理模式在初始阶段曾发挥过积极作用，但是随着国家海洋事业的发展，管理部门分散，相互联系不够，使得各行业、各地区自成体系，各自为政，各兴其业，形成了政出多门、多头管理、互不协调的复杂局面。并且由于缺乏强有力的综合管理部门，使得实践中对海洋资源的管理综合协调难度也很大。特别是开发与管理的一体化模式，实际是政企不分，在实践中极易导致各管理部门仅仅从本行业、本地区、本部门的局部利益出发，当生产开发与管理发生矛盾时往往以牺牲资源管理来服从生产开发，不能充分发挥好管理部门的职能，严重影响着资源管理工作正常有效的开展，从而进一步引发出资源管理中更加复杂、突出的矛盾，以至会出现对海洋资源管理的宏观失控。

（2）海洋资源资产观念不强，没有形成有效的资源管理机制　海洋资源属国家全民所有。但是长期以来，人们习惯于海洋资源是自然力量形成的，自身没有经济学意义的价值观念，因而在海洋资源的开发和管理中，实际上执行的是资源无价和无偿或低价使用的政策。近年来，我国虽然通过改革加强了海洋资源的所有权管理，海洋资源资产观念得到了强化，但适应现代海洋开发趋势和发展社会主义市场经济需要的海洋资源管理机制仍未完全建立，致使海洋资源开发利用中资源遭受破坏、浪费及效益不高等问题依然比较严重。

（3）缺乏必要而系统的海洋资源开发与管理法律、法规　海洋资源的法制建设在海洋资源管理工作中具有非常重要的作用。它是保证海洋资源管理体系的形成、巩固、完善的条件，也是保证海洋资源开发秩序、合理布局生产力、维持海洋生态平衡、提高综合效益的基本保障。目前，我国已经先后制定了一批有关海洋的法律、法规，但尚未形成完整的海洋法律体系。而且已有的法律法规，绝大多数是单项法规，基本上是陆上法规向海上的延伸。随着 21 世纪海洋世纪的到来，今后我国亟需制定《中国专属经济区和大陆架法》、《海岛开发管理法》、《海洋资源开发管理法》等海洋法律，同时要加快中国海洋法规与国际海洋法规接轨，扩大海洋立法方面的国际合作与交流，尽快完善我国的海洋法律体系。

（4）缺乏海洋资源开发管理的总体规划和总体方针政策　我国海洋资源的开发管理长期缺乏统一规划、统一政策，往往是开发在前，管理滞后。虽然 1993 年国家颁布了《全国海洋功能区划》，但因诸多因素的影响，以到在许多方面没有得到很好的贯彻。

（5）由于上述原因，造成我国海洋资源优化配置不合理，限制了资源利用效益　在这方面的突出表现是沿岸陆地建设不合理征用海岸线。长期以来，由于对海岸线没有统筹安排，没有根据海岸带的功能进行岸线分配，加之管理不善，存在着多处海港城市岸线使用不合理、争占岸线等现象。近年来，我国一些地方的港口与水产养殖之间的矛盾又开始日益突出，如大连、青岛等我国著名港口就屡次发生过港口航道被堵塞、锚地被占引起的海事纠纷，而且目前这些地方的水产养殖范围还在不断地向港区逼近，严重影响船舶的进出，影响了港口正常的生产秩序。我国人大常委会于 1996 年 5 月 15 日批准了《联合国海洋法公约》，使我国成为该《公约》的第 93 个缔约国，同年发布了《中国海洋二十一世纪议程》，表明我国海洋资源管理事业从此将跨入新的历史阶段。因此，面向中国 21 世纪经济社会的发展，深入研究我国海洋资源管理中存在的问题，充分吸收国外先进管理经验，立足国情合理开发利用、科学保护海洋资源和有效实施对海洋资源的管理已经成为现实的必然要求。

3. 实施海洋资源的可持续开发与利用对策

（1）加强协调管理，提高海洋开发的整体效益　一要理顺机构，建立健全海洋开发协调机制。根据目前多头管理、职能交叉重叠的海洋管理机制的现状，建议结合政府机构改革，理顺海洋管理机构，强化海洋管理职能，建立综合管理与行业管理相结合的海洋经济协调机构。二是统筹规划，搞好海洋综合开发。以"十五"规划及海洋功能区划为依据，在对资源、产业现状深入分析的基础上编制海洋开发规划，提出海洋产业发展战略、发展目标、重大项目和政策措施，协调产业关系，实现海洋产业数量扩张、结构转换和水平提高，资源的高效利用、优化配置。

（2）规范海域使用管理，实现资源的有序开发和有偿使用　一是认真实施海域使用许可证制度，规范海洋资源开发利用活动的经济秩序；二是加快实施海域和海洋资源有偿使用制度；三是加快开展对海洋资源资产价值的评估研究，建立海洋资源资产的评估制度，对海洋资源实行资产化管理。

（3）开发与保护并重，实现资源的适度开发永续利用　要处理好海洋开发与资源保护的关系，应重视和抓好海洋生态环境保护，做到开发与保护并重，经济效益、生态效益和社会效益并举，努力实现海洋资源的适度开发和永续利用。一是加强宣传，增强全民海洋国土观和海洋国土资源保护意识，加大对渔业资源和环境保护重要性和必要性的宣传，增强资源保护的危机感和紧迫感。二是严格资源科学保护和管理制度。要严格控制近海捕捞强度，逐步实施捕捞限额制度，这是我国渔业资源管理的必然趋势。当前，应加强对原有资源综合管理制度实施的力度，特别是渔船更新建造和报废制度、渔船作业捕捞和非渔劳力下海许可制度，对资源损害严重的作业实行专项许可制度，全面禁止使用电脉冲惊虾仪等。三是大力发展养殖业，鼓励渔民发展二、三产业，转移捕捞劳力，减轻对渔业资源的压力。在养殖的总体发展中，要鼓励捕捞渔民转产养殖，大力发展浅海、滩涂养殖。四是增强海洋环保意识，从严加强海洋环保管理。要把海洋环保工作同保护渔业资源密切联系起来，进一步建立健全海洋资源环境监测系统，抓好重点养殖海区的环境监视，有效地做好赤潮灾害的监测预报，积极开展密集养殖海区的整治工作，科学控制养殖容量，减少养殖的自身污染。

（4）坚持科技兴海，提高资源利用效率　现代海洋开发是技术密集型事业，海洋开发要坚持走科技兴海之路。一是围绕资源的开发，依靠科技进步，根据海洋资源开发的远、近需要，应用微电子、信息、海洋生物和工程等高新技术，对现有传统产业进行改造，推进海洋开发上档次、上效益、上水平；同时要加强生产与科技、企业与科研的联姻，以资源开发与科技产业结合为主体，形成一批科技经济一体化的开发实体，发展新兴产业群，不断提高科技进步因素在海洋经济增长中的贡献份额；提高资源的利用率和附加值，促进海洋经济的可持续发展。二是坚持走"科技兴海"之路，加快科技成果转化和先进技术的推广应用。近期要重点突破大黄鱼、梭子蟹全人工苗种培育、养成技术，试验推广抗风浪深水网箱养殖技术，开发推广新的渔具渔法，加快实施"低值鱼综合利用"、"甲壳素深度开发"等一批科技兴海项目；加强对海水养殖病害技术的研究，积极发展生态养殖，有计划地开展近海资源特别是大黄鱼、中国对虾、梭子蟹等品种的增殖放流。三是大力培养海洋开发人才，加快海洋科技知识的普及，提高劳动者素质，促进海洋资源的合理开发和有效保护。

（5）坚持依法治海，把海洋资源的管理纳入法制化轨道 一是加强资源和环境保护的立法、执法工作，不断完善海洋管理法律体系。为加强海洋资源的综合管理，迫切需要尽快出台"海域使用法"和"海域有偿使用制度"等。二是依法管理，加大海洋执法力度。渔政、海监、海洋综合管理和资源环境管理部门要加大海洋资源管理和海洋环境保护的执法力度；坚决贯彻执行国家颁布的《海洋环境保护法》、《渔业法》、《防治海岸工程建设项目污染损害海洋环境管理条例》等法律法规；严格"休渔"制度；坚决打击查处违禁破坏海洋资源、污染海洋的案件，依法实施"环境影响评价"制度，强化海洋资源和海洋生态环境的管理和保护，促进海洋资源的永续利用和海洋经济的可持续发展。

17.6 草原资源保护与管理

草原既是资源，又是人类生活的环境。它不仅为家畜提供饲料和放牧地，为轻工业提供原料，为农业提供有机肥；而且还具有保持水土、净化空气、调节气候、防风固沙等作用。草原还是物种资源的遗传基因库，除形成植物生产和动物生产外，还通过形成风景、设立自然保护区等造福人类。

17.6.1 我国草原资源的特点

1. 草地面积广大，但分布不平衡

我国是草地资源大国，有各类天然草地 3.93 亿 hm²，约占国土面积的 41.7%，仅次于澳大利亚，居世界第二位。但人均占有草地仅 0.33hm²，为世界人均草地面积的一半。我国的草原分布不均，西藏自治区面积最大，达到 7084.68 万 hm²，占全国草地面积的 21.40%。其次是内蒙古、新疆和青海省，以上四省区草地面积之和占全国草地面积的 64.65%。

2. 草地类型多样，但天然优质牧场比例不高

在自然条件和经济活动的影响下，我国草地资源形成了复杂多样的类型，按照草地植物群落组成、发展过程和生态因素之间的联系，我国的草地可划分为 18 个类型。其中以高寒草甸类草地面积最大，有 5883.42 万 hm² 之多，占到全国草地面积的 17.77%。其次就是温性草原类草地、高寒草原类草地、温性荒漠类草地。但从总体看，我国草地可利用面积比例较低，草地品质偏低，人工草地比例较小，天然草地的质量在不断下降。属于适口性好、产草量和营养价值高的草甸草地，约占天然草地总面积的 21%，且半数以上分布在海拔较高的地区，难以利用。

3. 牧草种类丰富

我国是世界上牧草资源最丰富的国家，仅北方草原上就有各类野生牧草 4000 多种，南

方草山草坡饲用植物达 5000 余种，世界上大部分栽培的优良牧草，我国均有野生种。

4. 草地生产力地区差异明显，季节、年际变化大

我国天然草地单位面积产草量差异甚大。北方和西部牧区地带性植被，从草甸草原到荒漠，随着旱生程度增强，草群生产力依次降低。高寒草甸、高寒草原，因气温低、生长期短，其产草量低于相应的温带植被。

天然草地生产力季节不平衡。我国北方和西部牧区，天然草地植被随冷、暖季枯荣变化，造成牧草产量和营养价值的季节差异。并且冷季牧草场营养价值降低，粗蛋白含量仅为暖季的 13%~30%，因此，冬春季牧场的载蓄能力仅为夏秋季的 60%~70%。

17.6.2　我国草场资源开发利用的现状与问题

我国是世界上最早利用草地资源进行畜牧业生产的国家之一。自 1949 年以来，我国在草地资源调查、开发利用和建设方面均取得了一定成绩，草地畜牧业生产获得了较大发展。目前在全国各类草地中，牧养着 9000 万头家畜，约占全国家畜头数的 30% 左右，在畜牧业生产中占有很重要的地位。对草地的利用程度日益加强，北方 43 亿亩天然草地，已利用了95%。近年来进行了大规模的天然草地改良和人工草地建设工作，到 2002 年全国人工种草面积新增达 360 万 hm^2，草原围栏面积新增达 250 万 hm^2。

由于我国生产力水平低，经济力量薄弱，加之管理水平低，资源浪费严重，不能把资源充分的转化为产品，再有就是广大人民和干部，特别是领导干部对环境保护的认识不够，以致环境管理长期未被重视而处于薄弱的状态，使草场资源在发展中同其他资源一样不可避免的出现了许多问题，归纳主要有以下几点：

1. 草地建设投资少，基础设施差，草地生产水平低下

就草地基本建设而言，到 20 世纪 80 年代初，国家对北方草地的投资约 47 亿元，平均每公顷草地投资仅 15 元，若以 37 年平均分配，每年每公顷草地平均 0.3~0.45 元，致使草地的投入与产出不成比例，资源消耗过重，基础设施的修建与维修都跟不上生产的需要。尽管人工草地的效益明显，但建立人工草地的资金有限，发展速度不快。所以资金短缺、设施差是我国草地资源利用的限制因素。

另外，我国草地畜牧业单位面积生产效益很低，尽管牛、羊存栏数逐年增加，但主要生产指标落后于世界平均水平，甚至低于发展中国家的平均水平。目前，我国每公顷草地产肉3.69kg，产毛 0.45kg，产奶 4.04kg，共计为 7.02 个畜产品单位。其单位面积草地产肉量为世界平均水平的 30%。每百亩可利用草地所生产的储蓄产品单位还不及美国的同类草地产值的 1/20。其主要原因是长期以来草地利用未引起足够的重视，国家对草地建设的投资甚少，畜牧业基础设施极差，至今仍然是靠天然养畜，掠夺式的经营。

2. 草地退化严重，草畜矛盾突出

草原退化的总的表现是植被衰退，产草量降低，有毒有害及劣等草滋生，风蚀沙化，水土流失，土地盐碱化，放牧家畜体重下降，鼠虫害猖獗，草原生产力受到极大破坏。

我国草地退化严重，目前我国 90% 的可利用天然草地不同程度地退化。据估计，全国草地退化、沙化、盐渍化的面积已达 1.35 亿 hm^2。并且每年以 200 万 hm^2 的速度递增，退化速度每年约为 0.5%，而人工草地和改良草地的建设速度每年仅为 0.3%，建设速度远远赶不上退化速度。草原面积逐年缩小，草原植被覆盖度降低，水土流失严重。全国草地的退

化使平均产草量下降了 30% ~50%。

草原退化的原因是多方面的，是自然因素和人为因素综合作用的结果。全球的温室效应的影响，温度升高、雨水减少、干旱频繁发生，特别是春季高温、干旱、大风对草原退化有重大影响，但是人类对草原不合理的开发和利用是最重要的因素。

此外，草原退化加剧了鼠害、虫害，使草地资源环境遭到严重破坏，草畜矛盾更加突出。据农业部门统计，全国草原鼠虫害面积达 6000 万 hm^2，而且大有蔓延之势。青海草原鼠虫害达 540 万 hm^2，占全省草原面积的 11%，鼠类每年啃食牧草 440 万 t，相当于吃掉 300 万只羊 1 年的饲料。内蒙古鄂尔多斯市鼠害面积达 200 万 hm^2，占全盟可利用草地面积的 42%，虫害面积约有 400 万 hm^2，占全部草场的 60%。内蒙古草原每年因鼠害而损失牧草 2249 万 t。

17.6.3　我国草地资源可持续开发与利用的对策

草原旅游是以草原生态系统为旅游对象的生态旅游产品，草原景观素以其辽阔、坦荡、悠扬闻名于世。它与草原植物、动物及传统游牧文化、风土人情相结合，构成生态旅游目的地，草原旅游业将是"人与自然和谐"的时代要求中，"产业与环境互利"的双赢产业，是民族地区在资源开发中，减轻经济发展对自然环境压力，克服生态脆弱劣势和有效利用资源的最佳选择。除了发展草原旅游外，为了充分发挥我国草地资源优势，改善环境与资源条件，以实现草地资源可持续开发与利用，今后还应重点采取的对策是：

1. 提高草地基础性地位的认识，建立我国现代化草地畜牧业

就发达国家的经验而论，畜牧业是农业的重要组成部分，畜牧业产值超过农业总产值的 50% 以上，以草地为主体的畜牧业生产是农业的重要组成部分，草食家畜又是畜牧业的主体。发达国家肉食品大部分由青草转化，如美国占 73%，德国、法国各占 60%，澳大利亚占 90%，新西兰近 100%，全世界为 55%，而我国草地所生产的肉类仅占全国肉食的 6.8%。我国在重视农业的基础地位的同时，也应重视构成这个基础的重要组成部分——草地，增加草地建设的资金投入，加强和完善草地的基础设施建设，巩固提高草地的基础性作用。

草地资源利用要以立草为业、综合利用为指导思想，以建立专业化、社会化、商品化的现代草地牧业经营体系为发展目标。通过建立种草、养畜、加工、生产、科研、培训、牧工商的生产科研体系，做好产前、产中、产后的服务；通过体制、技术、经营、流通和管理领域的改革、挖潜、优化，促进资源经济的最大效益发挥。

2. 多层次、广义地利用草地资源

草地资源与环境构成草地物种的多样性、类型的多样性和功能的多样性。草地生态系统的能量多层次利用，物种循环的多种结构，都有其最佳的结构和最适宜的利用状态和方式。草地系统分为前植物生产层，包括草地的风景作用，水土保持的功能和自然保护区等；植物生产层，形成植物物种、植物生产量，牧草及多种用途的植物；动物生产层，包括野生动物和饲养的家畜；后动物生产层，包括加工、流通。整个草业系统的优化和最佳方案的选择，关系到草地开发的效益与结果。所以草地资源的利用要着眼于草业系统，突破草地只作为畜牧业的饲料资源地的局限性认识，以高效、持续利用为前提，发挥草地资源的多种用途与功能的自然属性，充分发挥草地作为物种资源的遗传基因库、保护环境、提供人类多种活动空间的作用，以及具有植物性生产的作用，多层次、广义地利用草地资源。

3. 扩大人工草地面积，提高草地生产力

全国退化草地得以全部恢复，草原环境质量明显改善，草原生产力明显提高，需要有优质高产的人工草地支撑。而南方山区优越的环境条件得以充分地利用，使得草地的生产潜力得以发挥，则需要通过人工草地的转化。沿海滩涂的开发也需要种草来实现。扩大人工种草面积，种草改草是提高草地生产力，使草地资源进入良性循环状态的根本途径。

4. 突出草地资源永续利用、持续发展

粗放地利用资源只能是形成资源的浪费，而且形成的产品率不高，在有条件实行农业式经营方式的地方，尽量实行更集约的经营方式，以提高资源利用效益，增加产品率。相应地在环境条件严酷、生态环境比较脆弱的地方，则应降低利用强度，转移压力，采用与资源条件相适应的经营方式。也就是说在开发利用、改造、经营草地的时候，应在保护生态条件良好、资源正常更新、维持持续发展永续利用的前提下，把生产经营过程中生态效益、社会效益、经济效益作为资源利用的中心环节。坚决克服对草场的掠夺式利用，不注重资源利用的永续性。在提高资源利用效益的过程中，向集约化、专业化、社会化方向发展。

另外，在青海进行的一系列科学研究还发现，一些适宜推广的综合配套技术对草地的可持续发展同样具有重要意义：

1. 暖棚养畜

暖棚养畜的主要功能是夜间牲畜防寒，其作用机理是减少牲畜为抵御低温需增加的能量维持需要；降低极端低温对牲畜的作用力度，减少雪灾中低温所直接导致的牲畜死亡；改善羔羊存活环境，提高仔畜繁活率。暖棚面积一般为 $60 \sim 100 m^2$。据青海甘德县和河南县有关试验资料，在最冷的 12 月和元月份，暖棚内日平均温度 $-5.72℃$，暖棚外为 $-13.46℃$，内外温度差达 $7.74℃$。上年 12 月至来年 4 月期间，暖棚饲养的羊体重平均下降 4.06kg，而敞棚饲养的羊体重平均下降达 10.58kg。暖棚饲养的羊其成畜死亡率下降 77.95%，羔羊成活率提高 14.2%。

2. 草地围栏

对冬春草地进行围栏，可保护其在暖季的自然生长，使其在冷季利用时的牧草贮存量增加，牧草质量得以提高。据有关调查资料，6~9 月份禁牧的围栏草地经 3 年后牧草产量可平均提高 22.7%；同时，优良牧草种类增加，植株高度和植被盖度提高，牧草利用率亦相应提高。如结合围栏进行草地松耙、补播、施肥等措施，则可分别提高牧草产量 23.65% ~ 71.6%。

3. 建植人工草地

（1）一年生割草草地 一年生割草草地主要用来生产青刈冬贮牧草，用以为放牧家畜提供冷季补饲和作为防止大雪灾害的饲草贮备。目前主要以推广种植燕麦为主。在一些气候条件较好的地区正在示范种植以箭舌豌豆和毛苕子与燕麦组合的混播草地，以提高牧草产量和品质。根据中国科学院海北高寒草甸生态试验站的实验研究，选用优良品种和采用混播组合可大幅度提高牧草产量。

（2）多年生放牧草地 建立在冬春草场的多年生放牧草地一般用以冷季家畜放牧利用。主要栽培种为老芒麦、垂穗披碱草、早熟禾、中华羊茅、无芒雀麦等。这类人工草地牧草产量可达 $8 \sim 10 t/hm^2$，是天然草地牧草产量的 $5 \sim 10$ 倍。但是，这类多年生人工草地普遍存在使用 3～5 年后即发生迅速退化的现象，成为目前大面积推广的障碍。针对这一问题，海北高寒草甸生态试验站通过多年实验研究，找出了发生这种退化现象的原因和机制，在有关这类人工草地多年持续利用和已退化草地的恢复方面的研究上取得了成功经验。

总而言之，草地作为一种可再生资源，它的再生力受到自然条件约束和自身的机理调节。草与环境构成草地生态系统，其能量的流动、物质的循环是维持草地生态系统运转，保证草地再生的基本保证，在开发利用草地资源时要充分认识这一规律，遵循草地资源再生性的特征，探索、模拟物质、能量流动的定量关系。适度利用，维持投入与产出的平衡性，保持生态系统能量物质流动的平衡，保证资源的正常再生，使它永续利用，稳产高产，持续发展，正常更新。

17.7　生物多样性的保护与管理

随着人类对自然开发利用力度的加大，各类原生生境遭到破坏，生物的种类和数量日益减少，人们日益认识到保护生物多样性，保证生物资源的永续利用是一项十分重要的全球性任务。

1. 生物多样性的概念

生物多样性指的是地球上生物圈中所有的生物，即动物、植物、微生物，以及它们所拥有的基因和生存环境。它包含三个层次：遗传多样性，物种多样性，生态系统多样性。简单地说，生物多样性表现的是千千万万的生物种类。在地球上的热带雨林中上生活着全世界半数以上的物种（约 500 万种），因此，那里的生物多样性最为丰富。我国的生物多样性主要分布在广东、广西、福建、云南、四川等地。生物多样性具有很高的价值，它不仅可以为工业提供原料，如胶、油脂、芳香油、纤维等，还可以为人类提供特殊的基因，如耐寒抗病基因，使培植动植物新品种成为可能。许多野生动植物还是珍贵的药材，为治疗疑难病症提供了可能。随着环境的污染与破坏，比如森林砍伐、植被破坏、滥捕乱猎、滥采乱伐等，目前世界上的生物物种正在以每天几十种的速度消失。这是地球资源的重大损失，因为物种一旦消失，就永不再生。消失的物种不仅会使人类失去一种自然资源，还会通过植物链引起其他物种的消失。因此，人类必须采取相应的措施来保护物种的多样性。

2. 从宏观的角度来看生物多样性保护与管理的措施

（1）不断强化和提高人们的生物多样性保护意识，促进公众的广泛参与　生物多样性保护工作的目标能否实现，从根本上取决于人们的行为方式和参与程度。人们的行为受多种因素影响，但最主要的是受其观念和意识所支配。当前生物多样性保护工作所面临的主要问题本质上是由于人们缺乏生物多样性保护意识的结果。所以，强化和不断提高人们的生物多样性保护意识，是做好生物多样性保护的首要工作。为此，应通过各种方式不断向人们进行生物多样性保护的观念和意识教育，使人们真正认识到生物多样性保护与持续发展的内在关系，进而促进公众广泛而有效地参与生物多样性保护工作，形成生物多样性保护的公众基础。

（2）建立和完善生物多样性保护的法律体系和政策体系　完备的生物多样性保护法律体系和政策体系是生物多样性保护的根本保证和依据。虽然我国有关法规和政策对生物多样性保护做了明确的规定，并起到了积极和有益的作用，但其中也存在不协调之处，目前急需建立和完善一整套法律体系和政策体系。法律体系应进一步明确生物资源的所有权、经营权、监督管理等方面的问题，政策体系应体现保护与开发、局部与整体、当前与长远相协调的原则，国家发展规划应体现生物多样性保护和持续利用的原则。只有这样，才能保证和促进生物多样性保护工作的顺利进行。

（3）完善生物多样性保护的管理体系　生物多样性的保护，需要有一个非常有效的管理体系，并建立完整的管理和监督检查制度。各级政府和各部门都应分别设立专门机构或专人负责此项工作。国家应定期召开这些负责人的会议，打破各地区、各部门的界限，共同研讨我国生物多样性保护的战略与对策，并检查战略的实施情况，提出措施以解决实施过程中出现的新问题，建立协调行动的管理体制。各地区、各部门也应定期举行类似的活动。同时，应采取措施，提高各级管理人员的业务素质和管理能力，使这一管理体系能够真正有效地运行。

（4）大力加强生物多样性保护中科学技术支持能力的建设　科学技术是生物多样性保护的重要基础。实践表明，没有较高水平的科学技术支持，生物多样性保护的目标就不能实现。科学技术的不断进步可以促进生物多样性管理水平的提高，加深人类对人与自然关系的理解，扩大自然资源的可供给范围和可供给量，提高资源利用效率和经济效益。这些作用对于缓解我国人口与经济增长和资源有限性之间的矛盾，扩大环境容量并相应扩大生存空间和提高生存质量，进而促进持续发展目标的实现尤为重要。因此，要从多方面大力支持和加强生物多样性的科学技术能力建设，逐步形成较为完备且具有一定水平的生物多样性保护科技体系及相应的人才队伍。

（5）就地保护野生物种及其生态系统，加强自然保护区的建设和管理　对一些面临严重威胁的物种及各类生态系统，要采取措施在野外就地保护生物多样性，使物种和生态系统得以延续。栖息地丧失或改变是物种濒危与消失的重要因素，所以建立自然保护区是保护物种及栖息地和生态系统的最基本措施之一。我国已经有各类自然保护区约 700 处，它们对我国的生物多样性保护工作发挥了极其重要的作用。但这些尚不能满足我国生物多样性保护工作的需要，必须进一步增加新的保护区或扩大保护区面积，逐步建成类型齐全、布局合理、面积适宜的自然保护区网络。同时，要不断提高自然保护区的管理水平和管理手段，注意发挥自然保护区的多种功能。

（6）加强重要物种及其遗传资源的迁地保护　统一规划和协调各迁地保护机构，重点开展一些高濒危物种的拯救工作。提高现有动植物园、水族馆、种子库等迁地保护机构的管理水平，促进它们与科研机构的联合，加强和发展它们在生物多样性保护中的功能和作用，形成有效的全国迁地保护网络。

（7）综合利用土地资源，防治环境污染　利用各种经济杠杆和产业政策，促进多种经营的广泛开展和就业结构的调整，建立有效促进生物资源持续利用的经济体系，使生物资源的增殖、保护与开发利用一体化，形成规模产业，提高生物资源的利用效益。实行有利于环境的土地管理，恢复和维护生态系统的结构、功能和生产力，消除或减少环境污染对生物多样性的威胁，实现资源的持续利用及生态效益、经济效益和社会效益的统一。

（8）建立国家统一的生物多样性保护监测网络和信息系统　根据我国生物多样性区划的结果，采用先进的技术和手段，进一步完善并形成统一的我国生物多样性监测网络，在此基础上建立我国生物多样性保护信息系统。通过这一系统可以及时了解生物多样性动态变化并预测发展趋势，为决策者和管理者及有关人员提供可靠的信息。同时，该系统可以促进国内信息的广泛交流与使用，还可以加强与国外的信息交流。

（9）加强生物多样性保护的国际合作　保护生物多样性是人类共同关心的问题，所以需要国际社会超越文化和意识形态等方面的差异，采取一致的行动。我国已经加入了《生物多样性公约》等世界上有关生物多样性保护的主要几个公约。我们应该在维护国家对生物资源拥有主权的前提下，依据公约的机制，结合我国的国情，有效地开展与国际组织的双边合作及多边合作，通过研究与开发或适度地向其他国家提供生物资源，获取一定的补偿，争取资金和技术援助，共同分享惠益，促进我国和世界生物多样性保护工作的不断深入和广泛展开。

（10）为生物多样性保护建立可取的财政机制　经费保证是生物多样性保护工作顺利开展的关键之一。应采取措施，将生物多样性保护所需各项资金纳入国家和地方财政预算，征收开发利用资源的补偿费，基本原则是"谁开发利用，谁出资保护"。在工程建设和开发活动中，注意生态的保护和恢复，落实保护生物多样性的措施和资金，同时争取国际援助、民间募捐、建立专门保护基金。

3. 微观角度具体的保护途径

（1）就地保护　就地保护是物种多样性保护的最有效措施。就地保护就是以各种类型的自然保护区包括风景名胜区的方式将有价值的自然生态系统和野生生物生境保护起来，以保护生态系统内生物的繁衍与进化，维持系统内的物质能量流动和生态过程。

（2）迁地保护　迁地保护仅对单一目标物种可能得到保存，它主要适于对受到高度威胁的动植物物种的紧迫拯救，不然它们就可能灭绝，另外捕集野生物种得到迁地保护也有公共教育意义。

（3）离体保护　离体保护是指遗传种质资源的收集与保存，包括作物品种及其亲缘种的收集和保存、家养动物品种的收集与保存。

17.8　旅游资源的保护与管理

我国有十大资源，即土地资源、水资源、矿产资源、能源资源、气候资源、森林资源、草地资源、物种资源、海洋资源和旅游资源。我国旅游资源在全球具有明显优势，有巨大吸引力。我国国土广袤，山川锦绣，历史悠久，民族众多，在漫长的历史中和辽阔的国土上，形成了无比丰厚的旅游资源，为我国旅游业的发展提供了雄厚的潜力。

17.8.1　我国旅游资源的特点

（1）多样性　我国是世界上旅游资源最丰富的国家之一，资源种类繁多，类型多样，具备各种功能。我国拥有类型多样、富有美感性的、不同尺度的风景地貌景观，这在世界上是独一无二的。从海平面以下 155m 处的吐鲁番盆地的艾丁湖底，到海拔 8848.13m 的世界第一高峰——珠穆朗玛峰，绝对高差达 9003m。我国不仅有纬向地带性的多样气候带变化，还有鲜明的立体气候效应，尤其在横断山脉地区，即所谓"一山有四季，十里不同天"。不论南北东西都有繁花似锦的美景，不仅有类型多样的海滨、山地、高原、高纬度地区的避暑胜地，而且还有银装素裹的冰雪世界，以及避寒休闲度假胜地海南岛。多样的风景地貌和多功能的气候资源，为生物界提供了优越的生存栖息环境，使自然景观更加多姿多彩。

不论是从旅游资源供给的角度还是从旅游消费的角度看，我国拥有世界旅游活动的各种资源和要素，可以开发成为适合现代旅游趋势的各种旅游产品。很少有像我国具有如此多样和复杂的旅游资源系统的国家，这一方面是由于我国的国土辽阔，地质复杂，气候多样，另一方面也与我国历史悠久、文明发达有关。资源种类的丰富度和多样性是我国旅游资源的一大重要特征。

（2）丰厚性 我国旅游资源不仅种类多样，而且每种资源的积淀丰厚，拥有各种规模、年代、形态、规制、品类的资源特征。不论是古代建筑、古城遗址、帝都王陵、禅林道观、园林艺术、民俗风情，还是自然山水风景、海湖河流、山川原野，都多姿多彩，不可胜数，其资源之丰厚足以位于世界各国前列。以花岗岩山景为例，既有节理发育又经风雨剥蚀塑造的，以奇峰怪石、辟天摩地而著称的黄山；也有因断层发育使巨大花岗岩体突兀凌空，以险称绝的华山；还有因花岗岩主峰特性而导致球状分化，由其形成的造型奇异的各种小尺度的风景地貌散见各地。

（3）古老性 我国是古人类的发源地之一，也是世界文明的发祥地之一，流传至今的宝贵遗产构成了极为珍贵的旅游资源，其中许多资源以历史久远、文化古老、底蕴深厚而著称。古老的华夏文明是我国各族人民共同的精神财富，既有各兄弟民族文化融合的结晶，又吸取了世界各民族文化之长。中华人民共和国成立以来发现的旧石器时代遗址数不胜数，遍及 32 个省、自治区、直辖市。云南开远小龙潭的古猿化石分属于森林古猿和腊玛古猿；云南禄丰石灰坝发现的古猿化石，据测定距今有 800 万年历史。在众多的古人类遗存中，以元谋人历史最早（距今 170 万年），周口店龙骨山的古人类遗物最丰富，龙潭洞猿人化石的一具头盖骨最完整。我国旅游资源的古老性还表现在，远在数千年之前，我国的先人就开发和发明了一系列的工艺艺术、宏大建筑，在世界文明史上留下了辉煌的一章。仰韶文化、半坡遗址、安阳殷墟、咸阳秦城、京杭运河、万里长城、秦兵马俑坑等，无不以古称胜。

（4）奇特性 中国拥有数不尽的特有旅游资源。在自然奇观方面，有一年一度的大理蝴蝶泉的蝴蝶盛会、洱源的万鸟朝山的鸟吊山奇景、能发出不同音符鸣叫的峨嵋弹琴蛙、每届中秋的钱塘大潮、西藏高原上的周期性的水热爆炸泉、吉林松花江边的雾凇等。人文方面的奇景更是丰富多彩，秦始皇陵兵马俑坑和铜车马被誉为世界第八奇迹，已建成的兵马俑博物馆每年吸引上百万游人。长沙马王堆汉墓的完整女尸和大量帛书、江陵凤凰山汉墓保存完好的男尸、满城陵山汉墓的金缕玉衣、丝绸之路上的楼兰古城和众多古迹、徐州的汉墓，这些墓葬地和出土文物珍品成了吸引旅游者回溯历史的最佳场所。敦煌莫高窟被公认为世界艺术宝库。雄踞凌云山，俯视三江的乐山大佛，坐像高 71m，体宽 28m，是世界上最大的石像。

17.8.2 我国旅游资源开发现状与存在问题

随着经济的发展，人们的生活水平日益提高，对旅游的渴求也越来越迫切。发达国家往往很看重旅游地的非经济价值；而在旅游资源丰富的发展中国家，人们则往往更看重旅游地的经济价值和对国民经济的贡献，而忽视了旅游对风景区产生的负面影响。

1. 我国旅游资源开发现状

（1）发展业绩喜人 无论是内地，还是沿海，各级政府及其有关部门、相关的企事业单位，都在想尽办法大力发展旅游资源，这样从不同的角度上刺激了旅游业的发展，从而在很大程度上带动其他相关的行业的进一步发展，我国自非典过后，旅游所带来的利润占GDP 总数的很大比重。

（2）我国的旅游格局趋于完善　早期的旅游发展地区经过多年的实践和摸索，当地的旅游格局已经具有相当的规模，但是一些后起旅游地区的旅游格局还没有达到理想的状态。以西部为例：西北地区旅游业的空间布局目前已在较大地域范围内初步展开，并呈现如下两大特点：

1）旅游资源和旅游线路开发以丝绸之路为主轴，依托亚欧大陆桥，初步形成了东西延伸、南北辐射的发展格局。由于东西横贯的古丝绸之路串联了陕、甘、宁、青、新五省区，荟萃了西北旅游资源的主体和精华，在国内外享有很高的知名度和拥有巨大的诱惑力（号称"神秘的丝路古道，永远的旅游梦境"），且与亚欧大陆桥中国段几乎完全重合，从而把发达的欧洲旅游市场和崛起中的亚太旅游市场有机地联系在一起，它理所当然地成为西北地区旅游资源和旅游线路开发的主轴。经过国家和五省区十多年的大力开发建设与宣传促销，丝绸之路沿线景区景点和配套设施日臻完善，已成为中国诸多旅游产品中一条较为成熟和极具招徕力的主题线路。与此同时，国家和五省区旅游局又依托丝绸之路主轴，精心规划设计和推出了向南北两翼辐射的诸如陕北"三黄一圣"（即黄土地、黄帝陵、黄河壶口瀑布和延安革命圣地）、甘宁长城之旅和黄河风情、穆斯林风情、青海高原登山狩猎、新疆塔克拉玛干沙漠和罗布泊探险等富有西北地域特色的分支专题旅游线路。这样，丝绸之路沿线遂成为中国距离最长、形象突出、辐射面宽和吸引力强的一条旅游带。

2）旅游区建设重点突出以西安、兰州、敦煌、乌鲁木齐和喀什为中心，形成关中、黄河干流上游、河西走廊西部、北疆中部和南疆西南部等五个功能比较齐全的特色旅游区。上述五个旅游中心城市则已成为行、游、住、吃、娱、购等六大要素配套、接待能力初具规模的西北旅游业发展的增长点，其中又以西安、乌鲁木齐和兰州三市的旅游产业实力较强。

（3）旅游资源发展的差异明显　早期的旅游发展地区与后起地区相差明显，同时发展的力度和采取的措施也有所差异。以西部为例：尽管改革开放以来西北地区旅游业所取得的成绩是显著的，但目前其发展水平仍然较低，不仅与东部沿海地区无法相提并论，就是与全国平均水平相比也有明显差距，更与自身突出的资源优势极不相称。主要表现有以下三个方面：

1）产业规模小，在全国的地位微乎其微。1997 年西北五省区接待海外旅游者人数和国际旅游外汇收入分别只占全国的 1.47% 和 2.72%，远不如一个土地面积和人口规模分别只及西北地区 3.9% 和 37.3%、经济发展水平在全国居于中游的福建省（该省当年接待海外旅游者 115.05 万人次，创汇 6.14 亿美元，占全国第四位）。

2）发展不平衡，省区差异大。区内旅游业起步最早、发展最快的陕西省，1997 年接待海外旅游者人数和国际旅游外汇收入分别占到全区的 63.82% 和 68.60%，稳居西北第一旅游大省的宝座，并已跻身全国 10 大旅游创汇省市区行列（第 9 名）；新疆的旅游业也已初具规模，但资源潜力还没有得到充分发挥，甘肃、青海和宁夏的旅游业则远未形成气候，国际旅游外汇收入居全国最末 3 位（第 28、29、30 位）。

3）旅游热点过于集中。西部旅游主要局限于前述五个旅游中心城市，特别是西安（该市 1997 年国际旅游外汇收入达 2 亿美元，占全区的 60.98% ）。其他大部地区的旅游资源开发程度普遍偏低，有些甚至还鲜，旅游设施的全年有效利用率低。

2. 存在的问题

尽管近年来我国旅游业蓬勃发展，同时许多独特的自然景观和历史文化遗址，为我国旅游业的开发和发展提供了丰富的旅游和相当程度的自然生态支持；但我国旅游业所面临的实际环境问题却不容乐观。在一些地区，生态破坏和环境污染的影响甚至限制了旅游业的进一步发展，因此实现旅游业的可持续发展已成为一个不容忽视的问题。

（1）旅游城市生态环境恶化 旅游业的兴旺使旅游接待地的流动人口增加。旅游交通的频繁和飞机、汽车、游艇等交通工具废气排放量的增大，致使旅游接待地的空气污染、噪声污染和水质污染加剧。许多穿城而过的河流已遭严重污染，水色发黄甚至发黑。另外，旅游接待地人满为患的状况，也加重了当地基础设施的负担。水、电、交通等的供应因需求量急增而显不足。

（2）旅游者环保意识差，加重了旅游景点的人为破坏因素 在旅游景点我们经常可以看到旅游者触摸攀爬名胜古迹，在部分古迹上乱刻乱画的现象也不时发生，所有这些都使名胜古迹的本来风貌和存在寿命受到严重威胁。一些穿着入时的旅游者随手丢垃圾的不良行为，也致使风景区的美观大打折扣。更有少数旅游者，竟在旅游区狩猎、采集、露营、野炊，这既加重了旅游区的生态负担，又可能造成物种稀少，甚至灭绝，使旅游区的平衡受到严重破坏。

（3）旅游资源管理体系不完善，旅游景点"超负荷"工作屡见不鲜 现在我国旅游企业和景区管理部门之间，普遍存在管理人员交叉混编的情况，这使得上层管理者处境尴尬。一方面，作为公司领导，他们要对企业负责，争取尽可能盈利；另一方面，作为政府专职机关的行政领导，他们又必须综合考虑环境、经济、社会、文化等各方面的因素，不愿做有损景区资源的事，严格地说，他们是在良心的制约下做工作，没有完善的法规制约下的企业化经营，很容易将风景名胜资源的保护推向难以承受的风险之中。

绝大多数的风景区在五一、国庆等旅游高峰期，均不同程度地"超负荷"工作。景区游人接肩比踵，空气污浊，旅游质量大受影响。我国古文化宝库"敦煌莫高窟"，因游客量过多，空气中 H_2O 和 CO_2 的含量持高不下，许多精美佛雕的颜色已发生变化，内在物理，化学结构也受到影响。还有许多奇山异洞、秀水珍木，也因过多地被人类光顾而面目"狰狞"。

（4）对旅游资源的掠夺性开发，造成了部分资源的破坏 我国云南西双版纳热带雨林已被砍伐 1/2，致使云南的大象、老虎不是向缅甸逃跑，就是窜出自然保护区，毁坏庄稼、伤害人畜。坐落在湖南、湖北交界处的著名四大湖泊，目前仅剩下长湖和洪湖。1951 年湖泊面积还有 35.8 万 hm^2 的洪湖市，到 1987 年只剩下 11.6 万 hm^2；但是，目前仍有很多国内外房地产、旅游开发商加速挤占洪湖水面。还有一些地区，为了追求近期经济发展，在风景名胜区迅速扩建高档宾馆、饭店、疗养所、"培训中心"，以及索道、滑道、城市娱乐设施等，造成了一些高污染、高消耗、低效益的工、商业，破坏了旅游资源，这实质上危害了当地经济的可持续发展。

17.8.3 我国旅游资源可持续开发与利用对策

（1）城市生态环境质量进行综合治理 针对目前我国旅游城市存在的空气污染、噪声污染、水污染和垃圾污染等环境问题的多元性，建议采取以下综合治理方法：

1）对于空气污染，主要采取减少和切断污染源的方法。由机动车辆尾气所造成的污染，可采用安装净化装置的措施。位于上风向的污染企业一定要责令搬迁或关闭。

2）对于噪声污染，主要采取时空上调配和限制的方法。时间上，在人们午休和夜休期间，建筑施工及其他噪声较大的工作应尽量停止；空间上，城市功能分区应明确化，噪声分贝量大的交通站、娱乐区应与行政办工、文化区，居民区分开，使噪声分贝量降低到国家规定的各种功能区标准。

3）市中水体污染大多为河流污染，因其流动性，污染的治理重点仍然是放到污染源的控制上。湖泊的治理应坚持"谁污染谁出钱治理"的原则，并立出相应的法规条例，将现在污染的治理落到实处，并限制新的污染出现。

4）对于垃圾污染，更多的是采取宣传和强制的管理措施。

（2）加强环境保护和可持续发展的宣传、教育和培训，提高公民的环保意识和可持续发展意识　我们应该树立起环境质量意识，认识到环境质量的优劣是关系人民生活质量的提高和子孙后代生存发展的大事；并且要树立环境首先意识，为全人类及其后代保护好环境，保护好人类共同的家园——地球；另外还要树立环境公德意识，不为满足个人私利，不为局部或眼前利益而损害他人或全局的利益，让人类贴进自然，实现人与自然的和谐相处。

（3）完善旅游资源管理体系，适当限制游客量　应尽快改变旅游企业中政企不分的现状，取消旅游企业与景区管理部门之间的人事交叉，公司主管与政府官员应各司其职。另外，应建立尽可能完善的规范旅游企业经营和景区资源管理的法律法规，并加大执法力度使我国旅游资源的管理真正走上规范化、理性化的道路。针对个别时期、个别景区游客量过多的状况，景区主管部门应注意适当限制售票量；同时，开发增设新的景点、卖点（在不破坏生态平衡的前提下），以分散游客量，使旅游资源在其所能承受的限度内接待参观游客。

（4）在旅游资源开发过程中，要坚持可持续发展的方式　资源开发需要各级政府机构、社会组织和公众的广泛参与和合作，因此，国家应建立全国性的旅游资源开发规划和相应的管理法规，以指导和协调旅游资源开发，约束旅游资源开发中的不良行为，把旅游资源开发中的外部不经济效应减小到最低限度。同时，政府还应积极组织培养环境资源市场，更多地采取排污收费制度、环境税、押金制度、排污交易制度等经济手段，通过客观财政和金融措施对那些有利于环境保护和有利于资源活动的或是那些能够产生正的外部性活动者提供支持，包括各种优惠贷款、赠款、补贴以及有利于可持续发展的基金等形式，使旅游环境问题解决在旅游业发展过程之中。

总之，旅游业已不再是人们所说的"无烟工业"，它也同样会影响生态平衡和环境质量。无论从生态方面考虑，还是从经济方面考虑，都不能再走"先污染后治理"的老路，应该从现在做起促进环境和旅游业的可持续发展而努力。

复 习 思 考 题

1. 简述自然资源的属性。
2. 我国土地资源有哪些特点？我国土地资源可持续开发与利用对策是什么？

3. 我国矿产资源的基本特点是什么?

4. 简述我国水资源可持续开发与利用对策。

5. 海洋中的生物资源有哪些?

6. 我国草地资源可持续开发与利用的对策是什么?

7. 生物多样性保护与管理的措施有哪些?

· 把我们引向或靠近更本质的环境中心？
· 实现技术和环境效益最大化？
· 支持主动的而非被动的管理？
· 对于环境保护和经济发展是否有所权衡？
· 对于环境、经济和社会利益综合评估？

第 18 章

全球环境问题与管理

目前世界面临的环境问题很多，主要有：全球气候变化、酸雨、臭氧层的耗竭、有毒有害化学品和废弃物的越境转移和扩散、生物多样性的锐减、水域特别是海洋污染等。这些问题的存在对人类的生存与发展构成极大的威胁。然而，地球只是宇宙中的一叶孤舟，是目前我们所知道的惟一能维持生命进化的摇篮。地球以外没有可供人类迁移的绿洲，我们没有近邻向之呼救，我们只有一个地球。因此，为了全人类的文明进步和后代的生存和发展，我们必须同舟共济，保护地球环境。这是世界人民的共同利益，也是人类的共同责任。本章将主要对全球环境问题的现状、特点、管理中的原则以及我国对全球环境问题所持的立场等进行分析。

18.1　全球环境问题概述

18.1.1　全球环境问题的特点

全球环境问题虽然是各国环境问题的发展和综合，但它并不是各国家或区域环境问题的简单加和，因而在整体上表现出以下四个的特点：

（1）全球化　全球环境问题具有全球化的特点。如臭氧层耗竭、酸雨和温室效应等环境问题，其影响范围波及全球，对人类社会经济、人群健康、生态破坏、环境污染等影响也是全球性的；另外，全球环境问题涉及大气、海洋、臭氧层的问题，对时空的影响程度远非过去一般的环境问题所能比拟。

（2）综合化　一般的情况，大众关心的环境问题主要是"三废"污染及其对人体健康的危害。历史上的"八大公害"事件，实际上也都是环境污染事件和由此引起人体健康的问题。而全球环境问题已远远超出这一范畴，涉及到人类生存空间的各个方面。因此，解决当代全球环境问题，必须具有综合性的观念，要将一个区域、流域、国家乃至全球作为一个包括自然、社会、经济、生活等在内的复杂大系统来统一规划和综合整治。

（3）社会化　全球环境问题已被全世界的人民所关注，具有普遍的社会性。以往，关心环境问题的人一般主要是科技界，尤其是环境科学界、生态学界、医学界的学者和相关地区的居民。而当代的全球环境问题已是全世界人类共同关注的问题，不同国家和地区、不同阶层和社会利益团体、不同职业和不同位置的人员都与环境问题息息相关。环境问题已进入人类社会的各个方面，包括政治、经济、教育、科学、文化、伦理等领域中。因此，环境问题需要全人类共同参与，共同解决。

（4）政治化 随着环境问题的日益严重，各国人民都越来越重视环境保护。环境问题已成为需要政党和政治家出来解决的政治问题。环境问题的政治化主要表现为：

1）在宪法和国家计划中都有环境保护的内容。许多国家通过宪法和国家计划等宏观性法律政策文件，对环境问题和环境保护作了明确、具体的规定，使环境保护成为国家的基本国策。

2）政党的"绿化"。不仅传统的各政党纷纷打出环境保护的旗帜，还成立了许多以"绿色"为旗帜的政党。绿党的党纲都以环境保护为党的主要任务。许多政党纷纷将环境保护纳入党纲、党章或党的竞选纲领中。

3）环境外交日益频繁。在国际舞台上，各国竞相高举环境保护的旗帜，以使自己在环境活动中占有主动。国际关于环境问题会议的召开，也日益频繁。据不完全统计，仅 1990年就有关环境问题的国际会议不下 500 次。1992 年在巴西召开的联合国环境与发展大会以其出席人数之多、规模之大、讨论问题内容之广，创下了联合国历史的新记录，被大家公认为环境外交史上的重要里程碑。

总之，环境问题成了需要国家通过其根本大法、国家计划和综合决策进行处理的国家大事，成为评价政治人物、政党政绩的重要内容，也已成为社会环境是否安定、政治是否开明的重要标志之一。

18.1.2 全球环境问题产生的原因

全球环境问题可以分为环境污染和生态破坏两大类。环境污染主要是人类的各种活动向环境中排放各种污染物造成的。如海洋污染、温室效应、臭氧层破坏、酸雨等。生态破坏是由于人类对自然资源的不合理开发利用造成的。如物种灭绝、森林锐减、草原退化、水土流失、资源耗竭等。这些环境问题都是人为作用的结果，虽然具体的环境问题都有不同的人为原因，但从整体来看，人类不当的生产模式、消费方式以及贫穷、人口增长过快和不合理的国际经济秩序是全球环境问题产生的主要原因。可归纳从以下三个方面：

（1）高消耗的生产模式和高消费的生活方式 发达国家在其长达 200 年的工业化过程中，采取了大量消耗资源、大量排放污染物的生产模式；采取了高消费的生活方式。发展到今天，占世界人口约 20% 的工业化国家，消耗着世界 70% 以上的资源和能源。这种社会生活方式是气候变暖、臭氧层耗竭等全球性生态危机产生的历史原因。显然，这种生产模式使一些国家富裕和发达起来，却在更多的国家造成了贫穷和落后的状况；这种模式虽然提高了人类的生产能力，却过度地消耗了资源，破坏了生态平衡和人类的生存环境；虽然满足了部分人的近期需要，却牺牲了人类长远的发展利益。因此，发达国家的工业化进程是以牺牲地球环境为巨大代价的。令人担忧的是，目前仍有一些发展中国家正在走工业化国家过去的发展道路。所以，转变生产模式和生活方式是当前人类面临的共同的任务。

（2）发展不足 对发展中国家而言，特别是一些贫穷的国家，其环境问题主要是发展不足造成的。发展的不足迫使许多贫困的国家不得不过度开发和廉价出卖自己日益枯竭的自然资源以维持其国民收入。而自然资源的大量开发和出卖，使得发展中国家生态环境进一步恶化，环境的恶化反过来又限制了发展，形成恶性循环。

（3）不平等的国际经济秩序 战后 50 年以来，虽然国际政局有了很大的变化，但旧的、不平等的经济秩序仍然主宰着国际经济关系。这种国际关系对环境的影响主要表现在南北之间不平等、不合理的资源转移。发展中国家从殖民地时代遗留下来的原材料出口国的地位尚未根本改变。发展中国家向发达国家出口的产品主要是木材、矿产、粮食等初级产品，这些产品有很多是不可再生资源（如矿产等），是一个国家的长期发展所依赖且是数量有限的物质基础。其中一些（木材、粮食等）是可再生资源，但其生产是以大量消耗或破坏本国的自然生态环境为代价的。而这些初级产品中却没有包含环境成本在内。从发达国家出口到发展中国家的产品主要是工业品，这些产品中已经包括了控制污染的代价。这种贸易显然不平等。在这种贸易中，发展中国家的损失包含经济和环境两方面的损失；而对发达国家来说，既以高价输出了产品，又转移了控制工业污染的代价。另外，很多对环境有害的产品和技术通过贸易的方式从发达国家流向发展中国家，包括一些发达国家禁用的医药、杀虫剂、石棉制品和生产有害危险品的技术等，对发展中国家的环境造成了很大危害。这种不平等的国际秩序，对环境的另一影响表现在发展中国家在国际金融方面的依赖地位仍没有改变。20世纪80年代初，发达国家实行紧缩政策，连续提高利率，使发展中国家的债务猛增，使很多发展中国家不得不以出卖本国的自然资源来还债。因此，这种不合理、不平等的国际经济秩序不仅严重阻碍了发展中国家的经济发展，而且是使环境不断恶化的一个重要原因。

18.1.3 全球环境问题的发展状况

1992年在巴西召开环境与发展大会以来，经过各国的共同努力，环境的保护工作已取得一定成绩，但离《21世纪议程》所确定的目标相距甚远，全球环境日益恶化的趋势还没有扭转，各种全球环境问题正在阻碍着人类的发展。由联合国环境规划署主编的《全球环境展望》提出，当前全球环境问题呈现以下七方面的带有根本性趋势：①可再生资源已超出其自然再生能力；②温室气体释放量仍然高于《联合国气候变化框架公约》提出的，并经国际议定的指标；③自然区域所含有生物多样性将会因农业土地和人类居住区的扩展而逐渐消失；④日益广泛地使用化学品来促进经济发展的做法构成了重大的健康风险、环境污染和处置问题；⑤在全球范围内，能源部门的开发不符合可持久性的原则；⑥迅速而又未经良好规划的都市化，特别是沿海地区的都市化，正在给临近地区的生态系统造成严重负担；⑦全球生物化学周期复杂的、且常常不为人知的相互作用，正在导致广泛的降水酸化、臭氧层破坏等气候变化、水文周期的变化及生物多样性、生物量和生物生产力的丧失。

18.2 全球环境问题的管理

18.2.1 全球环境问题的管理对象与内容

全球环境问题的产生是由人类活动引起的，当人们在探索消除或减轻人类发展活动给环境带来的消极影响时，适当地延缓发展的速度是一个可行的途径。但对于急于摆脱贫困、落后的发展中国家来说，工业与技术的进步是整个民族生存与发展的需要，决不能被延缓。因此，基于生态学的观点，通过相应的办法和技术对"人—环境"系统实行适宜的管理，才能够解决全球环境问题。

综上所述，全球环境管理的对象是"人—环境"系统。因此，全球环境管理的目标既不是以保护人体健康为主，也不是以促进经济增长为宗旨，而是保护人类社会经济的可持续发展，即使全人类走可持续发展的道路。

全球环境管理的内容根据环境问题的类型包括两个方面：第一，污染控制管理，包括有害废弃物控制管理、海洋环境污染控制管理等方面；第二，资源管理，包括森林植被管理、自然资源养护、野生动植物保护、土地资源保护及合理利用等方面的内容。

全球环境管理主要是通过国际社会采取各种措施，协调各主权国家的意志，制定有关的国际法律原则、规则和制度，调整国与国之间的有关关系，规范各国的行动，使其符合自然生态的发展规律，有利于地球环境的保护和改善，保障全球环境资源的合理利用，促进整个人类社会的持续正常发展。

18.2.2 全球环境问题的管理机构

全球环境问题已成为与社会经济发展密切相关的全球性重大问题。许多全球性或区域性国际组织都已投身于这一宏大的人类事业。全球性国际组织主要有联合国系统的联合国教科文组织、联合国粮农组织、世界卫生组织、世界气象组织、政府间海事协商组织、国际原子能机构和联合国环境规划署。对于前六个组织来说，环境保护虽不是他们的工作主题，但他们早就参与了国际环境合作，并且是目前全球环境合作的主要参加者。联合国环境规划署是专门的环境组织，在全球环境保护行动中发挥着重要的作用。另外，区域性国际组织包括欧盟、经济合作与发展组织、经济互助委员会及其他非政府组织等。他们在全球环境保护中也作出了巨大努力。具体组织的情况这里就不作更多介绍。

18.2.3 全球环境问题管理中的基本原则

全球环境问题管理中必须遵循的基本原则主要有四条。

1. 国家环境主权原则

国家环境主权原则是全球环境管理的基本原则，也是核心原则。每个国家不论大小，都有自己的环境主权，即对于本国范围内的环境保护问题拥有在国内的最高处理权和国际上的自主性。该原则要求每个国家在与他国的相互关系中必须彼此尊重对方主权，不得从事任何侵害别国环境主权的活动。根据《人类环境宣言》第21条，各国享有按自己的环境政策开发自己的自然资源的主权，同时，还有义务保证在他们管辖或控制下的活动，不致损害他国的环境或属于国家管辖范围以外的地区的环境。《里约热内卢宣言》也重申了这一原则，"各国拥有按照其本国的环境与发展政策开发本国自然资源的主权权利，并负有确保在其管辖范围内或在其控制下的活动不致损害其他国家或在各国管辖范围以外地区的环境责任"。

由此可见，国家环境主权应包括两方面的内容：一是国家对其自然资源拥有永久主权；二是国家虽有权按自己的政策开发本国的自然资源，但必须保证这种活动不致损害他国和国际公有地区的环境。

2. 国际环境合作原则

全球环境问题多是跨越国界的，它不同于经济、军事、政治问题，它是需要国际合作才能够解决的问题。对于全球环境问题，如海洋污染、臭氧层耗竭、大气污染物长距离漂移等问题，任何一个国家，无论其经济实力和科技实力多么雄厚，都不能依靠自己单独的力量来切实地解决环境问题，更无法阻止全球性的环境恶化。

　　《人类环境宣言》第 7 条指出："种类越来越多的环境问题，因为它们在范围上是地区性或全球性的，或者它们影响着共同的国际领域，将要求国与国之间广泛合作和国际组织采取行动以谋求共同的利益"。《里约热内卢宣言》也强调，世界各国应在环境与发展领域内加强国际合作，为建立一种新的公平的全球伙伴关系而共同努力。

　　现在，环境保护领域里的国际合作政策已成为各国对外政策的一部分。

3. 共同但有区别的原则

　　该原则包括两个相关联的内容，即共同的责任和有区别的责任。共同的责任是指由于地球生态环境的整体性，各国对保护全球环境都负有共同的责任，都应该参与全球环境保护事业。有区别的责任是指各国虽然负有保护全球环境的共同责任，但发达国家和发展中国家对全球环境问题应负有的责任是有区别的。从全球和区域的环境问题来看，主要责任直接和间接来自工业发达的国家，这是历史事实。同时，发展中国家面临的一些环境问题，也与发达国家的长期掠夺或廉价收购资源有关，这也是发达国家已承认的一个事实。

　　既然工业发达国家对所造成的全球环境问题负责，它就有义务承担环境的治理费用。这一点非常重要。因为发展中国家面临摆脱贫困和发展经济的双重压力，没有能力担负转嫁到他们头上的环境治理任务，在这方面，修正后的《蒙特利尔议定书》作出了表率，建立了专门基金，帮助发展中国家转变传统的氯氟烃的工业技术。《气候变化框架公约》和《21 世纪议程》都明确规定了筹集环境基金的渠道和数额，由工业发达国家每年拿出占国民生产总值 0.7% 的基金，即 1250 亿美元帮助发展中国家的环境治理。发达国家原则上接受了这一规定。

　　除了历史原因外，发展中国家的许多环境问题是因其对发展与环境关系处理不当或管理不善造成的。因此，在全球环境问题上的比重正在不断上升的发展中国家也应认真对待环境与发展问题。发展中国家对改善全球环境的责任，是与发达国家有区别的，在加速发展经济和摆脱贫困的同时努力注意保护本国资源和环境，积极参加全球环境合作，便是发展中国家对改善全球环境所能承担的责任和义务。

4. 预防原则

　　由于存在科学不确定性，不能完全确认某一环境变化是由什么人的行为引起的，因此，只要不确定性存在，哪个国家都不会主动承担义务。所以，不确定性是全球环境管理领域的一个重大障碍。解决不确定性的最好方法是采取预防原则。《里约热内卢宣言》原则 15 条就明确提出了这一点："为了保护环境，各国应按照本国的能力，广泛采用预防措施，遇有严重或不可逆转损害的威胁时，不得以缺乏科学充分确实证据为理由，延迟采取符合成本效益的措施防止环境恶化"。

　　目前为止，体现"基本原则"的文件主要有 1972 年《人类环境宣言》、1992 年《里约热内卢宣言》和有关全球性公约及区域性公约。

　　作为全球环境管理的基本原则，它们必须具备以下三个特点：第一，它们是国家必须遵循的根本准则。它们不仅是国家的行动准则，而且是根本准则，构成了全球环境管理的基础。第二，它们必须贯穿于整个全球环境管理领域。不论是在污染防治还是在保护生态环境和自然资源方面，均应遵循并体现这些基本原则。在国际环境管理中有许多原则，如"污染者负担原则"，就只是一般原则，不能够把它作为基本原则，因为，它仅仅适用于污染方面的环境问题。第三，它们是国际社会公认的。因为全球环境管理主要涉及国家与国家之间的关系，这些原则必须得到各国的承认。一国或一些国家提出的某些原则，也可能具有重要的意义，但在其未得到国际社会的承认之前，尚不能够成为全球环境管理的基本原则。

作为全球环境管理的基本原则，主要体现在各国签订的有关全球保护的公约、宣言、议定书等文件中。

18.2.4　全球环境问题管理效果的监督

全球环境问题管理的监督涉及各国的环境因素的评价，同时，又涉及到国际共有环境和资源的保护。因此，它的监督非常的困难。为此，国际社会已创造出多种监督机构和监督途径，以确保所制定的全球环境保护措施能够贯彻和实施。有关这方面的内容很多，在此，仅就有关在全球环境保护中的责任义务的履行情况进行监督的方法作一介绍。第一，对特定环境状况的检查。这是最重要、最基本的监督形式。在 1974 年《防治陆源物质污染海洋公约》建立的委员会的责任之一，就是全面检查公约所适用的区域内的情况。又如 1973 年《捕捞及保护波罗的海及其海峡生物资源公约》对检查问题规定得相当具体。第二，审查缔约国的报告和材料。这是对国家接受的国际义务进行实施的主要监督方法之一，是由特别组织机构——缔约国大会或其他类型专门机构进行监督的。这个特别组织有权分析研究缔约国递交的有关缔约国承担义务的手段和方法的报告材料。几乎所有条约都包含了关于缔约国必须报告和提供材料的规定。但是有时，这些规定的作用并不明显。这是因为，有关条约没有规定审查报告和材料时的适用程序，也没有规定缔约国不履行义务时如何采取行动。第三，进行国家的直接监督。为了避免在国家管辖范围内实行国际监督时受到限制，在国际上常采用一种方法，即在没有国际机构行使特定职能来适用国际法规定的情况下，让国家机构代替国际机构，并以国际性组织的资格行事。

这种方式也适用于在国家领土内实施国际环境法律规范，即由国内机构行使国际环境条约规范所授予的权力。

18.3　我国对全球环境问题的看法与立场

18.3.1　我国对解决全球环境问题的原则和立场

从维护国家权益、维护第三世界利益和合理要求以及维护人类长远和共同利益出发，我国对解决全球环境问题的原则立场是：

1. 正确处理环境保护与经济发展的关系

环境与发展是同一重大问题的两个方面，是一个不可分割的整体。环境问题与人类经济、社会活动密切联系。人类的生产、消费和社会发展，不考虑资源和环境难以持续。同样，孤立地就环境讨论环境而没有社会经济发展和技术的进步，环境保护就没有了物质基础。对许多发展中国家来说，当前的首要任务是发展经济和消除贫困。在解决全球环境问题时，应充分考虑发展中国家的这种合理的要求，我们最终的目标就是让包括子孙后代在内的全人类在美好的环境中享受美好的生活。不能追求放弃经济发展的环境保护，消极地强调环境保护的重要。因此，必须兼顾目前利益和长远利益、局部利益和整体利益；结合各自具体的国情，寻求环境与经济的同步、持续、协调发展。

2. 在保护环境的国际合作中，必须考虑发展中国家的特殊情况和要求

这主要包括两个方面：第一，对于经济发展尚处于初级阶段，面临着满足人民基本生活需求的许多发展中国家来说，贫困和不发达是环境退化的一个重要原因，他们长期处于贫困、人口过度增长、环境持续恶化的恶性循环之中。打破这一恶性循环的根本出路在于保持适度经济增长，消除贫困，增强保护自身环境并积极参加国际环境保护合作的能力。因此，必须建立一个有利于各国，尤其是发展中国家实现可持续发展的国际经济新秩序。第二，许多发展中国家，沙漠化、水旱灾害、淡水质量差与供水不足等长期未能有效解决的环境问题，已经成为制约经济发展的障碍，与气候变化、臭氧层耗竭等全球环境问题相比，这些环境问题显得更为现实和迫切。如果这些困扰发展中国家的具有明显区域性特征的环境问题得不到解决，最终将对全球环境产生不利影响。

3. 不能抽象地谈论保护地球生态环境是全人类的共同责任，应明确导致目前地球生态环境退化的主要责任和治理这一问题的主要义务

自从产业革命以来，发达国家在实现工业化的过程中，不顾后果地向环境索取。当前的环境问题主要是这种行为的累积恶果，广大发展中国家在很大程度上是受害者。目前，发达国家仍是世界有限资源的主要消费者和污染源。因此，国际环境保护合作必须遵循"共同的但有区别的责任"的原则，发达国家有义务率先在采取有关环境保护措施的同时，为国际合作作出更多的、切实的贡献。主要表现为：第一，向发展中国家提供新的额外的资金，帮助发展中国家更好地参加国际环保合作，或补偿因履行在国际法律文书中承担的义务而带来的经济损失；第二，以优惠的、非商业性的条件向发展中的国家提供治理污染所需的先进技术。

4. 在国际环境保护合作中，应充分尊重各国主权，互不干涉内政

当今世界上，各国国情不同，经济模式各异，各国只能根据自己的具体国情，结合其经济、社会发展现实来选择、确定保护自身环境并有效参加国际合作的最佳途径，不能把保护环境方面的考虑作为提供发展援助的附加条件，更不能以保护环境为由干涉他国内政或将某种社会、经济模式或价值观强加于人。任何此类干涉内政的做法都是违背公认的国际法准则的，都将从根本上损害国际社会在环境保护领域中的合作。

5. 应确保发展中国家的广泛、有效的参与

国际环境保护领域中，存在着发展中国家有效参与不足、声音得不到充分反映的倾向。国际社会对此应有充分的重视，并采取切实措施改变这种情况。否则，离开了占世界人口绝大多数的发展中国家的有效参与，治理、保护地球生态环境的目标是无法实现的。

18.3.2 我国积极参与全球环境问题的管理

全球范围内生态环境退化是整个人类面临的共同挑战，我国作为国际社会中的一员，拥有世界约 1/5 人口的国家，充分意识到了自己在保护全球环境中的责任和重要作用。因此，中国以积极、认真、负责的态度参加保护地球生态环境的国际活动。中国实行的方针是：积极认真、坚持原则、科学态度、实事求是。

中国参与国际环境事务包括两个方面：一方面是努力做好本国的环境保护工作，搞好我国的环境保护本身就是对全球环境保护最好的支持和最实际的贡献；另一方面，从 1972 年开始，中国以积极、务实的态度参加环境领域的国际活动。在 1972 年 6 月，中国代表团参

加了第一次联合国人类环境会议，这以后，中国积极地参与国际环境活动，并发挥着重要的作用。中国十分重视和积极参与联合国的有关环境与发展问题的讨论并签署了多项国际公约和协议。中国不仅签署和批准了多项公约，而且积极履行公约规定的义务。如在签署《生物多样性公约》后，中国不仅成立了高层次的履约协调小组，还在中国国家环境与发展委员会中专设立了生物多样性工作小组。

我国还同联合国环境规划署、开发计划署、世界银行等国际机构及许多国家在环境领域中进行了卓有成效的合作。

<h2 style="text-align:center">复 习 思 考 题</h2>

1. 全球环境问题的特点是什么?
2. 全球环境问题管理的对象与内容是什么?
3. 处理全球环境问题的基本原则是什么?
4. 简述我国对全球环境问题的原则与立场。

第 19 章

国外环境管理简介

19.1 美国环境管理

19.1.1 环境保护机构的设置与职能

1. 环境质量委员会（CEQ）

美国联邦政府设有两个专门的环境保护机构：环境质量委员会和国家环境保护局。同时联邦政府的其他有关部门也设有相应的环境保护机构。

美国国家环境质量委员会（The U. S. Council on Environmental Quality，简称 CEQ）是根据《美国环境政策法》而设置的。CEQ 设在美国总统办公室下，原则上是总统有关环境政策方面的顾问，也是制定环境政策的主体，其成员一般为三人。只有对环境趋势及资料的分析非常熟练、经验丰富、造诣很深且对国家科技、经济、社会、艺术及文化的需要和利益具有高度责任感，能提出改善环境质量的政策建议的人，才有资格成为该委员会成员。CEQ 成员由总统任命并需经参议院批准。

CEQ 的职能主要有两项：一是为总统提供环境政策方面的咨询；二是协调各行政部门有关环境方面的活动。另外，国家环境质量委员会依据法律和总统授权，负有协调行政机关间有关环境保护方面的活动的职责。

2. 国家环保局（EPA）

美国环保局（The U. S. Environmental Protection Agency，简称 EPA）成立于 1970 年 12 月，作为联邦政府反对各种污染的“岗哨”，它是联邦政府执行部门的独立机构，直接向总统负责，不附属于任何常设部门。美国的环保法授权环保局行使执法的权力，作为一个既是制定政策法规同时又是执法的政府部门，美国环保局的重要职责是：制定和监督实施环境保护标准，组织环境科学研究；对州和地方政府、私人团体、个人和教育机构控制环境污染的活动提供政策指导和资助；协助 CEQ 向总统提供和推荐新的环境保护政策。

作为联邦政府的一个部门，除总部设在华盛顿外，美国环保局共设有 10 个大区。除第 9 区（阿拉斯加州）和第 10 区（夏威夷州），其余 8 个区都在美国大陆，一个区负责若干个州，如第 4 个区负责的区域是美国南方的 8 个州。每个区都在根据本区的情况制定政策和标准。虽然美国环保局的机构遍布各州，但是每个州都设有环保部门。美国各州有自己的法律，因此各州的环保法规也有所不同。对于环保法规，任何一个州的每项标准在严格性上不得低于美国国家环保标准。如美国环保局规定饮用水中砷含量为 0.05mg/L 标准，美国各州可以使用 0.05mg/L 标准或者比之更为严格的标准。即使各州在法规和标准上有自己一定的自由度，但它不能完全取代 EPA 在执法中的角色。

为便于环境监督和管理，EPA 在每个大区设立区域环境办公室。每个区域办公室在所管理的州内代表 EPA 执行联邦的环境法律，实施 EPA 的各种项目，并对各个州的环境行为进行监督。2/3 的 EPA 雇员在这 10 个区工作。区域办公室只向 EPA 负责，领导层由 EPA 任命，州环保局不能对地区职员的任命施加任何影响。

EPA 成立以来，采取了统一指导、分级管理的方法。经过 30 多年的努力，EPA 已经从 1970 年开始时的 4 千多人，发展到 1995 年的 1.8 万人，财务预算从成立之时的 10 亿美元，发展到 2001 年的 72.57 亿美元。

3. 联邦政府部门的环境保护机构

除了环境质量委员会和国家环保局两个专门性环境保护机构外，在联邦政府中还有一些部兼有重要的环境保护功能。

1）商业部。根据《1973 年濒危物种法》的授权，商业部拥有濒危物种管理方面的行政管理权。

2）内政部。根据《1984 年露天采矿控制和回填法》的授权，内政部拥有控制露天采矿活动的环境影响的行政管理权。根据《1976 年联邦土地政策和管理法》，内政部拥有对其管辖的国有土地的管理权。根据《1973 年濒危物种法》，内政部还在濒危物种保护方面拥有一部分行政管理权。

3）劳工部。根据《职业安全和健康法》，劳工部拥有监督管理劳动场地环境的执行权。

此外，运输部对危险废物运输进行管理；核管理委员会兼顾放射性物质污染的防治等。

19.1.2　环境保护法律法规

环境法是环境管理的法律依据，体现了环境管理的权威性。美国的环境保护法律体系比较完善，法律条文很详细，操作性强。到目前为止，美国国会已颁布了 20 多部联邦环境法规。

1. 美国环境保护法律和法规的制定

首先由美国国会议员提出环保的法案，当这个法案获得国会通过后，将被提交给美国总统给予批准，一旦该法案被总统批准就成为法律，如《清洁空气法》（1970 年）和《清洁水法》（1972 年）。

任何一部法律都不是非常详细和具体的。以美国《资源保护回收》为例，该法主要阐述由国会决定的固体废物管理的各项纲要，并且授权美国环保局为实施各项纲要制定具体法规。法规是法律所规定必须执行的标准，比如法规指出什么是非法排放，以及对于非法排放的惩罚。环保法规由美国环保局制定并强制执行。

美国环保局制定法规的过程是一个复杂的过程。其主要特点是公众的参与。首先美国环保局经过研究后决定需要设立哪些法规。然后将这些计划制定的法规列在联邦登记案上。这时公众就可以对这些法规发表意见。公众包括厂商、学术界、环保团体以及个人。在实施整个过程的每一步，环保局都会通告。这些通告包括最初起草的法规、对公众开放的法规、对公众意见的征求、对公众开放的任何一次法规讨论会，以及正式法规的全部内容。

2. 环境立法的执行

能否有效地实施各项环保计划，保护公众健康和创造舒适优美的环境，关键在于环保法规能否得以遵守。环保执法的目的就是要确保各项环保法规得以遵守并对违法者给予必要的纠正和惩罚。

环保执法首先是对法律条款的适用监测。以美国《资源保护回收法》为例，该法规定美国环保局或州政府环保部门有权在任何时候进行检查。当检查人员一旦怀疑被检查者有违法行为后，全国执法调查中心将会参与下一步的调查。执法检查的手段包括访问、查阅记录、取样、观察操作等。检查的结果可能用于日后可能的法律行动。环保局或州政府在环保执法时有三种可供选择的行动——行政行动、民事行动、刑事行动。

19.1.3　环境管理的新模式

美国环境法规的实施取得了巨大的成功，但有些法规确实给工业界带来了巨大经济负担，EPA 于 1995 年底提出了改革的主张。为使环保计划更有效、企业经济负担更少，在环境管理思路上采用了三个原则：①相对危险性概念，即不同的危险性应区别对待，而不是人人平等；②必须正确认识经济问题，"金蛋"是吸引人的，但最好从重视"鹅"开始；③在环境问题上必须避免对抗，合作才是环境的真正动力。

在美国，绝大部分企业和团体都能够遵守环境法规，即履行相关的环境规定与要求、实现污染物达标排放。为了使企业在遵守法律要求之后能进一步采取措施，在发展生产、扩大市场份额、降低成本的同时，减少污染物产生和排放，更好地保护环境与节约资源，美国的环境管理模式逐步从强制性转变为鼓励性模式，以更灵活而有效的方式鼓励企业超越现行的环境规定和标准，取得更佳的环境表现和社会效益。

由 EPA 制定和组织实施了自愿性伙伴合作计划。根据目标设计的不同，大体将这些自愿性伙伴合作计划分为三大类。

1. 针对高环境风险的污染物而制定的计划

这类计划和项目的重点放在污染预防，从源头逐步将一个个高危害性的化学物质淘汰出生物圈，最终实现用少害和无害物质来替代有毒、有害物质。其代表性的计划包括"33/50"有毒化学物质削减计划、"为环境而设计"计划、"绿色化学项目"等。

"33/50"有毒化学物质削减计划是美国环保局于 1990 年开始实施的（简称 33/50 计划），是专为配合"污染预防法"而发展起来的第一批环境合作计划之一。计划总目标设定为削减 1988 年上报的有毒物质排放清单中排放总量达 15 亿磅以上的 17 种首要污染物，这17 种有毒化学物质在全国范围内的总排放量在 1992 年之前减少 33%，在 1995 年之前减少50%。

"为环境而设计"计划于 1992 年 10 月启动，其主旨是通过 EPA 与工业界、专业组织、州政府和地方政府、其他联邦机构以及公众建立自愿合作的伙伴关系，促进工业产品在设计的最初阶段就考虑环境影响，降低环境风险。

1995 年 3 月美国环保局在与其他联邦机构、工业部门和学术机构的合作下，启动了"绿色化学"项目。"绿色化学"的概念由美国绿色化学研究所等机构提出，是一种全新的、有别于传统化学工业的化学物质生产系统，从原料的选择到工艺的设计，都将减少或消除有毒有害物质的使用和产生，因此化学品生产将从根本上保障对人体和环境的安全。

2. 针对全球环境问题而制定的计划

这类计划和项目重点放在"资源/能源效率",通过一个个具体的措施提高资源与能源利用效率、开发新资源和能源、减少温室气体排放量等,缓和资源紧张(包括化石燃料资源、水资源、生态资源等)及气候变化等全球性的环境危机。其代表性的计划有"绿光"项目、"能源之星"计划和"天然气之星"计划。

"绿光"项目是 EPA 于 1991 年 1 月启动,鼓励政府部门、工业企业、商业部门及其他各类团体组织,将原有的照明系统改换为能源利用率更高的照明系统,从而降低能源生产所造成的污染(如一氧化碳、二氧化碳和氮氧化物的排放,洗涤废水和锅炉灰渣等废弃物等)。

"能源之星"计划是 EPA 于 1992 年发起的,是美国环保局、美国能源部、制造商、地方团体及零售商之间的自愿伙伴合作计划,用于标识那些有效利用能源的产品。能源之星的标准由环保局确定,达到或超过该标准的产品可获准使用"能源之星"标志。

"天然气之星"计划是 EPA 于 1993 年推出,目的是最经济有效地减少天然气操作过程中的甲烷泄漏。企业加入"天然气之星"计划后,将采取经济可行的技术,确定可取得的减排目标;企业要向环保局提交一份执行计划,并每年提交年度报告。

3. 自我承诺改进的综合性计划

这类计划是没有明确的环境目标,由参与企业和团体自行选择和自我承诺改进项目的综合性计划。这种计划的灵活性更大,参与计划的企业和团体不分规模大小、行业差别,都可以自己选择可行的环境目标。其代表性的计划有"责任与关怀"计划、补偿环境项目等。

"责任与关怀"计划由美国化学委员会(American Chemistry Council,简称 ACC)于 1988 年在其化工成员企业中推行,要求企业根据自身条件,设计和实施安全与环保方面的改进措施,不断改善其管理水平和环境行为。"责任与关怀"计划的主要内容包括企业建立"责任与关怀"管理体系。该体系一个完整的工作循环为:政策→计划→执行→检查→总结(Policy→Plan→Do→Check→Act),认证工作从 2004 年开始,由独立的第三方机构进行认证。

补偿环境项目(Supplement Environmental Project,简称 SEP)是美国环保局于 20 世纪 80 年代推行的一项环境管理政策。当企业出现环境违法或违规行为后,在法定要求实施的纠正违规行为之外,企业可自愿执行对公众和环境有益的项目,更有效地补偿环境的损失。

19.2 日本环境管理

19.2.1 环境保护机构的设置与职能

日本从中央到地方都有比较完善的公害防治组织(见图 19-1)。

中央的环境保护机构分为公害对策会议和环境省两个。日本《公害对策基本法》第 25 条规定,公害对策会议,作为总理府的下属机构。会议由一名会长和若干名委员组成;会长由内阁总理兼任,委员由内阁总理在有关的省、厅长官中任命。公害对策会议的主要职权是:①处理有关都道府县制定的公害防治计划的问题;②议有关防治公害的基本的和综合的措施,并促进这些措施的实行;③处理法律法令所规定的属于会议职权范围内的其他事宜。

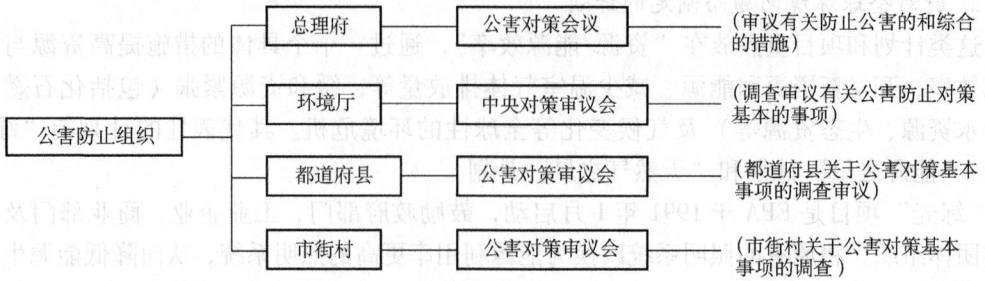

图 19-1　日本公害防治组织机构简图

日本环境省是 2001 年 1 月由原来的日本环境厅升格而成。其最高行政首长是环境省长官，该长官同时也是内阁大臣，其下设有两名次官，分别管理政务和一般事务，另外还设有顾问。环境省的组成部门有大臣官房、综合环境局、地球环境局、环境管理局、自然环境部和其他非行政性的附属机构（如国立环境研究所等）。其机构设置如图 19-2 所示。

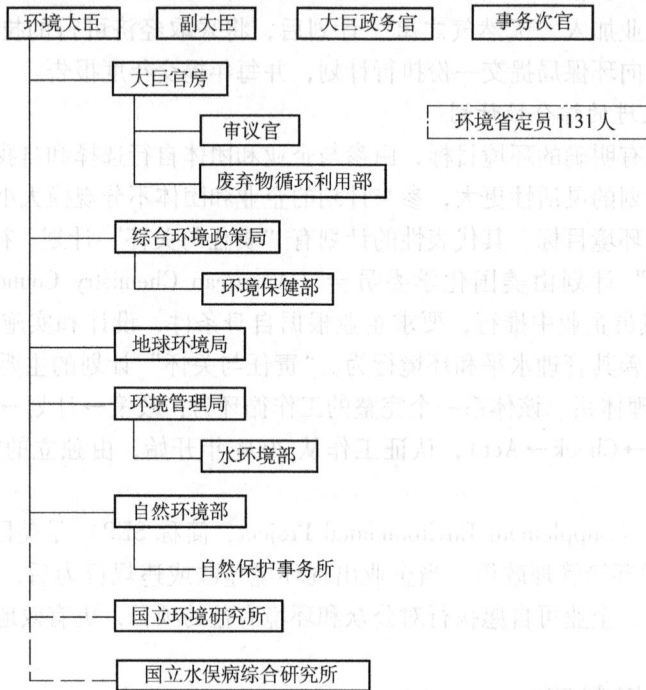

图 19-2　日本环境省组织机构简图

日本环境省的主要职责为：①负责有关环境法律、法规、标准、计划和政策的制定工作；②监督管理有关大气、水、汽车尾气、噪声、振动、恶臭及有害化学物质、固体废弃物等环境污染的防治工作；③监督管理自然保护工作，直接实施对自然保护区、国立公园、野生生物保护的管理工作；④负责对环评法、公害防治事业费用污染者负担法、再生资源利用法、容器包装分类收集及再利用法、公害健康被害补偿法等法规的直接实施工作；⑤监督管理所属研究所、环境事业团、公害健康被害补偿预防协会和公害健康被害补偿不服审查会等部门的工作；⑥负责协调各省厅间的环境保护工作和国家环境污染防治预算；⑦制定和实施有关国际环境问题对策，协调有关部门以及国外机构在国际环境问题方面的工作，开展本省所辖范围内的环境国际合作工作；⑧负责环境教育工作的推进、管理和协调。

在日本的环境管理体制中，除了主管部门环境省以外，厚生省、农林水产省、建设省、通商产业省等省厅也同时分工负责其行政范围内的环保工作。如厚生省负责环境卫生、上下水道和废弃物等管理业务；农林水产省负责有关农林畜产和水产方面的环保工作，并管理国有林和负责《森林法》的实施。

日本中央政府的环境管理体制是一种典型的"分散式管理"结构。总体而言，环境省主要负责环境政策及计划的制定，统一监督管理全国的环保工作。而其他相关省厅负责本部门具体的环保工作。在各部门统一认识的基础上，这种管理结构可以形成齐抓共管的局面。日本的决策机制基本上是一个协商的过程，即任何决策的形成都是部门间或不同利益团体间谈判、妥协和平衡的结果。

日本地方政府及其环境保护部门在解决国际环境问题、环境影响评价、生态城市和循环城市建设等方面发挥着重要的作用。都道府县和政令指定型城市的环境管理机构包括环境主管部门、有关环境审议和咨询部门、环境科学研究机构和派出行政机构，而一般城市及町村一级的，机构则简单些。

往往中央政府通过财政补贴以及债券发放来直接影响地方环境管理的运作效果，如地方的环境监测设施和环保研究开发等能力建设。另外，通过对中小企业污染处理设施、技术开发提供补助而影响到地方环境管理及政策。

19.2.2　环境保护法律法规

日本有关环境保护的法律体系是由基本法、单行法、与国际条约对应的环境法律和环境标准组成。

基本法包括《公害对策基本法》（1967）、《自然环境保全法》（1972）和《环境基本法》（1993）。基本法规定的内容主要以表明立法目的和宗旨、基本责任和义务、基本政策和措施等总则性的条款，也涉及基本计划、年度报告书、审议会等有关具体政策措施的规定。

单行法包括：

1）以各种环境要素为保护对象而制定的公害控制方面的法律，主要有《大气污染防治法》、《水质污染防治法》、《噪声控制法》、《农用土壤污染防治法》、《海洋污染防治法》、《振动控制法》、《核限制法》等。

2）以各种自然资源因子为管理对象而制定的土地利用和自然资源管理方面和自然保护方面的法律，主要有《国土综合开发法》、《土地区划整顿法》、《野生动物保护和狩猎法》、《渔业法》、《矿业法》、《森林法》、《水资源开发促进法》、《都市绿地保护法》、《历史文物保护法》、《自然公园法》等。

3）以规范污染防治费用负担和规范环境行政管理而制定的环境行政管理方面的法律，主要有《公害等调整委员会设置法》、《防治公害事业费用企业负担法》、《中央公害对策审议会令》、《自然环境保全审议会令》等。

4）以公害救济和纠纷处理为目的而制定的法律，主要有《公害纠纷处理法》、《关于公害损害健康补偿法》、《公害罪法》、《石油污染损害赔偿保障法》等。

与所参与的国际条约衔接的环境立法有：针对保护臭氧层国际公约而制定的《关于限制特定物质等保护臭氧层的法律》，针对伦敦倾废公约修改的《关于防治海洋污染和海上灾害的法律》，针对濒危物种国际贸易公约制定的《关于限制转让濒危野生动植物等的法律》，针对气候变化框架公约制定的《地球变暖对策推进法案》等。

环境标准分为环境质量标准和排放标准。排放标准又进而分为国家和地方两级。国家级的排放标准由环境省制定；地方排放标准由地方公共团体制定，地方排放标准必须严于国家环境标准，故又称"加严标准"。排放标准一般是浓度标准，在特定区域同时还实行总量控制标准。

环境法律的制定是由环境省在起草过程中与其他有关政府部门进行协商，形成草案后，由中央环境审议会（由有关企业、市民、专家学者和媒体的代表组成）进行审议并确定下来，再公开征求公众意见，定稿后交议会批准。

19.2.3 日本环境管理体系

日本从 20 世纪 50～60 年代的"公害领先国"转变为现在的"公害防治先进国"，主要得益于其日益完善的环境管理体系。日本的环境管理体系以《环境基本法》为基础，主要由环境标准、环境影响评价制度、环境监督和环境经济政策四部分组成。

1. 环境标准

各种环境标准是环境管理的重要环节，是环境执法的科学依据。日本的环境标准由环境省负责制定。环境省在拟定新的环境标准时，不仅向健康和福利省（负责健康保护）和通产省（负责工业发展）征求意见，同时也充分听取工业部门/组织的意见，充分考虑本国的技术水平和经济管理能力。日本的环境标准主要涉及大气、土壤、水和生物四个方面（见图 19-3）。

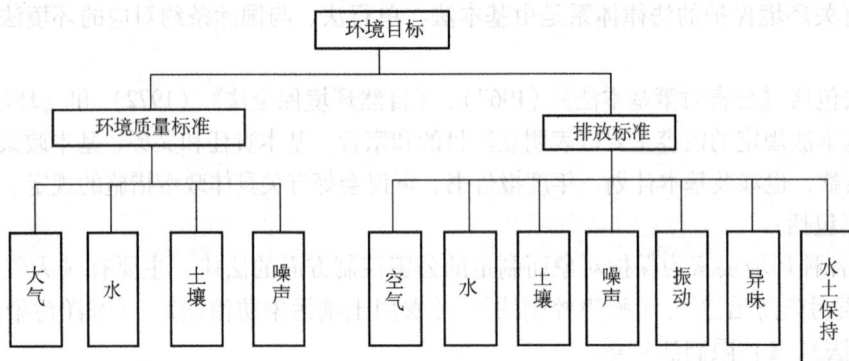

图 19-3 日本环境标准涉及的范围

2. 环境影响评价

日本的环境影响评价制度始于 1973 年，但并没有法律效力，新建项目只是依据企业自愿进行环境影响评价。1997 年新的《环境影响评价法》确立了环境影响评价的法律地位。《环境影响评价法》规定，电力、铁路、大坝等建设项目必须在环境评估报告中将工厂（工程）建设计划、环境现状调查、环境影响评估、环境保护措施等内容提交通产省等相关部门。只有通过环境影响评价以后，项目才能取得开工许可证。

日本环境影响评价的特点是强调资料的公开及公众的参与，以便监督项目建设者提出足以确保环境安全的评价报告。这个做法不仅可以将决策失误减少到最低，而且能协调政府和公众的矛盾。

环境影响评价的对象分为两个类别,凡是属于类别 1 的项目必须进行全面的环境影响评价;属于类别 2 的项目单位需要将项目环境影响报告大纲递交通产省预审,然后由通产省根据需要决定这些项目是否进行环境影响评价。

日本的环境影响评价工作包括提交环境影响报告草案、举行听证会、提交环境影响报告书、提交事后调查计划书等。

3. 环境监督

日本的环境监督包括环境监测和公众监督。日本十分重视环境监测,把它作为调查环境情况、修订环境标准、检查污染物排放标准执行情况的重要手段。日本拥有完善的监测系统,并在国家环境监测中心下设若干个监测站,负责监测居民区大气污染状况、机动车废气排放、水质等,此外 1205 个重点企业还安装了自动监测系统,形成了遍布全国的环境监测网。

由于环境问题同居民的健康和生活质量有密切的关系,由日本地方民间团体组织起来的地方民众运动在保护环境中发挥了相当积极的作用,迫使政府和企业采取严格的环境保护措施,特别是在配置治理污染设施和改善地方自然和生活环境方面起着不可忽视的作用。1997 年实施的《环境影响评价法》中引入公众参与程序,强调了地方民间团体的监督地位,要求在项目计划实施前和环境影响评价报告书完成后,把项目计划和环境影响报告书公布于众,接受公众的监督。

4. 环境经济政策

日本的环境经济政策主要通过罚款、污染者付费和经济资助三种方式实现。

罚款制度是经济手段中最常用也是最简单的一种政策。日本《大气污染控制法》规定,都、道、府、县知事可以规定比国家规定的排放标准更加严格的标准,如违反排放标准,判处 6 个月以下的徒刑或 10 万日元以下的罚金。

污染者付费是要求环境污染者承担环境治理和补偿损害的责任,将环境的外部费用内部化。日本《关于公害造成健康受害者补偿法》规定,在特定的地区发生的损害居民健康公害时,受害者可以获得疗养费和残废赔偿费,并安排恢复健康工作等。污染肇事者必须承担受污染环境的恢复成本以及对污染受害人进行补偿。

经济资助是日本政府根据日本区域污染控制计划,对安装的环境监测设备给予补贴,补贴额度大约是设备投资的一半。为了支持企业进行环境治理,从 20 世纪 70 年代起日本开始实施“软银贷款计划”:根据企业规模、设备类别、出资形式(合资或独资)对企业环境投资提供在贷款利率、贷款比例以及还贷期限方面都很有吸引力的优惠贷款。一般来说,对大型企业的环境贷款利率比银行长期贷款利率低 1% ~ 2%,对中小型企业的环境贷款利率比银行长期贷款利率低 2% ~ 3%。“软银贷款计划”在日本实施 K 值标准和污染物排放总量控制、帮助企业满足日益严格的环境标准的过程中起到了降低成本的积极作用。

19.3 欧盟环境管理

19.3.1 环境保护机构的设置与职能

1. 环境保护机构的设置

1985 年,欧盟首脑会议设立了环境委员会与欧盟环境部长理事会,1990 年成立欧洲环保局。欧洲环保局包括14人组成的管理委员会，9人组成的科学委员会，预算由欧盟和各成员国提出，环保局的活动目标须由参与国一致确定，影响较小的决定也需要经2/3国家通过才能生效。

环境部是欧盟各国的内阁组成部门之一。在各国内阁不断精简的情况下，环保机构的地位却不断提升。有的国家环境部即使包含其他部门职能，但从其名称及内设机构来看，主要职能仍然是环境保护。各国基本情况与环保机构名称见表19-1。

表19-1　欧盟各国环保机构名称（2001年）

国家	内阁部门数	环境机构名称	国家	内阁部门数	环境机构名称
瑞典	11	环境部	芬兰	15	环境部
西班牙	16	环境部	卢森堡	8	环境部
英国	12	环境、食品与乡村事务部	德国	14	联邦环境、自然保护与核安全部
法国	15	生态环境与可持续发展部	意大利	14	环境与国土保护部
丹麦	20	环境与能源部	葡萄牙	17	环境与国土部
爱尔兰	14	环境与地方政府部	希腊	20	环境、城市规划与公共工程部
奥地利	11	农业、林业与环境部	比利时	14	社会事务、公众健康与环境部
荷兰	15	房建、城乡规划与环境保护部			

在内部机构设置方面，大部分国家环境部均按环境要素设置分支部门。如德国、法国和意大利环境部都下设水司、自然司、大气（化学品）司等，另设有综合司负责环境部内部行政管理。各国环境部一般总司数较少，但司内再设次司和处较多。以德国为例，联邦环境、自然保护与核安全部下设6个司，每个司又内设2~3个次司，次司内设有7~10个处。

2. 环境保护机构的职能

欧盟理事会于1990年5月确定了欧洲环保局应完成的十项任务：①收集、处理和分析来自各成员国的资料；②提供必要的信息，使理事会能够开展环境工作，并制定环境指令；③向欧盟理事会提交报告，并制定统一的准则，从而对收集到的资料进行评价；④协调各种测量方法，以便于比较来自不同成员国的环境资料；⑤将来自欧洲和联合国的资料进行汇总；⑥提供环境信息，每三年向公众公布一份环境状况报告；⑦促进科学进步，旨在保证措施的科学性；⑧制定对破坏环境所带来的费用损失进行评定的方法；制定预防、重建和保护环境的方法；⑨互相交流最优预防和降低环境破坏的技术；⑩与欧盟其他机构及其活动计划相协调。

环保局的一项重要任务是向各成员国提供对欧洲整体的环境现状的客观概述。应注意的是，欧盟环保局本身并不具备进行环境调查的能力，它只能依赖于各成员国提供的信息开展工作。

19.3.2　环境保护法律法规

欧盟早期的环境法令焦点集中于测定和标志危险化学制品、饮用水和地表水的保护及控制空气污染。随着人们环境意识的提高，日益认识到生活质量是不能用物质商品单独衡量的，因此到了 20 世纪 70 ~ 80 年代，欧洲的很多法令更加重视公民的生活和工作条件。在欧盟的环境政策中，1987 年的《单一欧洲法》为环境保护提供了立法基础，该项法律确定了三个目标，即保护环境、保护人类的健康、谨慎和理性地利用自然资源。1992 年《马斯特里赫特条约》正式形成了欧盟法律的可持续发展的概念。1997 年《阿姆斯特丹条约》把可持续发展列为欧盟的优先目标。

综合污染防治管理指令（IPPC）、环境影响评价（EIA 指令）、《关于某些工业活动的重大事故危害的指令》（又称欧盟《塞芬索指令》）以及环境管理审计规则（EMAS 规则）是欧盟环境污染管理和风险管理最重要的四大支柱法律。

IPPC（Integrated Pollution Prevention and Control）指令是欧盟环境法中惟一的综合治理产业污染源的指令。该指令通过企业操作许可制度来控制和减少各污染源的污染。IPPC 指令规定了对空气、水和土壤的污染管理中能源的使用、废弃物及事故防止等内容，并且对相应的设备实行操作许可认证。

EIA（Environmental Impact Assessment）指令对环境影响评价的范围（如明确规定在陆上焚烧废物、用土地填埋方法处置有毒和危险废物属于应进行环境影响评价的活动）、程序和公众参与等问题作了规定。SEA（Strategic Environment Assessment，战略环境影响评价）指令是对政策、计划、程序进行战略环境影响评价，在以往的以产业为对象的环境影响评价的基础上，在决定过程中征求并加入一般市民的意见。指令的对象包括城市、农村的公共规划、土地利用、交通、能源、废弃物、水、企业（包含采矿业）、电子通信、旅游观光等战略的计划和程序。

《关于某些工业活动的重大事故危害的指令》是在意大利塞芬索地区发生一起重大工业污染事故后制定的。该指令明确规定：各成员国必须设立主管部门，向可能受事故影响的人群和公众主动提供关于安全措施和事故状况的情报；各成员国必须保证生产者采取一切必要措施预防和处理重大事故，包括向政府主管部门报告已经查明的现有危险、采取的安全措施、装备的安全设施，向工人提供的安全情报和安全培训。

EMAS 规则（Eco-Management and Audit Scheme Regulation）是以企业为对象，为推进企业自发地引进环境政策而设立的，并从 2001 年 4 月开始执行新的 EMAS 规则。新的规则对象不但是企业还包括地方公共团体。认证 EMAS 的企业要求对外公开环境声明，包括环境管理体系状况、环境影响评价、有关环境数据和指标并定期对外发布环境报告书。

除此之外，欧盟还出台了如：强化对环境犯罪的治理、环境补助金、环境责任制度、综合产品政策、包装废弃物修正案等内容的法律法规。欧盟现阶段和将要出台的环境法律法规体现了欧盟正在加大向循环型社会迈进的步伐。

19.3.3　欧盟环境管理的主要特点

（1）通过制定共同的环境保护政策解决环境问题　欧盟是在欧共体的基础上发展而来的，是一种新型的主权形式，即一种超越国家性的区域主权。早在欧共体 1970 年提出的第一个环境口号"环境无国界"就体现了跨国界的环境保护思想。根据欧盟委员会的规定，各成员国必须实施统一的欧盟框架法（也称"欧盟统一指令"）。欧盟对各成员国的环境框架法实施有一套强有力的监督机制。欧盟环境总局对未能良好执行环境框架法的国家会提出限期纠正的要求，否则将向欧盟委员会提出惩罚建议，然后由欧盟委员会向欧盟法院提出诉讼，欧盟法院以罚款的形式促使该国改善其环境行为。

（2）特别注意处理好欧盟与各成员国之间的关系　欧盟的环境法是当今世界最重要的区域性国际法，它是国际社会在跨国界环境事务综合性立法的首次尝试，欧盟立法中通过直接使用原则和优先适用原则来协调与各成员国国内环境法的关系。前者是指欧盟环境法直接效力于成员国国内法律秩序，欧盟各基础条约中的某些条款和各机关所制定的法令在成员国中直接适用，不必事先采取立法措施。后者是指直接适用原则在成员国内造成欧盟法与国内法两种不同法律秩序并存，如发生效力竞争或抵触，则适用欧盟法优先于成员国国内法的原则。

（3）强调经济发展不能以牺牲环境为代价　《罗马条约》的宗旨是调整各缔约国之间的竞争和贸易，因此欧盟在制定环境政策时也充分体现该宗旨，希望通过协调各成员国的环境政策减少贸易中的非关税壁垒。考虑到如果欧盟成员国在环境保护方面各自为政，那么，各国公民的生活质量、劳动条件等方面的差距就会拉大，从而影响到整个共同市场的正常运行。因此，为了保证社会经济效益，欧盟特别强调经济发展不能以继续破坏环境为代价。

19.4　澳大利亚环境管理

19.4.1　环境保护机构的设置与职能

澳大利亚是个联邦制国家，政府机构分为联邦政府、州政府和地方政府三级。联邦政府的环境与遗产部的宗旨是在国家利益水平上促进环境、经济与社会的协调发展，通过确保可获得的可靠信息、建议与有效的信息传递机制以提高决策过程的质量。其部长为国会议员。环境与遗产部下设八个部门，分别为内阁战略司、海洋司、澳大利亚和世界遗产司、生物多样性司、科学司、环境保护司、南极司、气象局。

在参众两院也设有相应的委员会，如参议院的科学与环境委员会，众议院的环境与保护委员会。州政府及地方政府也有负责环境和文化遗产的相应机构。

19.4.2　环境保护立法体系

澳大利亚环境、资源等方面的法规制定和管理是由联邦政府和各州政府以分级管理方式共同合作完成的。联邦政府只负责制定法律和管辖具有全国影响的环境议题，执行澳必须履行的国际环境条约（但按规定，澳联邦政府在签约前必须与各州政府磋商和咨询）。各州政府则有权负责立法和管理其州界范围内的大多数的环境议题。

澳联邦政府总理和8个州（或领地）政府的州总理成立了"澳（联邦和州）政府理事会"，负责协调联邦和各州政府之间在各种政府事务管理方面产生的冲突和漏洞，如该理事会协调和处理在环境立法和管理方面发生的争议和疏漏，以便形成全国统一的、一致性的政策和措施，提高政府管理效率。该理事会于1992年批准通过了一个历史性的协议，名为"澳大利亚（联邦和州）政府间环境协议"，用于指导联邦和州政府制定环境法规，明确各自的责任，协调双方的环保管理活动，形成一个有效的、天衣无缝的环境保护法律体系和管理网络。

"澳政府间环境协议"明确提出了联邦和州政府将以合作和协商的原则处理面临的环境保护问题，规定了各级政府在制定环境政策和法规时必须遵循的原则，对一些具体的环境议题制定了一系列协作行动计划。如根据协议成立的国家环境保护理事会由联邦环境部长为主席，各州总代表（负责资源或环境的各州部长）组成。该理事会可以审议和通过全国性的环境标准，如水质、大气质量标准和噪声污染控制等。理事会成员 2/3 多数表决通过的文件或决议，将自动成为各州的法律予以实施。又如关于必须共同遵守的环境政策制定原则，该协议指出应当采用预防性的方式对应环境问题，制定决策时应将环境和经济议题结合起来考虑。

19.4.3　澳大利亚环境管理的特点

1. 建立全流域管理模式

水资源和土地资源之间存在着密切的相关性，必须在环境和自然资源管理中实现一体化。澳大利亚在环境管理实践中建立了这种综合型的全流域管理模式，强调政府与公众一起努力协调合作，以生态的可持续的方式管理自然资源。在澳大利亚，无论是生活在城市、集镇、农场还是身居荒野，每个人都可以参加全流域管理，为改善国家环境贡献力量。

（1）全流域管理的目标　全流域管理的主题是"公众与政府一起努力"，考虑人类活动对土地、水、植被和动物的以及对他人和流域本身的影响，以协调合作的方式，形成自然资源持续利用的最佳管理。

全流域管理的目标为：①协调与流域管理有关的政策、项目和活动；②在自然资源管理上获得公众积极参与；③确认自然资源的破坏并进行整治；④促进自然资源的持续利用；⑤提供稳定的、有生产力的土地，高质量的水资源和受保护的高繁殖能力的植被。为达到上述目标，法律规定设置一个流域管理委员会网络，由州流域管理协调委员会协调、连接政府和公众。同时规定，流域管理托拉斯可以在某些特殊情况下代替全流域管理委员会为专门的全流域管理项目筹措资金。

（2）全流域管理的特征和原则　全流域管理过程承认自然环境管理是复杂的、大规模的、相互依赖的，允许所有的能行使全流域管理职能的企业和机构的工作越过行政界限在整个流域实施管理战略和补救工作。因此，其特征表现为：①政府、企业和社会各界之间普遍合作；②协调自然资源管理的途径；③考虑自身的活动对他人的影响；④寻求解决资源管理冲突的评判规则；⑤对流域生态系统的理解；⑥公众对流域问题参与管理战略的认识，从而确定优先解决的问题；⑦公众参与政府的项目使公众行为能够付诸实施。为达到全流域管理目标，保持有生产力的土地、清洁的水源、茂盛的植被和多样性的野生动物，全流域管理要坚持四个方面的原则：全局和局部要同样关注；动员所有社会成员（包括政府和一般公众）；在所有的相关者之间合作；作出合理长远规划。

2. 加大对环境违法行为的处罚力度

澳大利亚不仅有专门的《环境违法和处罚法》，而且在《清洁空气法》、《清洁水法》、《噪声控制法》、《污染控制法》等单行法中都有刑事处罚的条款。《环境违法和处罚法》是 1998 年颁布的，其立法宗旨是通过引入刑法手段制止环境破坏行为、减缓环境恶化的趋势。该法将危害环境的行为分为三类，分别给予不同的处罚。

第一类是严重的环境危害行为，包括非法处理废物，非法溢出或泄露，排放臭氧耗竭物质和鼓励、帮助、教唆、介绍他人犯以上罪的行为。对这类犯罪行为一般对公司处以 100 万澳元和对个人处以 25 万澳元以下的罚金，个人违法还将被判处最高达 7 年的有期徒刑；另外，被判有罪的违法者还要承担恢复环境的费用。

第二类是实质性环境危害行为，主要指违反《清洁空气法》、《清洁水法》、《噪声控制法》、《污染控制法》的污染行为和不遵守《环境违法和处罚法》有关"清理"规定的行为。对这类行为一般对公司处以 12.5 万澳元和对个人处以 6 万澳元以下的罚金。

第三类是一般环境危害行为，主要指违反《地方行政管理法规》的违法行为和其他一些后果不很严重的违法行为。对这类行为一般处以 100 澳元的罚款。

可见，在澳大利亚，凡违反法律规定"以危害或可能危害环境的方式"处理废物、造成泄露或排放臭氧耗竭物质的行为均属犯罪。这种不以危害后果为条件，既处罚行为犯又处罚结果犯的严厉处理措施，在很大程度上发挥了刑法的威慑力量，减少了污染，防止了严重污染事故的发生。

3. 重视培养幼儿及青少年的环境意识

澳大利亚从幼儿园、小学、中学到大学"环境保护"都是必修课，这种"以人为本"深入人心的环境教育，使人们形成了深刻的生态环境意识，因此，人人都能自觉地参与环境保护的各种活动。

复习思考题

1. 美国环境保护机构的设置与职能是什么？
2. 日本环境管理的特点是什么？欧盟环境管理的特点是什么？
3. 澳大利亚环境管理有什么特点？
4. 试比较美国、日本、澳大利亚和我国环境管理的异同点。

第 20 章

ISO 14000 体系简介

环境管理系列标准（以下简称"系列标准"）是国际标准化组织（ISO）继 ISO 9000 质量管理标准后，推出的又一套管理型标准。由于它在提高企业管理水平，发展国内外贸易和保证经济可持续发展方面所起的巨大作用，受到了全社会的普遍关注。本章对 ISO 系列标准的产生及其实施现状、实施的重点与要点及环境管理体系的审核认证做以简单介绍。

20.1 ISO 14000 系列标准的产生及发展

20.1.1 ISO 14000 系列标准的产生

随着科技和社会生产力的高度发展，人类改造和利用大自然的能力不断提高，物质财富极大丰富，人类社会日新月异。然而，人类忽视了在取得成绩的背后所付出的代价。人口爆炸、资源短缺、环境破坏等"生态危机"迫使人们认识到自然界对人类的每一次改造都在进行着抗争。为了实现人类社会的可持续发展，必须正视环境问题。1972 年 6 月 5 日，联合国发表了《人类环境宣言》（斯德哥尔摩宣言），提出"保护和改善人类环境已成为一项迫切的任务"。1987 年世界环境与发展委员会在东京召开第八次会议，通过了《我们共同的未来》的报告，呼吁人类不要把生态破坏问题留给下一代。1992 年 6 月，联合国环境发展会议在巴西里约热内卢召开，100 多个国家一致通过了关于国际环境保护的纲要，发表了《关于环境与发展宣言》（《里约热内卢宣言》），阐明了人类在环境保护与可持续发展之间作出的抉择和行动方案，强调了加强全球环境问题的国际合作和建立新伙伴关系的重要性，标志着人类诀别传统发展的模式，开拓了现代文明的新阶段。一些欧洲国家也结合本国国情制定了各具特色的法律、法规。尽管这些法律、法规有效地抑制了国域内的环境恶化，但同时也衍生了另一种技术壁垒"绿色壁垒"——进出口国通过国际、国内立法，制定内容繁杂的环境保护公约、法律、法规、标准和标志，以阻止或限制某些外国商品的进口。

于是，1992 年国际标准化组织（ISO）成立了"环境特别咨询组（ISO/SAGE）"，并于1993 年 6 月正式成立了"环境管理技术委员会（ISO/TC207）"，其宗旨是：通过制定和实施一套环境管理国际标准，规范企业和社会团体等组织的环境质量，使之与社会经济发展相适应，改善生态环境质量，减少人类各项活动所造成的环境污染，以达到节约资源，促进经济的可持续发展。ISO/TC207 在成立后的几年中，致力于 ISO 14000 系列标准的研讨。1996年 9 月 1 日，ISO 组织正式颁布了 ISO 14000 系列标准。

ISO 14000 系列标准"是一项关于某个组织与实施、维护或完成及涉及大气、水质、土壤、天然资源、生态等环境保护方针有关的包括计划、运营、组织、资源等整个管理体系标准"。它集成了世界各国环境管理实践的精华，使可持续发展的思想具体化、技术化，使环境保护与社会经济发展相协调。ISO 14000 系列标准的用户是全球商业、工业、政府、非盈利性组织和其他用户，其目的是用来约束组织的环境行为，达到持续改善环境的目的。ISO 14000 系列标准的指导思想是应有利于消除国际非关税贸易堡垒，适用于任何地区、任何类型的企业，可用于改善企业的环境管理，也可用于第三方的认证、注册。

20.1.2　ISO 14000 系列标准的分类与主要内容

1. ISO 14000 系列标准的分类

该"系列标准"由 6 个子系统组成，可按标准性质或功能分别分类。

（1）按标准性质分类　分为三个类别：

1）基础标准子系统，包括术语标准。

2）基本标准子系统，环境管理体系、规范、原理、应用指南。

3）支持技术子系统，包括环境审核和环境监测、环境标志、环境表现评价、生命周期评定。

（2）按标准功能分　为两大类。

1）评价组织，其内容包括环境管理体系、环境表现评价、环境审核和环境监测。

2）评价产品，其内容包括生命周期评定、环境标志、产品标准中的环境因素。

目前 ISO 主要按标准性质分类来制定 ISO 系列标准，并为其准备了 100 个标准号。目前已正式发布的有 10 余个。

2. ISO 14000 系列标准的主要内容、思路及标准号分配号

ISO 14000 系列标准目前包括以下七个部分：环境管理体系、环境审核、环境标志、环境行为评价、生命周期评估、术语及定义、产品标准中的环境指标。

（1）环境管理体系（EMS）标准，标准号 14001 ~ 14009　EMS 标准是 ISO 14000 系列标准的核心，该系列标准主要规定了环境管理体系的要求，使组织能够依据法规要求和影响环境的重要信息制定其方针和目标，适用于组织能够控制或即使不能控制但仍能施加影响的环境因素。

目前已颁布的标准是 ISO 14001 和 ISO 14004。ISO 14001：《环境管理体系——规范及使用指南》是 ISO 14000 系列标准中惟一的规范性标准，也是惟一可以用于第三方认证的标准。它要求组织在其内部建立并保持一个符合标准的环境管理体系。该体系由环境方针、环境规划、实施与运行、检查和纠正、管理评审等五个基本要素构成，通过有计划地评审和持续改进的循环，保持组织内部 EMS 的不断完善和提高。

ISO 14004：《环境管理体系——原则、体系和支持技术通用指南》简述了环境管理体系要素，为建立和实施环境管理体系，加强环境管理体系与其他管理体系的协调提供了可操作的建议和指导。它不是一项规范标准，只是作为组织内部管理的工具，因而不适用于环境管理体系认证和注册。

（2）环境审核（EA）标准，标准号 14010 ~ 14019　EA 标准为组织自身和第三方认证机构对组织的 EMS 是否符合规定技术标准的评审提供了一套标准化的方法和程序，是进行

认证及注册的依据。已颁布的标准有 ISO 14010、ISO 14011、ISO 14012。

ISO 14010：《环境审核指南——通用原则》对环境审核及有关术语进行了定义，并阐述了环境审核通用原则，为有关组织、审核员和委托方就如何实现环境审核的一般原则提供指导。ISO 14011：《环境审核指南——审核程序及环境管理体系审核》提供了进行环境管理体系审核的程序，用于环境管理体系审核的策划和实施，以确定是否满足环境管理体系审核要求，对组织的环境管理活动进行监测和审计，使组织了解掌握自身环境管理现状，保障体系有效运转。ISO 14012：《环境审核指南——环境审核员资格要求》提供了关于环境审核员和主任审核员的资格评定要求，适用于内部审核员和外部审核员。

（3）环境标志（EC）标准，标准号 14020～14029　通过环境标志对组织的环境表现加以确认，通过标志图形，说明标签等形式，向市场展示标志产品与非标志产品环境表现的差别，向消费者推荐有利于环保的产品，同时提高消费者的环境意识，形成强大的市场压力，以期影响组织环境决策，改善组织环境表现，促进组织建立环境管理体系的自觉性。

ISO 14000 系列标准目前提出的标准共有三种类型：Ⅰ型环境标志为生态标志。由于该标志必定要从各个国家的国情出发，反映各国不同的环境意识，所以，这类标志会在各个国家之间出现较大的差异，很有可能成为技术壁垒。Ⅱ型环境标志为自我声明的信息标志。它是将组织的环境方针（政策）等信息，以环境标签等方式向社会公开，即所谓"自我声明。"Ⅲ型环境标志为产品质量标志。该标志是以数值指标的形式表达企业所生产的产品的环境质量，由于国际上这方面的实践经验不多，在许多方面还缺乏市场的检验，所以实施的难度较大。

目前已颁布的标准有 ISO 14020、ISO 14021、ISO 14024 和 ISO 14025。ISO 14020：《环境标志和声明通用原则》为制定针对具体的现有类型的环境标志国际标准提供指南，并为环境标志的新设计提供帮助。不仅适用于第三方环境标志，还适用于制造商声明及标志新类型（如Ⅲ型环境标志），它为消费者提供某个产品或服务的环境因素的可靠信息，从而促使其发挥作用，最终达到环境改进的目的。

ISO 14021：《环境标志——Ⅱ型环境标志指南、术语和定义以及术语定义的使用》用于Ⅱ型环境标志，即制造商自我声明。ISO 14024：《环境标志——Ⅰ型环境标志原则和程序》授予Ⅰ型环境标志的原则和程序，以及与认证和符合性有关的要求的说明，用于产品综合环境价值的第三方独立评审，旨在协调现存的各种制度。ISO 14025：《环境标志——Ⅲ型环境标志原则和程序》规定了实施Ⅲ型环境标志的指导原则和程序，Ⅲ型环境标志类似于食品营养标志，主要提供关于环境参数的信息。

（4）环境行为评价（EPE）标准，标准号 14030～14039　通过组织的环境表现指数对组织的现场环境特征、具体排放指标、产品生命周期等环境表现及其影响进行评价，指导组织选择更为环保的产品以及防止污染、节约资源的管理方案，是环境管理体系建立和运行过程中，对组织的环境表现进行评价的系统管理手段。对于环境行为评价已颁布两个文件，ISO 14031：《环境行为评价——导则》，ISO 14032：《环境行为评价——产业规范指南》。环境行为评价具有指导、监督作用，不具有法制性。

（5）生命周期评定（LCA）标准，标准号 14040～14049　实施产品生命周期评定，即产品从取得原材料，经生产、使用直至处理的全过程中每一环节，进行资源消耗和环境影响评价。旨在从根本上解决资源合理配置和环境污染问题。

生命周期通常分三个阶段。第一阶段是确定生命周期评估的目的和范围、评估的限度及系统的周界。第二阶段是进行列项分析，用以确定并量化产品生命周期内所产生的环境负荷。第三阶段是环境影响评价，分析同类产品不同的生产工艺与可替代产品对环境的影响程度，确定产品开发的价值和可能性。

对于产品生命评估现已产生四个文件，即 ISO 14040：《生命周期评定——原理与实践》、ISO 14041：《生命周期评定——存量分析》、ISO 140420：《生命周期评定——影响评估》、ISO 140430：《生命周期评定——评价与发展》。

（6）术语和定义（T&D）标准，标准号 14050～14059　主要是对环境管理的术语进行汇总和定义，对环境管理的原则、方法、程序及特殊因素处理提供指南。

（7）产品标准中的环境指标，标准号 14060　为产品标准制定者提供指南，最大限度地消除产品标准要求对环境产生不利的影响。

此外，ISO/TC207 备用标准号 14061～14100，作为待开发项目号，其主要工作领域为环境管理工具和体系的标准化。

20.1.3　ISO 14000 系列标准的特点

从 ISO 14000 系列标准的制定原则和主要内容可以看出，该系列标准是一体化的国际标准，以预防为主，强调对法律、法规的符合性，但对环境行为不作具体规定，因此，基本上不涉及污染监测技术及排放标准，也不解决绝对值问题，只要求组织通过建立一套环境管理体系，通过持续的检查和评审，改进其对环境的影响，以达到环境保护的目的。因此该标准对改善组织的环境行为具有潜在的持续作用，它向各国及组织的环境管理部门提供了一整套实现科学管理，体现市场条件下环境管理的思路和方法，它与以往的环境排放标准和产品技术标准有很大不同，具体有以下特点。

（1）标准的自愿性　企业进行自身环境管理的动力逐渐由政府的强制管理转向由社会的需求、相关方和市场的压力。ISO 14000 标准正是为了适应这种环境管理的主动自愿形式和满足企业环境管理的需要而设计和制定的标准，以为企业提供自我约束的手段，改进企业的环境绩效。

（2）标准的灵活性　标准将建立环境行为标准的工作留给了组织自己，而仅要求组织在建立环境管理体系时必须遵守国家的法律法规和其他要求的承诺。实施 ISO 14000 系列标准的目的是帮助组织实施或改进其环境管理体系。该系列标准没有建立环境行为标准，它们仅提供了系统地建立并管理行为承诺的方法。也就是说它们关心的是"如何"实现目标，而不注重目标应该是"什么"。

（3）标准的广泛适用性　ISO 14000 系列标准的龙头标准 ISO 14000 标准的引言中指出，该体系适用于任何规模的组织，并适用各种地理、文化和社会条件。标准的内容十分广泛，可以适用于各类组织，包括政府、公益单位，如医院、学校；各类服务机构，如银行、商店；各类企业事业单位及其他组织等。只要这个组织愿意实施并改进环境管理体系；使自己确信能符合所声明的环境方针；向外界展示符合性；对符合本标准的情况进行自我鉴定和自我声明。该系列标准的应用领域也是广泛的，涵盖了组织的各个管理层次，可用于产品的设计开发、绿色产品的优选，产品包装设计等；组织决策，选择有利于环境和市场风险更小的方案；改善组织公共关系、树立组织形象等方面。

（4）标准的预防性　这一系列标准突出强调以预防为主，强调从污染的源头削减，强调全过程污染控制，加强企业生产现场的环境因素管理，建立严格的操作控制程序，到保证企业的环境目标的实现。生命周期评价和环境效果评价则将产品的环境影响及企业的绩效评估也纳入环境管理中，可使其产品在最初的设计阶段和企业活动策划过程中，比较、评价其产品或活动的环境特性，为决策提供支持。

（5）标准的兼容性　ISO 14000 系列标准与其他管理体系标准协调相容。它与 ISO 9000：2000 族标准具有良好的兼容性，主要表现在：一是两个管理体系运用共同的术语和词汇，如："内部审核"、"记录的控制"等；二是基本思想和方法一致，如都遵循持续改进和预防为主的思想；三是建立管理体系的原理一致，如系统化、程序化的管理，必要的文件支持等；四是管理体系运行模式的一致，都遵循 PDCA 螺旋式上升的运作模式。

（6）标准的持续改进性　持续改进是 ISO 14000 系列标准的灵魂，也是组织追求的一个永恒目标。组织只有通过建立实施环境管理体系，运用自我改进的机制实施不断改进，才能实现自己的环境方针和承诺，达到改善环境绩效的目的。通过组织广泛地实施 ISO 14000 标准，持续的改进自身的环境绩效，最终才能达到整个社会实现可持续发展。

（7）标准的完整性　ISO 14000 系列标准包含环境管理体系、环境审核、环境标志、生命周期评估等若干个子系统，以生命周期污染预防的思想为主线，将各子系统联系起来，形成一个完整的环境管理系统。环境管理体系标准是核心，它不以单一的环境要素为对象，而是以环境管理体系为对象，特别注重标准体系的完整性和符合性，即"体系"是否运行良好，组织是否符合现行法律、法规的要求，其行为是否与其承诺一致，组织是否不断改进等。通过环境审核标准，对环境管理体系进行审核，使其不断持续改进；通过生命周期评估、环境标志为组织从根本上减少资源浪费和环境污染提供理念和支持。ISO 14000 系列标准中的所有标准，都是为了使组织的行为符合环境的要求。

因此，ISO 14000 系列标准的推行，既有利于企业自身发展，又造福于社会，它提供了一种国际共同接受的管理模式。它的应用为企业微观环境管理提供了一套标准化的模式，为各类企业走向国际市场打开了绿灯。

20.1.4　实施 ISO 14000 环境管理体系认证对企业的作用

ISO 14000 作为一项新生事物，它会为企业参与国际竞争，与世界经济接轨带来极大影响。

（1）提升企业形象，增加企业知名度和影响力　企业获得了 ISO 14000 的认证证书标志着企业的环境管理水平达到了一定的高度，标志着企业已经实施了一整套符合国际标准的管理机制，对有关环境、资源等问题进行着有效的管理，特别是表明企业已经严格遵守了有关的环境保护法律、法规、国际公约和其他相关要求。实施 ISO 14000 环境管理体系认证已成为代表企业形象的重要因素，已成为进入国际市场甚至国内市场的条件，因此有人把 14000 证书称为绿色通行证。很多获得认证的企业在广告宣传中以此来表明本企业对环境的贡献，从而扩大自己的市场份额和影响。

（2）增加企业的链式效应　ISO 14000 标准中规定，实施认证的组织要对自己的相关方施加影响，即获得认证的企业要求相关方实施环境管理体系认证。现在已经有一些获得认证企业已开始对自己的供货方提出了这方面的要求，例如：美国通用汽车公司要求所有供应商必须在 2002 年 12 月 31 日前获得 14000 证书；我国认证的企业中有的也提出了类似要求，如 1997 年 11 月上海大众认证时，对其供货厂中的三家提出了 ISO 14000 认证的要求。1998 年又对另外八家供货商提出了认证要求。这样 ISO 14000 认证便形成了一个链式效应，使各级的供货方、相关方加入到认证行列中来，迅速扩展企业的数量。否则便不能满足客户的要求。由此可见，ISO 14000 环境管理体系的认证已经或正在成为市场准入的条件之一。

（3）改进产品的环境性能，推动企业的技术进步　环境管理体系从体系的高度强调了污染预防，明确规定在企业的环境方针中必须对污染预防作出承诺。在实施 ISO 14000 环境管理体系标准认证时，要审核企业在产品设计、生产工艺、材料选用、设备运行、废物处置等及经营活动的各个阶段是否实现了方针的要求。通过认证的各企业在上述不同的方面均取得了一定的环境绩效。

（4）推动了清洁生产技术的应用，节能降耗，合理配置和利用资源　在 ISO 14000 标准中，不仅要求识别有关环境污染方面的环境因素，而且还要识别能源和原材料使用方面的环境因素。因此企业在建立环境管理体系中，应对本企业的能源消耗和主要材料的消耗进行分析，并针对存在的问题制定措施，提高能源或资源的利用水平。环境管理体系认证的实践表明，实施环境管理体系在节能降耗方面可以取得很明显的效果。1998 年据有关统计，15 家通过 ISO 14000 认证的企业在体系运行大约一年期间内，其节能降耗效益总计高达 4.9 亿元。

在对废弃物实行分类处理和回收利用方面，首先是企业采取措施降低工艺过程中的废物产生量，包括降低废品率，减少边角余料等工艺废料的产生量。另外对产生的废物，要实现减量化、无害化和资源化。很多企业通过体系的建立，废弃物排放量降低的幅度很大，取得了显著的经济效益。

（5）推动企业由粗放型管理向集约型管理转变　实施环境管理体系过程是对企业的环境影响状况、资源、能源利用状况等方面的环境因素的一次全面地、系统地调查和分析的过程。要通过这一工作，使企业的各个部门对其活动、产品或服务中的因素进行识别并加以评价，找出重要的环境因素加以控制或管理。如单位产品主要原材料及辅助材料的消耗量，原材料利用率，各工序的废品损失，由于计划、采购、运输、储存以及生产调度等不当造成的损失，由于工艺或设备落后造成的利用率不高等问题。通过这些调查和分析，找出存在的问题，并制定环境管理的目标、指标和管理方案，通过体系加以管理。

可见，ISO 14000 标准的实施，能推动企业更好地贯彻执行环境管理法律、法规及国家、地方规定的排放标准，提高企业的环境管理水平，推动清洁生产技术工艺的应用，从而降低成本，节约能源、资源，减少污染物的排放量。实施 ISO 14000 环境管理标准的目的是使企业的管理水平在原有基础上跨上一个新台阶。

20.1.5　世界主要国家推行 ISO 14000 的情况

1. 我国环境管理标准发展的现状与应用

保护环境是我国的一项基本国策。1992 年 6 月在联合国环境与发展大会上，李鹏总理代表中国政府在《里约热内卢宣言》上签字。1996 年 3 月全国人大第八届四次会议批准《中华人民共和国国民经济和社会发展"九五"计划》和《2010 年远景目标纲要》，第一次以最高法律形式把科教兴国与可持续发展并列为国家基本战略，同年我国等同采用了 5 个国际标准，并以国家标准发布。2001 年 3 月九届人大四次会议通过"十五"计划纲要，将实施可持续发展战略置于重要地位，完成了从确立到全面推进可持续发展战略的历史性进程，在这五年期间，我国又等同采用了 7 个国际标准，并以国家标准发布。到目前为止，我国共发布了 12 个国家标准，见表 20-1。

表 20-1　我国发布的国家标准

编　号	标准名称	颁布时间
GB/T24001	环境管理体系—规范及使用指南	1996 年
GB/T24004	环境管理体系—原则、体系和支持技术通用指南	1996 年
GB/T24010	环境审核指南—通用原则	1996 年
GB/T24011	环境审核指南—审核程序—环境管理体系审核	1996 年
GB/T24012	环境审核指南—环境审核员资格要求	1996 年
GB/T24020	环境管理—环境标志与声明	2000 年
GB/T24021	环境管理—环境标志与声明—自我环境声明（Ⅱ型环境标志）	2001 年
GB/T24024	环境管理—环境标志与声明—Ⅰ型环境标志—原则和程序	2001 年
GB/T24031	环境管理—环境表现评价—指南	2001 年
GB/T24040	环境管理—生命周期评价—原则与框架	1999 年
GB/T24041	环境管理—生命周期评价—目标范围确定及清单分析	2000 年
GB/T24050	环境管理—术语	2000 年

　　GB/T24000 系列标准自 1996 年推出后，引起了我国政府、组织和社会相关方的极大重视，随着人们现代环境意识的不断增强，组织迫于市场、相关方及贸易中绿色壁垒所形成的压力，GB/T24001～ISO 14001 系列标准作为环境管理体系认证的依据在我国得到了广泛的应用。

　　为在我国有效地开展环境管理体系认证工作，积极探索环境管理体系认证方法、认证程序及技术规范，从 1996 年开始，国家环保总局在企业自愿的基础上，在全国范围内开展了环境管理体系认证试点工作。试点企业涉及机械、轻工、石化、冶金、建材、煤炭、电子等多种行业及各种经济类型。到 1998 年下半年试点工作结束的时候，有近 70 家企业获得了环境管理体系认证证书。同时，国家环保总局还在全国北京、上海、苏州、天津、重庆等 15 个试点城市开展了 ISO 14000 标准的试点工作，探索了在城市和区域建立环境管理体系以及推进实施 ISO 14000 系列标准的政策和管理制度。该项工作取得了可喜成绩，苏州新区和大连经济技术开发区率先通过了区域 ISO 14001 认证，9 个城市（区）于 1999 年得到了国家环保总局的表彰。目前，我国的环境管理体系认证工作已步入正轨。截至 2000 年底全国获认证企业 400 多家，获国家认可的环境管理体系认证机构 15 家，注册环境管理体系审核员1131 人，获备案资格的环境管理体系认证咨询机构 62 家。

　　到目前为止，已获认证企业普遍反映：通过建立并运行环境管理体系，在环境效益、经济效益和社会效益等方面都取得了显著成效。如减少物耗、能耗，降低了生产成本，增加了企业的经济效益，同时还提高了全员的环境意识，减少了环境污染，树立了企业的良好形象，使企业提高了参与国际市场竞争的能力。据对 15 个试点期间的获认证企业的统计，实施 GB/T24001～ISO 14001 系列标准，一年节能降耗产生 5.2 亿元的经济效益，削减污染负荷 10%～15%。GB/T24001～ISO 14001 标准带来的巨大效益已引起我国企业界和政府部门的广泛关注和积极响应，众多组织正在加入到实施该系列标准的行列中来。

然而，在这种大环境下，仍有不少企业对 ISO 14000 的认证闻所未闻或无动于衷，究其原因，主要在于企业环保意识薄弱、市场诱导微弱、法律强制不力等。这些表现在：

1）多数企业经营管理现状欠佳，难得顾及环境保护。而且在短期内，贯标的成本费用很高，多余大多数中小企业或效益较差的大企业来说，承受不起。

2）企业内的"行政文件"、"ISO 9000 文件"及"ISO 14000"文件共存，给管理上带来困扰。

3）在许多企业日常经营管理活动中，环境保护仅仅是一种法律强制下的被动反应，只要环保部门不找麻烦，企业得过且过。

4）ISO 14000 系列标准不具有强制性，全凭企业自愿采用、自主承诺，而企业作为一种盈利组织，其自愿贯标的动力主要来自市场诱导，许多外向型企业热衷于贯标的原因就在于目标市场的准入限制，但是，就当前我国大多数内产、内销企业来说，市场准入方面的诱导力还是很微弱。

5）普通公民或消费者的环境意识不强，企业的环境表现对他们没有明显影响，更难形成消费者全体中整体的环境偏好，因而从企业形象出发的、刺激企业自愿贯标的市场诱导力量还需较长时间的培育。

因此提出：

1）国家应尽快将 ISO 14001 系列标准法制化，在全国范围内强制推广实行。

2）社会媒体应站在人类可持续发展战略的高度加大对 ISO 14000 的宣传力度。

3）环保职能部门在进行人员培训的同时，应增强主动服务意识，上门做好企业的宣传工作，为企业解决人证工作中出现的技术难题等。

4）地方政府在政策和资金上应大力扶持当地企业的认证工作。

5）作为认证的主体，企业自身应清醒地认识到：随着我国加入 WTO，企业必将置身于世界经济竞争的潮流中，这时，一张 ISO 14000 证书不仅能增强企业的竞争力，同时也是一张进入国际市场的"绿色护照"。

我国已成为 WTO 的正式成员，随着关税的消除，技术壁垒（包括绿色壁垒）将是我国参与世界贸易的极大障碍。各有关方面的人士应认真研究 WTO 的有关规则，积极推进国际标准在我国的采用，结合我国实际情况，建立健全技术性法规、标准体系；积极采取有效的应对措施，提高国际贸易和招商引资的竞争力，促进可持续发展战略的实施，实现环境、社会、经济的协调发展。

2. 日本对 ISO 14000 的动向与对策

日本在对待 ISO 14000 系列标准的问题上，给世界各国的印象是一反当初它对待 ISO 9000 系列标准的消极与被动的态度，表现得相当热心和积极主动，甚至是全力以赴。在最早的一段时间里，日本各界对 ISO 制定环境管理标准是持怀疑态度的，虽然他们也认为环境问题正在成为一个国际性的重大课题，在 ISO 开展"认可对地球亲善的企业"的活动中，要求企业必须定期进行审核，由此一来，企业的经营成本支出就会变得很庞大，因而日本产业界表现得有点不知所措、举棋不定。不过，日本各界持怀疑的观点与态度的时间很短，在 ISO 把制定该标准的工作开展起来之后，他们已基本上达成了共识：在此之前都是以工厂为单位，各企业自己制定一些供临时应付检查的环境章程；而该系列标准的制定将使各企业从以往频于应付临时检查的困境中解脱出来，同时又为企业规定了所有企业均遵守的管理体制的大致内容，这其实是一项对企业发展很有利的工作。所以，日本不愿重蹈 ISO 9000 系列标准的覆辙而再次吃大亏，对 ISO 14000 采取了积极参与的态度。为此，日本专门设立了相应的机构——"环境管理标准审议委员会"来审议该系列标准并负责研讨日本的对策及向 ISO 反映日本的意见。同时日本还决定，将与国际标准的制定时间一致，把它们转化为日本工业标准（JIS）。

通产省在 JIS 中新增设一类叫做"亲善环境的 JIS"，作为适应环境要求型产品的质量基准。这件事由通产省的咨询机构——产业结构审议界设立的"地球环境部会"讨论。通产省的思路是：不仅管理体制，连同产品本身的质量标准都要作出规定，把 ISO 14000 系列标准放在对 JIS 标准加以完备和补充的地位。1994 年 6 月，地球环境部会完成了一份产业界关心的有关地球环境的文件"产业环境构想"。这个材料里介绍了钢铁、汽车等 15 个产业的环境负荷的实际情况，提出了从原材料采购、加工制造到销售、使用、报废为止各个阶段的对策、各产业之间的相互配合及环境产业的未来等，对环境对策做了多方面的介绍。

1995 年 5 月 22 日，日本机械出口商协会发表了一份由其下属"贸易环境问题对策委员会"编制的报告，该委员会在报告中提出了建议："日本在贸易与环境问题上要取得主动权，就必须建立一个根据 ISO 的方针政策来开展工作的制度。"而且，日本的企业也已认识到如果不遵照执行 ISO 14000 系列标准，那么在产品出口等方面被市场排斥的可能性极大。因此，日本有关机构和企业迅速采取行动。现已改名为"日本符合性认证协会"（JAB，原名为"日本质量体系审查注册认证协会"）决定，从 1996 年 6 月 25 日起正式开展有关 EMS 的审查注册与认证业务，开始受理审查注册机构、审查员进修机构、审查员评价注册机构的认可申请。

环境认证机构（JACO）从 1996 年春季开始正式开展有关 EMS 的审查注册与认证工作，它是第一个除欧洲以外，获得英国认证机构（UKAS）认可的国外认证机构。1996 年 JACO 已为 60 多家企业实施了环境审核认证，而且在以后的几年内为 4000 多家企业（占日本全国两万多家企业的 20% 左右）及从事进出口贸易的日资企业等各类型企业开展此项业务。它的目标是，在 1995 年收入达到 1 亿多日元的基础上，到 1997 年再翻几番，预计将达到 7 亿日元，到 2000 年，更将超过 2 亿日元。

为了提高自己的企业形象，尽到企业的社会责任及应付 ISO 14000 系列标准，日本的企业也纷纷行动起来，采取了积极主动的态度，加紧研究有关对策。各企业吸取了 ISO 9000 系列标准认证的经验教训，为了降低认证成本，早在 ISO 标准颁布实施之前，就已经在致力于诸如配备企业内部的有关环境管理的教育机制，建立与 ISO 14000 标准相对应的企业内部的环境管理体制等超前工作。其中，行动较快与做得较好的企业有东芝、三洋电机、富士通、NEC、佳能、松下、日立等 200 多家公司。

NEC（日本电气）从 1994 年 1 月开始就对外开展有关环境管理的咨询业务，又于 1994 年 7 月在企业内部设立了专门的环境审核室，其任务是对国内外事务所的环境保护活动进行定期检查并作为向公司外部署和提供环境信息的部门。公司还委任了 50 名生产技术部门的部长一级的干部全权负责事业部的环境审核工作。在此之前，他们先在公司内部实施环境工程（NEE），然后将对 NEC 成员企业开展环境工程的技术情报向日本制造业等外部企业提供。NEC 的目标是比其他企业率先取得认证。

富士通也从 1994 年 10 月份开始对国内 40 个成员企业开展环境审核。在此之前已对本部实行了环境审核。他们的做法是按照先得到的国际标准（委员会草案）制定公司成员统一规格的环境对策，以提高企业的形象。他们设计的审核项目有 70 项，包括防止臭氧层破坏、资源重复利用及废物的对策等热点问题。

日本三洋电机为了与 ISO 14000 对应，拟定了环境管理的指导原则。在 ISO 14000 出台后三年内，三洋所属的国内外所有的制造、研究、开发部门都建立起以取得认证为目标的环境管理体系。在 1998 年底，该公司以国内工厂为对象，获得了该标准的认证工作。

1994 年 4 月松下电器开始实施"环保协作"计划，要求其供应商实施环境管理并声明应包括：公司宗旨和指导原则；明晰组织与计划；环境影响评估（化学物质管理、防止水污染、废物管理等）；雇员和附属公司工人的环境训练；以合理的物资分销系统保护资源和能源；遵守适当的法律和指令；禁止或减少化学物质；努力保护能源和资源，并尽可能地进行再循环。松下电器于 2000 年对其 3600 家供应商的环境管理体系进行了评估。

3. 美国实施 ISO 14000 标准的情况及案例

美国在国际标准化组织制定 ISO 14000 系列标准的早期阶段，采取的是对几乎每一项内容都强烈反对的态度，原因有两个，一是美国在国际交往与国际事务中，从来都是习惯于搞霸权主义，而 ISO 14000 系列标准一开始是由欧洲发起倡议，并根据 BS7750 和 EMAS 标准制定，并且欧洲在 TC207 中占有主导地位，所以美国不太高兴；二是欧洲抢先制定了环境管理标准，并已于 1995 年 4 月开始全面实施 EMAS。如果欧洲能够成功地把 EMAS 的内容完全纳入 14000 系列标准中的话，则对欧洲各国的企业是很有利的，而对美国的企业则大大不利并带来很大的被动。

然而，在 ISO 真正开始这项标准化工作以后，美国的观点与态度发生了很大的转变，并且吸取了当年 TC176 制定 ISO 9000 系列标准时的经验与教训：当初它不应该采取不予理睬和不积极参与的态度，以至使英国和欧洲顺利地把 BS5750 标准的内容几乎全部转化为 9000 系列标准，使美国遇到很大的技术与贸易壁垒以及遭受了重大的经济损失。因此美国转而采取积极支持、积极参与的态度，并与世界各国达成了共识：国际标准比国家标准或者地区标准更重要，这一点尤其是在环境管理体系（EMS）、环境标志体系等方面表现得更加突出。而美国在 TC207 的 25 个机构中担任了 5 个机构的秘书国工作。尽管美国同意制定 ISO 的环境管理标准，但在认识上与欧洲还是有基本的差异：

欧洲（尤其是英国）极力主张：ISO 14000 系列标准并不如 EMAS 先进，应该把 EMAS 完全等同于 ISO 标准。

美国（以及加拿大、日本等国）则坚持认为：不管是 BS7750 也好，还是 EMAS 也好，它们都只是，也只能是一个国家或一个地区的标准，并不是国际标准，只有 ISO 14000 系列标准才是国际标准；并且，它还应该是一个对世界各国都适用、能满足任何一个国家需求的国际标准。

美国在 ISO 14000 系列的第一批标准正式颁布之前，就已经作出决定：着手确定该系列标准在美国的运作方式，并将它们转化为国家标准。此外，美国还在 1997 年宣布，要求所有进口商品在几年内都要取得 ISO 14000 标准的认证。

时至今日，不仅是美国的企业在密切关注着 ISO 14000 系列标准的动向，而且美国政府亦如此。作为美国在 ISO 的代表机构的美国标准协会（ANSI）专门设有美国技术顾问团（US-TAG），而且 US-TAG 的团长曾经以各州环境保护部门的领导、环境保护组织为主要对象，发出了 75 封呼吁信，恳请他们加入 US-TAG，以便能广泛地征集各行各业的意见并向 ISO 陈述。1995 年 12 月 14 日，在华盛顿白宫召开了有关 ISO 14000 系列标准的研讨会，有各联邦政府、各州的代表 200 多人参加。此外，美国注册机构认可委员会（RAB）也已经在制定有关环境管理体系认证工作的全面计划，该计划包括如何对申请企业实行 EMS 认证，以及如何挑选和吸收 RAB 所需的环境管理专家，并试图把 EMS 和 ISO 9000 的认证工作结合在一起，使企业更乐于接受 EMS 的认证。

20.2　对 ISO 14000 环境标准的基本理解

20.2.1　ISO 14000 标准基本术语

（1）环境（Environment）　组织从事运行活动的外部存在，包括空气、水、土地、自然资源、植物、动物、人，以及它们之间的相互关系。

（2）环境因素（Environmental Aspect）　一个组织的活动、产品和服务中能与环境发生相互作用的要素。重要环境因素是指具有重大环境影响的环境因素。

（3）组织（Organization）　具有自身职能和行政管理的公司、集团公司、商行、企事业单位或社团，或是上述单位的部分或结合体，无论其是否法人团体、公营或私营。对于拥有一个以上运行单位的组织，可把一个运行单位视为一个组织。

（4）相关方（Interested Party）　关注组织的环境行为或受其环境影响的个人或团体。

（5）环境影响（Environmental Impact）　全部或是部分地由组织的活动、产品或服务给环境造成任何有害或有益的变化。

（6）环境表现（Environmental Performance）　组织基于其环境方针、目标和指标，对它的环境因素进行控制所取得的可测量的环境管理体系结果。

（7）环境目标（Environmental Objective）　组织根据环境方针规定自己所要实现的总体环境目的，如可行应予以量化。

（8）环境指标（Environmental Target）　直接来自环境目标，或为实现目标所需规定并满足的具体环境表现要求，它们可适用于组织或其局部，如可行应予以量化。

（9）环境方针（Environmental Policy）　组织对其全部环境表现的意图与原则的陈述，它为组织的行为及环境目标和指标的建立提供了一个框架。

（10）环境管理体系（Environmental Management System）　全面管理体系的组成部分，包括为制定、实施、实现、评审和维护环境政策所需的组织机构、策划活动、职责、操作惯例、程序、过程和资源。

（11）持续改进（Continual Improvement）　强化管理体系的过程，目的是根据组织的环境方针，实现对整个环境表现（行为）的改进。

（12）污染预防（Prevention of Pollution）　旨在防止、减少或控制污染的各种过程、操作惯例、材料或产品的应用，可包括在循环、处理、过程更改、控制机制、资源的有效利用和材料替代等。污染预防的潜在利益包括减少有害的环境影响、提高效益和降低成本。

（13）环境管理体系审核（Environmental Management System Audit） 客观地获取审核证据并予以评价，以组织的环境管理体系是否符合所规定的环境管理体系审核准则的一个以文件支持的系统化验证过程，包括将这一过程的结果呈报管理者。

（14）环境审核（Environmental Audit） 客观地获取审核证据并予以评价，以判断特定的环境活动、事件、状况、管理体系，或有关上述事项的信息是否符合审核准则的一个以文件支持的系统化验证过程，包括将这一过程的结果呈报委托方。

20.2.2　ISO 14000 标准要求与理解要点

由于各国环境立法的日趋严格，对可持续发展和污染预防的要求也越来越高，为适应这一环境保护的外部要求，许多组织制定环境方针、环境目标，并寻求通过外部第三方认证机构的评审或审核，来实现和证实自身的环境绩效水平。ISO 14000 标准帮助组织改善环境管理，推动环境保护和持续改进，并为第三方提供了国际通用的评审或审核的依据。

环境管理体系是组织全面管理体系的一个组成部分，而不是一个孤立的管理系统。ISO 14000 标准的总目的是支持环境保护和污染预防，促进环境保护与社会经济的协调发展。ISO 14000 标准的第四章是标准的核心内容，它论述了环境管理体系的要素构成和要素要求。该体系的要求仍是基于传统的管理结构，即戴明（Chailes Demiry）提出的 PDCA 动态循环管理模式："计划（Plan）——实施（Do）——检查（Check）——评审改进（Action）"。计划阶段：建立企业的总体目标，以及实现其目标的具体措施。实施阶段：即行动阶段，企业按照计划要求，从组织机构、责任分工、资源配备、信息与协调，保证计划的实施。检查阶段：为确保环境管理体系运行的有效性，检查阶段要确定控制的目标，建立实际检查（包括监测、测量）结果与计划一致性的方法，确定当出现不符合时，应采取的纠正措施。评审改进阶段：应定期对组织的环境管理体系进行评审，改进识别出来的缺点和不足，修改规划使之适应变化的情况，必要时对程序予以加强或重新确定。其持续改进的循环上升模式如图 20-1 所示。PDCA 模型为组织建立一个动态循环的管理过程提供了基本框架，是一个周而复始、不断完善、永无止境的持续不断改进的螺旋上升的过程。

环境管理体系的五个要素构成为：环境方针、策划、实施与运行、检查和纠正措施、管理评审。下面分别介绍各要素的要求与理解要点。

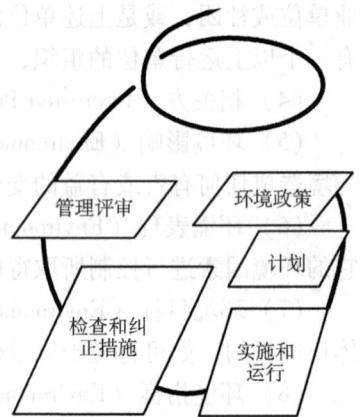

图 20-1　环境管理模式

1. 环境方针

ISO 14001 中关于环境方针的条文：

最高管理者应制定本组织的环境方针并确保它：

1）适合于组织活动、产品或服务的性质、规模与环境影响。

2）包括对持续改进和污染预防的承诺。

3）包括对遵守有关环境法律、法规和组织应遵守的其他要求的承诺。

4）提供建立和评审环境目标和指标的框架。

　　5）形成文件，付诸实施，予以保护，并传达到全体员工。

　　6）可为公众所获取。

　　建立环境方针要求组织的最高管理者制定并公开宣布对环境管理的承诺。最高管理者是指组织中负有最高责任的个人或群体，而非高级环境管理人员。

　　在环境方针中，有四条承诺是与环境状况有关的，即持续改进、预防污染、遵守有关环境法律、遵守对组织适用的其他要求。持续改进是指对环境管理体系的持续改进，但这必将导致对环境状况的持续改进。实施者可通过环境状况的改进来评估环境管理体系是否良好地运行。如果在环境方针中对持续改进环境状况作出了承诺，在进行审核时，这也将成为一个审核准则。对污染预防的承诺是一个相对的要求。标准对污染预防的定义是："旨在避免、减少或控制污染而对各种过程、惯例、材料或产品的采用，可包括再循环、处理、过程更改、控制机制、资源的有效利用和材料替代等"，组织可以从此处指出的多种方式中，选用它能够接受的方式进行污染预防。政策确实要求承诺遵守规定，然而，它并没有要求随时随地完完全全地遵守规定。一个组织，只要它有一个合理的制度去认可并遵守相关的环境规定，并对违规行为做适当的反应，即使不是百分之百地按规定去做，它也可以得到认证。如果组织在方针中自愿地作出更多的承诺，例如针对国际商会的可持续发展宪章中所提出的原则作出具体的承诺，它就成为一项认证要求和审核准则。方针的承诺要通过相应的环境目标、指标和管理方案来落实。环境方针的制定是实施环境管理的出发点。

　　环境方针应具有公开性，在相关方需要时易于获取，制定时也要考虑相关方的要求，这里所说的公开性或可为公众所获取并不是指组织必须将其方针向外界主动分发、传递或通知等，而是指相关方需要时能方便容易地得到。

　　2. 策划

　　（1）环境因素　ISO 14001 中关于环境因素的条文：组织应建立并保持一个或多个程序，用来确定其活动、产品或服务中它能够控制，或可望对其施加影响的环境因素，从中判定那些对环境具有重大影响，或可能具有重大影响的因素；组织应确保在建立环境目标时，对与这些重大影响有关的因素加以考虑；组织应及时更新这方面的信息。

　　环境因素一般是根据输入输出来分类。它们有些已得到控制，有些未经控制；有些是有益的，有些是有害的。环境因素可以包括：原材料使用、能源使用、大气排放、水体排放、土地污染、固体废物、危险废弃物、噪声、气味等。

　　ISO 14001 中关于环境因素的一些规定值得注意。首先，它要求识别的环境因素是"组织能够加以控制或可望对其施加影响的"。例如，一个组织的产品用塑料作原料、它用不着对这些塑料如何生产、如何进行最终处置负责。但如果组织在方针中承诺了它要关注产品全过程的环境因素，就可以要求它对塑料设计、生产、贮存、销售等各个阶段的所有环境因素负责。

　　标准中明确指出组织不必对活动、产品和服务的最终环境影响负责，它只要求组织对环境因素（而不是环境影响）进行管理。标准中所说的"可望对其施加影响的"环境因素，一般是指它的供方或它不能直接进行管理的其他相关组织。在这种情况下，组织通常是通过采购合同、供应商选择准则等对其施加影响，标准不要求组织对供方进行控制。

　　确定重要环境因素（是指具有或可能具有重大环境影响的因素）的方法很多，包括最简单的对重要事项的排查、各种影响评估、风险评估和对产品生命周期全过程的评价等。常用的方法是规定一系列排查方法，首先从法规角度进行排查，如果是法规要求的，很可能就是重要环境因素。其次是通过影响评估或风险评估进行排查，这可能识别出法规排查所遗漏的一些因素，尤其对那些法规体系不够健全的国家更为重要。第三项排查方法是从相关方和公众形象的角度，考虑那些对所在社区有重大关系的环境问题，以及用公众的眼光识别对组织的经营活动有影响的环境因素。第四项排查是从经营战略和提高竞争能力的角度进行考虑，与此有关的环境因素可能不具有重大环境影响，但可能节约成本或赢得更大的市场份额，因而对组织的自身利益而言不容忽视。

（2）法律和其他要求　ISO 14001 中关于法律和其他要求的条文：组织应建立并保持程序，用来确定适用于其活动、产品或服务中环境因素的法律，以及其他应遵守的要求，并建立获取这些法律和要求的渠道。

规定这一要素的目的是支持环境方针实现遵守规章要求的承诺，为从事各项工作提供完备的法规信息，使之有法可依。这些信息不是静止的，因此程序还应提供跟踪变化、保持时效性和预测未来趋势的方法。

ISO 14001 所要求遵循的法律和规章是指组织运行活动所在地的法律和规章，这包括当地的、上级省、市以及国家的法规规章，以及各种许可制度。如果产品是用于出口，产品本身还须合乎销售地的法律规章。其生产过程虽然只受生产所在地的法规约束，但国外市场的有关规章将对产品特性产生影响，例如当地禁止使用含铅油漆或产品禁止使用破坏臭氧层的物质。此外法律法规还包括所在国承诺履行的国际公约和多边环境协定。

本要素所涉及的要求还包括组织自愿采用的和它承诺遵守的要求，例如行业规范或原则，以及它和其他组织在合同中规定的环保要求。

然而，ISO 14001 是不能取代法律和规章。ISO 14001 是对法律和规章的补充，减轻法律压力的表现形式是行政监管的减少，例如简化的许可证颁发程序、对环境报告要求的降低、检查次数的减少、对污染预防计划的更大磋商余地等，但这丝毫不意味着法规对环保要求的减免，对法律和规章的遵守是第一位的。

（3）环境目标和指标　ISO 14001 中关于环境目标和指标的条文：组织应针对其内部每一有关职能和层次，建立并保持环境目标和指标。环境目标和指标应形成文件。

组织在建立与评审环境目标时，应考虑法律和其他要求，它自身的重要环境因素、可选技术方案、财务、运行和经营要求，以及各相关方的观点。目标和指标应符合环境方针，并包括对污染预防的承诺。

环境目标和指标有两类，一类为保持性的，它只追求保持当前水准，如达到法规的要求的标准。另一类为改进性的，目的是在哪些方面进行改进。

环境目标处在较高的层次上，环境指标是可测量的表现水准，但有时环境目标本身就是环境指标。一个目标往往要分解成若干个指标，例如，对于"减少固体废物"的环境目标，可分解为：①用可反复使用的托盘，使用率在 6 个月内达到 60%，12 个月内达到 100%；②实行双面用纸，在 12 个月内做到公司内部公文和报告用纸双面使用率 100%；③要求 10 家主要供应商在 12 个月内做到采用可反复使用包装；④在 12 个月内做到将 50% 生产中的金属下脚料卖到废品回收站。这些具体指标由组织个各个相关职能负责实现。

ISO 14001 要求组织在建立和评审目标、指标时应考虑以下几方面：①法律和其他要求；②自身的重要环境因素；③组织的规模、经济、技术、经营状况；④相关方的观点，特别是受组织环境绩效影响的相关方的有关要求，应考虑纳入环境管理体系。

标准中明确指出组织在制定目标和指标时应考虑对污染预防的承诺，组织可从下列方面考虑预防污染的目标设定：①减少废物、降低资源、能源消耗；②减少或消除向环境释放的污染物质；③在产品设计中尽可能减少其生产、使用与处置中的环境影响等。

（4）环境管理方案　ISO 14001 中关于环境管理方案的条文：组织应制定并保持一个或多个旨在实现环境目标和指标的环境管理方案，其中应包括：①规定组织的每一有关职能和层次实现环境目标和指标的职责；②实现目标和指标的方法和时间表。

如果一个项目涉及到新的开发和新的或修改的活动、产品或服务，就应对有关方案进行修订，以确保环境管理与该项目相适应。

制定了环境方针、目标和指标后，要靠环境管理方案将它们附诸实施。本要素规定了环境管理方案的制定和实施，以满足组织的环境目标和指标。它所包含的活动遵循传统的项目管理原则，即应对相应职能和层次规定实现目标和指标的责任并配备所需的资源。对每一环境目标和指标，应确定责任人、所需资源，包括人力、财务和技术资源和时间进度。

环境管理方案应当是动态的，必要时能够加以修改。如果活动、产品和服务发生变化，或发生其他可能影响到环境目标和指标的任何变化，都应对环境管理方案进行调整，使之适应新的情况。

环境管理方案和环境目标、指标一起，提供了进行有效的和测量的框架。通过目标和指标可以引出环境行为参数和一些财务状况参数，而通过环境管理方案可以引出管理状况表现参数和效率参数。

3. 实施和运作

（1）组织结构和职责　ISO 14001 中关于组织结构和职责的条文：为便于环境管理工作的有效开展，应当对作用、职责和权限作出明确规定，形成文件，并予以传达。

管理者应为环境管理体系的实施与控制提供必要的资源，其中包括人力资源和专项技能、技术以及财力资源。

组织的最高管理者应指定专门的管理者代表，无论他（们）是否还负有其他方面的责任，应明确规定其作用、职责和权限，以便：①确保按照本标准的规定建立、实施与保持环境管理体系要求；②向最高管理者汇报环境管理体系的运行情况以供评审，并为环境管理体系的改进提供依据。

组织应对各层次的职能、作用和权限予以明确规定，包括任命环境管理代表，秉承文件并传达。最高管理者应为环境管理体系提供必要的资源。

环境管理体系的成功实施，需要组织各部门和全体员工的共同参与，不能认为只有环境部门才负有这方面的责任，组织内的其他所有部门都不能置身事外。标准要求用结构化的机构设置，确保环境因素管理过程及体系运行中的职责分明，资源充分，这里应包括上至最高管理者，下至普通员工的职责，特别应明确生产制造、动力、后勤等各部门及管理人员的环境职责，以完成各体系要素所规定的功能。如生产部门对生产活动中各环境因素的管理与控制负有责任；动力部门除了要保障动力供应外，还可负责用电、用水、用气的统计，核定消耗、制定节能措施等。这些职责不必独立于原有职责之外，而应使其自身的职责与环境管理职责尽可能融合起来。

组织的最高管理者应指定专门的环境管理者代表，环境管理者代表不止一人，可以是专职的也可以是兼职的，其职责是建立、实施、维护环境管理体系，并向最高管理者汇报。由于环境管理体系覆盖面很广，环境管理代表应具有明确的作用、职责与权限，以协调、支配组织的相关活动、部门或人员。

（2）培训、意识与能力　ISO 14001 中关于培训、意识和能力的条文：组织应确定培训的需求。应要求其工作可能对环境产生重大影响的所有人员都经过相应的培训。

应建立并保持一套程序，使处于每一有关职能与层次的人员都意识到：

1）符合环境方针与程序和符合环境管理体系要求的重要性。

2）他们工作活动中实际的或潜在的重大环境影响，以及个人工作的改进带来的环境效益。

3）他们在执行环境方针与程序，实现环境管理体系要求，包括应急准备与响应要求方面的作用与职责。

4）偏离规定的运行程序的潜在后果。

从事可能产生重大环境影响的工作人员应具备适当的教育、培训和（或）工作经验，胜任他所担负的工作。培训的目的是为了确保对环境问题的认识和在工作中履行环境职责的能力。培训需求的确定有赖于充分认识到各个岗位在实现目标和指标及满足有关体系要求的作用。对培训需求的评审通常发生在进行个人业绩考评和目标指标建立之初。

对培训需求的确定应针对全体人员，从最高管理者直至生产第一线的员工。对培训需求还可以向更大范围扩展，将许多不属于传统环境管理体系培训功能的一些领域，如财务、销售、配送、营销和开发设计等包括进去。最低限度应使所有员工都了解组织的环境方针和他们在环境管理体系中的作用和职责。

指南标准 ISO 14004 在基于技能的能力之外，还特别强调知识的重要性。知识提供了掌握技能、解决问题和探索新途径的基础。虽然标准中没有提出这方面的具体要求，但有关的知识培训，如对生命周期评价、环境设计、绿色采购、污染预防、环境影响评估、受益者咨询等新兴环境技术和理念的了解，都将极大地促进环境管理体系的有效实施。

（3）信息交流　ISO 14001 中关于信息交流的条文：组织应建立并保持一套程序，用于有关其环境因素和缓经管体系的：

1）组织内各层次和职能间的内部信息交流。

2）与外部相关方联络的接收、文件形成和答复。

组织应考虑对涉及重要环境因素的外部信息的处理，并记录其决定。

标准要求对与环境因素和环境管理体系有关信息进行程序化管理，保证内部与外部信息交流的有效性，信息指与环境因素及环境管理有关的信息，如环境法律法规变化的信息、外部相关方的环境要求信息，有关化学物质的毒性、安全数据，环境管理代表的任免、监测结果、体系运行的其他信息等。

根据组织各职能与层次的相互关系，内部信息应按程序要求，确保各类信息上下左右的有效传递，特别是组织内重要环境因素的信息、体系运行情况的信息等，应及时、有效、准确地交流。

关于外部信息交流，ISO 14001 不像此前在欧盟国家实施的 EMAS 那样，要求向外界发布关于组织环境状况的正式报告，而只要求建立程序，以接收来自外部的信息，将它们形成文件并作出响应。组织有权选择在外部沟通方面是采取主动或被动的方式，但必须履行它的各项承诺和义务。许多组织发现在外部交流上采取更加积极的方式给它们带来的收益远远超过为此付出的成本和可能的风险。例如，在发生不期而至的突发事件时，当地社区的理解和支持会对问题的解决产生不可估量的助益。

（4）环境管理体系文件 ISO 14001 中关于环境管理体系文件的条文：组织应以书面或电子形式建立并保持下列信息：

1）对管理体系核心要素及其相互作用的描述。

2）查询相关文件的途径。

标准对本要素首先规定将管理体系的核心要素形成文件并明确它们之间的相互关系。例如，应明确指出环境目标和指标与环境方针及环境管理方案之间的关系。其次，组织在编写环境管理体系文件时，可参考组织原有的管理体系文件，环境管理体系文件可包括手册、程序及作业指导书、记录表单及其他文件等多种层次和类型。为了便于管理使用和外部审核，各层次文件间应指出查询途径，即建立在要素之间及其相关活动逻辑关系上的文件索引。环境管理文件可以书面文件形式或电子媒体形式建立和保存，也可两种形式共存。

（5）文件控制 ISO 14001 中关于文件控制的条文：组织应建立并保持一套程序，以控制本标准所要求的所有文件，从而确保：

1）文件便于查找。

2）对文件进行定期评审，必要时予以修订并由授权人员确认其适宜性。

3）凡对环境管理体系的有效运行具有关键作用的岗位，都可能得到有关文件的现行版本。

4）迅速将失效文件从所有发放和使用场所撤回，或采取其他措施防止误用。

5）对出于法律和（或）保留信息的需要而留存的失效文件予以标识。

所有文件须字迹清楚，著明日期（包括修订日期），标识明确，妥善保管，并在规定期间内予以留存。应规定并保持有关建立和修改各种类型文件的程序与职责。

文件控制的目的是要组织体系运作有章可循，确保人员操作遵循的文件是现行有效的。组织应将主要注意力放在对环境管理体系的有效实施及其环境绩效上，而不应过分追求一个繁琐的文件控制系统。

文件控制提出的第一个要求是保证文件便于查找，为此须制定标识规则，对文件进行标号，标识规则包括下列因素：文件类型、涉及的体系要素、文件号、版本号和有效期限。

不仅要对现行有效的文件进行控制，过期文件也需要控制。应规定失效文件的留存期限。过期文件可以书面或电子形式存档，上面注明为过期文件，这一点对电子文档更为重要。

（6）运行控制 ISO 14001 中关于运行控制的条文：组织应根据其方针、目标和指标，确定与所识别的重要环境因素有关的运行与活动，应针对这些活动（包括维护工作）制定计划，确保它们在程序规定的条件下进行，程序的建立应符合下述要求：

1）对于缺乏程序指导可能导致偏离环境方针和目标与指标的运行，应建立并保持一套以文件支持的程序。

2）在程序中对运行标准予以规定。

3）对于组织所使用的产品和服务中可标识的重要环境因素，应建立并保持一套管理程序，并将有关的程序与要求通报供方和承包方。

运行控制是环境管理体系中最具实际工作内容的要素之一，直接控制和改善与重要环节因素相关的运行与活动，保证环境因素的受控，减少环境因素对环境造成的负面影响。

组织要根据其环境方针和目标指标，确认与重要环境因素有关的运行与活动，并制定程序，以确保它们处于受控条件下。一般运行控制的内容包括项目建设、产品设计开发、采购、贮存运输、生产过程、设施维护、动力运行、产品服务、废物处理等。其中的某些运行与活动可以是由组织的相关方完成的。

（7）应急准备和响应　ISO 14001 中关于应急准备和响应的条文：组织应建立并保持一套程序，以确定潜在的事故或紧急情况，作出响应，并预防或减少可能伴随的环境影响。必要时，特别是在事故或紧急情况发生后，组织应对应急准备和响应的程序予以评审和修订。可行时，组织还应定期试验上述程序。

应按程序的要求确定可能的事故和紧急情况，针对各类情况，应采取必要的事前预防措施或制定应急计划。一般组织在识别与评价重要环境因素时，已应考虑到潜在的事故和紧急情况，如化学品的泄漏，环保设备的失灵，生产过程的异常排放等。

程序中应规定紧急事故发生时的应急办法，并预防或减少由此产生的环境影响。

一旦发生事故和紧急情况，应根据程序作出响应，事后应分析原因，从根源上杜绝同类现象再次发生。在条件可行时，对应急准备和响应程序进行试验，以判断现有程序的有效性。

4. 检查和纠正措施

（1）监测和测量　ISO 14001 中关于监测和测量的条文：组织应建立并保持一套以文件支持的程序，对可能具有重大环境影响的运行与活动的关键特性进行例行监测和测量。其中应包括对环境表现、有关的运行控制、对组织环境目标和指标符合情况的跟踪信息进行记录。

监测设备应予校准并妥善保管，并根据组织的程序保存校准与维护记录。

组织应建立并保持一个以文件支持的程序，以定期评价对有关环境法律、法规的遵循情况。

组织应制定监测程序，对与环境因素有关的运行活动的关键特性进行常规监测，程序应明确监测的方法、频率、内容和标准。标准强调要求制定程序，定期评价组织对有关法律、法规的遵循情况。这些法律法规不仅包括需控制的污染排放指标，也应包括组织建设项目、化学危险品管理、有害废弃物处理处置等多个方面。

监测的内容可从环境绩效、运行控制和目标指标的实现程度三方面考虑。针对组织控制重大环境因素的有关结果和成效，如污染预防所取得的成果、节能降耗的具体体现等，监测的结果可用于判断组织环境绩效的提高程度，反映持续改进的效果。

监测所使用的设备仪器和标准物质应得到校准和良好维护，所使用的方法本身也应符合国家有关监测的规定。

（2）不符合、纠正和预防措施　ISO 14001 中关于不符合、纠正与预防措施的条文：组织应建立并保持一套程序，用来规定有关的职责和权限，对不符合进行处理与调查，采取措施减少由此产生的影响，采取纠正与预防措施并予完成。

任何旨在消除已存在和潜在不符的原因的纠正或预防措施，应与该问题的严重性和伴随的环境影响相适应。对于纠正与预防措施所引起的对程序文件的任何更改，组织均应遵照实施并予以记录。

在体系运行时，出现不符合现象是难免的，重要的是应按程序的规定对不符合产生的原因进行预防措施。

在处理不符合时，应针对所出现不符合的实际和潜在的原因，及时采取纠正措施消除影响；纠正措施完成后，还可根据需要验证其效果。组织还应针对潜在的不符合，采取预防措施，以防止不符合的发生。组织出现的不符合现象是多种多样的，解决问题的措施也应针对不符合的严重程度和环境影响的大小，分级分层次解决；所采取的纠正与预防措施，也应与不符合的严重性和环境影响的程度相一致。

（3）记录　ISO 14001 中关于记录的条文：组织应建立并保持一套程序，用来标识、保存与处置有关环境管理的记录。这些记录中还应包括培训记录和审核与评审结果。

环境记录应字迹清楚，标识明确，具备对相关活动、产品或服务的可追溯性。对环境记录的保存和管理应使之便于查阅，避免损坏、变质或遗失。应规定其保存期限并予记录。

组织应保存记录，在对其体系及自身适宜时，用来证明符合本标准的要求。

环境记录反映环境管理体系运行的实际情况，和对 ISO 14000 的符合程度。组织应制定程序对环境记录进行标识、收集、编目、归档、保存、查阅、处理和处置等方面的管理。

组织应对各种环境记录实施程序化管理，记录的管理阔记录的标识、保存、处置等。环境记录应具有追溯性，清晰可辨，记录的管理应便于查阅，避免损坏、变质和丢失。

记录管理的重点为实施与运行环境管理体系所需的记录及环境目标和指标实现的记录，组织在体系的实施与运行中，应根据各要素及程序的规定进行记录。保管方法便于存取、检索、查阅，记录本身应做到字迹工整、标识明确。

（4）环境管理体系审核　ISO 14001 中关于环境管理体系审核的条文：组织应制定并保持用于定期开展环境管理体系审核的一个或多个方案和一些程序，进行审核的目的是：

1）判定环境管理体系：是否符合对环境管理工作的预定安排和本标准的要求；是否得到了正确的实施和保持。

2）向管理者报送审核结果。

环境管理体系审核对象是环境管理体系，内审应全面、完整地覆盖组织的所有现场及活动，覆盖 ISO 14000 环境管理体系标准所有要素。内审包括组织的重要环境因素受控情况，目标指标的实现程度等内容。

环境管理体系审核应保证其客观性、系统性和文件化的要求，应按审核程序执行。内审的程序应对以下内容进行规定：

1）审核的范围，可包括审核的地理区域、部门或体系要素。

2）审核的频次，应根据组织自身的管理状况和外部机构要求确定。

3）审核的方法，一般可包括检查文件及记录，观察现场及操作，与相关人员面谈等，审核的内容应立足于所涉及活动的环境重要性的以前审核的结果。

5. 管理评审

ISO 14001 中关于管理评审的条文：组织的最高管理者应按其规定的时间间隔，对环境管理体系进行评审，以确保体系的持续适用性、充分性和有效性。管理评审过程应确保收集必要的信息，以供管理者进行评价工作。评审工作应形成文件。

管理评审应根据环境管理体系审核的结果、不断变化的客观环境和持续改进的承诺，指出对方针、目标及环境管理体系的其他要素加以修正的可能的需要。

管理评审的内容和范围十分广泛，包括环境管理体系运行的各个方面，这就要求评审之前收集足够的信息，管理评审中应对以下内容评审：①审核的结果；②方针的适宜性，目标指标的实现程度；③变化的信息，如法律法规的变化及市场的要求等。

管理评审由组织的最高管理者按一定的时间间隔实施，评审的内容是组织的环境管理体系，目的在于确保环境管理体系的持续适用性、充分性和有效性，并提出新的要求与方向，以实现环境管理体系的持续改进。

因此，管理评审完成后，应对环境方针、目标指标的适宜性作出判断，是否需进行调整、修改或提高，是否需对其他体系要素加以修改等；管理评审工作形成的结果、结论或决定都应在评审后予以落实，加以实施。

20.3　实施 ISO 14000 环境标准的重点及难点

20.3.1　环境管理体系建立的步骤

按 ISO 14000 环境管理体系标准建立的环境管理体系是一个动态的、需要不断发展和完善的体系，各个企业的类型、规模和产品的特性以及工作惯例有很大的差异，不可能存在相同的管理体系，如果一个企业准备实施 ISO 14000 环境管理体系，首要任务就是按 ISO 14000 环境管理体系标准要求建立适合企业特点的环境管理体系，其建立过程大致分为以下几个阶段：

（1）领导决策与准备　包括最高管理者的承诺，即组织的最高管理者应对持续改进、污染预防作出承诺，对遵守环境法律法规及其他要求作出承诺；任命环境管理者代表，即组织的最高管理者应指定专门管理者代表，明确规定其作用、职责和权限，如向最高管理层汇报体系的运行情况以供管理层评审并为持续改进提供依据；提供资源保障，即最高管理者应授权环境管理者代表组建一个精干的工作班子或机构（环境管理委员会），其主要任务是初始环境评审，建立环境管理体系及未来的日常工作；发布环境方针。

（2）初始环境评审　初始环境评审是建立环境管理体系的基础，其核心是了解组织的环境现状及环境管理现状，主要有下面几个工作：调查并确定组织在活动、产品或服务过程中已造成或可能造成环境影响的环境因素，特别是重要的环境因素；结合组织类型、产品特点以及针对企业识别出的环境因素，特别是重要的环境因素，收集、分类；整理国家、地方及行业所颁布的法律、法规及污染排放标准；评价组织现行的环境管理机构设置、职责和权限以及管理制度的有效性；评价组织的环境行为与国家、地方及行业标准，规程的符合程度；评价组织环境行为对参与市场竞争的风险与机遇；了解相关方对组织法规介绍环境管理工作的看法和要求等。初始环境评审的结论将作为建立和评审组织的环境方针。制定目标、指标和环境管理方案，确定体系优先项，编制体系文件和建立体系的基础。

（3）环境管理体系策划　ISO 14000 环境管理体系实际上是组织实施环境管理工作系统化、结构化和程序化的管理体系，它遵循戴明的 PDCA 循环管理模式。企业建立环境管理体系时，策划的主要内容如下：制定组织的环境方针；制定组织的环境目标和环境指标；编制组织环境实施方案；确定组织的环境管理组织结构和职责；环境管理体系文件化的策划。

（4）环境管理体系文件的编制　环境管理体系文件是组织实施 ISO 14001 标准，建立和保持环境管理体系并保证其有效运行和持续适用的重要基础工作，也是组织达到预定的环境目标，评价与改进体系，实现持续改进和污染预防必不可少的依据和见证。对企业来说，环境管理体系文件是实施环境管理的一套具有法规性的文件，必须遵照执行，其原则如下：

1）文件编制要符合 ISO 14000 环境管理体系标准的要求。

2）要符合组织活动、产品和服务的特点。

3）要做到管理体系文件一体化。

（5）ISO 14000 环境管理体系的实施　体系实施是个长期和持续的过程。对于拟定进行第二方认可或第三方认证/注册的组织，在首次外审前，这一阶段称为体系试运行阶段。体系运行与试运行并无本质区别，都要求按所建立的体系手册、程序文件及作业指导书等文件的要求，整体协调运作，并记录有关运行信息。试运行的目的是要在实践中检验体系的充分性、适用性和有效性。组织应加强运作力度，努力发挥体系本身具有的各项功能，即使发现问题，找出总的根源，对体系给予修订（包括文件修订），以尽快度过磨合期。

（6）环境管理体系内部审核　内部审核是组织自身的环境管理行为，其目的是持续改善组织环境管理体系，为实施第二方和第三方审核做好管理体系上的准备。内部审核有以下几方面工作：①最高管理者的重视是实施内部审核的关键；②环境管理者代表是实施内部审核的保证；③要设置专门的职能部门负责内部审核管理工作；④组建一支合格的环境管理体系内部审核员队伍；⑤制定适合组织活动、产品和服务特点的内部审核程序。

（7）环境管理体系申请认证　环境管理体系的外部审核是企业建立和保持环境管理体系的重要组成部分，是评价企业环境管理体系实施的手段，也是改善企业环境管理工作的有效手段，通过审核可以发现问题，纠正和改进环境管理体系，提高企业的环境绩效。管理评审应尽可能涉及体系的全部要素，但依据实际情况和需要，可重点实施如下内容的评审：①环境方针的适宜性；②目标、指标的完全情况及进一步改进环境行为的目标、指标；③内审结论；④相关方关注的问题；⑤针对客观情况的变化，体系其他要素改进的必要性和需改进方面；⑥职责划分的合理性及资源配置的充分性；⑦体系新的发展方向。

对于拟订实施第三方认证或第二方认可的组织，最高管理者可依据评审结论决定是否申请第三方认证审核或实施第二方审核。一般地，拟定申请第三方认证/注册的组织只有将体系 17 个要素完整运行一轮，体系运行时间至少满三个月才可实施认证审核。

在 ISO 14000 环境管理体系建立和实施的过程中，常常会在初始环境评审、环境方针的制定和环境因素的识别与评估环节中遇到重点和难点，以下将分别做以阐述。

20.3.2　初始环境评审

初始环境评审（Initial Environmental Review）是按照 ISO 14000 的要求在建立和实施环境管理体系前，组织对整个系统包括全部活动、产品和服务中的环境因素、环境影响、环境行为、法律法规体系以及相关有关情况等进行的全面摸底调查，对所收集的有关信息、资料进行系统的整理、研究、评估和提炼，写成调查报告并提交给决策者。

初始环境评审旨在使组织的成员尤其是组织的决策层能够正确建立和实施环境管理体系的目的；通过六查（查法律法规、查标准、查制度、查国际履约、查相关方、查自身管理）正确把握组织在整个环境中所处的准确位置；充分了解自身在环境保护方面的优势与不足等，使所建立的环境管理体系和进行的环境管理工作方向明确、重点突出、行动有效。

尽管 ISO 14000 并未强制要求进行初期评审，评审机构也未必将之作为认证的必要条件，并且初始环境评审不一定能够满足识别和评价所有环境因素的要求；但毫无疑问，对于首次建立和实施环境管理体系的组织来说，做好初始环境评审工作十分重要。

（1）初始环境评审小组的组成　评审工作涉及面较广，为全面、准确、深入，评审小组应由环境管理代表亲自挂帅，协调评审与其他工作，保证评审结果的权威性。评审小组由各部门人员组成，至少包括生产、技术、动力、后勤、供应及环保等部门。

（2）评审前的培训　培训的主要内容为评审的目的、范围、方法、ISO 14000 标准、环境因素、法规知识及评审表格或图标的使用等。评审人员应全面掌握环境因素的内涵，以及三种时态、三种状态和三个方面的专业要求。法律法规的培训是评审前的必要环节，应用通用法规，明白哪些气体排放是法规允许的、哪些是有害废物等。目的是让评审人员有全面的知识，评审过程能自觉地查询、追问或提出疑问，再由专业人员加以解决。

（3）评审的方法　初始环境评审的一些常用方法可包括：问卷调查、面谈、检查清单、直接检验和测量、记录评审以及水平对比法等。在实际执行过程中，个别中小型企业可能缺乏专业的环保知识。则通过以下途径获得帮助：①具备环保职能的政府职能部门，如环保局；②图书网络信息；③行业协会；④消费者组织；⑤业务联系单位；⑥专业咨询机构等。

（4）初始环境评审的步骤　初始环境评审是一个通过信息收集、分析评价、确定组织环境状况的过程。这一过程大体可由准备、信息收集、分析评价和总结报告四个阶段组成，每一阶段又含有若干活动。

1）准备：制定评审计划、组织评审队伍、界定评审范围、确定资料调查、收集分析评价的方法，如编制调查表。

2）信息收集：采取适宜的方法、技术进行有关组织信息的广泛收集。

3）分析评价：信息处理，分析综合。

4）总结报告：报告、手册的编制，向组织管理者汇报。

（5）初始环境评审的内容

1）明确适用于组织的有关法律、法规和标准的要求。ISO 14000 明确规定，组织在环境方针中必须对遵守有关法律法规作出承诺。这是建立和实施环境管理体系的基本原则之一，也是明确环境因素，识别重大环境因素，制定目标、指标和环境管理方案的主要依据。因此，必须广泛全面地收集和整理有关法律法规，包括国际、国内有关环保法律、法规和标准的要求，尤其应当全面掌握企业所在地的地方环保法规和标准。同时，应对照法规分析组织的现状，即系统分析组织目前获取、遵守、执行这些法律、法规和标准的情况以及相应的管理手段，包括对以往违反有关法律法规情况的管理手段、调查、处理等，用以评估组织的环境现状与规定或标准之间的距离。必须指出的是，所收集到的法律、法规和标准必须是最新有效版本。

2）确定组织在原材料的选用、产品的生产或服务中现有的和潜在的环境因素。确定环境因素是评判重大环境因素、确定环境管理目标、指标和制定环境管理方案的基础。一般来说，这项工作不仅相当重要，也相当细致、相当繁琐。

3）组织自身环境形象的检讨。内容包括：①周围邻里历年来对组织环境状况的评价，包括对组织造成污染的抱怨以及他们向上级部门的投诉等，以及所有污染造成的后果及其最终处理结果；②历年来上级环保或其他有关部门对组织污染环境或排污超标的处罚；③有关环保执法或行政执法部门签发的组织通过环境影响合格报告书（表）的批文；④有关环境监测或环保行政执法部门签发的组织污染物浓度及部颁控制指标达标排放证明文件；⑤组织生产的产品在商品流通领域中的环保形象，如属于生态（或绿色）商品、使用绿色环境标签或通过环保认证，以及销售市场的反应等。

4）对组织相关方环境管理状况或环境保护形象的调查。这里的相关方是指组织的分供方或供应商、承包商，可能包括以下内容：①原材料供应商；②元器件制造承包方；③废物、废料及垃圾处理承包方；④承销或消费组织产品的客户等。

相关方的环境管理状况或环境保护形象，可以包括：①是否建立和实施了环境管理体系；②是否与组织签订过环境保护或环境方面的协议或书面承诺；③是否经常受到有关环保或环境管理部门的处罚；④在公众或环境保护组织中的反映；⑤对于有关废物、废料以及垃圾处理的承包方，尤其应该调查其是否为工商行政部门正式注册单位，有没有营业执照，是否在国家规定部门办理经营范围的注册等。

（6）初始环境评审的总结　包括：

1）评估组织内部现有的环境管理制度、组织机构、职责及其运转情况与适用程度。

2）总结、拟订环境因素和重大环境因素排序一览表，为确定重大环境因素提供决策参考。

3）大致评估、核算改善或改造环保设施，建立和实施环境管理体系及通过认证所需费用。

4）提议建立和实施环境管理体系所需的组织机构、人事安排。

5）大致确定建立、实施环境管理体系以及通过第三方认证的时间表。

20.3.3　环境方针的制定

环境方针是实施与改进组织环境管理体系的推动力，具有保持和潜在改进环境行为的作用。因此，环境方针须反映最高管理者对遵循有关法规和保证持续改进的承诺。

环境方针是一个组织建立环境目标和指标的基础。环境方针所确定的目标体现了对环境目标管理阶段性、层次性和可分性的特点。在实际的体系实施中，应根据不同的情况、不同的阶段确定不同的目标，以有利于目标的实现、控制和业绩评估。ISO 14000 体系的实施是以实现管理水平的持续、有效改进为目的，最终目标是环境质量改善和生态和谐，其内容以实现环境方针满足环境目标为依据；同时也应充分考虑其有效性和经济技术可行性。因此，确定环境方针时必须考虑目标阶段性的特点，以有利于体系的实施。例如现阶段从我国的国情和环境现状来看，还不能完全集中力量到生态环境建设上来，因此我国的环境方针中坚持污染防治与生态保护并重，逐步向改善生态环境质量的基本目标过渡，这有利于方针的实施，也符合 ISO 14000 体系持续改进的要求。根据目标层次性和可分性的特点，我国的环境方针把良好的生态环境作为最基本的目标和中长期目标，在这个目标指导下，各城市（例如天津市）相继提出创建国家环境保护模范城市的近期目标，在这个目标指导下，又提出了完成"蓝天工程"、"碧水工程"、"安静工程"、"生态保护工程"、"工业污染防治工程"和"环保模范城市细胞工程"六大工程的具体目标；同时创建国家环境保护模范城市的目标包含多个体现着污染防治和生态保护内容的指标。

另外，对环境方针的规定应足够明确，使它的内外部相关方都易于理解，应对它进行定期评审与修订，以反映条件和信息的变化。它的应用范围应当是可以明确界定的。

ISO 14000 标准对组织的环境方针提出了要求。在内容方面要求组织的环境方针必须包括两个承诺（即持续改进和污染预防的承诺、遵守有关环境法律法规和其他要求的承诺）和一个框架（即提供建立和评审环境目标和指标的框架）。

（1）对遵守法律法规的承诺　对"遵守有关法律、法规和组织遵守的其他要求的承诺"是 ISO 14000 标准的基本要求。这里所说的法律、法规和其他要求，主要是我国的环境保护方面的法律、法规、标准、制度和一些行业规定等，《中华人民共和国环境保护法》、《中华人民共和国水污染防治法》、《地面水环境质量标准》、《污水综合排放标准》、《环境影响评价制度》等。承诺有一个时间上的滞后性，也就是说，即使是现在污染物的排放超标的组织，也可申请 ISO 14000 标准的认证，只要它承诺在一定的时期内达标排放即可。

（2）对持续改进的承诺　对持续改进的承诺，就是组织要承诺不断地改进自己的环境表现。环境管理体系是按螺旋上升的 PDCA 循环方式运行的，停留在原来的环境表现是不能满足 ISO 14000 标准的要求，组织可以从多个方面达到持续改进的要求，例如通过纠正和预防措施对环境管理体系审核和管理评审，使组织的环境管理体系不断地调整、完善，以更适合于组织发展的要求；或者在生产量不变的情况下采用先进工艺，减少原材料和水资源的消耗量，减少煤、石油等能源的消耗量等。

（3）对污染预防的承诺　污染预防的原则是指尽可能防止污染的发生，而不是污染出现后再进行治理、补救，体现污染优先控制、预防为主的思想。污染预防的承诺可包括以下内容：①减少废物或使废物少量化；②减少或消除污染物质向环境的排放；③降低有害有毒危险品的使用量，尽可能使用替代品；④尽量对废物进行回收和再循环利用，减少废物的处置量；⑤应用环境管理手段及环境影响评价，将开发项目所造成的环境影响减至最小等。

（4）为建立和评审环境目标和指标提供框架　环境方针是组织在环境保护方面的宗旨和努力方向，是比较抽象的；而环境目标和指标是根据环境方针而制定的，是具体和量化的。指导组织具体实施环境保护活动的是环境目标和指标。例如，组织在环境方针中规定"减少排污量"，为组织制定环境目标和指标提供了框架；组织根据环境方针而制定出的环境目标为"今年二氧化硫的排放量减至去年二氧化硫排放量的 50%"，而环境指标则为"发电厂的二氧化硫排放量减至去年二氧化硫排放量的 35%，锅炉房减至 60%"。对环境目标和指标是否实现进行的评审，也应以环境方针中的规定来进行。

环境方针应反映组织产品、活动或服务的性质、规模与环境影响，要突出反映出组织的主要环境问题，要体现组织的个性和特色。如果该组织从属于一个更大的组织，则其环境方针还应符合后者的环境方针。

20.3.4　环境因素的识别和评估

当环境方针确定之后，ISO 14000 标准要求组织制定实施这一方针的计划，在计划活动中最重要的一个环节，就是识别并评估组织的环境因素。

1. 环境因素的识别方法

该方法包括过程分析法；产品生命周期分析法；物料衡算；问卷调查；现场观察和面谈；查阅文件及记录；专家评议等。

现有的国际标准没有规定或推荐任何具体方法。实际工作中，人们会发现在适用、有效、简便等效果上，上述任何一种方法都不能完全满足要求。产品生命周期等方法过于专业，需要特别的专家消耗大量时间才能完成工作，而头脑风暴等方法又过于简洁显得很不专业，总之各有利弊。实际操作时最佳方法是依据各组织的资源和实际需要选择上述几种方法合理有效组合使用。以下对其中几个方法分别予以介绍。

（1）过程分析法　　过程分析法是中国的 ISO 14001 标准推广者在认证试点过程中发展定义的一种方法。它是产品生命周期、物料衡算、现场调查、头脑风暴等方法的结合物，是一种相对较好的值得推荐的方法。其基本过程是：

1）按产品生命周期法的思路和生产工艺物料衡算原理，把组织运行活动及对应的职责部门进行排序。

2）对每一职责部门及其运行活动顺序做进一步的过程细分。

3）通过现场观察、头脑风暴、专家咨询、工艺分析等方法识别确定每一细分过程中存在的环境因素（包括投入及产出）。

4）明确每一环境因素对应的环境影响。

5）为管理环境因素信息（记录）的方便，对大中型组织可将具有相同过程和相同环境因素的有关信息进行合并，但以不丢失特征为前提。根据需要，这一合并过程也可在评价出重要性后进行。

（2）产品生命周期分析法（LCA）　　LCA 是近年来发展较快的方法，可使组织全面了解自己产品，对产品进行"从摇篮到坟墓"的分析，包括了从原材料生产到产品最终处置的全部过程中可以涉及的环境问题。

从广义来讲，产品生命周期是一种思想方法，它要求对产品全部生命周期过程的环境问题进行综合的分析比较，采用对环境更为友善的材料与方法，改进产品的设计，改进产品生产工艺和流程，改变产品的消费习惯，从而实现对产品过程的环境负荷的改善。

一般运用 LCA 进行分析的环境问题内容包括：对大气质量的影响；对地表水的影响；对土壤、海洋、地下水的影响；对气候的影响；废弃物；自然资源（水、能源、原材料等）的消耗；毒性作用；生物多样性等方面。

（3）工艺流程（物料衡算）分析　　对于工业企业的环境因素识别可以通过物料衡算法来进行。物料衡算法是根据质量和能量守恒定律，即输入企业生产过程的物质（能量）等于输出的物质（能量），通过物料衡算、能量衡算和水量衡算，查清流失物的种类和数量、余热的利用和损失、水源的流失。

进行物料平衡的目的在于准确地判断企业的废弃物流，定量地确定废弃物的数量、成分及去向，从而发现过去无组织排放或未被注意的物料流失。

（4）问卷调查　　问卷评审是通过事先准备好一系列问题，通过到现场查看和与人员交谈的方式，来获取环境因素的信息。问题的设计应本着全面和定性与定量相结合的原则。问卷包括的尽可能覆盖组织活动、产品服务中及其上、下游相关问题中的所有环境因素。典型的调查卷中的问题可包括以下内容：

1）产生哪些大气污染物？污染物浓度及总量是多少？

2）产生哪些水污染物？污染物浓度及总量是多少？

3）产生哪些有毒有害化学品？数量是多少？

4）在产品设计中如何考虑环境问题？

5）有哪些紧急状态？采取了哪些预防措施？

6）水、电、煤、抽用量各多少？与同行业和往年比较结果如何？

7）有哪些环保设备？维护状况如何？

8）产生哪些有毒有害固体废弃物？如何处置的？

9）主要噪声源有哪些？厂界是否达标？

10）有否居民投诉情况？做没做调查？

以上只是一部分问卷调查内容，组织可根据实际情况制订完整的问卷提纲。

（5）现场观察和面谈　现场观察和面谈都是快速直接地识别出现场环境因素最有效的方法。这些环境因素可能是已具有重大环境影响的，或者是具有潜在的重大的环境影响的，有些是存在环境风险的。如①观察到较大规模的废机油流向厂外的痕迹；②询问现场员工，回答"这里不使用有毒物质"，但在现场角落处发现存有有剧毒物质；③员工不知道组织是否有环境管理制度，而组织确定存在一些环境管理制度；④嗅到强烈的刺激气体；⑤发现锅炉房烟囱冒黑烟；⑥听到厂房传出刺耳的噪声；⑦垃圾堆放场各类废弃物混放，包括金属、油棉布、化学品包装瓶、大量包装箱、生活垃圾等。

现场面谈和观察还能获悉组织管理的其他现状，如环保意识、培训、信息交流、运行控制等方面的缺陷，另一方面也能发现组织增强竞争力的一些机遇。

（6）查阅文献及记录　一般的组织都存在有一定价值的环境管理信息和各种文件，评审员应认真收集这些文件和资料需要关注的文件和资料包括：排污许可证、执照和授权；废物处理、运输记录、成本信息；监测和分析记录；设施操作规程和程序；过去场地使用调查和评审；与执法当局的交流记录；维修记录、现场规划；有毒有害化学品安全参数；让材料使用和生产过程记录，事故报告；排放物和排污费记录；能源、资源、配件等的价格。

（7）专家评议　由环保专家、现场管理者、工艺技术人员等专业人员组成的评审组利用过程分析法的思路进行会议评审，一些数据信息会收集登记，同样能取得良好的评审效果。

2. 环境因素的评估

将识别出来的环境因素、影响按规定的标准进行重要性评价，确定重大的环境因素和影响，以便采取相应的控制措施。在环境影响的重要性评估过程中，可有选择地考虑以下一些因素：

环境方面的依据：①环境影响的规模；②环境影响的严重程度；③发生的概率；④环境影响的持续时间；⑤环境法律法规要求。

商业方面的依据：①改变环境影响的技术难度；②改变环境影响的经济承受力；③改变其他活动和过程将带来的（好或坏）效果；④相关方的利益；⑤组织的公共形象；⑥能增强竞争力的商业机遇大小；⑦因环境问题使组织存在的风险大小。

组织根据制定的评价标准表和上一步骤识别的结果，针对全部环境因素的全部状态进行分类，示意如下：

第一类：违反法律、法规、标准。

第二类：潜在危害健康或存在安全隐患。

第三类：向环境排放污染物质。

第四类：浪费资源、能源。

第五类：影响企业形象、受相关方关注。

第六类：可持续改进，逐步替代，使用绿色产品。

各公司还可根据自身特点重新划定类别划分。按技术上进行改进的可行性及经济投入，特别是能否强化管理及在运行中控制，分类如下：

第一级：无/低费投资，加强管理即可以改进或控制。

第二级：进一步改进的技术可行，有投资保证可实现。

第三级：近期（一、二年内）改进有难度（技术不成熟或投资较高）。

第四级：只能列为远期目标，技术、经济均暂不可行。

综合评价结果：

凡属第一类的为特别重大环境因素，应第一批控制；

凡属第一级的和第二、三、四类第二级的，为重大环境因素，应其次控制；

凡属第二、三、四类第三级和第五类第二级的，为一般环境因素；

其余为未来条件许可后改进的。

重大环境因素经制定目标、指标、管理方案及进行运行控制之后，需第一批控制的环境因素如果得到解决，本着持续改进的方针，体系运行的下几个周期将第二、三、四批控的环境因素上升为第一、二、三批控制因素。

20.4　ISO14000 环境管理标准的审核

20.4.1　环境管理体系审核的步骤

审核是确定质量活动和有关结果是否符合计划的安排，以及这些安排是否有效实施并适合于达到预定目标的、有系统的、独立的检查。（ISO8402—1994）

环境管理体系审核是客观地获取审核证据并予以评价，以判断组织的环境管理体系是否符合组织所规定的环境管理体系审核准则的形成文件的、系统的验证过程，包括将这一过程的结果呈报管理者。（ISO14011—1996）

审核阶段共包括六个步骤（见图 20-2）：

（1）建立并保持员工自我评价程序　员工自我评价是由与各种操作有关的员工自己实施的审核，通常他们拿着检查表，检查表中填好作业指导书的各项要求（如废水检查表、有毒物质存放检查表）。

自我评价工作和计划表中应规定与工作有关的指导书，指导书经过确认并发放到相关人员手中，员工将接受有关自我评价的培训，然后他们要做的是按照有关的指导书进行评价，并记录评价结果。

员工有责任确认发现的不符合已得到了纠正，通常这意味着改变员工的工作方式或聘用所需的适当人员，当问题得到纠正后员工可不必再继续执行评价行动。

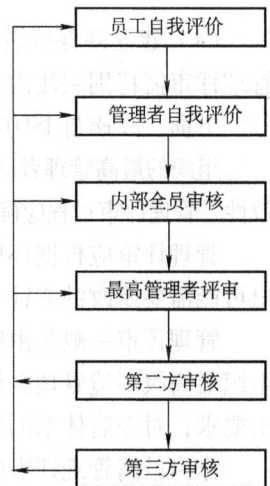

图 20-2　六个审核步骤

（2）建立并保持管理者自我评价程序　管理者自我评审是部门经理个人负责的环境管理体系和其他管理体系的审核，通常三个月进行一次，评价使用经理本人制定的评价计划，计划由他（她）直接批准并领导。对于每一次检查出的不符合要有一个纠正措施，评价结果由经理本人以文件的形式上报其直接领导，这些报告由项目执行委员会概括总结并报告给董事会。

部门经理有责任确保部门的活动与组织的惯例、程序和好的商业评价保持一致，经理必须理解组织的控制文件，理解它们隐含的意图和如何实施它们。自我评价检查表则是用来评估部门如何有效地遵守控制要求，确认与部门环境活动有关的关键控制要素，它通常比环境管理体系覆盖的范围广。具体说，要包括质量、安全和财务等方面，它应指出如何评价项目，需要审核的样本量和什么是可接受的行为。部门自我评价检查表的草稿可以交给更高级别的部门经理确认它的综合性和其中行为标准的合理性。

（3）建立并保持内部全员审核程序　内部审核是组织内部对环境管理体系运行的自检，通过自检检查组织环境管理体系的符合性、适合性和有效性，即检查体系的建立与运行是否完备和规范，是否适应组织运行的特点并具有可操作性，组织的环境目标、指标及管理方案是否得到落实，进而确定组织的环境绩效是否得到提高。这种审核是组织的自我检查自我完善的过程，也为进行管理评审提供了信息。

内审的步骤程序如图 20-3 所示。

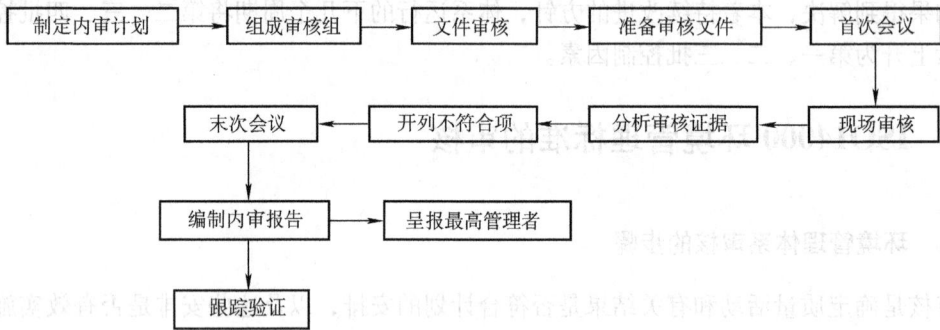

图 20-3　内审程序示意图

（4）建立并保持最高管理评审程序　组织必须进行整个环境管理体系的最高管理评审，管理评审需特别关注内审的结果，ISO14001 标准要求定期进行管理评审。

下面一段摘自 ISO14001 标准条款 4.6：

组织的最高管理者应定期对环境管理体系进行评审，以确保体系的持续适用性、充分性和有效性。管理评审过程应确保收集到必要的信息，供管理者进行评价，评价工作应形成文件。

管理评审应根据环境管理体系审核的结果，不断变化客观环境和对持续改进的承诺，指出可能需要修改的方针、目标以及环境管理体系的其他要求。

管理评审一般是由组织最高管理者亲自主持，由环境管理者代表及各部门负责人参加的组织最高级环境管理会议，评审时对组织的环境管理体系运行状态作出评估，对需修改的提出要求，对今后体系的运行提出新的目标、指标和方案。

作为最高管理评审的结果，最高管理者应能够回答以下问题：

1）现行的环境管理体现是否提供了组织的竞争优势？

2）现行的环境管理体系是否与组织的经营商业计划相一致？

3）正在进行或计划中的活动是否需要对环境管理体系进行调整？

4）组织是否达到环境方针所确定的目标？

5）现行的环境管理体系是否工作有效?

6）现行环境管理体系能否防止错误的出现?

7）组织的环境表现是否得到持续改善?

8）是否有相关方对组织的环境表现提出抱怨?

9）所有被确认的环境不符合项是否得到了纠正?

10）是否需要确定新的环境目标,如果需要,那么新的目标是什么?

（5）第二方审核　第二方审核是由顾客对他们的供应商或潜在供应商的环境管理体系进行的审核,以确保供应商的环境管理体系满足购买其商品的组织或个人规定的最低环境要求。

第二方审核通常在与一个供应商签定合同之前进行,每 6～12 个月对当前的供应商进行一次审核。对当前供应商进行的半年一次的审核除对环境管理体系审核外,一般还包括对其质量体系、产品和/或服务过程及产量的审核。

（6）第三方审核　第三方审核主要是指独立于审核方的认证机构依据环境管理体系认可制度的要求而实施的以认可为目的的审核。与组织的内部审核相比,认证审核更具有权威性、客观性和公证性。

环境管理体系的认证审核至少要包括两个阶段,即第一阶段审核和第二阶段审核。第一阶段审核的目的在于全面了解受审核方环境管理体系的基本情况,确认审核范围,为第二阶段审核做好充足的准备。通常包括文件审核和现场审核。两个阶段审核的层次和深度不同,各自具有独特的功能和作用,不能彼此相互替代。

审核组长在接受任务后,首先应组织审核组成员对受审核方的文件进行审核,并将文件中发现的不符合通知受审核方。

在文件审核的基础上,进行第一阶段现场审核。由审核组长带领审核组主要成员实施,重点了解受审核方环境管理体系及其运行的基本情况。

第一阶段审核的重点在于了解受审核方的产品、活动或服务的全过程及其所包含的环境因素,并对组织环境管理体系的策划情况及内审状况进行审核。

第二阶段审核是在第一阶段审核的基础上对受审核方的环境管理体系进行更为深入的审核,侧重于审核体系的运行与绩效。第二阶段审核也是认证活动的核心部分,其目的在于通过审核确认受审核方环境管理体系的符合性及其运行的有效性,判定受审核方的环境管理体系能否通过认证。

环境管理体系认证审核的实施程序如图 20-4 所示。

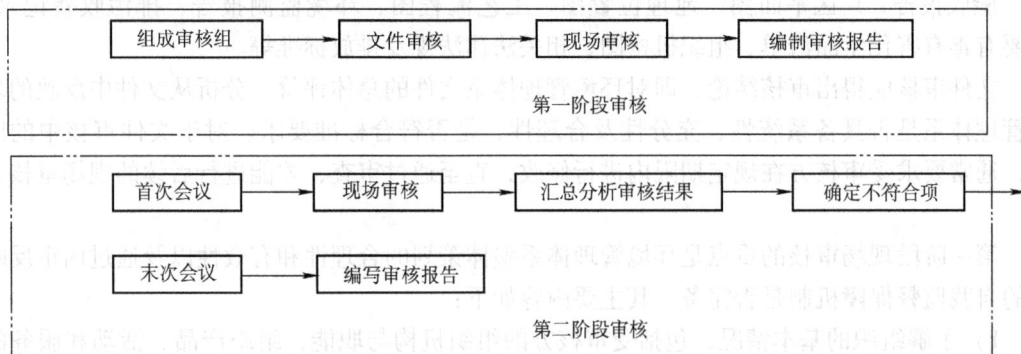

图 20-4　认证审核程序示意图

20.4.2 环境管理体系的认证审核

1. 认证审核的策划和准备

（1）对受审核方的要求 受审核方向认证机构提出认证申请并与之签定了认证合同之后，受审核方要全面启动与认证机构的审核配合工作。受审核方应有效地建立、实施并保持环境管理体系。实施认证前环境管理体系应至少运行一个周期，即包括内审和管理评审在内的17个要素均得到实施。按照有关规定，体系试运行时间一般应达到或多于3~6个月。同时受审核方应准备好相关的文件与其他支持性文件及有关记录，以便于审核组查阅。在认证审核实施前，受审核方应向认证机构提供审核准备所需资料可包括组织法律地位的证明文件（如营业执照）的复印件、企业简介、环境管理体系建立过程中的重要文件（如初始环境评审报告）等。

（2）认证机构的准备 在接受委托方的审核申请后，如认证机构确认受审核方符合实施审核的基本条件，即可安排人员去受审核方进行初访，以了解受审核方的规模、性质、特点及环境状况等基本情况，并共同确定审核范围，进而双方签订审核合同。

在确定审核范围时，应综合考虑多种因素，包括：①受审核方组织机构的设置及其管理权限所覆盖的范围；②受审核方产品、活动、服务的类别和性质；③环境因素及其影响的独立性的关联性；④受审核方现场的分布情况及地理范围；⑤有关产品、活动、服务所需的法律法规要求、标准和其他要求；⑥受审核方的特殊情况，如是否有排除在审核范围之外的场所和地点等。

2. 审核的实施过程

（1）第一阶段审核 认证机构与受审核方签定合同，经过合同评审，根据审核范围和专业特点组建审核组并通知受审核方确认后，审核工作开始启动，即可进入第一阶段审核。此阶段审核没有严格的首、末次会议等固定的形式，可由审核组依据具体情况确定。但在现场审核结束之前，审核组应与受审核方充分交流，指出其存在的问题并向其通报第一阶段审核结论，同时向其提供信息反馈的机会。

在进行环境管理体系审核时，文件审核是现场审核的基础和先行步骤。在进行文件审核时，除主要收集受审核方提供的环境管理手册和程序文件外环境管理文件和程序文件外，还应包括以下材料：环境因素及重要环境因素清单、法律法规清单、目标、指标、环境管理方案。除此之外，审核组还可视情况收集以下背景资料：环评报告、污染源调查报告、"三同时"验收报告、厂区平面图、地理位置图、工艺流程图、环境监测报告、排污收费记录、主要有毒有害化学品清单、组织机构图、相关法律法规及排放标准等。

文件审核应得出审核结论，即对环境管理体系文件的总体评价，分析从文件中反映的环境管理体系是否具备系统性、充分性及合理性，是否符合标准要求。对于文件审核中的问题，通常要求受审核方在规定期限内进行修改，直至通过审查，才能进行后续的现场审核工作。

第一阶段现场审核的重点是环境管理体系整体策划的合理性和有效性以及通过内审反映出的自我监督保障机制是否完备。其主要内容如下：

1）了解组织的基本情况，包括受审核方的组织机构与职能，组织产品、活动和服务的过程及方式，组织的重要环境控制点（岗位）情况等。

2）结合现场情况对有关体系文件进行补充审核，检查其可操作性和合理性。

3）通过收集有关环境方针、目标指标、环境因素及环境管理方案等有关信息，了解受审核方环境管理体系的整体情况，判断其环境管理体系的合理性及是否已被实施。

4）收集组织的内审信息。

5）收集组织识别与评价环境因素的过程信息及现场观察，对其识别与评价环境因素的程序的合理性及是否实施进行评审。

6）审核组应对组织环境法律法规的符合性进行检查和抽样评审，以证实组织的环境管理体系在此方面的有效性。

7）审阅管理评审记录，证实管理评审已完成。

8）审核组关注的其他问题。

在第一阶段现场审核以后，审核组长应负责第一阶段审核报告编写，该审核结论及报告是整个认证审核报告的组成部分。在报告中包括受审核方环境管理体系概述、目前存在的主要问题及是否具备进行第二阶段审核条件的结论和第二阶段审核的重点及抽样方案的确定。

（2）第二阶段审核　第二阶段审核是环境管理体系认证审核的主要内容，是工作量最大、涉及的人员和部门最广泛和最重要的审核活动。按照 ISO14001 环境管理体系审核程序的规定，第二阶段审核应遵循的程序如图 20-4 所示。

首次会议是审核组进入受审核方现场后由审核组长主持召开的第一次正式会议，由审核组长支持。与会的审核组成员和受审核方的与会人员应分别在首次会议签到。首次会议签到表是审核档案中的正式记录。根据 ISO14001 标准的规定，首次会议的目的包括：①向受审核方中高级管理者介绍审核组成员；②确认审核范围、目的和计划，共同认可审核进度表；③简要介绍审核中采用的方法和程序；④在审核组和受审核方之间建立正式的联络渠道；⑤确认已具备审核组所需的资源与条件；⑥确认末次会议的日期和时间；⑦促进受审核方的积极参与；⑧受审核方想审核组介绍有关的现场安全和应急程序。

为了实现审核目的，环境管理体系的现场审核必须对受审核方实施 ISO14001 中的 17 个要素的情况进行审核。审核的范围应覆盖受审核方环境管理体系所涉及的各有关部门和各重要活动的现场。现场审核一般在几天之内完成。要做好现场审核，应对审核计划和审核活动进行有效的控制。在现场审核中往往不可能检查所有的记录或现场，要把重点放在重要的环境岗位和重要环境因素的现场，合理的选择样本实施审核，既要做到随机抽样，使其具有代表性也要使样本尽量分布均匀，能够覆盖环境管理体系标准中规定的所有要求。另外，也要注意在审核过程中营造良好的审核气氛，这是保证审核顺利进行的重要条件。

审核发现是将收集到的审核证据与审核准则进行比较所得出的评价结果。审核组在收集审核证据之后要队所有审核证据进行评审，以确定受审核方的环境管理体系在哪些方面符合审核准则，哪些方面不符合审核准则。对环境管理体系的不符合项确定方法及其性质判定方法与内审相同。在确定不符合时，必须以在文件审核或现场观察中发现的客观事实为基础，以审核准则而不是审核员个人观点作依据。

在与受审核方共同确认审核发现及不符合项之后，就可以举行末次会议。末次会议是审核组向受审核方报告审核结果和审核结论的会议，也是第二阶段审核结束的标志。末次会议的目的是：①向受审核方的高层管理者和受审核部门的负责人概括介绍审核情况；②宣布现场审核结果和审核结论；③提出纠正措施的追踪要求；④向受审核方介绍获证后监督审核的规定。

编制审核报告阶段的工作一般在审核组撤离受审核方现场后进行。审核报告中应包括受审核方的基本情况，受审核方环境管理体系概述（包括体系建立与运行时间、文件的结构与总体情况），第一阶段审核概况，第二阶段审核概况和审核结论等。如果审核组认为受审核方的环境管理体系符合审核准则，则推荐注册。经认证机构技术委员会审议后即可批准注册。

复 习 思 考 题

1. ISO14000 系列标准如何的分类？
2. ISO14000 系列标准的主要内容是什么？
3. ISO14000 系列标准的特点有哪些？
4. 实施 ISO14000 环境管理体系认证对企业有什么作用？

附　录

附录 A　某城市环境规划报告目录

附录 B 烟台市生态环境保护与建设规划

附录 C 武夷山自然保护区规划摘要

1 总 论
1.1 项目背景
1.2 规划依据
1.3 规划指导思想和原则
1.4 规划期限
总体规划期限为 10 年，即 2001—2010 年。规划期分两期，近期为 2001—2005 年，远期为 2006—2010 年

2 保护区基本情况及现状评价
2.1 保护区基本情况
描述地理位置与范围、自然条件、社会经济概况、历史沿革和法律地位
2.2 现状评价
对保护区的自然生态质量评价、保护区管理水平评价、保护区经济评价，确定保护价值、存在的主要问题和矛盾

3 总体布局
3.1 保护区性质、保护对象和保护区类型
3.2 规划目标
分总体目标、近期目标、远期目标进行描述。
3.3 保护区功能区区划（区划的原则、依据、分区范围、分区）
3.4 总体布局
根据保护区的类型、性质、保护对象、功能区划分以及保护区总体发展战略与目标的要求，福建武夷山国家级自然保护区总体布局为：从宏观上将保护区划分为重点保护区域和一般保护区域两大区域，重点保护区域包括核心区和缓冲区两个功能区，不安排任何建设项目；一般保护区域只限定在实验区，不安排可能破坏生物资源及生态环境的建设项目，保护区重点建设内容和生产经营活动均安排在此区域。

1）核心区实行绝对保护，除与外围交界处建有米罗湾、大安源、坪溪、玲珑、溪源哨卡（站）并配有通信设施外；无其他建设项目。通过这些哨卡，严把关口，未经特别批准，严禁任何单位和个人进入。

2）缓冲区的建设项目主要安排科研项目，包括生态定位观测站，具体内容有监测房、气象站、

径流场（2 个）、生态场（10 个）、集水区测水堰（4 个），主要进行中亚热带常绿阔叶林生态系统的定位研究，以填补我国此类研究的空白。同时进行生态环境动态监测。

3）实验区的建设项目立足于科研与生产经营相结合，以有利于保护科研工作的开展和社区经济发展，主要安排科学试验、宣传教育、参观考察、环境保护设施、生态旅游和生产经营等项目建设，主要内容有珍稀植物繁殖园 7000m²，珍稀动物繁殖园 1770m²，宣传教育中心 500m²。生产性经营项目有毛竹丰产林基地 2400hm²，茶园 337hm²，毛竹加工厂和茶叶加工厂。居民区的环境保护设施有生活污水处理池、垃圾处理场、沼气池等。

4）新增龙湖管理所的建设地址，选择在交通方便，通讯快捷，供水供电等基础设施较完善的龙湖采育场场部。

5）管护哨卡（站）均设置在区外进入保护区的交通要道或主要关隘。

6）生态旅游的景区规划与旅游线路设置，本着严格控制旅游范围、规模，合理确定游客容量的原则，规划的山地景观、水域景观、生物景观、人文景观及其四条旅游线路，三条设在实验区，只有黄岗山旅游线路到达核心区，但仅限定在主峰，仅供游客远眺山地景观。"武夷山国家级自然保护区生态旅游计划"已于 1999 年获国家林业局批准。

4 规划内容
4.1 保护管理规划
福建武夷山国家级自然保护区具有全球性的生物多样性重要地位，其生物多样性、森林生态系统完整性及其特有的自然景观，决定了规划期间以保护管理为核心的宗旨。

4.1.1 规划目标
调整管护基础设施布局，完善管护设备，建成管护网络，有效保护生态环境与自然资源，促进资源数量、质量不断扩大与提高；使野生动、植物能正常生存、繁衍，种群数量不断增加。

4.1.2 保护措施
1）进一步健全保护管理机构，明确机构的职能与责任，提高管护功效。

2）明确保护区界，完善功能区划，实行分片管理，加强巡护。

3）加强资源保护宣传，调动社区群众参与自然保护的积极性，社区参与共管，联保联防。

4）建立完善各项规章制度，保证管护工作的正常有序开展。建立完善护林员、检查哨卡人员汇报制度；建立完善入区管理制度；建立毛竹采伐管理制度，做到有章可循，按章办事。

5）建立年度安全生产、资源管理、林政执法、森林防火工作检查制度。

6）依托执法机构，打防结合，依法行政、依法保护）。

7）建立健全森林防火组织机构，组织专业人员与群众相结合的防火队伍。建立并实施一系列防火措施，加强火源管理，严格用火审批，实施火险区域管理。

8）改善基层所、站、卡的工作和生活条件，引进先进的技术设备，提高管护水平。

9）加强岗位培训，举办培训班，参加学术交流。

4.1.3　生物多样性保护规划

4.1.4　森林防火规划

4.1.5　保护管理基础设施建设规划

4.1.6　执法队伍建设规划

4.1.7　森林病虫害防治

4.1.8　环境保护规划

4.2　科研监测规划

武夷山国家级自然保护区特殊的地理位置和地质地貌，形成了生物种群多样性与遗传基因多样性、森林植被类型与植物群落的多样性，为开展生物多样性研究和森林生态系统的研究，提供了优越的条件。通过对保护区保护与管理等内容的深入研究，不仅可指导保护区正常工作开展，发展自然保护区的科学理论，还可以为保护区的保护管理决策提供可靠的科学依据，从而促进保护区的建设与发展。

目标：今后10年，保护区在进一步进行本底资源调查的基础上，以本区科技人员为基础，广泛开展国内外技术合作与交流，引进先进设备，提高科研水平，把福建武夷山国家级自然保护区建设成为具有国际影响的科研基地。

4.2.1　科研监测的任务

保护区的科研监测任务是以"武夷山中亚热带常绿阔叶林森林生态系统定位研究"为重点，依托生态定位观察站的建设，重点进行森林生态系统的研究，并结合保护区保护与管理的中心工作，开展生物多样性保护研究与监测、珍稀濒危野生动植物的保护繁殖研究，保护区社区可持续发展模式研究。努力把保护区建设成为中亚热带森林生态系统研究、生物多样性研究、自然保护区可持续发展等研究监测的基地，填补我国中亚热带森林生态系统定位研究的空白。

4.2.2　科研与监测项目规划

4.2.3　科研设施规划

4.2.4　科研队伍建设规划

4.2.5　科研组织管理

4.2.6　科研档案管理

4.3　宣传教育规划

依据保护区现有宣教机构与设施，配备必要的设备，采取各种形式，加大宣传力度，提高社会公众对保护区自然资源的保护意识。

内容主要有：宣传教育的目的意义、宣传教育的内容与形式、宣传教育设施规划社区、周边居民的自然环境保护教育规划培训规划。

4.4　基础设施规划

保护区管理局自建立以来，已建成了办公、保护、科研、食宿等一批主要基础设施。今后建设的重点将放在设施、设备的维修与更新、办公现代化建设和武夷山后勤基地的建设上。

4.5　社区共管规划

保护区必须坚持"以保护为目的，以发展为手段，通过发展促进保护"的指导思想，在做好保护管理工作的同时，解决好自然保护与社区经济发展的问题，有计划、有目的地扶持社区发展多种经营，把自然资源优势转化为经济优势，开辟有利于保护的致富之路，使保护区与社区经济得到共同发展。

4.6　生态旅游规划

4.6.1　旅游资源评价（山地景观、水域景观、生物景观、人文景观评价）

4.6.2　旅游发展前景预测

4.6.3　环境容量分析

4.6.4　客源和市场分析

4.6.5　环境质量控制

4.6.6　绿化美化规划

4.6.7　"三废"处理

参 考 文 献

[1] 叶文虎. 环境管理学 [M]. 北京：高等教育出版社, 2000.

[2] 钱易, 唐孝炎. 环境保护与可持续发展 [M]. 北京：高等教育出版社, 2000.

[3] 张承中. 环境管理原理和方法 [M]. 北京：中国环境科学出版社, 1997.

[4] 陈立民, 吴人坚, 戴星翼. 环境学原理 [M]. 北京：科学出版社, 2003.

[5] 朱庚申. 环境管理学 [M]. 北京：中国环境科学出版社, 2000.

[6] 张明顺. 环境管理 [M]. 武汉：武汉理工大学出版社, 2003.

[7] 布鲁斯·米切尔. 资源与环境管理 [M]. 蔡运龙, 等译. 北京：商务印书馆, 2004.

[8] 曲格平. 中国的环境与发展 [M]. 北京：中国环境科学出版社, 1992.

[9] 金浩, 欧阳讷, 程子峰. 环境管理与技术 [M]. 北京：中国环境科学出版社, 1994.

[10] 张坤民. 可持续发展理论 [M]. 北京：中国环境科学出版社, 1997.

[11] 于启武. 环境管理标准化理论与方法 [M]. 北京：首都经济贸易大学出版社, 2001.

[12] 蕾切尔·卡逊. 寂静的春天 [M]. 吕瑞兰, 李长生, 译. 长春：吉林人民出版社, 1997.

[13] 王紫雯. 环境规划、管理与控制 [M]. 杭州：浙江大学出版社, 2001.

[14] 余正荣. 走向"生态人文主义"[J]. 自然辩证法研究, 1997, 13 (8)：41-45.

[15] 严燕韵. 论环境管理促进环境保护的重要性 [J]. 中国人口·资源与环境, 2004, 14 (2)：138-140.

[16] 任勇. 日本环境管理及产业污染防治 [M]. 北京：中国环境科学出版社, 2000.

[17] 桑燕鸿. 环境规划浅析 [J]. 中山大学研究生学刊：自然科学版, 2001, 2 (22).

[18] 宋健. 向环境污染宣战 [M]. 北京：中国环境科学出版社, 1997.

[19] 张坤. 环境与可持续发展（续）[M]. 北京：气象出版社, 1999.

[20] 过孝民. 环境决策与信息支持 [J]. 环境科学研究, 1997, 10 (5)：1-4.

[21] 刘首文, 冯尚友. 环境决策支持系统的研究 [J]. 上海环境科学, 1995, 14 (4)：20-23.

[22] 徐鹤. 生命周期评价概述 [J]. 上海环境科学, 1997, 16 (6)：6-8.

[23] 陈德湖, 蒋馥. 环境治理中的道德风险与激励机制 [J]. 上海交通大学学报, 2004, 38 (3)：466-469.

[24] 周正国, 廖正军. 关于加强开发区建设环境保护管理的思考 [J]. 重庆环境科学, 2003, 25 (5)：17-19.

[25] 成金华, 谢雄标. 我国企业环境管理模式探讨 [J]. 江汉论坛, 2004, 47 (2)：47-50.

[26] 杨明. 环境问题与环境意识 [M]. 北京：华夏出版社, 2002.

[27] 朱忠, 董强. 美国的环境保护概况 [J]. 上海环境科学, 1996, 15 (5)：8-10.

[28] 裴洪平, 汪勇. 我国环境规划发展趋势探析 [J]. 重庆环境科学, 2003, 2 (25).

[29] 曹风中, 田春秀. 美国环境保护发展战略（一）[J]. 陕西环境, 2000, 7 (1)：31-35.

[30] 邵亦慧. 美国环境管理的发展动向 [J]. 上海环境科学, 2003, 13-19.

[31] 付蓉. 日本的环境管理体系 [J]. 国际电力, 2003, 7 (4)：20-22.

[32] 乔利利. 欧盟环境政策新动向 [J]. 世界环境, 2004 (3)：62-64.

[33] 张联, 张玉军. 欧洲等国环保行政管理体制 [J]. 世界环境, 2002 (5)：43-45.

[34] 陈慧. 澳大利亚的全流域管理 [J]. 环境导报, 1997, (7)：3-6.

[35] 赵峰, 谢永明. 澳大利亚和新西兰的环境管理及政策 [J]. 世界环境, 2001, (1)：14-16.

[36] 陈其扬，杨华 . ISO 14000 标准理解与认证实务 [M]. 广州：广东经济出版社，2003.

[37] 哈灵顿（Harrington J），耐特（Knight A）. ISO14000 执行手册 [M]. 徐有刚，等译 . 北京：经济日报出版社，2003.

[38] 中国进出口质量认证中心 . ISO 14000 环境管理体系的建立和审核 [M]. 北京：中国检察出版社，2000.

[39] 郑铭，刘宏，严山 . ISO 14000 标准实用指南 [M]. 北京：化学工业出版社，2002.

[40] 章玲，邓南圣 . ISO 14000：通向国际市场的"绿色通行证" [M]. 广州：广东人民出版社，2003.

[41] 许竹桃 . ISO 14000 环境管理体系标准介绍 [J]. 中国资源综合利用，2003（9）：2-5.

[42] 宋红茹 . ISO 14000 环境管理国际标准的发展和现状 [J]. 信息技术与标准，2002（5）：51-53.

[43] 马光 . 环境与可持续发展导论 [M]. 北京：科学出版社，2000.

[44] 马晓明 . 环境规划理论与方法 [M]. 北京：化学工业出版社，环境科学与工程出版中心，2004.

[45] 郭怀成，尚金城，张天柱 . 环境规划学 [M]. 北京：高等教育出版社，2001.

[46] 姜晓萍，陈昌岑 . 环境社会学 [M]. 成都：四川人民出版社，2000.

[47] 史宝忠 . 建设项目环境影响评价 [M]. 北京：中国环境科学出版社，1999.

[48] 曲格平 . 转变增长方式，推行清洁生产 [J]. 上海环境科学，1994，13（2）：1-5.